中华传世藏书

【图文珍藏版】

国学智慧全书

马肇基⊙主编

线装书局

图书在版编目（CIP）数据

国学智慧全书 / 马肇基主编 . -- 北京 ：线装书局，
2014.3（2021.6）
ISBN 978-7-5120-1171-7

Ⅰ．①国… Ⅱ．①马… Ⅲ．①国学-中国-文集
Ⅳ．① Z126.27-53

中国版本图书馆 CIP 数据核字 (2013) 第 293041 号

国学智慧全书

主　　编：马肇基
责任编辑：杜　语　高晓彬
出版发行：线装书局
　　　　　地　址：北京市丰台区方庄日月天地大厦B座17层（100078）
　　　　　电　话：010-58077126（发行部）010-58076938（总编室）
　　　　　网　址：www.zgxzsj.com
经　　销：新华书店
印　　制：北京彩虹伟业印刷有限公司
开　　本：787mm×1092mm　1/16
印　　张：168
字　　数：2040千字
版　　次：2021年6月第1版第2次印刷
印　　数：3001-9000套

定　　价：1980.00元（全六册）

线装书局官方微信

经学原本是泛指各家学说要义的学问，是中国古代学术的主体，仅《四库全书》经部就收录了经学著作一千七百七十三部、二万零四百二十七卷。经学中蕴藏了丰富而深刻的思想，保存了大量珍贵的史料，是儒家学说的核心组成部分。

中国史学在传统文化中是一门最辉煌的学问，天文地理、文治武功、士农工商、文采风流、生产经济、物性事理、风俗民情、修身节操，无不罗列其间，它不仅以浩如烟海的资料为外国史家所称羡，更以巨细无遗的求实精神独步世界史坛。

子学智慧

　　先秦时代是子学时代，先秦学术是诸子之学，一般与经学、史学并提。子学对做人、做事等方面都有很深的智慧，孔子的核心思想就是教人如何做一个受社会欢迎的人。希望在重读这些先哲智慧的同时，能给我们以新的启发。

诗学智慧

　　古老的中国是一个诗歌的国度，没有任何一个民族像中华民族一样在绵延数千年的历史长河中如此执着地钟情于诗歌女神。中国人的古典诗歌情结也如同中国结一样，九曲回肠，精致玲珑，鲜艳得如一簇火焰，照亮了中国人的心灵。

　　道家是先秦时期的一个思想派别，道家的思想崇尚自然，有辩证法的因素和无神论的倾向，同时主张清静无为，反对斗争。道家与儒家一起，共同陶冶中国人的文化性格，成为中国传统谋略文化最深沉、最重要的智慧之源。

　　读禅，享受一分清静，开阔自我胸襟。本篇利用大量生动有趣的禅宗故事，为您讲解禅宗智慧，内容通俗易懂，直指人心，让您放下执著，明心见性，让您多一份淡定，多一份幸福，多一份宁静，让您由事业的成功走向人生的成功。

　　传统蒙学犹如一把启智的钥匙，它既可教你识字，又可教你做人，不论是《三字经》《百家姓》还是《千家诗》这些蒙学经典都已成为启蒙教育中必不可少的著作，它们能够开启人生的智慧，也能够培养一个人优雅的性情和敦厚的性格。

　　中华养生文化融各种防病、治病、健身、修炼方法于一体，它以中国哲学为理论基础，汇集道、儒、佛的思想精华，本篇是对中华养生文化进行一次简要而系统的介绍，有助于更多的人了解民族的文化传统，了解中华养生的大智慧。

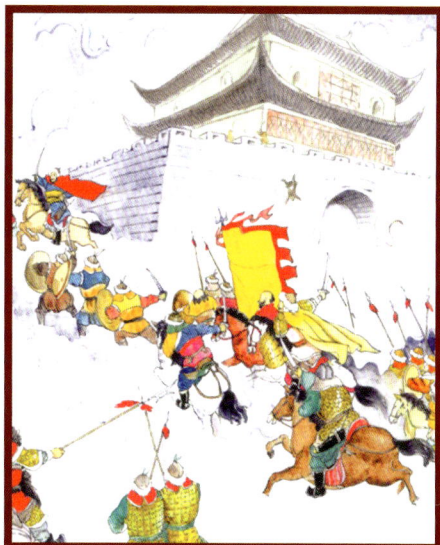

　　兵家的智慧，并不仅仅用于兵家，对整个中华民族的影响也是十分巨大的，深至中国文化精神，浅至百姓的言谈举止，上至帝王将相的你争我夺，下至普通老百姓的人伦日用，可以说都有或深或浅的兵家智慧的印痕。

名著智慧

　　中国名著是博大精深、源远流长的中华文化之一，是世界文化的一朵璀璨的奇葩，他们在中国文学史上都具有一定的文学价值。翻读脍炙人口的经典文学作品，重新品味其间所蕴含的丰富智慧，从中获得一些宽慰与劝谕，更为练达、睿智、理性。

　　人们从未停止探索人生的奥秘，是知识引导着人生的航向，是处世智慧左右了人生的成功与幸福。中国传统处世智慧主要体现了儒、道、禅三大文化的精神，大致可以概括为：中与和、宽与恕、诚与信、省与慎、经与权等七个方面。

　　历史因其千年的沉淀而厚重，智慧因为无数次的验证而经典。几千年的中国历史是一座知识的宝库，从中既可以审时势之变、悟政治得失、学领导智慧，又可以汲取成功的经验和失败的教训，作为现代人不能忘了从古籍中研读智慧。

前　言

中国传统文化生生不息，源远流长，五千年历史凝练国学智慧，其中蕴藏着丰富的处世哲理和深厚的做人修养，是整个民族精神的积淀和象征，也是当代中国建设与发展的重要支柱。

国学不仅仅是固有学术，还包含着现代精神，国学并不是故步自封的僵化体系，而是不断融合其他文明以突破自我的日日新的生命体，国学并不遥远，与我们当下生活息息相关。正如于丹教授所言，国学一旦为生命体验所激活，那温暖的气息便流荡在心灵，让我们每一个人在失落甚至绝望的时候，能够感受到文化就是拯救自己的一种力量。

21 世纪是中国的世纪，世界各地争相修建孔子学院，西方人士在科技高度发展的今天，纷纷从中国传统文化中寻找智慧的源泉、精神的乐园和管理的真谛。为了弘扬国学文化，促进现代文明，有鉴于此，我们组织了著名专家学者编撰了这套《国学智慧全书》。

本套丛书内容广泛，涵盖了中国古典哲学、历史、伦理、诗词、兵法等文化范畴，共包括《经学智慧》《史学智慧》《子学智慧》《诗学智慧》《蒙学智慧》《道学智慧》《禅宗智慧》《养生智慧》《兵学智慧》《处世智慧》《名著智慧》和《资政智慧》十二编，涉及的国学典籍一百多部，几乎涵盖了所有最经典的国学读本。读者既可以和老子论道，与司马迁讲史，也可以听曾国藩讲为政，陪李白一起作诗，参透儒家的进取、道家的无为、周易的精妙、法家的权谋、兵家的智慧……古为今用儒家修身、道家养性、佛法增慧、兵家建功、法家强业、易学广智察天人之境界；识人之道、权谋之术、用略之法……溯本寻源，尽在传统国学之中。

中国文化历史悠久，内涵博大精深，其所拥有的国学智慧，蕴藏于恢宏浩瀚的经、史、子、集之中，是取之不尽，用之不竭的文化宝藏。全书演国学要义之精神，传承炎黄文化之文明，文字叙述浅显易懂，让人读来全然不费工夫，只需用心领会。我们深信，此套丛书不仅可以带来阅读上的愉悦，更可提供蕴含深刻内涵的精神源泉。

前　言

目 录

经学智慧

第一篇 《论语》智慧通解

國學智慧全書

目录

1

國學智慧全書

目录

5

史学智慧

第一篇 《资治通鉴》智慧通解

国学智慧全书

目录

国学智慧全书

经学智慧

马肇基◎主编

导　语

　　儒家经典是儒家思想的承载体，而本篇所说的经学，即传播与研究儒家经典的学术。经学在中国有着悠久的历史，即使从汉武帝建元五年（公元前 136 年）设置五经博士算起，到民国临时政府 1912 年宣布"废止读经"止，其作为中国封建王朝统治学说，历时已两千余年。

　　经学是中国古代学术的主体，仅《四库全书》经部就收录了经学著作一千七百七十三部、二万零四百二十七卷。经学中蕴藏了丰富而深刻的思想，保存了大量珍贵的史料，是儒家学说的核心组成部分。本篇内容主要收录了《论语》《周易》《尚书》《春秋左传》等有代表性的经典，并对其进行深入浅出的剖析。

　　梁启超在《清代学术概论》的结语中指出："自清代考证学二百余年之训练，成为一种遗传，我国学子之头脑，渐趋于冷静缜密。此种性质，实为科学成立之根本要素。"梁启超的这段话指出，中国的经学是一种训练人思维的学术。这也正是经学必须生存而且能够生存下去的主要理由。

　　就拿孔子来说，我们的古人早就讲过，如果没有孔子，我们至今还在蒙昧与黑暗之中生存。为什么呢？因为孔子的儒家思想不但给了我们基本的价值观，还给了我们科学的思维方式，所以，我们这个民族可以在孔子和他以后的很长的一个历史时期内在各个方面处于世界的领先地位。

　　中国经学的思维，具有极其独特的方式和魅力，它是独一无二的，是世界上任何一个国家和民族所无法比拟和复制的，例如"疏不破注""述而不作"等等。这是一笔中华民族可贵和可观的精神遗产，是谁也不能抹杀的。

　　经学对中国两千年封建社会的发展，对历代文人的学术思想、文化品格，对执政者的政治思想、统治方略，对中华民族的性格品质、文化风俗等，影响巨大。可以说，不了解中国经学，就难以准确把握历代封建王朝的政治思想和统治方略，就难以深刻认识历代文人的学术思想和文化品格，就难以切实了解中华民族的性格特点和文化风俗。

第一篇 《论语》智慧通解

导读

　　大圣先师孔子对中国的影响，无论怎么估价都不过分。他的思想内容、思维方式、价值观念、行为取向都已融入了我们的血液，潜化在我们的生命中，熔铸成一个民族的性格。薪火相传，代代相承。赞成者自不必说，即使他的反对者，不受其影响怎么会反对？时代发展到了今天，与时俱进已经成为今人的思想品格，允许反对、允许赞成，允许评说、允许争鸣，允许否定、允许继承。但面对这样一份沉甸甸的文化遗产，无论如何却容不得有半点忽视。

　　1998年世界诺贝尔奖获得者在巴黎会议上宣布"人类要在21世纪生存下去，就要回到2540年前，再汲取孔子的智慧"。这话可看作一家之言，但作为一个纯正的中国人，我们怎么能不认识这位循循善诱的师长、语笑晏晏的老者、知权达变的智者、理想的热烈追求者呢？与这位老人失之交臂，怎么说也是一件遗憾的事，也是和中国人的身份不相称的。我们不能身在宝山不识宝啊！

　　记载孔子和弟子的言论、行为总集《论语》，她囊括了孔子全部思想精髓。但不同的人读她，会获得不同的感受。政治家能够读出治国安邦之道，哲学家能够读出自然人生的天命之观，教育家能够读出博大深邃的教育理念，伦理家能够读出生机勃勃的道德情操，仁君者能够读出温文尔雅的人文关怀。

　　当今，西风东渐已成潮流，成功学、厚黑学、官场经、权谋术纷纷扰扰，愈是己之私，急功近利，愈见这雕塑在东风中的挺拔和高大。虽然望之弥高，但她决不险峻，决不陡峭，决不兀立，她平坦而高，她以亲和、平和、温馨、人性、人情的姿态贴近心灵，照看着人类！

第一章　领导学是人生毕生之学

★ 做人、做事、做官："三做"一以贯之

○人之生也直，罔之生也幸而免。

——《论语》雍也第六

○邦有道，危言危行；邦无道，危行言孙。

——《论语》宪问第十四

○弟子，入则孝，出则悌，谨而信，泛爱众，而亲仁。行有余力，则以学文。

——《论语》学而第一

○人而不仁，如礼何？人而不仁，如乐何？

——《论语》八佾第三

○性相近也，习相远也。

——《论语》阳货第十七

○吾日三省吾身——为人谋而不忠乎？与朋友交而不信乎？传不习乎？

——《论语》学而第一

○君子义以为质，礼以行之，孙以出之，信以成之。

——《论语》卫灵公第十五

○苟正其身矣，于从政乎何有？不能正其身，如正人何？

——《论语》子路第十三

○其身正，不令而行；其身不正，虽令不从。

——《论语》子路第十三

○政者，正也。子帅以正，孰敢不正？

——《论语》颜渊第十二

○上好礼，则民莫敢不敬；上好义，则民莫敢不服；上好信，则民莫敢不用情。

——《论语》子路第十三

○富与贵，是人之所欲也，不以其道得之，不处也。贫与贱，是人之所恶也，不以其道

得之，不去也。

——《论语》里仁第四

〇发愤忘食，乐以忘忧，不知老之将至云尔。

——《论语》述而第七

〇三人行，必有我师焉。

——《论语》述而第七

〇诵《诗》三百，授之以政，不达；使于四方，不能专对；虽多，亦奚以为？

——《论语》子路第十三

〇名不正则言不顺，言不顺则事不成。

——《论语》子路第十三

〇先有司，赦小过，举贤才。

——《论语》子路第十三

〇为政以德，譬如北辰，居其所而众星共之。

——《论语》为政第二

〇道之以德，齐之以礼，有耻且格。

——《论语》为政第二

〇言必信，行必果。

——《论语》子路第十三

〇道千乘之国，敬事而信，节用而爱人，使民以时。

——《论语》学而第一

〇百姓足，君孰与不足？百姓不足，君孰与足？

——《论语》颜渊第十二

國學智慧全書

论语

《论语》是记载孔子和门人言论、行为的总集。《论语》的内容十分广泛，不同职业、不同身份的人受之能得到不同的教益。从一个为政者的角度看，她可以分为三类：做人、做官、做事。

如何做人

第一，要正直磊落。

孔子说，"人之生也直，罔之生也幸而免"，他认为，一个人只有正直磊落，才能生存，不正直的人也能生存，只是侥幸避祸而已。谈到交友时，他说要交正直的朋友。他在赞扬史鱼时说，"直哉！邦有道如矢，邦无道如矢。"他谈到如何对待"怨"时，他说，

孔子

5

"以直报怨"。子路问如何侍奉君主，他说，不要欺骗他，为了真理可以触犯他。在评价晋文公和齐桓公时，他说，"晋文公谲而不正，齐桓公正而不谲"。在谈论乱世和治世如何作为时，他说，"邦有道，危言危行；邦无道，危行言孙"。他对弟子们说，你们不要以为我隐瞒什么，我没有什么可以隐瞒的，办事没有不同你们在一起的，这就是我孔丘的为人。可以说，正直伴随了孔子一生。

第二，要重视仁德。

仁德是做人的根本和基础，是做人第一位的大事。仁德思想几乎贯穿了《论语》的全篇。他阐述了仁德的重要，他说，"弟子入则孝，出则悌，谨而信，泛爱众而亲仁。行有余力，则以学文"，品德在学问之上。他还说，"人而不仁，如礼何？人而不仁，如乐何？"说明了仁德的第一性、基础性。他还指出，"唯仁者能好人，能恶人"，"齐景公有马千驷，死之日，民无德而称焉。伯夷、叔齐饿死于首阳山之下，民到今称之"，这说明了道德的力量。他提出了仁德的标准，"刚、毅、木、讷，近仁"，他还提出了仁德的行为标准，即：恭、宽、信、敏、惠。他认为，对人恭谨就不会招致侮辱，待人宽厚就会得到拥护，交往诚信就会得到信任，做事勤敏就会取得成功。他还讲述了达到仁德的途径。孔子认为，仁德不是先天的，而是后天培养的结果，"性相近也，习相远也"，他说，"为人由己"，"克己复礼为仁，一日克己复礼，天下归仁焉"，"我欲仁，斯仁至矣"，就是说实现仁德，全靠自己，要"克己""修身"。怎么做？"博学于文，约之以礼"，广泛地学习文化，用礼来约束自己的行为，这样就可以不背离正道。

第三，要注重修养。

要养成经常反思自己的习惯。就像曾子说的那样，"吾日三省吾身：为人谋而不忠乎？与朋友交而不信乎？传不习乎？"，一旦发现自己的错误，"而内自讼"，决不文过饰非，决不"过而不改"，"过则勿惮改"，勇于改正，"更也，人皆仰之"。要注重修养的全面性。"志于道，据于德，依于仁，游于艺"，他说，"举于诗，立于礼，成于乐"，"不学诗，无以言"，"不学礼，无以立"，"不知言，无以知人也"，"小子何莫学夫诗？……多识于鸟兽草木之名"，都是在强调人的全面发展。

如何做官

做官和做人的道理相仿，但比做人有更高层次的要求。

其一，要具备多种才能。

"君子不器"，不能只具备一种才能，而是"义以为质，礼以行之，孙以出之，信以成之"。

其二，要注意个人形象。

不要有官架子，但要有官样子。在语言、行为、容貌等方面要有规范。比如，要"望之俨然，即之也温，闻其言也厉"；比如，要"温而厉，威而不猛，恭而安"；比如，要"动容貌，斯远暴慢矣"，"正颜色，斯近信矣"，"出辞气，斯远鄙倍矣"。为官要严肃自己的容貌，端正自己的脸色，注意自己的言辞。只有这样，才能让人尊敬、信任，才有亲和力。

其三,要严格要求自己。

榜样的力量是无穷的,但首先为政者自己要成为榜样。孔子说,"苟正身矣,于从政何乎有? 不能正其身,如正人何?","君子之德风,小人之德草,草上之风,必堰","其身正,不令而行;其身不正,虽令不从","政者,正也。子帅以正,孰敢不正?"所以,为政者自身要端正,不能随心所欲,为所欲为,更不能胡作非为,正是"上好礼,则民莫敢不敬;上好义,则民莫敢不服;上好信,则民莫敢不用情","苟子之不欲,虽赏之不窃","上好礼,则民易使也"。除了一般人的修养以外,为官还要"戒、畏、思"。君子有三戒:少之时,血气未定,戒之在色;及之壮也,血气方刚,戒之在斗;及之老也,血气既衰,戒之在得。君子有三畏:畏天命,畏大人,畏圣人之言。君子有九思:视思明,听思聪,色思温,貌思恭,言思忠,事思敬,疑思问,忿思难,见得思义。为政无小事,要有敬畏之心,不要肆无忌惮,要严肃认真,不可马马虎虎。

其四,要杜绝物质诱惑。

区别君子与小人,就看他对物质的态度和追求的境界。君子生活中肯定离不开物质,但君子绝不仅仅为物质而生活。孔子说,"富与贵,是人之所欲也,不以其道得之,不处也。贫与贱,是人之所恶也,不以其道得之,不去也","君子无终食之间违仁,造次必于是,颠沛必于是","君子谋道不谋食,君子忧道不忧贫","放于利而行,多怨"。他关于君子和小人比较也大多从义和利的角度,比如,"君子喻于义,小人喻于利","君子怀德,小人怀土;君子怀刑,小人怀惠","士而怀居,不足以为士矣"等等。

其五,要加强学习。

关于学习问题,孔子的论述最多。他认为,学习是终身的任务,他自己就"发愤忘食,乐以忘忧,不知老之将至"。围绕学习,他讲述了学习的目的,学习的态度,学习的方法,学习的内容,学习的效能。在学习的目的上,他认为学习本身就是目的,"三年学,不至于谷",所以,"学而时习之,不亦乐乎?"在学习的态度上,他认为首先要培养兴趣,"知之者不如好之者,好之者不如乐之者";其次要虚心而不满足,"学而不厌",力戒"亡而为有,虚而为盈,约而为泰",做到"以能问于不能,以多问于寡,有若无,实若虚";第三要有毅力,"力不足者,中道而废";第四要不耻下问,"子入太庙,每事问","三人行,必有我师焉","见贤思齐","学无常师",都体现了孔子极为严谨的学习态度。在学习的方法上,他提倡"温故而知新",他还强调思考的重要性,"学而不思则罔,思而不学则殆",他还要求人们相互启发,相互切磋,"举一隅不以三隅反,则不复也"。在学习的内容上,他主张要广泛博大,"文,行,忠,信"都要具备,在多学的基础上,要有"道"来"一以贯之"。在学习的效能上,他提出一要"致用",二要"结合"。他说,"诵《诗》三百,授之以政,不达;使于四方,不能专对,虽多,亦奚以为?",读书虽多,但办不了什么事,有什么用? 他还说,"德之不修,学之不讲,闻义不能徙,不善不能改,是吾忧也"。理论不和实际结合,是最大的忧虑。

其六,要勤政敬业。

孔子说,"居之无倦,行之以忠","先之劳之","无倦","执事敬",就是在位不懈怠,做事不松弛。

其七，要目光远大。

"无欲速，无见小利；欲速则不达，见小利，则大事不成"。要求从政者处理政务不要图快，不要贪图眼前利益，而要眼光远大。

如何做事

做领导当然要做事。但"做什么"和"如何做"，是孔子十分关注的事。

首先是"做什么"。

其一，要"富而教之"。

这是为政者的两大任务。有一次孔子到卫国去，冉有驾车，孔子说，"人真多呀！"冉有说，"人多了又怎么办？"孔子说，"让他们富起来"，"富起来又怎么办？"孔子坚定地说，"教育他们"。一个为政者让百姓首先富裕起来，是第一天职。这是生存权。没有生存权，其他的权利根本谈不上。生存权解决之后，就是受教育的权利。关于教育的指导思想、教育的基本方法、教育的内容、教育的目标，孔子的论述十分详细，不再赘述。

其二，要人归其位，尽职尽责。

人最难的是找不到自己，社会最复杂的时候，是没有秩序的时候。所以齐景公问孔子如何治国，孔子说，"君君，臣臣，父父，子子"，是什么就干什么，干什么就像什么。他还说做事业必须"正名"，"名不正则言不顺，言不顺则事不成"。

其次是"怎么做"。

一要重视人才。

"先有司，赦小过，举贤才"，"举直错诸枉，则民服"，"举善而教不能，则劝"，要识别人才，"视其所以，观其所由，察其所安，人焉廋哉？人焉廋哉？"，"众恶之，必察焉；众好之，必察焉"，要量才使用，"君子不可小知而可大受，小人不可大受而可小知"。

二要重视德政。

"为政以德，譬如北辰，居其所而众星共之"，"道之以德，齐之以礼，有耻且格"。

三要讲信用，爱人民。

"人而无信，不知其可"，"言必信，行必果"，"君子信而后劳其民"，这是讲信用的重要；"道千乘之国，敬事而信，节用而爱人，使民以时"，"君使臣以礼"，这是讲使民的方法；"出门如见大宾，使民如承大祭"，"百姓足，君孰与不足？百姓不足，君孰与足？"这是讲对百姓的态度和感情。

四要注意平衡。

竞争是必要的，但差距不可太大。要"均无贫，和无寡，安无倾"，否则，不平则鸣，混乱的局面就要到来。

重新认识孔子思想的价值

一个伟人的名字和思想就是一个民族的产业。可我们在经营这个产业的时候，总是

不那么顺当,时而危机,时而滞销。不是吗?孔子的思想在春秋时代并没有得到全面地推行,因为孔子思想是治世、定世思想,而不是暴力革命思想。在战火绵绵的春秋时代,这种伟大的思想却显得如此的不合时宜。秦以后,儒家思想一度出现了被毁灭的局面。在五四时期,"孔家店"被打倒。

历史上,儒家思想开始在中国思想界占统治地位始于汉代。汉武帝时,为加强中央集权,统一思想,汉武帝采取"罢黜百家,独尊儒术"的政策。但是到了唐代,地位有所下降,佛、道、儒三教并存,都有很大的发展。宋代,以朱熹为代表的大儒们给儒家思想穿上了新装,也就是理学。其后,理学为明清两代竭力推行。自汉以降,凡是抛弃孔子思想,都是动荡不安的时期;或者说,凡是动荡不安的时期,都不尊重孔子思想。在治世和安定的政治环境下,孔子的思想才显示强大的生命力。

孔子思想犹如一条鲜活的血脉,尽管有时被扭曲,有时被改道,有时被截流,有时被阻隔,但从未中断过,他始终以文化的形态默默地流淌在中国人的生活中。

★ 多听多看:做稳健的领导很简单

子张学干禄。子曰:"多闻阙疑,慎言其余,则寡尤;多见阙殆,慎行其余,则寡悔。言寡尤,行寡悔,禄在其中矣。"

——《论语》为政第二

子张是孔子的学生,他姓颛孙,名叫师,少孔子四十八岁,是位年轻学生。子张这次来孔子这里求教,并不是来学仁学义,而是直截了当地提出了自己的目的:干禄。

什么叫"干禄"呢?就是如何当上官和如何当官。在古代,俸和禄是两回事。"俸"等于现在的月薪;"禄"有食物配给。禄位是永远的,所以过去重在禄。"干"就是干进、干求,干禄,就是如何拿到禄位。换句话说,孔子希望弟子们学仁学义,子张这位学生来的时候,却与众不同,要找饭碗,要当个高级公务员。但是孔老夫子并没有把他撵出去,反而传授他一套找到饭碗和保住饭碗的办法。非常认真地告诉他说:想做一个好领导,做一个良好的公务员,要知识渊博,宜多听、多看、多经验,有怀疑不懂的地方则保留。阙就是保留,等着请教人家,讲话要谨慎,不要讲过分的话。本来不懂的事,不要

子张

吹上一大堆，好像自己全通，最后根本不通，这就丢人了。如不讲过分的话，不吹牛，就很少过错；多去看，多去体验，对有疑难问题多采取保留的态度。古人有两句话："事到万难须放胆，宜于两可莫粗心。"这第二句话，说的就是"多闻阙殆"的意思，这个时候要特别小心处理，不要有过分的行动，这样处世就少后悔。一个人做到讲话很少过错，处世很少后悔，当然行为上就不会有差错的地方。这样去谋生，随便干哪一行都可以，禄位的道理就在其中了。

从这一段话中，我们看到孔子的教育态度，实在了不起，这个学生是来学吃饭的本领，要如何马上找到职业。孔子教了，教他做人的正统道理，也就是求职业的基本条件，我们为人做任何事业，基本条件很要紧，孔子说的这个基本条件已经够了。

当领导难不难？难。因为领导和普通人一样，有七情六欲，喜怒哀乐，油盐酱茶，吃喝拉撒，同样面对着人的生老病死，夫妻的争争吵吵，子女的升学就业，人际间的来来往往；同样面对爱，亲人之爱，朋友之爱，同学之爱，以及爱给他带来的美好和困惑。他既有普通人的欢乐，也就难免犯下普通人的错误。但是处于高位，就会被万人瞩目。权力也不仅仅是身份、地位的象征，也是责任、压力、负担的代名词，怎么可能没有如履薄冰、如临深渊之感呢！怎么办？孔子说了，多听呀，可疑的地方先研究，谨慎地说出被实践公认的道理；多看呀，把拿不准的事情先搁一下，干那些大家都认可的事情。这不是保守，这叫稳妥，做个稳健的领导也就很简单了。

★ 建立公信：领导者首要的使命

子贡问政。子曰："足食。足兵。民信之矣。"子贡曰："必不得已而去，于斯三者何先？"曰："去兵。"子贡曰："必不得已而去，于斯二者何先？"曰："去食。自古皆有死，民无信不立。"

——《论语》颜渊第十二

子贡确实是一个相当优秀的学生，他的问题既刁钻又充满着情趣和智慧。他问老师怎样治理国家，孔子说，要做到三条：有充足的粮食，有充足的军备，人民信任政府。孔子不愧是圣人，简明扼要，切中为政要害。老百姓天天吃不饱肚子，你的主意再好谁又能追随你的主意？骂娘是小事，揭竿而起也在意料之中。没有强大的国防做后盾，国家安全就得不到保证，战争连绵不断，还怎么搞建设？人民信任政府是很重要的，没有信任，就得不到公众的理解和支持，政令又如何行使？一个不能行使政令的政府还叫政府吗？

按道理问到这里，就全清楚了，可子贡是个爱思考的人，他还接着追问，"不得已一定要去掉一项，先去掉哪一项呢？"孔子说，"去掉军备"。子贡还不满足，"不得已还要去掉

一项,剩下的两项去掉哪一项呢?"孔子说,"去掉粮食"。他还进一步阐述了信任的重要,他说,自古以来人总是要死的,但如果人民对政府失去信任,那政府是立不住的。

建立信任,建立社会公信力,是一个为政者首要的任务,也是一个政府能够存在和发展的理由。信任缺失,建立不起政权;信任危机,维持不了政权;信任丧失,就会丢掉政权。社会公信力是政府的生命,一个清醒的为政者应当像爱护眼睛一样爱护社会公信。信任出现危机,就像人得了肾衰,往往具有不可逆性。一只碗摔在地上,再高明的工匠能修复原样吗? 氢和氧一旦遇到了火,氢还能是氢、氧还能是氧吗? 一个女人一旦欺骗了丈夫失身他人,不论她怎么忏悔,丈夫还能像过去那样信任她吗? 一个官员尸位素餐、阴险歹毒,失去百姓信任,他的滔滔宏论不是垃圾又是什么?

子贡

建立社会公信,首先为政者要讲信用,提高自身的信用赢得民众的信任。秦国是怎么强大的? 不能说不是商鞅变法奠定了良好的基础,商鞅变法是怎么取得成功的? 最著名的故事就是"徙木取信";"文化大革命"最严重的后果是什么? 就是没人敢讲真话了,谁讲真话谁倒霉,甚至造成了一个民族的虚假。"见人要说三分话,未可全抛一片心"之类的话成了大多数人的做人准则,造成了全民族的信用缺失。

什么损失最大? 丢了车,可以再去买;丢了钱,可以再慢慢挣;房子倒了,再去盖,都不可怕。但是信用的缺失是最可怕的,丢失了就很难再得到,损失是不可弥补的。

★ 色、斗、得:领导要过好的人生三关

孔子曰:"君子有三戒:少之时,血气未定,戒之在色;及其壮也,血气方刚,戒之在斗;及其老也,血气既衰,戒之在得。"

——《论语》季氏第十六

人生就是过关。闯过了,就是踏平坎坷成大道;没有闯过,轻则被甩下马来,重则死无葬身之地,甚至遗臭万年。孔子就给人们提示,要过好三关:年少之时,血气未定,容易冲动,要警惕贪婪女色,纵欲过度;到了壮年,血气方刚,容易斗狠,要警惕争强好斗;等到老年,血气衰弱,容易安逸,要警惕贪得无厌。

青年时代,最具吸引力的就是异性,最令人神往的就是爱情,最难以节制的就是性

11

欲。这很正常,也很美好,无可厚非。但沉溺于两性,陶醉于爱情,不能自拔于性生活,哪还能干些什么正经事呢？时间有限,人的精力毕竟也有限,用在这里的时间多了,势必就挤占了那里的时间,用在此处的精力大了,用在彼处的精力就小了。当然,爱情也可以激发工作和学习上的力量,那毕竟需要一定修养,才能达到的。而青年时期,正是长身体、长知识、闯事业、增阅历的奠基时期,处理不好,就可能贻误终生,更别说贪图女色而堕落甚至走向违法犯罪了。

到了壮年,思维活跃,精力旺盛,也积累了一定学识和经验,理想开始和现实接吻,壮志逐渐和实际拥抱。名誉,地位,权力,财富,都那么匍匐在脚下,但他们又不是可以无限开采的资源,于是,进退,得失,上下,去留,现实地摆在每个人的面前。谁愿意成为弱者？谁愿意默默无闻？谁不愿意奋力一搏？谁愿意逆境中扬帆？谁不愿意顺境中远航？于是,争就开始了。争中有斗,斗中有争。争斗之中,用尽了心计、计谋,阴的、阳的、明的、暗的、文的、武的、君子式的、小人式的,三十六计、七十二招数,无所不用其极。把本来快乐的人生,弄得刀光闪闪,万马齐喑。好没意思！

及至老年,一切皆已定局,再发展已无能为力。这时,一个"得"字,害人匪浅。在乎已得,对待事业,就会无所用心,意志衰退,贪图享受,得过且过,对待官职,就会恋恋不舍,把玩不已,不肯让位。在乎未得,就会脸红心跳,孤注一掷,猛捞一把,贪得无厌。"59"岁现象,不值得人们深思吗？

当然,好色,好斗,好得,并不完全是按照年龄阶段来划分的。无论你处于什么阶段,这"三戒"的内容,是应当牢记在心的。戒绝是不可能的,但做到"时时勤拂拭,莫让尘掩盖"还是能做到的吧！

★ 与时俱进:不要以为老子天下第一

子绝四——毋意,毋必,毋固,毋我。

——《论语》子罕第九

这句话很容易解释,很容易懂。可是这不只是文字的问题,要在这一生中行为修养上做到,实在很难。这里说孔子对于这四点,是绝对做到了。第一是"毋意",这是说孔子做人处世,没有自己主观的意见,本来想这样做,假使旁人有更好的意见,他就接受了,并不坚持自己原来的意见。第二"毋必",他并不要求一件事必然要做到怎样的结果。这一点也是人生哲学的修养,天下事没有一个"必然"的,所谓我希望要做到怎样怎样,而事实往往未必。假使讲文学与哲学合流的境界,中国人有两句名言说:"不如意事常八九,可与人言无二三。"人生的事情,十件事常常有八九件都是不如意。而碰到不如意的事情,

还无法向人诉苦,对父母、兄弟姐妹、妻子、儿女都无法讲,这都是人生体验来的。又有两句说:"十有九输天下事,百无一可意中人。"这也代表个人,十件事九件都失意,一百个人当中,还找不到一个是真正的知己。这就说明了孔子深通人生的道理,事实上"毋必",说想必然要做到怎样,世界上几乎没有这种事,所以中国文化的第一部书——《易经》,提出了八卦,阐发变易的道理。天下事随时随地,每一分钟、每一秒钟都在变,宇宙物理在变、万物在变、人也在变,自己的思想在变、感情在变、身心都在变,没有不变的事物。我们想求一个不变、固定的,不可能。孔子深通这个道理,所以他"毋必",就是能适变、能应变。第三是"毋固",不固执自己的成见。"毋我",专替人着想,专为事着想。这就是孔子学问修养的伟大之处。

圣人的产生总是有其理由的。仅凭这"四毋"就足以反映了孔子的思想境界。2500多年前,刚从茹毛饮血的时代脱胎而出,时代的演进是何等的缓慢,而孔子却有着如此的开放胸怀:对待一切新生的事物,决不凭空结论,决不绝对什么,决不固执己见,决不自以为是。

人不是万能的,在情场上可能游刃有余,在商场上也可能一败涂地,搞政治可能高瞻远瞩,搞经济也可能一塌糊涂,说话可能侃侃而谈,行动上也可能大相径庭,在理论上论证严密,在实践中也可能寸步难行。尤其面对迅疾变化的世事,面对纷纭复杂的社会,有时不是应对自如,更多的时候是一筹莫展,无计可施。这很正常。我们不能封闭自己,更不能自以为是,不要以为老子天下第一,永远正确。以永远正确自居的人,大概是最不正确的。有人说世界唯一不变的就是变化,这就说明变化是永恒的,不以个人的意志为转移。昨天你还为油干灯草灭而叫苦,今天就有了电灯夜如昼;昨天你还为不能生育而发愁,今天就出现了试管婴儿;昨天还鸿雁传书,现在却"伊妹儿"在线;昨天还是铅字印刷,今天却是激光照排、电子印刷;昨天还凭票供应,今天商品就琳琅满目、目不暇接;昨天还讨论"一国两制",今天就成了共生共荣的现实;昨天还偷偷摸摸地办企业,今天却光荣地成为"人大代表";过去出国是外交人员的工作,今天一般人就可到国外旅游。当国门打开的时候,呀,世界太丰富、太复杂了! 除了乒乓球、篮球,还有高尔夫球;除了解放、东风牌,还有奔驰、福特;除了白酒、啤酒,还有干红、白兰地;除了人脑,还有电脑;除了丝绸之路,还有高速公路、信息高速公路;除了飞机,还有宇宙飞船;除了雷锋、王杰,还有比尔·盖茨;除了京剧,还有摇滚;除了"寒窑十八年"的故事,还有娜拉的出走。这是从一个结果到另一个结果,而变化的过程中,你困惑过吗? 你凭空下过结论吗? 你面红耳赤地争论过吗? 你自以为是、固执己见了吗? 肯定有。不然,就不会有哥白尼为日心说而遭受审判的悲剧发生,也不会有爱因斯坦发明相对论而被视为异端邪说了。

世界的变化,带来了观念的更新。观念不再是僵死的,今天是对的,明天就可能是错误;昨天看不惯的,今天却成为一种生活方式。所以,对待一切事物,都要采取孔子"绝四"的态度。尤其是为政者更要慎重结论,决不能以自己的权势来判定新生事物,让实践和时间来下最后的结论,否则,就像爱因斯坦所说的"谁要是把自己标榜为真理和知识领域里的裁判官,他就会被神的笑声所覆灭"。

第二章　小胜凭智,大胜靠德

★ 为政以德:让自己成为北极星

子曰:"为政以德,譬如北辰,居其所而众星共之。"

——《论语》为政第二

孔子说:"以道德教化来治理政事,就会像北极星那样,自己居于一定的方位,而群星都会环绕在它的周围。"

孔子认为,作为一个领导者最重要的原则,就是要以德服人。这里包括三层含义:第一,自身要树立良好的品德;第二,要用品德来教化周围的人;第三,做事要以道德为评价标准。只要能做到这些,那就会像北极星一样,"引四方来朝"。大家知道北斗七星组成一个勺子的形状,其中三颗组成勺柄,沿着勺柄所指的方向看去,就会看到一颗特别亮的星,那就是北极星。北斗七星围绕着北极星运动,北极星的方位则是不变的,因此古人很早就学会了根据北极星辨别方向。

唐太宗

唐朝是中国历史上最辉煌的时期。唐太宗继位后,善用人才,知人善任,凌烟阁二十四杰,房谋杜断,还有魏征,再加上几个像李世勣一样的良将,很快国家就蒸蒸日上。太宗又开创科举考试,建立府兵制,与周围其他少数民族交好,开创了贞观之治。隋唐之交时,北方的突厥一直对中原之地虎视眈眈,是唐的一大威胁,双方冲突摩擦不断。贞观

四年三月,唐将李靖、李绩大败突厥,俘其颉利可汗,东突厥灭亡,唐朝的版图扩大到了今天的贝加尔湖以北,原属突厥的部落有的北附薛延陀,有的西奔西域,其余投降唐朝的尚有十多万人。如何处理这十多万突厥降众,唐太宗召集朝臣商议。大多数朝臣认为:北方的游牧民族自古以来就是中原地区的严重边患,今天有幸将其灭亡,应该将他们全部迁到黄河以南的内地居住,打乱他们原来的部落组织和结构,分散杂居在各个州县,引导他们耕种纺织。这样,就可以使原来桀骜不驯的游牧民族变成易于制服的内地居民,使塞北之地永远空虚。亦有人提出,少数民族弱则请服,强则叛乱,向来如此。应该将他们驱赶到莽莽草原之上,不可留居内地,以绝心腹之患。只有中书令温彦博力排众议,主张将突厥降众迁居到水草丰美的河套地区居住,保全他们的原有部落,顺从他们的生活习俗,这样既可以充实空虚之地,又可以加强北边的边防力量。最后,还针锋相对地指出:"天子对万事万物,应该像天覆地载一样,无有遗漏。今天突厥在穷困潦倒之时归降于我,能将他们拒之于外而不予接受吗?"唐太宗很赞成温彦博的建议,并补充说:"自古以来都是贵中华而贱夷狄,只有我对他们都是爱之如一的!"于是,唐太宗采取了以下一些措施:准许少数民族内迁,定居长安,当时的突厥族相继迁入长安居住的有将近万家;在河套地区设立了定襄和云中两个都督府,统领突厥降众;任用少数民族人做官;对于愿意归附的各级酋长,都拜为将军、中郎将,布列朝廷,五品以上的少数民族官员就有一百多人,几乎占到了全部朝臣的一半左右。同时,对于其他弱小的少数民族,也采取和亲等政策尽力予以帮助维护。唐太宗的这个政策,很快便得到了周边很多民族的拥护和爱戴,他们纷纷将唐太宗尊为"天可汗"。

太宗以后的唐朝皇帝,大多沿袭了开明的国家民族政策,以德服人,感化四方。唐朝成为中国历史上政治最为开明的皇朝。少数民族人民或者外国人在唐朝可以为官,而且数量庞大。而因为整个国家奉行德政,对亚洲乃至整个世界的影响也宽广深远,亚洲的日本、朝鲜都从唐文化受益良多,而中国人至今在国外被称作唐人。

★威从德来:走正道,讲公道,行孝道,要厚道

季康子问:"使民敬、忠以劝,如之何?"子曰:"临之以庄,则敬,孝慈,则忠,举善而教不能,则劝。"

——《论语》为政第二

季康子任鲁国的宰相,政治上很有势力。但他并不是一个任意妄为之人。一天,他拜访了孔子,征求他为政的意见,孔子见他态度非常诚恳,便说了以上一段话。

孔子的话包含两层意思。一是对百姓的态度问题。老百姓是衣食父母,要对他们庄

15

重,要对他们慈爱。他们一般没有什么大事找官家,都是些鸡毛蒜皮的小事。而且他来找你的时候,反复掂量,犹豫了再犹豫,琢磨了又琢磨,最后还是硬着头皮来了。尽管如此,由于老百姓没见过什么大世面,说话还不一定中听。你可不能不认真,在你眼里是小事,在他那里可能就是天大的事,群众利益没小事嘛!能办的抓紧去办,热心去办,争取办好,可别和老百姓"憋相眼",暂时不能办的,如实告诉百姓以后创造条件办,确实不能办或者办不到的,你也要和蔼地给予解释,让人家知道为什么不能办或办不到。老百姓尽管见识没你多,但他很善于理解人,即使办不了,你给他一个好脸色、好态度、好言语,他也不会翻脸不认人。态度决定一切。你手握印章,总感觉印章和"铁脸"是相匹配的,那你就错了,你要克制,哪怕你的好态度是"装"出来,甚至别人也说你"装",你不要介意,你就这么"装"下去,长期"装"下去,习惯成自然,日久生了神,说不定你就成了百姓心目中的"神"了,起码人们不会把你视为"瘟神"。小平同志的官职高不高,人家还说"我是中国人民的儿子",县委书记的榜样焦裕禄到贫困户家,第一句话就是"我是你的儿子",感动了多少人!做儿子的,人民永远怀念他;当官做老爷的,哪有不被戳脊梁骨的。二是导向问题。只要有人群,就会有差别,不仅表现在能力上,还表现在品德上。作为一个为政者稀里糊涂不行,当好好先生不行。对善良优秀的人才,要及时发现,并提拔重用;对能力一般的,要合理使用;对调皮捣蛋的,要教育要批评甚至惩治。如果坏人得不到压制,好人就无法行好甚至有可能随波逐流、蜕化变质;如果好人得不到鼓励,坏人就可能弹冠相庆、为所欲为。总之,领导的威信从德中来,为人走正道,处事讲公道,对父母行孝道,对百姓要厚道。

孔子的话挺简单。季康子做到了吗?不得而知;我们做到了吗?应当经常检查自己。

★ 庄严温和:做领导,不要架子要样子

子夏曰:"君子有三变:望之俨然,即之也温,听其言也厉。"

——《论语》子张第十九

你刚当上领导吧,是不是浑身不得劲,是不是不知道以什么样的姿态出现在你的部下面前?没关系,你只要记住:衣服值钱,衣服架子不值钱。领导,有用,能给百姓办事;官架子,无用,还惹人讨厌。做领导,不要架子,但要有样子。这样,你就能做好了。

什么是官架子?一个报社的总编曾做过描绘。表情:不苟言笑,不动声色,喜怒哀乐不形于色,永远是一幅高深莫测的样子。说话:或声音很高;拉着长声,哼哈掺杂其间,像做报告,或声音很低,慢声细语,让别人俯首帖耳才能听得见,或如同打字,字字珠玑,每

一个字都给你做记录的时间。态度:居高临下,见大领导,喜笑颜开,看部下,盛气凌人。办事:或独断专横,吐口唾沫就是钉,没有商量的余地,或模棱两可,匪夷所思,让你猜心眼。实质:时时刻刻提醒自己不是一般人,永远高人一等,掌握着别人的命运。还有人给"官架子"画像:"腰"是两用的,在上司面前则鞠躬如也,到了自己居于上司地位时,则挺得笔直,显得有威可畏,尊严而伟大;"脸"是六月的天,变幻不居,有时,温馨晴朗,笑云飘忽;有时阴霾深黑,若狂风暴雨之将至,这全得看对着什么人,在什么样的场合。"腿"是非常长,奔走上官,一趟又一趟;结交同僚,往返如风,从来不知疲乏。但当卑微的人们来求见,或穷困的亲友有所求时,则往往迟疑又迟疑,最后才拖着两条像刚刚长途跋涉过来的"腿",慢悠悠地走出来。"口"是变形金刚,"口将言而嗫嚅,足将进而趔趄",这是一副洋相,对象不同了,则又换上另一副英雄面具:叱咤,怒骂、为了助一助声势,无妨大拍几下桌子,然后方方正正地落座在沙发上,带一点余温,鉴赏部属们那局促的可怜相。孔子也给我们描述一个"官样":本来"无"却装作"有",本来"虚"却装作"盈",本来"约"装作"泰",色厉内荏,外表严厉,内心柔弱,就像穿墙洞爬围墙的小偷一样。

子夏

之所以端架子,不外三种原因:一是目的不纯。认为当领导就是做"老爷","老爷"辈大,辈大架子当然就要大。二是没有当过领导,一旦当了领导,不知道拿什么劲头。三是空虚。自己没什么真本事,又怕别人不服,便以架子拒人以千里之外,保持神秘,实则掩盖自己的虚弱。

与端架子相反的毛病是:无样子。虽说位居尊位,但不注意个人修养,衣冠不整,行为不端,嬉皮笑脸,嘻嘻哈哈,说话随便,口无遮拦,张口脏字,言必笑话。好像只有低俗、恶俗,才能和群众打成一片,才能赢得群众的认可和信任。还有的嘴馋,大吃大喝;腿懒,高高在上;耳聋,偏听偏信;手长,贪图便宜;心偏,厚此薄彼,办事不公。凡此种种,长此以往,作践了自己,带坏了风气。

不要架子,但要样子。什么是真正的领导的样子?

子夏说,当领导要让人感觉三种变化:远看外表,庄严可畏;接近后,感觉温和可亲;听他讲话,用词准确,逻辑严密。

现在,你该知道怎么办了吧!

★舍弃所好："不器"才能聚天下之"器"

子曰："君子不器。"

——《论语》为政第二

子曰："君子义以为质,礼以行之,孙以出之,信以成之。君子哉!"

——《论语》卫灵公第十五

人怎么能没有爱好呢? 正因为爱好的原因,才有了数学家、物理学家、文学家、音乐家等等。爱好是成就事业的基础呀! 相反,一无所爱,爱无所专,就可能群居终日,言不及义,好行小惠。孔子给这样的人出了个偏方:下棋。原话是,不是有博弈乎?

爱好,没有什么错。爱好使人成为某方面的专家。

但领导能有爱好吗? 也应当有。没有成不了领导,一无所用,一无所能,怎么会被人发现? 做了领导,也只能"瞎指挥",又怎能服众? 但成了领导就不能有爱好了。这恐怕是孔子"君子不器"的内涵吧! 有人在评价一个人才能大小的时候说过,能用无味来调和五味的人,是帅才;能用一味来调和五味的人,是将才。有了爱好,便也有了味道,有了味道,还能做帅才吗? 领导艺术的至高境界是"无",最高的技巧乃是无技巧。别不信,你看看茶壶,之所以能装水,是陶瓷在起作用吗? 不,是陶瓷围成的"空"在起作用;你再体验一下骑自行车,按道理自行车的轮胎能占多大的地方,可修路时,只修轮胎宽的路面,你骑得了吗? 之所以你能安全快速地行驶,还不是"无用"的地方在起作用吗?

再说,有了爱好,就会有偏私。搞导弹的,尽管喜欢吃鸡蛋,但他能和养鸡的谈论导弹吗? 握听诊器的,尽管也给握方向盘的看病,他能静下心听发动机的寿命吗? 物以类聚,人以群分,这是没有办法的。但领导能分类、分群吗? 分类、分群,还能做领导吗?

有了爱好,就会有人研究。楚王好细腰,宫女就不吃饭,有的还饿死了。上必好之,下必行焉。到时候,你就看吧,你喜欢文物,他就会给你准备古瓷;你喜欢书法,他就给你准备宣纸;你肠胃不好,他就说贤人袭香;你皮肤发炎,他肯定说"艳若桃花"。你在被宠着的环境里,你还能听到什么真话吗? 听不到真话,你还怎么做正确的决策? 做不了决策,你还当什么领导? 更重要的是,你假如喜欢金钱,他还会给你金条,金条缠绕着你,还不成了手铐脚镣?

藏起自己的爱好。要么,就成为某一方面的专家,成为专家也很幸福。选择了某一职业,就选择了一种生活方式。选择了为政,就选择了"不器"。"不器"才能聚集天下之"器"。

★无欲则刚：谁放纵自己，谁就深渊在旁

子曰："吾未见刚者。"或对曰："申枨。"子曰："枨也欲，焉得刚？"

——《论语》公冶长第五

"壁立千仞，无欲则刚"，这是清朝民族英雄林则徐的一句名言。大凡名言，都是不太容易做到的。传说八仙之一吕洞宾刚成仙的时候，很想找一个弟子传授仙术，他想到：作为我的弟子，最重要的条件应该是不贪心呀！于是，吕洞宾心生一计，变成一个卖汤圆的老人，在摊子上贴了一张纸："汤圆一文钱吃一个，两文钱吃到饱。"从早到晚，许多人都跑来吃汤圆，却没有一个是吃一文钱的，全都是两文钱吃到饱。眼见黄昏来临了，吕洞宾心想收徒无望了。突然有一个青年付了一文钱，吃一个汤圆就走了。吕洞宾大喜过望，追上去问他说："你为什么不用两文钱吃到饱呢？"那人无奈地说："可恨我身上只剩一文钱呀！"吕洞宾长叹一声，纵身飞上天去，终身都没有收徒弟。可见，神仙都找不到没有欲望的人。所以，我更相信孔子所言"吾未见刚者"。

林则徐

人怎么能没有欲望呢？当科员，盼当科长，当了科长盼处长，当了处长盼厅长，当了厅长的，谁停止了想法？没房子，盼房子，有了房子，盼大房，有了大房，又在做别墅的梦想；没有吃饱盼吃饱，能够吃饱盼吃好，能够吃好又要讲究饮食环境，饮食环境好了，黄金宴上来还要比比谁的档次高；没钱娶妻难，有钱讲容颜，有了容颜要永远，没有永远，又把三陪小姐来纠缠。人的欲望真是没个完。

孔子绝没有批评申枨的意思。申枨做得相当不错，在弟子当中素有刚直之名。只是孔子不相信人能将刚直进行到底，因为人不可能没有欲望，一有欲望，刚直就戛然而止。

欲望多了，在言语上，必然是"为人只说半句话，不可轻抛一片心"；在行动上，必然是瞻前顾后，畏首畏尾，算计利害，"三思后行"。进一步说，遇到原则和个人利害冲突的时

19

候,肯定是柔弱委屈,屈身逢迎,见风使舵,奴颜婢膝,卖友求荣。纯粹按照道德、道理、法规去办事,不留情面,事事做绝,把自己垒在厕所里,除了排泄方便,还能吃到香喷喷的馒头?比如官欲旺盛,当然要做好本职工作,做好了工作,必然要去媚上,必然还要一些"形象工程",必然还要虚情假意地去拉拢群众,更别谈坚持原则得罪权贵;比如财欲旺盛,法官在金钱面前能公正判案?官员能不巴结大款,巴结了大款,大款有了违法违纪的事,你不保护?比如性欲旺盛,小姐到你面前,你不腿软?腿软了,小姐就要向你借款了,你借款了,就离着贪污受贿不远了。

所以有欲难刚。可人又是天生有欲望的动物,真是无可奈何,关键看度,谁克制得好,谁就赢得了幸福,谁放纵了自己,谁就深渊在旁。这是对一个人来讲,对一个政党来说,国民党执政的时候,也没有想葬送政权,但为政者各有利益,各有算盘,最后怎么样,被赶到台湾的孤岛上去啦!

★以德化人:近者悦,远者来

叶公问政。子曰:"近者悦,远者来。"

——《论语》子路第十三

古代道和德是分开的。大道无形,大德无声。由此看来,道是看不到摸不着的,但道可以通过德渗透于生活的细节之中。德是很具体的,是一个人对自然,对社会,对他人的态度。

一个对自然抱有破坏心态的人,能算有德吗?

一个对社会怀有深仇大恨的人,能算有德吗?

一个对他人总是埋怨不已的人,能算有德吗?

说到底,德就是人对自然的敬畏态度,对社会的关爱情怀,对他人的善良举动,就是伟大、高尚、忠诚、纯洁、正直、善良的品格。就是一个人的中心思想,就像天上的"北辰"一样,不要随便乱动,只要你有通体透亮的德能,你就能以无声的磁力,吸引周围的星辰,都会跟着你的方向移动。华盛顿就是一位德行高尚的人,当他答应担任总司令的时候,人们仿佛感到美国军队的力量一下子强大起来;当他打算隐退的时候,许多人纷纷请愿,要求他继续留任,杰斐逊还写了一封感人肺腑的信,他说,"所有联邦的信任都集中在你身上……有时,社会认同一种卓越的品格,要求他控制自

华盛顿

國學智慧全書——經學智慧

己对个人幸福的偏爱,去为人类目前和将来的幸福做出牺牲。这似乎就是你目前的境况,这似乎也是万能的上帝在你的个性形成过程中和改变将来事物进程时,强加在你身上的规律。为了改变事情的某些方面,虽然我没有权力要求你做出牺牲,我还是不得不求助于你的这些品格,请求你改变以前的决定,继续留任公职。因为我不能求助于我本人急躁的性格和其他人的品格";当许多年后,他年事已高,真的要离开公职,退居山庄的时候,亚当斯总统对他说,"如果你同意的话,我们一定要使用你的名义治理国家。你的威名,远远超过无数军队"。华盛顿就是靠高贵的品质和卓越的能力在国民中赢得了崇高的威望。再看看一个普通人是如何靠德行感化人的故事:哈尔滨某高校女大学生杨玉玲购物时手机、身份证等物品被窃。她发现被窃手机始终开机,便不断给对方发短信,诉说自己丢失东西的心情,承诺如归还给予酬谢。然而,对方毫不理睬。杨玉玲并不灰心,她利用春节之际,又试着给对方发了几条问候的短信。令她惊喜的是,小偷居然回信向她问好。杨玉玲觉得小偷回信,至少说明他有悔改之意,不如趁机说服挽救他,便不断向对方发送"正正经经做事,光明磊落做人"之类的人生格言。对方也被她的诚意所感动,也经常回短信,诉说自己的苦恼。两月后,杨玉玲向对方发出了第100条信息:"人若走上了邪路,只能怪自己没有勇气面对生活"。很快,杨玉玲收到对方回复的短信,"大姐,我想明白了,我再也不做见不得人的勾当了。今天下午,请你到收发室取你的东西"。这个故事可能不是生活的常态,但至少可以说明"以德化人"的可能。

我们是凡夫俗子,生活中的传奇毕竟太少,但我们完全可以从平时做起,从身边做起,从点滴做起,"近者悦,远者来",达到如此境界,日积月累,你不就成了万人仰望的成功的领导者了吗?

★修养三宝:崇德、修慝、辨惑

樊迟从游于舞雩之下,曰:"敢问崇德,修慝,辨惑?"子曰:"善哉问! 先事后得,非崇德与? 攻其恶,无攻人之恶,非修慝与? 一朝之忿,忘其身,以及其亲,非惑与?"

——《论语》颜渊第十二

胡适先生解释说孔子注重道德修养,此处的崇德是指怎样把内在的气质培养到崇高的境界。修慝是指完善内心的修养,平衡矛盾的心理,化解理智与情感的矛盾,以求平和安详。辨惑则是指真正有明辨善恶的智慧,不会被迷惑。

崇德、修慝、辨惑,这就是人生修养的三宝,它们主要是围绕道德品质和智慧这两个方面来阐述的。孔子还告诉樊迟,做人做事先不要考虑自己的利益与价值,如果认为是善的事,那就先做了再说,最后总会有成果,这就是德业。如果一时忍不住气,而忘掉自

身的安危，甚至牵连到自己的亲人，这不是糊涂吗？

曾国藩也曾说过："愤怒二字，至贤亦有之；特能少忍须臾，便不伤生。"

王刚大学刚毕业的时候，某电视公司请他去主持一个特别节目，节目的导播看他文章不错，就要他兼任编剧。但在节目做完领酬劳时，导播不仅不给他编剧费，还扣他一半的主持费，并振振有词地说："这是收据，你签收一千六，但我只能给你八百，因为这个节目透支了。"

王刚听完后没吭声，心想："多大点事，何必太较真呢？"后来那导播又找他，他也"照样"做了几次。最后一次做完，那位导播没再扣王刚的钱，反而对他很客气，因为王刚被该公司的新闻部看上，一下子成了电视记者兼新闻主持。

后来他们经常在公司不期而遇，那个导播每次都笑得有点尴尬。王刚也曾想去告他一

曾国藩

状，可又一想：没有他能有我的今天吗？如果我当初不忍下一口气，又怎能继续获得主持的机会呢！机会是他给的，他也算是我的恩人，现在他已经知错，我又何必报复呢？

在发生矛盾时，良好的修养让你保持心平气和。你投之以桃，别人也会报之以李，你对别人不依不饶，自己也必将受到伤害，有时甚至是致命的伤害。

俗话说，"宰相肚里能撑船"，为人领导者不妨做个有度量的人，做个心态平和的"宰相"。古时候有个宰相，一天，请来一位理发师给他理发。理发师给他理好发后，就为他修面。面修了一半，理发师忽然停下手中的剃刀，两只眼睛看着宰相的脖子。宰相心中纳闷，就问道："你不修面，却在看我的脖子，这是为何？"理发师听了宰相的问话，说："人家说'宰相肚里能撑船'，是吗？"宰相听了哈哈大笑，说："是呀，宰相气量大，对各种小事，都能容忍，从来不计较。否则怎么做宰相呢？"理发师听了，慌忙跪在地上，口中连连说："小人该死，小人该死。"宰相忙问："什么事？"理发师说："小人该死。在修面的时候，小人不小心，将大人左面的眉毛剃掉了，请大人千万恕罪。"宰相一听，十分气愤。他想，剃去了一道眉毛，如何去见皇上，又如何会客呢？正想发怒，但又一想，自己刚才讲过，宰相的气量最大，对那些小事，从来不计较，现在为了一道眉毛，又怎么能治他的罪呢？想到这里，宰相只好说道："去拿一支笔来，将剃去的眉毛给我画上。"理发师就按宰相的吩咐，给宰相画上了一道眉毛。宰相走了，理发师望着他的背影心中很不是滋味："宰相大人呀，幸亏您肚量大，如果您不原谅我的话，我就会用刀割断您的喉咙！与您相比，我真是一个小人啊！"

國學智慧全書

经学智慧

宰相因为忍住了心中的怒气,所以没有成为理发师的"刀下之鬼"。由此可见,作为一名领导者,只有培养内心的品德,用理智控制住情感,同时再加上明辨是非的智慧,才能从容立世做人。

★ 小胜凭智,大赢靠德:以德服人

子曰:"道之以政,齐之以刑,民免而无耻;道之以德,齐之以礼,有耻且格。"
——《论语》为政第二

"小胜凭智,大胜靠德"观念,在所有的管理理念中名列榜首,一个真正成功的领导者应该懂得,收服人心的最大武器是"德",而不是"威慑"。

子曰:"道之以政,齐之以刑,民免而无耻;道之以德,齐之以礼,有耻且格。"(《论语·为政》)孔子的这段话生动地讲述了治国之本,在他看来以政令教导,以刑罚管束,百姓会因求免于刑罚而服从,但不会有廉耻之心;以德行教化,以礼制约束,百姓不但会有廉耻之心,而且会人心归顺。

孔子主张"怀德修远""以德服人"。他在《论语·季氏》篇中说:"夫如是,故远人不服,则修文德以来之。"孔子认为"做到这样,远方的人还不归服,便发扬文治教化招致他们"。

孔子还说:"为政以德,譬如北辰,居其所,而众星共之。"(《论语·为政》)这是说,政治要讲道德,以德服人,如果"为政以德",就如同北极星处在自己的位置上,而众多的星辰围绕环抱它一样。人们会信服他,追随他。

仁政学说主张采用"以德服人"的办法,孟子也说"以力服人者,非心服也,力不赡也;以德服人者,中心悦而诚服也"(《公孙丑上》)。这是说,用"力"不能使人心服,只有用"德"才能使人"心悦诚服"。

古往今来,人们无不看重"服人"二字。有主张"以力服人"的,有主张"以理服人"的,也有主张"以德服人"的,认为注重自身修身立德,行端品正,道德高尚,就能"高山仰止,景行行止",让众人服之、众心归之。对于领导者而言,除"以力服人"外,"以理服人"和"以德服人"也必不可少,而后者是一种高境界,更显得重要。

厉以宁教授认为,企业家不是一种职业,而是一种素质。从企业管理角度看,有三个不同的管理层次,一是以力服人,二是以才服人,三是以德服人。以力服人,只是最低的管理水平,是三流企业家;以才服人,是用自己的才智和能力引导别人服从自己意志,是二流企业家;以德服人,是用自己的品德和为人,证明自己值得依赖,使人心甘情愿服从自己。这样的企业家才是一流的企业家。

"小胜凭智,大胜靠德",这是常挂在蒙牛董事长牛根生嘴边的话,因为"德"是制服人心的最佳利器。"想赢两三个回合,赢三年五年,有点智商就行;要想一辈子赢,没有'德商'绝对不行。"

　　牛根生有一个"让车"故事。2000年,和林格尔政府奖励牛根生一台菱志车,价值104万,而当时比牛根生大八岁的副董事长的奖励是一辆捷达车。但是,此时的牛根生并没有打算享受这辆豪华轿车,而是提出了与这位副董事长换车。

　　这正是牛根生所追求的"德",牛根生想通过这样的行为来向人们传递出一个信息,"牛根生做企业不是为了个人赚钱和享乐。"

　　人性很复杂,人心更是难以揣测,而牛根生却能自如地管理人心,也许这要源于牛根生"以德服人"的准则。牺牲自己,成全别人,听起来都像是不真实的歌颂之词,而牛根生做到了。

　　蒙牛能有今天,离不开牛根生的管理,牛根生的管理人心之术是值得管理者学习和借鉴的。"大胜靠德"观念,在所有的管理理念中名列榜首,一个真正成功的企业家应该懂得,收服人心的最大武器是"德",而不是"威慑"。

國學智慧全書

經學智慧

第三章 唯才是举才是识人之道

★人才难得:英雄不问出处

> 仲弓为季氏宰,问政。子曰:"先有司,赦小过,举贤才。"曰:"焉知贤才而举之?"子曰:"举尔所知;尔所不知,人其舍诸?"
>
> ——《论语》子路第十三

國學智慧全書

论语

仲弓当季氏的邑宰,因此请问孔子为政之道。孔子答复仲弓:"先有司,赦小过,举贤才。""有司"是下属们各司其职,各有其责。做领导第一要职掌分明,办事有序。"赦小过",下属有小的过失,不要太计较,要宽容。"贤才"就是人才,要举荐,发现人才。

仲弓又问:"焉知贤才而举之?"如何才能发现贤才?孔子说,你首先任用你所知道的。至于你不知道的,也有他人知道,"人其舍诸",意思是他人会推荐给你。

仲弓

中国传统的用人思想是品德最重要,可是在非常时期,也有人能够不避小过,不求全责备,对各种有才能的人兼容并包,均收为己用。曹操主政十五年,共颁布四道求才令,用人标准是重才不重德。从他的《求贤令》以及《举贤勿拘品行令中》中可看出曹操是爱才的。因为他自己亦是一个成大事的人才。"唯才是举"是曹操尊重人才、实际、不苟求、不求全责备的眼光,也是他吸引人才、使用人才的一种气度与自信。曹操的三通求贤令,虽然文字都不长,但几乎可说是字字好文章,句句好见地。曹操最早下令求贤是在建安十五年,令曰:"若必廉士而后可用,则齐桓其何以霸世? 今天下得无有被褐怀玉而钓于渭滨乎? 又得无盗嫂受金而未遇无知者乎? 二三子其佐我明扬之陋,唯才是举,吾得而用之。"又于十九年十二月令曰:"夫有行之士,未必能进取,进取之士,未必

能有行也。陈平岂笃行，苏秦岂守信邪？而陈平定汉，苏秦定弱燕。由此言之，士之有偏短庸可之乎？"廿二年八月又令曰："若文俗之吏，高才异质，堪为将守，负污辱之名，见笑之行，不仁不孝而有治国用兵之术者，其各举所知，勿有所遗。"曹操一向提倡"唯才是举"。即便是像陈平那样"偷金盗嫂"的人，只要是有治国的才能，曹操也不会嫌弃的。曹操手下有位叫郭嘉的年轻人，从征十一年，屡有谋功。曹操对他十分喜爱，并且有意"以后事属之"。但是他平时行为极不检点，为此惹了不少麻烦。另一位重要谋臣陈群很看不惯郭嘉的做法，常在廷议的时候上奏检举郭嘉。为此，曹操对郭嘉更为爱护，对刚正不阿的陈群也格外喜欢。贫寒出身的谋士程昱，虽有"王佐之才"，但是他性格刚戾，脾气古怪，在为人处事上，也是得罪过不少人。有人诬告程昱谋反，曹操不予理睬，反而对程昱的待遇更加优厚。曹操还有一位同乡丁斐，任典军校尉，深得信任。一般他有什么建议，曹操都会采纳。但他有爱贪小便宜的坏毛病，曾经利用职务之便，将自家的一头瘦牛换了一头官牛。经过处罚后，曹操又恢复了他的官职，仍像往常一样信任他。名士祢衡，有才辩，孔融荐之于曹操，祢衡因职不随心，遂辱骂曹操，曹操对孔融说："祢衡竖子，孤杀之，犹雀鼠耳，顾此人素有虚名，远近将谓孤不能容之"，乃送与刘表。可见曹操在处理这些问题上能够更多地着眼于利弊得失，着眼于天下舆论，以此吸引更多敢于献身的壮士。曹操不念旧恶，对于犯了错误的下属很宽厚。徐翕、毛晖先在曹操部下为将，兖州叛乱后，二人也背叛曹操。后为曹操所俘，不念旧恶，仍委任郡守。

★亲力亲为：考察人才要亲自出马

子曰："众恶之，必察焉；众好之，必察焉。"

——《论语》卫灵公第十五

孔子说："大家都讨厌的人，我一定要认真观察；大家都喜欢的人，我也要认真观察。"

这是孔子考察人才的学问，一个人如果有人说好有人说坏是正常的，人与人之间不可能没有利益冲突，有冲突就有是非，很难让利益冲突的两方都喜欢。而如果对某个人，所有人的评价都是正面的，很有可能这个人就有问题了，他要么是个两面派，要么喜欢耍心机、耍手段讨好他人。如果某个人所有人都不喜欢，那也不能因此就认定这人不好，而要详加观察。

明嘉靖四十五年，海瑞上疏，条奏《直言天下第一事疏》，嘉靖皇帝读了海瑞上疏，十分愤怒，把上疏扔在地上，对左右说："快把他逮起来，不要让他跑掉。"遂逮捕海瑞关进诏狱，追究主使的人。穆宗即位后，恢复海瑞原职，改任兵部武库司主事。后经南京、北京左、右通政，隆庆三年升御史巡按应天。他到任后，属吏害怕他的威严，有显赫的权贵把门漆成红色的,听说海瑞来了,又改漆成黑色,宦官在江南监织造,因海瑞来也减少了舆从。这期间,海瑞兴修水利让百姓得到了好处,徐阶罢相后在家中居住,海瑞追究徐家也不给予优待。推行政令气势猛烈,所属官吏恐惧奉行不敢有误,豪强甚至有的跑到其他地方去躲避的。而有些奸民多乘机揭发告状,世家大姓不时有被诬陷受冤枉的人,因此同僚对海瑞的怨言越来越多。同时他又裁减邮传冗费,士大夫路过海瑞的辖区大都得不到很好的张罗供应,因此怨言越来越多。隆庆四年海瑞被弹劾庇护奸民,鱼肉士大夫,沽名乱政,被改任南京粮储。当时高拱掌握吏部,早就仇恨海瑞,于是把海瑞的职务合并到南京户部中,海瑞因此称病引退。海瑞这官当的,皇帝厌恶,上司头疼,同僚切齿,下属怀恨,可以说官场上没人喜欢。可是大家都知道,海瑞本人是个清官,他的家里可以用家徒四壁来形容,本人也是穷得叮当响,死的时候连埋自己的钱都没有。就是这样一个清官,因为他的所作所为,触动了官场上其他人的利益而被厌恶,可是我们能说海瑞不是个好官吗?海瑞下台的时候,南京的百姓家家哭泣。

海瑞还有民众的爱戴,可是袁崇焕死的时候,北京城的百姓对他百般凌辱,甚至于碎尸万段,因为他们受统治者的蒙蔽,以为袁崇焕是卖国贼。袁崇焕是广东东莞人,明朝杰出的军事家。他当政的时候主持北方军务,对抗正在兴起的清主努尔哈赤。努尔哈赤死后,皇太极率十万清兵绕境蒙古,由喜峰口攻陷遵化,兵临北京城下,北京戒严。袁崇焕闻讯带兵两日急行三百里,本应将来犯之敌阻挡在蓟州至通州一线,在此展开决战,以确保京城安全。但当他侦察得知敌兵已经越过蓟州向西进发时,只是率兵跟蹑,赶到河西务时,又不顾将领反对,率部前往北京,于次日晚抵达广渠门外,大败清军。袁崇焕如此之举,引起北京城外戚畹中贵的极度不满,纷纷向朝廷告状:袁崇焕名为入援,却听任敌骑劫掠焚烧民舍,不敢一矢相加,城外戚畹中贵的园亭庄舍被敌骑蹂躏殆尽。世传皇太极施反间计,捕捉两名明宫太监,然后故意让两人以为听见满清将军之间的耳语,谓袁崇焕与满人有密约,皇太极再放其中一名太监回京。往日与袁崇焕有隙的朝臣也趁势"诬其引敌协和,将为城下之盟"。崇祯皇帝中计,将袁崇焕打入大牢,以"通虏谋叛""擅主和议""专戮大帅""市米盗资"等十大罪状"磔"死。崇祯皇帝对外宣传袁崇焕里通外敌,北京百姓都恨之入骨,把刽子手割下来的肉生生吃掉,最后连个全尸都没有留下。

我们都知道袁崇焕是中华民族的英雄,他的对手也对他充满尊敬,但就是这样的人,曾经被举国百姓恨入骨髓,从众心理的可怕后果,可得窥见。我们对于众口一词的看法,

海瑞

论语

要有所警惕,要养成遇事有主见,不先入为主,先调查再判断的思维习惯,避免陷入人云亦云的思维陷阱。

★全才难得:不要忽视狂狷之士

子曰:"不得中行而与之,必也狂狷乎! 狂者进取,狷者有所不为也。"

——《论语》子路第十三

什么样的下属算堪用的人才呢? 我们当然希望手下个个文如诸葛、武如张飞、忠义如关羽。但是这样的人才毕竟是很难的。得不到这样的人才,我们就无人可用吗?

孔子说:"找不到中庸的人交往的话,就与狂士或狷士交往。狂士力图进取,狷士有所不为。"

面对全才难得的问题,孔子说了,找不到合乎中庸之道的人才,就找狂士和狷士。这两种人分别有自己的好处,狂士有进取心,是冲锋陷阵、披荆斩棘的好人选,开创事业需要这样的人。狷士有所不为,有自己做人的原则和主见,不合原则的事情就不会做,这种人值得信任,可以托付重任给他,他不会因为威逼利诱而动摇。

阿里巴巴网站的创始人马云,就是现代的狂士。马云创建阿里巴巴的时候,电子商务在国内还是新生事物,马云为创生不久的 B2B 模式寻求外援孤身赴美,却一无所获。那次,他兴冲冲而去,却与美国流派"吵得天翻地覆"——那时大行其道的是以亚马逊为代表的 B2C 和以 eBay 为代表的 C2C。2003 年 7 月,在一片质疑声中,阿里巴巴突然抢入被 eBay 中国垄断了 90%份额的中国 C2C 市场,推出以免费为号召的淘宝网。当时,一位美投资商在听马云讲述了几分钟淘宝的故事后,突然转身离开,走之前告诫马云:任何企业也别想在 C2C 领域与 eBay 抗衡。但接下来的一年中,淘宝令外界改变了看法。就在马云访美期间,淘宝网公布了该年度财务数据,结果显示,作为后起者的淘宝不光在 alexa 排名和在线商品数量上超越了 eBay 中国,在交易额、成交率、日新增商品数、注册用户数和网页浏览量等指标上,亦高出后者一截。2004 年 10 月份,因为阿里巴巴在 CNBC 电视台的广告攻势,一些 eBay 的大卖家已开始通过阿里巴巴采购商品。eBay 总部因之对马云在美国的一切行动戒备有加。据说,凡马云发表的言论,eBay 的工作人员都会第一时间传真给公司 CEO 惠特曼。可以说淘宝网的成功,离不开马云的进取心。

梅兰芳在 20 世纪 30 年代红遍中国,处于演艺事业的巅峰,但是这时候抗日战争爆发了,日军占领上海后,梅兰芳杜门谢客,拒绝继续演出。当时上海几家戏院老板相继请他出来演戏,他都一一婉言谢绝。一些日伪分子和地痞流氓多次上门纠缠干扰,并以金钱引诱:"只要梅老板肯出来,金条马上送到府上。"梅兰芳一笑置之。同时他时刻注视着时

28

国學智慧全書

經學智慧

局的发展,当听到日军偷袭珍珠港,太平洋战争全面爆发的消息时,梅兰芳对时局深感忧虑,为了表明自己拒绝演戏的决心,他从此蓄起了胡须。

汪伪政府派一个大汉奸来上海登门邀请梅兰芳参加所谓"大东亚战争胜利"一周年的庆祝活动。梅兰芳听明来意后,指着自己的唇髭说:"我已经上了年纪,嗓子坏了,早已退出舞台!"来者厚颜无耻地笑道:"胡子可以剃掉嘛,嗓子吊吊也能恢复!"素来待人文雅的梅兰芳,此刻面对这等恬不知耻的民族败类,露出了凛凛锋芒,讪笑着说:"先生一向玩票,大花脸唱得不错,你当团长率领剧团去慰问,岂不更为合适!"寥寥数语,顶得这个大汉奸张口结舌,好似一条挨了揍的癞皮狗,夹着尾巴悻悻而去。

日本人拿梅兰芳没有办法,但是仍然没有放弃坏心,他们把条件降低:不劳梅兰芳唱戏,只请他出来讲一段话便可。梅兰芳闻讯,立刻请来医师给自己打伤寒预防针,造成自己发高烧,然后以重病为由再次拒绝。原来,梅兰芳自幼不管打什么预防针,立刻便会发高烧。这伤寒预防针一打,果然见效,顿时浑身滚烫,昏昏沉沉,卧床不起。日本人对梅兰芳突然染病将信将疑,于是派出一名日本军医去打听究竟,这位医生到了梅兰芳家,一量病人的体温,果然高达 42 度。就这样,梅兰芳不惜人为地发高烧损伤自己的身体,再次抵制了日军的胁迫。梅兰芳因为拒绝演出,没有了收入来源,一家人的日子过得很拮据,但是他宁可卖画、典当度日,也决不为日伪演出,"有所不为"四个字放在梅兰芳身上,再合适不过,中华民族的铮铮骨气展现无余。

★识人方法:视其所以,观其所由,察其所安

子曰:视其所以,观其所由,察其所安。

哀公问曰:"何为则民服?"孔子对曰:"举直错诸枉,则民服;举枉错诸直,则民不服。"

子曰:吾与回言终日,不违,如愚。退而省其私,亦足已发,回也不愚。

——《论语》为政第二

为政者最重要的任务恐怕就是用人了。用人的关键恐怕就在于识人了。

识人难吗?人海茫茫,世事变幻,要真正了解一个人很难,正是"画虎画皮难画骨,知人知面难知心"。所以,孔子给我们讲了一个故事。他说,我和颜回谈话,谈了一整天,他从来没有反对我的意思,好像很愚蠢呀!还真有些失望呢!但是,私下再考察他,情况就大不一样了,他不但懂我的思想,还能更进一步发挥,颜回一点也不笨。孔子只是举了身边的一个例子。那些笑里藏刀、万岁不离口却暗藏杀机的反面人物很多,孔子不屑去说他们。看来,评价一个人不能凭表面印象,因为不同的阅历,不同的环境,不同的爱好,不

同的追求,塑造了不同性格的人:有的外向,有的内敛;有的活泼,有的沉默;有的坦诚,有的含蓄;有的沉着,有的暴躁;有的温顺,有的刚直;有的敏感,有的迟钝;有的貌似憨厚却行为诡诈,有的外表君子之相却品行不端,有的道貌岸然却笑里藏刀。再加上环境的急骤变化,人的各种形态更是毕露:阿谀奉承者可以落井下石,锦上添花者可以雪上加霜;花言巧语者可以污蔑陷害;同心同德者可以反目为仇。真是鱼龙混杂,眼花缭乱,人心比山川还险恶,知人比知天还困难。

识人易吗?识人又很易。"路遥知马力,日久见人心","试玉要烧三日满,辨才须待七年期","听其言,观其行",等等,都很有效,但孔子也给我们提供了一些方法,一要视其所以,就是看他的动机和目的。动机决定手段。周恩来为中华之崛起而读书,苏秦为扬名于天下而"锥刺股",易牙为篡权而杀子做汤取悦于齐桓公。我们要看他做什么,更要看为什么这样做,要透过荷叶看到藕,如果我们仅被表面的现象所迷惑,我们对人的认识又有多少呢?齐桓公被易牙的所谓忠诚所感动,结果落了个死无葬身之地。二要观其所由,就是看他一贯的做法。君子也爱财,但君子和小人不同,小人可以偷,可以抢,可以夺,甚至杀人越货;君子却做不来,即使财如同身旁的鲜花随意采撷,他也要考虑是不是符合道。有时候不在乎做什么、做多大、做多少,而要看他怎么做,官做得大,却是行贿得来的,钱赚得多,却是靠坑蒙拐骗得来的,那也为人所不齿。三要察其所安,就是说看他安于什么,也就是平常的涵养。比如浮浮躁躁,比如急功近利,比如脸红心跳,比如一有成绩就自视甚高、目中无人,比如一遇挫折就垂头丧气、怨天尤人,等等,都是没有涵养的。这样的人最易折,做事有可能半途而废,交友有可能背信弃义。只有有静气的人才能威临世界,而不被身外之物所包裹。想想吧,越王勾践如果没有静气,怎么能卧薪尝胆?司马迁没有静气,宫刑的痛苦缠绕终生,哪还有什么心思写《史记》?韩信如果没有静气,早成为流氓的陪葬品,还能帮助刘邦成就霸业?静气是在寂寞中的坚韧,在困苦中的达观,在迷离中的坚定,在庸常中的高贵,在失败中的自信,在成功中的沉稳。有如此品质的人,谁又能怀疑他呢?

用这三点去识人,他怎么能隐瞒得了呢?孔子连说了两遍,孔子似在肯定,又似乎在提醒人们做到这点又是多么不容易!

★人尽其用:人与事最佳组合才最有效

子曰:"君子不可小知而可大受也;小人不可大受而可小知也。"

——《论语》卫灵公第十五

这里的"小人"不是指品德方面,而是指才具一般的人。孔子这番话似乎在讲用人的

道理。他说,对君子,不能只让他做小事,而应当让他接受重大任务;对才具一般之人,不可让他接受重大任务,可以让他做些小事情。总之,按能分配,各尽所能,人与事最佳组合,取得最佳效果。

从孔子的话中,让我们大大拓宽了对"人才"概念的认识。什么是人才?狭义地理解,人才就是人群中的精英,是群体中的部分,而且是少部分,类似领导或者领袖,搞文学不是人才,成为作家才是人才;学数学不是人才,成为数学家才是人才;当公务员不是人才,只有当了领导才是人才。这样一来,人才的内涵缩小了,许多人被排斥在人才之外。从孔子的观点看,有用就是人才,首先是有用,在有用的基础上,才有层次之分。

可见,世上没有绝对无用之人,只有庸才的领导者。鸦片是一种剧毒药,但高明的医生却能用来止痛;刘邦手下的陈平有什么忠厚的品德?却奠定了汉王朝的基业;苏秦何曾守过信义?却拯救了弱小的燕国。看来,对人才,关键是怎么看,怎么用。人家擅长爬山,你让人家去游泳;人家爱外交,你让人家搞科研;人家学食品,你让人家去做老鼠药;人家爱思考,你让人家做警卫;兔子跑得快,你却让他和乌龟去比赛,兔子当然要睡大觉。这一切究竟是谁的悲哀?

人才多样化,社会岗位也多样化。聪明的领导者要从狭隘的人才观中走出来,应当为每个岗位、每项工作找到合适的人,为每个人找到合适的岗位和工作。合适是多么的重要,合适是人和事的和谐,合适是人和事的促进,合适产生效率,合适产生效果,合适产生人才,合适就是幸福。你看看恋爱中的男女,不是大学生找到大学生才幸福,不是写小说的找到诗人才幸福,不是门当户对才幸福,不是郎才女貌才幸福,而是彼此感觉"合适"才幸福。因为追求这"合适",人类的恋爱史上上演了多少惊天动地的悲喜剧呀!在人才的使用上,谁又做过统计?

★识人重"孝":不"孝"之人不可委以重任

子曰:"弟子入则孝,出则悌,谨而信,泛爱众,而亲仁。行有余力,则以学文。"

——《论语》学而第一

现在的社会越来越认识到"孝"之于人的重要意义,越来越强调对"孝"的崇尚和认可,不少企业更是公开把"孝"作为选人用人的重要条件。

2007年3月,在北京参加"两会"的代表、委员们在审议、讨论政府工作报告时指出,加强青少年思想道德建设应该包括感恩教育,诸如"孝敬父母""记取他人对自己的奉献""了解自己对社会的责任"等。

孔子在《论语·学而》篇中说:"弟子入则孝,出则悌,谨而信,泛爱众,而亲仁。行有

余力,则以学文。"这一句主要是孔子对为人的一般要求,意思是说作为人子,进家要孝顺父母,出外要顺从兄长,言语要谨慎而守信,博爱大众而且亲爱人类。一个心怀感恩的人,会向一切于己有恩之人感恩。

《论语·学而》篇还说:"孝悌也者,其为仁之本与。"是说孝顺父母、友爱兄弟是一切道德的基础。做人首先要懂得孝顺父母、尊敬长辈,其次才是读书认知。孔子在此已说得很清楚,做人先要有孝敬父母的自发意识,然后才谈得上其他。

在我国,孝的观念源远流长,甲骨文中就出现了"孝"字,这也就是说,在公元前11世纪以前,华夏先民就已经有了孝的观念。春秋时期的孔子是一位全面系统地论述孝道的人,在《论语》中,有关"孝悌"的章节达16处之多,足以见得孝悌观念在儒家学说中的地位。在孔子看来,一个没有孝悌观念的人,其本质是不善良的、自私的,这样的人,是没有社会责任感的,是极可能为满足自己的私欲、恶欲而犯上作乱,破坏人伦和社会秩序的。

不孝不悌之人,通常有着个性上的缺陷,而且这种缺陷会给工作带来障碍,给企业带来隐患。如果为人子女不能体会父母无以为报的恩德,不能孝敬父母,这个人就更不可能爱领导,尊敬上级;爱企业,与企业共发展;爱同事,尊重他人,与同事友好相处,真诚合作。

现在许多企业招人、用人往往只考虑能力、学识,极少去看其是否具有孝心。其实,作为领导,选用人才时,除考核其能力、成绩外,还应加上一个"孝"的考核。现行的《党政领导干部选拔任用工作条例》就把孝道纳入其中,是对于德的标准的一个具体化。

2005年7月5日《中国青年报》刊登了甘肃省一家民营企业的招聘广告,内容是:"高薪诚聘集团公司副总经理1名,45岁以下,本科以上或相当于本科学历的自学成才者。品行端正,孝敬父母……"

广告中"孝敬父母"的条件引发了社会的争论,引起了人们的普遍关注。"如果一个人连对父母的孝心都不能尽到,家庭关系都不能处理好,又怎么能管好企业,处理好与客户的关系呢?"该公司负责此次招聘的陆先生这样解释他们的招聘条件。该公司一位孙姓员工说,孝敬父母的人往往工作责任心强,同事关系处理得好,所以孝敬父母几乎成了公司用人的首要标准。"公司有规定,凡是不孝敬父母者,一概辞退。"

现在许多企业在招聘员工时,不仅希望员工懂外语、懂电脑,还希望员工有责任感,有孝心。责任感和孝心是员工竞争力的重要组成部分。

不少世界500强公司,在进行用人调查时,都把孝顺父母作为一项十分重要的内容加以考察。日本、韩国很早就有浓厚的孝道精神,一些发达国家的企业家把是否具有孝道精神作为用人的重要标准,一个孝敬父母的人会有强烈的责任感,对工作认真负责,在紧要关头挺身而出。

日本企业家松下幸之助痛恨小偷,有一次一个员工偷窃被发现,小偷说这个东西可以减轻父亲种田的负担,松下听后深鞠一躬,并向公司员工推广孝道。

有一家私营企业,让员工回家时给父母洗脚并写出自己的感想。很多人对此不理

解，老板却深有感触地说："父母从小给我们洗脚，我们在父母的养育下长大成人，就不能给父母洗洗脚？让员工回去为父母洗脚，然后写出自己的感想，从中可以检验出他们是否孝敬父母，如果不能尽孝，那么这样的人在工作上便缺少敬业精神。在选人用人上，我将以此作为标准……"

为父母洗脚，不仅是在尽孝，还有助于两代人之间心灵的沟通、隔膜的消除，而这些，全寓于简单而平凡的洗脚之中。

"孝悌"方法是考察人品性根本的一个侧面，孝悌有助于企业对人的审视，对人的评判。将现代科学的人事测量方法与中国的"孝悌"方法结合使用，可以帮助企业找到可用的人、有用的人和适宜的人，为企业拥有真正的人力资源、为企业培养出真正的人才、为企业参与竞争提供帮助。

★察人务实：不以言举人，不以人废言

子曰："君子不以言举人，不以人废言。"

——《论语》卫灵公第十五

"不以言举人，不以人废言。"是值得今天的领导者借鉴的，在用人问题上，既不要偏听偏信，也不要抱有成见，要全面地考察和鉴别人才。

"子曰：'君子不以言举人，不以人废言。'"意思是：君子不因为一个人说的话动听就提拔他；也不因一个人有缺点就拒绝他的正确意见。

孔子认为，在评价和了解一个人的时候，不能只看他说了什么，还要看他做了什么。孔子最初听到人家说的话，就相信其行为，但是后来，他从弟子宰予白天睡懒觉这件事上认识到这种想法偏颇，于是改变了原来的想法，他说："始吾于人也，听其言而信其行；今吾于人也，听其言而观其行。"（《论语·公冶长》）孔子认为，对一个人，要听他说的，更重要的是要"观其行"，也就是要考察人的实际行为。

有些领导者常常被别人的言辞迷惑而轻率地用人。历史上这样"以言举人"的例子很多。

上林苑为秦始皇所建，是专供皇帝狩猎、巡守的地方。汉文帝一日到上林苑游玩，不觉来到一处，听见虎啸之声，随行的官员告诉他，这是来到了养虎的虎圈，文帝就问管理上林苑的上林尉："这上林苑中的各样禽兽每种有多少呀？"

上林尉措手不及，无言以对。文帝心中不高兴，故意一口气问了十几个问题，上林尉万分尴尬，左右张望，一个问题也答不上来。

这时，有个管虎圈的啬夫（就是管理虎圈的小吏），从旁代为应对，回答得头头是道，

文帝来了兴趣,有意问了许多问题,以考察此人的能耐。啬夫看来了机会,有意卖弄,有问必答,滔滔不绝。文帝很是高兴:"作为一个官吏,难道不应该这个样子吗？上林尉太不称职,难以信赖。"

于是,文帝就对身旁跟随的廷尉张释之说:"这小子,不错,很有才能,就破格提拔他做上林尉吧!"那个小吏闻言心中大喜,暗自高兴。

张释之考虑了很久,决定出面反对这个人事任命。他问汉文帝:"皇上觉得,辅佐高祖定天下的绛侯周勃、东阳侯张相如是个什么样的人？"

文帝说:"都是厚德自尊的长者。"

张释之说:"这两人都是德高望重的人,可他们都不善言辞。难道当初他们都是学啬夫这样喋喋利口,才受到重视的吗？"

看到文帝心有所动,张释之继续说:"秦国重用刀笔之吏,官员们争相用急迫苛刻的办法谋官,结果弊病丛生,国家很快土崩瓦解。今天如果因为这个啬夫能言善辩,就破格提拔他,只恐天下人追随此风,纷纷效仿,争做那能言善辩而不务实之人,这样就会造成轻薄不务实的坏风气呀!"

听了张释之的话,文帝感觉非常有理,于是打消了提拔啬夫的念头。

无论什么时候用人都应该慎重,不能以只言片语论事,文帝从谏听劝,避免了以言任人,维护了朝中良好的风气。

有的人能干但是口才不好。有的人能说,口若悬河,却不能真正地做什么事。所以,决定对一个人的任用,不能只看他会不会说话,而要看他能不能做事。

日本经营之神松下幸之助在鉴别人才时,就做到了"不以言举人,不以人废言"。他不像时下某些领导者一样喜欢听好话,对阿谀奉承者视如亲腹,遇到诸如晋级、升职、评先等问题时均先考虑这些人,而对提出相反意见、爱说逆耳话的人就疏远,甚至排挤。相反,松下幸之助喜欢重用唱反调的人才。

松下幸之助白手起家,把一个小厂发展成全球最具规模的家电生产企业,他的下属山下俊彦起了至关重要的作用。

熟知松下企业的人都知道,山下俊彦在松下幸之助眼中是个经常唱反调、具有"反叛"性格的优秀人才。他心直口快,多次为公司与松下顶嘴,是松下公司一个时常与松下意见对立的主管。一般领导者认为身边可以用的人成千上万,即使有通天的本领,只要员工唱反调,就不会给他晋升机会。但松下幸之助视人才为公司的贵重资产,明知山下俊彦是个意见多多的问题人物,也照样给他与别人同等的表现机会,让他在公司发挥自己的才干。

1977年1月,松下幸之助以松下集团最高顾问兼创业者的身份,宣布山下俊彦出任松下企业总裁,这个消息,令松下董事局及企业界颇感意外。很多人认为,山下俊彦是个经常跟公司决策过不去的人,论资历,他在董事局内的地位只排第25位,除了最高顾问松下幸之助与即将退任的松下正治两人,至少还有22位高级董事可以出任总裁要职,为

什么要挑选第 25 位的山下来领导松下企业呢?

松下幸之助没有理会多数人的反对,坚决起用山下。这项决定使山下有机会施展才华,实现自己发展超大型企业的梦想。现在,日本企业界都承认,松下企业在山下俊彦的领导下,成为 21 世纪超巨型又稳健的跨国集团。

说到这里,大家一定会明白,松下幸之助起用唱反调的人是有原则的,是建立在对一个人正确评估基础之上的。像山下俊彦这样的人,虽然总与松下幸之助唱反调,可是他崇尚松下幸之助的经营理念,是个既精于技术又具管理和经营才干的企业家。

★人品关乎成败:品德比能力更重要

子曰:"骥不称其力,称其德也。"

——《论语》宪问第十四

一个人如果品质不好,能力差一点,还不至于有大的危害。而一个能力非常强,智商非常高的人,如果品质败坏,那他所造成的危害就会非常大。

市场在呼唤道德,企业在呼唤道德,唯德是举、唯才是用的原则已成为企业任用人才的基本原则。"子曰:'骥不称其力,称其德也。'"孔子说,对于千里马,不是称赞它的能力,而是称赞它的品德。

人们一说到千里马,就联想到它日行千里的能力,而很少想到它的品德。一匹好马并不是看它的力气大,而是看它的品德。如果一匹马力气再大,能日行千里,但无德,不听人使唤,那么,这匹马就不是好马。人才亦如此,如果一个人有能力、无品德,同样不成其才。人才的品质比能力更重要。

巴林银行是英国历史最悠久的银行之一,总部在新加坡,是英国的老牌银行,于 1762 年由法兰西斯·巴林爵士创立。巴林银行于 1995 年 2 月 26 日倒闭,其原因是年仅 28 岁名为尼克·李森期货交易员,在不到三年内,以偷天换日的手法,进行不当交易。

曾被美国《财富》杂志评为 500 强第七名的能源巨人安然,于 2001 年底宣布破产。一家年营收达 1000 多亿美元的企业,能在短时间内崩解,肇因于执行长与财务长勾结全球第五大的安达信会计师事务所,在财务报表上灌水造假、隐藏债务,借以哄抬股价牟利。

无论企业管理制度多么严谨,一旦雇用品德有瑕疵的人,就像组织中埋有深水炸弹,随时可能引爆。

统一集团的用人八字诀是:"诚实守信,创新求进。"这和有些公司把业绩作为考核员工的第一标准的做法有所区别。统一集团首先要求自己的员工诚实,无论对主管、对下

论语

属、对客户，都必须诚实。在道德品质没有问题的前提下，用业绩来衡量员工的能力。

一个企业在发展过程中，如何吸引大量的优秀人才为企业所用是企业必须正视的问题。企业最看中的是一个人的品德。能力可以培养，品德却是无法培养的。因此，很多企业在招聘和提拔员工时把人品放在第一位。

企业最大的资产是人才，一旦用人不当，人才便会成为企业最大的负债。因此，人才的品德比专业能力更重要，因为人品攸关企业的竞争力。

第四章 攻心为上,用人的学问之要

★齐之以礼:用人攻心为上

子曰:"道之以政,齐之以刑,民免而无耻;道之以德,齐之以礼,有耻且格。"

——《论语》为政第二

孔子说:"用政令来治理百姓,用刑法来整顿他们,老百姓只求能免于犯罪受惩罚,却没有廉耻之心;用道德引导百姓,用礼制去同化他们,百姓不仅会有羞耻之心,而且有归服之心。"这里孔子比较了两种管理模式的优劣,在同样可以达到准则规范被遵守之目的的前提下,道之以德、齐之以礼的方法收到的效果比道之以政、齐之以刑好。道德意识是一种自省活动,任何强制性制裁都是一种非法干预;惩罚性干预虽可使人心存畏悸、小心规范自己的行为,却难以达成主观上的道德自律。但是相对的,道德意识也比法律意识更难培养起来,德治比法治难得多。

西汉的时候有个叫黄霸的郡守,他上任之前,颍川郡有好几个县的居民聚集,围攻县府,前任的郡太守逃往京城向汉宣帝求救,要求派武将镇压"刁民"。黄霸到颍川第一件事就是出安民告示,教化百姓,学习法令,并派人张贴告示,号召流民回乡,凡回家开荒种田者发放粮食,发放种子,免税免劳役。他带头脱掉官服官靴,下地拉犁耕地。他的做法一传十,十传百,外出逃荒的流亡农民纷纷回来了。他还责令各县县令安置逃荒者,违者重罚,不听者革职,到各县暗自察访,检查督促。他说:"流亡农民不想造反,也不想背井离乡去逃荒,各县应该明白,这些逃荒流亡农民既是劳动

黄霸

论语

力，又是社会不稳定的因素，把这些流亡农民安置好了，也是你们尽心尽职的政绩了。"

黄霸认为，考察官吏政绩的重点应在防患于未然，所以郡守官员和二十多个县令个个心悦诚服。他到任后之所以先不触动和打击豪强地主，是认为打击这些人的时机尚未成熟。在他看来，最重要的事是重视农桑，发展生产，丰衣足食，安抚百姓。流民见有了出路，纷纷返乡耕种。安定下百姓后，他开始打击豪强地主、恶霸、地痞。凡证据确凿，便狠狠地打击，让他们补足拖欠国家的税款，返还强占百姓的土地、粮食、牧畜、房屋。当然，黄霸也不忘教化他们，给他们出路，让其全家老小开荒种田，自食其力。豪强地主害怕了，便老实上缴税收，返还强占来的土地，黄霸也就不再追究。等到流亡农民稳定下来，黄霸又鼓励农民种树养禽植桑，把宣帝休养生息的政策逐一贯彻，使百姓安居乐业而感恩皇上。五年之后，颍川夜不闭户，路不拾遗，成了繁华富饶之地。黄霸断案也竭力主张用儒家的德治，崇尚仁政，反对酷刑，先行教化，后用刑罚。他还坚持从轻处理疑案的原则，对证据不足就从轻发落，释放回家，以观后效，对那些年老有病非十恶不赦者也从轻处理。结果救了一些人的命，监狱不再人满为患，到衙门来告状喊冤的人也减少了。民间赞扬黄霸持法平和，也称颂宣帝英明宽宏。

★ 孰能无过：别把人一棍子打死

子曰："由之瑟，奚为于丘之门？"门人不敬子路。子曰："由也升堂矣，未入于室也。"

——《论语》先进第十一

子路在军事上有特长，可他偏偏喜欢弹琴，而且还自以为技艺精湛，要不，他怎么会跑到孔子的门口显摆，还真有些班门弄斧的味道。惹得孔子老大不高兴，弹就弹吧，干嘛跑到我的门口来，弄得我都不得休息。老师的态度势必影响学生，于是门人们对子路都很反感，讽刺的，挖苦的，嘲笑的，蔑视的，一时甚嚣尘上，弄得子路抬不起头。

孔子后来发现了这一情况。他觉得自己做得过分了，人非圣贤，孰能无过？人有缺点有毛病，应该允许改正，也应该给予改正的时间，一棍子打死，多少人才会夭折在半途之中，何况子路不是堕落而是在追求高雅和进步呢！于是，孔子赶紧召集众弟子，对子路重新评价，他说，学习有三个阶段，从入门初步掌握，到升堂达到一定水平，再到入室进入精微深奥的境地。子路的水平，已到了升堂的阶段，只是还没有达到入室的水准。需要再努力呀！

圣人就是高明，既为子路挽回了影响，争回了面子，又让子路知道了差距，明确了奋斗方向，还为自己的失误找到了说辞，不失体面。同时，也教诲了其他弟子，不要轻易看不起人，要独立思考，不可盲从，我说好就跟着喊好，我说坏就看人一无是处，这种偏听偏

信,没有个人主见的人,是很难产生大智慧的。

孔子处理问题的方式,至今仍有借鉴意义。我们不能以个人的好恶,不能以小圈子,不能情绪化地来看人、待人,那样就不客观了,就是迷惑,正如孔子所言:"爱之欲其生,恶之欲其死。既欲其生,又欲其死,是惑也",你的认识是随着时间的推移发展的,被观察的对象也是发展变化的,今天的竞争对手可能就是明天最好的合作伙伴,只要变化永恒,人就不能武断。再说,如此态度,也难免被人利用,出现"门人不敬子路"的现象,长此以往,不仅失掉了人才,在群众的评价中也会失掉不少分,切记!

★批评有道:跟孔子学批评之道

子曰:"道不行,乘桴浮于海。从我者,其由与?"子路闻之喜。子曰:"由也好勇过我,无所取材。"

子贡问曰:"赐也何如?"子曰:"女,器也。"

曰:"何器也?"曰:"瑚琏也。"

子谓子贡:"女与回也孰愈?"对曰:"赐也何敢望回?回也闻一以知十,赐也闻一以知二。"子曰:"弗如也;吾与女弗如也。"

季文子三思而后行。子闻之,曰:"再,斯可矣。"

子曰:"孰谓微生高直?或乞醯焉,乞诸其邻而与之。"

——《论语》公冶长第五

人有喜欢别人批评的吗? 不多。人和动物的区别之一,就是人有强烈的自尊感。你是一个为政者,在单位还是一个不大不小的头头,你可得要注意。可并不是人人都能把人、把事做得那么完美,你免不了要批评人,怎么办? 向孔子学习。

首先要把自己摆进去。子路性格直率,争强好勇。对这样的"同志",如果不讲究方式,一旦牛脾气上来,你真拿他没办法。孔子是这样处理的,他先是感叹自己,他说,我的主张得不到实行,我就乘木筏漂到海上去。能跟随我的人,只有子路了。子路很崇拜自己的老师,崇拜的偶像如此看中自己,就是上刀山下火海也在所不辞呀!"士为知己者死"嘛,这句话正符合子路的性格,子路当然乐得屁颠。但孔子话语一转,"由也好勇过我,无所取材",子路,你还得注意别的修养呢! 既照顾了自尊,不一棍子打死,又指出了努力方向。子路能不愉快地接受吗? 子贡是个聪明上进的学生,但也好目中无人,孔子就启发他,"你与颜回相比,谁更强些?"一般讲,这种问法本身就很忌讳。孔子之所以这样问,就是对子贡的一种教育,谁能当面说自己强? 心里不服,嘴上也不能说的。果然,子贡很知趣,他说,"赐也何敢望回。回也闻一以知十,赐也闻一以知二"。孔子的目的达到，但也不能太伤及学生的自尊，他说，我和你都不如他。人家当老师的都承认不如，咱还说什么？向人家学习吧！

其次要含蓄，能有一点幽默更好。子贡自我感觉良好，有一次，他得意扬扬地问孔子，"我端木赐怎么样？"孔子不喜欢骄傲的人，内心就有些不悦，但还是要照顾面子，就说，你呀，是个器具。子贡还在追问是个什么器具，孔子笑呵呵地说，是个瑚琏吧！多么幽默而风趣。瑚琏，虽然华美贵重，但也只能祭祀时盛粮食用，还达不到"君子不器"的境界。凭着子贡的聪明，他一定能领悟得到。批评自己的学生这样，评价别人也是如此。季文子是鲁国的大夫，他世故很深，行为谨慎，凡事计较利害，犹豫难决，故落了个"三思而后行"的名声，孔子听到，伸出了两个指头，"斯可矣"。两次和三次有什么本质的区别吗？孔子无非是在表明他否定的态度。教育季文子从个人的患得患失中跳出来，从眼前利益的斤斤计较中走出来，为了公众利益，为了长远发展，当机立断，快刀斩乱麻。

三要用事实说话。具体事情最能说明问题。尾生在当时知名度很高，他以直爽守信而著称。传说他与一女子相约在一桥下见面，那女子没有按时来，尾生守信不移，一直在约会处等候，后来，河水暴涨，他却抱柱死守，终被淹死。这么一个撼天动地的故事，谁能动摇得了？但孔子却讲了微生高一件小事，有人向他借醋，他没直说没有，而是到邻居家要了点醋，给了那人。大家评评，微生高是直爽还是虚伪？答案当然是明了的。这就是孔子批评的又一种方式。

批评是个好武器，但不会使用，不仅达不到应有的效果，还真有可能伤及自身呢！

★ 使民以时：用人要选准时间

子曰："道千乘之国，敬事而信，节用而爱人，使民以时。"

——《论语》学而第一

孔子所说的"使民以时"，是强调用人时应该把握时间。在中国古代，这一理论在军事上尤其被当权者重视。

汉高祖刘邦的用人学问中就突出了这一点。人们都知道刘邦手下有一员猛将——韩信，刘邦对韩信的任用可以说是"使民以时"的绝好佐证。

韩信初到汉营时还属无名小卒，刘邦看不起他。但这时候，刘邦势单力薄，正是用人之际。当他听萧何说韩信是一个大将之才，可以帮助他打天下时，马上放下了汉王的架子，筑了一个高台，举行隆重典礼，毕恭毕敬地拜韩信为大将，并向全军宣布："凡我汉军将士，今后俱由大将军节制，如有藐视大将军、违令不从者，尽可按军法从事，先斩后奏。"刘邦那种谦恭卑顺的样子，令全军上下莫名其妙。

汉高祖四年,刘邦在成皋战场失利,急需把韩信、彭越等部队调来支援正面战场。不料此时已攻占齐地的韩信派使者来,要求刘邦封他为"假王",以镇守齐国。刘邦大怒道:"怪不得几次调他一直按兵不动,原来是想自己称王!"这时正在一旁的张良、陈平赶紧用脚踢了他一下。刘邦恍然大悟,急忙改变口气对韩信的使者说:"大丈夫平定诸侯,做王就该做真王,为何要做假王呢?"于是派张良为特使正式封韩信为齐王。韩信受封后,果然高高兴兴地率兵支援正面战场。

刘邦称帝后,天下已定,大权在握,于是大封自己的同姓子弟为王,同时认为那些在战争年代封的异姓王公居功自傲、藐视自己。刘邦决定先拿韩信开刀,除掉异姓王。高祖六年,刘邦宣称巡游云梦泽,约定在陈地会晤诸侯。当韩信奉命到来时,刘邦以有人告他谋反为由令武士将其拿下。当韩信申辩时,刘邦厉声说:"有人告你谋反,你敢抵赖吗?"把韩信押回洛阳后,因查无实据,刘邦便把他降为淮阴侯,软禁在京城。吕后洞悉刘邦的心意,在一次刘邦出京时把韩信诱到长乐宫杀掉了。

刘邦

刘邦不像曹操、李世民那样文韬武略兼而有之,身先士卒,垂范天下;也不像康熙、朱棣那样借助龙脉相承,挟先人之余威而君临天下。他凭借的只是一门精明的用人之术。他把用人权谋视为一个系统研究与运用,根据不同的历史时期和处境遭遇确定自己的用人策略,为自己的事业服务。

由此可见,领导者要灵活机动,在用人策略上抓住一个"时"字。不要等到有才能的人被"磨"去了积极向上的事业心或者跳槽后,才想起应该重用他们。同时,应该注重道德上的"使民以时"。比如在员工生病或有急事时,要尽量宽容、安慰他们,而不要责备他们。"使民以时"不仅强调时间上的恰到好处,还是在强调一种道德修养。

★ 使民以诚:用人不避嫌

子曰:"先有司,赦小过,举贤才。"

——《论语》子路第十三

孔子所说的"举贤才",是指提拔有才能的人。选拔人才不易,有很多人才,没有机会表现,只能默默无闻而被埋没终生。但是如果你有所发现,就要提拔他,给他机会,培养

他。如果你并没有发现人才,那就是他没有表现的机会,只好等待别人去发掘了。所谓:"博施济众,尧舜犹病诸!"历史上许多前辈提拔后辈,都是这样。

宋朝时,御史台衙门有一名见多识广的老仆役,他刚强正直,还有一个怪异的习惯:每逢御史有过失,他就把梃棍(一根象征性的惩罚人的棍子)竖直。衙门中的人就把他的梃棍作为验证贤与不贤的标志。

后来,范讽担任了御史。有一天,他接待客人,亲自嘱咐厨师做饭,一连叮嘱好几遍。厨师刚离开又被叫回来,一再叮咛。

这时,范讽突然发现老仆役手中的梃棍竖起来了,不由问他为什么。

老仆役回答说:"凡是指使下属,只要教给他方法,然后要求他完成任务就够了。如果不按法去做,自然有常刑处罚,何必亲自喋喋不休呢?假使让你掌管天下,你能做到告诉每一个人怎么做吗?"

范讽听后既惭愧又佩服,不禁对这个老仆役另眼相看。在以后的工作中,他也得到了这个老仆役不少的帮助。

不能做到"用人不避嫌",总是事必躬亲就好比是舍弃车驾而执意与马同行,结果不仅不如马快,还挫伤了马的积极性,使马失去了原本应有的作用。

既然选拔人才,就要做到用人不避嫌。这牵扯到一个坦诚相待的问题。坦诚相待,反映一个人的素质问题,也是为人处世的原则,你对别人坦诚,别人通常也会坦诚地对待你。对于人才而言,他们需要的不仅是应得的酬劳,更多的是尊重和信任。要尊重这些人才,唯一的办法就是以诚相待,实话实说。

刘邦就有这个优点,张良、韩信、陈平这些人,如果有什么事情要跟刘邦谈,提出问题,刘邦全部都如实回答,哪怕这样回答很没面子,他也不说假话。张良在鸿门宴之前得到消息,项羽第二天要派兵来剿灭刘邦,张良问刘邦:"大王打得过项羽吗?"刘邦的回答是"固不如也"。后来韩信到刘邦军中来,也问了这样的问题:"大王自己掂量掂量你的能力、魅力、实力比得过项羽吗?"刘邦沉默了良久,最后还是坦诚相告,"固不如也"。刘邦对属下能够坦诚相待,绝不隐瞒,信任对方,尊重对方,因此得到了对方同样的回报——信任、尊重,尽心尽力地帮他出谋划策。这也是领导者非常值得借鉴的经验。

★ 使民以位:将人放在正确的位置

子曰:"孟公绰为赵魏老则优。不可以为滕薛大夫。"

——《论语》宪问第十四

子曰:"中人以上,可以语上也;中人以下,不可以语上也。"

——《论语》雍也第六

孔子这里说，孟公绰这个人，要他做赵、魏大国中的大老，是十分合适的人选，其才能、学问、道德，都适合担任此职。但是如果滕、薛两个小国家请他做大夫，要他在实际政务上从政，则十分不当。

结合现实，有些领导学专家指出：有许多人担任要职出类拔萃，但是要他改做实际工作，去执行一个任务，则未必能够完成。有的人，学问好，有见地，能提出许多有益的意见建议，但让他去实际从事行政工作，却发现其无法胜任。有的人，实际工作做得很好，将他提拔到高一级的地位，反而让他无所适从。所以作为领导，知人善任是一门学问；对于每一个人来说，对自己的认识也是一门重要的学问，要明确自己的优势与劣势。

这是说人的智慧水平有差别，有上、中、下三等之分。中人以上的资质，可以告诉他高深的理论；至于中人以下的资质，在教育方面，教导方面，对他们就不要做过高的要求，不妨做低一点的要求。但中人以下的人，其成就不一定永远在中人以下，只要努力，最后也会有所成就。

身为领导，对部下首先要有透彻的了解，让合适的人做合适的事，以达到人事相宜的效果，教育的原理也一样，因材施教才能各尽其能。一个公司只有做到人尽其才，物尽其用，才能"人得其位，位得其人"。作为一个领导者，对员工的才能、兴趣了然于胸，才能针对某项特定的工作选择适合的人选，追求人与事的统一。

管理学上一条著名的定理是"没有平庸的人，只有平庸的管理"，领导者知人善任，让下属做适合他们的事情，这样才能充分发挥他们的工作潜能，实现人力资源的有效利用。

许多成功人士都善于识人，又能够把人才放在适当的位置上，这是管理好下属的良方。许多领导者常感叹手下无人可用，其实很多时候不是手下没人，而是没有把人放在正确的位置上。

★身先士卒：身教重于言教

子路问政。子曰："先之，劳之。"请益。曰："无倦。"

——《论语》子路第十三

有些领导者光会喊口号，却没有带头往前冲的精神，这种靠着权力带人的领导者，是最下等的领导者；最高明的领导者则是身先士卒，传递对愿景与目标的领导者。

子路问政。子曰："先之，劳之。"请益。曰："无倦。"（《论语·子路》）意思为：子路问怎样管理政事。孔子说："自己率先去做，并且不辞劳苦。"子路请求多讲一点，孔子说："永远不要松懈怠惰。""先之，劳之"短短四个字，充分说明为政者应身体力行，凡事率先垂范，以身作则。

在竞争中,企业领导者也应做到身先士卒,因为榜样的力量是无穷的,身教重于言教。

生产黑白电视的旋钮起家,后来成为中国台湾第一大民间制造业者,身为鸿海集团执行长的郭台铭强悍高压的领导风格是原因之一,然而身先士卒、以身作则的风格才是让员工心服口服的主因。

十多年前鸿海刚引进连接器冲压技术时,郭台铭每天都到工厂,亲自带领员工一起磨炼技术,连续运作6个月,将鸿海的冲压技术提升到国际水平。

在鸿海如果产品品质连续出问题,事业处的主管要在员工面前受罚,这是为了让员工了解如果做不好,主管要连带负起责任。

"光谈授权未必有用,管理哪有什么诀窍,主管带头做,底下照着做,就是如此。"郭台铭如此说,也是如此做的。当"非典"疫情最严重时,郭台铭坚持要飞回深圳龙华基地,就是要告诉所有鸿海人,哪里最危险,他就在哪里。

领导者以身作则,就能为下属树立榜样。作为领导者,没有什么比给下属树立榜样更有效了。

美国行政管理学家切克·威尔逊说:"如果部下得知有一位领导在场负责解决问题,他们会信心倍增。"所以,必要时身体力行是一种最有效的激励方式。

威尔逊认为,能在行动上成为榜样的人,也可在精神上堪称楷模。威尔逊的这一观点后来被人们概括为"威尔逊法则"。

东芝公司是日本颇有名气的企业。有一次,该公司的董事长土光敏夫听业务员反映,公司有一笔生意怎么也做不成,主要是因买方的课长经常外出,多次登门拜访都扑了空。土光敏夫听了这情况后,沉思了一会,然后说:"请不要泄气,待我上门试试。"

业务员听到董事长要御驾亲征,不禁吃了一惊。一是担心董事长不相信自己的真实反映;二是担心董事长亲自上门推销,万一又碰不上那企业的课长,岂不是太丢董事长的脸!那业务员越想越怕,急忙劝说:"董事长,您不必亲自为这些小事操心,我多跑几趟总会碰上那位课长的。"

业务员没有理解土光敏夫董事长的想法,土光敏夫第二天真的亲自到那位课长的办公室,果然没有见到课长。他没有因此而告辞,而是坐在那里等候。半天后,那位课长回来了。当他看了土光敏夫的名片后,慌忙说:"对不起,对不起,让您久候了。"土光敏夫毫无不悦之色,相反微笑着说:"贵公司生意兴隆,我应该等候。"

那位课长深知自己企业的交易额不算多,只不过几万日元,而堂堂的东芝公司董事长亲自上门进行洽谈,于是很快谈成了这笔交易。最后,这位课长握着土光敏夫的手说:"下次,本公司无论如何一定买东芝的产品,但唯一的条件是董事长不必亲自来。"随同土光敏夫前往洽谈的业务员,目睹此情此景,深受教育。

土光敏夫不仅做成了这笔生意,还因他坦诚的态度,使东芝在商界产生了好的影响,前来订货者络绎不绝。

身教重于言教,榜样的力量是无穷的。行为有时比语言更重要,领导的力量,往往不是由语言,而是由行为动作体现出来的,聪明的领导者尤其如此。在一个组织里,领导者是众人的榜样,其言行举止都被众人看在眼里,只要懂得以身作则影响下属,管理起来自然会得心应手。

第五章　求真务实，实干的领导才是好领导

★知之为知之：不懂装懂会给事业带来灾难

子曰："由！诲女知之乎！知之为知之，不知为不知，是知也。"

——《论语》为政第二

孔子肯定在嗔怪子路。子路既是孔子的学生，也相当于现在的司机角色，人很豪气，性格直爽，多年在孔子身边工作，自以为见多识广，难免咋咋呼呼，爱表现自己，有时出了丑，碍于孔子情面，别人只能掩嘴偷笑，而他自己还不知道，依然滔滔不绝。孔子实在不能容忍，便找他个别谈话了。

子路听进去没有，不得而知。但要真正改正却不是一件容易的事。假如容易，为什么现在我们身上还有这种毛病呢？自作聪明、好为人师，已经成为人性中的弱点，看，我们一些同志整天忙于应酬，根本无暇读书，可在会上大讲特讲，以其昏昏，使人昭昭，还正襟危坐，脸不发红；我们一些干部根本不懂市场，不懂农业，却在大谈结构调整，今天号召养鳖，明天动员养虾，朝令夕改，损失多多，农民苦不堪言；我们理论界的个别同志在西风东渐的背景下，不静心研究，却浮浮躁躁，今天来一个主义，就鼓吹一个主义，明天来一个思潮，就推广一个思潮，稿费赚了不少，真经却没有得到，自己成了名，却误了他人子弟。在这一点上，我们还真的要向宋代名相寇准学习。

当初，寇准刚当了宰相，成都的张咏便对同僚属下说："寇公是个稀世之才，只可惜学问上还不够充实。"等到寇准离开朝廷到陕州做知州时，张咏刚巧从成都罢官回来，寇准不仅不落井下石，还恭敬地大摆宴席款待张咏。张咏离去，寇准送到郊外，还谦虚地说："你拿什么教导我呢？"张咏慢吞吞地说："《霍光传》不能不读啊！"寇准不知道张咏说话的意思，便回到家里拿出《霍光传》来，读到"不学无术"处，竟情不自禁地笑起来，"这就是张公说我的地方呀！我一定改正。"唐朝有一位大臣叫窦德玄，一次，他随同高宗李治来到濮阳，高宗问他，"濮阳又叫帝丘，有何来历？"窦德玄答不上来，另一位大臣赶紧做了

解释,得到商宗的夸赞。随后,那位大臣对别人说:"大臣不能没有学问,我真替窦德玄害羞。"窦德玄听了这刺耳的话,坦然地说:"每个人都有他能做到的和不能做到的,我所不知道的事,就不勉强回答,这就是我所能做到的。"窦德玄不仅没有被人小看,相反人们更加尊重他。寇准和窦德玄对待学问和他人批评的态度,至今也值得效仿。

做人做事都需要老实的态度,需要实事求是的精神,这是进步的开始和前提。实际上,越是有真知的人,越是诚挚坦荡。著名物理学家丁肇中名气够大吧,但他也有不知道的事情。有同学提问:"您觉得人类在太空能找到暗物质和反物质吗?""不知道。""您觉得您从事的科学实验有什么经济价值吗?""不知道。""您能不能谈谈物理学未来 20 年的发展方向?""不知道。"三问三不知! 在有的人看来,面对学生的提问,丁肇中教授大可不必说"不知道",比如可以用一些专业性很强的术语糊弄过去,可以说一些不沾边际的话搪塞过去,甚至还可以委婉地对学生说问题太深奥,一两句话解释不清楚,然而,这位诺贝尔奖得主却选择了最老实、最坦诚的回答方式,而且表情自然、诚恳,没有明知不说的矫揉造作,没有故弄玄虚,也绝没有"卖关子"。丁教授坦言不知道,不但无损于他的科学家形象,相反却帮他赢得全场热烈的掌声,令人肃然起敬。还有作为世界三大男高音之一的帕瓦罗蒂,在一个大型演唱会进行到高潮之际,突然停顿下来。举座哗然,连乐队都停了下来。帕瓦罗蒂坦诚地说自己忘记歌词了,请求大家原谅,希望大家再给他一次表演机会。在一阵沉寂后,全场爆发出热烈的掌声。事后,有人告诉帕瓦罗蒂:"你完全可以做做口型,而不必承认自己忘了词。相信观众肯定会认为是麦克风坏了而丝毫不会怀疑到你身上。"帕瓦罗蒂微微一笑:"如果还有下次,我同样会认错。因为事实早晚会被人知道,那对我的声誉影响会更大。"知道就是知道,不知道就是不知道。这是做人的品质。相反,以不知强为知,给自己留下笑柄,给事业带来灾难。对一个司机、一个普通人也许算不了什么,对一个从政者来说,却是天大的事。

寇准

★联系实际:不做空头理论家

子曰:"诵《诗》三百,授之以政,不达;使于四方,不能专对;虽多,亦奚以为?"

——《论语》子路第十三

子谓子夏曰:"女为君子儒,无为小人儒。"

——《论语》雍也第六

孔子说,熟读《诗经》三百篇,让他为政做官,却不会处理政务;派他当外交使节,却不能独立处理外交事务。读得虽然很多,有什么用?

孔子是在批评谁呢?是批评子夏吗?至少是在告诫他,"女为君子儒,无为小人儒"。何谓"小人儒"?就是书呆子,考试高分,处事低能。何谓"君子儒"?就是学问笃厚,世事洞明,人情练达。

孔子还在批评谁?环顾四周,真的不少。

知道"纸上谈兵"的故事吧?战国时期的赵国,有一年轻得志的名士赵括,谈兵法滔滔不绝,天下莫能当。然其父赵奢生前并不认为赵括善将兵,奢曰:"兵,死地也,而括易言之。"结果,就是这个以容易态度带兵作战的赵括,在赵秦长平之战中惨败,四十五万之众为秦悉数坑之,成为中国古代战史上一战而亡人数最多的战例。

知道"挥泪斩马谡"的故事吧?马谡,三国时蜀国大将,熟读兵法,才气过人,深得孔明器重,曾提出过"攻心为上,攻城为下;心战为上,兵战为下"的著名理论。在街亭之战中,马谡担任守街亭的重要职责,却一味唯书本是从,违背诸葛亮的命令,被魏将张颌打败,蜀军被迫退守汉中。这正应了刘备临终前对马谡的评价,"言过其实,不可大用"。没办法,诸葛孔明只好忍痛割爱"挥泪斩马谡"了。

当你连篇累牍地发表论文的时候,当你滔滔不绝地发表演讲的时候,当你引经据典,从国外讲到国内,从远古讲到今天,天文地理、历史典故,无所不讲,好不热闹的时候,你有没有离题万里,脱离实际,"头重脚轻根底浅,嘴尖皮厚腹中空"的感觉?你想过孔子的话吗?你是不是成了现代的赵括和马谡?你可要警惕呢!

★为民做主:不要让人家赶你回家卖红薯

子张问政。子曰:"居之无倦,行之以忠。"

——《论语》颜渊第十二

子路问政。子曰:"先之,劳之。"请益。曰:"无倦。"

樊迟问仁。子曰:"居处恭,执事敬,与人忠。虽之夷狄,不可弃也。"

——《论语》子路第十三

当官不为民做主,不如回家卖红薯。不仅要为民做主,还要干实事,让百姓安居乐业。这是职业的要求,就好比和尚,你得撞钟,要么,你就离开寺庙。人们把"当一天和尚撞一天钟"作为贬义来看,我以为,真的能做到这一点,还是相当不错的哩!鲁迅先生就说过,"只要让我当一天和尚,钟我总要撞,而且用力地撞,认真地撞"。

现在的问题是,有的人当了和尚,连起码的撞钟都不干,职业感没有,敬业精神没有,认真的态度没有,整日价混天度日,浑浑噩噩。看来,撞钟并不是最低的要求,而是很高的境界呢!因为真正把钟撞好,不是一件容易的事情。一是你要认头,你是和尚呀!撞钟是你的天职,你不撞钟还叫和尚吗?二是你要认真,不投入不行,不一心一意不行,否则,你撞的钟音律不齐,噪音盈耳,你还是合格的和尚吗?三是要"无倦",你选择了这份职业,你就得无怨无悔,别人可以去喝酒,你还得撞钟,别人去搓麻,你还得撞钟,别人去了歌厅,你还得撞钟,别人揽香入怀,你得守钟如玉。要么,你就回家抱孩子或者卖红薯,没有什么大道理可言。就如同盖别墅的,唯恐别人不富,没人买房,但穷人还是居多,但还是要盖别墅;就如同兵工厂,唯恐枪炮火力不够,没人购买,但枪炮是伤人的,但还要生产。这就是职业。美国人类学家林顿称这是在任何特定场合作为文化构成部分提供给行为者的一组规范。选择了一份职业,就选择了一种行为方式。当教师就要为人师表、医生就要救死扶伤、干部就要办事公正不谋私利等等,这样,当人们知道某人处在某种角色时,便预先期望他具备一套与此角色地位相一致的行为模式。这是角色必须承担的义务。否则,"角色失败"是必然的,但那毕竟只是个人的事,如果令所在地方或者部门蒙尘,其对社会所造成的恶劣影响,则是公共的,是深远的。不能不慎啊!

★ 富民教民:为政者的两大任务

子适卫,冉有仆。子曰:"庶矣哉!"冉有曰:"既庶矣,又何加焉?"曰:"富之。"曰:"既富矣,又何加焉?"曰:"教之。"

子曰:"以不教民战,是谓弃之。"

——《论语》子路第十三

孔子到卫国,冉有替他驾车。孔子说,人真多呀!冉有说,人多了,又该怎么办?孔子说,让他们富裕起来。冉有说,假如富裕了,又该怎么办?孔子说,教育他们。

从孔子和弟子的谈话中,我们真感觉孔子的思想了不得。你想,百姓富裕对统治者的统治并没有什么好处,越是贫穷越适合专制,贫穷带来动荡,动荡就要专制,专制又要带来贫穷,以至循环往复。在循环的游戏中,最终得利的还是统治者。文化大革命不就是"斗来斗去"的,今日还是好友,明天就有可能视若寇仇,今天亲如一家,明天就可能以邻为壑。谁在坐收渔利?一目了然。再说,贫穷了,统治者才能"送炭""扶贫",百姓才能"感恩",才能给独裁者戴上"德"的帽子,多好的事!"教之"对统治者也大为不利,全都有了思想,这世界多热闹,哪如普天之下只有一个思想好?领导起来不费气力。现在看来简单,放在2500年前的背景下,就不简单了。

从孔子的谈话中,我们可以清楚地了解到,民富和教育,是为政者的当头任务。这也大概是古代把统治者称谓"父母官"的原因吧!为人父母者,得让一家子吃饭生活,还得让孩子知书达理。不然,就是没有尽到职责。

生存权,是人的第一权利。你在一地执政多年,那里江山依旧,面貌未改,百姓流离失所,即使厮守故土,但生活贫困,衣不蔽体,食不果腹,你就是失职。长期下去,百姓朝不保夕,生不如死,老百姓也不会答应,你那个地方会地动山摇。别说贫困了,就是发展了,但发展慢了,老百姓也会比较,一比较,问题就发生了,人们会埋怨你的无能,无能之辈,百姓会欢迎吗?

受教育的权利,是人的第二权利。仓廪实而后知礼节,衣食足而后知荣辱。这个"知",不是自然而然地"知",不能说,物质文明了,精神自然文明,物质文明只是为精神文明提供了基础。一个人暴富之后,为非作歹,生活堕落的,并不少见;一个地方富裕之后,封建迷信却畅行泛滥,这样的例子屡见不鲜。人和动物的区别,就在于动物靠自然本性,人靠理性,理性产生自觉,产生道德,产生法律。教育是增加理性的手段,是人和动物能区别的标志。要高度重视教育,让人真正成为人,成为有人格的人,成为有智慧的人,成为有素质的人,从而形成社会的良性发展。马丁·路德·金曾说过,一个国家的前途,不

取决于它的国库之殷实，不取决于它的城堡之坚固，也不取决于它的公共设施之华丽，而在于它的公民的文明素养，即在于人们所受的教育，人们的学识、开明和品格的高下。这才是利害攸关的力量所在。

★孝治天下：老老实实，不要玩小心眼

孟懿子问孝。子曰："无违。"樊迟御，子告之曰："孟孙问孝子我，我对曰'无违'。"樊迟曰："何谓也?"子曰："生，事之以礼；死，葬之以礼祭之以礼。"

孟武伯问孝。子曰："父母，唯其疾之忧。"

子游问孝。子曰："今之孝者，是谓能养。至于犬马，皆能有养；不敬，何以别乎?"

子夏问孝。子曰："色难。有事，弟子服其劳；有酒食，先生馔，曾是以为孝乎?"

——《论语》为政第二

表面在谈孝，实际孔子却在讲为政的原则。人们常说，老百姓是衣食父母。对父母的态度，不就是对待百姓的态度吗？或者说，对自己的父母都没有感情，能对百姓恩爱有加吗？这似乎是符合逻辑的。

血缘关系，是人类最基础、最原始的感情。现代社会，生活的节奏加快，生存的压力加大，人们在忙学习，忙工作，忙事业，忙赚钱，忙买车，忙装修，忙交际，但不论多忙，也要常回家看看，和父母聊聊天，和兄弟姐妹唠唠嗑，和孩子玩玩游戏，和家人融洽好关系，别光记住存款的号码，记不住母亲的生日；别总是自己游山玩水，歌舞升平，而忘了家里年近花甲的老父亲；别总是给老人捎东西，关心他们的衣食，而久不谋面，不关心他们的情感。如果只有自己和事业，而没有情趣和亲情，那生活的终极意义又在哪里？那不是本末倒置吗？再说，连血缘关系都处理不好，又怎么处理好社会关系？连自己的父母、兄弟姐妹都绝情寡义，又怎么会对别人有仁爱之心？孔子并不是让人拘泥于小家庭、小情感，而是让人从最基础的情感培养起，他说，"书云：'孝乎惟孝、友于兄弟，施于有政。'是亦为政，奚其为为政?"意思是说，只要做到孝悌就是为政，就能"泛爱众"，就能博爱大众，亲近仁德。他还说，"君子笃于亲，则民兴于仁；故旧不遗，则民不偷"，在上位的人能对亲人仁厚，老百姓就会走向仁德，不遗弃老朋友，老百姓就不会淡薄感情。

看，孔子就从"孝"开始谈论为政之道了。

孔子说，要"无违"，就是说施政不要违背老百姓的意愿。老百姓是水，为政者是船。如果水总是波澜大兴，风高浪急，恐怕覆舟只是早晚的事了。所以，为政者一定要看着老百姓的脸色行事。老百姓满意、高兴、答应，就为，多为，否则，就不为或者缓为。不仅坏事不为，就是好事，老百姓一时想不通，看不惯，也不能硬为。这绝不是不作为，而是要求顺势而为，

國學智慧全書

论语

借势而为。聪明的为政者总是立足眼前，谋划长远。把眼前百姓最需要办的事办好，在办眼前事的同时，为长远的发展打好基础，不能为眼前的事而急功近利，为长远埋下隐患，为后任留下"棒槌"，为子孙带来遗憾。这正是衡量一个为政者德行高低的标准。

孔子说，"唯其疾之忧"。就是说要关心百姓的疾苦。老百姓的事往往具体，因为具体，所以又显得琐碎，因为琐碎，所以显得"小"，极易被忽视。比如柴米油盐的问题，生孩上学的问题，衣食住行的问题，安危冷暖的问题，生老病死的问题。这些事情，对为政者来说可能是小事，可对老百姓来说却是天大的事。丢掉了这些"小事"，就要丢掉百姓，丢掉了百姓也就丢掉了干事的主体，还侈谈什么大事呢？丢掉了百姓就是天大的事呀！

孔子说，"色难"，"至于犬马，皆能有养，不敬，何以别乎？"。就是说，对百姓要有诚心、真心和热心。要带着感情做事。不能应付，不能心不在焉，不能摆样子，不能放不下架子，更不能像机器人一样一副冷面孔。要说百姓话，要问百家情，要纳百姓言，要解百家难，要和百姓真正打成一片。老百姓最可敬，他在乎你干不干实事，他更在乎你对他的态度，态度好了，即使一时干不成，他也理解；老百姓最可爱，你半心半意，他就对你吞吞吐吐，你不讲实的，他决不跟你说真的，你跟他"掏心窝子"，他就视你为朋友；老百姓最可畏，你高高在上，弄虚作假，玩"花活儿"，他决不"尿你这一壶"。老百姓的眼里揉不尽沙子，老百姓心里更有一杆秤。

孔子大谈孝论，就是让为政者在百姓面前像儿子一样，老老实实，勤勤恳恳，不能玩小心眼。你一时能玩，你能永远下去吗？答案似乎十分明了。

★ 做好本职：不在其位，不谋其政

子曰："不在其位，不谋其政。"

——《论语》泰伯第八

一个人应该做自己该做的事情，不担任这个职务，就不要去过问这个职务范围内的事情。你不处在领导者的位置上，就不要去做领导者该做的事；反过来也是，领导者不要代替员工行事。

孔子说："不在其位，不谋其政。"曾子也说："君子思不出其位。"说的都是一个人应该做自己该做的事情，不担任这个职务，就不要去过问这个职务范围内的事情。完整地理解，就是"在其位，谋其政；不在其位，不谋其政"。

所谓的"位"，可以表现为一个人的职位、身份、地位……即各种各样的角色，有什么样的角色、地位，就有什么样的职责。

一个人，在家里可以是父亲、儿子、丈夫，在公司里可以是员工、上级、下级，这都是不同的

角色，"在其位，谋其政"就是要求他能够认识不同的角色，根据需要区分、扮演好不同的角色。

"不在其位，不谋其政。"你不处在领导者的位置上，就不要去做领导者该做的事；反过来也是，领导者不要代替员工行事。

古代有个越俎代庖的故事，讲的是古代祭祀祖先的时候，都需要人捧着祖先的牌位以表示尊重和追念。然后从掌管厨房的人手中接过做好的祭品供奉在祖先的牌位前，这是个重要的仪式。捧着祖先牌位的那个人在祭祀的时候不能有半点的不洁净，否则就是大不敬。所以不管厨房的厨师多忙，他都不能去厨房帮忙，否则有人会说他亵渎祖先的牌位。

越俎代庖，就是说各人要干好自己的事，不要越出本分，代理别人的事务，俎是肉案，庖是厨师，你本来是捧祖先牌位的人，却超越你的职责，到肉案去代理厨师的工作，当然要受到别人的指责。

领导者无论称董事长、总裁、总经理，都只能直接面对自己的下级，也就是人们常说的"二老板"实行管理，不能越过"二老板"向"三老板"下达指令，也不能越过下属的高层向中层布置任务，更不能越过所有的领导层直接指挥员工。

有的老板认为，既然大家都是自己的下属，自己想指挥谁就指挥谁，还要向其他人请示吗？于是，便在处长一无所知的情况下，突然给科长布置了一项具体工作；接着又在处长、科长都不知道的时候，直接派一名员工出差，结果处长、科长渐渐感到被轻视和被愚弄，这样工作积极性还会有多少呢？

老板本想加强管理，如此做反而造成了管理混乱。本来处长直接听命于老板，科长直接听命于处长是既定的管理程序，但老板直接指挥科长，处长就被冷落一旁，要么不闻不问"混日子"，要么愤而辞职。科长呢？一时受老板直接指挥可能受宠若惊，但其上司应该还是处长，而处长此时已无心于管科长，科长也有可能不把处长放在眼里，双方的上下级关系就会演变为"冷战"状态，还有心思同心协力开展工作吗？

这样一来，下属们就会觉得原本属于自己分内的工作，老板也直接管，自己又何必再为工作费心呢？于是，很多原属科长、处长职责范围内的具体工作，也以"那是老板直接管的，不便过问"为托词而无人管了。

所以，每个老板就应该牢记，下级的下级不是你的下级！切勿滥用权力，造成混乱！

上级代替下级行事不好，下级越权做上级的事就更不妙了。

一位部门经理出差回来，发现自己桌子上多了份文件，原来是总经理要求他就顾客要求退还产品遭拒绝一事做出解释。这位部门经理丈二和尚摸不着头脑，因为他不知道这件事情。了解之后才知道，他的副手看了这件事的报告后，没有请示就直接做出了拒绝的决定，引起了轩然大波。这位副手实际上就是越权了。

既然你是副职，你就应该明确自己的职责，做好自己的分内事，不要越权，或者过问你不该过问的事，尽管你的出发点是好的，可是如果你经常操心过头，不但下属反感你，上司更会提防你，你将会劳而无功。

一个人要能够清醒地认识到自己的角色地位，履行该角色地位的职责，把手伸到人家的地盘上，难免不受到上司的戒备、同僚的排挤。知道什么事情该做，什么事情不该做，是一种智慧，更是一种气度。

"不在其位，不谋其政。"把本职工作做好，对于超出自己工作范围的工作，即使能力足够，也不要插手，如此才能不越位。不越权，才能走出一条平稳的发展之路。

第六章　一流的眼光成就一流的事业

★战战兢兢：人应该有所畏惧

> 曾子有疾，召门弟子曰："启予足！启予手！诗云，'战战兢兢，如临深渊，如履薄冰。'而今而后，吾知免夫！小子！"
>
> ——《论语》泰伯第八

人呀，应该有所畏惧。畏惧就是如履薄冰般的谨慎，战战兢兢的体察，小心翼翼地戒惧，如负泰山的责任。

颜回死后，传承孔子道统的曾子，病得很严重，也快要死了。他这时快要断气了，连自己的手脚在哪里都不知道，自己不能指挥了，只有头脑还清醒。只有叫学生们，替他把手脚摆好。等学生们替他把手脚放端正了，然后他引用《诗经》的句子："战战兢兢，如临深渊，如履薄冰。"意思是做人做一辈子，常常提心吊胆，尤其是注重道德修养的人更难。

曾子的学问修养，大约是没得说的。我们在《学而》篇里就知道，曾子提出，每天以三件事反省自己的学养：为人谋而不忠乎？与朋友交而不信乎？传不习乎？现在他有病快要死了的时候，召集门人与弟子，也就是曾子把学生乃至他的徒孙们，叫到前面来，吩咐后事。他说："启予足，启予手。"根据这六个字，就知道曾子已经病得手脚都麻痹了。这一节最后的"小子"，过去的意思就是"年轻人"。等于现在说的，"你们这些年轻人"，这是他对学生的称呼。

我们中国人有一句话"盖棺论定"，一个人好与坏，要在棺材盖下去的时候才可以做结论。要当一个好领导，当常常夜不安枕。为什么？因为人要有所畏

曾子

惧。无所畏惧的人只会莽莽撞撞，鲁莽行事，只能成事不足，败事有余，最后被撞得头破血流。

人的力量是有限度的，不能因为处在领导者的位置上就为所欲为，甚至胡作非为，而应该"畏天命"，守规矩。在社会规则之中，进行工作和生活。因为"吾生也有涯，而知也无涯"，把无畏建立在"无知"上，只能四处碰壁，一事无成。

就说，面对人群吧，你以为你自己了不起吗？可人多力量大，你的胳膊上又能打几个钉？秦始皇以为自己的家族能把皇帝的宝座坐穿，可一介平民陈胜吴广振臂一呼，呼啦啦大厦还不就倾斜了？张飞够厉害吧，一声怒吼水倒流，本应战死沙场，却不料梦中被身边小卒杀死，死了还不知道怎么死的呢！人呀，不能忽视任何人，不能小瞧任何人，任何人都可能成为你某一方面的老师，成为你的救命恩人，当然也有可能成为你的掘墓人。你不是注意了远方阻隔你前进的大山了吗？可真正绊倒你的恰恰是脚下不起眼的土坷垃。这样的例子，生活中还少吗？

再说，人对自然吧，曾几何时，人类是多么的自信，在"人定胜天"的大旗下，向自然发起了猛烈的进攻，削山，填海，围湖，造田，上九天揽月，下五洋捉鳖。机器的轰鸣代替了电闪雷鸣，林立的工厂覆盖了田园牧歌，钢铁水泥盘剥了绿色大地，潜水艇使人鱼和龙王现出原形，宇宙飞船把嫦娥玉兔化作泡影。人类认为自然不再神秘，人类在自然的面前变得为所欲为。可人类在享受文明的同时，也在承受自然的惩罚，洪水，火灾，地震，干旱，污染，沙尘暴，还有诸多来不及起名字的疾病。

再说，人面对生存吧，饱食终日，浑浑噩噩，还真不行，必须对生活保持一种清醒和自觉。你看看青蛙，把它放在热水中，它会本能地跳出，而你把它放在冷水中，然后，慢慢加热，它会优哉游哉地游泳呢，真的水烧开了，它再想跳出，已变得无力了。这就是安逸留给青蛙的悲剧。在国外某自然保护区，经常发生狼吃鹿的现象，为了保护鹿，人们把狼赶到了别的区域。不料，在和平的环境下，鹿变得懒惰了，体质明显下降。天长日久，许多鹿死于体弱。管理人员千方百计想恢复鹿的体质，可效果总不理想。没有办法，只好又把狼请了回来。很灵验，鹿疲于奔命，在"奔命"中又恢复了往日的生机和活力。这就是畏惧给鹿带来的幸运。

人呀，应该有所畏惧。畏惧就是如履薄冰般的谨慎，战战兢兢的体察，小心翼翼地戒惧，如负泰山的责任。畏惧是一种距离美，是一种"可远观而不可亵玩"的庄严。她让人永不停止地思考和学习，她让人永远保持一副谦和的心态。她是人与人之间，人与社会之间的一种契约，是点燃人类良知的篝火。

★知命知礼：不知命，无以为君子

孔子曰："不知命，无以为君子也；不知礼，无以立也；不知言，无以知人也。"

——《论语》尧曰第二十

孔子说了很多了，道，说过了；术，也讲了。是不是就可以横刀立马走天涯了呢？孔子说，还得看命。道术相携加一碰呀！这一碰，有时就决定了人的一生。于是在论语的最后，孔子圈定了一个重要的命题，即命运，算作结束语。

命是什么？命不是什么规律，也不是上天写好的谶语。反正命不是人本身但和人密切相关，命可能就是人之外的自然或者宇宙吧！它似有若无，似无若有，冥冥之中在起着支配和决定作用。人和命相比就如同人和自然宇宙相比，人是什么？大海里的一滴水？大风中的一粒沙？此语接近但还不是。命和人之间总玩弄着若有若无的游戏，如果命的密码被某个人所掌握，这世界也就真的麻烦丛生了。

人知道了个体的自己渺小，就算知道命了，就懂得在自然的面前自然而然地生活和奋斗了。不知命而妄动，或者知命却逆命而动，不是跌倒，就是碰壁，鼻青脸肿是正常，落入深渊也在意料之中。横扫六合的秦始皇够厉害了吧，倾其一生在寻找长生不老药，结局又如何？除了留下了一个千年笑柄，连一堆白骨都没有。冯唐在汉景帝时被免官，汉武帝继位后，有人举荐冯唐，但他此时年事已高，不能为官了。李广为汉文景帝时的名将，威震边关，被匈奴称为"飞将军"，但他时运不济，他的弟弟及许多手下都因战功而赐爵封侯，而他不仅"不得爵邑，官不过九卿"，最后还落得个因交战时迷路，"不能复对刀笔之

李广

吏"而自杀的结局。位居九五之尊的皇帝，腰缠万贯的富翁，两袖清风的村夫野叟，不论地位高低，不论尊卑贵贱，不论能力大小，总有自己的烦恼，总有无法解决的问题，总有无法做到的事情。作家史铁生说，"生而为人，终难免苦弱无助，你便是多么英勇无敌，多么厚学博闻，多么风流倜傥，世界还是要以其巨大的神秘置你于无知无能的地位"。这恐怕就是命给人类留下的无可奈何。

认命吗？人又认不得命。你认得了，那不就简单了，简单了那还叫命吗？你认不得命，你不知道他在干些什么，你只能知命，知道人力之外肯定还有一种力量，自然的力量，

宇宙的力量。然后,你就踏踏实实地吃你的饭,干你的工作,敬人间的事,就是了。把握自己,把握环境。舍此,你真的没有办法。比如去年你还踌躇满志,把理想写满天空,今年却环境大变,形势逆转,理想似乎成了天边的彩云,可视不可及了;比如你的英语水平超过了八级,但你却生在农民家庭,无法出国深造,而同桌学习吊儿郎当,但有个大款爸爸,出国的护照就在手里攥着,你生气,你遗憾,但你无法抗拒;比如,你平时学习很好,也很勤奋,在班上名列前茅,按常规考重点大学没问题,可就赶上高考时身体状况不佳,你只能明年再战。比如你很优秀,也很敬业,又遇到了贵人相助,你就大展宏图吧!比如,你口碑不错,实绩突出,但又来了一个比你更强的对手,你就得敛翼养气。比如你天天去抓奖券,至多得个脸盆,可过路人一下就得三百万,你生气又有什么用?可他得了大奖,一高兴又得了心脏病,一命呜呼了。真是一个命套着另一个命,一个命相生相克着另一个命。不是吗?高考失利,就怨天尤人,就垂头丧气;天时,地利,人和,而自己却躺在地上睡觉;对手强大,却妒火中烧,挖坑掘地。如此,命又能好到哪里去?"命"虽然是"天"派生出来的,但命是不离人事的,它只能在人事中表现出来。在命的面前,不要牢骚,不要埋怨,不要激愤,不要悲观,不要不可理解,不要无所事事,不要无能为力,不要听之任之;也不要大喜过望,不要自以为是,不要得意扬扬,更不要得意忘形。顺利了,那是命在考验你;逆境了,那也是命在考验你。她的考试不是一次定终身的,她将考验你一辈子。你需要做的是打牢你做人做事的底子,然后就放平你的心态,微笑着看天上云卷云舒,微笑着看庭前花开花落;然后就该干什么干什么,自竭其力,成败得失在所不计。

老子的上善若水是对命的最好的诠释。人啊,应该像水那样对待命运。你看,水遇山绕行,见坝积蓄;汇聚成浪,滴水穿石;低处成湖,高处成瀑;深处藏龙,浅处育虾;蒸腾为汽,沉土润苗。无可无不可,绝不去较劲。永远顺应环境,永远又不失本性。这该是对命的最好的态度吧!

★ 问题面前呈三态:不惑,不忧,不惧

子曰:"君子道者三,我无能焉:仁者不忧,知者不惑,勇者不惧。"子贡曰:"夫子自道也。"

——《论语》宪问第十四

尽管孔子是一个智者,但也料想不到2500多年后五月的一天,会有一场突如其来的叫SARS的瘟疫席卷孔子的国度。他真的想不到。但他想到了另外一个问题,人这一辈子不可能一帆风顺,一马平川,不可能没有坑坑洼洼,磕磕碰碰,不可能没有鼻青脸肿,七灾八难。于是孔子告诉人们面对困难、困惑、困顿、困厄的态度:智者不惑,仁者不忧,勇

者不惧。

《孔子圣迹图》之题季札墓

谣言止于智者。当 SARS 莫名袭来的时候,和 SARS 裹挟而来的还有谣言,贴地而起。这也是一种病毒,任其传染,同样危害极大。我国古代就有"曾参杀人"和"三人成虎"的故事。深知儿子善良的曾母也禁不住被一而再、再而三的曾参杀了人的传言所惑,从坚决不信到半信半疑到最后相信了。纳粹德国的宣传部长戈培尔是个造谣专家,他有句名言:"谎言重复一百次就会成为真理",可谓深知谣言三昧。但智者是清醒的,智者知道世间万事万物皆由无生有,今日无名是明日之闻名的基础。智者很有信心,因而谣言便也止步。在抗击"非典"时期,高等院校却是个平静的港湾,这并非偶然,正是较高的文化、思维、素质赋予学子们较强的判断能力和心理承受能力。

大敌当前,更有惊慌失措之人。恐慌之害,亦胜于病毒。SARS 固然凶恶,而且一时还难以对付。但过度恐慌会造成负面的情绪,对身体健康是有害的。恐惧还能干扰人体免疫功能,导致人体支持系统的不安全,对个人和社会都是有害而无益的。但话又说回来,你恐慌又有什么用?要看到两点,一人固有一死,想想平时,上不愧天,下不愧地,中不愧人,堂堂正正,清清白白,死又何惧?既有宏图大志,自有后来人继承,又有何怕?二天塌不下来,杞人忧了多少年,多少代,天不还是好好的吗?天都塌不下来,一小小瘟疫又奈人类何,它不过是树干上一个疖子。此时此刻,作为一介平民却也可以选择态度:平静,平和,积极防范。

不惑是前提,不忧是态度,不惧是方式。故大智有大仁,大智有大勇。大勇产生办法。看，识别 SARS 病毒基因的任务只用七天。听说，疫苗亦即将进入临床阶段。降伏病魔的日子指日可待。

我们经历了一场生与死的较量，我们也加深了对孔子智性语言的理解。

★ 危机意识：临事而惧，好谋而成

子谓颜渊曰："用之则行，舍之则藏，惟我与尔有是夫！"子路曰："子行三军，则谁与？"子曰："暴虎冯河，死而无悔者，吾不与也。必也临事而惧，好谋而成者也。"

——《论语》述而第七

一事当前，需要决策，需要处理，你是什么态度？是意气用事，是轻举妄动，是得过且过，是鲁莽行事，是想当然，还是凭感觉？孔子的态度是，"如之何如之何"，反复叩问怎么办，而后是"必也临事而惧，好谋而成者也"。它反映了孔子对待事业的敬畏态度和处理问题的危机意识。

一说危机，人们就想到胆小怕事，就想到谨小慎微，就想到畏首畏尾，就想到畏缩保守，实际上，这是对危机的误读和错解。"临事而惧"不是害怕而是重视，不是不敢冒风险而是不盲目弄险，"如之何如之何"不是忧郁彷徨而是根据事物的现状和自己的知识经验做出思考判断，"好谋而成"不是不入虎穴而是围绕如何入穴、如何防虎、如何取子拿出了一整套相对周全的谋略。其实，遇事特别是紧急突发事件，只执其一端，凭着脑子一热，不直面危机，或干脆看不到危机，从来就没有好结果的。想想韩信是何等智慧的人呀，可在关键的时候头脑发热了，脑子一热，悲剧便奠定了。当韩信领着刘邦给他的几万兵，取得一个又一个辉煌战绩时，他竟然生出要奖赏的念

韩信

头，于是向刘邦请示，要求封其为假齐王。这个要求说明两点，一是韩信想要一个名分，觉得自己立下了大功，得到的太少。二是要官心里不踏实，觉得伸手要真官不太仗义，于是就要一个假官。刘邦却看透了韩信的心理。什么假齐王，我封你为真齐王。韩信于是乐得屁颠屁颠的，干得更来劲了。其实，韩信太爱面子了，他觉得自己被封为齐王是很有面子的事。可是他不知道，这是最让刘邦反感的事。韩信要齐王只是要个虚名，可在刘

邦看来,这就是野心。其实,如果韩信真的有野心的话,完全可以韬光养晦,不露声色,慢慢积蓄力量,就凭韩信的军事才能,打败刘邦实在是绰绰有余,可是他是一个书生,怎么想的就怎么说。按说,凭韩信的功劳,给个齐王当当是有资格的,不过你伸手要那就让刘邦十分不快了。从此,刘邦便不再信任韩信,把他当成眼中钉,最后一步一步地剥夺了他的权力,当他手无兵卒可用之时,就成了人家随便宰割的羔羊了。

《孔子圣迹图》之受鱼致祭

危机意识,是一种心理素质,是一个人成熟的标志。这种意识,对于人适应和改造环境有着极为重要的意义,它让人在心理上永远保持危急状态,对自己、对环境保持清醒,自己适合不适合行动,什么时候行动,拿什么去行动,行动到什么程度,从而维持自己最佳的竞技状态。相反,一味冲动,盲动,蠢动,那失败肯定伴随着你的行动。

当然,人也没有必要天天如临大敌,在平常生活中,在对待进退得失时,要知足常乐,但对待事业、问题和困厄,还是要提倡危机意识。这既是态度问题,也是人生的一种智慧。

★眼光决定命运：人无远虑，必有近忧

子曰："人无远虑，必有近忧。"

——《论语》卫灵公第十五

孔子很严肃地告诉我们，一个君子做人做事要深思熟虑，若无长远考虑，必有眼前的忧患。

你得承认世界上唯一不变的就是变化，对待变化，你怎么能粗心大意？假如你是塞北的那个老汉，你丢失了一匹马，你是不是很懊恼，是不是很悲观，是不是天天唉声叹气，是不是觉得日子没法过了？你要是真的躺倒，你就真的看不到你的那匹马又带回了两个小马驹。见到了自己的马又带回了两个马驹，你很有些喜出望外，你觉得上帝真的很偏爱你，你双腿跪地向天朝拜，你感觉还不够虔诚，你杀了一只羊进行祭祀，你没想到吧，晚上那两匹野马却引来了狼，那结局还说吗？你又倾家荡产了。假如你是那只螳螂，你见到树上的知了，能不口馋？你是不是大模大样地就爬过去，准备用你锋利的前爪摁住它，但你发现身后的黄雀了吗？假如你是一只黄雀，你一边美食着螳螂，一边为自己的聪明而沾沾自喜，树下孩童的弹弓正发出吸血的怪叫，你的命运是什么呢？所以，做人不能不深思熟虑，不能不前思后想，不能顾前不顾后，不能只顾眼前利益。当你得意的时候，千万别头脑发热，别趾高气扬，别得意忘形，别得意失言，要记住姓什名谁，要记住籍贯何方，要记住自家的电话号码，我们还要回家。失意的时候，也别悲观失望，别自暴自弃，别轻贱自己，别怨天尤人，路很长，不会只有泥泞路吧？路很多，水路不通走旱路呀！珠穆朗玛峰很高，还不是踩在人的脚下了，海再深，还不成了弄潮儿的游乐场？远虑，是做人的智慧。它避免了浮躁，它填满了浅薄，它克服了短视。

做人这样，做事亦然。不能图一时之政绩，干一些让后人揩屁股的事；不能图一代活得痛快，干一些让子孙戳脊梁骨的事。想想，黄土高原的植被不被破坏，能有今天泥沙俱下的黄河浊流？没有森林的肆意砍伐、草原的过度攫取，能有漫漫黄沙大肆入侵京都？没有"人多力量大"的荒谬，还用得着我们的总理忧虑地说："多小的问题乘以十三亿都是大问题，多大的国民生产总值除以十三亿都是小数字。"有人说，车到山前必有路。可那得付出多大的成本？比如，我们的马路成了拉链，今天开膛上水路，明天开膛上电路，后天开膛上汽路，拉开缝上，缝上了再拉开，多亏马路不会说话，要是人还不急了，这其中又有多大的浪费？比如，我们把地球比做母亲，可我们对母亲怎么样？水污染，大气污染，核污染，……母亲的身上被我们弄得千疮百孔，面目全非，母亲性格温柔，可母亲也有不堪承受的时候，当母亲被搞得精枯血竭、骨断肌裂的时候，我们还到哪里找寻一个后妈？

我们是从政者，我们没有长远意识行吗？我们的决策稍有失误，就可能成为"千古之恨"。当我们要决策大事的时候，应该好好想一想，未来我们的子孙会埋怨我们吗？

★变则通，通则久：唯有"变"才是永远不变的真理

子曰："齐一变，至于鲁；鲁一变，至于道。"

——《论语》雍也第六

孔子说："齐国的政治一经变革，就可以达到鲁国的这个样子；鲁国的政治一经变革，就可以达到实施仁政之道的境界了。"在这里，孔子强调了变化、变革对于国家经济发展的重要性。

"穷则变，变则通，通则久"，如今世界唯一不变的就是变化，一个人要想在社会中立足，就得不断改变自己的思想、观念和行为，要让自己跟得上周围瞬息万变的环境，要抛开安于现状的错误观念。

古人云，生于忧患，死于安乐。一味沉湎于过去的成绩，躺在过去的功劳簿上不思进取，只能让自己停滞不前。在动物界中，缺少天敌的动物往往体质虚弱，不堪一击；而拥有天敌的动物则体质强壮，生命力强。危机感不仅是企业和组织长青的基石，还是一个人进取心的源泉和成长发展的重要动力。一个人失去危机感就会变得安于现状，裹足不前，那么等待他的就只有被淘汰的命运。

曾读过这么一则寓言故事。

从前，恐龙和蜥蜴共同生活在地球上。

一天，蜥蜴对恐龙说："天上有颗星星越来越大，很有可能要撞到我们。"恐龙却毫不在乎，对蜥蜴说："该来的终究会来，难道你认为凭咱们的力量可以把这颗星星推开吗？"

一天，那颗越来越大的行星终于撞到地球上，引起了强烈的地震和火山喷发，恐龙们四处奔逃，但很快在灾难中死去。而那些蜥蜴，钻进了自己早已挖掘好的洞穴里，躲过了灾难。

蜥蜴的聪明之处，在于知道自己没有力量阻止灾难的发生，但有力量挖洞给自己准备一个避难所。

虽然这只是一则寓言故事，但给每一个领导者带来了很好的警示和启迪，故事中的灾难在我们身边也会发生。如果领导者不提前为自己的未来做好各种准备，不努力学习新知识，那么，正如故事中的恐龙一样，被淘汰的命运很快就会降临到你的身上——如果你不主动淘汰自己，最后结果只能是被别人淘汰。

企业购置的机器设备都会按一定年限折旧，这是谁都明白的道理。同样，人们赖以

生存的知识、技能，也会随着岁月的流逝而不断地"折旧"。价值是一个变数，今天，你可能是一个价值很高的人，但如果你缺乏危机意识，故步自封，满足现状，明天，你的价值就会贬值，面临生存危机。

林东是某公司的一名员工，他刚到公司的时候非常努力，很快就在工作中取得了杰出的成绩。他聪明能干，年轻好学，很快就成了老板的"红人"。老板非常赏识他，进入公司不到两年，他就被提拔为销售部总经理，工资一下子翻了两番，还有了自己的专用汽车。

刚当上总经理那阵子，林东还是像以前那样努力勤勉，每一件事情都做得尽善尽美，并且经常抽时间学习，参加培训，弥补自己知识和经验方面的不足。

《孔子圣迹图》之楚狂接舆

时间长了，有朋友对他说："你犯什么傻啊？你现在已经是经理了，还那么拼命干嘛？要学会及时行乐才对啊！再说老板并不会检查你做的每一件事情，你做得再好，他也不知道啊！"

在多次听到别人说他"犯傻"的话后，林东变得"聪明"了，他学会了投机取巧，学会了察言观色和想方设法迎合老板，不把心思放在工作上，也放弃了很多的学习计划。如果他认为某件事情老板要过问，他就会将它做得很好；如果他认为某件事情老板不会过问，他就不会做好它，甚至根本就不做。在公司中，也很少见到他加班加点工作了。

终于，在公司的一次中高层领导会议中，老板发现林东隐瞒了工作中的很多问题。在年底的业务能力考核上，林东有几项考评成绩也大不如前，失望之余，老板就把林东解聘了。一个本来很有前途的年轻人就因为丧失了危机感，安于现状，而丧失了一个事业发展的大好机会。

　　市场中没有永远畅销的产品,职场中也没有永远的"红人"。职场中有很多像林东这样的"红人"失宠,这里面有很多因素,但最主要是因为"红人"失去了原来的激情和危机感,变得满足现状了。这些人在成为"红人"以前,工资不高,起点也比较低,而且时刻面临着被淘汰的危险,因此,他们努力工作,用业绩证明自己的能力,用业绩取得想要的回报。终于,他们成功了,薪水、地位都大大提高,生活品质也得到了很大改善。这个时候,他们滋生了骄傲的情绪,优越感上去了,危机感下来了,工作干劲丢掉了,于是业绩也随之下来了。事实证明,这种态度最终害的人还是自己。

　　有人说,未来社会只有两种人:一种是忙得要死的人,另一种是找不到工作的人。据统计,25 周岁以下的从业人员,职业更新周期是人均一年零四个月。比如,当 10 个人只有 1 个人拥有某种职业的资格认证证书时,他的优势是明显的,而当 10 个人中有 9 个人拥有同一种证书时,他原有的优势便不复存在。现代职场流行一种新的"三八主义",即八个小时休息,八个小时工作,八个小时学习,这正是当下社会人才竞争激烈之写照。面对未来日趋严酷的竞争,领导者,你做好准备了吗?

國學智慧全書

论　语

第七章　胸怀有多大,舞台就有多大

★心胸宽广:承认自己就要承受一切

子曰:"我未见好仁者,恶不仁者。好仁者,无以尚之;恶不仁者,其为仁矣,不使不仁者加乎其身。有能一日用其力于仁矣乎? 我未见力不足者。盖有之矣,我未之见也。"

——《论语》里仁第四

承认自己是君子吗? 那就等于承认了世上肯定有小人。小人有阴险歹毒的,但更多的时候,小人是心胸不太宽阔的人,他的心胸狭窄,还常常以小聪明来表现,比如,你的宽和谦恭,他常以为是无能或者虚伪;比如,你的木讷无言,他常常以为你愚笨或者无知;比如,你的深沉,他常以为是阴险和做作;比如,你的敬业,他常以为是哗众取宠;比如,你的认真,他常以为是装模作样;比如,你的能干,他常以为是另有他图。总之,还真有点"道不同,不相与谋"的味道。再发展严重些,你是不是真的有些忍无可忍了? 是不是内心的恼怒凝聚得像核武器?

千万别动怒。既然是君子,就应该大度些,孔子说了,"未见好仁者,恶不仁者"嘛,"好仁者,无以尚之",喜欢仁德的人是无法超越的呀! 你看看唐朝的娄师德,器量超人,遇到无知的人指名辱骂,就装着没有听到。有人转告他,他却说:"恐怕是骂别人吧!"那人又说:"他明明喊你的名字骂!"他说:"天下难道没有同姓同名的人。"有人还是不平,仍替他说话,他说:"他们骂我而你叙述,等于重骂我,我真不想劳你来告诉我。"有一天入朝时,因身体肥胖行动缓慢,同行的人说他:"好似老农田舍翁!"他笑着说:"我不当田舍翁,谁当呢?"他的弟弟任代州刺史,将赴任时,他告诉弟弟:"我们兄弟受国家厚恩,俸禄,官位过盛,为时人所嫉妒,你当以何度量自处呢?"弟说:"若有人吐唾沫于我脸上,我会擦净,决不让兄担忧。"他面有愁容地说:"人吐唾沫在你脸上,是对你生气,擦掉它,是抗逆他的意思,会使他更生气的! 所以唾沫不能擦,要让他自己干掉,并以笑来承受,这样才是处置充盈之道!"他为皇上所信任,全朝无人能与他相比,他愈加谦虚谨慎,凡是遇到毁谤,就反求自省自责,如同无地自容似的。他曾告诉人说:"有人对我不礼貌,其中必有原

因的，付之不与他计较，不但修养器量，也可免去祸患，这是君子所以要再三反省啊！"像娄公可说是受辱不怨的人了！再想想大地，多么宽厚而大度！她滋生万物，不论是高贵的鲜花，也不论低贱的野草；她托付万物，不论茅草小屋，也不论是高楼大厦。她说什么了吗？天地有大美而无言。你喝醉了酒，没有随便往地上撒尿吗？你嗓子眼发痒，没有随地吐痰吗？你生气了，没有狠劲跺地吗？大地说什么了吗？所有这些，你往人身上试试？肯定拳脚相加。大地不仅没说什么，她还把脏的东西变成肥料，滋养有生命的花草树木。如果人也兼容并蓄，宽宏大度，岂不就有了大地的德行？有了大地的德行，还有什么不能承载？飞机飞了十万八千里，最终还不是接受大地的怀抱？

承认自己是君子，就该什么也不抱怨，也不抱怨什么。承认自己就是承受一切。

★顺其自然：来者不拒，去者不追

子张问曰："令尹子文三仕为令尹，无喜色；三已之，无愠色。旧令尹之政，必以告新令尹。何如？"子曰："忠矣。"曰："仁矣乎？"曰："未知，焉得仁？""崔子弑齐君，陈文子有马十乘，弃而违之。至于他邦，则曰：'犹吾大夫崔子也。'违之。之一邦，则又曰：'犹吾大夫崔子也。'违之。何如？"子曰："清矣。"曰："仁矣乎？"曰："未知，焉得仁？"

——《论语》公冶长第五

尽管孔子对子文不太满意，那是孔子对君子的更高要求。做坏事，只此一件，就够人腻歪。做君子，难道还有尽头吗？让咱看，能做到子文这个地步，已相当不简单。

他告诉从政者必须有一个好的心态。什么心态？那就是来者不拒，去者不追。不是有一副叫作"去留无意，看庭前花开花落；宠辱不惊，望天上云卷云舒"的对联吗？正好是这种心态的诠释。人们说，官场复杂，复杂就复杂在做官是在和人打交道，按级别分，上级，同级，下级，群众；按德行分，君子，小人，不君子不小人；按性别分，男人，女人；按职业，工农兵学商，等等。人又不同于植物，春种夏长秋收冬藏，自有规律，人也不同低级动物，小鸡饿了，吃米，兔子饿了，吃草，老虎饿了，吃所有的动物。人是意识的动物，人又是利益的动物，意识和利益相遇，人就变得非常复杂了，有病未必呻吟，无病也许喊娘，城里无兵，也许能导演雄兵百万的"空城计"，寂静的山峡也许陈兵百万，为你布下天罗地网。一位久在官场的老者说，大山可能阻挡不了你的脚步，也许一个小小的土块，让你终身骨折。这更说明，官场的诡秘，哪个环节不慎，也可能让你跌倒不起。更别说那道不尽的责任，决策失误，要承担责任；别人惹得麻烦，要承担责任；有些事虽没有直接责任，还有间接责任。一个地方管不好，谁知要出什么问题？谁知什么时候出问题？谁知出多大问题？大问题，大责任，小问题，小责任，敏感事件出问题，那你只有敏感地接受处理。还不说那些意想不到的天灾人祸。"官大有险",官越大,感觉就更加明显。

面对此等景况,就悲观失望,躺倒不起,无所作为了吗?不是。看人家子文的态度吧!子文一定是官场得道之人,所以,他有一个好的心态。他"三仕为令尹,无喜色",没什么可得意的,只要条件成熟,人皆可成尧舜,无非是说明,鸟遇到了晴空万里,鱼遇到了顷波大海,庄稼遇到了风调雨顺,骏马遇到了慧眼伯乐。那好,就拿出真心、真劲,能飞多高就多高,能游多远就多远,能够高产也决不隐瞒,能跑多快也决不惜力。子文相信,真心之树能结出甜美的果实,即使不是十分甜美,但果实里面也包裹了自己真心的种子,又何必在乎太多?子文的心态很可贵吧?可贵的还在于"三已之,无愠色"。被免职了,那也没什么可怕,也许自己的真心并没有那么明净,不经意地被一片叫作私利或者便宜或者欲望的叶子遮蔽了一下,也许自己的真心被糟糠所覆盖,鼓风机恰好正没电停止了运转呢!也许是自己站的位置不对,乌龟选择了长跑?骏马入了大海?猎犬当成了野狼?也许是气候不对,翅膀遇到了飓风?鳍遇到了草地?当腰高的玉米遇到了"卡脖旱"?没什么,不怨天,不尤人,不浮躁,不轻贱。正好"无官一身轻",可以休养生息;正好反思自己,自己打倒自己才是新的自己;正好当当观众,欣赏人生风景,看看人间百态。当然,也别忘了"旧令尹之政,必以告新令尹",这是职业道德,至于人家听与不听,又何必管那么多。

★急而能安:当领导不能随便发脾气

樊迟从游于舞雩之下,曰:"敢问崇德,修慝,辨惑。"子曰:"善哉问!先事后得,非崇德与?攻其恶,无攻人之恶,非修慝与?一朝之忿,忘其身,以及其亲,非惑与?"

——《论语》颜渊第十二

生活中哪有事事顺心的。当领导常常不是人们想象的那样随心所欲,恰恰相反,领导因为受到工作性质、工作环境、大局意识的影响,强制自己去做一些自己不想做但又必须去做的事情,或者自己想去做而又不能去做的事情。管不住自己的思想和情绪,行吗?领导工作最大的特点,就是接触人,接触不同脾性、不同思想、不同阅历、不同身份、不同学识的人。这就难免出现意想不到的情况,受到误解,受到侮辱,受到讽刺,受到围攻,受到谩骂,受到谣言,受到攻击,受到吵闹,受到阻力,是领导活动中的常态。既然是常态,当然就应该以一颗平常心处之,相反,"一朝之忿,忘其身",或者"匹夫见辱,拔剑而起,挺身而斗",最终的结果,使无事生非,有事变大,大事变炸,简单问题复杂化,复杂问题糟糕化。因此,当领导必须要有良好的心理素质,保持健康的情绪,有制怒的本事,能控制自己的情绪,做到热而能冷,乱而能静,急而能安。

你看看"怒"字,当你发怒时,你的心就成了脾气的奴隶,脾气一般说都是非理性的,

按照非理性的指向去考虑问题,还能全面? 那还不意气用事? 那还不蛮干起来? 三国时期,诸葛亮第七次兵出祁山,求战心情十分迫切,可是不论怎样挑战,司马懿就是按兵不动,诸葛亮便使出"致巾帼妇人之饰,以怒宣王"的办法,嘲笑司马懿不配做大丈夫,刺激司马懿出兵。如果动怒而草率行动,则正中诸葛亮下怀。可司马懿关键时候控制了自己的情绪,以至于熬死诸葛亮,从而无人与之敌,为统一全国打下基础。东晋时候,有一个叫王述的人,据说脾气十分暴躁,有一次吃鸡蛋,用筷子夹没夹到,便大发脾气,顺手把鸡蛋扔到地上,可鸡蛋在地上滚来滚去并没有碎,这下更把他惹火了,又用木屐去碾,又没碾着,他气得简直要发疯,又把鸡蛋放进嘴里嚼碎吐出。就是这么一个怪脾气的人,对人却从不动怒。当时有一位同僚和他发生矛盾,找到他家骂街,他却面壁不动,那人自觉没趣,便离开了。王述很清楚,对一个没有生命的鸡蛋动怒,鸡蛋不会报复,对人出言不逊,就可能惹来大祸。苏东坡有一篇文章叫《二鱼说》,讲述的是有一条豚鱼,在桥下撞到桥柱上,它不怪自己不小心,反倒认为桥柱故意找茬,于是也不过桥了,生起气来,气得张嘴、竖鳍、胀肚,漂在水面,一动不动。老鹰看见了,冲上前,把它的肚子撕裂,这条豚鱼就这样成了老鹰的美餐。别发怒呀! 相反,要冷静下来,想想自己有什么不对。否则,你可就成了豚鱼了,那命运还好得了?

苏东坡

★恭、宽、信、敏、惠:行五者于天下为仁

子张问仁于孔子。孔子曰:"能行五者于天下,为仁矣。"请问之。曰:"恭、宽、信、敏、惠。恭则不侮,宽则得众,信则人任焉,敏则有功,惠则足以使人。"

——《论语》阳货第十七

孔子认为,"能行五者于天下,为仁矣"。我辈则认为,能行五者于天下,司以为官。

当领导不庄重行吗? 整日价衣冠不整,疲疲沓沓,漫不经心,稀里糊涂,口无遮拦,语无逻辑,嘻嘻哈哈,满嘴黄话,动手动脚,毛手毛脚,别说做领导,就是做人恐怕也不及格。

人要有人相,官要有官样。尤其作了领导,千人盯万人瞧,自己的一言一行都别具意义。穿衣、交往、办事,都要一丝不苟,衣着要整洁,待人要礼貌,办事要认真,说话要恰当,否则,就被人瞧不起,甚至受到取笑、嘲笑。

当领导不宽厚行吗?领导站居高处,比常人更应具备爱心、同情心和宽容心。爱心,就是火炉,能够温暖他人;同情,就是春风,能够化开心灵的冰雪;宽容,就是大海,在容纳细流的时候也壮大了自身。尤其在宽容上,要知道世界上没有一个完人,既能发现人的优点,更能理解别人的缺点,不能对别人的缺点耿耿于怀;要明白自己要活,别人也要活,自己要活得好,别人也要活得高质量,别说"己所不欲,勿施于人",就是自己喜欢,也要考虑别人未必热爱。给别人一个空间,也就给了自己一份自由。

当领导不讲信用行吗?上午的话,下午就忘;早晨的令,晚上就改;当面说好话,背后捅黑刀。甚至瞎吹牛,乱许愿,胡表态,嘀嘀咕咕,两面三刀,怎么能让群众信服?

当领导不敏捷行吗?见事迟,反应慢,不敏感,不灵敏,不果断,不迅速,无效率,这样的人怎么去"领"别人,又能把人"导"到哪里去?自己受罪,别人跟着干也倒霉。

当领导不慈惠行吗?天天阶级斗争,事事假设对手,就是不知道关心人,爱护人,理解人,谁愿意和这样的领导打交道?唯有爱心,才能有亲和力,在一个温暖的环境下工作,工作都是有温度的。

记住吧!"恭则不侮,宽则得众,信则人任焉,敏则有功,惠则足以使人。"

★为与不为:别陷于人事纠纷,干些人生的大事

子曰:"志于道,据于德,依于仁,游于艺。"

——《论语》述而第七

子曰:"唯女子与小人为难养也,近之则不孙,远之则怨。"

——《论语》阳货第十七

子以四教:文,行,忠,信。

——《论语》述而第七

不说什么大话,但就人生的短暂来说,人与人之间应当和谐一些,比如对父母孝敬,对子女关怀,对上级尊重,对下级爱护,对同事关心,对事业热爱,至少社会成员彼此少制造一些痛苦和不快,不好吗?在此基础上,能做事就做事,能多做事就多做事,能做大事就做大事,不好吗?

很难。孔子说,"唯女子与小人为难养也,近之则不孙,远之则怨"。为什么孔子如此仇视女子与小人?因为女人容易受感情驱使,少理性;小人容易受利益支配,少德行。他

们都不遵守规范或者游戏规则。在这里,我们姑且把女子和小人看作是一个隐语,是人际环境恶劣的代名词。你还没有做事,人际的纠纷就布满你的周围。远不行,近不行,前不行,后不行。事业没有铺陈,人事却令人费神。王蒙先生就说,人生的大悲剧就是事情没有做成多少,先陷入人事纠纷。于是左挡右突,于是殚精竭虑,于是纵横捭阖,于是无可奈何,最后孤注一掷,勾心斗角,亲亲仇仇,拉拉扯扯,阴阳怪气,把人生搞得一塌糊涂,人没做好,事没做成,一地鸡毛,人生的背篓里丢弃着一堆零散的部件。

真的没有了办法?不是,关键在自己。你自己得有人生的主线呀!孔子不是说了吗?"志于道,据于德,依于仁,游于艺"。你得给自己短暂的一生有个定位,这个定位是根据德和仁来确定的,同时也是依据德和仁来追求。至于人际关系,那肯定是存在的,你要有所了解,有所体察,有所分析,有所为有所不为,但绝对不可沉溺其中,不能把做人的技巧,把"术"的东西,当作做人的根本和终极追求。多"游于艺",多一些"文,行,忠,信",不执着于人际关系,不把处理人际关系作为学问,作为本事。能和谐人际关系,不过是自己修养的结果,不过是性格锻造的结果,不过是无心的结果。不刻意反而收到意想不到的效果。

《孔子圣迹图》之山梁叹雉

人,关键是要有主心骨。有了主心骨,还不能应对一切吗?正如王蒙先生所说,你搞你的摩擦,我做我的切实工作;你造你的流言,我做我的切实工作;你起你的哄,我做我的切实工作;你哗众取宠,我做我的切实工作;你跳八丈高闹成一团,我做我的切实工作;你声嘶力竭、大呼小叫、高调入云、危言耸听、装腔作势、连蒙带唬,我依然专心致志地做我的切实工作。假以时日,谁高谁低,谁胜谁负,还用说吗?

★掌控情绪:不要做踢猫链条中的一环

子曰:"由也,女闻六言六蔽矣乎?"对曰:"未也。""居!吾语女。好仁不好学,其蔽也愚;好知不好学,其蔽也荡;好信不好学,其蔽也贼;好直不好学,其蔽也绞;好勇不好学,其蔽也乱;好刚不好学,其蔽也狂。"

——《论语》阳货第十七

孔子说:"仲由,你听说过六个字的德行,会有六种弊病吗?"子路起身回答:"没有。"孔子说:"坐下!我告诉你。爱好仁德却不好学习,其弊病是愚蠢;爱好聪明却不好学习,其弊病是放荡;爱好诚实却不好学习,其弊病是伤害自己和亲人;爱好直率却不好学习,其弊病是说话尖刻刺人;爱好勇敢却不好学习,其弊病是容易闹乱子闯祸;爱好刚强却不好学习,其弊病是狂妄。"

这里我们重点讲解下面两句:"好直不好学,其蔽也绞。"像绳子绞起来一样,太紧了会绷断的。一个人太直了,直到没有涵养,一点不能保留,就是不好学,没有修养,它的流弊是要绷断,要偾事。"好勇不好学,其蔽也乱。"脾气大,动辄打人,干了再说,杀了再说,这是好勇,没有真正的修养,就容易出乱子。

脾气急躁的人会偾事,个性疏懒散漫的人会误事,严格说来误事还比偾事好一点,偾事是一下子就把事弄砸了。所以个性直的人,自己要反省到另一面,如果不在另一面修养上下功夫,就很容易偾事。

好直与好勇都是个人修养中的情绪管理问题。一个人不能太直,不能太急躁。否则都有损于个人修养。尤其如果这些负面情绪在一个团队、群体中散发,它还有传染性。从这一传染源出发,一路下去,影响一个链条。张强就无意中当了一回传染源。

张强是一位经理,一天早晨他起床有些晚,便急急忙忙地开车往公司急奔。为了赶时间,他连闯了几个红灯,终于在一个路口被警察拦了下来,警察给他开了罚单。到了办公室后,他看到桌上放着几封昨天下班前便已交代秘书寄出的信件,把秘书叫了进来,劈头就是一阵痛骂。

秘书则拿着未寄出的信件,走到总机小姐的面前,又是一阵狠批。总机小姐很委屈,便借题对公司内职位最低的清洁工进行了一番指责。清洁工只得憋着一肚子闷气。下班回到家,清洁工见到读小学的儿子趴在地上看电视,衣服、书包、零食丢得满地都是,当下把儿子好好地修理了一顿。儿子愤愤地回到自己的卧房,见到家里那只大懒猫正盘踞在房门口,就狠狠地一脚,把猫给踢得远远的。正巧这时张强从猫身边走过,谨慎的猫为防止再被人踢,迅速抓了一下张强就溜了,可怜的张强被猫抓破了腿。

人并不是孤立存在的,如果无缘无故地被人丢了一个包袱过来,当然要想办法甩掉它,这就是"踢猫效应",是人们在受到挫折后的典型消极心理反应之一。"踢猫效应"告诉我们:发脾气就等于在人类进步的阶梯上倒退了一步。

有人受到挫折以后容易产生攻击行为,直接攻击对方或攻击自己,还有人攻击不相关的人。这种攻击行为常常会影响工作气氛和合作质量。低落的情绪是一个连锁反应,生气犹如毒药一样可以传染到四面八方。处于情绪低潮中的人们,容易迁怒周遭所有的人、事、物,这是难以克服的,所以孔子才会称赞颜回:"不迁怒,不贰过!"

据说,心情舒畅、开朗的人,若同一个整天愁眉苦脸、抑郁难解的人相处,不久也会变得情绪沮丧起来。一个人的敏感性和同情心越强,越容易感染上坏情绪,这种传染过程是在不知不觉中完成的。如果一个情绪并不低落的学生,和情绪低落的学生同住一间宿舍,这个学生的情绪往往也会低落起来。在家庭中,某人若情绪低落,他的配偶最容易出现情绪问题。

在工作中有这么一种人,总想让别人的喜怒哀乐与自己"同步"。当他们心情愉快时,希望周围的人也跟着自己高兴;当他们心情不好时,别人也不能流露出一点欢乐。否则,轻者耿耿于怀,重者便寻衅以"制服"对方。这种情绪以自我为中心的做法是极其不好的,因为它会严重破坏和谐的工作氛围。

有的人自己心情不好时,不允许单位里其他同事说笑或进行正常的娱乐活动。他会不时地干涉别人、扰乱别人,破坏周围的欢乐气氛。时间久了,他会因不受欢迎而成为孤家寡人,陷入孤立的状态之中。

其实,人无法避免要同他人交往,尤其是合作氛围相对稳定的职场办公室,一个人的情绪犹如一杯水中加入了一滴酒,水也就将变得不再单纯。那么合作气氛犹如那杯水,那杯掺了一滴酒的水就是被污染了的工作环境。每个人喝起来都不是那么爽口,心情都遭到污染,工作也会受到影响。

★ 忍者神龟:成事忍之道

子曰:"巧言乱德,小不忍则乱大谋。"

——《论语》卫灵公第十五

孔子说:"花言巧语惑乱道德。小事情上不能忍耐,就会打乱大的计谋。"人要学会忍耐,如果一点小事都不能容忍而发脾气,就会坏事。只有下定决心耐住性子,才能做成事。

古代有个老翁,他开了个典当铺。一年年底的一天,他忽然听到门外一阵喧闹声,出

门一看，原来门外有位穷邻居正在吵嚷。站柜台的伙计就对老翁说："他将衣服押了钱，空手来取，不给他，他就破口大骂。有这样不讲理的人吗？"门外那个穷邻居仍然是气势汹汹，不仅不肯离开，还坐在当铺门口。

老翁见此情景，对那个穷邻居说："我明白你的意图，不过是为了度年关。这种小事，值得一争吗？"于是，他命店员找出典当之物，共有衣服蚊帐四五件。

老翁指着棉袄说："这件衣服抗寒不能少。"又指着外袍说："这件给你拜年用。其他的东西不急用，就留在这里吧。"

那位穷邻居拿到两件衣服，不好意思再闹下去，于是离开了。当天夜里，这个穷汉竟然死在别人的家里。

原来，穷汉同人家打了一年多的官司，因为负债过多，不想活了，于是就先服了毒药。他知道老翁家富有，想敲诈一笔，结果老翁没吃他那一套，没有傻乎乎地当他的发泄对象，于是他就转移到了另外一家。

事后有人问老翁，为什么能够事先知情而容忍他。老翁回答说："凡无理挑衅的人，一定有所依仗。如果在小事上不忍耐，那么灾祸就会立刻到来了。"

孔子强调"小不忍则乱大谋"。他的高徒子夏也说了："虽小道，必有可观者焉；致远恐泥，是以君子不为也。"

可见要做成大事，关键在于一个"忍"字。

在古老的藏族地区，有一个叫爱地巴的人，他有一个特殊的习惯：每次生气和人起争执的时候，就以很快的速度跑回家去，绕着自己的房子和土地跑三圈，然后坐在田边喘气。

爱地巴工作非常努力，他的房子越来越大，土地也越来越广。但不管房地有多广大，只要与人争论而生气的时候，他就会绕着房子和土地跑三圈。"爱地巴为什么每次生气都绕着房子和土地跑三圈呢？"所有认识他的人，心里都很疑惑，但是不管怎么问他，他都不愿意明说。

直到有一天，爱地巴很老了，他的房地也已经太大了，他生了气，拄着拐杖艰难地绕着土地和房子转，等他好不容易走完三圈，太阳已经下山了，他独自坐在田边喘气。

他的孙子看到后恳求他说："阿公！您已经这么大年纪了，这附近也没有其他人的土地比您的更广大，您不能再像从前，一生气就绕着土地跑了。还有，您可不可以告诉我您一生气就要绕着土地跑三圈的原因？"

爱地巴终于说出了隐藏在心里多年的秘密，他说："年轻的时候，我一和人吵架、争论、生气，就绕着房地跑三圈，边跑边想自己的房子这么小，土地这么少，哪有时间去和人生气呢？一想到这里，气就消了，把所有的时间都用来努力工作。"

孙子问道："阿公！您年老了，又变成最富有的人，为什么还要绕着房子和土地跑呢？"爱地巴笑着说："我现在还是会生气，生气时绕着房子和土地跑三圈，边跑边想自己的房子这么大，土地这么多，又何必和人计较呢？一想到这里，气也就消了。"

贝多芬曾说过,几只苍蝇咬几口,绝不能羁留一匹英勇的奔马。每一位优秀人物的身旁总会萦绕着各种纷扰,对它们保持沉默要比寻根究底明智得多。我们应当保持一种温和平静的心态,从容地面对那些纷扰。

生活中有些事情或许你永远不会习惯,但你还得一天一天地过下去,所以你必须学会忍耐。没有能力改变现实,那么你就必须忍耐、适应,等一切都过去了,剩下的就都是美好的了。

★善处谗污:做个明白的领导

子张问明。子曰:"浸润之谮,肤受之诉,不行焉,可谓明也已矣。浸润之谮,肤受之诉,不行焉,可谓远也已矣。"

——《论语》颜渊第十二

子张问什么是"明"?孔子就答复他上面的两句话,这是我们要注意的。尤其是领导者,更要注意"浸润之谮,肤受之诉"这八个字。因为领导别人,乃至朋友同事之间的相处,会经常遇到此类情况。

"浸润"就是"渗透"手段。"谮"是讲人家的坏话。"肤受"就是皮肤表面上的一点点伤害。"诉"是心理上的埋怨、攻击。"远",就远离错失了。

我们看历史上和社会上许多现象,尤其当领导的,更体会得到,许多人攻击的手段非常高明。一点一滴的来,有时讲一句毫不相干的话,而使人对被攻击者的印象大大改变。而身受攻击的人,只觉得好像皮肤上轻轻被抓了一下而已。所以这八个字,特别要注意。自己千万不要这样对人,同时自己也不要听这些小话进来,尤其当领导的,对于这些小话不听进来,是真正的明白人。但做明白人很难,尤其做领导,容易受蒙蔽,受人的蒙蔽,要"浸润之谮,肤受之诉"在你面前行不通,你才是明白人,这是孔子对于"明白人"的定义。做到这一步,才会远离错失。至于老子所讲的"明白人"又进一步了,老子说:"知人者智,自知者明。"能够知人,能够了解任何一个人的人,才是有大智慧的人,能够认识自己的,才是明白人。

人都不大了解自己,对别人反而知道得清楚。因此在老子的观念中,"明白人"并不多。所谓事修而谤兴,德高而毁来。一个人不干事,反倒没是非,越干事,越有事,干事越多,是非越多,干事越大,是非越大。于是闲言碎语者有之,进谗言者有之,诬告者有之。这其中固然有干事得罪人的因素,但更有嫉妒心理作祟。因为干事的人,或者品德高尚的人,就像一面镜子,现出了品德低下的人、庸碌平常的人、懒惰保守的人的原形。现出了原形,能不难堪吗?于是便用不平常的手段平息内心熊熊燃烧的妒火。最终的结果就是把干事者整倒，把一盆清水搅浑，在浑水中，我不好，你也别好，彼此彼此，一杆子拉平。

不干事的人别看没有干事的本事，但进谗言、搞诬告却智商不低。孔子说，"浸润之谮"，别说谗言贴着标签，它披着温情、关心、正义的外衣，像温水一样浸过来，你根本感觉不是在进谗言呢！孔子说，"肤受之诉"，诬告也不戴着虚假的帽子，总能抓住别人的"小辫子"，字字血，声声泪，刀刀砍在皮肤上。就说刘备吧，吕布被曹操活捉，在杀与不杀之间，颇费踌躇，刘备趁机进言，"你不记得丁建阳、董卓了吗？"吕布最初投靠丁建阳，董卓摄政乱天下后，吕布为求富贵，杀了丁建阳归顺董卓，后因历史上四大美女之一的貂婵，又杀了董卓。刘备意在提醒曹操，假如你不杀吕布，你就是丁建阳、董卓的下场！话虽半句，但含义全尽，不得不使曹操下了狠心。刘备真是进谗言的高手，既用事实说话，又站在维护曹操利益的角度，不由得人不相信他的真诚。他真是设身处地为曹操着想吗？不，他是怕曹操有了吕布而如虎添翼，从而为自己日后的霸业设置障碍。

现在，你明白了吧，你知道如何处理谗言和诬告了吧。人是目的动物，不管他说的比唱的还好，你可要弄清他真实的目的。人有了目的，他怎么伪装、怎么掩盖，也总有破绽。就好像孔雀开屏，像一个艳丽的花篮，多漂亮！可它真实的目的是露出屁眼，说不定是想和别的孔雀做爱呢！人可比孔雀更聪明，但"人外有人，天外有天"，还有更聪明的呀，你就是！

第八章 沟而有通:做个会说话的领导

★成功秘诀:善于与人沟通

> 或曰:"孰谓鄹人之子知礼乎? 入太庙,每事问。"
>
> ——《论语》八佾第三

在我们周围,总有这样一种人,他们能够在每个工作岗位上获得优秀的工作业绩,赢得大家的尊敬。这些人有什么秘密武器呢? 他们成功的秘诀是什么?

事实上,任何结果都是通过行动产生的,而正确的行动是基于准确的分析判断,来源于周密的调查研究。否则,纵然你智力超群、经验丰富,也不可能制定有针对性的行动计划,从而成功实现预期目标。

《三国演义》中,诸葛亮初出茅庐,以"火烧博望坡"确立了自己的军事领导地位。诸葛亮刚到新的工作岗位就一鸣惊人,这固然与他高超的智谋有关。他客观分析敌我情况,并深入调查周围的有利地形,发挥了决定性的作用。

当时,曹操派夏侯惇带领 10 万兵马攻打新野,诸葛亮深知形势严峻、自己责任重大。好在他已经对周围的地形地势了然于胸,博望坡山川复杂,树木丛生,非常适合火攻。于是诸葛亮利用对方轻敌的思想,引诱敌人深入道路狭窄的深谷,借机发动猛烈的火攻,并多处设置伏兵,最终击败了曹操的 10 万大军。

诸葛亮"火烧博望坡",不但抵挡了曹军的进攻,而且确立了自己在刘备及军队士兵心中的地位,使保持怀疑态度的关羽和张飞彻底服气。

人们总是把诸葛亮看作智慧的化身,殊不知这种睿智是建立在日常的调查了解基础上的,包括倾听当地向导的介绍。

孔子进了太庙,每件事情都要再三询问。有人就说:"孰谓鄹人之子知礼乎? 入太庙,每事问。"意思是,谁说孔子了解礼呢? 进入太庙后,他每件事都要询问。孔子听说后说:"这就是礼。"

领导者进入新的工作岗位，或进入新的业务领域，总体上处于一种不熟悉的状态。这时，保持谦虚的学习态度，养成调查了解的好习惯，对顺利开展工作是非常重要的。

俗话说，新官上任三把火，领导者新上任的确有必要树立自己的权威。但是"火"不是随意烧的，要恰到好处，而不能引火烧身。这时，调查了解组织情况、发现工作中的疏漏就显得很有必要。

诸葛亮这把"火"烧得巧、烧得妙，它烧出了诸葛亮的人气、刘备的霸气，烧掉了关羽和张飞的怨气、曹军的傲气，这是在调查研究基础上正确做事的典范。

和诸葛亮一样，许多领导者具备丰富的管理经验，可谓深谙领导的精要；但是面对新的工作岗位，他们又像诸葛亮初出茅庐一样，缺乏实战经验。这时，正确的做法是深入基层，广泛听取员工的意见，深入了解大家的真实想法，在调查研究的基础上制订行动策略。这种做事习惯应该成为一种领导力，使领导者战无不胜。

毛泽东曾经鲜明地指出："没有调查研究就没有发言权。"领导者无论具备多么优秀的管理才能，如果他的决策没有建立在完备而准确的信息基础上，那么得出的任何结论都有可能是错误的。

咨询在现代社会得到了前所未有的重视，于是咨询服务被视为点石成金的产业。在商业管理咨询行业，麦肯锡把"调查了解"和"沟通"视为自己的生命，并成功建立了有效的管理机制。

诸葛亮

创立于1926年的麦肯锡公司，最初只是一家综合会计与管理咨询公司。1929年，美国出现了经济危机，许多公司纷纷倒闭。公司破产的时候，需要大量的会计事务所清账，进行资产登记和重组。

身处商业世界最深处的麦肯锡意识到一个新的行业即将诞生，公司将会迎来难得的发展机遇。于是他在跟会计事务所一起查账的过程中，悉心了解处于危机管理中的企业处于怎样的状态、需要哪些服务，从而提供有针对性的咨询服务。

从那时起，麦肯锡开始有目的地把公司塑造成一个"精英荟萃"的"企业医生"，即通过为企业提供重大管理问题的咨询，建立自己的价值，并不断提升公司在同行中的地位。

國學智慧全書

經學智慧

就这样,麦肯锡依靠调查了解的好习惯成就了自己在管理咨询行业的先锋地位。

日本松下电器的创始人松下幸之助被称为经营大师,他在总结自己的经营秘诀时说:"成功管理的关键是细心倾听他人的意见。"法国作家安德烈·莫洛亚也曾指出:"领导者应当善于集思广益,应当懂得运用别人的头脑。"

在任何岗位上从事任何业务都需要倾听他人的意见,进行准确的调查研究,这是走向成功的起点和关键。

★和气生财:和则两利,斗则两伤

子曰:"礼之用,和为贵。"

——《论语》学而第二

中国自古就有"和气生财"的说法,强调经商与对方和谐相处,才能顺利实现预期目标。孔子说,"礼之用,和为贵",强调在处理社会关系时,要遵循"贵和"的原则,减少人际关系冲突,实现和谐发展的目标。

深受儒家文化影响的日本,又称大和民族,其国民的合作意识和团队精神令人称道。

现代日本是在二战后建立起来的,其经济与商业管理的成功在很大程度上借助了日本民族文化中"贵和""合作"的积极成分。例如,在日本企业里,领导者从人员入手,加强接触,相互做出妥协,最后达成一致意见,有效化解了各种潜在危机。

在积极吸收外国商业管理经验的同时,日本商界人士把目标管理、质量管理、合理化建议等与"人和"理念结合起来,创造了注重团队意识的企业经营文化,并且在建立和谐人际关系的基础上,日本公司通过终身雇佣制实现了企业员工对组织的"忠诚"。这些"贵和"的组织管理理念创造了极高的社会效率和经济效益。

孟子说:"天时不如地利,地利不如人和。"这里的"人和"指的就是我们常说的"人际关系"。在组织内部,领导者要善于和下属融洽相处,积极主动地帮助下属解决工作中的实际问题,这样才能有力地推进企业的发展。

王先生刚进入一家跨国公司做业务工作时,要面对一些问题:工作繁忙导致缺少知心朋友,在与客户打交道时会不经意地压抑自己,结果经常发生冷场等尴尬局面。这些都影响了王先生的自信心,干扰了他正常的工作。

部门经理发现这种状况后,为及时帮助他解决上述问题,采取了一系列措施。最后,王先生消除了内心的焦虑,业务工作步入正轨,与上司和同事的关系也变得日益融洽。

从上面的案例可以发现,领导者要注意采取有针对性的措施,建立与下属和谐相处的人际关系。因为现代企业首先是一个团队,需要大家的合作才能发挥应有的效能。如果同事相互猜疑,甚至恶言相向、落井下石,那么企业只能面临落败的结局。

和则两利,斗则两伤。这不仅是对军事斗争的描述,也是现代组织人际关系的基本法则。一个不团结、起内讧的团队,你能指望它创造良好的工作业绩,在激烈的市场竞争中取胜吗?

在我国古代政治博弈中,权力的失去和拥有,往往伴随着痛苦的斗争。不但和谐的人际关系目标不能实现,而且最高领导者为了保全自己的权力,常常大开杀戒,这就是我们常说的"狡兔死,走狗烹"。

然而,赵匡胤是一个例外。他通过"杯酒释兵权",既保住了自己希望获得的权力,又避免了狼烟再起,有效化解了双方的误会。这就是以和为贵的权术之道。

人们都喜欢和自己亲密的朋友交谈,倾诉内心真实的感受。这是因为与朋友和谐融洽的人际关系为我们提供了良好的表达氛围,于是真实有效的信息被传递出来。同样的道理,领导者只有与下属融洽相处,建立和谐人际关系,才能让彼此摘掉面具进行有效沟通,最终使自己获得真实有价值的信息,制定出切实可行的管理策略,实现预期的管理目标。

迪斯尼公司是一家名副其实的娱乐王国,与其他企业不同,它是创意工业的基地。这里融合了从导演到摄影、绘画、剪辑等工作不同却又相互联系的团队成员,所以加强沟通、顺利实现工作目标显得异常重要。

为了完成一部优秀的卡通片,制作动画片的总裁、经理和董事会副主席等人要一起讨论来自各个部门的意见,从而确定最佳方案。接着,要与导演、艺术指导、幕后指挥等一线工作人员具体讨论动画片的制作与构想,直到双方意见达成一致。在整个过程中,领导之间的层级关系淡化了,大家为了一个共同的目标努力,彼此建立融洽的人际关系、实现良好的沟通。

在迪斯尼公司,没有人可以对一部动画影片宣称拥有所有权。大家来自不同的部门,在合作中建立起互相挑战又相互支持的协同工作方式。通常,制片人在组建一个团队时,会注意到不同工作人员的性格特点,因为在才能与特长之外,这一因素对大家能否实现良好合作起决定性作用。

动画片是合作的结果,如果单个成员性格偏执、心胸狭窄,就不能建立和谐人际关系,进而无法发挥出整个团队的作用。特别是组织领导者如果不能加强沟通,整个工作目标的实现将会化为泡影。在迪斯尼公司,建立和谐人际关系、达成合作,是团队高效运作的法宝。领导者努力使上下建立融洽的关系,才能使员工积极主动地发挥自己的才干,产生更多的灵感和创意,从而创作出更多的动画巨片。

所以,对领导者来说,秉承"和为贵"的管理理念实现有效沟通,才能"知己知彼",降低管理成本。

★深藏不露：逢人且说三分话，未可全抛一片心

子曰："先行其言而后从之。"

——《论语》为政第二

子贡问孔子何为君子，孔子告诉他，先去实践，等到真的做到了以后才把它说出来的人，才能算是君子。孔子提到的这一点，是绝大多数人都无法做到的。生活中，总是少不了舌头比脑子跑得快的人，而愚蠢正是在那时产生的，要知道，脱口而出的蠢话有时会贻害终生。

下面有一个故事，讲述了祸从口出的道理。

愿足阿罗汉不仅法力无边，而且极为仁慈，他常常去鬼界度化那些遭受报应之苦的饿鬼。这一次，愿足阿罗汉又来到了鬼界，他走了没多远，就看见了一个饿鬼，形象十分丑陋难看，简直到了可怕的地步。愿足阿罗汉仔细地打量了一下眼前的这个饿鬼，发现他的嘴唇有时候下垂下来，像野猪的大嘴。罗汉虽然使用神通知了这恶鬼的宿世因缘，但还是决定向饿鬼询问其前身。饿鬼回答："我的前身也是一个出家人，但是我爱惜自己的房舍，且吝惜财物不肯布施或救济他人。"饿鬼越说越感到惭愧，"我自恃是出家人有佛法庇护，因此，在言语上也不约束自己，对他人常常出言不逊，或者恶言相向。如果见到了那些比自己程度好或持戒严谨的出家人，我就看不顺眼，不但十分看不起他们，而且还辱骂他们。最糟糕的是，我听信邪知邪见，以为信奉佛法后，就不会死掉，所以我自恃有佛法护身，造了更多的罪孽，尤其是恶口骂人、挑拨离间，造下了弥天的口业。"饿鬼说着呜咽了起来："后来，我觉得自己说了太多不该说的话，非常懊悔，但我又控制不住自己。因为我造孽太多，所以即便饿鬼报应受完了，我还会堕入地狱中，承受无尽的痛苦。希望您可以把我受苦的情形讲给世间的人们听，让他们以我为戒，千万要当心，不要随意口出狂言。"

愿足阿罗汉对周围的鬼神与饿鬼们说："能够谨言慎行的人，往往会得到许多有形无形的福报，千万别忘记，祸殃也是最容易由口而出的啊！妄开恶口，终有恶报，凡我弟子都应该明白祸从口出，妄开恶言会惹火烧身，故不能等闲视之。"

不假思索，脱口而出，一时失言，后悔莫及。

许多人总是不加思考、滔滔不绝地讲话，很少考虑别人的感受和自己将面临的结局。有的人性情直爽，动不动就向别人吐苦水。虽然这样的交谈富有人情味，但他们没有想到并不是所有的人都能够严守秘密。直到这些不可与人言的隐私成为对头手中的把柄时，他们才会幡然醒悟、追悔莫及。

有的人喜欢争论,一定要胜过别人才肯罢休。结果当时确实在口头上胜过了对方,却深深损害了对方的"尊严"。对方可能从此记恨在心,后果不堪设想。有的人喜欢当众炫耀,陶醉在别人羡慕的眼光里。殊不知在得意忘形中,某些人眼睛已经发红。那些心理不平衡的人,表面上可能是一脸羡慕,背后却开始做小动作……

"言多必失"的教训实在太多,所以,领导者不要再希冀用言辞来给别人留下深刻的印象,你说得越多,你所能控制得就越少,说出愚蠢的话的可能性也就越大。昆德拉说过,所有你所说的,都将被用来反对你自己。

花不可开得太盛,盛极必衰;话不可说得太满,满必有所失。给自己留些余地,才不会常受"坦率"之害。"马有失蹄,人有失言",把话说满了往往会无法给自己留余地,就无法保证每一句话都说得滴水不漏,从而在交际场上招致误会,为自己留下隐患。

"逢人且说三分话,未可全抛一片心",人心是最复杂的东西,把心腹之言都掏出来,固然真诚可敬,但往往会触犯人身上的逆鳞,把话说得太满,就会使自己陷于被动的境地。

一言一行关系着个人的成就荣辱,所以言语谨慎对一个人立身处世具有很重要的意义。祸从口出就是说,祸患常因为言语不慎而招致。处世戒多言,多言必失。

★谨言慎行:愚者露己愚昧,贤者藏己知性

子张学干禄。子曰:"多闻阙疑,慎言其余,则寡尤;多见阙殆,慎行其余,则寡悔。言寡尤,行寡悔,禄在其中矣。"

——《论语》为政第二

孔子说:"一个人大言不惭,那他实践起来一定很困难。"宋朝朱熹注:"大言不惭,则无必为之志,而不自度其能否也。欲践其言,其不难哉!"说者容易,做者难。所以,一个人说话一定要注意,大言不惭、夸夸其谈、自鸣得意、讥讽他人,最后往往会陷入尴尬的境地。

话不可以随便乱说,应该一字一句地斟酌才对。适量的言语可以一针见血,但是过多就会有害。警惕自己的舌头,如同慎重地对待珍宝一样。使自己的舌头保持沉默,人生将会得到很大的好处。人之所以有两个耳朵、一张嘴巴,是为了让人多听少说,听的分量要有说的两倍。那些懂得听话艺术的人总是让人尊敬的,而那些只知喋喋不休地说个不停的人让人厌恶。尽管舌头没有骨头,但也应该特别注意。因为话一旦说出口,就像射出的箭,再也不能收回了。

有一个犹太人的故事,一个拉比对他的仆人说:"到市场去给我买些好东西。"仆人去

了，带回来一个舌头。拉比又对仆人说："再去市场上给我买些不好的东西。"仆人去了，又带回来一个舌头。拉比对他说："为什么我说'好东西'，你带回来一个舌头；我说'不好的东西'，你还是带回来一个舌头？"仆人回答说："舌头是善恶之源。当它好的时候，没有比它再好的了；当它坏的时候，没有比它更坏的了。"

愚者常常暴露出自己的愚昧，贤者却总是隐藏自己的知性。基于这样，请记住这么一句忠言："假如你想活得更幸福、更快乐，就要从鼻子里充分吸进新鲜空气，而始终关闭你的嘴巴。"你是否也曾听过："当傻瓜高声大笑时，聪明人只会微微一笑。"因为善于听话的人，易表露知性；而喜欢表现自我、喋喋不休的人，通常都是些傻瓜。

管住自己的嘴巴。不要谈论自己，更不要议论别人。谈论自己往往会自大虚伪，在名不副实中失去自己。议论别人往往会陷入鸡毛蒜皮的是非口舌中纠缠不清。

有一则寓言，一位农夫救了一只熊，熊准备了丰盛的晚餐答谢他。席间，农夫对熊说："你做的饭菜很好吃，但你身上有股味道，让我恶心。"母熊马上从旁边拿过一把斧头，对农夫说："既然如此，你用它砍我一下吧！"农夫便砍了一下。数年以后，农夫与熊再次相遇了。农夫对熊说："当年的事，我觉得很后悔，伤口愈合了吧？"熊说："那一斧头虽然砍得很重，但只是皮外伤，三个月就好了。忘不掉的只是你的那句话，如同一根长在心里的刺，每想起一次，就疼一次！"

"多闻阙疑，慎言其余，则寡尤；多见阙殆，慎行其余，则寡悔。言寡尤，行寡悔，禄在其中矣。"多听、多看、多思、多想，谨言慎行才能寡悔。恶语伤人三冬寒，不好好把住嘴巴的关，常常会伤害别人，也伤害自己。领导者不要等失言又失人之后，才后悔莫及，从现在开始，谨言慎行，莫要逞一时口舌之快。

國學智慧全書

论语

第二篇 《周易》智慧通解

导读

《周易》是我国几千年前人类智慧的结晶，它名列儒家六经之首，是对后世影响最深、最广、最长的一部经典。

《周易》离我们现代人的生活并不遥远，因为《周易》中所蕴含的智慧有助于谋划和指导我们的事业和生活。中国哲学中阴阳相生相克、对立统一的基础理论，便是根植于《周易》。后人从《周易》中发展出了复杂的哲学系统，儒家和道教的学说均明显受到《周易》的影响。今人更是从《周易》中解读出有关哲学、政治、历史、军事、民俗等诸多方面的研究价值。本篇力图通过对《周易》智慧的深入挖掘，达到启示今人的目的，以帮助现代人增长智慧，步入成功。

第一章　天行健，君子以自强不息

★顶天立地，自强不息

天行健，君子以自强不息。

——《周易》

对一个人来说胸怀大志是至关重要的，只有志存高远才会有大的发展；只有自强不息的人，才会真正通达顺利。但这个人一定要坚守正道，谦虚礼让。盛昌之运虽好，有时反而会招致灾祸，人要懂得盛极而衰、物极必反这一自然法则。顺其自然，就是要谨慎地适应变化，善用刚柔相济的原则，掌握进退的尺量，才能确保祥和与安全，这样才能通达，这才是胸怀大志者之要道。否则将一事无成。

乾卦阐释了宇宙创始万物，大自然的法则至大、至刚、至中、至正，具备创始、亨通、祥和、坚贞的伟大功能，周而复始，无穷无尽，它是人类至高无上的行为典范。象辞中说"天行健，君子以自强不息"，这一句饱含哲理的箴言奠定了中华民族世代繁衍不息的牢固思想根基。在中华民族的历史上，自强不息、奋斗不止的例子层出不穷，不胜枚举。从古至今，这种刚健的自强不息的精神就被数不清的仁人志士反复实践过，使中华民族虽饱经患难却仍然屹立于世界民族之林，成为世界上唯一一个文明延续了五千年仍然生机勃勃的大国。

康熙是很有作为的一代帝王，他十分明白乾卦中的深刻道理，面对震慑皇权的恶势力，秉着自强不息的信念，刚柔相济，智擒权臣鳌拜，将通往王权之路的障碍扫清，终成为杰出的少年天子。

康熙皇帝即位时只有 8 岁。根据顺治皇帝的遗命，由索尼、苏克萨哈、遏必隆、鳌拜四位大臣共同辅政。其中，鳌拜是一代骁将，曾为清朝的建立立过赫赫战功，任辅政大臣以后，自视功高，专横跋扈，根本不把年幼的康熙放在眼里。康熙亲政以后，鳌拜仍把持权柄，毫不放松。另一位辅政大臣苏克萨哈久受鳌拜压制，常常闷闷不乐，于是提出辞去辅政大臣之职。他这一举动使鳌拜非常恼怒，于是便肆意罗列了苏克萨哈 24 条罪状，判

國學智慧全書

周易

处他死刑。康熙知道这是鳌拜的阴谋诡计，便要赦免苏克萨哈。鳌拜竟然连日厉声上奏，逼迫康熙杀掉苏克萨哈，无奈之下，康熙只得答应鳌拜。鳌拜把持朝政，朝中许多文武官员，都是他一手提拔起来的。他们结党营私，党同伐异，朝中大臣人人对鳌拜俯首帖耳。朝中议事，大臣们一旦违背了鳌拜的"圣旨"，鳌拜当着康熙的面就大声呵斥。

鳌拜如此擅权，已威胁到康熙帝的绝对权威，引起了年幼康熙的警惕。康熙日思夜想着铲除鳌拜的良策，然而因为自己年幼，一时难与权势重大的鳌拜抗衡，只有励精图治、奋发图强，苦练一番本领，才能有朝一日将鳌拜制服。

于是，康熙一方面不断给辅政大臣加官晋爵从而稳住局势；另一方面采取各种措施在群臣中树立自己的威信。鳌拜不甘心放弃执掌的权力，和康熙间的斗争越来越激烈，形势十分危急。为了除掉鳌拜集团，康熙帝奋发图强，他不仅研习了历代帝王智擒权奸的韬略智慧，还做了长期充分的准备：他先是从各大王府中挑选了上百名亲王子弟做侍卫，不分昼夜地辛勤传授他们武艺。为蒙蔽鳌拜，他还对鳌拜崇敬有加，特封他为一等公，鳌拜因此而沾沾自喜，以为这少年皇帝还真是怕了他。此外，康熙还任命索尼的儿子索额图为一等侍卫，和索额图制定擒拿鳌拜的方案。

鳌拜

为了保证行动万无一失，康熙先后差遣鳌拜的亲信出京城办差，接着召集了亲训的王族子弟，进行了指派和鼓励。这一天，康熙召见鳌拜单独进宫议事，只见鳌拜一如平常一样威风八面，全然不把康熙放在眼里。而今天不同往日，康熙端坐在中间，两旁站满了自己的少年侍卫。

鳌拜顿感不妙，可是为时已晚，康熙一声令下，少年侍卫们一拥而上，几下便制服了这个横行数年，权倾朝野的权奸。康熙后来念鳌拜有恩于先祖，赦免了他的死罪，鳌拜死于狱中，他的余党重者被处死、轻者被革职降级。同时，康熙还对蒙冤的人给予了昭雪，其中苏克萨哈的后人承袭了他的爵位和世职。康熙还下达了《圣谕十六条》，旨在消除鳌拜的影响。年轻的康熙帝初露锋芒，将国家的最高权力重新夺到自己手中。这一年，康熙仅仅16岁。

康熙铲除鳌拜以后，在政策上又进行了一系列调整，最终稳固了自己的统治，为清朝以后的稳定繁荣打下了坚实的基础。

★ 敢担大任，塑造气魄

飞龙在天，利见大人。

——《周易》

《易经·乾卦》有云："飞龙在天，利见大人。""大人"，指有道德并居高位者。这句话的意思是龙飞上了高空，利于出现德高势隆的大人物。《象》曰："飞龙在天，大人造也。"《象辞》说："'龙飞上了高空'，象征德高势隆的大人物一定会有所作为。"《集解》引郑玄曰："五于三才为天道，天者清明无形而龙在焉，飞之象也。"《正义》："言九五阳气盛至于天，故云飞龙在天，此自然之象，犹若圣人有龙德，飞腾而居天位，德备天下，为万物所瞻观，故天下利见些居王位之大人。"此第五爻乃居上卦之中，往往是每卦最吉之爻，旧说称此爻为"君位"，事实上多是象征事物发展到最完美的阶段的情景。

毋庸置疑，易经中此卦意寓我们要学"飞龙在天"，要敢于挑大梁，做"大人"，塑造做大事的气魄，从而为国家和人民做出更大的贡献，并因此最大限度地实现自己的人生价值和意义。

在这方面，很多古人都是当之无愧的典范。

"六王毕，四海一"，这是何等的气魄和伟业！那时候七雄并立，大家以为这样相安无事就罢了，可谁也没有想到，一股强大的合力正席卷着中原大地。这个时候的秦始皇早已将灭六国、一统天下纳入自己的人生计划。他13岁便继承王位，22岁时开始亲理朝政。经过长期准备，秦王嬴政开始着手进行统一战争。在军事上，嬴政制定了"分化瓦解，各个击破"的正确战略。首先灭掉早已臣服于自己的韩国，然后一步一步，各个击破，最终完成了天下一统的宏伟大志，建立了一个统一的多民族封建国家——秦王朝，成为中国统一进程上一座不朽的里程碑。

汉高祖刘邦原一介布衣，且不喜读书，不喜劳作，其父还称其为"无赖"，但是他富有强烈的上进心。在一次送服役的人去咸阳的路上，碰到秦始皇大队人马出巡，远远看去，秦始皇坐在装饰精美华丽的车上威风八面，羡慕得他脱口而出："大丈夫就应该像这样啊！"刘邦从来不放弃任何上进的机会，他豁达大度，从谏如流，善于听取别人的意见，不固执武断，知人善任，用人所长，逐渐取得很多仁人贤士的信任，很快便在秦末农民起义的群雄中脱颖而出，并且在张良、萧何、韩信和叔孙通的辅佐帮助下战胜了强大敌手项羽，继而夺得天下，开创了几百年的王朝基业。

其实，当年一介布衣的刘邦，是无法预见自己将来一定是什么样的。作为普通百姓，人们更不会想到，那样"无赖"的刘邦居然能成为一统天下的王者。然而事实胜于雄辩。

缘何？在诸多的原因之中，刘邦敢于问鼎君王的胆识和气魄无疑是其成功的首要因素。试想，如果他连这个想法都没有，那就更勿用谈及其他了。

蜀主刘备，少年丧父，与母亲贩鞋织草席为生。机会总是垂青有准备之人，他虽然身在草野，却心怀天下，视恢复汉室为己任，成就一番大事业，所以他无时不在关心着天下大势，只等机会一来便紧抓不放，施展抱负。多年之后，刘备与曹操、孙权三分天下。

一代女皇武则天，虽然只是一个"头发长，见识短"的女流之辈，而且在那样一个"男尊女卑"思想极其严重的封建社会下，她毅然破除了封建思想的禁锢，敢想敢做，敢于向最高权威挑战，从李世民身边一个微不足道的才人到李治身边的昭仪，再到后来，经过长期的苦心孤诣当上了皇后，最后排除李氏王朝，终于如愿以偿当上中华历史上唯一一个女皇帝。这个女人确实不简单，在那样一个男女地位严重不平等的社会环境下，想要在自己家当家做主、占有一席之地都非易事，更别说是做一个史无前例的女皇帝了，这不仅仅归功于武则天有绝顶的才能和超人的智慧，更重要的是一开始她就有敢于做大事的气魄、志向和抱负，然后在自己的精心策划下一步步与成功靠近，最终达成所愿。这种冒天下之大不韪的事情，连男人都不敢想，作为一个女人，武则天想到了，并且做到了。

武则天

一代伟人毛泽东更是如此，他从小就立志："孩儿立志出乡关，学不成名誓不还。埋骨何须桑梓地，人生无处不青山。"誓要"读奇书，交奇友，做个奇男子"。同学们都评价他胆识过人，有伟人气魄。正是在这样一个雄心大志的激励下，他积极磨炼自己的意志和毅力，培养自己的道德情操，丰富自己的知识才学，最终领导全国人民一起赶走日寇，战胜反革命，使人民翻身做主，建立了新中国。

这些例子，看是王侯将相之作，然则，毛泽东说的好，他认为六亿神州尽舜尧。我们每一个人都应该具有历史责任感和历史使命感，都应该敢于挑历史的大梁，都应当志存高远，德济天下，才通四海，这样国家和民族才有希望。也许我们未必都能像这些伟人一样指点江山，激扬文字，但是如果连这样的志向和气魄都没有的话，那不是更加没有希望和可能了吗？要做一定得先要想去做，敢想敢做，一切才皆有可能。

★ 谦虚美德，闪耀智慧

劳谦君子，有终，吉。

——《周易》

《易经》六十四卦的第十五卦为《谦卦》。值得一提的是，易经六十四卦中唯独《谦卦》第六爻的爻辞全是吉，其他的卦里都是有吉、有凶。谦卦的卦象是异卦（下艮上坤）相叠，地面有山，地卑（低）而山高，比喻功高不自居，名高不自誉，位高不自傲，这就是谦。

《谦卦》云："劳谦君子，有终，吉。"这句话的意思是，勤劳而谦虚的君子，必能把美德保持到底，要求人们做人要谦逊、谦虚、学敬，那么一切都是吉祥如意的。

中国素称"礼仪之邦"，要求人们在待人接物时必须做到谦逊有礼，以此来表示对别人的尊重和友善，且这种对礼仪的心理需求是超越时代的。但是，人之所以为人，总是会"恃己才能，于他高举"，尤其是读书人，往往会倨傲自矜，恃才傲物。该如何把这种谦逊的美德保持到底呢？在这方面，孔子给我们做了一个很好的典范。孔子曾说过，"三人行，必有我师焉。择其善者而从之，其不善者而改之"。这句话并不是孔子随口说说的，他就曾经称一个七岁的孩子可以做他的老师，将文人的谦逊发挥到了极致。

孔子一度带着他的学生们周游列国，宣传他的政治主张。一天，他们驾车去晋国，突然被一个孩子挡住了去路。那个孩子正在专心致志地在路当中的碎石瓦片中玩，似乎忘了自己挡住了别人的去路。

孔子走上前去对那个孩子说道："你不该在路当中玩，挡住我们的车。"

小孩子听了，却没有一丁点儿歉意，反而指着地上东西反问孔子："老人家，您看这是什么？"

原来，这个孩子用路中间的碎石瓦片摆了一座城，而且摆得十分用心细致。"您说，应该是城给车让路还是车给城让路呢？"孩子毫不示弱地说道。

孔子一下子被问住了，而且觉得这孩子很懂得礼貌，便问"你叫什么？几岁啦？"

"我叫项橐，7岁！"孩子昂首挺胸地回答。

孔子听了，扭转过头对自己的学生们说："项橐7岁懂礼，他可以做我的老师啊！"学生们听了深受启发，更为老师如此宽广的胸襟所折服。

古人告诫后人："满招损，谦受益。"只有一个懂得谦虚实质的人，虚心求教于人的人，才能真正成为具有谦虚品德的人。从古至今每个人都希望自己可拥有这种品格，但真正能做到的人并不多，北宋时期著名的文人杨时算得上一个。

杨时是北宋熙宁年间的进士，历任右谏议大夫、工部侍郎、龙图阁直学士等。他特别喜

好钻研学问，到处寻师访友，曾就学于洛阳著名学者程颢门下。程颢死后，又将杨时推荐到其弟程颐门下，在洛阳伊川所建的伊川书院中求学。那时候杨时已经四十多岁，学问已经相当高，但他向程颐求教时仍谦虚谨慎，不骄不躁，深得程颐的喜爱，被程颐视为得意门生。

有一天，杨时和游酢一起去向程颐请教学问，偏巧正赶上程颐在屋中睡觉，杨时便劝告游酢不要惊醒老师，等老师醒来再去求教。就这样，两个人静静地站在老师门前等老师醒来，没一会儿，天空中突然飘起了鹅毛大雪，这雪越下越大，游酢被冻得受不了，便打算去叫醒老师，又被杨时劝阻了。

就这样，两个人一直立在雪中，等老师醒来。过了许久，程颐终于一觉醒来，却赫然发现门外竟然立着两个雪人！

杨时诚心专志，尊师重道的举动让程颐深受感动，于是，程颐更加尽心尽力教杨时。杨时也不负众望，终于学到了老师的全部学问。后来，杨时回到南方传播程氏理学，并且形成了独家学派，世称"龟山先生"。杨时谦逊的举动为无数文人志士所敬仰，"程门立雪"的故事成为尊师重道的范例流传至今。

要想做一个谦逊的人，一定不可以"好为人师"。在实际生活中，我们经常可以遇到一些好为人师的人。这样的人总喜欢指出别人哪里做得不合适了，哪里做得过分了，似乎他什么都在行，对什么都可以说出个道理来。其实这种自负，往往是自卑心理的曲折表现。他们之所以摆出一副"万事通"的面孔来，就是唯恐被人轻视，想要通过自己的炫耀来证明自己是有实力的。可惜的是，这样做的后果只能使他们显得更加浅薄，遭人厌恶。

中国近代著名的文化先驱蔡元培就曾遇到过这样的人。

有一次，伦敦要举行中国名画展，组委会便派人到南京和上海监督选取博物院的名画。

蔡先生与林语堂都参与了这件事，他们带领着法国汉学家伯系和巡行观览，挑选一些适合参展的名画。伯系和自认是中国通，在巡行观览的时候一直滔滔不绝，为了表示自己是内行，他每见一幅画都要给蔡元培讲述一番，一会儿夸这幅画"绢色不错"，一会又说那张"无疑是真品"，还有每幅画的墨色、印章如何，他都要详细地讲述一番。

蔡元培对中国画颇有研究，正是在他的极力倡导下成立了北京大学画法研究会，为中国画的发展起到了巨大的推动作用。面对着滔滔不绝的伯系和，蔡元培既不表示赞同，也不表示反对，只是十分客气地笑着应付，一脸平淡冷静的样子。

伯系和就这样给蔡元培上了好久的"课"，终于若有所悟，面有惧色，他的长篇大论终于也停了下来，似乎已经意识到自己说错了什么，毕竟站在他面前的是一位颇为懂得中国画的大师。

后来，林语堂在谈到这件事时十分感慨蔡元培能够拥有这样的涵养，相比之下，好为人师的伯系和就逊色了许多。在生活中，谦虚的人往往被我们所推崇，但实际上，清高往往容易做到，虚心却极难做到，我们不知什么时候就会不知不觉地做起别人的"老师"来。因为在任何人的潜意识里都是争强好胜的，自负是人的本性之一。但是，这样的后果是

國學智慧全書

經學智慧

严重的,你的自我表现和炫耀往往会刺伤别人,也给你自己的成功埋下了隐患。

作为一名领导者如果你想要追求成功,那么谦虚是你所必需的特质,它是一个人内在的精神和品质,是大家有目共睹的成就。只有拥有谦虚的品质,你才能在成功背后能看到自己的不足,从而不断地完善自我、正视自我。这样,或许在无意之中,你就会闪耀出智慧的光环,得到你想要的生活。

★懂得节制,做好选择

甘节,吉。往有尚。

——《周易》

人生之路,诱惑多多。抗拒诱惑,是一个艰难的过程,是意志和贪欲的较量。

贪欲膨胀容易导致心智迷乱,唾手可得的机会往往是危险的陷阱。"一失足成千古恨",因一念之差而遗恨千古,现实生活中这类事例实在太多了。《易经》:"亨。苦节,不可贞。"就是说,节制可得亨通。苛刻地节制也不可以,应该做到适可而止,处处要做到洁身自保。

生活实践告诫我们,人应淡欲,适可而止。贪欲之心"犹如执炬逆风而行,必有烧手之患"。经不起物欲所扰者,多源于理想信念动摇,思想空虚和不能自控。常言道:"体虚招病,心虚招鬼。"把握不住自己,就会给各种诱惑以可乘之机。人要不失于轻浮流俗,不自轻自贱,就应该提高自我修养,懂得节制,少些攀比,多些自醒自警。别总感觉自己活得比别人窝囊,相信"有钱没钱都能照着太阳",心气自然就会平和。

生活实践告诫我们,人不可贪,否则将一无所有。金钱似水,没钱的人虽囊中羞涩,但宽打窄用倒也细水长流;贪心犹如洪水肆虐,可能引发灭顶之灾。把钱看成水,是种大彻大悟。水能载舟,亦能覆舟。把钱看得过重,结局一般都不会太好。

生活实践还告诫我们,对各种诱惑要有清醒的认识和理智的判断,对钱与权看得开朗一些,理智一点,别陷入自寻烦恼的漩涡之中。以轻松的态度面对人生,不为名所累,不为利所役,保持住心理平衡,创造出自己的生活方式。生活哲学有许许多多,但"贪"字和"贫"字就差一点儿,而这"一点儿"就是大学问。

在名利场上获得一定权势、地位的人,若想固守自己的一方净土,求得一生的平安,则应当注重德性,注意顺乎自然,绝不可强求。洪应明先生在《菜根谭》中还说:"富贵名誉,自道德来者,如山村中花,自是舒徐繁衍;自功业来者,如盆槛中花,便有迁徙兴废。若以权力得者,如瓶钵中花,其根不植,其萎可立而待矣。"

这些话的意思是:一个人的荣华富贵,如果是因为施行仁义道德而得来的,就会像生长

在大自然中的花一样，不断繁衍生息，没有绝期；如果是从建立的功业中得来的，就会像栽在花钵中的花一样，因移动或环境变化而凋谢；若是靠权力霸占或谋私所得，那这富贵荣华就会像插在花瓶中的花，因为缺乏生长的土壤，马上就会枯萎。这就告诉我们，没有道德修养，仅靠功名、机遇或者是非法手段求得的福，千万要警惕，它们是不能长久，转瞬即逝，就意味着灾难，伴随着毁灭。只有那些德性高尚的人，才能领悟个中道理，保住一生平安。

唐朝郭子仪爵封汾阳王，王府建在首都长安的亲仁里。汾阳王府自落成后，每天都是府门大开，任凭人们自由进进出出，而郭子仪不允许其府中的人对此给以干涉。有一天，郭子仪帐下的一名将官要调到外地任职，来王府辞行。他知道郭子仪府中百无禁忌，就一直走进了内宅。恰巧，他看见郭子仪的夫人和他的爱女正在梳妆打扮，而王爷郭子仪正在一旁侍奉她们，她们一会儿要王爷递手巾，一会儿要他去端水，使唤王爷就好像奴仆一样。这位将官当时不敢讥笑郭子仪，回家后，他禁不住讲给他的家人听，于是一传十，十传百，没几天，整个京城的人们都把这件事当成笑话来谈论。郭子仪听了没有什么，他的几个儿子听了倒觉得大丢王爷的面子。他们决定对他们的父亲提出建议。他们相约一齐来找父亲，要他下令，像别的王府一样，关起大门，不让闲杂人等出入。郭子仪听了哈哈一笑，几个儿子哭着跪下来求他，一个儿子说："父王您功业显赫，普天下的人都尊敬您，可是您自己却不尊重自己，不管什么人，您都让他们随意进入内宅。孩儿们认为，即使商朝的贤相伊尹、汉朝的大将霍光也无法做到您这样。"

郭子仪听了这些话，收敛了笑容，对他的儿子们语重心长地说："我敞开府门，任人进出，不是为了追求浮名虚誉，而是为了自保，为了保全我们全家人的性命。"

儿子们感到十分惊讶，忙问这其中的道理。郭子仪叹了一口气，说道："你们光看到郭家显赫的声势，而没有看到这声势有丧失的危险。我爵封汾阳王，往前走，再没有更大的富贵可求了。月盈而蚀，盛极而衰，这是必然的道理。所以，人们常说要急流勇退。可是眼下朝廷尚要用我，怎肯让我归隐；再说，即使归隐，也找不到一块能够容纳我郭府一千余口人的隐居地呀。可以说，我现在是进不得也退不得。在这种情况下，如果我们紧闭大门，不与外面来

郭子仪

往，只要有一个人与我郭家结下仇怨，诬陷我们对朝廷怀有二心，就必然会有专门落井下石、残害贤能的小人从中添油加醋，制造冤案，那时，我们郭家的九族老小都要死无葬身之地了。"郭子仪所以让府门敞开，是因为他深知官场的险恶，正因为他具有很高的政治眼光，又有一定的德性修养，善于忍受各种复杂的政治环境，必要时牺牲掉局部利益，才确保了全家安乐。

还是洪应明老先生说得对："势利繁华，不近者为洁，近之而不染者为尤洁；智械机

國學智慧全書

經學智慧

巧,不知者高,知之而不用者为尤高。"这话的意思就是:面对诱人的荣华富贵和炙手的权势、名利,能够毫不为之动心的人,其品格是高洁的,而接近富贵和权势名利却不沾染上奢靡之习气的,这种品格就更为高洁了。不知道投机取巧玩弄权术的手段的人,固然是清高的,知道了却不去采用它,这种人无疑是最清高的。这就是说,面对荣华富贵,但不被这些东西迷惑,能洁身自好的人,就不会受到玷辱,就能平安无事。

《易经》:"甘节,吉。往有尚。"就是说,甘愿节制,吉祥。坚持下去会得到奖赏。

任何事情节制一点总是好的,古人曰:"壁立千仞,无欲则刚;海纳百川,有容乃大。"可见,无欲则刚是一种高深的精神境界。

无欲则刚是令人羡慕的一种状态,它让人感到畅快淋漓,尤其是对一些讨厌的嘴脸的人,无欲则刚意味着毫无惧色的反唇相讥。

一次吃饭的时候,一个朋友眉飞色舞地讲述她如何对老板的无端指责忍无可忍,最后将一只茶杯丢过去的时候,在座的所有人都大声叫好。虽然丢茶杯的行为是暴力了点,但却大快人心。

前不久,一个朋友因为看不惯老板的刚愎自用而分庭抗礼,当天下午老板就送他一样好吃的:鱿鱼。我们开始数落他的时候,他说,我既不对名感兴趣,又不为几千块钱的工资所动,无欲则刚嘛。

可是,无欲则则并不是没有名利的欲望就可以刚了。"吃鱿鱼"的男性朋友在连续两个月找工作未遂后,开始闹饥荒,低头红脸向我们伸出了借钱的手。

所以,无欲则刚是要有底气的,这底气或是四处争着要的香饽饽,或是有相当的经济基础。丢茶杯的那个女友出了那家单位的门,出去旅游了两个星期,回来就到另一家薪水相当不错的单位报了到。我的另一个朋友看不惯老板的作风,一番指斥之后,回家当起了令人羡慕的自由人。

当我们为丢茶杯叫好时,当我们为自由人隔三岔五出去游山玩山一圈羡慕不已时,我们忘了,一个是才高八斗又有长相的才女,另一个,老公几万的月收入,而且,也小有才气。

如此可见,"爱谁谁""我是××我怕谁"的话并不是任何人都可以说的。无欲则刚是,看着不顺眼干着不顺气,暗中谋划一番,骑着驴找到了马之后,不卑不亢地递上一封辞职信,将老板的若干条"罪状"列为辞职理由,如果对方恶言相向,可以还之以白眼。不用担心接下来的饭碗和每月电话水电月供等一系列账单,这样的"刚"也许更实际一些。

我们必须学会约束自己,时时审视自己,不要让一些坏习惯影响了自己的人生。

虚心纳谏的齐景公嗜酒如命,他可以连喝七天七夜不停止。

大臣弦章上谏说:"君王已经连喝七天七夜了,请您以国事为重,赶快戒酒,否则就请先赐我死好了。"

另一个大臣晏子后来参见齐景公,齐景公向他诉苦说:"弦章劝我戒酒,要不然就赐死他。我如果听他的话,以后恐怕就得不到喝酒的乐趣了;若不听的话,他又不想活,这可怎么办才好?"

晏子听了便说："弦章遇到您这样宽厚的国君，真是幸运啊！如果遇到夏桀、殷纣王，不是早就没命了吗？"

于是齐景公果真戒酒了。

晏子的劝诫别出心裁，他既没有纵容君王喝酒，亦没有直接阻止君王喝酒。只是以古时昏君加以比照，使齐景公以之为鉴，并从此戒掉陋习。

吃喝玩乐是人人都喜爱的，但是应该有所节制，要懂得适可而止。我们自己固然不能逾越分寸，看到别人如此，也应该想办法来劝阻他，不要怕得罪了人就什么都不说了。齐景公知过能改，肯虚心接受他人的劝告，这种宽大的度量同样值得我们学习。

只有懂得节制，才可能做好选择。俗语说"小不忍则乱大谋"，领导者必须学会约束自己，时时审视自己，关键时刻要会洁身自好，要懂得无欲则刚的道理，千万不要让一些坏习惯影响了自己的人生。

★标新立异，打破常规

大过：栋桡，利有攸往，亨。

《彖》曰：大过，大者过也。"栋桡"，本末弱也。刚过而中，巽而说，行。"利有攸往"，乃亨。大过之时大矣哉！

《象》曰：泽灭木，大过。君子以独立不惧，遁世无闷。

——《周易》

大过卦描述的状态是阳气过盛，居位不当，上下关系不协调，情形十分危机。此时宜采取非常行动，来实现自己的理想。

非常行动，必有危险，只有刚柔相济，结合一切的力量，扶持弱者，才能使阴阳调和，相济互助，从而建立起新的平衡。

盲目采取过激或鲁莽的行动，难免会遇到危险，在团结好一切可团结的力量的同时，打破常理，才能赢得成功。

"大过"之时，社会动荡，人心惶惶。这时，就很需要能独立潮头而无惧的人来力挽狂澜，才能干出一番非凡的事业。其实，历史上很多大有作为的人都是在"大过"之时脱颖而出的，唐朝贤相魏征就是其中一位。

公元618年，李渊父子建立了大唐王朝，但天下初定，仍是群雄割据的逐鹿局势。魏征怀着勃勃雄心来到长安，但因职位低微，一时不为李渊所知。魏征认为眼前动荡的局势正是自己建立功名，求取仕进的好机会。十一月，他自请前往山东，招降瓦岗军旧部归唐。李渊非常高兴，就任命魏征为秘书丞(掌管国家图书之职)，乘驿车东下。

不到一个月，魏征就到了黎阳，先给据守此城的徐世勣写信陈述形势利害："当初魏公（李密）举旗反隋，振臂一呼便拥众几十万，声威所及，半于天下。一败不振，终降唐朝，由此可知天命之所归也。现在你身处兵家必争之地，不早做自图，就可能错失机会，前途有危了"。徐世勣看过信之后，前思后想，决计归唐。他一面将所辖地区的郡县户口、士马人数造册登记，派人送往长安，一面运送粮草接济唐将淮安王李神通。此时，李神通因被河北义军窦建德所败，自相州退至黎阳，遂与徐世勣合兵守城，保存实力。此后不久，魏征又前往魏州，劝说自己的老上司归降了。

魏征在山东地区的招抚活动，以得到徐世勣所占据的李密旧地 10 郡及 20 万众为最大成绩，这对李唐平定中原地区起到了奠基的作用。

第二年 2 月，自称长乐王的窦建德在山东聊城擒杀了自称皇帝的宇文化及。十月，又举兵南下攻克黎阳，李神通、徐世勣父子及魏征等人全都当了俘虏。窦建德早就闻听了魏征的名气，便任命魏征担任起居舍人（记录皇帝言行的官职）。

武德四年（公元 621 年）5 月，秦王李世民在统帅大军东征的战事中击败并活捉窦建德，窦建德失败后，魏征与隋朝旧官裴矩一同回到关中。皇太子李建成听说魏征有才干，召他主管东宫的经籍图书，任太子洗马职务。

"玄武门之变"后，李世民执掌朝政后，立即召见魏征。此时众人都替魏征的性命捏一把汗，因为魏征是李建成的亲信下属，但魏征却并不惊慌。李世民一见魏征，就怒声责问："你离间我们兄弟，该当何罪？"魏征面不改色，从容答道："如果先太子早听从我的建议，就不会有如今的下场。臣下尽忠为主，这有什么过错呢？春秋时管仲辅佐齐桓公创立霸业，但他在做齐桓公哥哥公子纠的师傅时，还曾用箭射伤齐桓公呢！"李世民听后，无言反驳。看到魏征不卑不亢的态度，满腹的嫌怨也消去了大半。随后，李世民任命魏征为詹事主簿（掌管文书之职）。登基称帝后，李世民又提升魏征任谏议大夫，这是专门负责向皇帝提意见的官职。以后，魏征又屡次升迁，权倾朝野。

唐朝初年是一段动荡的岁月，政治的变动影响着一代人的生活。在这样一个动荡年代中，成功变得既简单又复杂，有些人在乱世中崛起，有些人在乱世中沉沦。贫富的差距、亲人的命运有时候会因为一阵兵马的厮杀而瞬间改变。魏征在这动荡年代能乘风破浪，无惧而立，积极发挥自己的聪明才智，做出了"拓荒者"般的贡献，在很大程度上，很是符合大过卦所揭示的规律。

如今，感情的纠葛、爱情的追逐，对名利的看法、做人的立场，一切都在不安定的环境

魏征

國學智慧全書

周易

中随波飘摇,如能持中守正,那么"大过"之时,也正是人们大有作为的最佳时机。

★临危不乱,英雄本色

习坎:有孚,维心亨,行有尚。

《彖》曰:习坎,重险也。水流而不盈,行险而不失其信。"维心亨",乃以刚中也。"行有尚",往有功也。天险,不可升也。地险,山川丘陵也。王公设险以守英国。险之时用大矣哉!

《象》曰:水洊至,"习坎"。君子以常德行,习教事。

——《周易》

坎卦阐释突破艰险的原则。物极必反,当盛大过度,又面临艰险,但在艰险中奋进,要坚定刚毅地突破重重艰险,也足以显现出人性的光辉,这也是诚信的最高表现。

要想突破艰险,首先应当明察,不可陷入其中,即使陷入,也不可操之过急。陷入已深,更不可轻举妄动,应先求自保以待变。

在艰险中,不可拘泥常理,应当运用智慧,以求突破。即使有希望脱险,也应当谨慎,要把握最有利的时机奋发而有所作为。

在人生处于困境,周围的环境过于险恶的时候,应该面对现实,安定心态,避开鲁莽,在深思熟虑之后,寻找解决问题的有效方法,这是坎卦告诉人们的道理。

在明孝宗时,云南少数民族地区经常发生骚乱,或是彼此侵扰,或是与官府对抗。很多的官员都不想到那里为官,孝宗知道孔镛的贤明,便把孔镛调到了田州。

孔镛就任田州知府,刚上任的第三天,州内的军队全都到别处执行任务去了,只留下一座空城和几十名老弱病残的兵丁。当地的峒族山民得到了消息,一大清早就冲到山下,包围了州城。众人惊慌失措地关起城门,下决心与城里的老百姓一起死守几天。可是新上任的知府孔镛却命令门卫把城门打开,让峒族人进来。一些久在田州的老官员纷纷说道:"大人,不行啊,峒族人全是山里野人,他们可不知什么空城计,你只要一开门,他们就杀进来了!"

"这是个孤立的城,内无储备外无援军,守城能支持几天呢? 只有因势利导,用朝廷的恩威去晓谕他们,或许他们会解围而去。把门打开,我出去与他们谈,我将用皇上的恩威与仁德之理去劝导他们。"众人一听全都哭笑不得,心想这个迂腐的知府老爷怕是死定了。一些好心人不忍看太守去送死,竭力相劝,但孔镛决心已定,接着说:"这是我的城池,我应当独自前去。"众人纷纷劝阻他,但孔镛立即命令准备好坐骑,并命令开城门。众人请他带着士兵去,孔镛否定了。

城门打开了，峒族人望见城门开了，以为是军队出来交战，再一看，原来，是一个官员骑着马走来了，只有两个马夫为他牵马，而且城门随即关上了。只见孔镛身着朝服，毫无惧色。一个峒族人首领喝道："你是什么人，还不下马受死！"孔镛不慌不忙地说道："我是新来的太守，带我到你们寨子里去见你们的族长！"

峒族人一听太守要到寨子里去，一时不知如何是好，因为有史以来还没有一位朝廷命官到他们山寨中去，一定不能冒犯，这样的大事得族长来拿定主意。"好吧，我们带你去"。首领说着便带着攻城的大队人马和孔太守往山里走去。

敌兵退了，也避免了一场血战，城里的人都很高兴，然而，峒族人把太守也带走了，田州知府上上下下的人一时不知如何是好了。

孔太守跟着峒族人走到半路上，只见路两边的树林中捆了好多人，那些人一看太守来了，都哭喊道："大人救命，大人救命啊！"孔太守一看就明白了，这些路过的商人和出城赶考的学子，是被峒族人在半路上捉住的。放人是他们族长的权力，于是他不动声色，一直往前走。

中午过后，到了峒人的山寨，族长并没有见他，而是在屏风后面观察事态的变化。孔太守坐到了位子上，一个首领拿着刀来杀他。孔太守大叫一声："无礼，本太守第一次到你们寨子视察，还不跪下！"那个首领不动，反问："你是什么人？到这里就是我们的俘虏！"

"叫你们的族长出来跟我说话！告诉他，我是你们的父母官孔太守，没有我就没有人管教你们！没有我，你们永远只能是过着打家劫舍的日子！没有我你们的生活永远不得安宁！我冒死前来解救你们，你们却要杀我，这是天理不容的事啊！如果你们不听我的话，我的官兵马上就会前来兴师问罪了……"

还没等孔镛把话说完，族长从屏风后走了出来，双膝跪倒在地，连连磕头说："要是以前朝廷的官员都像你说的那样体恤我们，我们也就不至于这样，我保证在您任太守期间，我们绝不会再骚扰进犯州城。一定听大人的话！"

众人一见，全都跪到了地上。

孔太守说："起来吧，我知道你们本是良民，因饥饿所致入城抢夺，现在我来做你们的父母官，把粮食和布发给你们渡过眼前的难关。明年春季我们再做计划，如果你们过不上好的生活，我孔镛就不离开田州。我走了一上午的路，现在我已经饿了，给我拿饭来！"

峒族人马上给孔太守做了一顿好饭。吃完饭，孔太守说："备床，我要休息了。"接着便从容入睡。

第二天一早，他便对峒族人的族长说："跟我到城里取粮食和布去吧。"于是，众人便随他往城里去。走到半道上时，又看到那些捆在树上的人。孔太守说："这些秀才是好人，你们既然已经归顺朝廷，就应该放了他们，让他们跟我一起回去，以后也不许再乱捉人了！"峒族人给秀才们松了绑，把帽子和衣服还给了他们，秀才们纷纷向孔太守叩头谢恩。

黄昏时分，孔太守带着峒族人来到了城下。城上的官吏一看，又吓坏了。他们说："一定是太守投降了峒族人，带着他们来攻城了！"孔镛大喊："开门，开门！"可城中就是不

周易

开门。孔太守这时才明白了，叫峒族人退到大路边上，自己走到城门口。这时城门开了，他来到城里，讲明了情况，城中百姓十分高兴。

峒族人将粮食和布帛运回了山寨，从此老老实实地过起了日子。在这以后孔镛也信守诺言，经常到峒族人的山寨，问寒问暖，帮助峒族人发展生产，使他们很快就过上了幸福的生活。在孔镛调离田州时，峒族人倾寨而出，男女老少跪立在官道两边，喊声震天，哭声恸地，送这位给他们重生的衣食父母。

★登阶上进，逐步发展

《象》曰：地中生木，升。君子以顺德，积小以高大。

——《周易》

任何事要从小事、细微处做起，才能成就大事，因为这是自然发展的规律。人不仅要志存高远，还要重视从小事做起，不明白大作于细的道理就很难取得成功。

刘备三顾茅庐，诸葛亮很感动，就为他剖析天下大势：

"现在，曹操兵强马壮，挟天子以令诸侯，无人能与他抗衡；孙权占据江东，已历三世，地势险要，群众支持，人才济济，所以也不能争，只能作为盟友；而荆州北靠汉水，南达南海，东面跟江苏、浙江相联系，西面直通四川，这是兵家必争之地。但是荆州的主人却不能利用，这是上天留给将军的啊。还有益州地势险要，土地广阔，人口众多，物产富饶。当年高祖就是从那里起家，建立了汉朝。现在刘璋软弱无能，张鲁在北面人民富有，但是不懂得管理，有识之士都渴望出现一个贤明君主。你既是皇家的后代，信用和道义为天下人所倾心，正可借此招兵买马，让众人为你效力。如果占据了荆州、益州，扼守住军事要道，西面、南面和各少数民族通好，对外东联孙权，对内整顿政治。等到天下形势有了变化之后，你派一员可靠的大将，带领荆州的军队向河南进兵，

刘备

你亲自带领益州的军队从陕西、甘肃进兵。到时候，老百姓会拿着盛饭的篮子、提着水壶欢迎你的。如果真能这样，统一大业就指日可待，大汉王朝就能恢复了。"

刘备听完，激动地站起来，高兴地说："先生的话使我茅塞顿开，我定会按着您说的去办。我想请先生出山，共同创立大业。"诸葛亮同意了刘备的请求，一同奔赴新野了。

诸葛亮为刘备设计的"暂时放弃中原，先取荆、益两州"的策略，稳中求进，是符合当时的主、客观条件的。正是按这一策略，刘备后来才得以建立了蜀汉政权，成为"三国"中的一极。

第二章 地势坤,君子以厚德载物

★厚德载物,有容乃大

《象》曰:地势坤,君子以厚德载物。

——《周易》

为人处世,要直率、方正、宽广,内敛而不炫耀,言行谨慎、谦逊,坚持中庸的原则。

学会见微知著,明白一切结果都有其必然性,都有客观存在性,必须防患于未然。

外柔而内刚,外圆而内方。要会通权达变,掌握事物变化的规律,柔而能刚,善用柔的法则,同样要审时度势才能够逢凶化吉。

用柔的原则,万万不可以极端,极端可导致凶险出现。一定要分清主次要矛盾关系,坚持纯正,冷静客观地看待问题。

历史上很多成就大事的人,深悟坤卦中蕴涵的"诚""宽"两字的要义,而修养心志。曾国藩就是恪守诚宽之道,从湖南双峰一个偏僻的小山村,走上满清王朝的政治舞台,成为近代中国最显赫的历史人物之一。

曾国藩(1811年~1872年),乳名"宽一",或许是这一乳名的深刻含义促成了他的宽怀雅量,铺平了他的人生道路。少时的曾国藩聪颖过人,早年仕途并不顺畅,直至28岁那年入京赴考中进士才出现了命运的转机。此后十年连升十级,37岁任礼部侍郎,官至二品。因母丧返乡,恰逢太平天国巨澜横扫湘鄂大地,他因在家乡组建民团湘军,历尽艰辛为清王朝平定天下,被封为一等勇毅侯,成为清代以文人而封武侯的第一人,后历任两江总督、直隶总督,官居一品,死后被谥"文正"。

曾国藩所处的时代,赶上了清王朝由康乾盛世转为没落、衰败的全过程,身处内忧外患接踵而来的动荡年代,以曾国藩为代表等人的力挽狂澜,一度出现"同治中兴"的局面,曾国藩因此成为这一过渡时期的中心人物,在政治、军事、文化、经济等各个方面产生了令人注目的影响。

曾国藩一向主张"以能立能达为体,以不怨不尤为用",强调严于律己,宽以待人。作

为权倾朝野的汉族重臣，曾国藩同样免不了受到清朝皇族的猜疑和牵制，但这并不影响曾国藩的为人处世之道，他始终奉行"待人以恕"的怀柔品德。这使他身边聚拢了一大批能臣将帅，而这种"诚宽"的品德又集中体现在他正确地处理与重臣左宗棠的关系上。

左宗棠只比曾国藩小一岁，但左宗棠屡试不中，科场失意，蛰居乡间，半耕半读。但左氏恃才傲物，自称"今亮"，语言尖锐，锋芒毕露。这与曾国藩为人拙诚，语言迟讷的性格恰恰相反。咸丰二年（1852 年），41 岁的左宗棠才由一个乡村塾师入佐湖南巡抚张亮基，当了个"刑名师爷"。两年后，张亮基迁为湖广总督，左宗棠又入湖南巡抚骆秉章幕僚达六年之久。而此时的曾国藩已经是位重权高的显赫人物，曾、左虽非同僚，却同在湖南，"一山容不得二虎"，曾、左之间常有龃龉。

曾国藩赞赏左宗棠的才干，并没有依循封建官场的陋习对他进行打压和排挤。1856年，曾国藩奏左宗棠在剿灭太平军的过程中接济军饷有功，因而，朝廷命左宗棠以兵部郎重用。左宗棠得知自己的升迁与曾国藩有关，于是对曾国藩心存感激，但左宗棠性情刚直，在朝野上下得罪了不少人，尤其是在湖南"久专军事，忌者尤众"，于是碰上了樊燮事件。樊燮事件不仅让左宗棠丢了官职，咸丰帝甚至下密令"如左宗棠有不法情事，可就地正法"。幸得当时的一些朝臣知道"天下不可一日无湖南，湖南不可一日无左宗棠"，左宗棠才幸免于难。曾国藩也极力上疏为左宗棠辩解，在这种情况下，咸丰帝才有"弃瑕录用"的旨意，草草了结此案。

当时，曾国藩驻军安庆宿松，左宗棠来营暂避锋芒，曾国藩当即热情地接待了他，并连日与他商谈。曾国藩深知左宗棠有将帅之才，于是上奏朝廷说："左宗棠刚明耐古，晓畅兵机。当此需才孔亟之际，或饬令办理湖南团防，或简用藩臬等官，予以地方，俾得安心任事，必能感激图报，有裨时局"。曾国藩在左宗棠极其潦倒、"四顾苍茫"的时候，向左宗棠伸出了援助之手。左宗棠也不负厚望，在贵溪、东平等地段多次阻击太平军，节节胜利。事后，曾国藩又在呈给朝廷的战报中写道："长江南岸七百多里，只有左宗棠一军纵横驰骋，来回策应，这在清军之中是绝无仅有的。"

在曾国藩一再保举下，左宗棠于同治元年（1862 年）二月重新被朝廷取用，受命为浙江巡抚。曾国藩也担心自己"树大招风"，一方面请求辞掉自己节制浙江军务的谕令，一方面把左宗棠推到了浙江的最高位置上。并根据曾国藩的奏请，左宗棠的部下蒋益澧也被提拔为浙江布政使。曾国藩如此谦让，又如此真心实意地为清朝廷保举人才，心中哪有半点对左宗棠的嫌隙之意？曾国藩这种不为名利的心胸在很大程度上削减了清朝政府对汉族重臣的猜疑，同时也为左宗棠开辟了一条顺畅的仕途。

左宗棠

周易

同治二年(1863年)三月十八日,左宗棠被授命为闽浙总督,仍署浙江巡抚,从此与曾国藩平起平坐了。三年之中,左宗棠从被人诬告、走投无路的人,一跃而为封疆大吏,这样一日千里的仕途,固然出于自己的才能与战功,而如此不断的报功保举,也只有曾国藩才能做到。两三年的仕途让左宗棠对曾国藩的态度发生了彻底的变化,后来左宗棠在挽曾国藩的联中,深情地写道:

谋国之忠,知人之明,自愧不如元辅;

同心若金,攻错若石,相期无负平生。

曾、左二人早期虽有龃龉,但因为曾国藩的宽怀大度,使左宗棠成为事业上最得力的帮手和生活中最知心的朋友。正如左宗棠自己所说的"同心若金,攻错若石"。共同的事业——中兴清室使他们走到了一起,这也正是曾国藩"待人以诚恕"的最好例证。

大地应天而动,不私其身,诚宽博大,厚德广纳。曾国藩的事业在风雨飘摇的时局中延续了几十年,就因为他遵循地之道,这种为人处世的法则也深深影响了他的属下和学生。曾国藩辞世后,他的学生——晚清名臣李鸿章对曾国藩的一生做了一个精辟的定论:

师事近三十年,薪尽火传,筑室忝为门生长;

威名震九万里,内安外攘,旷代难逢天下才。

★人格高尚,感召力强

《象》曰:泽上有地,临。君子以教思无穷,容保民无疆。

——《周易》

临卦中说道:领导者应以高尚的人格感召民众,以威信维持纪律,临危不乱,这才能使人心悦诚服,上下融洽,充分发挥组织力量,有所作为。这样天下有事,有志之士都会积极参与,有所作为。明代的民族英雄史可法以身作则,深刻领会临卦中的意旨,在大兵压境、兵临城下的紧急关头,临危不惧,对士兵恩威并施,与他们同甘共苦,谱写了一曲惊天地、泣鬼神的反击异族入侵的凯歌。

崇祯十年(公元1637年),没落的明王朝四面楚歌,岌岌可危,史可法被朝廷升为右金都御史,成了独当一面的大员。后来因蝗灾辖境粮价飞涨,他一面令官民捕灭蝗虫,一面调拨粮食,上书皇帝请求免除百姓的田赋。与此同时,他的生活却越发俭朴,一年四季只穿同一套官服,自己种粮种菜,处处约束自己,将减少百姓负担放在第一位。

六安这个地方,老百姓的负担一直很重。最令百姓困苦的是,每年要替官府养一批马匹。即使中等人家,也有因为养马而破产了的。史可法下令取消了这一规定,改由官

府雇人来管理马匹,使百姓的这一负担得到解除。除此外,他还惩处了一批犯有严重贪污勒索罪行的官吏。

史可法带兵军纪严明,对于扰害百姓的官吏非常愤恨,毫不留情地对他们进行处理。一次,一个姓苏的兵弁杀死了六安县的一个老妇,史可法立即将之正法。不想他的同伙竟秘密勾结了一百多人,在军中鼓噪闹事,乘夜放起火来,想乘乱将史可法刺死。史可法吩咐身边的人立即携带公事文书躲避,很快乱兵向史可法蜂拥而来。史可法手握宝剑,端坐在堂上。面对正气凛然的史可法,乱兵丧失了勇气和自信,一个个悄悄地溜走了。事过后,史可法立即派人调查因起火而被害的主户,并赔偿百姓的损失。

崇祯十六年(公元1643年)七月,史可法升至南京兵部尚书,并参与朝廷决策。其时,明王朝已经病入膏肓,奄奄一息,不可救药。崇祯十七年(公元1644年)三月十八日,李自成率领的农民起义军攻破北京城。崇祯帝走投无路,逃到煤山,自缢而亡。

史可法

崇祯帝死后,南明政权成立,福王即位。史可法以大局为重,主动请求福王派他到前方去督师。福王于是改命史可法为武英殿大学士(仍为兵部尚书),赴前线督师,于是在扬州建署。史可法恩威并施,首先整顿军队,惩办了一些坑害老百姓的官兵,取消私设关卡,禁止军人贩盐。这些措施不仅维护了社会秩序,同时也增加了财政收入。同时,还设立了"礼贤馆",专门接待来投效的人才。又上《论人才疏》,主张打破常规,不拘资格,荐举选拔人才,调军前使用。他的"礼贤馆"的确吸收了不少的人才,后来有的在扬州保卫战中牺牲,有的成为各地抗清活动的骨干。例如有个叫吴尔埙的,在李自成进京时曾归顺了大顺政权,李自成从北京败退,他回到南方,马士英要治他"降贼"之罪,史可法却把他收留下来。他满怀激情,表明自己的抗清决心说:"披犀甲,操吴戈,气之雄,腾天河,骛广野,捐爱戚,志之决,头非恤。我心赤,我血碧,长城虽坏,白虹贯日。"后来果在扬州保卫战中壮烈牺牲。在军事上,史可法在江北地区设立四个据点,称之为四镇。史可法担任督师驻扎扬州,统率四镇。四镇的镇将分别为高杰、黄得功、刘良佐、刘泽清。

任督师期间,史可法每餐只限一菜一饭,后因前方军饷供应不足,便免去荤菜,经常素食,过着十分艰苦的生活。遇到军事情况紧急时,连睡觉时也穿着铠甲,以防敌人的突袭。他与士兵们同甘共苦,士兵没有吃饱,他绝不动碗筷;士兵没有添衣,他也绝不先多加一件衣服。过年时候,士兵们都轮流休息去了,史可法却仍在紧张地批阅着公文。夜深后他想喝点酒提一提神,然后再工作。他举起酒杯时,忽然想到了"礼贤馆"的秀才们。他本想请他们一道来喝酒,可是时间已是夜半,于是便嘱咐值勤的军官说:"不要惊吵他

们了,明天每人发给一份酒资吧!"史可法拿起酒杯斟上了酒,又向厨房要了些小菜。不料厨人却回报:"白天犒赏将士,已经把所有的菜和肉都吃光了。"史可法便只得以咸菜下酒。

史可法是个大酒量,自从来到前线,他怕耽误军情,便戒了酒。这天是除夕,他才破例喝了一点。整日的疲劳加上一点醉意,史可法不觉伏在案上睡熟了。东方微明,文武官员先后来到营门,听候升帐议事。大家正在纷纷议论之时,扬州知府任民育向大家说:"相公终年劳累,难得像今夜睡得踏实,就让他再睡一睡吧。"于是命更夫又打了一次四更的鼓。这时候天已大亮了。史可法醒来,大怒道:"乱打更鼓,竟敢违犯我的军令!"于是下令严惩更夫,左右的人赶紧把任民育的话告诉了他,史可法这才作罢。过了一会,知府任民育前来请罪。史可法对他说:"你这样做虽然是爱护我,但同时也把法度破坏了。"从此,史可法坚决不再喝酒,即使再疲倦,也不在案上打瞌睡了。

弘光元年(公元 1645 年)四月中旬,清兵已至扬州城外。

在此之前,清军开始向南进兵的时候,清摄政王多尔衮就曾给史可法写过一封信:"清朝打败了农民起义军,建都北京,是全国唯一合法的政权。南明建国,是坐享其成,所以应当去掉国号"。接着又说,如果福王能归顺清朝,南明的君臣都可以享受高官厚禄。

史可法没有因为清廷的威胁和利诱而改变主意。在回信中,他严正地驳斥了多尔衮,并表示要"鞠躬尽瘁,死而后已",抗清到底,决不屈服。

清军兵临城下后,并不立刻攻城,而是先派降将李遇春拿着招降书去劝史可法投降。遭到史可法的拒绝后,多铎还不死心,一连给史可法写了五封信,劝史可法投降,史可法看也不看就把信烧掉了。这时,有两个明军将领背着史可法,带领本部官兵偷偷出城,投降了清军。这样,扬州城中的明军防守力量就更加薄弱了。史可法见军心已经涣散,料到扬州难保,但他面对强敌临危不惧,决定做最后的努力。于是,他传令集合全体官兵讲话,说:"这几日军情非常紧急,淮安已经失守。扬州为江北的重镇,如有闪失,南京难保。切望大家一致努力,不分昼夜,严密防守。如有胆敢造谣生事,惑乱人心者,定要按军法治罪!"

史可法下令把军队分成三部分:一部分迎敌,一部分守城,一部分巡查。他随后宣布临阵军令说:"上阵不利,守城;守城不利,巷战;巷战不利,短接;短接不利,自尽!"历史上著名的扬州保卫战开始了。

由于史可法平时宽以待人,将士们为他的民族大义所感动,便和他团结一致,同仇敌忾,全城军民英勇抗战,誓死保卫扬州城。清军自侵入关内,所过之处,从未遇到像扬州这样顽强抵抗的。这一次,清军遭到空前猛烈的抗击,死伤很是惨重。四月二十五日,清军统帅多铎下令对扬州发动总攻。扬州旧城的西门最为险要,史可法便亲自在这里守卫。清军集中大炮的火力向城的西北角轰击,炸开一个缺口,清军蜂拥而入。

史可法看到城被攻破,已经无险可依,立刻拔剑自杀。身边的参将许谨和副将庄子固一齐上前抱住了他,正要保护他下城,二人同时中箭身亡。这时,史可法看见对面来了

许多清军,便大喊道:"我就是史督师!"清兵立刻上前将他捉住,送到新城南门楼上去见多铎。多铎见了史可法,十分恭谨地说:"今天,先生已为明朝尽到忠义,我想请先生替我们大清收抚江南,不知先生愿意不愿意?"史可法闻言大怒,斥道:"我是大明臣子,头可断,血可流,永远不会做降敌的罪人!"史可法面对死亡,脸上毫无惧色,清军知道诱降不会成功,便残酷地将他杀害了。

★ 身体力行,以身作则

观:盥而不荐,有孚颙若。

《彖》曰:大观在上,顺而巽,中正以观天下,观。"盥而不荐,有孚颙若",下观而化也。观天之神道,而四时不忒。圣人以神道设教,而天下服矣。

《象》曰:风行地上,观。先王以省方观民设教。

——《周易》

观卦,阐释观与瞻的道理。

在上者的一举一动,无时无刻不在被注视中,因此在上者必须以诚信严正要求自己,以道义展示于天下,才能得到人们的信仰与尊敬,服从领导,产生力量。

在上者应该至忠至善,对外要观察民情,了解民间疾苦,有所作为,对内要观察自己的言行作为,不断反省检讨,永远不能满足。保持头脑清醒,坚守原则,不断追求更高的目标。

当你是一个领导或管理人员时,你就应该是个好模范,带领大家去达到你的目标,所以,你就应当高瞻远瞩,察人所不察,身体力行,以身作则,用自己的形象去影响众人,这样必成大事。

中华民族是一个崇尚道德伦理榜样的民族,"榜样的力量是无穷的"这句话可以说是妇孺皆知的俗语了。古有"二十四孝",今有雷锋、任长霞等,每一代都有被宣传歌颂的榜样。从历史事实上看,伦理榜样促成了封建道德体系的形成,在社会群体中确实起过重要作用;从价值层面看,树立榜样也确有必要,因为榜样的行为与精神是时代凸现出来的精华,是未来社会发展的方向。尤其是领导者更应该清醒地意识到这一点,言传身教,做下属的表率。观卦中说到"先王以省方观民设教",也就是这个道理。

唐德宗年间,强贼四起,国家危机重重,朝廷的统治受到威胁。这时大臣陆贽上书德宗,陈述天下之弊,请求德宗下罪己诏和免罪诏书,向天下人谢罪,让德宗检讨个人的过失,以使朝野同心,共同对付威胁朝廷的敌人。中书省起草的文书送给陆贽看后,陆贽认为言辞尚欠诚恳,于是又另外起草了一份,呈送给德宗。

105

陆贽对德宗说："现在盗寇多如牛毛。弄得帝王流亡在外,陛下应当痛心疾首,勇敢地承担过失,以感动人心。昔日成汤因加罪于自己而使殷商勃然兴起,楚昭王因讲了善言而使楚国得到复兴。如果陛下愿意诚恳地纠正过失,用言语向天下谢罪,那就要将朝廷过失写得非常彻底。尽管我才疏识浅,但我还是可以写得符合圣上的心意的"。德宗听了他的上书,面对危机四伏的江山社稷,回顾自己在位期间的种种过失,觉得陆贽所言极是,当即同意了他的意见,诚恳地向天下人赎罪。所以,德宗在奉天颁布的诏书,即使是骄横的将领、凶悍的士卒听了,也无不感动得热泪盈眶。

德宗在罪己诏书中详尽列述了即位以来的各种过失,把罪责全部揽在自己身上,而对那些犯错误的官吏则大加原谅。他责备自己与驻守各地的帅臣不通音信,以及征调兵马粮饷而给人民带来的灾难;他责备自己治国无方,丧失了为君的体统而让百姓受灾受难,并将奏表中"圣神文武"的封号取消。诏书中号召被裹胁叛变的将士、官吏、百姓,只要向朝廷投诚,一概按赦免之列处理,并强调:"各军、各道一切奔赴奉天和进军收复京城的将士,一概赐名称作'奉天定难功臣'。那些加征的阡陌钱、间架、竹、木、茶、漆等税以及专营铸铁等项,全部予以免除。"罪己诏和免罪文书颁布后,全国百姓拍手称快。唐德宗回到长安的第二年,李抱真入朝对德宗说:"在山东宣布免罪文书的时候,士兵们都感动得流下了眼泪。我看到军心是这般情形,便知道平定敌军便是举手之劳的事情!"

唐德宗的罪己诏,为全军做出了遵纪守法的表率,因为在法律不健全的社会里,国君的榜样很重要。

★宽大包容,求同存异

《象》曰:上火下泽,睽。君子以同而异。

——《周易》

睽卦阐释有离必有合、有异必有同的自然法则。天地相反,却能哺育万物;男女相反,却能相互交好;万物不同,却能兼容成长。对待消极的力量应坚持原则,顺应大势,异中求同,才能结合力量,有所作为。有同必然能合,这就必须彼此互信,宽大包容,懂得权变,克服重重障碍,才能达到异中求同的理想境界。

有离必有合,有异必有同,这是必然的自然法则。与对方建立合作关系,能否成功的核心就是看彼此间有无共同的利益。战国时的苏秦能够凭借一张嘴,从求同存异的角度切入,让各国认清了"合纵"与自己国家的利害息息相关,从而将相异的六国联合在一起,形成了对付强大秦国的联盟。

战国中期,著名纵横家苏秦,开始时企图推行连横政策,当时秦孝公已卒,他坚决支

持商鞅的变法,而孝公的继承者秦惠王新立,不用辩士,故而苏秦没有在秦国得到什么职位。

苏秦怀着愤恨和不满,转而到关东六国组织合纵抗秦。

周显王三十六年(公元前333年),苏秦到达燕国,求见燕文公。苏秦说:"燕国与赵国是近邻,受到赵国的威胁要大于秦国,所以要联合赵国来保全燕国。"燕文公认为他的话很有道理,便采纳了这个意见,于是苏秦得到燕国器重。

苏秦到了赵国,对赵肃侯说:"赵国处于关键的地方,对于六国有所偏移,则最终对自己不利,而联合六国,可以有效地制衡秦国,成就霸业。"赵肃侯觉得苏秦说得很有道理,便立即优厚地款待苏秦,赐给他大量财物,作为他去联络其他诸侯的费用。

苏秦到了韩国,见到韩宣惠王,针对韩国的形势分析说:"韩国的土地是有限的,而秦国的需求是无

苏秦

限的,以有限的土地,去对付无限的需求,这简直是拿钱去买祸害,不经过战争就悄悄地把土地消耗光。"韩宣惠王把苏秦的话琢磨了一阵,决定参加合纵。

苏秦到了大梁,假托赵王的命令,向魏王提出六国同盟、合力抗秦的方针,劝魏王不要向秦国称臣,说魏国地方似乎不大,但是人烟稠密、武士众多,足以联合他国,抗击强秦。魏王也采纳了苏秦的方针。

苏秦又来到齐国,向齐王发表了长篇的说辞,晓之以秦国不可能越过赵魏来攻打齐国,而齐国居然臣服于秦国,很令人蒙羞的。齐王听了他的话,顿时有所醒悟,急着向苏秦请教今后的方针。苏秦果断地说:"你们还没有沦为秦国的附庸,并且有着自己的地位。因此,我建议大王参加六国同盟,互相支持,使秦国根本不敢跨进关东半步。"齐王连连答应。

苏秦对楚威王说:"楚国是天下的强国,秦国最怕的就是楚国,六国中其他各国已经联合,楚国不参与,则必然为秦国所攻。"楚威王高兴地同意加入合纵集团,并愿意做联盟的领袖。

经过苏秦这一番游说,建立起了秦国为之忧虑的六国合纵联盟。苏秦成为纵约长,执六国相印,并给秦国下了纵约书,使秦国15年不敢出函谷关东进。

异中求同,是客观规律。国家与国家的建交是这样,个人之间的交往也是如此。有作为的人,有时固然因为时势的考虑、坚持原则的需要,虽同而存异,虽合而有别,但是在一般情况下,应以积极主动的姿态,努力从异中求同,团结所有的力量以便大有所为,这对所有加入者都有益处。

★自省自律,修身正己

井:改邑不改井,无丧无得,往来井井。

《彖》曰:巽乎水而上水,井。井养而不穷也。"改邑不改井",乃以刚中也。"羸其瓶",是以凶也。

《象》曰:木上有水,井。君子以劳民劝相。

——《周易》

井卦讲了人们对井的整治、利用的过程。

井是长久不变动的,人们天天使用井水,长年累月而不清理和整治,直到井水不能食用了,人们才引起重视。

井水不断地被人们利用,然而井里却有不断的涌泉来补充,井水洁净依然。由此启示人们,只要自身不断修养,充实更新自己,人与人之间也可相助相养,助人亦自助,这样则事业有成,人间生机盎然。

一个团体、一个单位乃至一个国家,要考虑如何创造环境,培养和吸纳各类人才,让他们创造的智慧像井水一样汲不完、用不尽。

水是生命之源,井是提供源泉的地方,这就是井与水的关系。井卦以此来说明个人需要不断地培养道德修养和不断开发知识潜能,只有不断地自我完善,才能有望成就一番事业。在中国历史上,唐太宗李世民是一位有名的明君,更是一位能够正己修身、以自身为表率的君主。

在贞观初年,李世民刚刚登上帝位,就下令放走皇宫园囿中的鹰犬。指令各地州县不得进献珍禽异物,停止修建宫殿楼阁,甚至不让后宫妃子们多添新衣,他自己的龙袍也是三年不换新的。言行都比较谨慎,注意克己节欲,不以玩乐分心。上朝时,大臣们讨论军国大事,或请示皇上决断问题,一般都先听后说,多听少说。较难办理的事情,总在调查了解后,三思而后行。李世民爱护百姓,不夺农时,而违反法律的人也少,有一年全国竟然仅有二十几个违法的人。

贞观元年(公元627年)五月,有位外地大臣上书唐太宗,请求清除朝内的奸臣,唐太宗反复思考,也不明所指。最后,在这个人进京述职时,就当面问他:"你说让我清除奸臣是好事,但奸臣是谁呢?"这位大臣说:"臣下远在外地,不能确定谁是奸臣。但我肯定朝中有奸人。陛下不妨故意说错一件事,而且装作固执己见,可以试验大臣的态度。那些能够敢于进谏、不屈不挠的,就是忠直之臣;如果巧言迎合的,就是谄媚奸臣。"

太宗听了,虽然明白他的意思是用一些驭臣之术,但还是摇了摇头,笑了笑,对他说:"你的主意不错,但我不能这么做。因为君主是源,臣下是流,如同江河。江河的源头若浑浊了,就不能要求下游流水清澈。君主自己诡诈,怎么能责备大臣忠直呢?我是以至诚来治理天下的,有时看到前代有些帝王用权谋诡诈来驾驭臣子,实在觉得是一种可耻的行径。"

这位上书的官员也无话可说,只好尴尬惭愧地退下了。

李世民

然而,这位大臣的话时刻困扰着唐太宗,是朝中真的有奸臣,还是上书者想由此表明自己的忠直呢?太宗便拿这个问题问耿直的大臣魏征。魏征分析说:"我认为这种空泛的议论没有什么价值,其用意也不必深究。我倒觉得,陛下所提出的君源臣流的思想,是难能可贵的,更是值得庆幸的大事。君主您能严于律己,则天下必定能够治理得很好。从前楚王请詹何做谋士,问他治理天下的要领,而詹何却只讲了君主正身修己的方法。楚王又问:'那国家究竟如何治理呢?'詹何回答说:'我没有听说过君主自身修养好了而国家却败乱的。'古代圣明的君主都能修正自身,远离享乐之欲,天下自然安乐。陛下所说,正同古代圣明君主的主张是一致的。"

唐太宗听了以后,高兴地说:"要安定天下,君主必须先修正自身,没有身正而影歪、上理而下乱的。我常想损害修身的因素,不在外界,而在自身的贪欲。比如美味、声色等,贪欲越多,损害越大。既妨害治理国政,又侵扰百姓利益。如果再有违背礼义德行,万民就会解体,怨声载道,叛离之乱必然发作。"魏征称赞说:"陛下为社稷深谋,常能正己修身,真是天下老百姓的幸运。"

李世民的想法得到了魏征的赞许,心里更觉踏实。第二天上朝时,唐太宗又兴致勃勃地向群臣讲了一通君源臣流的道理。

國學智慧全書

周易

"自古君王治理天下,唯有对自己修身、对臣民修德这两件事最为要紧,其他虚浮的事情都不必关心。尧舜用仁德治理天下,臣下就跟着仁德;桀纣用暴虐统治天下,臣下也暴虐。臣下的举动都是依照君主的喜好行事,比如南朝的梁武帝父子二人都崇尚浮华,信奉佛教和道教。梁武帝末年,武帝本人荒废国事,到寺庙里宣讲佛经,文武官员都头戴僧帽,脚穿高履,整天陪同僧尼拜佛,谈论苦海空门,不把军国大事放在心上。直到侯景领兵攻入京城,多数官员都不会骑马,狼狈步行逃亡,死伤遍及路旁,武帝被侯景囚禁而死。武帝之子孝文帝逃到江陵,被人包围,还向百官宣讲老子的道义,突然城被攻破,君臣都做了俘虏。这些教训实在不能忘却,我们应以此为鉴戒。我现在所喜好的,只有尧舜的仁德之道和周公的理政之教。古人说,君主犹如盛水的容器,臣民犹如水。水的形状或方或圆,都在于容器的形状,而不在于水本身。这些治国安民的正道,是我们一定要坚持的啊"。

文武百官频频点头表示敬服,并高呼"万岁,万岁,万万岁"。

由于唐太宗真正地按他所说的去做了,因而出现了"贞观之治",这是封建历史上少有的太平盛世时期。

★忠心诚信,利涉大川

中孚:中孚,豚鱼吉。利涉大川,利贞。

《彖》曰:中孚,柔在内而刚得中,说而巽,孚乃化邦也。"豚鱼吉",信及豚鱼也。"利涉大川",乘木舟虚也。中孚以"利贞",乃应乎天也。

《象》曰:泽上有风,中孚。君子以议狱缓死。

——《周易》

仁、义、礼、智、信,是儒家对世人的五种最基本的道德要求,按照儒家的说法,只有具备上述五种基本要求的人,才有资格被人尊称为君子,才能够受到世人尊重,从而也才能成就一番事业。这五者之中,守信用、重诺言,似乎更受人重视。在儒者心中,它是对一个人最起码的道德要求,是衡量君子小人的一个基本准则。先秦儒家大师如孔子、孟子、荀子等,都不止一次地提到诚实守信对修身齐家治国平天下的重要意义。荀子说:"君主出令而有信,国必强;君主出令而不讲信用,国必弱。"诚信能够感动一切。诚信之人,无论做什么事情,都能如愿以偿。无论遇到什么困难都能克服。平时的为人处世,要有诚信,在上层的政治生活中,更要以诚信为本。诚信不仅能够使自己心安,也能感动他人。

人在社会生活中做人的根本态度是拥有一颗至诚之心,是与人相处之道,更是人的生存之道。春秋时期,卫国发生内乱,卫侯朔流亡国外。卫侯朔胸怀大志,矢志复国,报

仇雪恨。于是,他想方设法结交诸侯,以取得各国诸侯对他的信任、同情与支持,齐襄公答应了他的要求。于是,齐襄公约会宋、鲁、陈、蔡四国,出兵联合攻打卫国。卫国自知寡不敌众,向周天子求救。周天子所派之兵不能与之抗衡,节节失利。五国联军长驱直入,很快便帮卫侯复了国。虽然齐襄公打了胜仗,但忧心忡忡,担心周天子会来兴师问罪。群臣看到齐襄公忧愁的样子,纷纷建议齐襄公选派猛将带重兵戍守齐国要塞葵丘,因为葵丘防守好了,齐国就没有什么危险了。

齐襄公思来想去,觉得众臣说得在理,便决定让勇武有力、足智多谋的连称和管至父二人去。于是,他命人找来连称和管至父,和气地对他们说:"二位将军身手不凡,寡君一向看重你们。如今,国家危急,只有你们二人才能担当此大任,请准备一下赴任吧!"

葵丘是个偏僻的地方,地广人稀,远离国都,两人都不愿去。但国君之命,违抗不得!于是,他们两人对望了一下,恭恭敬敬地答道:"感谢国君对我们的器重,臣马上就前往驻地。只是,臣想斗胆问一句,我们何时可以回来再听命于陛下呢?"

齐襄公犹疑了一下,便指着桌子上切开的大瓜说:"现在正是瓜上市的季节,等明年这个时节,我派人去接替你们。你们就放心去吧,我说话绝不食言!"听到齐襄公的诺言后,两人高兴地出发了。到任以后,他们以实绩报答齐襄公的厚望:一方面组织百姓修筑防御工事,一方面加强军备训练,周天子虽然对齐国不满,可看到齐国布防壁垒森严,也只好打消了对齐国的非分之想。

时间过得飞快,转眼一年过去,又到了瓜成熟的季节。连称与管至父想到马上就可以回到都城和家人团聚,便感到很高兴。可是,一天天过去了,接替他们的人还没有到来。他们天天盼望、天天等待,得到的却是一次次失望。最后,他们实在等不下去了,就商量说:"如今朝廷事多,国君日理万机,一定忘记咱们的事了,我们还是派人捎个信去,提醒他一下吧!"于是,他们派人去求见齐襄公,还特意让人带了许多新上市的瓜给齐襄公,以此提醒齐襄公,记起去年的诺言。使者见到了齐襄公,献上了新瓜。齐襄公品尝着新瓜,连连称赞,却对派人接替连称与管至父之事,提也不提。

连称与管至父实在无法,只得亲自求见齐襄公。说明来意,不料襄公听了大发雷霆,竟然教训起他们来:"该让你们回来的时候,我自然会派人接替你们的。你们身为人臣,提出的这些要求简直毫无道理!你们先回去吧,等瓜再熟的时候,我再考虑接替你们的事吧"。

齐襄公不但不信守诺言,反而背信毁约,甚至还将两人骂了一顿,使得连称与管至父听后憋了一肚子气,回去后便商量如何对付齐襄公。正在这时,一直想谋反的公孙无知来了。公孙无知是齐襄公的堂弟,他为了除掉齐襄公,一直隐忍不发,寻找机会。连称与管至父见到公孙无知,说起对齐襄公的种种不满。听完他们的话,公孙无知暗自高兴。他趁机鼓动连称与管至父背叛襄公,立他为君,并许诺高官厚禄。齐襄公的不守信用,令连称与管至父生气至极,于是他们接受公孙无知的建议,决定除掉齐襄公,以解心头之恨。

这年冬天，齐襄公在贝丘打猎，不小心跌下马背，扭伤了脚，只好回宫休养。公孙无知得知这个消息后，认为这是一个天赐良机，于是通知连称与管至父带兵杀来，进行宫变。

耳听得宫内喊声四起，齐襄公知道发生了暴乱，他急忙藏在床下。公孙无知的侍卫发现了他，举剑猛刺，齐襄公便身首异处了。齐襄公虽贵为一国之君，却背弃诺言，出尔反尔，一欺而再欺，终于惹祸上身，自食恶果。

诚实守信是人们立身处世的一个基本点，这正是中孚卦所倡导的思想。对普通人来说，失去他人信任，便失去了生存的基点，而对一国之君来说，不信守诺言，出尔反尔，臣下也会反戈一击。齐襄公正是毁弃诺言，自欺欺人，视诺言如儿戏，才致使自己的国君地位严重受挫，落得一个身死国亡的下场。

第三章　善长等待忍耐者成就大事业

★厚积薄发，大业必成

> 屯:元、亨、利、贞。勿用有攸往,利建侯。
>
> 《彖》曰:屯,刚柔始交而难生,动乎险中,大亨贞。雷雨之动满盈,天造草昧。宜建侯而不宁。
>
> 《象》曰:云雷,屯。君子以经纶。
>
> ——《周易》

在天地初创的艰难时代,或事业刚起步之时,既要正视创业初期困难重重,又要把握这建功立业的最好时机。

多少英雄豪杰,先是遭受贫困、屈辱、欺压,被挤兑、被淘汰,他们像个被狠狠地摔在地上的皮球,一跃腾空。

历来的成功者用坚忍不拔的毅力和艰苦卓绝的努力向人们展示:苍天有眼,成功的机会青睐于有抱负的苦心人! 千难万险是无法阻挡成功者的脚步的!

有志者,事竟成,破釜沉舟,百二秦关终属楚;

苦心人,天不负,卧薪尝胆,三千越甲可吞吴!

这是一副励志对联,该联用史实解说了屯卦所蕴含"刚柔始交而难生"的道理,告诉人们在成长的道路上充满了挑战,要经历种种考验,饱受磨难。其中"卧薪尝胆,三千越甲可吞吴"说的就是越王勾践的故事,在今人的脑海里,越王勾践已经成为在苦难中奋发而为的英雄化身。

在春秋(公元前 770 年至公元前 476 年)后期,在长江下游崛起的两个国家——吴国和越国,为了争夺霸权,而兵戈相接,战争不断。

公元前 494 年春,越王勾践得到吴王夫差准备攻越的消息后,决定先发制人,出兵攻打吴国。吴王夫差在伍子胥、伯嚭的辅助下,派出精兵,迎战越军于夫椒。由于吴军实力较强,越军在准备不充分、兵力不够充足的情况下大败而归,最后只剩下五千人,退守会稽山。吴军乘胜追击,把会稽山包围得水泄不通。在这生死存亡的紧急关头,勾践采纳了范蠡的建议,决定以屈求生。勾践一面准备死战,一面派文种以美女、财宝疏通吴太宰伯嚭,去向吴王夫差求和,让夫差允许越国作为吴的属国存在下来,勾践愿做吴王的臣仆,忠心侍奉吴王,否则勾践将"尽杀其妻子,燔(烧)其宝器,悉五千人触战"。在接受了大量贿赂的伯嚭的劝导下,最后吴王夫差准许议和,撤军回国。

不久,越王勾践履行和约,和范蠡一道去吴国给夫差当奴仆,王后也做了吴王夫差的女奴。勾践为吴王驾车养马,他的夫人为吴国打扫宫室。他们住在囚室,粝衣恶食,极尽屈辱而从不反抗。由于勾践能卑侍吴王,同时又贿赂伯嚭,最后,勾践终于取得了吴王的信任,三年后被释放回国。而三年之中,文种没有辱没越王交付他治理国家的使命,越国不仅度过了因战争而引起的困难时期,还恢复了往日的繁荣。

越王勾践

越王勾践回国后,他在坐卧的地方悬挂了苦胆,吃饭的时候要先尝尝苦胆的滋味,日夜思量着有朝一日报仇雪恨。他用文种治理国家,用范蠡训练军队,积极发展经济,积蓄力量。还下了一道"罪己诏",检讨自己使很多百姓在战场上白白送命的失误。他还亲自去慰问受伤的平民,抚养阵亡者的遗族。勾践还针对越国战败后人口减少、财力耗尽的情况,制定了休养生息的政策。由于改革内政,减轻刑罚、赋税,提倡百姓开荒种地,越国在十年中没有向人民征收赋税,百姓每家都有三年的粮食储备,越国百姓亲近他的感情,如对父母一般。

勾践对内改革的同时,还开展卓有成效的外交战。对吴国,他经常送给夫差优厚的礼物,表示忠心臣服,以消除他对越国的戒备,助其骄气,麻痹腐蚀夫差。同时用高价收买吴国的粮食,造成吴国粮食紧张,破坏吴国经济。他为了消磨吴王夫差的意志,将西施和另一个叫郑旦的美女送给了他,自此吴王沉湎在金钱和美女的温柔乡中,不能自拔。西施还利用她的姿色离间吴王和大将伍子胥的关系,伍子胥以自杀而终,这就为越国灭吴国清除了障碍。勾践采用这一系列的措施,不仅壮大了自己,而且削弱了敌人,灭吴也

就成了指日可待的事了。

公元前 482 年，吴王夫差为了称霸中原，带 3 万精锐部队远征，国内空虚，给了越王勾践可乘之机。勾践随即调集越军约 4 万人，大举攻吴，公元前 476 年，吴王夫差自杀，越国取得了吴、越之战的最后胜利。

灭国之灾并没有使勾践意志消沉，正如生长在田野里的树苗，必须遭遇风雨，才能成为擎天巨擘，笑傲山林一样，勾践明辨果断，知道取舍，甘愿为奴，在饱受痛苦的同时寻找出路、奋发图强，最终成就大业。这恰到好处地吻合了屯卦中的寓意。

★ 养精蓄锐，伺机而动

需：有孚，先亨，贞吉。利涉大川。

《彖》曰：需，须也。险在前也，刚健而不陷，其义不困穷矣。需，"有孚，光亨，贞吉"，位乎天位，以正中也。"利涉大川"，往有功也。

《象》曰：云上于天，需。君子以饮食宴乐。

——《周易》

要想成就一番事业，在事态没有明朗之前，不论外界的压力有多大，都不能轻易采取行动。只有坚守信念，养精蓄锐，等待有利的时机，才能有大的成功。从需卦里我们可以得知，人的一生都不是一路顺畅的，当前进之途出现坎坷时，我们必须学会等待，然后选择适当的时机，伺机而动，这样定能走向成功。

蔡锷是辛亥革命时的战将，武昌起义时，蔡锷在昆明发动新军起义，成立云南军政府。

他任都督期间，恩威并重，深受军民的拥护。不久，在孙中山、黄兴领导下，进行了"二次革命"。后来，袁世凯妄图称帝，蔡锷担心革命党人操之过急，一旦失败，革命的成果便会丧失。于是，在袁世凯与革命党人之间，蔡锷采取若即若离的态度。他这样做，并不是存心背叛革命党人，而是想保留革命的火种。

蔡锷的态度，袁世凯是非常清楚的，于是他以组阁为理由，召蔡锷入京。袁世凯这种调虎离山之计，让蔡锷的部下非常担心，他们纷纷劝蔡锷不要进京。但蔡锷说："袁世凯非常恨我，我若不去，他就会对我更加痛恨。我怎么

蔡锷

能为保全个人,让国家再次发生战乱,让百姓经受战火之苦呢？你们不必为我担忧了,让我想法对付袁世凯这个老贼吧!"说罢,他毅然踏上了北上之路。

来到北京后,袁世凯给蔡锷安排了很多要务,蔡锷一概谢绝。让他看文件,他都交给下属去做。他自己却整天饮酒狎妓,在八大胡同出入。蔡锷虽然如此,袁世凯却仍然不放心,每天都要派密探监视他。

不久,袁世凯意欲称帝,百官纷纷上劝进表章。

蔡锷本来是热心共和、缔造共和的人,但他却忍着内心的隐痛,违背自己的信仰,加入到劝进者的行列,并上劝进表,通电云南,晓谕自己的部下拥戴袁世凯称帝。蔡锷整天与鼓吹帝制最积极的"六君子""五路财神""八大金刚"等周旋,甚至帮助这些人为袁世凯筹备登基大典。渐渐地,袁世凯对他的疑虑有所减少。为了让蔡锷彻底归附自己,袁世凯便对蔡锷进行了金钱收买。正当财政紧张之际,在蔡锷所兼督办的经界局,却突然得到六百万的经费。蔡锷收到这笔钱之后,实际上已经秘密地把钱汇往云南,作为他日后大展宏图的经费。他表面上仍然沉溺于酒色,让袁世凯在心理上对他产生胸无大志的错觉。

但是,袁世凯对蔡锷的严密监视仍没有放松,蔡锷一时无法脱身。于是蔡锷行为更加张狂,北京城内凡是著名的歌台舞榭、娼馆妓院,他出入更加频繁。这时蔡锷又特意爱上了一名叫作小凤仙的妓女,此人侠肠媚骨,秀外慧中,早就看破了蔡锷的心思,知道他是醉翁之意不在酒。一天,小凤仙有意用言语试探蔡锷:"现在国是日非,而你却整日在温柔乡中讨生活,这不辜负了天下人对你的期望了吗!"蔡锷说:"这些事情,不是你们女辈所应该知道的事情!"小凤仙笑道:"将军不要这样说,你的行为早已被我看破。将军要想脱险,声色犬马固然是一个办法,但仅仅这样做远不够,还应当广置良园美宅,以表示自己再也不想到别处去的志向,然后随机应变,待时而行。"小凤仙的这番话,深得蔡锷赞同。

从这之后,蔡锷开始广置田产房屋,整天忙得不亦乐乎。袁世凯得知这个消息,高兴地说:"此人已经进入我的圈套了。"从此对蔡锷的防范便有所放松。

又过了一段日子,北京城内的法庭上出现了一件极为奇怪的事,即蔡锷与夫人发生口角,双方一起到法庭要求离婚。袁世凯一听,更加得意地说:"我以前把蔡锷看成是英雄,现在看也不过尔尔。刚刚富贵,就忘了夫妻之情。他已没有什么大志向了,从今以后我不必担心,再也不用为他费什么心事了!"于是,他便把监视蔡锷的密探全部撤掉。

为进一步麻痹袁世凯,让他彻底对自己放心,蔡锷整日待在小凤仙处,甚至一住就是十几天。公府召见、朋友来访,如果不到小凤仙处,便见不到蔡锷的影子。这样又过了将近一个月,蔡锷想:是离开这个地方的时候了。

一天傍晚,蔡锷在小凤仙的住所举行宴会。参加宴会的官员很多,一时间将通往小凤仙住处的道路堵塞。而室内歌声笑语,猜拳行令,震耳欲聋。蔡锷将军却大饮大嚼,兴致欲狂。一席未终,已经酩酊大醉,呕吐狼藉。来宾也都酒意十足,纷纷散去。

國學智慧全書

经学智慧

翌日晨,天未破晓,蔡锷悄然离去,乘火车赴天津、去日本、转道海上至云南。不久,云南独立,其他各省继起响应,方知蔡锷之所以纵情声色,购置田产,与妻子离婚等等,都不过是故意掩饰自己的真实面目。蔡锷进京被袁世凯扣押,便以寻花问柳之法掩饰自己的志向,静待时机,最后巧妙出走,后发制人,拉开了讨袁的大幕。

不久,云南护国军举起反袁称帝的大旗,湖南、四川相继响应,袁世凯的皇帝梦破灭,只好被迫取消帝制。1916 年,袁世凯在一片声讨中咽了气。

蔡锷以一个政治家的眼光,从宏观和全局着眼,在形势于己不利的险恶环境中,以屈待伸,沉着冷静地等待时机,最终一触即发,取得了胜利,这显示了他惊人的胆识和气魄。

★ 积跬至千,积流成河

《彖》曰:渐,之进也。"女归吉"也,进得位,往有功也。进以正,可以正邦也。其位,刚得中也。止而巽,动不穷也。

《象》曰:山上有木,渐。君子以居贤德善俗。

——《周易》

渐卦讲的是循序渐进的道理。做事必须循序渐进,防微杜渐,切忌急于求成,否则欲速则不达,只能落个拔苗助长的结果。

事物发展的客观规律告诉我们,做事业应该按循序渐进的规律,讲求实际,万不可急于求成。循序渐进是事物发展的普遍规律。力量薄弱没关系,只要循序渐进,就能避免错误。循序渐进理应建立在自力更生的基础上的,但并不排斥外力援助。当力量不足时,应该尽快寻找一个平安的环境,渐渐地使自己壮大,再图进取;所处环境不安稳时,应该学会应变,运用柔顺的办法争取强者援助。渐进的道路有挫折,也有阻碍,认识到这种复杂性,尽管道路是曲折的,前途却是光明的。

事物慢慢地在发展,事业也逐渐地步向成功,一代天骄成吉思汗就是从草原一步步进入中原,得到天下的。公元 1162 年,在蒙古斡难河畔的帖里温孛勒塔黑,有个男婴呱呱降生。他右手握着血块,"容颜生光,眼神如火",按照当时的蒙古谚语,这象征着吉祥。有一天婴儿的父亲——蒙古乞颜部的酋长也速该,带领部众袭击塔塔儿人,最终获得了胜利,抓到了两个战俘。其中有个战俘名叫铁木真,为了纪念这次胜利,也速该就将刚出生的儿子命名为铁木真。

周易

117

铁木真9岁之时，他的父亲带着他到弘吉剌部首领特薛禅家订婚。在回家的路上，也速该被塔塔儿人认出，用毒酒害死。乞颜氏族失去首领，势力衰败，铁木真的家族顿时陷入困境中。他母亲带领着孩子们，以及少数忠实的部众，食野果、吃草根，艰难地度日。青少年时代的铁木真，历尽千辛万苦。有一次，为了躲避泰赤乌部的侵害，跑进了山林。后来忍受不了饥饿，下山找寻食物，不幸被俘。他被套上木枷，到处游街示众。铁木真利用泰赤乌人举行宴会疏于防备的机会打倒看守人，几经挫折，逃回家中。在重重磨难中，铁木真得到了很好的锻炼，逐渐养成坚忍不拔、机敏慎

铁木真

重、百折不挠的性格。在克烈部的协助与支持下，铁木真将蔑儿乞部打败，俘虏了许多的蔑儿乞部人做奴隶。从此，铁木真在草原登上了政治舞台。

经过这一次战争，铁木真的力量不断得到壮大，一些在过去困难时刻离开铁木真家族的人，也开始向铁木真靠拢。在王罕的大力支持下，铁木真将主儿乞部、蔑儿乞部、乃蛮部、泰赤乌部等部落战胜了。公元1201年，铁木真与王罕联合将札木合打败，并将塔塔儿部消灭掉。这样，西起鄂嫩河上游，东到兴安岭、蒙古高原的东部地区，都合并到铁木真的号令下了。

随后，克烈部和乃蛮部遭到铁木真大军拦挡，许多人跳崖死去，太阳罕也死在了乱军中。铁木真取得了完全的胜利，蒙古草原被铁木真统一了。公元1206年，蒙古的贵族、功臣们，在鄂嫩河边举行聚会，一致推举铁木真为全蒙古的大汗，并尊其为"成吉思汗"。"成吉思汗"是蒙古语"强大"之意。这一年，铁木真45岁，大蒙汗国宣告成立。

成吉思汗建立蒙古国后，在军事、行政、法律、文化等方面，都制定了一套新型的制度。

公元1211年初，西夏纳女称臣，1214年6月，成吉思汗围攻金中都，1215年5月，中都终于被攻破了。公元1218年，成吉思汗利用西辽内乱的机会，将西辽灭掉。

公元1226年，成吉思汗以西征时西夏不肯出兵为由，再次出击西夏，并占领了西夏都城的外围。西夏王到了山穷水尽的地步，不得不降。由于天气炎热，年老体衰的成吉思汗染上了斑疹伤寒，病情逐渐加重，他自知大去之期不远，遂对幼子拖雷和诸大将交代了联宋灭金的方略。后来窝阔台灭金，基本上遵循了他的遗嘱。

铁木真从一步步构建自己的权力范围，到后来大元朝统一天下，这中间的过程是曲折而缓慢的。其实，任何强大的事物都是如此。企图忽略过程一蹴而就，不仅违背了基本规律，也将不会有什么好结果。

综观成吉思汗的一生，他从一个没落的贵族到一代帝王，其中经历了很多不平和坎

國學智慧全書
——
经学智慧

坷,他一生的功业是一步步走出来的。可见,成功需要坚韧和毅力,古语说:"不积跬步,无以至千里;不积小流,无以成江海",这正是渐卦蕴藏的要义。只要我们一步步走来,在不断前进的过程中坚定信念,矢志不移,就一定能走到成功的彼岸。

第四章　善待英才，聚贤成事

★治人韬略，攻心为上

《象》曰：地中有水，师。君子以容民畜众。

——《周易》

用兵的原则，首先要注重纪律严明，统帅者必须刚健中正、恩威并重，要做到与士兵有福同享、有难同当。在指挥作战时应以安全为首要，指挥权必须统一。这一卦强调兵者乃凶器也，告诫君主用兵必须慎重。攻心是一个将帅治军的原则，这样才能激励起士兵忠心报国、效忠疆场的一腔热血。

战国时的吴起，就是一个深谙用兵之道的人。他从小志向远大，醉心功名利禄。他为当上将军而不惜将自己的妻子杀掉，这样重功名而薄亲情的举动，深受世人的谴责。

但是，善于治军的吴起却在笼络士兵方面有过人的绝招，那就是依靠感情拉近自己和士兵的关系，因为他深知自古带兵之将必须对士兵有所关爱，方能得其心。战争之事，动则伤筋动骨，血洒沙场。只要人人死心塌地，就能以一当十，去夺取战争的胜利。

吴起自为鲁国大将之日起，即在军中与士卒同吃同住，卧不铺床，行不骑马，看见士卒背包过重，吴起便与之分担。

有一位士卒背上生疽，吴起亲自调药，用口为其吮吸脓血。全军将士见到这样的场面，无不感恩戴德，为之动容。

当时，齐军长驱直入，直犯鲁国南部边境，鲁国告急。听说鲁国拜吴起为将，齐国大将田和抚掌大笑："这人是我田氏女婿，是一个贪色之辈，对行军打仗的事一窍不通。鲁国任用这样的人为将，失败是注定了。"

齐鲁两军对垒，吴起坚守营寨不出。田和派人窥视吴起，只见吴起正与军中下等士兵席地而坐，饮酒吃肉。

使者将观察到的情况报告田和，田和嘲笑说："将尊兵丁才害怕，兵丁害怕才会产生战斗力。吴起这般举动，真是愚蠢至极，我可以高枕无忧了。"

田和又派爱将张丑诈称讲和,前去探听吴起的作战意图。吴起将精锐兵将藏在后面,尽派老弱之卒让张丑观看,并且装出十分谦恭的样子,礼请张丑进入军中。

张丑假意说:"将军如果不嫌弃田氏的好意,我军情愿与将军结盟和好。"

吴起说:"鄙人三尺微命,何以与田氏争锋?如果贵军情愿结盟,是我心中最大的愿望。"吴起留下张丑,在军中畅饮三日,闭口不谈及兵家之事。张丑欲归,吴起再三致意,求他多做努力,争取两军结盟和好。张丑辞行之后,吴起立即暗中调兵遣将,分作三路,尾随而来。

张丑回报田和,笑说吴起兵弱将寡,全军毫无斗志。田和欣喜若狂,赏赐三军,决计来日进剿鲁国。

正在谈笑之间,田和等人忽听军门之外鼓声大震,吴起大兵突然杀进军营。齐军马不及甲,车不及驾,兵找不到将,将找不到兵,军中顿时乱了套。

真所谓"兵败如山倒",吴起三路大军如破竹之势,一阵猛杀,齐国数万大军毁于一旦。在鲁军阵阵杀声中,齐军尸横遍野,大败而逃。

从此,吴起被鲁穆公拜为上卿。

田和率强国之兵,优势明显。吴起受命于仓促之间,鲁国之兵力远不及齐国之众,虽处于下风和劣势,最后能大获全胜,全仗吴起出色的指挥能力,但是更重要的是他与田和的带兵思想有着明显的区别。吴起受命之日,即与士卒同甘共苦,先攻其心;而田和对此并不介意,他一味地认为:为将不尊则兵不畏,兵不畏便缺乏战斗力,却不知道:关心士卒与军队纪律严明并不矛盾,而且田和素怀轻敌之意:首先轻视吴起,其次轻视鲁军,其失败是不可避免的了。而吴起用兵谨慎,故意伪装自己的弱点,助长齐军轻敌麻痹大意的心理,然后通过奇袭取胜。

师卦讲战争是不得已而为之的事情,士兵的生命和国君、将帅的生命一样重要,都应该受到尊重。只有以诚心对待士兵,士兵才能舍命报国,血洒沙场。吴起杀妻的行为虽为人所不齿,但是在用兵方面,他却深知治军先治心的道理,不愧是一位杰出的军事家。

为将亦管理,用兵如用人,天下道理同出一辙。

★互为依靠,相辅相成

比:吉。原筮,元永贞,元咎。不宁方来,后夫凶。

《彖》曰:比,吉也;比,辅也,下顺从也。"原筮,元永贞,元咎",以刚中也。"不宁方来",上下应也。"后夫凶",其道穷也。

《象》曰:地上有水,比。先王以建万国。亲诸侯。

——《周易》

人与人之间的相互关系必须以诚信为基础,互相辅佐,和睦相处,才能获取成功。

在事业的创建过程中,合理利用人际关系非常重要。这是事业成功的关键。

在诚信的原则下,使朋友之间、上下级之间紧密团结、互相帮助、相互沟通、相互信任、精诚合作,事业一定可成。

刚毅中正的领袖,总是用自己的仁德和诚信去感化下属,下属才忠心依附在他的周围,这是创造共同幸福的根本。比卦强调团结求安定,诸葛亮收服孟获、安抚南中地区,正是应用此卦的出色表现。

三国时期,南王孟获是南中地区少数民族的领袖。蜀汉昭烈帝刘备死后不久,孟获乘机造反。诸葛亮为使大后方得到巩固,统兵三路讨伐孟获,一举将孟获捉获。孟获丝毫不服气地说:"我是因为中了你们的埋伏才被活捉的。如果凭硬拼硬打,你们恐怕不是我的对手。"诸葛亮笑着说:"好,那我就将你放回,我们再较量一番。"

诸葛亮将孟获放走,众将颇为不解,诸葛亮友善真诚地说:"此次远征,并不是来强夺地盘,而是为了使南中地区各民族百姓心甘情愿地服从我们蜀汉,从此不再生叛乱之心。这就要求我们真诚对待南王孟获,使他感受到我们的诚信,率众归降才是。"众将听后,无不叹服诸葛亮的卓识超群。

孟获离开蜀国营地后,收拾丢盔卸甲的残兵败将渡过泸水,将所有船只都渡靠南岸,又命令大、小酋长率本部人马修筑土城,企图借泸水天险死守土城。诸葛亮从当地人口中获知泸水下游150里处的沙口水不太深,可以扎筏渡过,于是便派大将马岱亲率3000人马在土人带领下夜半渡水,乘其不意袭击孟获,孟获并没防备,再次被活捉。孟获仍然不服气,诸葛亮将孟获再次释放。

诸葛亮一连活捉孟获六次,又一连六次将他释放。孟获屡战屡败,本部兵卒的战斗力渐渐丧失了,都无心恋战。于是,孟获便向马戈国主请求,带来三万藤甲军,与蜀军决一死战。藤甲军身披藤草,刀枪不入,弓箭射在藤甲上也不能穿透,一连几仗,蜀兵都吃了败仗。但是,诸葛亮总结了失败的教训,很快便想到了破敌的方法。原来,藤甲军的藤甲有一致命的弱点,藤甲是用油反复浸泡过的,怕火烧。诸葛亮发现了藤甲军的致命弱点后,便将藤甲军引入一个狭窄的山谷中,将藤甲军的归路切断后,在山谷中,放起熊熊大火,藤甲军被烧得焦头烂额,全军所剩无几,孟获再一次被生擒到诸葛亮的帐下。

诸葛亮传下命令:放孟获回去,让他整顿兵马,再决胜负。孟获满面惭愧地说:"七擒七纵,这是自古以来没有过的事情。我虽然不是读书之人,但也懂得做人的道理。如果我再战,简直是不知羞耻了。"说完,孟获跪倒在地,向诸葛亮请罪,要求对自己惩罚。诸葛亮问:"你真心愿意臣服吗?"孟获回答:"丞相待我至真至诚,由此可见丞相的爱民之心。我不仅是臣服,而且还要世世代代铭记丞相的再生之恩。"

于是,诸葛亮传令大摆宴席,大宴孟获以及各位酋长。宴毕,仍由孟获充任南中地区各少数民族的首领。

从此,孟获对蜀汉忠心耿耿,南中地区成了蜀汉征伐北魏的可靠后方。

★ 追随正义，以德怀人

随：元、亨、利、贞，无咎。

《彖》曰：随，刚来而下柔，动而说，随。大亨贞无咎，而天下随之，随时之义大矣哉！

《象》曰：泽中有雷，随。君子以向晦入宴息。

——《周易》

在一个群体中，要达到协调的目的，就必须以群体的利益为重，克服个人的私利，以促成上下之间的随和，也就是追随。随从的根本在于诚实守信，在随和之中获得安定，这就有助于减少争斗，避免冲突，以维持人际关系的和谐和社会秩序的稳定，从而达到天下太平无事。

提倡在追随时要坚持原则，为政者就要体察民情，以德怀人，从老百姓的利益出发，以达成上领下随；不盲从，更不能趋炎附势。

有位科学家曾经做过一个实验，发现当雁群成"人"字形飞行时，要比孤雁单飞节省70%的力气，相对地也就等于增加了70%的飞行距离。雁群的确够聪明，它们选择拥有相同目标的伙伴同行，这样可彼此互动，更快速、更容易地到达目的地。雁群的这种飞行方式与随卦所阐释的追随、随和的原则同出一辙。人与人之间，个人利益往往会有冲突，有时必须舍弃个人的私见、私利，随和众意、众利，才能维系一个组织或集体利益，这些道理已经被现代的管理者诠释成"团队精神"。一个真正的团队应该是一个有机整体，有一个共同的目标，并为这个目标努力奋斗。其成员之间的行为相互依存、相互影响，并且能很好地合作，追求集体的成功，是团队中的每个成员都习惯改变以适应环境不断发展变化的要求。

人心齐，泰山移，团结就是力量。团队精神可以使团队保持活力、拥有创新、焕发青春、积极进取。这就像步调一致的雁群一样，齐心协力，互帮互助，并在心中产生一种力量，激励自己前进，一起飞向灿烂美好的明天。在历史上，清初开国功臣多尔衮就很好地践行了随卦所蕴含的哲理，他重用汉臣，使之成为大清王朝的"团队"核心。他提倡的"满汉一家"这一策略，使刚刚统一的大清帝国出现了国泰民安的局面。多尔衮是清朝历史上少有的开明政治家之一，他追随正道，提出了满汉一家的思想，这在当时实在是难能可贵的，比清朝的其他统治者，确实英明许多。

清朝定鼎北京后，在短短的十七八年里，基本上在全国范围稳定了清朝的统治，其中的一个重要原因便是多尔衮以群体的利益为重，克服个人的私利，以促成上下之间的随和，吸收了大批明朝官员加入清统治者的队伍中。清军一入关，明朝宦党骨干冯铨就被

录用,官至礼部尚书。第二年,熟知冯铨老底,原也是明朝官员的现任御史吴达告他的状,说他是魏忠贤的干儿子,揽权受贿。状纸上送到多尔衮处,多尔衮适应形势,不为所动,压而不发,冯铨照做他的官。顺治十年(公元1653年),顺治帝说:"国家用人,着眼于叫他立功,而不是叫他再犯错误。……(冯铨)本来没有什么明显的错误,且博通典故,熟悉政事,因此特地召用,以使他自新。"任命他做了弘文馆的大学士,第三年加了"议和师"衔。冯铨受此礼遇,干得也更加卖力,为清初统治者出了不少主意。顺治十六年,冯铨以太保、中和殿大学士衔退休养老。

顺治十年,顺治帝叫洪承畴经略江南时,明确指示"抚、镇,以下听其节制,兵马钱粮听其调拨","吏、兵二部不得掣肘",多尔衮没因洪承畴是个汉族降将,就与满族将领有区别,而是将之重用。因此,洪承畴随军南下,攻城劝降,含辛受骂,在所不辞。洪承畴派人迎母于闽,母至,见洪承畴而大怒,操杖击之,说:"迎我来,将使我为旗下老婢吗?我打死你,为天下除一害!"洪承畴仍不为母言所动,继续为清廷效力。为报答多尔衮的知遇之恩,最后干到双眼几乎失明,也无怨言。

为了使汉官能够有效地发挥作用,多尔衮严禁满洲贵族欺压、侮辱汉官,违者必究。顺治元年(公元1644年),宣府巡抚李鉴劾奏赤城道朱寿鋆贪赃犯法,多尔衮下令追查。朱赂嘱满臣绰书泰向阿济格讲情,阿济格便派绰书泰和总兵刘芳名胁迫李鉴释其罪。多尔衮闻知这种不法行为后,立刻将绰书泰同朱寿鋆等人枭首示众,将刘芳名夺职入旗,降阿济格为郡王,罚银五千两,令其悔过。阿济格是比较有实力的亲王,又是多尔衮的同母兄,在满洲统治集团的内部斗争中,是忠于多尔衮的。多尔衮对他们任意欺压汉官的行为做出这样的处理,说明多尔衮在处理满汉矛盾上,还是比较公正和开明的。在多尔衮开明、宽容、多元的政策主导下,入主中原的清王朝,随和众意,在较短的时间内,全国的经济在战乱之后得到恢复,很快出现了国泰民安的局面。

为吸收明朝旧官,多尔衮在任用汉人方面采用了"邪正兼收"的方式,不管你在明朝是东林党还是宦党,只要你为我工作,我就过往不咎,而且还加以袒护,有时甚至斥责那些揭发、弹劾者为"陷害忠良"。

多尔衮和顺治皇帝采取广用汉臣的手段,解决了清廷所需大部分官员的来源问题,靠不咎既往的策略稳住了这些人的心,这些人见明朝大势已去,也心甘情愿地努力为新朝廷工作,从而使满族统治者在较短时间内在全国站稳了脚跟,这不能不说是高明的策略和手段。

人常说:识时务者为俊杰。多尔衮作为清朝的创建者,能够抛开民族偏见,顺应形势,大胆地起用汉人,尊崇儒家文化,使汉族官吏和清朝贵族相互团结,形成一股强大的团队力量。这在当时来讲,实在是难能可贵的。他的这种举动,是随卦中所讲的追随正道的有力折射。他正是靠着这一宽容的策略,为大清三百年的基业奠定了基础。

★刚柔并济,赏罚分明

噬嗑:亨。利用狱。

《彖》曰:颐中有物曰"噬嗑"。噬嗑而亨,刚柔分,动而明,雷电合而章。柔得中而上行,虽不当位,"利用狱"也。

《象》曰:雷电,噬嗑。先王以明罚敕法。

——《周易》

在人生的道路上难免有不顺利,犯了错误就必须接受惩罚,大的惩罚往往是因为小错一步步走向大错而导致的严重后果,小恶必惩,防患于未然。刑罚为纪律之根本,纪律是人生和事业成功的保证。

在人际交往中,我们一旦犯了错误,哪怕这种错误是无意间或不得已造成的,也应该及时向人家道歉或说明,不能拖拖拉拉,否则就可能酿成大的问题。

坚决排除自身的错误,坚守正道,果断刚强,讲求策略,这样的人生之路才能更顺畅。

商鞅是春秋时期的改革家、政治家,他受秦孝公任命变法,遵循噬嗑卦的法则,刚柔兼具,顺应民众心意而明确赏罚,使改革的政令得以推行,很快使弱小的秦国在众诸侯国中脱颖而出,成为当时的强国。

春秋时候,齐威王当霸主时,西方的秦国在政治、经济、文化各方面都比较落后,中原各国都瞧不起它,很少跟它来往,还不时派兵侵夺它的土地。

周显王八年(前361年),秦孝公即位。他感到秦国正在饱受强邻的欺压,国内有贵族的专横,内忧外患,决心奋发图强,改变国家落后的面貌。为了寻求改革的贤才,就下了一道命令:"不管是本国人,还是外国人,谁有好办法使秦国富强起来,就封他做大官,赏给他土地"。不久,一个叫商鞅的人应征从魏国来到秦国。商鞅到了秦国,见到了秦孝公。两个人议论国家大事,十分投机。最后,秦孝公决定改革旧的制度,实行变法,推行商鞅提出的新法令。消息一传开,贵族大臣们都一起反对。但秦孝公力排众议,授予商鞅推行新法令的大权,全力支持商鞅施行改革方案。周显王十三年(前356年),商鞅的新法令公布了。

新的法令刚刚开始推行,就遇到很大的阻力。那些贵族宗室不去打仗立功,就不能做官授爵,只能享受平民待遇。实行连坐法以后,他们更不能为所欲为了。因此,贵族们都疯狂地攻击新的法令。在保守势力的唆使下,就连太子也公然站出来反对。商鞅把反对新法的甘龙等人罢了官,可是,太子是国君的继承人,不便处分,商鞅便去找秦孝公。对他说:"新法令所以推行不开,主要是王室内部有人反对。"

秦孝公说:"谁反对,就惩办谁。"

商鞅把太子反对、故意犯法的事一说,秦孝公既生气又为难,没有言语。商鞅说:"太子当然不能治罪,但是新法令如果可以随便违犯,今后就更不能推行了。"

秦孝公问:"那怎么办呢?"商鞅说:"太子犯法,都是他的老师唆使的,应该惩治他们。"

秦孝公表示同意。这样,太子的两位老师都受到了惩治:公子虔被割掉了鼻子,公孙贾被刺了面。众人看到秦孝公和商鞅这样坚决,都不敢反对新法令了。

商鞅打击了贵族的嚣张气焰,为了取信于民,便在国都的集市南门立下了一根3丈长的木杆,下令说有人把它扛到北门就赏给10金。百姓感到这事太离奇了,没有人动手去拿。商鞅见

商鞅

没人理会,又说:"扛过去的赏50金。"这时有个壮士扛起木杆到了北门,商鞅立即赏给这人50金。商鞅言而有信,得到百姓的敬重,于是变法法令得到大家的拥护在全国推行。

几年后,秦国变得日渐强盛起来。由于新法令规定可以免除一家的劳役的条件是增加农作物产量,老百姓都一心务农,积极种田织布,生产得到很大发展,人民的生活也有所改善,逐步富裕起来,老百姓都很高兴。由于新法令规定了将士杀敌立功的可以升官晋级,所以将士都英勇作战,秦军的战斗力得以大大提高。秦孝公见商鞅制定的新法令成效显著,就提升他为大良造,并且派他带兵去攻打魏国。

随着秦国的日渐强大,原来十分强盛的魏国这时候已经相对衰弱下来,根本不是秦国的对手,连都城安邑也被秦军攻占了,魏国只得向秦国求和。

商鞅凯旋而归,接着又进一步推行新法令,主要是把国都从雍城迁到东边的咸阳,以便于向中原发展;把全国分成三十一个县,由中央直接委派县令、县丞去进行治理,不称职的县官治罪,废除"井田"制度,鼓励开荒,谁开归谁,允许自由买卖土地,统一度量衡等。新法令实行了十年以后,秦国变成了当时最富强的国家。周天子派人给秦孝公送来礼物,封他为"方伯",中原各国都纷纷前来祝贺,对这个新兴的强国都另眼相看了。

秦孝公十分欢喜,把商、于一带15座城镇封给了商鞅,表示酬谢。商鞅变法,为后来秦国统一中原打下了坚实的基础。

★ 果断抉择，树德除恶

夬：扬于王庭，孚号有厉。告自邑。不利即戎。利有攸往。

《彖》曰：夬，决也，刚决柔也。健而说，决而和。"扬于王庭"，柔乘五刚也。"孚号有厉"，其危乃光也。"告自邑，不利即戎"，所尚乃穷也。"利有攸往"，刚长乃终也。

《象》曰：泽上于天，夬。君子以施禄及下，居德则忌。

——《周易》

夬卦阐明了清除小人的做法。

历朝历代都有小人当道之事。小人当道，则祸国殃民，只有清除小人，统治政权才能得到巩固，天下才能太平。

夬的最好办法是以诚信号召群众，合力将小人排除，采取"中行"措施，不可立即动用武力，也尽量不使用武力。

清除小人不是轻而易举之事，小人诡计多端，要时刻保持警惕，避免与小人产生暧昧关系。清除小人要先获得支持，痛下决心，决不留情。

明朝末年，熹宗朱由校昏庸无能，宦官魏忠贤专权，许多正直的大臣屈死于魏忠贤手中，朝野上下一片黑暗。熹宗驾崩后，新登基的崇祯帝朱由检果敢决断，贯彻夬卦的宗旨，用铁的手腕一举将猖獗一时的魏忠贤宦党势力摧垮，从而巩固了自己的统治。

明朝天启七年（公元 1627 年）八月，年仅 23 岁的熹宗朱由校病死，因为他没有子嗣，所以就把这个帝位和同样病入膏肓的大明帝国传给了信王朱由检。朱由检登基后，确有励精图治的决心，他吸取父兄们沉湎酒色、滥用太监误国的教训，决心勤政爱民，重振朝纲。一日，他在殿内批阅章奏，忽然闻到一缕香烟，忙问侍从哪来的香气，侍从奏道："这是按宫中旧有配方制成的。"朱由检听后，立刻命人将熏香毁掉，并深有感触地长叹道："朕之父兄皆崩于此熏香啊！"

朱由检即位后，接手的是政治腐败、军事衰弱、经济崩溃的烂摊子。面对满目疮痍的大明江山，朱由检决心要振兴祖宗的基业，但从何处着手呢？他早有自己的想法，他觉得迫在眉睫的问题是必须先清除权倾朝野的"阉党"。

"阉党"就是以太监魏忠贤和熹宗乳母客氏为首的一伙奸佞小人，又称"客魏集团"。魏忠贤原本是个赌徒，自阉入宫后，与熹宗的乳母客氏结成"对食"（太监、宫女夫妇般的共同生活形式）。他们仗着熹宗的宠幸，狼狈为奸，把持朝政，结党乱政，权倾朝野，对反对他们的东林党人残酷清洗，将大明王朝推向腐败的深渊。天启朝时，一些寡廉鲜耻之徒，竟然公开称呼魏忠贤为"九千岁"，足见其一手遮天之势。

熹宗驾崩后,魏忠贤要篡位的谣言四起,有的说魏忠贤要自立为帝,有的说他想立自己的侄子为帝,还有的说他要学秦相吕不韦,弄了几个孕妇在宫中,假托为熹宗临幸过的宫女,以此篡位。这些谣言使年轻的朱由检十分担心,因为"阉党"的势力当时相当强大,要想根除"阉党",操之过急会弄巧成拙,搞不好自己的帝位都不保,必须寻找合适的时机。所以,即位之初,朱由检对魏忠贤及客氏非常礼遇,甚至有过于熹宗在位时,以麻痹他们,同时将自己信王府中的太监和宫女逐渐换入宫中,用以护卫自己,然后与"阉党"展开了暗中的较量。

魏忠贤始终无法猜透朱由检的心意,不知道朱由检将如何对待自己。最初,他给朱由检送去一些美女进行试探。朱由检怕引起魏忠贤的多疑,影响除阉计划,便将这些美女全都留了下来,但将她们裙带上系着的细小的"迷魂香"春药药丸,全部销毁,使魏忠贤想导引他成为荒淫皇帝的诡计失效。魏忠贤见此计未成,就干脆进行了赤裸裸的试探,他借一些无耻朝臣不停地为他大唱颂歌,便向朱由检上疏请求停止为他建造生祠。朱由检不露声色地批复道:"以后各处生祠,想建而未建者,应当停止。"朱由检这种顺水推舟的表态,既抑制了对魏忠贤的疯狂个人崇拜,又不至于引起魏忠贤的恼怨,更使魏忠贤猜不透朱由检的真正意图。就这样,朱由检在静候时机,暗暗地削弱"阉党"的影响力。

皇宫里表面上一切如常,实际上也在暗中较量,气氛紧张而微妙。天启七年(公元1627年)九月初一,魏忠贤又提出辞去东厂职务来试探朱由检的态度,朱由检不动声色,没有批准。九月初二,客氏提出出宫,朱由检马上表示同意。九月初三,天还未明,客氏素服来到熹宗灵前,痛哭一场后离开了紫禁城,住进熹宗生前赐给她的宅第。朱由检把客氏"请"出宫,先铲除了魏忠贤的政治帮手和后盾,接着又把内廷完全控制在自己手上,任用自己信任的太监徐应元、曹化淳。

此时,朝廷中"阉党"人人自危,他们预感到形势将要变化,许多以前和魏忠贤勾结的人纷纷倒戈,倒魏的契机竟然首先是由魏忠贤的党羽引发的。九月十六日,南京通政使杨所修疏奏崔呈秀父丧不奔,请放他归籍丁忧守制,朱由检未允。十月十四日,"阉党"首恶分子杨维垣又上疏弹劾崔呈秀专权乱政,说魏忠贤是被他所误。

崔呈秀是魏忠贤门下"五虎"之一,在"阉党"中具有举足轻重的分量,是魏忠贤的左肩右臂。朱由检一看,这分明是丢车保帅之计,于是继续保持沉默,崔呈秀要求守制,他也不放。十月十八日,杨维垣再次上疏弹劾崔呈秀,朱由检仍旧保持沉默。

魏忠贤被朱由检弄得不知如何是好,一天,

魏忠贤

朱由检问他和太监王体乾说："'立枷'（魏忠贤创制的刑具，有 150 多斤重，戴上者必死）是怎么回事？"王体乾小心地奏道："立枷是用来处置大奸大恶之人的。"朱由检冷冷地看了一眼魏忠贤道："这未免太残酷了吧！不应在盛世使用。"魏忠贤一听，没敢答话。

不久，朱由检毅然罢免了崔呈秀兵部尚书一职，掀开了倒魏的序幕。朝臣们觉察到了朱由检的意图，于是纷纷上疏揭发、弹劾魏忠贤。朱由检仍不动声色，静观着大臣们一浪高过一浪的劾魏高潮，对魏忠贤的哭诉，他也无动于衷。

十月二十六日，海盐县贡生钱嘉征上疏弹劾魏忠贤误国"十大罪状"，即并帝、蔑后、弄兵、无二祖列宗、克削藩封、无圣、滥爵、掩边功、伤民财、亵名器，呼吁将魏忠贤明正典刑，以泄天下之愤。钱嘉征的奏疏不是空洞的议论，每一条罪名都可以证实。于是，朱由检马上召魏忠贤上朝，让人将"十大罪状"读给他听。魏忠贤听罢吓得魂飞魄散，下殿后立即去找赌友、原信王府太监徐应元讨教对策，徐应元劝他辞去爵位，也许可保富贵。次日，魏忠贤跪伏在朱由检面前，请求辞官回家。

十一月初一，朱由检允其辞请，但降旨将他贬到中都凤阳去守祖陵，同时将其罪状昭示天下。然而，魏忠贤是过惯了有权有势生活的人，出京时竟还带着卫兵 1000 人、40 余辆辎重大车。一个戴罪的太监竟还如此跋扈，朱由检知道后，马上下了一道谕旨，命锦衣卫将其追捕归案。十一月初六，在阜城县南关的旅舍中，魏忠贤闻讯后，知道难免一死，而自己的党羽又呈树倒猢狲散之势，还对自己落井下石地进行弹劾，遂自缢而死。朱由检下令戮其尸，枭首示众。崔呈秀闻讯后，知道末日来临，也自缢而死，次年被开棺戮尸。十一月初七，朱由检又传旨将客氏笞死，焚尸扬灰。

魏忠贤死后，清算"阉党"余孽的行动很快便开始了，在朱由检的严厉督责下，客、魏两家子孙人等皆被斩首。为进一步打击"阉党"势力，朱由检狠下了一番功夫，他诏示，太监非奉命不得出禁门，焚毁魏忠贤授意编纂的《三朝要典》、昭雪东林党人冤狱、赠恤冤陷诸臣、将魏忠贤"阉党"定为"逆案"等，对当朝的权力机构进行了一次大的清洗。当时，内阁、六部、各院寺首脑都是魏忠贤的死党，杨所修、杨维垣、安伸、贾继春等以弹劾魏忠贤的功臣自居，其目的就是保护同党，使朱由检停止对他们的追究，从而继续压制东林党人。

朱由检深知，魏忠贤若没有他们这些寡廉鲜耻之徒相助，是不会危害天下的，他绝不会让他们继续把持朝政，更不会放过他们。于是，在十一月份，便下令逮捕了魏忠贤的主要爪牙"五虎"和"五彪"，交法司议罪，并将曾受"阉党"排挤的东林党人重新复职。

东林党人复出后，开始了对"阉党"的追究，列为"逆案"，朱由检表示同意。崇祯元年（公元 1628 年）正月初五，翰林院编修倪元璐上《方隅未化正气未伸》疏，区别东林党与"阉党"的忠奸，指出"阉党"羽翼摧残正气的罪恶比客、魏本人还厉害。这一奏疏是向"阉党"分子打响的第一炮。

杨维垣等人竭力反对，上疏辩驳。倪元璐又上疏，淋漓尽致地揭露了杨维垣等人妄图维持残局的真实目的和附阉时的丑恶嘴脸，以及斥责正臣、牺牲气节换取富贵的可耻

行径。倪元璐的两次上疏扫荡了满朝乌云，打碎了人们身上的枷锁，解放了人们的思想。朱由检准其所奏，迅速开始清除朝中的"阉党"分子，崇祯二年(公元 1629 年)确定并公布了"逆党"名单，他亲自加了按语，自客、魏以下，罪分五等，列入 244 人。至此，对"阉党"余孽的处理方告结束。

朱由检在除去魏忠贤阉党过程中表现出来的胆略，是令人钦佩的，既肃清了阉党的政治影响，又充分体现出他身为一国之君的成熟、果断和远见卓识。

★ 聚则成形，散则成风

涣：亨。王假有庙，利涉大川，利贞。

《彖》曰："涣，亨"，刚来而不穷，柔得位乎外而上同。"王假有庙"，王乃在中也。"利涉大川"，乘木有功也。

《象》曰：风行水上，涣。先王以享于帝，立庙。

——《周易》

任何一个组织或团体，人心若不齐，可导致离心离德，重私利而忘公益，使风气败坏，最终走向腐朽没落。因而，当显露涣散的迹象时，应顺应民情，以强有力的对策，及时消灭派系，抑制私利，革除弊端，才能不断地精进。国家一旦陷入分裂的局面，则政令不通、军备废弛、民生凋敝，唯有及时采取行动，保证国家安定，才有可能创造出国泰民安的景象。康熙帝爱新觉罗·玄烨正是谙熟涣卦中所阐释的挽救涣散的原则，所以才成为一个大有作为的帝王。

爱新觉罗·玄烨，是清代的第四位君王，年号为康熙，世人也称他为康熙帝，他是中国历史上一位杰出的政治家、军事家。康熙执政前期，清朝经过长期战争，民生凋敝，人口锐减，经济接近崩溃。当时局势很不稳定，鳌拜权倾朝野，三藩势力也在日益扩大，台湾郑氏政权仍以清朝为敌，清政府处在一派涣散的状态。

康熙亲政不久，首先铲除了鳌拜集团，然后又面对来自"三藩"的挑战。当时，吴三桂、尚可喜、耿精忠在南疆已经形成割据势力，官吏选拔和赋

康熙

國學智慧全書

經學智慧

税大权被他们一手把持,真正成了独立王国。而国家还得给他们大量经费用于养兵和行政开支,形成了"天下财赋,半耗于三藩"的严重局面。康熙以敏锐的目光看出"三藩"已构成威胁国家的心腹之患,时刻思虑裁撤的时机与办法。

公元 1673 年,平南王尚可喜因为年老多病,加上不堪忍受其子尚之信的残暴,请求回辽东老家。这时,早已经有了撤藩打算的康熙,于是命令撤掉尚藩。消息传来,平西王吴三桂和靖南王耿精忠都有些惶惑不安,也觉察出了朝廷的动向,于是他们上表请求撤藩作为试探。朝廷大部分人都希望能坚持原来的做法,一是怕三藩王势力大,二是认为三藩王只要不造反就应该保留,只有少数人支持撤藩,而康熙力排众议,坚决同意撤藩:"从其所请,将三藩全部迁到山海关外。"并立刻派出官员,雷厉风行地办理撤藩事宜。因为他知道,三藩的势力已经越来越大,如果不加以限制,势必养虎为患。

果不出所料,"撤藩令"一下,"三藩"立刻就起来造反了。公元 1673 年冬,吴三桂自封为"天下都招讨兵马大元帅",举起了"兴明讨虏"的旗帜,公开叛乱。数月之间,清朝江南半壁江山失于"三藩"之手。原来反对撤藩的人乘机相互诋毁,认为这场叛乱都是因为撤藩所引起的,有的人甚至想杀了主张撤藩的明珠等人。年轻的康熙帝严厉地驳斥了反对撤藩的人,他临危不惧,运筹帷幄,做出果断的军事反击。他首先以遏制吴三桂的进攻为策略,因为叛乱是以他为首的,如果打败了他,那么其他叛贼就会不攻自破。

康熙任命勒尔锦为靖寇大将军,命令他由湖南进剿叛军,严防其进攻湖广;派瓦尔洛将军进驻四川,阻止其进入四川;又以莫洛率兵前往西安,阻止叛军潜到西北。康熙的正面打击,使其无法越过长江,然后又从两翼着手,剪除吴三桂的羽翼。此举立刻见效,康熙十五年,耿精忠、尚之信先后投降,战局向有利于清军的方向发展。吴三桂见大势已去,便急忙演出了一场登基丑剧。公元 1678 年,惶惶不可终日的吴三桂突发中风而死,其儿子吴世璠即位。公元 1689 年,清军攻入云南,吴世璠穿着皇帝衣冠服毒自杀,战至公元 1690 年,清军攻破昆明,历时十余年的"三藩之乱"终被平定。康熙的这场胜利,不仅使整个大陆重新获得了统一,也彻底征服了一些明朝遗民的反清之心,从此,清朝政治趋于稳固。

★用人不当,必将自败

田有禽,利执言,无咎;长子帅师,弟子舆尸,贞凶。

——《周易》

《易经·师卦》的军事思想非同一般,堪称一本军事杰作。书中不仅有"师左次,无咎"以退为进的军事理论,更在用人上提出了独特的要求,即师卦第五爻:"田有禽,利执言,无咎;长子帅师,弟子舆尸,贞凶。"

这里的"田",即田猎;"禽"同"擒";"言",借为焉;"无咎",即毋咎。前一段话的意思是说,田野里有禽兽,捕捉住禽兽,是有利而无灾咎的。"弟子",即次子,这里指代无德小人。后一段话的意思是说,委任德高望重的长者为军中主帅,必将战无不胜;委任无德小人将运送着尸体大败回,占问的结果必然是凶险的。

《易经·师卦》通过这段话想要告诉人们,在用兵之时,委任能够居中恃正,行为有法度的人才能够获胜;倘若用人不当,委任无德小人,只能招致大败,自食恶果。这样的例子历史上数不胜数。

我们不禁要问:错失街亭实乃马谡之过? 非也,非也。

马谡这个人虽然自幼熟读兵法,非常机智,却像赵括一样只会纸上谈兵而已,仅仅一战便使他成为天下笑柄,遭世人唾骂。由此看来,这一战表面上确实是马谡狂傲自大、刚愎自用铸成的大错。然而,我们更应该把目光转移到另一个人身上,他就是治世良丞——诸葛亮。

刘备死前曾嘱咐诸葛亮,说马谡"言过其实",诸葛亮却认为马谡是个"旷世奇才"。试想,刘备作为蜀国的君王,既然当年三顾茅庐都要请孔明出山,那就说明他本身必定具备了慧眼识人和善于用人的能力。且不论兵法和策如何略,若是单说识人相人,我们倒更应该相信刘备而不是诸葛亮。

然而刘备早丧,临终托孤,掌握大权的就只剩下和他在马谡这个问题上持相反意见的诸葛大人了。按道理说,诸葛亮如此器重马谡,就当"用人不疑,疑人不用",可是他是"疑人而用,用人而疑"。他并不太相信马谡的能力,用了马谡却偏偏还要放个王平在他身边做监视,这样一来,马谡肯定有火——你诸葛不信我能守,我偏守给你看。正打歪着,马谡头脑开始不清醒了,正好犯了兵家用兵大忌。这是其一,诸葛亮不会用人。

马谡虽有才能,但叫他领兵打战独当一面,他是肯定不行的。《三国志》里说失街亭是"谡举动失宜,违亮节度",认为失街亭完全是马谡造成的,但是,在胜败关键处任命一个会"举动失宜",还会违背自己"节度"的人,不正证明是用人者用人不当、用人不明吗?这是其二,诸葛亮用人不当。他作为一个组织领导者,用人竟如此不慎,可见失街亭之错,诸葛亮首当其冲!

高人也有犯错误的时候,用人不妥便是孔明今生犯下的大错,人不败他,他先自败。

不仅用人打仗是如此道理,在和平年代,用人治理国家也需要选择人才,做到"小人勿用"。

秦末枭雄频起,在刘邦与项羽的长年争霸中,刘邦最终夺得了天下。可是,夺取天下容易,要守住天下却是最难的。

刘邦是在马背上打出了天下,认为天下只有武将才可用,对于知识分子十分轻视,甚至传说刘邦还拿着儒生的帽子撒尿,一副无赖相,没有半点一国之君的样子。当时有位儒生叫陆贾,他知道刘邦如此治理江山必定江山不保,还会再次引发战乱,所以他便时常

向刘邦讲诗书,刘邦十分反感,一直都拿他的话当耳边风。

有一次,刘邦想找那些老功臣一起来个庆功宴,结果,那些和他一起在马背上打出天下的哥们儿,一个个毫无礼法,大呼小叫,喝醉了的时候甚至拍桌摔椅、动刀动剑,闹得一塌糊涂,根本没有一个人把刘邦当作皇帝来礼敬。

经历了这件事情,刘邦才真正意识到陆贾话中的道理:夺江山靠的是武将,但是治理国家却不能仍靠武将。刘邦立即找来陆贾,询问治理国家的方略,陆贾告诉刘邦,夺取天下后,就应该重视人的德,应该大量启用那些有才有德的人来治理国家,只有这样才能保证国家的长治久安。

刘邦听了,认为陆贾的话很有道理,立即采纳了陆贾的建议,起用大量德才兼备的人来治理国家,使久经战乱的中原大地终于得到了喘息和发展,也换来了西汉的长治久安。

从这里可以看出,无论是用兵打仗,还是治理国家,最重要的就在于一个"人"字。成事在"人",败事也在"人","天时""地利"也还得需要"人和"。无论做什么事,你也许并不擅长于去做这件事,但是只要你善于借助外力,善于用人,也能够将事情做得十分漂亮,关键是一定要用对人,否则,"成事不足,败事有余",还不如自己来做或者不做,因为你从用人这件事情就先失败了,更不用说别的了。

从《易经》"田有禽,利执言,无咎;长子帅师,弟子舆尸,贞凶"讲述的这个道理我们可以知道,人要在人生的战场上取得胜利,无论做任何事情都必须慎重地选择人才,任用人才,否则不仅不能取得胜利,更会自败于人。

第五章　同心山成玉,协力土变金

★ 两人同心,其利断金

同人:同人于野,亨。利涉大川。利君子贞。

——《周易》

同人卦,上乾为天,下离为火,火示光明,向上燃升,如太阳初升,与上乾之天气上升相同,比喻人以类相聚,追求同心合力谋取事业,壮大力量。

否极终于泰来,然而,安定祥和的大千世界,并不会凭空到来,仍然需要积极追求。首先应本着大公无私的精神,以道义为基础,于异中求同,积极、广泛地与人交往,排除、牺牲小我,然后才能完成大我,先苦而后甘。

只有人人谦和,意志沟通,才能克服重重困难,形成天下大同的局面,这样就无往而不利。

同人卦讲人与人和睦相处的道理,对于领导者而言,欲成大事,必须懂得与人合作的重要性,在合作时求同存异,这样才能有发展、有大的作为。

万物不可能始终处于孤立的地步,所以就有了同人卦。"同"即会同、合同之意,大家同心协力,突破闭塞。"同人"的关键是同心,其最高境界是"同"全国之人。

一个篱笆三个桩,一个好汉三个帮。我们生活在以合作求发展的社会里,只有协调一致、求同存异,才是明智之举。经商也一样,一个人的能力是有限的,要想取得更大的成就,商人就要与人协同,合作办事。

成功不能只靠自己的强大,更需依靠别人,只有帮助更多人成功,自己才能更成功。每个人的能力都有一定限度,善于与人合作的人,能够补自己能力的不足,才能达到自己原本达不到的目的。

凡做大事都需合作的力量,单枪匹马打天下只能越做越小。个人的智慧和能量是有限的,做事需要借助合作的力量,才能取胜。清末大商人胡雪岩不甚读书识字,但是他懂得依靠个人的力量想干一番事业实属不易,必须学会与人合伙开创事业。他这种对世事领悟的境界,正与同人卦的意旨暗合。

胡雪岩不仅是一代巨商,而且善于从生活经验中总结出一套哲学。这就是他善于观察人的心理,把士、农、工、商等阶层的人都拢集起来,以自己的钱业优势,与这些人协同作业,共同创造辉煌。

由于他深谙社交之道,所以与漕帮协作,及时完成了粮食上交的任务;与王有龄合作,王有龄在官场上春风得意,胡雪岩也有机会在商场上发达。如此种种的互惠合作,使胡雪岩从一个小学徒工发展成一代巨商。

在商言商,胡雪岩自然明白商而成帮、互助互惠的道理,因此,他设法联络同行。湖州南浔丝业"四象"之一的庞云缯就是与胡雪岩过从甚密的朋友。鸦片战争以后,列强把中国当作农副产品和工业原料的供应地,南浔辑里湖丝大量外销,胡雪岩在同治年间也开始做丝业生意。胡雪岩是钱庄出身,对丝业是外行,于是,他寻求与居湖丝产地、对生丝颇为内行的庞云缯合作。两人携手,资金充足、规模庞大、联系广泛,从而在丝业市场上形成气候。他所经营的丝业,几乎垄断了国际市场。

当然,合作是互惠的,胡雪岩做丝生意得到庞云缯的帮助。反过来,他也向庞云缯传授了经营药业的经验,后来,庞氏在南浔开了镇上最大的药店——庞滋德国药店,与设在杭州的胡庆余堂建立了非常密切的关系。

诚然,胡雪岩做生意的成功,有很大一部分是得自同行同业的通力合作。他的每行生意都有配合默契的伙伴,而几乎他的每一个合作伙伴,都对他有一个诚恳的评价。在他发迹之后,他也时刻不忘记对同行、特别是对下层商人的帮助。

除与商人们合作外,胡雪岩与清政府的官员们也有交往,以使自己发展得更快。他不计得失,为朝廷大员左宗棠运输粮食,得到了左宗棠的赞赏。左宗棠成了胡雪岩做大做强的有力后盾,也可以理直气壮地与洋人的商行抗衡。在左宗棠的帮助下,胡雪岩接受了皇帝赏赐的顶戴,被誉为"红顶商人",这意味着胡雪岩商业活动的合法性。同时,皇帝的恩宠,使胡雪岩身价百倍,这给他自己也带来了莫大的好处。胡雪岩就是凭着与人协同、合作办事的本领,积累了万贯家资,成为显赫一时的巨贾的。

★化敌为友,不可积怨

讼:有孚,窒,惕,中吉,终凶。利见大人。不利涉大川。

《彖》曰:讼,上刚下险,险而健,讼。讼:"有孚,窒,惕,中吉",刚来而得中也。"终凶",讼不可成也。"利见大人",尚中正也。"不利涉大川",入于渊也。

《象》曰:天与水违行,讼。君子以作事谋始。

——《周易》

國學智慧全書

周易

人与人相处，难免会有矛盾发生，以至于有争讼的出现。在这种情况下，应力持中庸平和的原则，能让则让，能避则避，能止则止，万不可逞一时之愤，使事态扩大。因为争讼是一件两败俱伤的事情，倘若遇到执法公正的法官，尚可一伸正义，然而这样的境遇似乎不多，因而诉讼中充满着风险。即便胜诉，也会结下冤仇，从大局着眼，仍是有害无益。古人说："冤家宜解不宜结"，也正是这个道理。

对不必要争讼的人和事就尽量避免。正所谓"小不忍则乱大谋"，在为人处世中，不妨先退让一步，利用忍耐暂时躲避。这样做，不但能避其锋芒，避免争斗，还能减少不必要的麻烦。历史上有好多这样的实例，可以作为这种道理的佐证。

春秋战国时期，赵惠文王十六年（公元前283年），廉颇率领赵军征讨齐国，大败齐军，夺取了阳晋，被封为上卿，他以勇气闻名于诸侯各国。蔺相如是赵国人，是赵国宦者令缪贤家的门客。蔺相如因完璧归赵不负出使秦国的使命而得到赵王的器重。后来，秦国攻打赵国，夺取了石城。第二年，秦国再次攻赵，杀死两万人。

秦赵之间的战争以赵国失败而告终，秦王派使者通告赵王，想在西河外的渑池与赵王进行一次友好会见。赵王害怕秦国，想不去。廉颇、蔺相如议道："大王如果不去，就显得赵国既软弱又胆小。"

赵王于是便去渑池与秦王会见，蔺相如随行。在宴会上，秦王饮到酒兴正浓时，说："寡人听说赵王爱好音乐，请您弹瑟吧！"赵王不敢违抗，就弹起瑟来。秦国的史官上前来写道："某年某月某日，秦王与赵王一起饮酒。令赵王弹瑟。"蔺相如上前说："赵王也听说秦王擅长秦地土乐，请让我给秦王捧上盆缶，以便互相娱乐。"

秦王发怒，不答应。这时蔺相如向前递上瓦缶，并跪下请秦王演奏。秦王不肯击缶，蔺相如说："在这五步之内，我蔺相如要把脖颈里的血溅在大王身上了！"侍从们想要杀蔺相如，蔺相如圆睁双眼大喝一声，侍从们都吓得倒退。当时秦王被蔺相如的威势吓出了一身冷汗，只好敲了一下缶。蔺相如回头招呼赵国史官写道："某年某月某日，秦王为赵王击缶。"秦国的大臣们说："请你们用赵国的十五座城向秦王献礼。"

蔺相如也说："请你们用秦国的咸阳向赵王献礼。"秦王直到酒宴结束，始终也未能压倒赵国。与此同时，赵国大将廉颇在边境也部署了大军以防备秦国加害赵王，因而秦王只能忍气吞声，不敢轻举妄动。

渑池会结束后，由于蔺相如功劳大，被封为上卿，位在廉颇之上。廉颇说："我是赵国将军，有攻城野战的大功，而蔺相如只不过靠能说会道立了点功，可是他的地位却在我之上，况且蔺相如本来是卑贱之人，我感到羞耻，在他下面我难以忍受。"并且扬言说："我遇见蔺相如，一定要羞辱他。"蔺相如听到后，就避免同他碰面。蔺相如每到上朝时，常常推说有病，不愿和廉颇去争位次的先后。

一次蔺相如外出，远远看到廉颇，蔺相如就命掉转车子回避。于是蔺相如的门客就一起直言进谏说："我们所以离开亲人来侍奉您，就是仰慕您高尚的节义呀。如今您与廉颇官位相同，廉老将军口出恶言，而您却害怕躲避他，平庸的人尚且感到羞耻，何况您身

为一国之相呢！我们这些人没出息，请让我们告辞吧！"蔺相如坚决地挽留他们，说："诸位认为廉将军和秦王相比谁厉害？"

众门客回答："廉将军比不了秦王。"蔺相如说："以秦王的威势，我尚且敢在宴会上呵斥他，羞辱他的群臣，我蔺相如虽然无能，难道会怕廉将军吗？但是我想现在强秦之所以不敢对赵国用兵，就是因为有我们两人在呀，如今两虎相斗，势必不能共存。我之所以这样忍让，就是为了要把国家的危难摆在前面，而把个人的私怨放在后面。"

门客们听了这话，为蔺相如的大义所感动，不再有怨言了。后来，廉颇也听到了这些话，非常羞愧，就脱去上衣，露出上身，背着荆条，由宾客带引，来到蔺相如的门前请罪。他说："我是个粗野卑贱的人，想不到大人您是如此的宽厚啊！"二人终于相互交欢和好，成为生死与共的好友。

这一年，廉颇向东进攻齐国，打败了齐国的一支军队。过了两年，廉颇又攻下齐国的几座城邑。此后三年，廉颇又攻下魏国的房陵、安阳。四年后，廉颇领兵攻齐，打到平邑就收兵了。此后，赵国进入到前所未有的强盛时期。

成语"负荆请罪"就源于这一史实。当然，在我们日常生活中很少会出现这样极端的情况，但也会常常发生一些争执，有时搞得不欢而散甚至使双方结下芥蒂。与他人发生了冲突或争吵之后，无论怎样妥善地处理，总会在心理、感情上蒙上一层阴影，为日后的相处带来障碍。最好的办法，还是尽量避免它。

"有话好好说"，人们常常用这句话来排解争吵者之间的过激情绪。争吵者往往不善于克制自己，措辞激烈、专断，不愿意以尊重态度聆听对方的意见，而是想把自己的思想强加在别人身上。这样往往会为自己带来诸多麻烦。

第六章　谦虚谨慎为人生正道

★坚守正道，守住"谨慎"

履：履虎尾。不咥人，亨。

——《周易》

做人需要守住"谨慎"两字，一步一步地走稳自己的脚步，否则就可能会踏上老虎的尾巴，造成终身大错。清代名臣张之洞深刻领会履卦之要义：认为做事需谨慎，如履薄冰，否则就会遭到算计。他也是这样做的：谨慎处世，不让人抓住把柄。综观其一生，无论是为官还是做人，都是成功而没有危险的，这与他的"谨慎"哲学是分不开的。

当时，立宪之议虽已闹得沸沸扬扬，但由于立宪事关政治体制的改革，牵涉到统治集团的切身利益，不可能一蹴而就。

在清末的督抚大臣中，张之洞是对立宪政治认识较早、体察较深的人物之一。他当时与立宪派有着广泛的联系，其骨干人物赵凤昌、郑孝胥等是他的幕僚，郑孝胥还是预备立宪公会的会长。张之洞与立宪派领袖张謇关系也交往很深，曾经常互访，共议立宪大计。

张之洞主张立宪法、设议院的态度是明朗的，也是迫切的，但他并未草率行事。他觉得这事事关重大，只有采取谨慎的态度，才能把事情办好。

不久，清廷发布预备立宪上谕。第二天，便颁发了改革官制的谕令，命载泽、荣庆、奎俊、铁良、徐世昌、陆润庠、袁世凯等诸大臣共同编纂改革官制方案。接着又令端方、张之洞、周馥、岑春煊等督臣派司道大员进京商议。

张之洞

國學智慧全書——經學智慧

接着，又编定地方官制。分两种办法，第一种为各省设行省衙门，督抚总理政务，略如各部尚书，藩臬二司略如各部丞；合并各司道局所，分设各司，司以下设曹，以五品至九品官分别担任；每日督抚率所属官员，定时入署，共同商议各事；各府州县公牍直达省；每省设高等审判庭，受理上控案件，行政司法，各司其职。第二种办法是：督抚经管外务、军政，兼监督一切行政、司法；布政使管民政，兼管农商；按察使专管司法方面的行政，监督高等审判庭；设财政司，专管财政、交通；学、盐、粮、关、河各司道仍依旧制执行。

张之洞对地方官制改革的方案提出了不同意见，基本持反对态度。1907 年 1 月 2 日，他在致军机处厘定官制大臣的电文中说："此次官制之应如何改定，关系重大，立宪之利害为主，其无关宪法者，似可不必多所更张，转致财力紧张、政事丛脞、人心惶扰。"因而主张徐缓行进、审慎行事。如他不同意裁撤知府，认为"一府所辖，少则四五县，多至十县，各县距省遥远，极远者至两三千里，赖有知府犹可分寄耳目，民冤可申理，灾荒可覆勘，盗匪可觉察"，因而撤知府"势有难行"。又如合并各司道一事，他认为各司各自有印，各自有稿，不宜合为一署。再如各省高等审判庭一事，他认为："一省之中臬司即为高等审判庭矣，另设一厅何为"，至于第二种办法，他认为："尤多窒碍之处，民政以警察为大端，乃臬司分内事，今乃不属臬司而属藩司，理财乃藩司分内事，今乃不属藩司，而又别立财政司……藩、学、臬、运、粮、盐、关、河权限本自分明，不相混淆，乃亦议改变则尤可不必矣！"

张之洞认为改革官制各条，"似不尽与立宪关涉，窃谓宜就现有各衙门认真考核，从容整理。旧制暂勿多改，目前先从设四乡谳局选议绅、董事入手，以为将来立宪之始基，如能实力奉行，此尚是达民情、采公论之实际。亦可稍慰环海望治之心"。

从上述张之洞对官制改革的态度来看，可以这样认为：张之洞在理论上认识到立宪乃大势所趋，势在必行，但在实际上又有所顾虑，遂主张缓进，这样才能稳妥。正是具备如履薄冰的谨慎作风，张之洞不仅成为清末官场上的"不倒翁"，而且还成为一个卓有建树的洋务派领袖和改革家。

★物极必反，居安思危

《象》曰：天地不交，否。君子以俭德辟难，不可荣以禄。

——《周易》

否卦，阐释由安泰到混乱，由通畅到闭塞，小人得势，君子势消的黑暗时期来临，小人恬不知耻，一旦得势，无所不用其极，应万分时刻警惕，避免遭受到伤害，做出无谓牺牲。

在非常时期，君子应当提高警觉，巩固团结阵营，坚定立场，努力伸张正义，以防患于

未然，因为泰极而否是必然现象，需要坦然承受，力求自保。

当小人势力显露衰败迹象时，也不可轻举妄动，必须谨慎，集中力量，把握时机，给以致命的一击。更应当特别防范，小人穷凶极恶时，应当坚定信心，不可动摇。

综观中国古代史，一个王朝由盛到衰，往往与奸佞小人犯上作乱息息相关，这些奸佞小人一旦得势就会无所不用其极，此时当政者如果不提高警觉，就有可能断送自己的事业。自朱元璋建立大明王朝之后，也曾有过欣欣向荣、繁华昌盛的大好形势。然而，繁华的背后潜藏着危机，大明王朝走过一度的辉煌之后，到明世宗朱厚熜执政时危机蓄势待发。权奸当道、宦官专权，将整个明廷搞得乌烟瘴气。然而明世宗并不知道力挽狂澜，误入了奸臣严嵩的陷阱，将大明江山推向了没落的边缘。

严嵩出身江西一书香门第，自幼饱读诗书，博古通今。正德年间，严嵩回到了朝廷，被召为国子监祭酒，嘉靖七年为礼部右侍郎。世宗当上了皇帝，想让自己已经故去的父亲也风光一下，于是想给他加上徽号，进行隆重的祭祀。但朝廷大臣大都反对，内阁首辅杨廷和等人也因为反对而被免除了职务。严嵩见有机会可乘，于是精心策划了礼仪，并对世宗父亲的显陵进行了隆重的祭祀，此举得到了世宗的格外嘉奖。于是任命严嵩为吏部左侍郎，后为吏部尚书，嘉靖十五年十二月，为礼部尚书兼翰林院学士。

当时，礼部正挑选译字诸生（学习外语和国内少数民族文字的学生），严嵩大肆收受贿赂，以诸生对他贿赂多少为录取条件，因为所受的财物过多，严嵩的要价也就水涨船高。有御史告发了这件事，请求朝廷罢免他的职务，严嵩上书要求赦免，世宗也对他的事情不予追究。严嵩非常得意，给事中胡汝霖也弹劾他，说他的污秽行为更加嚣张，世宗于是让其修身自省。严嵩非常害怕，对世宗更加谦恭了，以求取得皇上的宠信。

世宗迷信思想严重，一些阿谀奉承之官竞相献白鹿奉给世宗，以求得到封赏。严嵩更是如此。正德十八年，他做的《庆云赋》深得明世宗赞赏，于是加封他为太子太保。严嵩一方面献媚，一方面大肆贪污受贿，御史所弹劾的贪污大臣，首推严嵩。每被人弹劾，严嵩就会急忙到君主那里求情，因此朝臣们也拿他没有办法，最后事情都不了了之。

严嵩

权势显赫的严嵩上台后，便开始了他排斥异己、结党营私的罪恶行径。内阁大学士夏言也是江西人，较严嵩后入仕，但是他的职位比严嵩高。出于嫉妒之心，严嵩便尽力排挤内阁首辅夏言。夏言性格豪迈而有俊才，能言善辩，但他恃才放旷，没有良好的人缘。夏言虽然与严嵩为同乡，而且严嵩又是夏言所推荐的。起初的时候严嵩对夏言很是恭敬，但当严嵩想入阁为相的时候，夏言却暗中阻止，这引起了严嵩的不满，于是便千方百计地陷害夏言。

明世宗居西苑时,令进入者骑马不能乘轿,夏言却乘小轿进入,世宗非常不高兴。明世宗又制香叶冠赠予夏言、严嵩两人,夏言却说:"这不是人臣所应当戴的!"于是不接受。然而,严嵩却接受了世宗的馈赠,而且还用轻纱笼罩在香叶冠上。世宗见了非常高兴,于是严嵩便借机向世宗诉说了夏言欺侮他的事情。世宗非常愤怒,令逐夏言。嘉靖二十一年(公元1542年)七月,严嵩拜武英殿大学士,参政机务,从此开始了他擅摄朝政的历程。

严嵩进入文渊阁之后,每天朝夕在西苑板房值班,可谓兢兢业业。世宗于是对他更加器重,升任他为太子太傅。获得了世宗信任的严嵩便开始窃弄权术,百官如果有事要上奏世宗,一定要先经过严嵩的同意,如果严嵩认为对自己不利的奏折,他就随意扣留下来。大学士翟銮的资历比严嵩高,严嵩就非常恨他,使人弹劾他的两个儿子在考进士时营私舞弊,翟銮于是被削职为民。严嵩还打击报复那些曾经弹劾他受贿的人,山东巡按御史叶经曾经告发严嵩受贿,严嵩心怀不满,于是便上奏世宗,说叶经监考山东省乡试时,摘录试卷有讽刺帝王的语言,世宗非常愤怒,将叶经逮至京城,杖责而死。

由于严嵩一手遮天,弄得朝中人人自危。在内阁同僚中,其他人都不参与票拟之事,政事全都归于严嵩。严嵩为了掩人耳目,于是对世宗上疏说:"凡是有宣招,请与其他两位内阁成员同入。"世宗虽然不允许,但却离不开严嵩的支持。不久,严嵩又升任吏部尚书、谨身殿大学士、少傅兼太子太师。

公元1545年,世宗对严嵩的专权逐渐产生了厌恶情绪,于是又将夏言召了回来。夏言到后,气焰比严嵩更甚,并斥逐了严嵩的同党,严嵩虽不能救,但心里更加忌恨夏言。夏言想告发严嵩之子严世藩的罪行,严嵩父子长跪于夏言床下,请求夏言能饶恕他们。夏言于是没有告发,但严嵩对夏言更加痛恨。每天都在世宗面前说夏言的不好,并勾结与夏言有仇的锦衣都督陆柄,共同陷害他。

夏言与严嵩都在西苑值班,世宗一天几次让小太监到他们的住所传话,夏言待小太监怒目而视,而严嵩则每次都请他们坐,并赠给他们金钱。于是小太监们都在世宗的面前诋毁夏言而说严嵩的好话。世宗又让人在夜里查看夏言与严嵩二人,夏言已经睡下了,而严嵩还在起草清词,世宗于是对夏言更加不满。

公元1546年,鞑靼首领以十万骑兵侵犯延安等地,兵部侍郎曾铣建议收复河套地区,夏言大力支持,世宗也表示支持,于是命令曾铣备战,第二年正月,世宗却又改变了主意,严嵩见皇上改变了主意,于是说夏言想收复河套是轻易开边挑衅,败坏国事,群臣也都附和严嵩。世宗为此大动肝火,便免除了夏言的职务。尽管如此,严嵩还是不死心,非要将夏言置于死地,他伪造证据污蔑夏言掩饰在边境的败绩不向君主汇报,并克扣了巨额的军饷。世宗不查,便杀了夏言与曾铣。严嵩终于如愿以偿地当上了内阁首辅。严嵩以卑劣手段登上首辅之位,并掌握了朝政的大权。明王朝在严嵩的倒行逆施中苟延残喘。

嘉靖二十九年六月,鞑靼从古北口侵犯京师,世宗召严嵩问计。严嵩说:"这是一小股穷寇,没有什么值得忧虑的。"世宗又问:"如何应付他们?"严嵩没有办法答复。司业赵

贞吉力主抗击，世宗命令他招募战士，又不给他军事指挥权。贞吉于是拜谒严嵩，严嵩本来与贞吉有间隙，于是不见他，贞吉非常愤怒，说："你这皇帝门前的一条狗，怎么知道天下大事！"又狠狠地骂了他的门卫。严嵩对他非常憎恨，于是将他贬到了岭南，严嵩对兵部尚书丁汝夔说："诸将不要轻易作战，敌人搜罗尽了以后一定会走的。"天下人都归罪于丁汝夔，丁汝夔于是被抓捕抵罪。严嵩恐怕他以前说的话被泄露后祸及自身，于是对丁汝夔说"有我在，你不要担心"，暗中却把丁汝夔置于死地，使他再也无法说出真相。

鞑靼在北方向明王朝发动疯狂进攻的同时，倭寇也在东南方大肆侵扰。嘉靖三十一年(公元1552年)，倭寇屡屡骚扰江浙，人民处于水深火热之中。正当此时，掌握内阁大权的严嵩不仅没有整顿边防，下力驱逐倭寇，反而纵容包庇倭寇的放荡行为。嘉靖三十三年(公元1554年)，倭寇乘机夺船进入江北、江南一带。当年冬天，严嵩的义子赵文华上奏世宗，声称倭寇猖狂，请求朝廷出兵镇压。世宗便任命赵文华为东南督军前去平定倭乱。赵文华在南行过程中，沿途骚扰百姓，收取沿途官员的钱物贿赂严嵩，使得倭寇更加猖獗。嘉靖三十四年，张经大破倭寇，取得了抗倭斗争的一次大胜利。但是张经没有讨好严嵩和赵文华，不久便被严嵩罗织罪名逮捕入狱，迫害致死。

由于严嵩的蝇营狗苟、倒行逆施，明朝边廷危急，边关屡屡告急。较为正直的抗倭将领都受到了严嵩的陷害与排挤，无能的奸佞小人却得到严嵩的包容。

严嵩对外专权误国，对内则乱政害民。由于明世宗崇信道教，除方士之外只有严嵩能与他见面。这样一来，国家大权全部落在严嵩手中。他利用手中的职权大肆卖官鬻爵、贪污受贿、鱼肉百姓，将皇宫的奇珍异玩、珍贵国宝据为己有，不顾百姓的疾苦与死活，正可谓：朱门酒肉臭，路有冻死骨。

为了使自己的权势得到更大的巩固，严嵩一直都在罗织亲信，培植党羽。尚书吴鹏、欧阳必进等都是严嵩的死党，由于严嵩有皇帝作保护伞，这些人又有严嵩作为强硬的后台，于是一个个都气焰嚣张，无法无天。严嵩还利用权力大肆贪污受贿，每当吏部、兵部选拔官员时，严嵩都要亲自安排20多个名额，每个名额索取数百两黄金，礼部员外郎项治元向严嵩贿赂13000两白银被封为吏部主事，诸如此类，不胜枚举。严嵩父子贪污积累起来的家产更是不可计数，仅在北京附近的庄田就有150余所。金银财宝更是十分惊人，甚至溺器都是金银制作，严嵩垮台后，从他家里抄出黄金3万两，白银200多万两。

在培植党羽的同时，严嵩还冷酷无情地迫害异己。对于严嵩的倒行逆施，许多正直官员纷纷

嘉靖

國學智慧全書

经学智慧

上疏弹劾。严嵩便想方设法地将这些眼中钉除去。他迫害异己往往不露痕迹,凭借世宗皇帝对他的信任,常常在世宗面前进谗言,借世宗之手除掉与自己作对之人。因此反对严嵩专权的人往往都会受到他的迫害,轻则遭到贬黜,重则被斩首示众。

嘉靖三十年(公元1551年),沈炼弹劾严嵩十大罪,奏请皇上诛杀严嵩。在严嵩的精心策划之下,沈炼被处以廷杖之刑后贬谪到保安。沈炼到达保安之后,为了泄私愤,常常采用巫蛊之术诅咒严嵩。不料此事被严嵩知晓,便指使其党羽为沈炼捏造了一个罪名,将其处死。

嘉靖三十二年(公元1553年),兵部员外郎杨继盛揭发严嵩十大罪。十大罪是:破坏祖宗成法、窃君上大权、掩君上治功、纵奸子僭越、冒朝廷军功、引悖逆奸臣、误国家军机、专黜陟大柄、失天下人心、敝天下风俗。杨继盛对严嵩的弹劾可谓一针见血,十分尖锐而深刻。但是严嵩混淆视听,蒙骗世宗,屡陷杨继盛,昏聩的世宗不辨忠奸便将杨继盛入狱。后来杨继盛被严嵩陷害屈斩。尽管严嵩狡猾异常,但随着他的年龄渐老,精力衰退,世宗开始疏远他,这时礼部尚书兼东阁大学士徐阶开始取得了世宗的信任。嘉靖三十七年(公元1558年),刑部给事中吴时来、刑部主事董传策上书弹劾严嵩,他们分别揭露了严嵩的种种罪行。世宗因此更加增加了对严嵩的反感,根据明代的制度,凡是文书,都由内阁首辅先拟好,然后呈送给皇帝批准,严嵩此时年老体衰,已不能胜任这一工作,往往让儿子严世藩入内阁值班房,但严世藩又时常与诸妾在一起淫乐,没有时间与严嵩一起来值班,于是严嵩所拟之词,常常词不达意,使世宗非常不满。嘉靖四十年(公元1561年),世宗所居住的永寿宫发生火灾,世宗于是移居玉熙殿,但他对这个地方很不满意,于是想新修一所宫殿,他征求严嵩的意见,严嵩建议他搬到南城离宫去,那是明英宗当年被幽禁的地方,世宗当然不高兴。世宗又问徐阶,徐阶建议他重修永寿宫,世宗很满意,于是更加信任徐阶,凡军国大事都征求他的意见。由于严嵩倒行逆施,为非作歹,所以在全国范围内激起民愤。世宗很迷信,常与道士来往,一次世宗问道士蓝道行:"天下现今为何不太平?"道士便假借占卜之口列举严嵩父子的罪行,认为世宗必须先除掉严嵩这伙人。世宗于是对严嵩更加愤怒,想方设法除去他。

公元1564年,南京御史林润上奏说严世藩里通倭寇,世宗于是将其逮捕到京城后斩首示众。世宗抓住这个机会,一举将严嵩及他的孙子贬为平民。隆庆元年,严嵩病死,时年87岁。

严嵩是一个无所作为的奸相,作为文人出身的他虽然略有文采,但他却凭借谄媚取宠攀上高位,是明世宗纵容所得的恶果。他心无治国韬略,却屡屡迫害异己,使得明朝廷政治日益腐败。严嵩的专权是小人得志的表现,也是明王朝衰败的主要原因。

★谦虚自警，大器可成

谦：亨。君子有终。

——《周易》

谦卦通过谦谦、鸣谦、劳谦、伪谦等一层层的分析，阐述了谦虚必须出乎内心，以事实为基础，并且具有一定的原则性，否则，便是虚伪，是权术、政治的附庸。

人们都憎恶自以为是的行为，喜欢谦虚。谦虚的人，做高官而不傲慢，德行光明而正大；处于低微的地位而不自卑，让人仰慕他的德行。

谦逊的人不仅可以长进学业，而且可以增益道德修养；同时，又可以免除灾祸。这就是君子谦虚将有所成就的原因。

君子不但要以谦虚自处终身，而且要以效法"谦"这种将高山藏于低地的精神，为他的追随者做出榜样。古代圣贤孔子深谙自谦，他才高不自恃，德高不自矜，名高不自誉，谦卦中所囊括的诸多优秀品质，在他身上都能体现出来。不仅如此，他还常常勉励其弟子要学会谦虚。

有一次，孔子去周室宗庙参观，看见一个非常奇巧的器皿，孔子便询问守护宗庙的人："这是什么器皿呢？"

守护宗庙的人回答："这是放在君主座位右边，让君主自警的一种器皿。"

孔子说："真是幸运啊！我终于见到了这个器皿。"

看到老师感叹的神情，学生们都大惑不解，询问老师为何对此物如此关注。孔子就回头对弟子们说："往里面加水。"

他的弟子就盛来水，开始往里面灌，灌到一半之后，器皿还能保持端正。但是灌满了之后，器皿便倒了，里面滴水无存。

孔子便喟然叹息道："唉，这就是盈满的下场吧！"

子贡在旁边问道："老师，给我们讲讲'盈满'的道理吧！"

孔子说："太多了它就会减少。"

子贡又问："那么什么是'太多了就减少'呢？"

孔子回答："事物繁盛到了极点就会衰亡；高兴到了极点就会有悲伤的事情发生；太阳到了中午的时候就会往下移，月亮圆了之后就会开始缺损。因此，头脑聪明的，要用示笨的方法来保持；功盖天下，要用退让来保持；勇力出众，要用怯慎来保持；富有四海，要用谦逊来保持。这就是所谓的自退自损的办法。"

孔子以自己的谦虚和大度，赢得了世人的尊敬，他的这种品质，正与谦卦中所含的道

国学智慧全书 —— 经学智慧

理吻合。

★ 正道沧桑，不存非分

无妄：元、亨、利、贞。其匪正有眚，不利有攸往。

《彖》曰：无妄，刚自外来而为主于内，动而健，刚中而应。大亨以正，天之命也。"其匪正有眚，不利有攸往"，无妄之往何之矣？天命不祐，行矣哉！

《象》曰：天下雷行，物与无妄。先王以茂对时育万物。

——《周易》

妄：与诚相反。无妄：即至诚而无虚妄。无妄卦是阐述如何诚实地依据事物的客观规律办事而求得人生和事业成功的法则。告诫人们要认真总结经验，按自然规律办事，而不要妄求，不妄求则稳，稳而妥，则做事必有成，积累小成，必致大成。

生在世，不存或少存非分之虚妄，那样你才能生活得自在，才能保持良好的心态，这样反而会增加你成功的机会。永远不要做目前你力所不能及的事情，学会脚踏实地生活，使每个决策和行动都符合于自然和社会的规律，这样才有可能充分实现我们的人生价值。

无妄卦中蕴涵这样一个道理：执政的人没有仁德，本身虚妄、没有诚信，一定会造成混乱的局面。从而可知，一个领导者必须有宽仁的品质，一个有秩序的社会，必定要有一套诚信的法则，这才能保持长治久安局面。

唐朝地方节度使李愬，奉命率兵平叛。由于他关心部下，受到将士的爱戴，所以军威振奋。李愬出兵攻马鞍山，一日工夫便攻下了。他乘着威势继续前进，拔取了道口栅，攻下了冶城，平定了青陵地方。平叛节节顺利，是由于他对来降的敌将，都能以真心善待，所以，他对山川形势和敌军的虚实，都因降将的指点而了如指掌。平定青陵不久，又擒得骁勇善战的敌将丁士良，李愬亲自解去捆绳，以贵宾的礼节对待他，请教破敌计策。

丁士良看李愬如此真心挚诚地对待自己，内心不由地感动万分，他说："吴秀琳的兵士，总共不到一万人，而屡战不败的原因，主要是得力于陈光洽为他策划计谋。我受了您不杀的恩情，自愿去捉陈光洽来，不知您肯不肯相信而放我走呢？"李愬笑着说："我既以为您是个男子汉大丈夫，说话算话，哪有不信之理。等你将陈光洽抓来，我定重重赏你"。

丁士良说："将军，果真如此吗？"

李愬回答："君子一言，驷马难追。你尽力去办吧，本将不会亏待你的。"

于是，李愬亲自摆设酒席为丁士良饯行，席散后让丁士良离去。过了数天，丁士良果然把陈光洽捉来，并得到了李愬的重赏。

吴秀琳失去了谋士,得知李愬真诚无妄地对待降将,于是也率领兵卒投降了。吴秀琳因此被任命为将领,他打算率领原班人马去攻吴房,以求得一个功劳。李愬却主张道:"中原正动荡不安,您立功的时机还多着呢,攻吴房的事可以慢慢来,留着用以分散敌人的兵力,使叛军不能专心一意地抵抗我们。"吴秀琳点点头,接着说:"叛将李祐驻守在兴桥栅,假若能擒获他,那么自邹地以下的防御能力,便没什么可担心的了。"李愬一听,马上派遣史用诚带着数百名勇士,埋伏于兴桥附近的大路边,等李祐出现时,蜂拥而上,把他捉住带了回来。由于李愬手下的部将曾被李祐打败过,所以非常痛恨他,请求把他杀死。李愬没有答应,反而嘉勉李祐的武勇,李祐感动得掉下了眼泪,后来归顺了李愬。

　　李愬用真心无妄换来了诚信,取得了部下降将的信任,消除了自己的心腹之患。这是执政者取得成功的一个基本条件。大到执政者,小到一个组织、一个企业、一个团队的领导,莫不如是。这也是如今一些优秀的企业留住人才、吸引人才的好办袪。

國學智慧全書

经学智慧

第七章 因地制宜,有效沟通

★因地制宜,有效沟通

悔亡;丧马,勿逐自复;见恶人,无咎。

——《周易》

《睽卦》紧接《家人卦》,是《易经》六十四卦的第三十八卦。这一卦的卦象是异卦(下兑上离)相叠。离为火,兑为泽,上火下泽,相违不相济。这一卦说明万物有所不同,必有所异,相互矛盾。"睽",就是矛盾的意思。

《易经·睽卦》云:"悔亡;丧马,勿逐自复;见恶人,无咎。""悔",即后悔;"亡",即消亡;"逐",就是追逐的意思;"复",即返回。这一卦的意思是,悔恨消失;跑掉的马不要去撵它,它自己就会回来。接近同自己对立敌视的人,不会有什么祸患。

对于这一卦,《象辞》解释说,接近同自己相对立敌视的人,通过这种方法彼此沟通,就可以避免因对立而带来的危害。社会心理学把人与人之间的信息传递和信息交流称为"人际沟通"。"沟",即渠道,"通",即贯通,沟通就是人际间交流的手段,是人际交流的重要工具。只有沟通,人与人之间的信息才能进行传递交流,这不仅是人们交往的重要手段,甚至也是摆脱危难的最有效方法。历史上通过及时沟通而退强兵的故事不可谓少,其中的"烛之武退秦师"更称得上是千古绝唱。

公元前632年,郑国在与晋国结盟的情况下与楚国结盟。这一举动,引起了晋国极大不满,两国素有间隙,郑国曾对晋文公无礼,如今又与楚结盟,晋终于下了攻打郑国的决心。两年后,晋文公联合秦穆公出兵攻打郑国。晋军驻扎在函陵,秦军则驻扎在汜南。秦晋大军压境,让郑文公十分害怕,连忙向佚之狐求退兵之法。佚之狐向郑文公推荐烛之武,他知道只要烛之武能够出面,就一定能说服秦穆公撤军。郑文公同意。

烛之武听郑文公要求自己前往退兵,连忙推辞。原来,郑文公一直没有重用过烛之武。便对郑文公说:"我年轻时,尚且不如别人;现在老了,做不成什么了。"

郑文公听了,连忙解释说:"我早先没有重用您,现在危急之中求您,这是我的过错。

然而郑国灭亡了,对您也不利啊!"

烛之武听罢,点了点头,答应了郑文公的请求。这天夜里,士兵们用绳子将烛之武从城上放下去,烛之武立即前往驻扎在汜南的秦军大营。秦穆公听说郑国使者来到,立即将烛之武召入军营。

烛之武见到秦穆公后,立即向秦穆公陈明了攻打郑国的利害。烛之武对秦穆公说:"秦王,您如今与晋国围攻郑国,郑国是一定会灭亡的。可是,您能越过晋国把远方的郑国作为自己的边境吗?您何必要灭掉郑国而增加邻邦晋国的土地呢?邻邦的国力雄厚了,您的国力也就相对削弱了。"

烛之武这样一说,秦穆公的脸色立即难看了起来。原来秦晋联盟原本就是貌合神离,松散虚幻的,秦国与郑国并没有宿怨,秦军不过是作为盟友援军被晋国牵扯进来,为晋国所用而已。

烛之武见状,连忙又开口劝说道:"我听说,您曾经对晋惠公有恩惠,晋惠公还答应把焦、瑕二邑割让给您。可据我所知,晋惠公渡河回到晋国后,立即筑城拒秦。这件事情您也不会忘记吧?如今他攻打我们郑国,不过是想把郑国当作东部的疆界,等他扩张完东部立即就会扩张西部的疆界。那时候恐怕他们就得侵损秦国吧?否则他从哪里取得土地呢?"

秦穆公听了这话以后,立即就明白了其中的深浅。这时烛之武立即许诺,只要秦国放弃灭郑的打算,那么郑国就尊秦国为东方道路上的主人。倘若秦国使者往来,郑国也一定随时供给他们缺乏的东西。秦穆公听了这话,十分高兴,立即就与郑国签订了盟约。秦穆公害怕晋国攻打郑国,还派杞子、逢孙、杨孙帮郑国守卫,然后率领大军回秦国去了。

晋文公很快就得知了消息,对于秦穆公的举动十分不满。可是晋文公知道,因为攻郑而失去同盟国是不明智的做法,便下令退军。就这样,晋军也撤离了郑国。

这段历史就是著名的"烛之武退秦师"。烛之武通过与秦穆公及时沟通信息,阐明了秦国攻打郑国的利害,终于使秦穆公放弃了攻打郑国的想法,甚至还派将领帮助郑国守卫。由此可见,及时沟通有时候也是解救国家危难的好办法。人际沟通不只是信息交流的过程,同时也是情感交流的过程。人与人只有进行沟通,才能引起对方的共鸣,激起对方深刻的情绪体验,达到双向的情感激发。唐太宗李世民与著名的诤臣魏征就是如此。

魏征是今河北巨鹿人,从小胸怀大志,勤奋好学。隋末农民起义爆发后,魏征跟随李密一起归顺了李氏王朝,被李渊任命为秘书丞。后来,魏征被另一支起义军领袖窦建德俘虏,便投降了窦建德。窦建德被李世民击败后,魏征又再次投降唐朝,李渊却再也无意起用他。

当时的太子李建成十分器重魏征,就招他为太子洗马。魏征因此对李建成十分感激,对李建成忠心耿耿。在太子与秦王李世民的斗争中,魏征一直为李建成出谋划策。后来,李世民发动了"玄武门事变",太子李建成和齐王李元吉被杀。

李建成的死让魏征十分痛心,对秦王李世民举动十分不满。可是,李世民却十分欣

赏魏征的才华,便吩咐把魏征叫到自己跟前问话。李世民并没有因为魏征给李建成出谋划策而记恨他,只是责问他说:"你让我们兄弟互相斗争,这是为什么呢?"

魏征听了毫不紧张,从容地说:"太子早听魏征的话,就不会死于今天的祸乱。"

对于魏征的直言,李世民十分敬佩,不但不计前嫌,还任命他为詹事主簿,掌管文书。李世民即位后,经常召见魏征,让他给自己提意见,提升他为谏议大夫。一旦有什么事情,李世民都会向他躬身垂询,有时甚至把他召到卧室里,单独征求他的意见。

对于李世民的器重,魏征十分惊诧。可更让魏征佩服的是,李世民善于纳谏,堪称是一代明君。魏征喜逢知己之主,对李世民更加竭诚辅佐,知无不言,言无不尽。从贞观初年到十七年病故,魏征先后进谏200多次,涉及政治、经济、文化、外交乃至皇帝私生活等各个方面。

魏征以谏诤为己任,为大唐王朝立下了汗马功劳。可是,倘若李世民不及时与魏征沟通,反而一味加罪,或者将魏征弃在一边置之不理,只怕也就没有这段"明主诤臣"的佳话了。沟通不过就是动动脑子、动动嘴皮子的事情,李世民通过与魏征交谈、交心就得了诤臣,不可谓不是一大收获。

所以,作为一名领导者当有人与你敌对时,你不妨主动接近、进行沟通,通过信息的传递,甚至情感上的交流,或许就可以达到尽释前嫌的目的,避免因更加对立而带来的危害。沟通可以让我们获得信息,避免错误,还可以建立良好的人际关系,沟通的益处总是立竿见影。所以,领导者不妨因地制宜,适时地运用沟通,那么不仅可以从中得到快乐,更可以满足自己人生发展的需要。

★大事化小,小事化了

噬嗑,亨。利用狱。

——《周易》

遇到认识上出现阻梗不通时,要多交流,多沟通,能够采取简径直捷的方法最好,做到大事化小小事化了。

《易经》中说:"噬嗑,亨。利用狱。"就是说,咀嚼,进行沟通。宜于审案、化解阻梗。

沟通无处不在,沟通可以化解矛盾,消除阻梗。

河北某地有两家邻居,东家的小孩玩游戏时,不小心将手中的小石子抛过围墙,砸在了西家主妇的头上,西家便上门兴师问罪,但是东家看到没造成什么明显伤害,所以也就等闲视之,也不向东家赔不是。后来积怨日深,由恶语而石雨,由石雨而棍棒,一场儿戏竟以一条人命和几万元的损失而告终。

某单位有两位刚分得新房的职工,楼下一位是个搞机械设计的知识分子,患有严重的神经衰弱,经常失眠;楼上那家却有个患多动症的孩子,终日制造些刺耳吓人的声响。楼下这位苦不堪言,多次交涉无用,便用木棍捅楼板以"牙眼"报之。两位同事间的战争逐级升级,终于大家都住不成新房,"蓝军"和"红军"的两个主帅,一个躺进了医院,另一个则住进了监狱。

两出惨剧的起因均是不足挂齿的小事。

人是群体性动物,既然是活的群体,大家结合在一起,就免不了会有矛盾,舌头还免不了与牙齿磕碰呢,但绝没有人会蠢到因其磕碰而敲牙割舌的。"忍得一时之气,免得百日之忧。"在许多"进一步愁怨百结,退一步海阔天空"的非原则问题上,邻居之间还是需要忍让的,不忍让就要造成更大的痛楚。即使涉及原则等问题,也还有纪律和法律,不必非弄到反目为仇,刀枪相对,不可收拾的地步。"大事化小,小事化了",我们往往取其贬义而用,但在抬头不见低头见的邻里之间,主张"和事佬"的态度不愧为高明之举。

具体分析人们之间产生矛盾的原因主要有下面几条:

1.观点不同。这是人们之间发生冲突的最主要的原因,多见于领导成员之间,也经常发生在学术界。古人云:道不同不相为谋,由于对同一个问题产生不同的看法,人们之间便相互产生矛盾与隔阂,进而导致双方互存偏见,相互攻击,以至发展到势不两立的地步。

2.趣味相异。这类冲突主要发生在亲属之间,如夫妻矛盾、婆媳矛盾、父母与儿女之间的矛盾等。家庭是一个人生活的主要场所,如果后院经常起火,一个人是难以把精力和注意力全都投入到事业上的。一个在事业上建立了辉煌成就的人,必定离不开家庭的支持。一个成功的男人背后必定有一个做出巨大牺牲的女人,反之亦然。

3.个性抵触。性格、气质不同以至相反的人,相互之间也会产生冲突。例如一个急性子的人,会看不惯一个慢性子人做什么事都磨磨蹭蹭;一个慢性子人,又会抱怨一个急性子人干什么都风风火火,总之,这两种人常常相互不能理解和谅解,结果便产生一些矛盾。

4.产生误会。人和人相处,即使主观上不想发生摩擦,但仍然难以避免产生一些误会,有些误会甚至还是根深蒂固、难以消除的。例如,《红楼梦》中贾宝玉和林黛玉便相互产生了误会,曹雪芹对此做了饶有风趣的描绘。其实,类似这样的误会在现实生活中不知有多少。

5.发生纠纷。生活中有些冲突是隐性的,比如志趣不同的两个人之间的冲突未必就公开化,但是也有不少矛盾是会激化的。例如同事之间、邻里之间,甚至两个陌生人之间,都往往会因一点小矛盾而发生显性的冲突,轻则产生口角,重则拳脚相加,以至于发展到不共戴天之仇。

产生矛盾的原因有很多,但是归根结底还是由于诸如狭隘自私、敏感多疑、刚愎自用等人性的弱点造成的。人们思考和处理问题往往习惯于从自我出发,平时疏于同别人理

解和沟通,因而出现矛盾后,总认为真理在自己手中,别人都是错的。

发生这样那样的冲突应该说对双方都是不利的,必然会对各自的事业产生消极的影响。一个想要成就一番大事业的领导者,必须想方设法避免不必要的冲突,千方百计地消除各种矛盾,使自己有一个宽松和谐的工作和生活环境。

那么,一个想成就一番大事业的领导者,如何才能防止同别人产生冲突呢?

1.要胸怀宽广,高瞻远瞩,凡事讲大局、讲风格、讲团结,调动一切积极因素,为一个共同的目标而努力。

2.要注意调查研究,及时掌握别人的思想动态,努力化解各种矛盾,防患于未然,减少或完全消除人们之间的隔阂。

3.以理解的眼光看别人,懂得大千世界是五彩缤纷的,人也是各种各样的。别人不可能同我们有完全一样的志趣,我们不能像要求自己那样要求别人,每个人都有自己的个性和特点,有不同的长处和短处。

4.宽容别人的过错,明白世上没有十全十美的人,包括自己在内,谁都有缺点,谁都有可能犯错误,要给别人改正错误的机会,就像希望别人原谅自己的过失一样。

5.对别人不要求全责备,要小事糊涂,大事清楚,记住水至清则无鱼。对别人要求过高就会曲高和寡,对别人太苛刻就会拒人于千里之外,对别人横挑鼻子竖挑眼,就没有人同我们共事。

6.除非是涉及原则性的问题要搞清楚是非曲直之外,对一些无关紧要的事,不能抓住不放,要大事化小,小事化了,甚至有意装糊涂。绝不应简单问题复杂化,本来没有多大的事,却非要弄个水落石出,论出个我是你非,那只能是天下本无事,庸人自扰之。

7.冤家宜解不宜结,即使有了矛盾,也应开诚布公,想方设法寻求理解和沟通,就事论事,不要把矛盾扩大,要勇于做自我批评,以自己的真诚换取别人的理解。

总之,化解矛盾要首先从自己做起,记住你如何对待别人,别人也会如何对待你,要走进别人的心灵,自己就要首先敞开胸怀。从而把大事化小,小事化了。

如今社会,人们居住越来越集中,几十户乃至上百户人住在一栋楼里已是司空见惯的现象。那就免不了会有"上面舞会下面响雷,下面管塞上面涨水"的情况,而我们又不可能有"孟母三择佳邻"的条件,所以大家只有多为他人着想,互相尊重和谦让,相互沟通。即便是有了矛盾,也要"化干戈为玉帛",双方都持大度气量妥善解决。如果说家庭是社会的细胞,那么一栋住宅楼,一个居民小区就是一个大的细胞群,"大事化小,小事化了",能使细胞健康和谐,即使有点问题也能自我修复。

否则,细胞与细胞都发生病变了,社会还有什么安定团结可言呢?

《易经》中说:"雷电噬嗑。先王以明罚敕法。"就是说,雷和电,是噬嗑卦的象征。先王据此以公开处罚罪犯,整顿法令,逐步消除阻梗。

做领导的要善于想大事、谋全局;为部门、基层和群众服务,搞好部门之间的协调,如实反映基层和群众的意见,更好地加强领导与部门、基层和群众之间的沟通联系。一,要

深入调查研究,准确把握领导关注的焦点和群众反映的热点,力求参到点子上、谋到关键处;二,注重督察工作的实效性,把督查的重点放在群众反映强烈的热点、难点问题的督促解决上;三,是综合协调作用,认真做好上情下达和下情上报,既要有纵向的沟通,也有横向的联络,准确把握情况,发挥综合协调的最大效能。要团结协作,形成相互联系、有机统一的整体,减少阻梗,消除内耗。要注重细节,牢固树立细节意识,大事细办,轻事重办,熟事生办,缓事急办,急事稳办。要勇于突破旧框框,在工作思路、工作方法、服务手段等方面不断改进和创新,充分满足群众的需要。

对于一个企业来说,执行力源于企业管理的理念,并在企业界得到广泛推崇。一个著名企业家说过,企业发展5%靠战略,95%靠执行。美国通用电气原首席执行官杰克·韦尔奇也认为"决定成败的不是目标,而是措施",换句话说,执行力才是决定成败的最重要的因素。执行不到位,会导致各项决策部署在实践中走样缩水,大打折扣,甚至半途而废。从某种意义上说,我们的工作差距,往往不是战略和思路的差距,而是执行力的差距。因此,提高干部队伍的执行能力已成为摆在我们面前的一项迫切任务。必须做到令行禁止,确保政令畅通。许多事情执行得快与慢、早与晚、效率高与低,结果大不一样。员工一定要思想敏锐,反应敏捷,行动迅速,不能形势变化了仍我行我素,任务明确了仍等待观望,工作部署了仍无动于衷。要善于分析和把握形势的变化,及时掌握各方面的信息,了解最新动态,见微知著,积极应对。提高团结协作的能力。一个人只能做事情,一个团队才能成就一番事业。每个人的工作是相互联系、有机统一的整体,只有每个人都尽职尽责,并与其他同事搞好配合,不扯皮、不推诿、不争功,减少阻梗,消除内耗,才能建立起协调运转机制,形成工作合力。

细节决定成败。中国古代哲学家老子说过:"天下难事,必做于易;天下大事,必做于细。"海尔的张瑞敏也曾提出过一个观点:"把每一件简单的事做好就是不简单;把每一件平凡的事做好就是不平凡。"公司工作头绪繁多而又责任重大,一旦把握不好,处理不当,就可能小事变大事,甚至影响公司的正常运转,影响企业的生产,影响领导的威信。对员工来说,就要牢固树立细节意识,大事细办,轻事重办,熟事生办,缓事急办,急事稳办,使每项工作都严谨、细致、准确,考虑问题全面周到,不顾此失彼;办事程序规范周密,不出现漏洞;提供各种信息和资料、使用各种数据和事例准确无误,切实做到办事稳妥细致,把好事办好,把难事办成,把不放心事办放心。

矛盾来了,我们一定要交流,沟通,把大事化小,小事化了。

國學智慧全書

经学智慧

第八章　心有乾坤神闲气定

★主动反省，头脑清醒

观我生，君子无咎。

——《周易》

人最大的敌人不是别人，而是自己，要想了解自己，必须审视自我，经常反省自我。经常审视自我会让自己更能够认识自我的不足和错误，从而改变自我，提升自我。《易经》中说："观我生，君子无咎。"就是说，观察我的行为，君子无过无灾。

有人说，只有自己才能最了解自己，这样的说法只对了一半，其实，有时候自己不但不了解自己，而且还会自欺欺人，明知山有虎，偏向虎山行。明知道前方是陷阱，还是一头撞到南墙上不拐弯。其实许多人之所以不成功，不是败在了别人的阵地上，而是自己被自己所打败。所以要想真正了解自己，就要经常反省，审视自我。

反省是成功的加速器。经常反省自己，可以去除心中的杂念，可以理性地认识自己，对事物有清晰的判断；也可以提醒自己改正过失。只有全面地反省，才能真正认识自己，只有真正认识了自己并付出了相应的行动，才能不断完善自己。因此，每日反省自己是不可或缺的。反省自己应该成为工作的一个重要组成部分。不断地检查自己行为中的不足，及时地反思自己失误之原因，就一定能够不断地完善自我。

经常做些自我反省，可以对自己的整体状态产生良好的影响。它可以振奋精神，活跃思维，增强自信心。反省的质量往往决定了生活的质量，自我反省是快乐和成功的源泉。

善于了解自己情绪的人，大多善于将自己的情绪调整到一个最佳位置，调谐或顺应他人的情绪基调，轻而易举地将他人的情绪纳入自己的主航道。这样，在交往和沟通中将一帆风顺。

认识并把握自己的情绪，便能指导自己的人生，从而主宰自己的人生。

好斗武士向一个老禅师询问天堂与地狱的含义。

老禅师说:"你性格暴躁,行为粗陋,我没有时间和你这种人论道。"

武士恼羞成怒,拔剑大吼:"你竟敢对我这般无礼,看我一剑杀死你。"

禅师缓缓道:"这就是地狱。"

武士恍然大悟,心平气和纳剑入鞘,伏地鞠躬,感谢禅师的指点。

禅师又言:"这就是天堂。"人在陷入某种情绪的时候往往并不自知,总是在事情发生后,经过有意识地反省才会发现。

高情商者通过两种途径了解自己。

1.通过别人对自己的评价来认识自己。

2.通过生活阅历了解自己。

认识了自己,你就是一座金矿,你就能够在人生中展现出应有的风采。认识了自我,你就成功了一半。

自省是自我动机与行为的审视与反思,用以清理和克服自身缺点,以达到心理上的健康完善。

它是自我净化心灵的一种手段,情商高的人最善于通过自省来了解自我。

自省是自我超越的根本前提,要超越现实水平上的自己,就必须坦白诚实地面对自己,对自身的优缺点有个正确的认识。

在人生的道路上,成功者无不经历过几番蜕变。蜕变的过程,也就是自我意识的提高,自我觉醒和自我完善的过程。

人生的成长是不断地蜕变,不断地进行自我认识和自我改造。对自己认识得越准确越深刻,人取得成功的机会就越大。

若每年审视自我一次,则一年中就会至少有一次机会可以不犯错误;若每月审视自我一次,则一年至少有十二次机会改正错误;若每天衡量一次,则一年就有三百多次机会改正错误。所以,每天自省次数越多,当然会留给自己的机会相对也会增多。

这些看似简单的问题,但又有多少人能够坚持做到呢? 其实伟人和普通人并没有太大的差别,差别也许就是这一点,每天多反省了一点点时间而已,而你这时候也许在睡大觉,也许在侃大山,也许在无所事事……于是你与他的差别越来越大了。最后,你两手空空,而他却成了伟人。

有一句话说得好:"一日不见,如隔三秋。"为什么别人进步得那么快,而你却迟迟不前呢? 因为别人在不断反省中前进了。

绝大多数在职场中浮沉的人,并不知道他们的未来是由自己造就的。少数有卓越成就的人必定是了解自己追求什么,并且有完整计划的人。这些人不仅很清楚自己要什么,而且还知道要如何获取,如何评价。你的目标应当是明确清晰,可以测量评估,有真实确定的完成日期,而且要分成多个容易处理的部分。明确实现方法,定时检验进展,若有必要则适时修正行动方向。并且绝对不要放弃。所以,请不要再犹豫,拿起笔来,用力写下自己的目标吧! 只有审视自我,了解自我,才能制定正确的目标,坚定正确的信念。

要想改变自我,完善自我,还必须观察别人。

《易经》中说:"观其生,君子无咎。"就是说,观察他的行为,可以更好地了解自己,君子无过无灾。

"当事者迷,旁观者清。"日常生活中,人们经常会碰到这样的问题,也说得很顺口。既然常碰到就说明这个问题存在的普遍性和合理性;既然说的顺口,就说明人人知道其道理。但当自己置身当事人的时候,却变成了糊涂虫。

还有,自己身上的毛病,自己很少发现,而只有别人给你指出来时,你才知道大错特错了。所以,有的时候,别人就是自己的一面镜子,因此,还要时时留心别人。向别人多请教,多沟通,虚心接受别人的批评和指点,取别人之长,改自己之短,方能不断完善自我。

魏征是我国初唐伟大的政治家、思想家和杰出的历史学家。辅佐唐太宗17年,以"犯颜直谏"而闻名。他那种"上不负时主,下不阿权贵,中不侍亲戚,外不为朋党,不以逢时改节,不以图位卖忠"的精神,千百年来,一直被传为佳话。

魏征

唐太宗李世民器重魏征的正直,任命他做了谏议大夫。

有一年,唐太宗派人征兵。有个大臣建议,不满十八岁的男子,只要身材高大,也可以征。唐太宗同意了。但是诏书却被魏征扣住不发。唐太宗催了几次,魏征还是扣住不发。唐太宗大发雷霆。魏征不慌不忙地说:"我听说,把湖水弄干捉鱼,虽能得到鱼,但是到明年湖中就无鱼可捞了;把树林烧光捉野兽,也会捉到野兽,但是到明年就无兽可提了。如果把那些身强力壮、不到十八岁的男子都征来当兵,以后还从哪里征兵呢? 国家的租税杂役,又由谁来负担呢?"良久,唐太宗说道:"我的过错很大啊!"于是,又重新下了一道诏书,免征不到十八岁的男子。

一次,唐太宗从长安到洛阳,中途在昭仁宫(现在的河南省寿安县)休息,因为对他的用膳安排不周到而大发脾气。魏征当面批评太宗说:"隋炀帝就是因为常常责怪百姓不献食物,或者嫌进献的食物不精美,遭到百姓反对,灭亡了。陛下应该从中吸取教训,兢兢业业,小心谨慎。如能知足,今天这样的食物陛下就应该满足了,如果贪得无厌,即使食物好一万倍,也不会满足。"唐太宗听后不觉一惊,说:"若不是你,我就听不到这样中肯的话了。"

魏征不断向李世民提出好的建议,使李世民对他十分佩服,经常将魏征请入居室,询问得失,魏征愈来愈被重用,先后被李世民提升为秘书监、侍中、宰相,并封他为魏国公。

李世民曾说："我好比山中的一块矿石,矿石在深山是一块废物,但经过匠人的锻炼,就成了宝贝。魏征就是我的匠人!"

魏征去世后,李世民说,用铜制成的镜子,可以照见衣帽是否端正;用历史作为镜子,可以参照政治的兴衰;用人作为镜子可以知道自己的成绩与过错。我经常保持着这三面镜子,现在魏征去世了,我少了一面镜子。

是啊,连李世民那样的伟人还以魏征为镜子,时刻反省自己的不足,改变自己的毛病呢? 何况我们这些普通人呢?

有些人自认为很了解自己,但许多错误的抉择即发生在对自己认识不清的情况下。比如说,你是否真正了解自己喜欢的工作是什么,专长是什么……你很可能并不能给出明确的答案。

如果你想前进,就该不断完善自我,审视自我,观察别人,真正地了解自我。

★保持常心,学会减压

栋桡,凶。

——《周易》

《易经》六十四卦的第二十八卦为《大过卦》。这个卦是异卦(下巽上兑)相叠,兑为泽、为悦,巽为木、为顺,泽水淹舟,遂成大错,形容境遇的不顺利。《易经·大过卦》云:"栋桡,凶。""栋",即屋之栋梁;"桡"是弯曲之意。这句话的意思是说,房屋的栋梁受重压而弯曲,结果必然发生凶险。

房屋的栋梁受到屋顶的重压而变得弯曲,就会带来凶险;同样,人们在工作、生活中也时常会感受到来自各方面的压力。不过,人是有惰性的,正是因为有了压力,才会驱使我们认识到自身的不足,才会使自己有一种不断追求进步的紧迫感,而这种紧迫感正是使我们进步的动力。

正常的压力能够成为进步的推动力,然而过重的心理负担则会伤身伤神,如同弯曲了的栋梁,必然带来凶险。所以,面对着生命的重压,人们必须想方设法来给自己减压。在这方面,三国时的孙权堪称表率,他的很多做法对于今天被压力弄得烦恼不堪的现代人具有很强的借鉴意义。

孙权从 19 岁时接任父兄开创的基业。直至 71 岁时去世,其间主政 52 年,超过三国时期的任何一位统领人物。与曹操、刘备相比,孙权领导的吴国国势最微,领导压力也最大,但孙权能够延年益寿,稳握江山,其中是有很多减压的方法的。

阅读史籍我们可以发现,孙权绝少亲赴前线带兵打仗,而往往是交给属下去完成使

命。周瑜指挥的赤壁之役,吕蒙指挥的荆州之役和陆逊指挥的彝陵之役,这三场战役都是决定东吴命运的大战,可孙权却完全放心属下在前线御敌作战。

孙权何以能够如此?就是因为他对属下恩威并加,给属下很大鼓励。在彝陵之役时,有人告发诸葛瑾里通蜀汉,孙权坚定地说:"我与诸葛子瑜,可谓神交,外人流言不能间构。"陆逊坐镇荆州抵御蜀军时,孙权还曾复刻了一枚自己的大印交给他,委任他全权处理与蜀汉交往之事。可以说,诸葛瑾与陆逊之所以能为东吴开创盛业,与孙权的充分信任是分不开的。

孙权的恩信属下,用人不疑,不仅给属下极大的鼓励和权威,使他们更容易协同作战,取得胜利,同时还减轻了他自己的压力,卸载了他所背负的巨大的压力。纵论三国英雄人物,曹操每到关键时刻便"宁可我负天下人,毋宁天下人负我",而刘备则是加恩有余,致使他不能阻止关羽"大意失荆州"。而孙权每临大事必勇举新人,知人善任,善抚将士,恩信众臣,所以屡屡化险为夷,最终寿过古稀。

由此看来,孙权果然是古人注重给自己减压的表率。他懂得有效地分派压力,分摊忧虑,切忌"把所有问题都自己扛",他还注意思威并施,那样方可使属下冷暖自知,尽心竭力。相反,一个人若不懂得卸载压力,不善于大胆与人分忧,必将陷入工作狂的泥潭中不能自拔。

相比之下,诸葛亮虽然聪明绝顶,却满腹忧虑,终于积劳成疾,出师未捷身先死,就足可以说明问题了。

诸葛亮未出茅庐就指明天下三分之局势,随后又火烧曹魏、三气周郎,这是何等的英明,何等的气势。可之后呢?诸葛亮身为丞相,不仅要领兵打仗,还要内政农耕、外交政治,他的脑子里全部都是各种各样的国事。一个人,哪来的那么多精力和时间,天网恢恢尚有疏漏,更何况他只是一个人。诸葛亮管事过广,心思细腻,压力过大,终于积劳成疾。

诸葛亮压力大,生怕治理国家出什么差错,所以凡事事必躬亲。这种做法,不仅害了他自己,更害了蜀国。人皆云,诸葛亮之后蜀中无大将,这话是很有道理的。蜀国数位大将,哪位大将不是身经百战而成?关羽、张飞从黄巾就开始跟刘备打天下;赵云长坂死战、东吴护主,这不仅因为他一身是胆,更因为他历经磨炼;马超则为报父仇而血战曹操,又扣虎牢关于前,死守芜地于后,也是久经沙场的老将。

可是,自这些大将相继辞世后,诸葛亮再也没有培养出一位有才干的将领,很少有人能够独当一面。之所有出现这种局面,就因为将领们在诸葛亮身边得不到历练的机会,诸葛亮把一切事情都揽到自己身上了。所以说,蜀汉的开创诸葛亮堪称是功臣,但蜀汉的灭亡诸葛亮也难逃干系。毕竟,人不可以长生不老,诸葛亮再聪明也必须遵从生老病死的自然规律。他一味地以压力苛责自己、强迫自己,不仅减了自己寿,更减了蜀国的"寿"。

我们生活在一个充满竞争的时代,大多数人都被压力胁迫着。随之而来,就会有很多人产生倦怠感、紧张感,无法正确面对压力,就无法集中全部精力去做应当去做的事

周易

情。其实,无论从事什么职业,辛苦与焦虑都极有可能会出现,甚至还会产生烦躁和倦怠。当人在工作中遇到工作量大或强度高的情况时,应该采用积极的办法,减轻自己的压力而不是忍受,更不能逃避,而要努力给自己在压力面前营造一种积极的心态,让自己的工作和心理更轻松。倘若一味采取忍受、掩饰、找借口逃避等手段,只能为压力所累,不但不能增加工作动力,反而还会耗费能量。

作为一名领导者面对着生活和工作,我们还要设定合理的人生目标,不能要求尽善尽美,也不能要求自己事必躬亲。同时,我们还尽量从开阔的角度来看待人生中的挑战,危机也许会变成转机,以免给自己带来莫名的苦恼,让自己学会乐观地、积极地面对一切。因为天底下没有什么大不了的事,保持平常心才最关键,这也是有智慧的领导者的生活态度。

★师以"规矩",修身养性

师出以律,否臧凶。

——《周易》

《师卦》是《易经》六十四卦的第七卦,《师卦》第一爻云:"师出以律,否臧凶。""师",即军队;律,即纪律、法度;臧,即强壮。这句话要告诉人们,出师征战必须要有严明的纪律,要号令整齐,行动一致,赏罚分明。如果军纪不良,指挥不灵,再强壮的军队也必然会发生凶险。

对于这一点,孟子理解得十分深刻,他曾说过,"离娄之明,公输子之巧,不以规矩,不能成方圆"。离娄是古代传说中一个目力非常好的人,能在一百步以外看清楚一根毫毛的末端;公输子就是人们所熟知的鲁班。至于"规"即为圆规,"矩"就是折成直角的曲尺。孟子这段话就是告诉人们,即便目力如离娄,技巧如鲁班,如果没有圆规或曲尺,也不能正确地画出圆形或方形。

这里的"规"和"矩"引申为法度和准则的意思,"不以规矩,不能成方圆"的道理十分深刻,就是指凡事都需要遵循一定的标准和法则,这一点在"师出"之时更为关键。战争是人类不可避免的残酷的争斗,要想取得胜利,军队不仅要强悍,更要有法度,法度不严必定会被打败。

李自成是明末著名的农民起义军领袖,为了进一步动员和组织人民群众,推翻明王朝,李自成提出"均田免粮""平买平卖"等口号。为了增强军队的战斗力,李自成制定了严明的军纪,细到起床吃饭、站队议事等都有一定的规矩。最重要的是,李自成明确了军队与百姓之间的纪律。他规定,士兵必须在军帐内驻扎,不准私住民宅;进驻投降的城

市,不得烧杀劫掠;行军时除携带自己的家属外,不得携带其他妇女。为了赢得民心,李自成还打开官府的粮食、金库,开仓放赈,救济饥民,并勒令那些大官僚、大地主交出粮食和财物分给穷苦的百姓。

由于李自成军纪严明,终于赢得了百姓的支持。1644年3月19日,李自成攻陷了北京城,崇祯帝上吊自杀,明王朝就此灭亡。

可是,攻入京城后,李自成自认为已经抢得天下,立即躲进紫禁城享受起帝王的生活来。他手下的军队也"原形毕露",跟随闯王打天下的老将领带领着士兵们烧杀淫掠,过起了骄奢淫逸的生活。曾

李自成

经那支纪律严明的军队已经不复存在,将领们之间为了争功也钩心斗角起来,有的人或被残害,或被迫离开,军队的战斗力锐减。

1644年4月,摄政王多尔衮率领清军与明宁远总兵吴三桂,在山海关一带轻而易举就击败了李自成的农民军,即历史上著名的"山海关之战",一代闯王大败而逃。临逃走前,李自成还不忘将他在北京城掠夺的金银财宝装了满满十数条船,沿着护城河运出城去。可惜的是,虽然金银财宝不计其数,他却再没能够东山再起,最终命丧九宫山。

相比较李自成的军纪大坏来看,那些从始至终纪律严明的军队一直能够在战争中保持优势的地位,由此也创下了千古功勋伟业。

明代的戚家军纪律严明,在抗倭名将戚继光的率领下,戚家军相继消灭浙江、福建、广东的倭寇,使困扰了大明王朝多年的倭患终于平息。后来,这支使敌人闻风丧胆的精锐之师又开赴北方,塞外那些觊觎着中原土地的侵略者再不敢南犯。戚继光常胜不败靠的是什么? 答案很简单,主要就是靠铁的纪律来保证。

当时,戚继光的舅舅也在他的军中任职,有一次他犯了军纪,请求这个外甥能够网开一面,可是戚继光大声说道,纪律面前人人平等,不能因任何人遭到破坏。就这样,戚继光当着全军将士的面,毫不留情地罚治了他的舅舅。士兵们亲见了戚继光的铁面无私,更不敢违犯军规,戚家军由此才得以常胜不败。

扩而广之,不仅治军如此,一个人要想成就一番事业,也必须严格要求自己,使自己的品行合乎君子的"规矩"。早在先秦的时候,墨子就发现:将丝线放入青色的染缸里面,丝线就成了青色;将丝线放入黄色的染缸里而,丝线就成了黄色。由此可见,人很容易受到环境的影响,也就是人们通常说的"耳濡目染"的道理。既然"立身成败,在于所染",那么为了让人能够健康成长,就需要采取一些措施,制定一些"规矩"。

《大学》提出,君子有所谓"絜矩之道"。"絜",即度量;"矩"即曲尺。从字面上来看,这句话是说,有曲尺才能画方形,只要曲尺没有问题,画出来的方形肯定符合方形的标准,所以人们只要测量曲尺是否符合标准就行了。这句话看似简单,含义却十分深刻,它

暗指为人也应该制定为人的规矩，即做人之道，这样才可以使人人为君子。为此，《大学》提出了诚意、正心、格物、致知等三纲领、八条目，规范人的品行。

古往今来，真正的智者往往能够树立正确的道德观，并严格规范自己的品行，我们所熟知的周恩来总理就是一个很好的典范。周总理在日常生活中一直都是事事处处严于律己，从不因自己的特殊身份而破坏纪律。

有一年夏天，周恩来总理急需要一些书籍和世界地图，需要向北戴河区文化馆的图书室借取。但是当时的图书室有规定，这些书籍不得外借。周总理得知了，就亲自到图书室查阅，图书管理员见此情形，十分后悔，觉得应该将书给总理送去。周总理却欣然地夸赞他们的图书馆管理到位，任何单位都应该有规章制度，没有制度就不好管理，而且无论什么人都要遵守规章制度，他身为总理也必须遵守，这样一个国家才能井然有序。

的确如此，真正做大事情的领导者，往往能够从大局着眼，以"规矩"修身养性。正如荀子所说，"五寸之矩尺天下之方"，可见，无论做什么事情，都要懂得规矩之理，循规蹈矩不一定是迂腐；肆意践踏规则，只能如《师卦》所石，不仅会遭遇凶险，更有可能在凶险中一败涂地。

★心有乾坤，神闲气定

地势坤，君子以厚德载物。

——《周易》

如果遇到一个美女时，你突然感到心花怒放，蠢蠢欲动，想入非非，以至于夜不能寐，饭食无味，工作无劲。你浮躁了。

当身处官场，面对四面"来客"的献媚、金钱的诱惑时，如果你得意扬扬，私心大发，欲望膨胀，良心泯灭了。你浮躁了。

人们为什么浮躁？

因为人们有贪心，有欲望，因为人们心神不定，缺乏平和，没有看透这个世俗，因为人们没有海纳百川、胸怀博大的气度，因为人们没有心有乾坤的志向，因为人们没有神闲气定的风度。

当人们浮躁的时候应该怎么办？

当人们浮躁的时候，应该想想巍巍昆仑山，为什么它经历了千百万年的风雨洗礼，仍然坚定不移地保持着自己的雄伟壮观，维护着自己的阵地，一成不变地树立着自己的威信。

当人们浮躁的时候，应该想想那浩繁缥缈无穷无尽的宇宙，为什么它能够数亿年的时间仍然坚守着自己的法则，遵循自己的规律不动摇。

当人们浮躁的时候，应该想想为新中国的胜利而抛头颅洒热血的无数可歌可泣的英雄儿女们，为什么能够面对敌人的严刑拷打、百般凌辱，仍然坚持着自己矢志不渝的信念。

《易经》中说："地势坤，君子以厚德载物。"就是说人们应该有像大地一样的胸怀，像大地一样高深的德行来承载着万物生灵。

它告诉人们：要胸怀大志，要热爱万事万物，要宽厚待人，要平和看待人世，方能消除浮躁。

刘邦很喜欢酗酒，好色贪财，他见到美女就会心躁不安，每次这样就要耽误许多事情。当楚汉相争时，他认识到这个严重的问题，从此之后，下定决心，滴酒不沾、女色不近，集中精力于军事斗争，从而一举击败项羽，夺得天下。

鲁迅先生年轻的时候，一次上学迟到了，受到了老师的严厉批评，他突然感到这样会增加自己的浮躁心理，立即在自己的课桌上刻了一个"早"字，也把"早到"这一个坚定的信念深深地刻在心里，从那以后，他上学再也没有迟到过，而且时时早，事事早，毫不松弛地奋斗了一生。

消除浮躁，仅仅胸怀大志还不够，还应该神闲气定。

俗话说：心静则灵。心静就是少有杂念，遇到难题能从容化解，受到委屈能默默忍受。一句话，不受外界干扰，不受环境左右。一个人心底平静，万事万物都会看得开，看得准，看得正，就不会再有错误，不会再浮躁了。

一代球星巴乔在他的告别赛上，也就是在意甲布雷西亚队与拉齐奥之战中，临终场八九分钟时，他沉着冷静，一助攻一巧射，将对手斩落马下，为自己的绿茵生涯画上了圆满的句号。

一代围棋大师聂卫平与对手比赛的时候，总是心如明镜，稳操胜券。

人们常说：当局者迷，旁观者清。因为当局者身处其境心神不定，心底浮躁，也自然容易迷惑。旁观者心静如水，看问题很到位，直入正题，自然也很清楚了。

圣印法师著的《菜根谭的智慧（2）》中"静中见真境，淡中识本然"也是说的这个道理。

刘禹锡的《陋室铭》中"山不在高，有仙则名。水不在深，有龙则灵。斯是陋室，唯吾德馨"也体现出了品德高洁静以养心的思想。

"陈式太极拳"中"心静而后步才能坚实，气静而后身法才能稳便"也突出静的重要。

巍巍青山永远不会浮躁，因为它看透了这个世俗的沧桑巨变。

广袤的大地永远不会浮躁，因为它懂得神闲气定的潇洒。

浩渺无边的苍穹永远不会浮躁，因为它有心怀乾坤的度量。

第九章 关注企业的责任与使命

★心系天下,有所作为

云雷屯,君子以经纶。

——《周易》

《乾》《坤》之后,首先序列的就是《屯卦》,其《大象》曰:"云雷屯,君子以经纶。"屯卦的卦象是震(雷)卦在下,坎(水)卦在上。震卦象征雷鸣电闪,坎卦象征云行雨施。水在上,表示雨尚未落,所以解释为云。云雷大作,则是将要下雨的征兆,仿佛黎明前的黑夜,雷鸣电闪,风雨交加,一片混沌不清的景象,所以《屯卦》象征着初生。

从屯卦的"屯"字来看,"屯"也表示为草木初生时的样子。中间的部分像植物的子叶,上面的一横是从子叶中间生长出来的两个极为幼小的叶芽,贯通上下的那一条线是植物的根干。"屯",就像一粒刚刚萌芽出地表的草种,是一个极为鲜活的生命,但这种生长的过程困难重重,毕竟它要靠幼小娇嫩的躯体冲破地表。因此,屯卦不仅象征初生,更含有艰难的意思。然而,草木初生萌于地表,虽然艰难,却是万物滋生繁衍的开始,这种勃勃向上的生机与活力,其势不可阻挡。

云雷交加,天地初创,这一卦,隐含的人文密码就是"有志图王,经纶天下"。有德的君子效仿这一卦,就要洞悉时势,经纶天下,为辅佐王侯成就基业而作为。所以,《易经》要求正人君子以全部才智投入到创建国家的事业中去。

孔子曾给自己心目中的君子订下几条标准,其中就要求君子必须是个胸怀大志的人。"士不可以不弘毅,任重而道远",正所谓"天下兴亡,匹夫有责",君子"达则兼济天下,穷则独善其身",只有肯心系天下才能有所作为,才能成为一个真正的君子。唐代的诗人高适也曾说过,"男儿本自重横行",他也主张有志男儿要为国效劳,奔走四方。古往今来,无数的圣贤豪杰,仁人志士,他们为国家,为民族,为人民的利益,为真理和正义的事业奋斗着,创下了无数的丰功伟业,虽然困难重重,但是他们从来不会退缩。

汉武帝时期,汉王朝边境不稳,匈奴人时常前来侵扰。作为游牧民族的匈奴,几乎把巨大的邻邦汉朝当成了自己予取予求的库房,烧杀掳掠无所不为。这种局面古已有之,早从秦以来这种局面就一直无力改变,他们只能以和亲和大量的"陪嫁"财物,买来暂时的和平。

霍去病就在这个时候脱颖而出。霍去病自幼精于骑射,不屑于向其他的王孙公子那样呆在长安城里纵情声色,一直渴望着建功立业、为国效力的那一天。

元朔六年(公元前123年),著名的对匈反击战漠北之战打响了,未满十八岁的霍去病主动请缨。在茫茫的漠北战场上,他率领八百骑兵奔驰数百里寻找敌人踪迹,以独创的"长途奔袭"遭遇战,斩敌两千多人,首战告捷,大汉王朝最耀眼的一代名将横空出世。

从那以后,霍去病越战越勇,他的老对手匈奴屡战屡败,最后不得不退到焉支山北。汉武帝念他有功,赏他一座富丽堂皇的住宅,可霍去病却慷慨陈词:"匈奴未灭,何以家为?"展现了他报效国家的雄心壮志。

为了彻底消灭匈奴主力,霍去病还带兵深入漠北寻找匈奴主力,结果歼敌主力七万多人。霍去病仍不满意,一路追杀,甚至在狼居胥山进行了祭天地的典礼。封狼居胥之后,霍去病继续追击匈奴,一直打到瀚海(今俄罗斯贝加尔湖)方才回兵。经过这一场战役,"匈奴远遁,漠南无王庭",霍去病和他的"封狼居胥",从此成为中国历代兵家人生的最高追求,终生奋斗的梦想,霍去病也由此成为史上最有作为的名将之一。

君子要经纶天下、有所作为,还必须能心系民情。宋朝名臣范仲淹更是将"经纶天下"提升了一个新高度,主张"先天下之忧而忧,后天下之乐而乐",要求有志之士为祖国的领土完整、为拯救人民的疾苦而奋斗。而这十几个字正是范仲淹一生的光辉写照。

范仲淹少年时家里十分贫穷,但是他刻苦努力,当秀才时就常以天下为己任。出任大宋官吏后,他更是抛下家室与韩琦一起镇守陕西,屡次击退了西夏、契丹的侵略,保卫了国家的安全。在那"长烟落日孤城闭"的荒山野岭上,范仲淹风餐露宿度过了半辈子,正所谓"愿得此身长报国,何须生入玉门关",那时的他早已经将自己的生死置之度外。

范仲淹

为了国家安定、人民幸福,范仲淹率先领导庆历革新运动,成为后来王安石熙丰变法的前奏。范仲淹还对某些军事制度和战略措施进行了改善,使大宋西线边防稳固了相当长的时期。不仅如此,范仲淹还荐拔了一大批的学者,为宋代学术的繁荣鼎盛奠定了基础。

朱熹曾评价范仲淹为"有史以来天地间第一流人物",范仲淹的所为同样也得到了后

周易

世的认可,千载迄今,各地有关范仲淹的遗迹始终受到人们的保护和纪念。

如今,有很多领导者都在希求自己能够有所作为,但是他们有些人的出发点却不再放在为国效力上,只囿于一己之利,更难得有"先天下之忧而忧,后天下之乐而乐"的想法。这种短浅的理想和追求,对于社会不能有大的裨益,甚至有可能会成为社会的蛀虫。所以,身为领导者,要胸怀祖国,放眼世界,为人民,为祖国奉献毕生的力量。

★扶危济困,乐善好施

亨,王假之,勿忧。宜日中。

——《周易》

当花儿开放的时候,它知道露出灿烂的面孔,让世界增添美丽。

当果实成熟的时候,它将香气洒满人间,哺育千家万户。

当太阳盛大的时候,它会光芒四射,普照大地。

当我们的事业红红火火之时,要学会感恩,要饮水思源,要扶危济困,泽被后世。

《易经》中说:"亨,王假之,勿忧。宜日中。"这里象征盛大丰满,亨通,君王能够使天下达到盛大丰满;就可以不用忧愁,好比太阳位居中天,光芒万丈,普照天下。

我们常说"扶危济困,善莫大焉"。扶危济困、好善乐施是中华民族的传统美德,理当弘扬光大。

从前,每逢灾荒之年,总有许多人连饭也吃不上,一些道德高尚的富人就沿路设"粥厂"以赈济灾民,靠着这种方法,避免了许多灾民饿毙郊野。

而今天,这种方法仍可以借鉴。如果您充满仁爱之心,如果你比别人还算富有,一定要让更多地需要帮助者感受到人世的温暖,您付出的并不需要太多,但您的真情关怀,却足以让一个贫寒之家过上一个温暖的新年。扶危济困并不难,只要你愿意。

"富国裕民"在荣毅仁的传奇人生中得到了清晰的演绎。荣毅仁的一生在企业家与政治家的角色之间转换,将"资本"与"红色政权"完美结合。荣毅仁家族在20世纪30到50年代,在中国特别是上海纺织业、面粉业有着重要的地位,成为中国民族工业发展的重要力量,他是从积贫积弱的国家环境中激发出的"以实业报国"为理想的实干青年。在新中国成立前后的许多重要时刻,荣毅仁都对国家做出了重大贡献。1954年,荣毅仁率先向上海市政府提出将他的产业实行公私合营。1957年曾被陈毅副总理誉为"红色资本家"。1979年中国改革开放之初,荣毅仁牵头组建中国国际信托投资公司,为中国的海外投资与招商引资开辟了一个窗口。

在荣毅仁无锡故居中堂撰有一联：

发上等愿，结中等缘，享下等福；

就高处立，择平处生，往宽处行。

荣毅仁先生的一生就是在努力实践这样的人生信条。

当代养生家朱鹤亭之父朱文彬，出身贫寒，白手起家，终成旧中国青岛一代盐业巨贾，其一生急公好义，扶危济困，后得享高寿而终。临终之前，让妻子和儿子把记录他人欠其家钱物的账本和欠条全部捧出，亲手付之一炬，并留下以下的这番话：

"人的一生，不过日食三餐，夜眠八尺，何贵之有？何利之有？人哪！当上报国家，积德于民；中报社稷，施仁于众；下不愧心，与人为善。"

《孟子·梁惠王》下中说："乐民之乐者，民亦乐其乐；忧民之忧者，民亦忧其忧。乐以天下，忧以天下，然而不王者，未之有也。"

天下富贵者皆有其富贵之因，唯其富贵后能不忘德本，时常兼济天下，才能使其富贵得享永久。

《易经》中说："丰其蔀，日中见斗，往得疑疾。有孚发若，吉。"就是说，阴影越来越大，白天出现了星斗，出门观看产生了严重的怀疑。拥有感恩、善良、友爱之心才能从阴影中散去，得到吉祥。

盛大的时候，也会遇到狂风暴雨，也会遇到不如意的事情，这时候要慷慨解囊、多做善事，多做善事会让自己的心情快乐起来，许多不如意的事情很快也会烟消云散。

心理学家研究快乐的人，发现快乐是有理由的。他们总结了五个快乐的理由，把这些理由称为快乐的特征，拥有这些特征的人，比较容易快乐。这五项特征分别是感恩、有点钱、联结性高、信仰与做善事。

快乐的第一项特征是感恩。感恩是一种处世哲学，是生活中的大智慧。人生在世，不可能一帆风顺，种种失败、无奈都需要我们勇敢地面对、旷达地处理。这时，是一味地埋怨生活，从此变得消沉、萎靡不振？还是对生活满怀感恩，跌倒了再爬起来？英国作家萨克雷说："生活就是一面镜子，你笑，它也笑；你哭，它也哭。"你懂得感恩，生活将赐予你灿烂的阳光；你不知感恩生活，只一味地怨天尤人，最终可能一无所有！成功时，感恩的理由固然能找到许多；失败时，不感恩的借口却只需一个。殊不知，失败或不幸时更应该感恩生活。

感恩，使我们在失败时看到差距，在不幸时得到慰藉，获得温暖，激发我们挑战困难的勇气，进而获取前进的动力。就像罗斯福那样，换一种角度去看待人生的失意与不幸，对生活时时怀一份感恩的心情，则能使自己永远保持健康的心态、完美的人格和进取的信念。感恩不纯粹是一种心理安慰，也不是对现实的逃避，更不是阿Q的精神胜利法。感恩，是一种歌唱生活的方钱，它来自对生活的爱与希望。

在水中放进一块小小的明矾，就能沉淀所有的渣滓；如果在我们的心中培植一种感恩的思想，则可以沉淀许多的浮躁、不安，消融许多的不满与不幸。感恩，使生活变得更加美好。

就像欧阳菲菲唱的《感恩的心》一样：

我来自偶然像一颗尘土

有谁看出我的脆弱

我来自何方我情归何处

谁在下一刻呼唤我

天地虽宽这条路却难走

我看遍这人间坎坷辛苦

我还有多少爱

我还有多少泪

让苍天知道

——我不认输

感恩的心，感谢有你

伴我一生

——让我有勇气做我自己

感恩的心，感谢命运

花开花落

——我一样会珍惜

是的，生命是如此的珍贵，我们要感激父母给了我们这一次生命，让我们能来到这个世界活过一次；感谢老师，教给了我们知识，让我们成为一个有用的人；感谢朋友，给了我们友谊，让我们在生命的旅程中不再孤独；感谢坎坷，让我们在一次次失败中变得坚强；感谢敌人，让我们使自己不断完善不断向前进步……面对命运的不公你没有埋怨，没有退缩，你用自己的方式来顽强地生活，用爱来回报这个世界，你帮助了那么多的人，让他们感到了温暖和力量。

感恩的心，感谢有你，伴我一生，让我有勇气做我自己……

感恩的心，感谢命运，花开花落，我一样会珍惜……

快乐的还有一项特征是做善事。

善有善报，恶有恶报，不是不报，时机未到。人生在世，心存善念，多做好事，未来一定更美好。人生有多少价值，取决于帮助身边周遭的人创造出多少价值。人生愈有价值，生命愈有力量，自然也就愈快乐。不管我们价值观来自何方，归向何处，只要知道坚定不移，带来的是快乐，延伸的是幸福，这就够了。

能够给予的人，是富裕的人。物质上的给予，物质是富裕的；心灵上的给予，心灵是富裕的。给予的人要放空自己，没有给予的人，没有给予的物，也没有被给予的事，才是

真正的给予,才会源源不断,生生不息,才是真正的富裕。富裕的人,吉祥如意,是快乐的人。

让人快乐的理由都一样,让人不快乐的理由都不一样。

而当你盛大的时候,更应该做善事,做大大的善事,要想着为这个社会做点什么,为后代子孙留下来些什么,为国家奉献点什么,这是一种思想境界的提高,也是人生价值的跃进。泽被后世的事业是一种伟大的事业,如果把自己的盛大与泽被后世连接在一起,那便称得上达则兼济天下了。

事业辉煌的李嘉诚夫妇是众所周知的大慈善家和学佛居士。他曾捐资三千几百万港币建立"李嘉诚护理安老院",该院规模宏大,设备齐全,占地约一千五百平方米,可收容几百名老人在此接受护理和安养。在该院建设过程中,李先生特委派李嘉诚基金会的高级职员、计划经理、办公室经理、高级秘书等专职筹划,使该院在短时间内建成启用,许多老人在此安度晚年。

李先生在香港和内地也广种福田,常常捐助上亿元的巨资,用来做造佛像、修寺庙、造桥铺路、兴办教育、支援医疗、赞助科研、弘扬文化、赈济灾民等等慈善布施。

李先生的座右铭:"人生在世,能够在自己能力所及的时候,对社会有所贡献,同时为无助的人寻求及建立较好的生活,我会感到很有意义,并视此为终生不渝的职志。"

李嘉诚扶危济困,爱国爱民,功德无量,泽被后世。事实也证明,达则兼济天下,才能得天时、地利、人和;事业才能更加兴旺,社会才会祥和。

★能变则通,达观天下

官有渝,贞吉;出门交,有功。

——《周易》

《易经》六十四卦第十七卦为《随卦》。随卦的卦象是异卦(下震上兑)相叠,震为雷、为动,兑为悦,动而悦就是"随"。这里的"随",就是指相互顺从,随时变通,彼此沟通。不过,所谓的"随"必须能够依时顺势,并以坚贞为前提,并不是随波逐流。

《易经·随卦》云:"官有渝,贞吉;出门交,有功。"这里的"官"指五官,代指思想;"渝",即变化。《随卦》在这里告诉我们,人的思想在实践过程中将会发生变化,但无论怎么变,都必然始终遵从正道,这样就可以获得吉祥。"出门交"即走出家门与大家在一起,这样就会"随有求得""随有获",最终取得成功。这也是因为其唯正是从,见善则从,没有过失的缘故。

汉朝的时候,在西南方有个名叫夜郎的小国家,这个国家国土面积很小,百姓人数也少,物产更是少得可怜。不过,夜郎国的国王从没离开过自己国家,而且他认为自己统治的国家是全天下最大的国家。

这天,夜郎国国王在部下的陪同下巡视国境,他故意问道:"这里哪个国家最大呀?"

"当然是夜郎国啊!"臣子们都迎合道。国王听了十分满意地点了点头。

没一会,在他们面前出现一座山,国王又问:"天底下还有比这座山更高的山吗?"

"天底下当然没有比这座山更高的山了。"臣子们又回答道。

"那这条河应该是世界上最长的河流了吧?"夜郎国国王又指着一条小河说道。

"国王说的一点都没错,这就是最长的河。"臣子们又附和着说。

就这样,这个无知的国王坚信自己的国家是天底下最大的国家,终于闹出了笑话。有一次,汉朝派使者来到夜郎,骄傲又无知地国王问道:"汉朝和我的国家哪个大?"他哪里知道自己统治的国家只和汉朝的一个县差不多大。后来,司马迁在《史记》中写道:云贵多山,交通不便,所以夜郎等国王虽为一地之主,但不知汉朝之广大。

夜郎国王如此故步自封,最终夜郎国无声无息地在中国的版图上消失了,可是"夜郎自大"的故事却流传了下来,只惹得千百年来的人们谈笑。

"不以规矩,不成方圆",这是古代的一句名言,告诉人们做事情应该遵守规矩。可是,如果过于刻板,认为规矩只能立而不能改变,那就是大错特错了。我们都知道"大禹治水"的故事,大禹的父亲认为治水就是要筑坝拦截,结果最终被杀头,大禹却一改常规地使用了"疏导法",这正是因为大禹善于变通,能够面对不同的态势做出适时的应变。所以,人应该在实践中慢慢修正自己的思想,让自己跟得上时代的步伐。

赵武灵王是赵国的一位奋发有为的国君,他继位的时候,赵国正处在国势衰落的时期,就连中山那样的邻界小国也经常来侵扰。在和一些大国的战争中赵国更是连吃败仗,国土不断地被蚕食,眼看着就快被别国兼并。

赵武灵王

面对着这样的困境，赵武灵王一直在苦苦思索治国图存的方法。赵国地处北边，经常与林胡、东胡等北方游牧民族接触，他发现胡人都是穿窄袖短袄狩猎作战，就连作战用的弓箭、兵车、长矛也都更加机动灵活，便决定"着胡服""习骑射"，取胡人之长、补中原之短。

"胡服骑射"的命令还没下达，反对的浪潮就一阵接一阵了。大家都认为"易古之道，逆人之心"，所以都拒绝接受变法。赵武灵王却义无反顾，在他看来，智者做事都是根据实际情况来采取对策的，所以怎样有利于国家昌盛就该怎样去做，没有必要拘泥于古人的旧法。

就这样，赵武灵王毅然发布了"胡服骑射"的政令，号令全国着胡服，习骑射，并带头穿着胡服去会见群臣。为了让这一命令真正施行，他训练将士，结合围猎活动进行实战演习。在他的亲自监督下，赵国的军事能力大大提高，不但打败了经常侵扰赵国的中山国，并且还向北方开辟了上千里的疆域，管辖范围直达今河套地区。

赵武灵王"胡服骑射"是我国古代军事史上的一次大变革，被历代史学衰传为佳话。当时的中原王朝把少数民族看作"异类"，而赵武灵王却能够冲破守旧势力的阻挠，坚决实行向夷狄学习的国策，这种勇气和胆识是一般人难以企及的，赵国在他的领导下终于成为"战国七雄"之一。

正所谓"穷则思变，变则通，通则达观天下"，赵武灵王的作为更让我们知道，每个领导者都应该因势变通，只有冲破旧的樊篱，才有可能取得成功。但是，古往今来很多领导者都缺少那种改变的勇气和胆量。这种变通的思想，对于一个思想僵化、保守的领导者犹如洪水猛兽一般，避之犹恐不及。

其实，规则虽然是约定俗成的，但并不是不可改变的，如果死守着狭隘的经验，只是一味地遵守规则，是注定要被社会淘汰的。只有那些乐观而最富创造性的领导者，才能够在纷乱的时局中，保持冷静地头脑，并灵活机动地应对。他们不会做"无意义的固执"，因为他们知道，那样只能为自己的无知付出惨痛的代价。

★变革及时，手段谨慎

征凶，贞厉；革言三就，有孚。

——《周易》

《易经》的第四十九卦是《革卦》。"革：己日乃孚，元亨，利贞，悔亡。"即在己日变革旧的事物，能够使民众深深地信服，前途通畅，坚守正道，最后就会取得成功，悔恨终将会消释。"革"

是改变、变革、革命的意思。因此《革卦》象征着变革，全卦主要说明的是"变"的思想。

《革卦》第三爻有云："征凶，贞厉；革言三就，有孚。"其中"言"指的是马的胸带。"三就"，意思是三重，三匝。出征，凶险，占得险兆；把马的胸带绑三匝，抓到俘虏，打了胜仗。全话的意思是：急进会发生凶险，要以正防危；对于变革的言论，要多次研究周密考虑，赢得人们的信赖，就可以进行变革了。《象》曰："革言三就，又何之矣！"《象辞》解释说："对于变革的言论，要多次研究周密考虑，其他的路是没有的，变革已经势在必行，只有走变革的道路。"这一爻告诉我们：变革要及时，而且变革的手段要谨慎。

中国古代的法家思想就极力反对保守的复古思想，主张及时变革，锐意改革。他们认为历史是向前发展的，一切法律和制度都要随历史的发展而发展，既不能复古倒退，也不能因循守旧。波澜壮阔的历史尚且如此，更何况是我们这些生活在尘世中的普通人。

法家代表人物商鞅曾明确提出了"不法古，不循今"的主张，韩非则更进一步地发展了商鞅的主张，提出"时移而治，不易者乱"，他把守旧的儒家讽刺为守株待兔的愚蠢之人。韩非子不仅仅是这样倡导的，他本人即是这一理论的忠实践行者。

当时战国末年，韩国很弱，常受邻国的欺凌，韩非子曾多次向韩王提出及时改革的主张，并制定一系列改革的方案，但未被韩王采纳。韩非子愤怒之下，写了《孤愤》《五蠹》等一系列文章，这些作品后来集为《韩非子》一书。这些书流传到秦国，秦王嬴政读了韩非子的这些文章，极为赞

韩非子

赏。于是公元前234年，韩非子作为韩国的使臣来到秦国。他一到秦国，观察秦国的现状，立即上书秦王，劝其先伐赵而缓伐韩，并及时进行改革。后来秦国在韩非子变革策略的指导下，日益国富民强，最终成为战国七雄之一，而韩国则日益衰落，最终被兼并。由此，及时变革的重要性可见一斑。

中国历史上有很多这样的事例，许多朝代的大多数国家都是因为及时变革、力挽狂澜而自救于危境，并日益强大和繁盛起来。"变革"重在变，这种变本身就是一个"除旧迎新"的过程。当以前的那一套出现障碍或者说根本行不通的时候，就要及时"思变"，弱则思变，穷则思变，都是说的一个道理。不变就只有在原地踏步，甚至是不进则退，而随机应变就大不相同。及时地清除和改变那些陈旧的、不利的东西，不断接纳、融入和采用一些新鲜的、先进的、活跃的血液，加速"新陈代谢"的进程，只有这样，历史、国家和人类自身才会不断强大、不断进步。

但是仅仅及时地变革还是不够的，及时还要有效，否则也只能是欲速而不达，事倍而

功半。那怎样才能做到及时而有效呢？最关键的一点就是手段要谨慎。磨刀不误砍柴工，不管做什么事情，都要有适当的手段和方法，这样才会事半功倍，变革也一样。但是并不是有了好的手段和方法，就必定大获全胜。在使用合理的手段方法的前提下，如果不周密不谨慎、麻痹大意，纵使方法再好，手段再高明，也会因小失大，甚至于功亏一篑。所以，行事要多次研究，缜密考虑，谨慎处理。

戊戌变法期间，维新派对袁世凯抱有很大的幻想，而袁世凯并不是他们合适的人选，他是个两面派，一面假意和维新派周旋，骗得光绪帝封他为侍郎；另一面在看到慈禧的势力根深蒂固时，他决定投靠旧党，他用假话哄走了谭嗣同，向皇帝请训，向荣禄告密，出卖了光绪帝和维新派。当夜，荣禄赶往北京告变。次日清晨，慈禧临朝训政，囚禁光绪帝，捕拿维新派，百日维新宣告失败。

在辛亥革命中，孙中山也表示如果袁世凯赞成共和，清帝退位，就可以保举袁世凯为临时大总统。可见，孙中山对袁世凯也还是抱有幻想的。虽然孙中山制定了《临时约法》，企图对袁世凯有所约束，但是最终辛亥革命的胜利果实还是被大杀党人、卖国求荣的袁世凯窃取了，因为他正是一个假革命者。

轰轰烈烈的戊戌变法失败了，继之而来的辛亥革命也失败了，导致失败的原因有很多，但有一点是一样的，那就是戊戌变法和辛亥革命的领导者都没有在对任用袁世凯这件事上进行透彻的分析、缜密的思考和谨慎的处理，他们没有看清他的真实嘴脸，在并不十分了解袁世凯的情况下便委以重托，麻痹了头脑，失去了警惕，从而导致革命的失败。

《论语·公冶长》中说道："季文子三思而后行。"这也就是我们常说的"三思而行"，这句话已经成为今天的劝世恒言。而这里的"三思"实际上就是指要反复思考，周密地思考，谨慎地思考，尤其是像变革这样的大事更不能掉以轻心。当然，小事也不能掉以轻心，否则就又违背了谨慎的道理了。

因此正如《易经·革卦》所言："征凶，贞厉；革言三就，有孚。"我们极力主张变革，但变革必须及时，否则只能是亡羊补牢，为时晚矣。而在变革的过程中，又要谨慎地使用有效的方式和手段，因为只有谨慎周密才能使我们的变革朝着胜利的方向行进。

★变中发展，立于不败

泽中有雷，随，君子以向晦入宴息。

——《周易》

《易经》中说："泽中有雷，随，君子以向晦入宴息。"就是说，泽中有雷声，泽随从雷声

而震动,这就是象征随从。君子要遵从合适的休息时间,白天出外辛勤工作,夜晚回家睡觉休息。就是要求人们不要太固执,做事要灵活。

固执在不良心理面前扮演得都是帮凶的角色。它容易使自卑者感到更加焦虑,使多疑者感到更加烦闷,使忧郁者感到更加沮丧,使孤独者感到更加冷落,使恐惧者感到更加不安。你要保持良好心境,就不可不对固执加以防范。

固执的人往往自以为是,听不进别人的意见,只想让别人接受自己的观点。同时,会有一种盲目的自我崇拜心理,以为自己处处都比别人高明,自觉不自觉地把自己凌驾于他人之上。

固执还会成为人际交往的一个障碍,如果不能用理智来评价自身,也就不能客观公正地去评价别人,从而赢得别人的理解和信任;如果总是把自己的观点强加于人,势必会造成别人的心理反感,从而使交往在无形中产生一种"心理对抗";如果固执己见就难免不与人发生争执,从而影响与人的思想交流和融洽相处。过于固执就无法与人沟通,会使你处于孤立无援、举目无友的境地,最终导致怀疑自己的能力,动摇甚至丧失自信。

有一句话说得好:物过刚则易折。

也有句话:大丈夫要能屈能伸。

还有人说:识时务者为俊杰。

一个人一旦顽固不变就会容易"折腰"。

因此,要学会长大,遇事能够随机应变。

《史记·廉颇蔺相如列传》中写道:"赵括自少时学兵法,言兵事,以天下莫能当。尝与其父奢言兵事,奢不能能,然不谓善。"

战国时期的赵国将军赵括,很小的时候就习读兵书,喜欢夸夸其谈。有时,连他的父亲——赵国大将赵奢都很难驳倒他,但赵奢坚持认为赵括并无真才实学。后来的结果是长平一役赵括被秦兵乱箭射死,而赵国四十万大军全部被活埋。

赵括只知道生搬硬套、纸上谈兵,在战场上不能做到随机应变,最终败死。

《庄子·秋水》中的"邯郸学步"里的年轻人更是僵化教条,最后连走路都不会了。

相传在两千年前,燕国寿陵地方有一位少年,不愁吃不愁穿,论长相也算得上中等人才,可他就是缺乏自信心,经常无缘无故地感到事事不如人,低人一等——衣服是人家的好,饭菜是人家的香,站相坐相也是人家高雅。他见什么学什么,学一样丢一样,虽然花样翻新,却始终不能做好一件事,不知道自己该是什么模样。

家里的人劝他改一改这个毛病,他认为是家里人管得太多。亲戚、邻居们说他是狗熊掰棒子,他也根本听不进去。日久天长,他竟怀疑自己该不该这样走路,越看越觉得自己走路的姿势太笨、太丑了。

有一天,他在路上碰到几个人说说笑笑,只听得有人说邯郸人走路姿势很美。他一听,急忙走上前去,想打听个明白。不料想,那几个人看见他,一阵大笑之后扬长而去。

邯郸人走路的姿势究竟怎样美呢？他怎么也想象不出来，这成了他的心病。终于有一天，他瞒着家人，跑到遥远的邯郸学走路去了。

一到邯郸，他感到处处新鲜，简直眼花缭乱。看到小孩走路，他觉得活泼、可爱，学；看见老人走路，他觉得稳重，学；看到妇女走路，摇摆多姿，学。就这样，不过半月光景，他连原本自己走路的姿势也不会了，路费也花光了，只好爬着回去了。

刘备寄居曹操篱下，为怕引起曹操的猜疑，实行"韬晦"之计，在自己的住处的后园里种起菜来了。不料曹操和他青梅煮酒论英雄，一语道破他"英雄"的真面目，刘备惊慌失措，手中筷子不觉落在地下。恰巧这时老天作美，雷声大作，刘备急中生智，以雷声巧妙掩饰而过，在这里是随机应变的能力救护了他。

汉献帝建安二十四年，魏国大将夏侯渊在定军山被黄忠斩杀，曹操得知后亲率大军20万杀奔汉中，要为夏侯渊报仇。黄忠自告奋勇深入敌后去夺取曹军粮草。诸葛亮放心不下，令赵云也领一支人马同去。黄忠在北山脚下被围，苦战多时。不得脱身，赵云见黄忠去后许久不归，急忙披挂上马，前去接应，曾先后两次杀入重围，救出黄忠及其部将张著。曹操在高处看到赵云东冲西突，所向无敌，愤然大怒，自领左右将士追赶。眼看大军追到蜀营军门以外，守营将领张翼看到敌我悬殊，情势危急，慌忙要关闭营门，赵云喝止，一面将弓弩手埋伏到寨外，一面令大开营门，偃旗息鼓，自己单枪匹马立于营外，魏将张口、徐晃先到，看到这番情景，疑心设有伏兵，不敢向前，曹操到后，却催督众军，大喊一声，杀奔营前，这时，赵云大智大勇，依然纹丝不动，魏兵以为确有伏兵，转身就往后逃。赵云乘机把枪一招，蜀军鼓声震天，杀声动地，强弩硬弓一齐射出，魏兵心慌意乱，只顾逃命，互相践踏，死伤累累。逃到汉水边时，又互相争渡，以致落水淹死者无数，大批辎重器械被丢弃，而蜀军无一伤亡，取得了出乎意料的胜利，刘备得知后，亲到现场了解作战经过，非常赞同地对诸葛亮说："子龙一身都是胆也！"在这里我们看到了赵云的英勇气概和随机应变、创造发挥的能力。

曹操拔刀行刺董卓，被发觉后借物随机，顺势改为献刀；曹操马惊踏农田，灵机一动来了个"割发权代首"，无不闪烁着随机应变的智慧之光。

应变是闪烁着才能、机智、胆略之光的高超艺术，好比曹操的"割发权代首"，人们尽可以驰骋自己的想象，但是只能得出这样的结论：唯有曹操在这种特定的环境里，才能急中生智，想出这个两全其美的解决问题的办法。这是一种极富个性的艺术表演。可见，应变没有统一的模式可循，没有固定的规律可依。随机的"机"是多种多样的：有天时，有地利，有人物，有事件，有情况，有势态……应变的"变"也是千姿百态的：可以迎难而上，可以另找新路，可以寻求支援，可以等待时机，可以顺水推舟，可以置之不理……究竟如何？运用之妙，存乎一心。这里的共同点在于，都需要快速灵活的反应，都需要急中生智和临场发挥。

作为一名领导者要想做到随机应变必须有广博的知识，卓越的见识，乐观的个性，非凡的性格,尤其需要长期的实践锻炼,在实践中要放眼世界、开阔视野、勇于创新。

要学会相互贯通、相互促进,不断拓宽视野。没有开阔的视野,没有长远的眼光,就会跟不上时代潮流,就会守旧,就会落后。只有站得高一些,看得远一些,将总结历史经验、反映现实问题和把握未来趋势结合起来,善于从纷繁复杂的现象中揭示本质、展示主流,更好地提高自己的应变能力。

思想大家、艺术大师,无一不是勇于创造、勇于探索的典范。齐白石花甲高龄"衰年变法",自出新意,创造了独特的艺术风格,开辟了中国画的新境界。他对自己的学生说:"学我者生,似我者死。"这深刻说明,创新是艺术的生命,不创新就没有前途。

现在,我们正处在伟大的创新时代,要有敢为人先的胆识,有超越前人的勇气,革除旧观念,打破老框框,不断创新内容、形式、手段和方法,要坚持一切从实际出发,尊重规律、探索规律、自觉运用规律,积极适应人们思想活动的新特点,适应经济社会生活的新变化,要运用现代技术手段和传播方式,站在历史发展潮头,揽四方菁华,纳八面来风,古为今用、洋为中用、博采众长、推陈出新,开风气之先,领时代风骚。

只有在变中求发展,才能永远立于不败之地。

第十章　竞争制胜的智慧与谋略

★有进有退，权宜在我

师左次，无咎。

——《周易》

争讼不已，必起兵端，所以紧接着讼卦的就是师卦。《易经·师卦》云："师左次，无咎。"这是师卦第四爻，爻数为偶，爻为阴爻，为当位之爻。次，止。师左次，即军队止于无用之地。古人以右为上，左次则为后退，居无用之地，就不会与敌人正面对冲撞而没有发生凶险，也就没有灾祸发生。咎，过错、损失。这句话是说，率领军队撤退驻守，以避敌精锐，免得遭受损失。说明深通兵法，懂得用兵有进有退的常理。

《易经》当中有很多兵法精髓，可以称得上是大智慧，它告诉人们，用兵之道，有进有退，无论进退，应该权宜在我。用兵之时，只有保护自己才能消灭敌人，消灭敌人才能更好地保护自己。一味不计伤亡的强进，只能自取灭亡，根本谈不上胜利。《左传·宣公十二年》就曾记载了这样一个故事，可以说是对以退为进最好的诠释。

春秋时期，晋国和楚国是两个比较大的国家，他们为了争夺霸权，相互之间不断进行战争。在晋、楚争霸的过程中，有一个比较弱小的郑国夹在其间，它时而依附晋国，时而又不得不依附楚国。公元前597年，郑国投靠了晋国，没过多久楚王就派兵前来围攻郑国。晋国听说楚国进攻郑国，于是派荀林父、士会、郤克、先縠、赵朔、栾书等人领兵前往救援。

晋国大军到达黄河边时，形势突然发生了逆转。原来，郑国被围困整整17天，招架不住已经降服了楚国。

郑国已降，还要不要继续进攻？晋军内部在退与进上发生了严重的分歧，中军副帅先縠、中军大夫赵括、赵同等人想要继续前进；而中军主帅荀林父、上军主帅士会等人则要求撤兵回国。

士会深明用兵的道理在于观察时机，趁敌人暴露出空隙时发动攻击，才有胜利的希

周易

175

望。可是从当时的形势来看，楚国的德行、政令、典章、礼仪都不违背常规，楚国征伐郑国，是对郑国三心二意，随意背叛的惩罚，楚国也可以说是事出有因。郑国归降，楚国加以赦免，这又是在树立德行。

而且楚国战争不多，民众不疲劳，各行各业都很兴旺，士会已经看到了楚国的强大。更让士会认为不可进攻的原因在于，楚国的军队训练有素、军纪严明，并且一鼓作气攻下郑国，这个时候再去与楚军交锋，犹如以卵击石。所以士会认为，晋军应该回去整顿军队，加强力量，应当赶上楚国、超过楚国，而不是不看实际强弱就去硬拼。看到胜利的可能就出兵，没有可能就后退，这才是治军的好方案。

士会的话虽然有道理，但是先仍旧坚持去攻打楚军，他认为不能长敌人的志气，灭自己威风。而且，怕打仗的话，就会失去晋国霸主的地位，所以绝对不能退兵。甚至说，"作为军队的统帅，却不是以大丈夫而告终，我是绝对不会干的！"

就这样，先凭一时义气，单独率领自己的部队渡过黄河，准备和楚军决战。荀林父没有办法，也只好指挥军队前进。结果晋军损兵折将，被楚军打败。

从这里我们可以看出，军队作战应当知己知彼，才能决定打与不打。不看实际情况就说"打是英雄，退却是怕死"，这不是研究战略的方法。正所谓"见可而进，知难而退，军之善政也"，所以在作战时要见机而动，知道敌方难以攻取而后退，才是积极的原则。

话虽好说，战场上常常一步走错，环环失机，就连这个"知难而退"也有很多讲究。退绝不是一窝蜂地溃逃，长敌人的威风，灭自己的士气，而要达到以退为进的效果。历史上，最著名的以退为进当属"围魏救赵"的典故了。

公元前354年，势力强大的魏国进攻赵国，魏国军师庞涓指挥大军包围了赵国的都城邯郸。赵国实力弱下，连忙向邻国齐国求援。齐王得知了消息，立即决定出兵相助，他任命田忌为将，孙膑为军师，率大军前往救援。

在如何救赵的方法上，田忌主张领军直接去赵国与魏军作战，这一做法立即遭到了孙膑的反对。孙膑认为，魏国的精兵都在攻打赵国，齐军与这些精锐之军交锋一定会大吃苦头，即便打了胜仗也一定损失惨重。可这时的魏国一定空虚，不如采取避实击虚的方法，前往魏国的国都大梁（今河南开封），造成兵临城下、大军压境之势。这样，魏军必然慌了阵脚，火速回救，这时候以齐国的精锐对付那些疲惫的大军，一定可以轻易取胜。

田忌听了孙膑的计策后十分赞同，立即采纳了孙膑的计谋，率军进攻魏国。

庞涓得知消息，果真丢掉粮草辎重，星夜从赵国撤军回国。孙膑则在魏军回国的必经之地桂陵（今河南长垣西北）设下埋伏。待那些长途跋涉、疲惫不堪的魏军抵达桂陵后，孙膑率兵突然出击，庞涓大败，全军覆没。

孙膑的"围魏救赵"退而能守，退而能进，退而形不乱、神不散，把《易经》的"师左次"发挥到了极致，不仅没有招致凶险，避免了与庞涓正面冲突的伤亡，反而以极小的代价取得了大胜利。

对于孙膑的这种做法，春秋末年另外一位著名的军事家孙武十分赞同。孙武在他的

《孙子兵法》中说："昔之善战者,先为不可胜,以待敌之可胜。"他的意思是说,善于指挥作战的人,先要做到不会被敌人战胜,然后伺机战胜敌人,也就是要做到"有备无患"。

中国明代兵书《投笔肤谈》也认为,"凡欲胜人,必先以敌不可胜我之事为之于己,而后乘隙以攻之。"从这些可以看出,用兵作战应遵循先要做到自己立于不败之地,然后再寻机破敌,这是争取胜利的基本原则。

孙膑、孙武的军事思想,都是《易经》"师左次"的发展演变。"师左次",也就是要使敌人无法发挥他的战斗力,避其锋芒。

孙膑

"师左次"的部队看似无用,然而实际上却大有用处。无用即大用,是人生的高明智慧。真正能够于无用处体悟到无用之大用的人,才是真正的贤哲之人。

★别人的退路,自己的出路

九五,显比,王用三驱,失前禽,邑人不诫,吉。

——《周易》

《比卦》第五爻为阳爻,其辞云:"显比,王用三驱,失前禽,邑人不诫,吉。""显比",有光明无私,亲密团结,互相辅助的意思;"三驱",即从三面驱赶;"诫"即戒备。这句话的意思是,跟随君王去田野围猎,大家从三面驱赶野兽,却要网开一面,看着禽兽从放开的一面逃走,君王的部下也被君王的贤德所感化,对于逃走的野兽不加戒备,这是吉祥之相。

对于这一卦,《易经》告诉人们这样的道理:抛弃逆天行事的举动而顺其自然,就好像围猎时网开一面,让该被擒的禽兽落网,不该被获的从前面逃掉,而且听其自然,不加戒备,这样做事情才能取得大成功。正所谓"海纳百川,有容乃大;壁立千仞,无欲则刚",大海的广阔备受人们称赞,而这一切正是因为它能够容纳百川;人只有胸怀广博才能任恩怨沉浮,并在沉浮的世事中取得大成就。

蔺相如对于廉颇的挑衅能做到"引车避匿",出演了一出"将相和",正是蔺相如的"有容乃大"维护了赵国的安定和团结;唐太宗抱着"以人为镜,可以知得失"的态度,面对

魏征的直谏,不断地进行反思,由此才开创了"贞观之治"的太平盛世。只是,要真正地做到"不诚",不仅对待自己的朋友、同事要宽容,即便是对待自己的对手也要如此,做任何事情都应该给人留条后路。

张国焘是江西省吉水县人,曾任中华苏维埃共和国临时中央政府副主席、红军总政治委员等职,历史上曾多次地犯下了严重的错误。长征期间,他反对中央北上抗日方针,妄图用武力挟持中央,分裂红军,自立"中央",结果给革命造成了严重损失。

中共中央意识到问题的严重性,于1937年3月在延安召开政治局扩大会议,深入批判了张国焘的错误,并通过了《关于张国焘同志错误的决定》。可张国焘并没有意识到自己的错误,反而对这一决定十分不满。1938年4月初,张国焘借祭黄帝陵之机逃往国民党统治区,发表反共声明,投向国民党。中共中央无奈之下,只得将他开除出党。

当时,张国焘的家人还在延安,他的妻子找到毛泽东,哭着请求毛泽东给他们母子做个主。毛泽东沉思了一会儿安慰道:"天要下雨,娘要嫁人,他要走、要跑,不愿干革命,那也没办法!他现在在武汉,你们现在也到武汉去,劝说劝说,做做工作,只要他肯回来,我们照样欢迎他。"

于是在毛泽东的支持下,张国焘的妻子带着孩子也到武汉去了,从此他们再也没有回到延安。其实毛泽东最初对于张国焘的妻子并没有多么信任,只是他并不想以此为要挟,而是给他们留下了退路,表现出了真正的大家风范。

给对手留条退路,不仅是对对手的一种尊重和宽容,更重要的是也给自己留下一条退路。《三国演义》故事中,关羽就曾经放走了败走华容道的曹操,不仅成就了大丈夫的美名,更为刘备三分天下奠定了基础。

赤壁一战,曹军大败,曹操带领残兵败将狼狈逃命。在逃亡的路上,曹操不断地遭到伏兵劫杀,最后竟然只剩三百多名骑兵往华容道逃去。

当时正值隆冬严寒的时候,曹操的这三百多骑兵已经是人困马乏,士兵们为了减轻负担,把鞍辔衣服都扔掉,再加上队伍中许多受伤的人,一个个苦不堪言。在华容道上行走了一段时间,曹操突然大笑起来,旁边的人不解,就问曹操缘故。曹操得意地说:"人们都说周瑜、诸葛亮足智多谋,可在我看来他们都还是些无能之辈。倘若他们真的有谋略,就应该在这里设下埋伏,这样我们即便是插翅也难飞了啊!"

曹操的话音刚落,突然在华容道两旁响起了巨大的炮声,关羽率领着五百校刀手截住了曹操的去路。曹操立即意识到自己的处境,但他知道这一仗他必定打不过关羽,于是便开口求情,希望关羽能够网开一面,放他过去。关羽听了曹操的求情,犹豫了起来。关羽是奉军令行事,倘若因私放了曹操,只怕留下祸患,这个罪名他是无法担待的。可关羽又是个义重如山的人,一想起当初曹操对待他的恩义,他又不觉动心。再放眼望去,只见曹军人心惶惶,一个个满脸悲苦,心中更加不忍。就这样,关羽勒回马头,命众军队散开,将曹操大军放走了。

关羽此举看起来似乎是养虎为患,毕竟古语中也有"斩草除根"的说法。但正是关羽

此举,刘、曹、孙互相牵制,使得曹操虽败,却有力地辖制了东吴,三方军队都不敢轻举妄动,谁也无法消灭谁,谁亦无法被消灭,最后形成了天下三分的局面。

给对手留条退路,哪怕对手曾经排挤甚至诬陷过你。你必须意识到,正是你的力量让对手恐慌,你更要知道,睚眦必报,只能说明你无法虚怀若谷。刻薄的语言是一把双刃剑,不仅会伤害别人,更会伤害自己;虚怀若谷,不仅保全了敌人,更可以成就自己。

东汉开国皇帝刘秀曾大败王郎,攻入邯郸。刘秀胜利之后在翻阅前朝公文时,发现很多奉承王郎、侮骂刘秀甚至谋划诛杀刘秀的信件。可是刘秀却对此视而不见,不顾众臣反对,将这些信件全部付之一炬。正因为刘秀的不计前嫌,化敌为友,刘秀的势力才得以壮大,最终成就了他的一番伟业。可见,对待敌人的宽容,不仅是一种"海量",更是一种修养促成的智慧。只有真正能够懂得其中道理的人,才能成为真正的大丈夫。

"泰山不让土壤,故能成其大;河海不择细流,故能就其深。"人们要筑成自己的成功,必然需要他人的协助,甚至是来自于对手的威胁。所以,自如的运用《比卦》所讲的"不诚",就成了智者的最大追求,只有对人对事能够包容和接纳,才能成就你的品质和境界,成就你精神的成熟和心灵的丰盈,这不仅是你对别人的释怀,更是你对自己的善待。

★ 单则易折,众则难摧

有孚挛如,富以其邻。

——《周易》

《易经·小畜卦》云:"九五,有孚挛如,富以其邻。"同前文一样,这里的"孚"仍旧是诚实守信的意思,"挛"是手指弯曲握紧,"挛如"是手握拢的意思,这里表示结合紧密。这句话的意思是,具有诚信的德行,与别人紧密联系并互相帮助,自己致富也要使邻人跟着一同富起来,表明要与人共同富裕,不独自享受富贵。

与人合作是一门很大的学问,《左传·鲁僖公五年》中就有这样一句话,"辅车相依,唇亡齿寒"。当你面临危机的时候,可能有很多人和你一样,也正被某种危机所胁迫,这时候,你们之间的合作就是寻求自保的最有效方法。正如孟子所说,"天时不如地利,地利不如人和",你一个人无法抗衡的危机,众人联手时却很容易渡过难关,这和"单则易折,众则难摧"是一个道理。

唐玄宗时期的名将郭子仪戎马一生,屡建奇功,但他从不居功自傲,忠勇爱国,在朝中有极高的威望。不过,郭子仪也有相处不来的人,那就是唐朝的另一名大将李光弼。郭子仪和李光弼都是朔方节度使安思顺的属下部将,这两个人的矛盾由来已久,平时互不讲话,更不服气对方。有时实在避不开在一张桌子上吃饭,也要怒目相视,势同仇敌。

天宝十四年（公元755年），范阳（今北京西南）节度使安禄山造反，率兵一路攻向长安。唐明皇仓促入蜀，皇太子李亨在灵武（今青铜峡市东北）即位，召集各路军队抗敌，拜郭子仪为兵部尚书，统领全国各大军镇。李光弼就成了郭子仪的部将。李光弼暗自担心，生怕郭子仪刁难他，曾想调到别的方镇去，可还没等他开口，郭子仪就找上他了。

原来这时候朝廷要郭子仪挑选一位得力的大将，去平定河北，郭子仪立即就推荐了李光弼。李光弼得知消息大吃一惊，在他看来，郭子仪此举不过是在借刀杀人，让他去送死，可是朝廷成命又不能

唐玄宗

不服从。无奈之下，李光弼打算向郭子仪低头，他甘愿受死，只希望郭子仪能放过他一家老小。

郭子仪听了李光弼的话后泪流满面，他紧紧地抱住李光弼，告诉他说，"如今国家遭此大难，皇上避乱在外，这正需要我们同心协力对付叛敌。眼下，国家就需要你这样人才，怎么能对从前的那些个人恩怨耿耿于怀呢"，李光弼听了非常感动。两人手扶手相对跪拜，前嫌尽释，终于平定了安史之乱，解除了大唐王朝的生存危机。

郭子仪能够尽释前嫌与李光弼联手抗敌十分值得人称道。无论两个人存在怎样的过节，毕竟两人都是大唐名将，算不得是真正的敌人，真正有大智慧的人，为了寻求发展，甚至敢与自己的竞争对手、自己的敌人联手，达到真正的共赢。道理虽然简单，但有时候，一个简单的道理，却足以给人意味深长的启示，中国历史上著名的以弱胜强的赤壁之战就是如此。

经过官渡之战、北征乌桓，曹操完成了统一北方的战争，打算南下统一全国。汉献帝建安十三年（公元208年），"曹操率领水陆大军，号称百万，发起荆州战役。"用王夫之在《读通鉴论》中的话来说是"乘破袁绍之势以下荆、吴"，企图一举消灭刘表和江东的孙权，统一天下。就在这时候，刘表病逝，刘表的次子刘琮在新野（今属河南省）投降了曹军，曹军又得到荆州水军的充实，水战实力大增。

当时的刘备正依附于刘表，听闻刘琮投降，连忙带领自己的余部往南撤离。当时江陵（今湖北江陵）贮藏有很多刘表的粮草和兵器，刘备大军因此齐聚江陵。可没过多久，刘备就在长坂坡（今湖北当阳东北）之战中被曹操击溃，江陵失陷。

这时候，东吴也接到曹操威胁的书信，要孙权主动投降。孙权早就料到了这样的局面，便打算和刘备联手，可是，曹操百万雄兵，孙权只怕孙刘联手也不能与曹操相匹敌，再

国學智慧全書——經學智慧

加上孙权营中很多谋士都希望投降曹操，孙权一时也慌了阵脚。

就在孙营中，很多人都希望投降曹操的时候，谋士鲁肃却极力主张联合刘备，共同抗击曹操。孙权在他的游说下，终于认同他的想法，派他前往刘备营中，请求联合抗曹。刘备深明其中道理，立即派遣诸葛亮随鲁肃一同前往东吴。就这样，原本是一对水火不能相容的敌人，在面对大敌压境的危险时，终于联合抗曹。并取得赤壁之战的胜利，最终形成了魏、蜀、吴三国鼎立的割据局面。

由此可见，敌对的双方不一定非要摈弃合作，有时候，敌对的双方必须在竞争中做到"挛如"，才能为竞争的各方营造一个良好的竞争环境。《易经》讲述的"互利互惠"的道理在今天的市场竞争中也同样重要，合作共赢已经成为竞争各方普遍的认识，在合作中竞争，在竞争中合作，只有这样才能以开放、自信的竞争心态来面对未来。

國學智慧全書

周易

第三篇 《尚书》智慧通解

导读

《尚书》的名头极大,真有"如雷贯耳"之感。

《尚书》形成以后,一直是统治者必读的书籍。历代帝王,无不以《尚书》为安邦定国的规范,其影响之深远,无可估量。

据陈梦家先生统计,《论语》《孟子》《左传》《国语》《墨子》《礼记》《荀子》《韩非子》《吕氏春秋》等先秦著作,常常引述《尚书》的内容,但均只称《书》,至汉代始称《尚书》,意思是"上古之书",作为儒家根本经典的一种,又被叫作《书经》。汉武帝尊崇儒术,建元五年设置五经博士,《尚书》即为其一。以后一直到清朝,无论是在教育体系中,还是在学术领域内,《尚书》都备受尊崇。

要了解和研究中国古代社会,必须阅读《尚书》,阅读《尚书》可以帮助我们抓住中国古代社会政治思想的核心。《尚书》所体现的思想,虽然是封建社会乃至奴隶社会、原始社会末期的产物,但并未全部过时,大量精彩论述和警句,足可给现代人类社会以启迪。

第一章 管理之道，知易行难

★治理之道，重要者三

大禹说："将文德教化传布到四海，恭敬地秉承舜帝的教导。"又说："如果君主认为当好君主很难，大臣也认为当好大臣很难，朝政就会得到很好的治理，黎民百姓也会努力遵行德教了。"

舜帝说："是啊！倘若确实如此，好的意见就不至于被埋没，贤德之人也不会隐居民间，众多邦国都能够共享太平。遇事与众人商量，舍弃自己的错误想法，采纳他人的正确建议，不虐待鳏寡孤独者，不抛弃困苦贫穷人，这只有尧帝才能做到。"

益说："啊！尧帝的恩德广大而深远，既圣明，又神妙，既有武功，又能文治。皇天器重尧因而授命，使他拥有四海，成为天下的君王。"

禹说："遵循道理者获吉祥，顺从悖逆者有凶险，这就像影子紧随形体，回响应和声音一样。"

益说："啊！应该警戒啊！要戒备没有预料到的事件，不要违背法则制度。不要放纵游玩，不要过度享乐。任用贤人不要三心二意，除去奸邪不要犹豫不决。可疑的谋划不要实施，各种的思虑理应光明。不要违背正道去谋求百姓的赞誉，不要违逆百姓而听从自己的私欲。如果坚持实行而不懈怠、不荒废，四方各族就会来尊您为王。"

禹说："啊！舜帝，您要考虑益所说的话啊！君德就是善于治理政事，治理政事在于教养人民。水、火、金、木、土、粮食六件事要整治妥当，端正德行、便利用物、富足生活三件事要协调办理。这九件事要安排好，九件事安排好了，人民就会歌颂君王的德政。要用美德来教诲，用刑罚来监督，用九歌来劝勉，使德政不致遭到败坏。"

舜帝说："是啊！水土既已平治，万物得以成长，六府（水、火、金、木、土、粮食）三事（端正德行、便利用物、富足生活）确实得到治理，千秋万代永享其利，这全是你的功劳。"

舜帝说："来吧！禹啊。我居于帝王之位有三十三年了，现在年事已高，被辛劳的政事搞得疲惫不堪。你当勉力不息，统率我的士众。"

禹说："我的德行尚不能胜任，百姓不会依从。皋陶勤勉地布行德惠，恩德下及于民，百姓都归附他。舜帝您要考虑啊！念之而不忘固然在于皋陶。舍之而他求也只在于皋

陶,称说于口固然在于皋陶,诚发于心也只在于皋陶,舜帝您要考虑他的功劳啊!"

舜帝说:"皋陶,那些庶民百姓,没有人敢冒犯我的政令,是因为你担任了刑狱之官,明确五种刑罚,用来辅助(君臣、父子、夫妇、长幼、朋友)五品教化,帮助我治理政事。用刑正是期望以后不必用刑,使人们服从中正之道。这全是你的功劳,应该受到鼓励啊!"

皋陶说:"舜帝您德行无亏,对待臣下简易不烦,统治百姓宽厚不苛;惩罚不株连子孙,赏赐却延及后代;无论多大的过失犯罪都能饶恕,无论多小的故意犯罪都要惩罚。判罪可轻可重的就从轻发落,赏功可轻可重的就从重赏赐;与其误杀无罪人,宁可放过犯法者。您爱惜生灵的美德,润泽在人民心中,因此人们不会犯法而在官府受惩。"

舜帝说:"使我能够如愿地治理国家,四方百姓像风吹草伏一样纷纷响应,这全是你的美德所致啊。"

——《尚书·大禹谟》

如何才能治理好国家,这是每一位国家领导人都极为关注、并时时在考虑的问题,古今中外有关论著也已经出现了不少。那么,我们上古的圣贤是怎样说的呢?

由于治水有功,后来继承虞舜登上帝位的大禹说:如果君王以为君王难当,大臣以为大臣难做,朝廷上下就会形成谨慎从事、勤奋工作的风气。君王的美德表现在管理国家事务当中,而国家事务的首要问题,是如何提高人民的思想品质,改善人民的物质生活,所以必须做好六府三事。六府指水、火、木、金、土、粮食,这六样物资是老百姓日常生活须臾不可缺少的,务必安排妥当;不然,会造成恐慌,引起天下大乱。所谓三事指正德、利用、厚生,即通过思想教育,使人们的道德行为合乎规范;发展贸易,扩大生产,让老百姓生活便利,日常用品不致缺乏;轻徭薄赋,不夺农时,使天下黎民丰衣足食,日趋富裕。这三件事处理好了,国家自然太平,民众自然安定。六府三事都很实际,看似简单,却道出了治国安民的要谛。

大禹

大禹阐述了治理好国家首先必须做好的具体事项,而协助大禹治水有功的伯益,则对治国之君本身提出了基本要求。他认为:君王不可迷恋于醇酒美色,不可沉湎于游乐田猎。不要违反正道去谋求百姓的一时称誉,也不要悖逆人民意愿而满足自己的私欲。用人勿疑,不应三心二意;除恶务尽,不可犹豫不决。有疑惑的计划不要实施,思想行为应该光

明正大。还要预先防备突发事件的发生，以免临阵手忙脚乱，陷于被动。

皋陶身为王家大法官，自然从以法治国和怎样量刑方能促使社会安定谈起。他说：无意的过失应当免于刑事责任，故意的犯罪应当依法严惩不贷。判决之前不能确定任何人有罪，量刑可轻可重的就宜从轻发落。与其误杀无辜者，宁可放过有罪人。皋陶的法律思想，与现代司法制度倒颇有几分近似呢。

大禹、伯益、皋陶分别从事、人、法三方面论述了如何才能治理好国家的要领，不管我们今天从政还是经商，均可从中获取有益的启发。

★治国之道，知易行难

"国家太平或动乱全在于百官。官职不应授予偏爱亲近的人，要以才能为标准。爵位不该赐给品德恶劣的人，要以贤明为标准。考虑是合理的才实施，实施时还要选择时机。自负美德，反而丧失自己的美德。自夸才能，反而丧失自己的功绩。做任何事情，都要有所准备，有准备就没有后患。不要宠幸小人而自讨侮辱，不要耻于认错而文过饰非。行为举止能安于义理，处理政事就精纯不杂。祭祀过于频繁，这叫作不恭敬；祭礼太过烦琐，也会导致扰乱；这样侍奉鬼神难以取得效果。"

商王武丁说："说得真好啊！傅说，你的话令人信服。如果你不善于言辞，我听不进就不会去实行。"

傅说跪拜叩头，说："懂得道理并不难，付诸实行才艰难。君王您正心诚意，不以为难，的确符合先王的盛德，我傅说如果不讲就有过错了。"

——《尚书·说命中》

"知易行难"是中国古代认识论的命题，语出《左传·昭公十年》："非知之实难，将在行之。"又《尚书·说命中》贤相傅说对商王武丁论述治国之道，也说："非知之艰，行之惟艰。""知易行难"的主要意思是，晓得道理并不困难，难的是能够实行。孙中山倡导国民革命，为了批判当时革命党人在革命面前惧怕困难的退缩情绪，便以"心理建设"为号召，宣扬"知难行易"，认为"行先知后"，"不知亦能行"。其实，无论"知易行难"还是"知难行易"，都强调了"行"的作用。

我们且来看一下傅说对武丁是怎样说的。傅说说：不要轻易发号施令，不然会招致羞辱；不要随便调兵遣将，不然会引发战争。任命文官要看他是否称职，进用武将要看他能否胜任；授官赐爵不能任人唯亲，要以才干、品行为标准。有备才能无患，合理才会成功。重大决策要考虑清楚方始实施，实施时还需选择时机。骄傲自满会导致落后，从善如流将受益无穷，所以不要耻于认错而文过饰非。这些治国的道理明白地摆在你面前，懂得它其实并不困难，付诸实行才真是困难呢。

★得道多助，失道寡助

"帮助贤能之人，辅佐仁德之人；表彰忠贞之人，进用良善之人。兼并弱小的国家，攻击昏庸的诸侯；夺取动乱的政权，轻慢亡国的君主。该灭亡的就促使他灭亡，该生存的就帮助他巩固，如此国家才能昌盛。道德日益更新，万国都会归附。内心自我满足，亲戚也会背离。大王您要勤勉地彰明大德，在人民中建立中正之道，用义的原则裁定事务，用礼的原则控制思想，并把中正之道流传给子孙后代。我听说：'能自己找到良师者可以称王，自以为人不如己者必然灭亡。谦虚好问就能充足，刚愎自用只会狭隘。'啊！要谨慎从事到事情终结，必须从一开始就要小心。有礼者得到建树，昏暴者终将覆灭。恭敬地崇奉上天之道，就能永远保持上天令您为王的任命。"

——《尚书·仲虺之诰》

夏朝最后一个君王桀昏乱残暴，引起天怒人怨，老百姓甚至说："时日曷丧，予及汝皆亡。"意思就是夏桀你什么时候才能死呢？我们宁愿与你同归于尽。怨恨之意溢于言表、深入骨髓。新兴的商国首领成汤却宽厚仁爱，不近声色，不贪财货，从善如流，有过则改，深受民众爱戴。成汤为了救民于倒悬，顺天应人，征伐夏朝，所到之处，人民箪食壶浆，以迎大军，年轻丁壮，还随军效命。据说成汤东征则西方人民埋怨，南征则北方人民不满，说：为什么不先来拯救我们呢？渴盼之情若大旱之望云霓。这场战争的结局也就诚如孟子所言："得道者多助，失道者寡助。寡助之至，亲戚畔之；多助之至，天下顺之。以天下之所顺，攻天下之所畔；故君子有不战，战必胜矣。"

"得道多助，失道寡助"的事例在古今中外屡见不鲜。窃国大盗袁世凯拥有北洋重兵，武力不可谓不强；在辛亥革命期间出兵向革命党要挟议和，一面威胁孙中山退让，一面挟制清皇帝逊位，窃取了中华民国临时大总统之职，谋略不可谓不足。可是一旦他倒行逆施，宣布改元洪宪，准备即皇帝位时，即众叛亲离，蔡锷于云南率先发难，贵州、广西、广东、浙江诸省纷纷响应，结果不仅被迫取消帝制，并且在举国声讨中忧惧而死。袁世凯的遭遇，亦可为"得道多助，失道寡助"的又一佐证。

★ 失民心者，必失天下

太康身居王位却不理国政，因贪图安乐丧失了国君应有的品德，黎民百姓对他都怀有二心。而太康仍然享乐游逸毫无节制，在洛河的南面打猎，百来天也不回去。有穷国的君主羿，趁着百姓对太康已不堪忍受，就守在黄河北岸阻止他返回国都。太康的五位弟弟，侍奉他们的母亲跟随打猎，等候在洛河的弯曲处。五位弟弟都埋怨太康，因此遵循大禹的训诫而作歌辞。

第一首说："我们伟大的祖先夏禹曾有训导：'对待百姓只可亲近，不可疏远。百姓是国家的根本，根本稳固了国家才能安宁。'现在我们众叛亲离，看来天下所有的男男女女，都能胜过我们了。一个人有许多过失，难道非要等民怨明朗化的时候才能知道吗？应该在事端尚未形成时就及时处理。我们面对亿万民众，畏惧的心情就像用朽烂的缰绳驾驭六匹骏马一样。作为人民的君主，为什么不警戒呢？"

第二首说："大禹的训诫有这样的话：'在内迷惑女色，在外沉溺游猎；饮酒没有节制，酷爱靡靡之音；身居高屋广厦，更添画墙雕梁。只要在这几项中占有一项，就没有什么人会不遭灭亡。'"

第三首说："那帝尧以及舜、禹，拥有以冀州为中心的天下四方。现在太康丧失了帝尧的治道，搞乱了帝尧的法度，于是导致灭亡。"

第四首说："我们圣明的祖先大禹，是天下各诸侯国的君主。他有治国的典章和法则，遗留给后世的子孙。商品贸易公平合理，国家库藏也很充足。现在太康荒废丧失了祖先的功业，以致宗族覆灭、祭祀断绝。"

第五首说："啊呀，我们归向何方？我想起来就感到悲伤。万民都怨恨我们，我们将找谁作为依傍？我的心情忧愁郁闷，羞容满面惭愧难当。平时不注重自己的德行，即使后悔难道还能补偿？"

——《尚书·五子歌》

相传夏启的儿子太康沉溺于游乐田猎，荒废政事，不理民情。老百姓已经不堪忍受、怀有二心，可是太康对此却毫无察觉，依然放纵游逸，去洛河南面狩猎，过了一百多天竟然还不想回归都城。有穷国主羿看到太康确已丧失民心，就率军驻守在黄河北岸，阻止太康返国，从而使他失去了王位。

太康失国，原因就在于他彻底丧失了民心。唐太宗李世民说：皇帝似船，百姓似水；水能载舟，亦能覆舟。得民心者得天下，失民心者失天下，这是亘古不变的真理。

太康往洛南打猎，他的五个弟弟侍奉他们的母亲同去了。太康被阻后，五个弟弟也

有国难奔,有家难投,于是作了五首歌诗,表示对太康的指责和怨恨,这就是有名的《五子之歌》。

★无不可信,人事需尽

天命论起始于文明时代初期,当时生产力水平极为低下,普遍产生对自然力的崇拜,于是创造出一个超人间力量的代表——天帝;这个天帝不但有意志、有人格,而且主宰一切,国君只不过是天帝在人间的代理人,故而称作天子,天子受命于天,是人世间的永恒主宰。

可是,成汤灭夏以后,天命论就出现了漏洞。夏王朝不是受命于天吗? 天命不是永远不会改变吗? 为什么竟然一下子灭亡了呢? 这个严峻的现实,不能不引起人们的重新思考。因此,商朝重臣伊尹总结历史教训,提出"天难谌,命靡常",即天命难信、天命无常的观点。

及至周朝,随着社会历史的发展变化,尤其又经历了周武革命,"天难谌"的新思想基本确立。周公在论述治国之道时说:周朝接受了天赐大命,我不敢就认为我们的基业会永久安定;上天诚心帮助我们,我也不敢认为我们的结局会遭遇不幸。天命不容易保持,上天难以信赖,要人民服从统治而没有怨尤、

成汤

违背,只有事在人为。他已经把着眼点从"天"转移到"人",强调"信天命不如尽人事"了,这种认识是人类认识史上的一个重大进步和发展。

当今社会,相信宿命、诸事求神拜佛者不乏其人。其实,烧香不如积德,信天命不如尽人事,要想趋吉避凶、事业成功,只在于你自己是否能坚持正道、勤勉工作,《周易》也教导我们要"守贞持固""自强不息"呢。

第二章 治国必先富民

★治国首务，必先富民

禹曰："洪水滔天，浩浩怀山襄陵，下民昏垫。予乘四载，随山刊木，暨益奏庶鲜食。予决九川距四海，濬畎浍距川；暨稷播，奏庶艰食、鲜食。懋迁有无化居。烝民乃粒，万邦作乂。"

——《尚书·益稷》

《论语·颜渊篇》："子贡问政。子曰：'足食、足兵，民信之矣。'"《管子·牧民篇》也说："凡有地牧民者务在四时，守在仓廪。国多财则远者来，地辟举则民留处。仓廪实则知礼节，衣食足则知荣辱。"圣人孔仲尼与贤人管夷吾说的，其实是同一个道理，即治国必先富民，也就是说，只有经济繁荣，才能政治稳定。

自古"民以食为天"，"有恒产者有恒心"（《孟子·滕文公上》），让老百姓温饱、富裕，是社会安定、事业发展的基本条件。当尧、舜之时，洪水滔天，怀山襄陵，赤县神州，已是一片汪洋。后来大禹出来治水，与伯益一起把渔猎所获的肉食分送给老百姓果腹充饥，然后率领他们凿山建坝、疏通河道，使洪水流入大海。大地重新露出水面，可以耕作了，禹便和后稷一道教民农桑，让老百姓垦荒种田，获得赖以生存的粮食，国家也相应收到各地贡赋。水土平治，恢复农事以后，禹又鼓励百姓从事贸易，互通有无，调剂余缺。于是四方黎民皆得以丰衣足食，全国各地也开始得到

伯益

治理。

大禹治水、治国之所以成功，"克勤于邦，克俭于家，不自满假"，固然是重要原因，但深明"治国必先富民"的道理，也是一个极为重要的因素。

★天道无亲，常予善人

"凡我造邦，无从匪彝，无即慆淫，各守尔典，以承天休。尔有善，朕弗敢蔽；罪当朕躬，弗敢自赦，惟简在上帝之心。其尔万方有罪，在予一人；予一人有罪，无以尔万方。呜呼！尚克时忱，乃亦有终。"

——《尚书·汤诰》

商汤率领各路诸侯在安邑西的鸣条大败夏桀，又乘胜消灭了三嵏，于是登上天子宝座。回到都城亳之后，天下万邦纷纷前来朝觐，汤趁机向他们昭告讨伐夏桀的原因和理由。史官记录了这件事，写成《汤诰》。在这篇诰词里，强调了"天道无亲，常予善人"的观点。

"天道无亲，常予善人"，是对古代天命观的进一步完善。古人认为，上天是万事万物的主宰，能授予人统治天下的大命。随着时代的进步，人们不禁又提出上天将大命赐给怎样的人，人一旦得到天命又该如何保持的问题。历史给予的答案是，一要"敬德"，二须"保民"，换言之，即"天道无亲，常予善人"。

关于天命与德的关系，《尚书》诸篇多有叙述。《大禹谟》："帝德广运，乃圣乃神，乃武乃文。皇天眷命，奄有四海，为天下君。"谓尧帝的美德广大深远，皇天怀念而授命，使他拥有四海。《太甲》："先王顾

夏桀

諟天之明命，以承上下神祇。社稷宗庙，罔不祗肃。天监厥德，用集大命，抚绥万方。"说上天看见了汤的大德，就降下重大使命，要他安抚天下。在《咸有一德》中，伊尹对太甲的训辞讲得更是非常明确。伊尹说：天命无常，天道无亲，如果修身养德，君权就能稳固；如果失德败行，国家将会灭亡。夏桀傲慢神灵，残害百姓，不能修德，于是皇天更改夏的正

朔,让具有纯一之德的成汤接受天命,统治万民。上天并不是偏爱殷商,只因为上天扶助具有纯一道德的人;殷商亦未曾招徕下民,只因为下民归附具有纯一道德的人。德如果纯粹专一,便无往而不吉利;德如果反复无常,便无往而不凶险。吉凶表现在人身上没有偏差,是由于上天根据德性降灾赐福。君王唯有始终如一、坚持不懈地更新自己的品德,方能保守上天赐予的福命。

能否接受并保持天赐福命,还有一条标准,就是民心向背。《皋陶谟》说:老天听取意见、观察问题,是从天下万民所闻所见而来;老天表彰好人、惩罚坏人,是从天下万民所爱所憎而来。上天下民的意愿是一致的。《左传》引《泰誓》也说:"民之所欲,天必从之。"《尚书》的许多篇章,都阐明了天从人愿的道理。

能够"敬德""保民",就是善人,必然接受天命;反之,则为暴君,终将丧失国运。古代天命观从"天子受命于天,亘古不变",发展到"天道无亲,常予善人",实在是一个了不起的进步。

國學智慧全書

尚书

第三章 齐家、治国、平天下从修身始

★警诫自己，念念不忘

"呜呼！嗣王祗厥身，念哉！圣谟洋洋，嘉言孔彰。惟上帝不常，作善降之百祥，作不善降之百殃。尔惟德罔小，万邦惟庆。尔惟不德罔大，坠厥宗。"

——《尚书·伊训》

《史记·殷本纪》载："汤崩，太子太丁未立而卒，于是乃立太丁之弟外丙，是为帝外丙。帝外丙即位三年，崩，立外丙之弟中壬，是为帝中壬。帝中壬即位四年，崩，伊尹乃立太丁之子太甲。太甲，成汤嫡长孙也，是为帝太甲。"太甲继位以后，老臣伊尹爰作《伊训》，用先王美德训导年轻的新主。

伊尹

伊尹先追述成汤努力学习做人道理、注重自身品德修养的往事，说成汤从谏如流，见贤思齐；宽以待人，严以律己；居上不骄，居下尽职；不以善小而不为，不以恶小而为之；从修身、齐家做起，终于完成了治国、平天下的伟业。接着，又从反面总结夏桀败亡的历史教训，指出"三风十愆"是失位亡国的根本原因。所谓"三风"，为巫风、淫风、乱风；"十愆"，指恒舞于宫、酣歌于室、贪图钱财、沉迷色欲、成天游乐、终日狩猎、轻慢圣言、违逆忠良、疏远有德老臣、亲昵愚顽小人。最后，伊尹引述成汤的话说：这三种坏风气、十种坏行为，邦君、卿士只要沾染上其中一样，就将导致丧国败家。

伊尹的训导，虽然是针对太甲而言，目的是为了维护殷商统治，但也为我们数千年之

后的人留下了修身的箴言。

★唯有德者，能有天下

王敬作，所不可不敬德。我不可不监于有夏，亦不可不监于有殷。我不敢知曰，有夏服天命，惟有历年。我不敢知曰，不其延。惟不敬厥德，乃早坠厥命。我不敢知曰，有殷受天命，惟有历年。我不敢知曰，不其延。惟不敬厥德，乃早坠厥命。今王嗣受厥命，我亦惟兹二国命，嗣若功。

——《尚书·召诰》

春秋叔孙豹曾经说过："太上有立德，其次有立功，其次有立言，虽久不废，此之谓不朽。"几千年来，至少在观念上，中国人始终将"立德"置于最重要的地位。历代忠臣贤士劝谏君王，也大都以"德"为主要内容，认为唯有德者能有天下。

中国历史上与周公齐名的召公奭，在向周成王汇报营建洛邑的工作情况时，曾着重谈论了君王个人品德与取得天下、保有天下的关系这个问题。召公先是总结夏、商两代失去天下的教训，"唯不敬厥德，乃早坠厥命"，从反面说明奉行道德的重要。又把"德"与"天命"联系起来，指出唯有"敬德"，方能"祈天永命"，永远享有上天赐予的统治天下的大命，进一步阐明品德修养的必要。接着，召公具体论述"敬德"的内容，要求国君具备天子应有的品德，作天下臣民的表率；并能爱护、教养天下万民，以小民的快乐使上天高兴。召公谆谆告诫成王"疾敬德"，这"疾"字用得很有力量，不仅体现了"敬德"的重要性，也反映了召公殷切的心情。

纵观《尚书》，凡周朝君臣训诫殷商遗民，必强调天命，而他们内部议事，却注重"敬德"，个中区别是应当予以充分注意的。宋人陈栎在《书经传说汇纂》中说，"天命不可恃，祖宗不可恃，惟敬德，庶可凝固天命"，这段议论，恰好可以做"唯有德者能有天下"的注脚。

★作民父母，为天下王

曰：天子作民父母，以为天下王。

——《尚书·洪范》

中国历代王朝的大臣都喜欢说要致君于尧舜，然而，究竟怎样做才能成为一个明君呢？被称为治国根本大法的《洪范》，对这个问题作了简要的回答。

《洪范》第五条"皇极"认为，君王应当建立起至高无上的法则，这个最高法则就是遵守国家法令，维护现行的道德规范。要让老百姓衷心拥护这些法令和道德规范，君王就必须将各种恩惠普遍赐给臣民，并重视"有猷有为有守"的俊杰，宽容"不协于极，不罹于咎"的落后分子，奖励"而康而色，曰'予攸好德'"的积极向上的人。《洪范》"皇极"还为天子施政提供了两条原则：一为"无虐茕独，而畏高明"，一为"凡厥正人，既富方谷"。前者的意思是不要虐待无依无靠、至卑至微的穷人，而要尊敬高贵显赫、势力强大的贵族。《论语·季氏》曰："君子有三畏：畏天命，畏大人，畏圣人之言。"《孟子·离娄上》亦云："为政不难，不得罪于巨室。""高明"与"大人""巨室"是同义语，"畏高明""畏大人"，"不得罪于巨室"都是说，对待声势赫奕的大家贵族

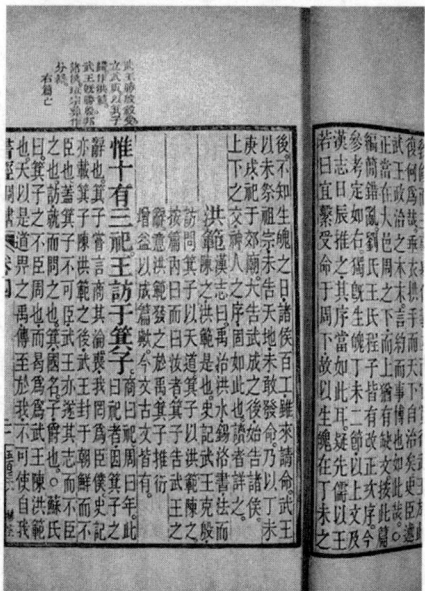

《洪范》书影

要敬畏谨慎。因为天子不过是贵族的代表，他们的根本利益是完全一致的，天子当然不可能也不可以自毁王位的基础。后一条的意思是：凡属在位官员，均要给予他们丰厚的待遇，才能使官员为善行德，不致陷入贪污受贿、搜刮民财的罪恶泥淖。这一条颇类似于现代人说的"高薪养廉"，后世多有沿袭采用者。据报载：为了更好地吸引有才干的人，也为了消除政府腐败，增加与私营企业的竞争力，新加坡政府决定从一九九五年七月起，提高部长级官员和高级公务人员的薪水。部长级官员的工资与银行家、地方工业公司负责人、跨国公司老板、审计师、工程师、律师这六个行业的最高收入者挂钩，高级公务员也参照这六个行业高级工作人员的薪水标准。可见，即使在现代社会，高薪养廉也不失为一条行之有效的方法。

國學智慧全書——經學智慧

"皇极"最后规定了君王的行为标准应该是"无偏无陂,遵王之义;无有作好,遵王之道;无有作恶,遵王之路",用"天子作民父母,以为天下王"作为圣明天子的定义。

★九德素质,领导必修

禹曰:"何?"

皋陶曰:"宽而栗,柔而立,愿而恭,乱而敬,扰而毅,直而温,简而廉,刚而塞,强而义。彰厥有常吉哉!日宣三德,夙夜浚明有家。日严祗敬六德,亮采有邦。翕受敷施,九德咸事,俊乂在官。百僚师师,百工惟时,抚于五辰,庶绩其凝。"

"无教逸欲,有邦,兢兢业业,一日二日万几。无旷庶官,天工,人其代之。天叙有典,敕我五典五惇哉!天秩有礼,自我五礼有庸哉!同寅协恭和衷哉!天命有德,五服五章哉!天讨有罪,五刑五用哉!政事懋哉,懋哉!天聪明,自我民聪明。天明畏,自我民明威。达于上下,敬哉有土!"

皋陶曰:"朕言惠可厎行?"

禹曰:"俞!乃言厎可绩。"

皋陶曰:"予未有知,思日赞赞襄哉!"

——《尚书·皋陶谟》

"君子之德风,小人之德草;草上之风,必偃"(《论语·颜渊》),领导人的一言一行,对天下百姓都有着莫大的影响,所以要坚持不懈地"正心、修身"。然而,作为一个领导人物,到底应当具备怎样的素质呢?先贤皋陶的答复是:"亦行有九德。"

所谓"九德":一曰"宽而栗"。宽者,豁达也,宽大也;豁达的人遇事易犯满不在乎的毛病,因而必须补之以"栗";栗,同傈,即谨慎也。二曰"柔而立"。柔者,柔顺也;柔顺的人大都有不敢坚持自己意见的缺点,因而必须补之以"立";立,即卓立也。三曰"愿而恭"。愿者,谦逊也;谦逊的人常常会屈从,易随大流,因而必须补之以"恭";恭,即庄重也。四曰"乱而敬"。乱者,治也,具有排乱解纷、治理邦国之才干也;能干的人常会恃才傲物,亦会过分自信而办事疏忽,因而必须补之以"敬";敬,即恭敬也,亦含有认真之意。五曰"扰而毅"。扰者,驯服也,意谓能听取他人意见也;驯服的人容易失之于优柔寡断、缺乏主见,因而必须补之以"毅";毅,即果毅也。六曰"直而温"。直者,耿直也;耿直的人往往态度生硬,因而必须补之以"温";温,即温和也。七曰"简而廉"。简者,简易也;廉者,不苟也。《孔传》云:"性简大而有廉隅。"孔颖达注释道:"简者,宽大率略之名。志远者遗近,务大者轻细,弘大者失于不谨,细行者不修廉隅,故简大而有廉隅,乃为德也。"八曰"刚而塞"。刚者,刚正也;塞者,务实也。《孔疏》云:"塞训实也。刚而能断,失于空

疏,必性刚正而内充实,乃为德也。"九曰"强而义"。强者,强勇也;义者,好义也,行为符合道义也。王引之说:"义,善也;谓性发强而又善良也。"

上述"九德",是领导者修身的标准,从理论上讲,也是领导人必备的素质,但是古往今来,真正能够完全具备"九德"的人,又有几何?

★做个好官,要求有三

成王这样说:"君臣啊,你具有美好的品德,能孝顺父母,尊敬长辈。对父母孝敬、对兄弟友爱的美德,可以用来施政于国家。现在任命你治理王城的东郊成周,切记要敬慎啊! 从前周公教导和安定庶民百姓,民众都怀念他的恩德。你去东郊要谨慎从事你的工作,遵循旧法常规,努力发扬光大周公的遗训,老百姓就会太平安宁。我听说:最完美的政治馨香远闻,能感动天上神明。黍稷的香味不会远扬,美德的芬芳才会万里飘香。你要效法周公所教诲的治国方法,每天勤奋不怠,不要安闲享乐。大凡常人没有遇见圣人,就好像自己所学无成是由于不能见到圣人的缘故;已经遇见圣人了,又不能依从圣人之道。你可要以此为戒啊! 你似风,百姓似草,风吹草动,上行下效。处理政事,没有一件是不艰难的。有废除,有兴办,要反复同你的士众商量,众人意见相同,还须寻究深思而后施行。你有好的谋划,就要进入内庭报告你的君主让他认可,然后在外面推行,并且说:'这些谋划出自君主,全是我们君主的恩惠。'啊! 人臣都像这样,就会臣子良善、君主显耀了!"

成王说:"君臣啊,你要弘扬周公的伟大训导,不要依仗权势擅作威虐,不要倚恃刑法施行苛政,应当宽容有制,举动和谐。殷商遗民犯有罪行,我说要处罚,你不必苟同去处罚;我说要赦免,你不必苟同去赦免,应当公正合理地判决。有人不服从你的政令,不接受你的教化,只能用刑罚来制止犯罪,那你就施用刑罚。有人习惯于犯法作乱、破坏伦常、伤风败俗,犯了这三种罪行,虽然轻微也不要赦免。你不要对冥顽不化的人愤怒憎恨,也不要对人求全责备。必须有耐性,才会获得成功。必须有度量,品德才能伟大。鉴

周公

196

别那些工作优秀的人，也鉴别出有一些工作不佳的人。进用那些品行良好的人，以此带动有些品行不良的人。老百姓本性淳厚，由于外物影响而有所变化，以致违抗君主命令，顺从自己嗜好。你能够重视常法、合乎道德，他们就没有人不会改恶从善，从而使你的政教确实上升到大道的境界。果然如此，我将享受厚福，而你的美名，也终将被万世称道。"

——《尚书·君臣》

"普天之下，莫非王土"，天子为一国之主，要治理偌大一个国家，靠一个人或一个家庭的力量显然是不够的，必须选拔、任用大大小小的官员，分别管理各个地区、各类事项。然而，天子选拔官员的标准是什么，怎样做才是一个称职的好官呢？周成王在任命君陈治理成周的策书中做了具体规定。

周成王认为，做一个好官，必须符合以下三方面的要求。在理政方面：要继承发扬前人的优良传统，孜孜不倦地努力工作，成为百姓的表率。处理任何事情都要与民众商量，众人意见一致，还须深思熟虑，然后才付诸实施。若有好的计划，要先向君主汇报，待君主批准后方可推行。有过失应主动承担，有荣誉则归功于君王。在执法方面：不要依仗权势作威作福，不要利用刑法施行苛政，应当宽容有制，举动合法。审理案件时，不要唯君王之命是从，也不要唯主观意志是从，应当公平合理，依法裁决。在修身方面：要培养自己的耐性，放宽自己的度量。对人不要求全责备，对己务必严格要求。还要表彰品行良好、工作优秀的人，以带动相对落后的人，提高全体民众的道德水准。

常言道："为君难，为臣亦不易。"从成王对官员的要求中，已可略见一斑。但也有相反的例子，据说清末李鸿章有一句骂人的名言，即"笨得连官也不会做"，由中堂大人的这句名骂，则又可知清末官员之无能、吏治之腐败亦已甚矣。

第四篇 《春秋左传》智慧通解

导读

　　"春秋"二字本来是中国古代纪事史书的通称,各国都有自己的《春秋》,可惜现在流传下来的只有鲁国《春秋》一部了,所以《春秋》也就顺理成章地成了鲁《春秋》的专用名称。

　　《春秋》记事的目的,主要是劝惩。其一是劝恶扬善,即提倡道义,从成败中引发教训。孟子说:"世衰道微,邪说暴行有作,臣弑其君者有之,子弑其父者有之。孔子惧,作《春秋》。《春秋》,天子之事也,是故孔子曰:'知我者其惟《春秋》乎! 罪我者其惟《春秋》乎?'"可见,《春秋》之作,是孔子用以定名分,制法度,以息邪说,以禁暴行。其二是提倡攘夷尊王,提倡王霸、王道。这些,都与孔子其他的著作中所宣扬的儒家思想是一致的。

第一章 以史为鉴，文明一脉相承

★ 讲究实际，不务虚名

楚人伐宋以救郑。宋公将战，大司马固谏曰："天之弃商久矣，君将兴之，弗可赦也已。"弗听。

冬十一月己巳朔，宋公及楚人战于泓。宋人既成列，楚人未既济。司马曰："彼众我寡，及其未既济也，请击之。"公曰："不可。"既济而未成列，又以告，公曰："未可。"既陈而后击之，宋师败绩。公伤股，门官歼焉。

国人皆咎公。公曰："君子不重伤，不禽二毛。古之为军也，不以阻隘也。寡人虽亡国之余，不鼓不成列。"子鱼曰："君未知战。勍敌之人，隘而不列，天赞我也。阻而鼓之，不亦可乎？犹有惧焉。且今之勍者，皆吾敌也，虽及胡耇，获则取之，何有于二毛？明耻教战，求杀敌也。伤未及死，如何勿重？若爱重伤，则如勿伤；爱其二毛，则如服焉。三军以利用也，金鼓以声气也。利而用之，阻隘可也；声盛致志，鼓儳可也。"

——《左传》僖公二十二年

宋国发兵攻打郑国，楚国为了救援郑国，出兵攻打宋国。宋襄公将要与楚军作战，大司马公孙固(字子鱼)进言劝阻说："上天不保佑商朝已经很久了，现在您打算要复兴它，这种违背天意的做法是得不到赦免的，还是不要与楚国打吧！"宋襄公不听。

宋军与楚军相遇，战于泓水(故道在今河南柘城)。宋军已经摆好了阵势，楚兵还没有完全渡过河。公孙固说："敌众我寡，趁他们还没有完全渡过河来，赶快下令进攻他们。"宋襄公不同意。楚军渡过了河，还没有列好阵势，公孙固又请襄公下令攻击，襄公仍然不同意。等楚兵摆好阵势后，宋兵才发动进攻，结果大败，襄公的大腿也受了伤，近卫军被杀得一干二净。

宋国的百姓都怪襄公不听公孙固的话，以致惨败。襄公说："君子不对已经受伤的人再加伤害，不擒捉头发花白的人。古代用兵之道，不凭借险阻以攻击对方。我虽然是亡了国的商朝的后代，但仍然不会下令攻击没有摆好阵势的敌人。"公孙固说："你并不懂得作战的道理。实力强大的敌人，被险隘拦阻而没有摆好阵势，这是上天帮助我们，我们利用他们受阻的有利时机发动攻击，难道不可以吗？这样做尚且担心不能得胜呢。况且现在的强者，都是我们的敌人，即使是年纪很老的人，能够俘获的话就抓他来，对头发花白的人又怜惜什么呢？告诉大家战败辱国是可耻的，教导士兵要勇猛作战，目的是为了更多地杀死敌人。敌人受伤了还没有死，为什么不再次去杀伤他？如果你可怜受伤的人而不去再次杀他，还不如起初就不要伤害他；怜悯头发花白的人，那还不如就向他们顺服。凡行军作战，要凭借有利条件而行动，鸣金击鼓是利用声音来激励士气。乘敌人受到险阻时发动攻击，是可以的；乘敌人没有排成战阵，以金鼓激励斗志向他们进攻，也是可以的。"

宋襄公、公孙固像

宋襄公这番"仁义"之举，究其本心，是中了好名的毒害。孔子说："必将正名乎？名不正则言不顺。"(《论语·子路》)宋襄公片面追求人家对他的评价，用以争取霸主地位，就是企图正名，然后指挥诸侯，结果弄得身败名裂，贻笑千古，他付出的代价也太大了。庄子说"名者，实之宾也"，就是劝告世人要讲究实际，不要务虚名，可惜宋襄公不理解这一点。

★认错担责，居上美德

秦伯素服郊次，乡师而哭曰："孤违蹇叔，以辱二三子，孤之罪也。不替孟明，孤之过也，大夫何罪，且吾不以一眚掩大德。"

——《左传》僖公三十二年、三十三年

晋军大败秦军于殽谷，俘获秦帅孟明视、西乞术、白乙丙，秦凯回都。

秦穆公听到秦军战败回国，穿着素衣在郊外等着，面对秦军哭道："我不听蹇叔的话，以至于使你们战败受辱，这是我的罪过。我不会下令革去孟明等人的职，这是我的过失，将帅们没有什么罪。再说我也不会因为你们战败这小小的过失而抹煞你们以往巨大的成就。"

秦穆公在这场战争中扮演的是不光彩的角色,但同时又不失为一个识大体、善驭人的君主。秦穆公名任好,他曾先后帮助晋惠公、晋文公回国为君。他任用蹇叔、百里奚等人治理国家,兵强民富,遂有称霸的企图;所以当霸主晋文公一死,他酝酿已久的扩张政策便付诸实施,殽之战是第一仗。战前,穆公虽然骄傲无状,不听老臣蹇叔的意见,但在战败后却能冷静自责,检讨自己的过失,承担主要责任,不处分孟明等三人,真是难能可贵。孟明等后来也没有辜负秦穆公的信任,三年后领兵伐晋,济河焚舟,报了殽战之仇。秦穆公又任用由余,攻伐戎狄,吞并了十几个国家,称霸西戎,主盟中原。《左传》文公三年赞说:"秦穆之为君也,举人之周也,与人之壹也;孟明之臣也,其不解也,能惧思也。"大意是说秦穆公选拔人才考虑全面,用人专一;孟明作为臣子,能不懈怠,心存戒惧,努力为国效力。

秦穆公的行为,在当时很有影响,它充分证明了,要有一番大作为,必须勇于自责,有容人之量。对比下来,楚成王就差得多。《左传》僖公二十八年,楚相子玉领兵与晋国大战于城濮,结果大败而归,楚成王不肯赦免子玉,子玉只好自杀。宣公十二年,晋、楚又发生了邲之战,晋国的荀林父为中军主将,战败请死,晋景公欲允之,士季子就引子玉事相劝,说:"城濮之战,晋兵大胜,文公仍有忧色,左右问原因,文公说,'楚名将子玉还在,后患无穷。困兽犹斗,何况国相?'等到楚国杀了子玉,文公大喜说可以高枕无忧了。楚国那场战争,败于战场是一败,杀死自己的主帅又等于吃了一个败仗。从此以后,楚成王、穆王两代,国势一直不强,无法与诸侯争霸。荀林父虽败,只不过如日月有食,不害光明。"晋景公以为说得很对。可见,秦穆公不杀孟明,充分显示了作为一个政治家的清醒头脑。

勇于承认错误,勇于承担责任,无疑是居上者应有的美德,孔子在《论语》中也说每天要自我反省,纠正错误。遗憾的是有很多人,自己所管的部门有了成绩时就挺身而出,又是总结,又是吹嘘,沾沾自喜;一旦出了什么问题,便往别人身上一推,自己成了旁观者,说话间似乎还带有点先知的味道。这种人要好好学习一下秦穆公——如果他想升迁的话。

秦穆公像

★胜败相伏, 福祸相依

冬十一月丁卯, 越灭吴, 请使吴王居甬东, 辞曰: "孤老矣, 焉能事君?" 乃缢。越人以归。

——《左传》哀公二十二年

吴、越是春秋后期强大起来的两个大国,《荀子·王霸》把吴王阖庐、越王勾践列入"五霸", 可见两国当时影响之大。吴王阖庐是个野心很大的国君, 他一方面积极与中原盟主争霸, 屡次征伐楚、宋、晋、齐等国家, 又与毗邻的越国结怨, 结果死在越人手中。吴王夫差继位后, 含辱奋发, 终于报了父仇。但一念之差, 没有灭掉越国; 志得意满后, 又沉

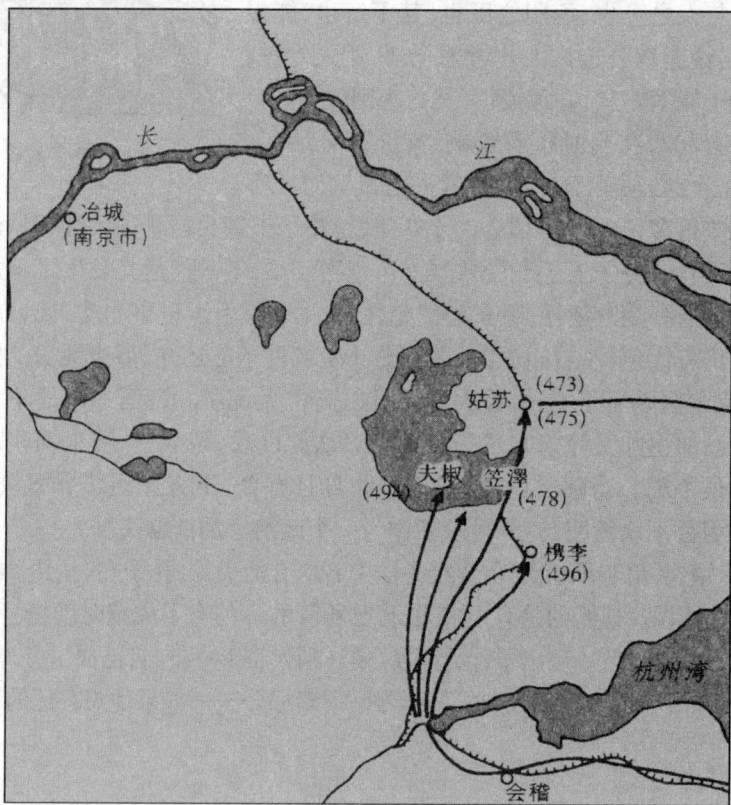

吴越战争示意图

湎酒色。在他向外扩张时, 后院起火, 反被越国所灭。胜败相伏, 祸福相倚, 惟有德者有天下, 吴、越两国事正说明了这一点。

在这个故事中，可以说最集中体现了"君子报仇，十年不晚"这句俗语，故事的主人公——夫差、伍员、勾践都是勇于报仇的人，尽管他们并不全是"君子"。

夫差是留给后人教训最多的人。他父亲被人杀了，他让人站在大厅里，每见到他，总要高声问他："夫差，你忘了越王杀父之仇了吗？"在此激励下，强国练兵，只花了三年时间，便打败了越国，报了大仇，真是个豪气万丈的英雄。只是夫差的心肠太软，被越王表面上的恭顺所蒙蔽，没有听从伍员"树德莫如滋，去疾莫如尽"的劝告，没有灭掉越国。此后，他又贪图安逸，忘记了别人也会像他当年那样，沥血呕心，誓报仇怨，结果在朝丝暮竹中断送了国家，自己也成了别人报仇的对象。《左传》哀公元年载，楚国的子西说：吴国国内大臣不睦，所至造楼台陂池，每晚有妃嫔陪同，"一日之行，所欲必成，玩好必从，视民如仇而用之日新，夫先自败也已"，一针见血地指出了他丧国辱身的原因。

夫差像

后世蹈夫差覆辙的有五代时后唐庄宗李存勖。庄宗的父亲武宗李克用被刘仁恭击败后郁郁而亡，临死时以三矢付庄宗，令讨刘仁恭及仇敌契丹阿保机、朱温。庄宗藏三矢于武皇庙庭，练兵强国。出兵讨刘仁恭时，命幕吏以少牢告庙，请一矢，盛以锦囊，使亲将负之以为前驱；凯旋归来时，随俘馘纳矢于太庙。接着讨伐契丹，消灭朱氏，均如此。庄宗荡平仇敌后，耽于安乐，以内官为诸司使，败坏朝制；广治宫室，采择民女三千以充掖庭。结果民不聊生，激起内变，庄宗被乱兵杀死。《旧五代史·庄宗纪》论曰：

庄宗以雄图南起河、汾，以力战而平汴、洛，家仇既雪，国祚中兴，虽少康之嗣夏配天，光武之膺图受命，亦无以加也。然得之孔劳，失之何速？岂不以骄于骤胜，逸于居安，忘栉沐之艰难，狗色禽之荒乐。外则伶人乱政，内则牝鸡司晨。靳吝货财，激六师之愤怒；征搜舆赋，竭万姓之脂膏。大臣无罪以获诛，众口吞声而避祸。夫有一于此，未或不亡，矧咸有之，不亡何待！静而思之，足以为万代之炯诫也。

这段精辟的议论，不仅对庄宗，就是对吴王夫差也句句适合，前后一辙，令人感慨。

与夫差成对比的是伍员。伍员字子胥，楚国人，他可说得上是个既报仇又报恩的义士。伍员父伍奢辅佐太子建，费无极谮太子，楚平王杀伍奢及伍员兄伍尚，伍员潜出昭关，逃至吴国，吹箫乞食于吴市。吴公子光（即阖庐）识之，伍员遂佐公子光杀王僚，登王位，图霸业。他领兵攻入楚国，时平王已死，他掘墓鞭尸，报了大仇。阖庐死后，伍员为报阖庐大恩，忠心辅佐夫差。伍员毕竟智谋过人，他深知仇恨的可怕，所以对勾践存在的危害性看得很清楚，屡次直谏；可惜夫差虽然也是过来人，却在胜利的喜悦与欢呼中放松了警惕，信任奸臣伯嚭，杀死了伍员。也许是伍员报仇的举动过于出名，后人便传说他死后做了潮神,乘素车白马于潮水中,帮助越国开通河道,假越人手报了仇。编造这神话的人真曲解了伍员,以伍员之忠,是绝对不会帮助敌国的。

三个报仇的好汉中,最出名的自然是勾践,因为他是胜利者,最后登上霸主的宝座。勾践传奇式的复仇故事,《左传》没有载,而见于《吴越春秋》《越绝书》《史记》等书中。各书大致谓:勾践战败后,贿赂吴太宰伯嚭,使夫差同意不灭越,自己入吴执贱役,甚至尝吴王的粪便以表示忠。他回国后,卧薪尝胆,努力治理国家,又送美人西施及大量财宝入吴以丧夫差之志,终于灭了吴国。从越战败至灭吴,前后正好二十年,正应了伍员"十年生聚,十年教训"的预言。

越王勾践的胜利,总结经验的话,主要有两点:其一是他能做到上下同心。他兵败后,与大夫文种、范蠡同心谋划匡复,在生活上俭朴,食不加肉,衣不重彩,苦身劳心,夜以继日,与民共劳作,使全国人民同仇敌忾,士气高涨,国力很快恢复。其二是他能做到忍耻下人。他甘心入吴为奴,表面上恭顺,毫无怨恨之色,为了达到目的,不惜尝粪,忍得人所不能忍,终于蒙骗了夫差,得以回国,徐图大业。

范蠡

古时大英雄,要成就大事业,"上下同心"固不待言,如做不到"忍耻下人",也不会前程远大,这方面的例子是很多的。如汉初的韩信,当他没发迹时,浪荡淮阴,市上有恶少见他长得高大,又背着剑,有意找碴,说:"你能杀人的话,一剑刺死我;不行的话,就从我胯下钻过去。"韩信不愿与恶少计较,便从他胯下钻了过去。忍得一时之耻,结果辅佐刘邦,成就大事。还有张良,他谋刺秦始皇不成,经过圯上,圯上老人故意试验他,又是叫他穿鞋,又是责备他,张良都无异言,老人方认为"孺子可教",授以兵书。可见凭一时意气用事,绝不是有抱负的英雄所作所为。正如毛宗岗在《三国演义》第八十三回的总评中所说:"从来未有不忍辱而能负重者:韩信非为胯下之夫,则不能成兴汉之烈;张良非进圯桥

之履,则不能成报韩之功。又未有不能负重而能忍辱者:子胥惟怀破楚之略,故能乞食于丹阳;范蠡怀治吴之谋,故甘受屈于石室。古今大有为之人,一生力量,只有负重二字;一生学问,只有忍辱二字。"

吴越争战早已成为历史,双方人物,不论是胜还是败,都给人留下思考与借鉴。"只今唯有西江月,曾照吴王宫里人",李白的感叹绝不是平白无故的。

第二章　得士者昌，失士者亡

★肉食者鄙，未能远谋

　　十年春，齐师伐我。公将战，曹刿请见。其乡人曰："肉食者谋之，又何间焉？"刿曰："肉食者鄙，未能远谋。"乃入见。

　　问何以战。公曰："衣食所安，弗敢专也，必以分人。"对曰："小惠未偏，民弗从也。"公曰："牺牲玉帛，弗敢加也，必以信。"对曰："小信未孚，神弗福也。"公曰："小大之狱，虽不能察，必以情。"对曰："忠之属也，可以一战。战则请从。"公与之乘，战于长勺。

　　公将鼓之。刿曰："未可。"齐人三鼓。刿曰："可矣。"齐师败绩。公将驰之。刿曰："未可。"下视其辙，登轼而望之，曰："可矣。"遂逐齐师。

　　既克，公问其故。对曰："夫战，勇气也。一鼓作气，再而衰，三而竭。彼竭我盈，故克之。夫大国难测也，惧有伏焉。吾视其辙乱，望其旗靡，故逐之。"

　　　　　　　　　　　　　　　　　　　　　　　——《左传》庄公十年

　　鲁庄公十年春天，齐国派兵来攻打鲁国。鲁庄公将要出兵迎战，曹刿听说后，请求谒见庄公。曹刿的同乡劝阻他说："国家大事是那些食朝廷俸禄的大官商量讨论的事，你管那么多干什么？"曹刿回答说："大官们往往目光短浅，没有深谋远虑。"于是入朝，见到了庄公。

　　曹刿问庄公凭借什么与齐军作战。庄公回答说："我所有的衣物食品，从不独自享用，总是分一些给别人。"曹刿说："这种小恩小惠不可能遍及每个人，老百姓不会因此而跟你去拼命。"庄公说："我在祭祀时用的牛、羊、猪及宝玉、丝绸总是按照规矩，从不过分；对神祇祷告时，必定忠诚老实，不说谎。"曹刿说："这些小小的信义尚不能取得神的信任，神不会因此而保佑你作战胜利。"庄公说："不管大大小小的诉讼案件，我虽然不可能件件彻底调查清楚，但一定会慎重考虑，尽量处理得合情合理。"曹刿说："这才是尽心尽力地为老百姓办事，可以与敌人打一仗了。战斗时，希望能让我跟从你。"庄公于是和曹刿坐在一辆车里，出兵与齐军战于长勺。

两军对阵，庄公下令擂鼓进击。曹刿说："请等一等。"齐兵擂了三次鼓，曹刿说："可以擂鼓进兵了。"交战下来，齐兵大败。庄公正要下令驱车追击，曹刿说："请等一等。"说着跳下车检查齐军战车的车轮轨迹，又攀登上车前的横木，眺望敌军情形，然后说："可以追了。"于是庄公下令追击。

打了胜仗后，庄公问曹刿为什么这样指挥。曹刿回答说："打仗是靠战士的勇气来取胜。擂第一次鼓时，战士们鼓足了勇气；擂第二次时，勇气便有所衰落；到擂第三次时，勇气差不多已经耗尽了。当时敌人擂了三通鼓，已经丧失了勇气，而我军刚擂第一次鼓，勇气正旺，所以能战胜。敌人逃走时，之所以不马上下令追击，是因为齐国是个大国，难免有诈，恐怕预设了伏兵引我们上钩。后来我见到他们车辙混乱，旗帜也倒了下去，知道是真败，所以才请下令追击。"

鲁国与齐国的长勺之战，是春秋时一次著名的战役；记载这次战役的这段文字，也是《左传》中著名的篇章，差不多所有的选本都作为上品入选。在长勺之战中，曹刿演出了一出超乎寻常的好戏，体现了人民以国家利益为重及参政议政的自觉性。曹刿的两段议论中有不少名言，最出名的是"一鼓作气"这个成语，而引起人们思考的则

长勺之战

是"肉食者鄙，未能远谋"这句话。它的意义，早已在历来批判封建帝王官僚时为人熟举深议，这里只补充一点：后世帝王往往在危难之际，下诏求贤；一些通俗小说，如《封神演义》《杨家将》等，每写到外寇入侵、危在眉睫时，总是贴出招贤榜招贤，也许就是因为"肉食者鄙，未能远谋"，失诸朝而求诸野的缘故吧。

曹刿毛遂自荐的目的是什么，《左传》没有说。在汉代刘向的《说苑》中有一则与曹刿事相类似的故事，恰恰可以说明：

有东效祖朝者，上书于晋献公曰："愿请闻国家之计。"献公使人告之曰："肉食者已虑之矣，藿食者尚何预焉？"祖朝曰："肉食者一旦失计于庙堂之上，若臣等藿食宁得无肝胆涂地于中原之野？其祸亦及臣之身，安得无预国家之计乎？"

祖朝的论点很明白，国家大事大计关系到全国人民的贫富死生，国民都应该过问，政府也应该让人民知道、讨论。曹刿见情况危急，主动请缨，动机就是怕肉食者养尊处优惯

了，对国家及人民不关心，万一打败，覆巢之下没有完卵，所以不避嫌疑，勇于自任。"国家兴亡，匹夫有责"，曹刿表现的正是这种精神；这与后来儒家提倡的"穷则独善其身，达则兼善天下""不在其位，不谋其政"的思想相比，不知高明了多少倍。

英雄志士，谋有所得，必须相时度势，也就是俗语所说的"要善于抓住机会"。曹刿的成功正是把握住了时势：当时齐国大兵压境，肉食者没有良策，鲁庄公正在着急的时候，他毅然觐见，侃侃而谈，立被采用。如果是在国家安定的时候，朝廷无事，君臣安逸，即使是有经天纬地之才，恐怕也没有用。

譬如列为五霸之首的齐桓公，在图霸时全心全意地听从管仲的计谋，登上了霸主的宝座。在他晚年时，地位巩固了，便贪图安乐，讲究衣食之奉，宠爱奸邪小人易牙、竖貂、开方三人。管仲谏之不听。后来管仲临死时，还谆谆劝谏："易牙、竖貂、开方三人，必不可近：人情莫爱于子，易牙却烹了自己的儿子给您吃；对自己的儿子都下得了手的人，一定不会爱您。人情莫重于身，竖貂不惜自残做太监来接近您；他对自己都那么残忍，一定不会爱您。人情莫亲于父母，公子开方宁愿不做卫国的太子来投奔您，父母死了也不奔丧；他对父母尚且无情，一定不会爱您。"桓公不听，后来果然死于三人之手，齐国大乱。管仲作为国家重臣，临终告诫，桓公犹不听，就是因为当时时势对桓公没有紧迫危机感的缘故。

反过来，时势危急，即使是地位低下、与皇帝很疏远的小臣提建议，也会获采纳。同样是谏去除奸臣，柳伉取得成功，就是个很有说服力的例子。唐代宗登基后，重用宦官程元振。程元振垄断朝纲，诬陷残害来填、裴冕等忠良，政事大坏，谏臣箝口。后吐蕃、党项入犯，帝下诏征兵，诸镇不发一卒。京城沦陷，代宗出幸。这时候，太常博士柳伉便乘机上疏请诛程元振以谢天下。代宗醒悟，罢了程元振的官。

管仲与柳伉，地位及与君王的关系相比悬殊，取得的结果却恰恰与常情相反，就是因为时势有异。苏轼《对制科策》云："天下无事，则公卿之言轻于鸿毛；天下有事，则匹夫之言重于泰山。非智有所不能，而明有所不察，缓急之势有异也。"精辟地概括了这一道理。凡是天下纷争，危机四伏之际，必有一批舌辩之士，应时而出，以危言耸动人主，干禄取位，正是深明此理的结果。

平心而论，曹刿所说的鲁国的肉食者，只是鄙之小者。他们面对强大的敌人束手无

管仲

策,固然差劲;但一旦有能干的人挺身而出,他们便同鲁庄公一样,不耻下问,言听计从,实在也不简单。春秋以后,不少肉食者,平时骄横跋扈,闭塞贤路,一旦国家有事,却一筹莫展,推诿扯皮,有人愿意出来给他们出谋划策,收拾残局,他们或对之讽刺压制,或恼羞成怒,这种人才是大鄙。"三代之下,人心谲觚",有时说得很对。

★ 得士者昌,失士者亡

晋侯复假道于虞以伐虢。宫之奇谏曰:"虢,虞之表也。虢亡,虞必从之。晋不可启,寇不可玩,一之谓甚,其可再乎?谚所谓'辅车相依,唇亡齿寒'者,其虞虢之谓也。"公曰:"晋,吾宗也,岂害我哉?"对曰:"太伯、虞仲,太王之昭也。太伯不从,是以不嗣。虢仲、虢叔,王季之穆也,为文王卿士,勋在王室,藏于盟府。将虢是灭,何爱于虞?且虞能亲于桓、庄乎,其爱之也?桓、庄之族何罪,而以为戮,不唯逼乎?亲以宠逼,犹尚害之,况以国乎?"公曰:"吾享祀丰洁,神必据我。"对曰:"臣闻之,鬼神非人实亲,惟德是依。故《周书》曰:'皇天无亲,惟德是辅。'又曰:'黍稷非馨,明德惟馨。'又曰:'民不易物,惟德繄物。'如是则非德,民不和,神不享矣。神所冯依,将在德矣。若晋取虞,而明德以荐馨香,神其吐之乎?"弗听,许晋使。宫之奇以其族行,曰:"虞不腊矣。在此行也,晋不更举矣。"

……冬十二月,丙子朔,晋灭虢,虢公丑奔京师。师还,馆于虞,遂袭虞,灭之。执虞公及其大夫井伯,以媵秦穆姬。而修虞祀,且归其职贡于王。故书曰:"晋人执虞公。"罪虞公,言易也。

——《左传》僖公二年、五年

晋国的成功与虞国的灭亡,正好是"得士"与"失士"的对照。春秋战国时代的君王,重视士的作用,这从文中晋献公因为虞国有贤人宫之奇,遂担心计策难以成功可以看出。晋国之所以成功,一是任用荀息,更主要的是虞公没有听从宫之奇的劝阻。

有宫之奇这样的贤人而不能用,虞公可以说愚蠢到了极点;他贪爱财宝,殊不知贤人才是更重要更珍贵的财宝,国灭身囚,值不得人去同情。其实,虞国当时贤人还不少,除了宫之奇,还有大名鼎鼎的百里奚。虞国灭亡后,百里奚与虞公一起被俘至晋,正好晋伯姬出嫁秦穆公,百里奚被当作陪嫁。百里奚中途逃亡,到了楚国为圉人,牧马于南海。秦穆公知道百里奚是个出色的人才,马上设谋把他请到秦国,任为上卿;百里奚推辞不就,荐蹇叔之贤,于是二人辅佐穆公,立法教民,兴利除害,秦国大治。可见,得士与失士,对国家的影响有多大。

"唇亡齿寒"的理论,被最大程度地运用是在战国时期,以合纵反秦的苏秦反复用这道理说服诸侯团结起来共同抗秦;三国时的诸葛亮也以蜀、吴为唇齿之邦,应联合起来抗魏;这些事都耳熟能详,不需要再多说。倒是宫之奇谏虞公不听后,就携族人离开虞国,虞公也不挽留,体现了"良禽择木而栖,良臣择主而仕"这个具有时代特征的倾向,很值得一谈。

我们现在讲究人才流动,提倡公平竞争,在很大程度上还是人才一厢情愿的事,远不如春秋战国时那么方便、开放。那时,由于各国争强,人主都把吸引人才视为首务,所以流动性很大。孔子也鼓励人才流动,提出"所谓大臣者,以道事君,不可则止",赞赏跳槽行为。孔子自己周游列国,就是寻找能采纳自己政治主张的君主赏识他,任用他,在失望时,甚至想跑到中国大陆以外去——"道不行,吾将乘桴浮于海"。《公羊传》庄公二十四年载,曹国的贤人僖负羁谏君,三谏不从,于是不再做官,《公羊传》引君子的话称赞他得君臣之义。

在这样的形势与舆论下,良臣都选择英明的君主出仕,甚至不惜与自己的祖国作战,当时也没有人发一言加以指责。《左传》襄公五年载,声子与子木讨论晋、楚两国的贤人,声子指出,楚国多贤人,只是不会用,都跑到晋国去了。他列举楚国人析公、雍子、子灵、苗贲皇等人在晋楚历次战争中助晋胜楚的例子,说明楚国人才流动到晋国的情况。更有名的是战国时的燕昭王建黄金台招贤的事。《战国策·燕策》载,燕昭王求贤,"乐毅自魏往,邹衍自齐往,剧辛自赵往,士争凑燕",好一派人才应聘的热闹场面。燕昭王靠了这些人才,很快强大起来,差点灭了实力雄厚的齐国。秦国靠引进人才而富强的事也是人所周知的,正如李斯在《谏逐客书》中所说:"昔穆公求士,西取由余于戎,东得百里奚于宛,迎蹇叔于宋,求丕豹、公孙支于晋。此五子者,不产于秦,而穆公用之,并国二十,

百里奚

遂霸西戎。孝公用商鞅之法,移风易俗,民以殷盛,国以富强,百姓乐用,诸侯亲服,获楚、魏之师,举地千里,至今治强。惠王用张仪之计,拔三川之地,西并巴蜀,北收上郡,南取汉中,包九夷,制鄢、郢,东据成皋之险,割膏腴之壤,遂散六国之从,使之西面事秦,功施到今。昭王得范雎,废穰侯,逐华阳,强公室,杜私门,蚕食诸侯,使秦成帝业。此四君者,皆以客之功。"李斯此论,高度总结了秦国吸引别国人才而委以重任、卒建不世之功的情况。

"得士者昌,失士者亡",这是千古不变的规律。然而人才的选择是双向的,领导者必

须虚怀若谷,尽可能以优厚条件吸引人才,才能真正收天下英才为我用。

★防民之口,犹如防川

郑人游于乡校,以论执政。然明谓子产曰:"毁乡校如何?"子产曰:"何为? 夫人朝夕退而游焉,以议执政之善否。其所善者,吾则行之;其所恶者,吾则改之,是吾师也,若之何毁之? 我闻忠善以损怨,不闻作威以防怨。岂不遽止,然犹防川,大决所犯,伤人必多,吾不克救也;不如小决使导。不如吾闻而药之也。"

——《左传》襄公三十一年

子产执掌郑国国政后,推行了一系列新政策,引起了人民的广泛议论。子产不毁乡校,重视舆论,让大家发表意见,择善而从,终于使郑国一步步走向繁荣。

子产在与然明的对话中,以防民言如同防川作譬喻,很有见地。民口与江河之水的共同点,古人早已认识到,在《国语·周语》"召公谏弭谤"一章中,召公已经作了发挥:周厉王是一个残暴的皇帝,以刑杀压制人民对他的批评,还物色了一个巫师专门去监视咒骂他的人,于是国人在公共场合都不敢讲话。厉王很高兴地对召公说:"现在我已经做到使人们不骂我了!"召公说:"这不过是堵塞了人民的嘴。封住人民的嘴,比堵塞江河的水危险还大。江河水被堵塞了,就要决口泛滥,被伤害的人一定很多;禁止人民讲话也是如此。善于治水的人要会正确地疏导,善于治理人民的国君要敢于引导人民讲真话,听他们讲些什么,知道他们所赞成的与憎恶的,依此施政,才能治理好国家。"厉王不理会召公的话,过了三年,人民起来反抗,厉王逃奔到彘地,死在那儿。子产施政时提倡言论自由,清楚地认识到堵塞人民言论的危害性,也许就是受了召公的话启发。

子产

子产是春秋时最著名的政治家之一,《左传》用了大量篇幅记载他的言论政事,在此综合起来看一下他是如何治理国家的,对励志富国强民的政治家不无参鉴。

子产执政后,首先安抚好本国的贵族,使统治阶级内部得到稳定。然后,他规定城乡各有一定的制度,贵族与平民有不同的服色,划清田地疆域,开掘疏通沟渠,把居民每五

家编为一伍，表扬忠俭，惩办奢侈。他刚推行新政时，人民感到不方便，编了首歌骂他，有"谁去杀子产，我一定参加"的话。三年后，郑国大治，人们又歌颂他说："我有子弟，子产教导他们。我有田地，子产使它繁盛。要是子产去世，哪儿去再找一个这样的执政？"

子产在国内推行新法，广开言路，任用贤明。如冯简之能断大事，子大叔美秀而文，公孙挥知四国之为，又善辞令，裨谌能谋，子产遇事就向他们请教，各用所长，同心同力，把国家治理得井井有条。对外，子产充分利用外交手腕，搞好关系，而对危害国家的事，则不畏强暴，据理力争。如子产有一次陪郑伯到盟主晋国去，晋国国君没安排接见他们，让他们呆在宾馆中等候。子产吩咐手下人把宾馆的围墙拆了，让车马安顿好。晋大夫士文伯责备他，他慷慨陈词，责以大义，使晋国不得不屈服认错。

郑国繁荣后，出现了一批游手好闲、不服管教的人，百姓对政府的期望也超过现实。昭公四年，子产实施丘赋，国人很不满意，甚至毁谤他说："其父死于路，已为虿尾，以令于国，国将奈之何？"子产对此不加理会，仍坚定不移地推行，说："只要有利于国家，个人遭骂又有什么关系？"可见他对舆论有自己不变的取舍规则。后来，子产又针对国情，实施了不少严格的法令。他临死时对子大叔的一番话，很令人深思："唯有有道德的人能以宽服民，其次莫如猛。火的样子凶猛炽烈，人民见了害怕，因此很少有死于火的。水看上去柔弱，人民便轻视它，死于水的人便很多。所以施行宽和的政策要难一些。"孔子评论这段话说："善哉！政宽则民慢，慢则纠之以猛。猛则民残，残则施之

荆轲

以宽。宽以济猛，猛以济宽，政是以和。"从而进一步阐发了宽与猛的辩证关系。子产死后，孔子流泪说他是"古之遗爱"，就是因为他灵活掌握了宽与严的尺度。后世与项羽争天下的刘邦，进入咸阳后，首先宣布废除秦朝苛法，与民约法三章，受到人民支持，就是采取"宽以济猛"的手段。

周公说："平易近民，民必归之。"孔子说："有一言而可以终身行之，其恕矣乎！"都是提倡仁政的名言。但要实施仁政，则必须有深厚的社会基础，却又常常见效甚缓。所以后来的君王及政治家，有鉴于子产的话，大多数喜欢施猛政，尤其是当乱世时，多用重典；一些急功近利者，更片面强调杀戮刑罚的重要。这方面的典型是秦国。

秦孝公任用商鞅进行变法，条例苛刻。如定百姓私斗者，不论曲直，并皆处斩。又实施连保法，一家有过，九家连坐，一人有罪，没其室家。有一次商鞅到渭水阅囚，一日杀数百人，水为之赤。结果，由于法律峻刻，人人自危，莫敢违犯。后来荆轲刺秦王时，因为秦

法规定群臣侍殿上者不许持尺寸之兵,持兵器的卫士都站在殿下,未经宣召不准上殿,所以荆轲在殿上追逐秦王,没有一个卫士敢拿着兵器上殿来救他。后来秦始皇死了,李斯、赵高想拥立二世,隐丧不发,矫诏召回公子扶苏及蒙恬。当时扶苏、蒙恬拥兵三十万,却不敢怀疑其中有诈,乖乖地入朝送死。汉武帝也是施猛法、严杀戮的人,戾太子被江充诬陷,宁愿造反以谋生路,也不敢辩解。这种恶果,对那些靠杀戮严令来治国的人,不可不三思。

第三章 提防那专搞阴谋诡计的人

★多行不义,必然自毙

祭仲曰:"都城过百雉,国之害也。先王之制,大都不过参国一,中五之一,小九之一。今京不度,非制也,君将不堪。"公曰:"姜氏欲之,焉辟害?"对曰:"姜氏何厌之有! 不如早为之所,无使滋蔓,蔓难图也;蔓草犹不可除,况君之宠弟乎!"公曰:"多行不义必自毙,子姑待之。"

既而大叔命西鄙北鄙贰于己。公子吕曰:"国不堪贰,君将若之何? 欲与大叔,臣请事之;若弗与,则请除之,无生民心。"公曰:"无庸,将自及。"大叔又收贰以为己邑,至于廪延。子封曰:"可矣,厚将得众。"公曰:"不义不昵,厚将崩。"

——《左传》隐公元年

大夫祭仲进言说:"一般的城市,周长超过三百丈,那就要成为危害国家的祸患。先王规定的制度,大城市的规模不能超过国都的三分之一,中等城市不能超过五分之一,小城市不能超过九分之一。现在京邑的城市规模超过了规定,违反了法度,恐怕对你将有所不利。"庄公说:"姜氏要这么做,我又有什么办法能避免因此而产生的祸害呢?"祭仲说:"姜氏哪里会有满足的时候呢? 不如早些做出安排,不要让这祸根滋生蔓延开来,一旦蔓延开,就难以对付了。蔓草尚且难以铲除干净,何况你这受宠爱的弟弟呢!"庄公说:"不道德的事做得多了必定是自掘坟墓,你等着瞧吧!"

不久,大叔命令西部、北部边境地区表面上属于中央,实际上听自己的号令。事情传到都中,大夫公子吕(字子封)对庄公说:"一个国家不能有两个人发号施令,对这件事你将如何处理? 你如想让位给大叔,那么请允许我服从他;不然的话,就把他除了,不要让人民生出疑惑之心。"庄公回答说:"用不着这样,他将自取祸患。"大叔又进一步把那些地区公开划归自己的领地,领土一直扩展到廪延(今河南汲县、延津县间)。公子吕又进言说:"现在可以剿灭他了。土地多了,得到的民众也就多了。"庄公说:"对君主不义,对兄长不亲,土地再广,人心也不会依附他,他必将毁灭。"

自从平王东迁,周室式微后,中国大地上出现了诸侯争霸的局面。第一个强大起来

的是郑国。郑国位居中原八达之地，密迩周郊，手工业和商业都很发达。庄公继位后，对内巩固自己的政权，对外蚕食吞并；甚至挑起与周室的战火，打败了周桓王领导的诸侯联军，威望大振，形成了小霸的局面。这里记载的是庄公平定弟弟共叔段与母亲姜氏勾结发动兵乱的过程，充分体现了庄公非凡的政治手腕与卓越的军事策略。

旧时衙门捕盗，在查访到一些小案犯时，常常不马上把他们缉捕归案，而是暗中派人监视，等他们做大案时才逮回，以邀功赏，俗称"养贼"。养贼的官吏只考虑自己，往往置百姓利益不顾，为百姓及正直的官员所不齿。郑庄公对共叔段采取的手段与养贼有些类似，所以《春秋》及其三传都责备庄公，认为他失去亲亲的道德，下手太绝了。然而设身处地想一想，庄公这样做也确实有他的苦衷。共叔段是姜太后的宠儿，如果在他刚露出反态时就采取措施，那时共叔的罪名不大，有姜太后斡旋，肯定是不了了之；庄公如果违背母意，处理得重一些，沽名钓誉的人又会说他不孝不悌。而且以后共叔段还会不断地找麻烦，直到达到目的为止，庄公想坐稳江山就不容易了，哪里还有精力

郑庄公

对外图霸呢？《书·泰誓》云："商罪贯盈，天命诛之。"传云："纣之为恶，一以贯之，恶贯已满，天毕其命。"意思是说一个人坏事做多了，就会有报应。郑庄公等共叔段发展到起兵造反时才收拾他，正是这个意思。

《春秋》批评郑庄公，是站在纲常大义的立场上说话，如果放在春秋那个篡弑风行的大背景中看，批评他就有些不公平了。春秋本来就是强存弱亡的时代，不法大臣与豪杰固然是篡弑的主角，而子弑父、弟杀兄的记载也不少见，卫州吁杀兄就是一桩很著名的事件。

州吁是卫庄公的儿子，庄公对他宠爱有加，甚于哥哥，因此养成了他骄奢残暴的习性。当时著名的贤臣石碏曾劝谏庄公说："爱子教之以义方，弗纳于邪，骄奢淫逸，所自邪也。四者之来，宠禄过也。"可惜庄公听不进去。庄公死后，州吁的哥哥即位为桓公。州吁不卖桓公的账，经过多年筹划，终于谋反成功。鲁隐公四年，州吁杀桓公自立。

像州吁杀兄这样的例子，在历史上不断重演。野史传闻中宋太宗赵光义的故事，更是其中富有传奇性的一桩。传说宋太祖赵匡胤的母亲临死时，总结后周灭亡经验，认为国家宜立长君，遂命太祖兄弟依次传位。太祖答应了，并立有盟书。后太祖病重，弟光义独自进入寝宫，走到御榻前叩问遗命，太祖不肯传谕。光义想了想，挥手令所有人出去。

内侍不敢违抗，只好退出寝宫门远远看着。过了一会儿，好像太祖在嘱咐光义，声音很低，外面的人听不清楚，只遥遥看见烛影摇曳，光义在烛光影里，时或离座，像是逊让退避的样子。又过了一会儿，忽听见太祖引柱斧着地的声音，高声说："就让你好好地去干吧！"语调激烈凄惨。不一会儿，光义出来传话，太祖驾崩了。光义接位，是为太宗。有人认为，太祖临终前想改变盟约，所以太宗下了毒手。"斧声烛影"成为千古疑案。

这类事不仅在中国屡屡发生，外国亦很常见，在莎士比亚的戏剧中就很容易找到。在著名的悲剧《哈姆雷特》中，哈姆雷特的父亲就是被弟弟克劳狄斯谋杀的；在另一出剧本《暴风雨》中，米兰公爵普洛斯彼罗的弟弟安东尼奥与那不勒斯王勾结，篡夺了兄长的爵位。

宋太祖像

这样看来，郑庄公敢于养恶，没有极大的魄力是不行的。他终于成功了，任由弟弟一步步走向深渊，最后采取果断行动，树立了自己的威信，稳固了自己的地位。不过，要学郑庄公，没有大智大勇是不行的，不是大奸大恶也难办到：眼见有人要危害自己，谁能那么沉得住气？一旦养痈成患，尾大不掉，那时想要动手也不行了。有鉴于此，绝大多数人还是先下手为强，清除隐患，斩草除根；甚至听信奸邪挑拨，捕风捉影，酿成不少冤狱。

《易·系辞》说："二人同心，其利断金；同心之言，其臭如兰。"《诗·小雅·常棣》云："常棣之华，鄂不韡韡。凡今之人，莫如兄弟。死丧之威，兄弟孔怀。原隰裒矣，兄弟求矣。脊令在原，兄弟急难。每有良朋，况也永叹。"郑庄公与共叔段应当经常温习以上这些话；现在一些过分纵容儿女的父母及阋于墙的兄弟，则应时时引共叔段与州吁为戒。

我们每个人需要牢记的是郑庄公的名言：多行不义必自毙。

★ 褒贬之间，一字之内

克者何？能也。何能也？能杀也。何以不言杀？见段之有徒众也。

段，郑伯弟也。何以知其为弟也？杀世子、母弟，目君。以其目君，知其为弟也。

段，弟也，而弗谓弟；公子也，而弗谓公子，贬之也，段失子弟之道矣。贱段而甚郑伯也。

何甚乎郑伯？甚郑伯之处心积虑，成于杀也。

于鄢，远也。犹曰取之其母之怀中而杀之云尔，甚之也。

然则为郑伯者,宜奈何? 缓追逸贼,亲亲之道也。

——《左传》隐公元年

"克"是什么意思?"克"就是"能够"的意思。能够做什么? 能够杀。为什么不说"杀"呢? 这是因为看见段拥有兵士百姓的缘故。

段是郑伯的弟弟。从什么地方知道他是弟弟的呢? 凡是杀死世子、同母弟的,称之为君。因为这里称呼他为君,所以知道段是郑伯的弟弟。

段是弟弟,但是不称其为弟弟;是公子,但是不称其为公子,这是贬斥他的意思,段丧失了做弟弟应有的道德。贬低段,但更责备郑伯。

责备郑伯什么? 责备郑伯蓄意长久,故意使自己的弟弟堕落到不可救药。

"于鄢",就是在遥远的地方。如同说把他从母亲怀抱中夺过来杀掉一样。这样行文,目的是责备郑伯。

那么,作为郑伯,怎样做才是正确的呢? 他应该故意慢吞吞地追击逃走的贼子,这才是疼爱自己亲人的做法。

《春秋》经文的笔法与大义,就是指它写作的体例与所要说明的道理。晋代杜预《左传序》说,孔子修《春秋》,"以成一经之通体,微显阐幽,裁成义类者,皆据旧例而发义,指行事以正褒贬"。《左传》成公十四年的一段话,更直接阐明《春秋》大旨:"君子曰:《春秋》之称,微而显,志而晦,婉而成章,尽而不污,惩恶而劝善。"微而显,意为辞微而义显。志而晦,指记事要言不繁,事叙而文微。婉而成章,是说辞语曲折,有所避讳,以示大顺,而成篇章。尽而不污,是指直言其事,尽其事实,无所污曲。惩恶而劝善,即善名必书,恶名必灭,用以惩劝。这些大旨,在具体运用时又有所不同。如《公羊传》隐公十年云:"《春秋》录内而略外。于外,大恶书,小恶不书。于内,大恶讳,小恶书。"这里的内外,分指鲁国及鲁以外的国家。知道了以上一些基本规律,我们在读《春秋》时就能初步掌握孔子对各事件及人物的看法了。

前人讨论最多、最费劲探索寻绎的不是春秋大旨,而是"一字褒贬"。所谓"一字褒贬",是说《春秋》每个字的用法都有它不变的成规,暗寓褒贬在内。如写一个人死,就有种种区别,王死曰崩,诸侯死曰薨,一般人死称卒、殁;杀人也不同,上杀下曰杀,下犯上曰弑。这种细微的区别,《公羊传》及《榖梁传》都随时做总结分析,《左传》里也时有论及。

为了使读者对"一字褒贬"有深入的了解,我们不妨结合《榖梁传》这节原文及《春秋》惯例,来看《春秋》对"郑伯克段于鄢"这六个字所蕴藏的深刻含义。"克"是两国交战时的用语,不言杀而言"克",一方面是讲兄弟俩已形同敌国,一方面指责共叔段拥有军队,已自己把自己推入敌对地位。直称段的名字而不称他为庄公的弟弟或他的爵位,是贬他丧失为人弟的道义。而段在鄢地战败,复逃到共,《春秋》只说他战败,不说他出奔,主要是为了表明郑伯是想在鄢地杀死共叔段。只有这样一个字一个字地死扣,并结合经传对事实的叙述,人们才能领悟《春秋》每个字的含义。

國學智慧全書

春秋左传

《春秋》在言语字词中暗寓褒贬,诛乱臣贼子,成为后世写史时奉行的金科玉律,在一些传记、碑铭中也广泛运用,"春秋"二字成了"褒贬"的同义词。如晋朝褚裒,字季野。他对人表面上不加评论,而心中自有褒贬,当时名人桓彝评论他说:"季野有皮里阳秋。"阳秋就是春秋,是避晋简文帝郑太后的名字"春"而改。《春秋》为尊者讳也为人普遍接受,被称为"诗圣"的杜甫甚至把这种笔法融入诗中,在著名的《北征》诗中,就以"不闻夏殷衰,中自诛褒妲",为玄宗宠用杨贵妃酿成大乱开脱,宋代魏泰以为得事君之礼;李白《巴陵送贾舍人》则说"圣主恩深汉文帝,怜君不遣到长沙",不言皇帝寡恩,反说皇帝大度。

　　《春秋》的种种思想,与儒家的其他经书互为参糅,几千年来被人们奉为准则,更成为历代君主推行统治的"舆论导向"。它之所以长期为人们所接受,无疑有其合理性。我们现在学习它、借鉴它,关键是要运用得符合实际,不要在某一方面过了头,像韩愈为人作墓志铭、神道碑那样,讳言过失,粉饰涂泽,成为"谀墓"之文;也不要过分强调"褒贬",流于刻薄尖利。

第四章 推今验古才能不惑

★女人祸水，以史为鉴

蔡哀侯娶于陈，息侯亦娶焉。息妫将归，过蔡。蔡侯曰："吾姨也。"止而见之，弗宾。息侯闻之，怒，使谓楚文王曰："伐我，吾求救于蔡而伐之。"楚子从之。秋九月，楚败蔡师于莘，以蔡侯献舞归。

蔡哀侯为莘故。绳息妫以语楚子。楚子如息，以食入享，遂灭息。以息妫归，生堵敖及成王焉，未言。楚子问之，对曰："吾一妇人而事二夫，纵弗能死，其又奚言？"楚子以蔡侯灭息，遂伐蔡。秋七月，楚入蔡。

——《左传》庄公十年、十四年

國學智慧全書

春秋左传

蔡哀侯献舞娶陈国女子为妻，息侯也娶陈国女子为妻。这年，息侯的夫人妫回娘家，路过蔡国。蔡哀侯对臣下说："息妫是我的小姨。"强行挽留息妫，与她相见，对她很轻薄。息侯听说后很气愤，便派人去对楚文王说："您假装来进攻我国，我向蔡国求救，您便以此为借口，进攻蔡国。"楚文王听从了息侯的建议。秋九月，楚文王在莘（在今河南汝南县境）地打败了蔡军，俘虏了蔡哀侯，把他带回楚国。

蔡哀侯知道他遭囚是出于息侯的阴谋，便在楚文王面前大夸息妫的美貌。楚文王心动，便去息国，假装设宴招待息侯，乘机抓住他，灭了息国。楚文王把息妫带回国，与她生了堵敖及后来立为成王的熊恽，但是息妫从不与楚文王说话。楚文王问她原因，她说："我一个妇人却嫁了两个丈夫，既然不殉节，还有什么可说的呢？"楚文王因为灭息是蔡侯挑拨的，为了取悦息妫，便进攻蔡国。庄公十二年秋七月，楚兵攻克蔡国。

在这短短的故事中，有三个君主：蔡哀侯、息侯、楚文王，他们先后为了同一个女人，身败名裂。蔡哀侯因为好色而得罪息侯，导致被楚国俘虏；继而图谋报复，却落得个灭国的下场。息侯起初为泄私愤，使蔡侯入其彀中，但最终也还是被人俘获，国家灭亡，妻为人妻。楚文王作为一个强者，先被人当枪使，后来虽然占有了息妫，但伴着个"冷美人"也不见得快乐，且遗臭史册。这三个人中，只有息侯还值得同情，其他二人都是不折不扣的昏君暴君；而息侯为报仇引狼入室，显然也有些昏聩。中国历代国君在遇到内乱外侵时，常常喜欢借外力来达到目的，如唐高祖借突厥兵驱逐列强，宋人与蒙古人合谋灭金恢复中原，结果是引狼入室，都是没有以息侯为前车之鉴的缘故。

息妫

中国古代有"女人是祸水"的说法，又说娶了太美的女人往往不得太平；《易·系辞》也说"慢藏海盗，冶容海淫"；这虽然不很全面，甚至是某些娶了无盐嫫母那样丑妇的人自我解嘲拈酸，不过用在息妫身上又不能不说有点道理，尽管息妫本人是没有罪过的。

息妫做了楚文王的妻子后，是否真的不再说话，后人多有异议。有人认为，文中的"未言"是说息妫不与楚文王谈笑，不是真的一句话也不说；否则，下文楚文王问话，她也当闭口不答了。关于息妫事，历代记载不少，繁简不一，真伪难分。汉代刘向把她写作一个殉节而死的烈女，收进了《列女传》中。有的传说说她生得面如桃花，因此又号桃花夫人。后人在今湖北汉阳建有桃花夫人庙，历代题咏很多，最为人传诵的是清初邓汉仪的《题息夫人庙》七绝，诗云："楚宫慵扫黛眉新，只自无言对暮春。千古艰难唯一死，伤心岂独息夫人！"后两句曾被《红楼梦》引用，因而脍炙今人之口。

娶了个绝色美人，却对你不理不睬，心中的滋味定不好受，楚文王虽然可恨，又有些可怜可悲。不过他这是自讨没趣，别人的老婆岂是随便可以抢的？汉代的李延年有一首著名的歌谣，说："北方有佳人，绝世而独立；一顾倾人城，再顾倾人国。宁不知倾城与倾国，佳人难再得。"说美貌女子的一颦一笑，足以使国家倾覆，称美女为"倾国倾城"的典故

即由此而来。息妫的美貌导致蔡国与息国灭亡,可以说真正达到了"倾国倾城"这个标准了。楚文王为了讨好息妫,兴师动众,灭了蔡国,但还是没能使息妫开怀言笑,幸亏付出的代价不算大,与周幽王相比,就幸运得多了。

周幽王是宣王的儿子。宣王是一个中兴贤君,任用贤臣方叔、召虎、尹吉甫等人,把国家治理得很有起色。可惜他生了个不争气的儿子,暴戾寡恩,登基后重用一些谀佞的小人,更讨了个天生尤物褒姒为妃子。褒姒生得光艳照人,深得幽王爱宠。幽王为了她,废后贬子,几乎与暴君商纣王宠爱妲己差不多。但是褒姒虽然位尊六宫,却从未开颜一笑。幽王为了博褒姒一笑,想尽办法,总不奏效。后来有个奸臣叫虢石父的献计叫幽王出游骊山,晚上点起烽火,擂起大鼓,诸侯以为京城有变故,一个个即时点兵连夜赶到骊山。幽王与褒姒在骊山宫中凭栏观望,褒姒见各路诸侯忙来忙回,觉得很好玩,不觉笑了起来。幽王高兴极了,赏虢石父千金——这就是"千金买笑"成语的出典。可是没多久,犬戎国攻打周京城,幽王又点燃了烽火,却像寓言"说谎的孩子"

褒姒

真的遇到狼而呼救一样,再也没有人理他了。幽王结果被犬戎人杀死,褒姒被俘虏,西周从此灭亡。褒姒开颜一笑的代价,又何止千金呢?

宠爱或放任妇人胡作非为而导致灾难,历史上的教训不少,齐顷公的事也很值得深思。这年,晋国派上军元帅郤克出使鲁国及齐国。郤克先到鲁国,与鲁国上卿季孙行父同去齐国。到了齐国,正碰到卫国上卿孙良父、曹国大夫公子首也到齐国行聘,四人一起入朝。这四个人,郤克一目丧明,季孙行父秃顶,孙良父是跛子,公子首驼背。齐顷公接见使者时,为这巧合暗笑不止,退朝后,作为笑料告诉他母亲萧太后。为了使萧太后高兴,齐顷公第二天设宴款待使者时,特地选了一个一目丧明的人为郤克驾车,以一秃子为季孙行父驾车,以跛子为孙良父驾车,以驼子为公子首驾车,让萧太后在使者经过的一处高台上窥视。萧太后见这情况,不觉大笑,左右宫女也嬉笑喧闹,笑声传了老远。四人受此奇耻大辱,不告而归,联合起来讨伐齐国。结果在章地一战,齐兵大败,齐顷公几乎被活捉。萧太后一笑的代价,也不可谓不大。

齐顷公既荒唐于前,又不弥补于后,身罹险境,国家损失,咎由自取,不值得同情。遇到同样的事,赵国的平原君就明智得多了。平原君家里有一座高楼,住着他心爱的美姬。高楼隔壁住着一个跛子,有一天跛子出去挑水,美姬见了大笑。跛子便上平原君家去讲理,平原君口头应付了事。他的门下客知道后,认为平原君爱色贱士,纷纷告辞。平原君连忙杀了美姬,提着头上跛者家请罪,才平定了人心。

國學智慧全書 春秋左传

楚文王也好，周幽王、齐顷公也好，为了博妇人一笑，无所不用其极，成了人所不齿的昏君。《左传》中还记载了一个博妇人笑的故事，却为后世津津乐道。《左传》载，贾国有个大夫，生得相貌丑陋，但娶了个漂亮的妻子。妻子嫌弃他，结婚后三年不和他说话，脸上没有一丝笑容。贾大夫为了使妻子高兴，便驾着车载她去打猎。车正奔驰，远处飞起一只野鸡，贾大夫弯弓搭箭，一发中的。他妻子见了很佩服，高兴地笑了，从此对他很温柔。贾大夫凭自己的本事使妻子开颜，比楚文王等人高明得多。

作为四书之一的《大学》首章便说："古之欲明明德于天下者,先治其国;欲治其国者,先齐其家;欲齐其家者,先修其身。"就是说要治理天下、国家,必须先培养好自己的道德品质,管理好自己的家庭。楚文王、周幽王等昏君,就是因为没有修身齐家,所以做出了不利于国家的荒唐事,这是今天治理国家的人不能不再三思考,引以为戒的。

平原君

★好鹤亡国，君子不为

冬十二月,狄人伐卫。卫懿公好鹤,鹤有乘轩者。将战,国人受甲者皆曰:"使鹤,鹤实有禄位,余焉能战!"公与石祁子玦,与宁庄子矢,使守,曰:"以此赞国,择利而为之。"与夫人绣衣,曰:"听于二子。"渠孔御戎,子伯为右,黄夷前驱,孔婴齐殿。及狄人战于荧泽,卫师败绩,遂灭卫。卫侯不去其旗,是以甚败。

狄人囚史华龙滑与礼孔,以逐卫人。二人曰:"我大史也。实掌其祭,不先,国不可得也。"乃先之。至则告守曰:"不可待也。"夜,与国人出。狄入卫,遂从之,又败诸河。

——《左传》闵公二年

鲁闵公二年冬十二月,北方赤狄部落攻打卫国。卫国国君懿公喜欢养鹤,有的鹤甚至乘坐轩车,与大夫享用的仪制一样。等到懿公要出兵时,领到铠甲的兵士都叫嚷说:"你叫鹤去打仗吧! 鹤是有俸禄与地位的,我们怎么能作战呢?"卫懿公出发前,交给大夫石祁子一块玉块,表示自己抗敌的决心已定;交给大夫宁庄子一支箭,表示自己视死如归。懿公令二人留守都城,并嘱咐道:"你们凭这个全权处理国事,怎样对国家有利就怎样去做。"他又把绣袍交给夫人,说:"凡事都听两位大夫的。"卫懿公带兵出发,渠孔给他

國學智慧全書

經學智慧

驾车,子伯站在车右任警卫,黄夷做先锋,孔婴齐做后卫。两军在荥泽(今河南淇县东)展开战斗,卫军打败了,狄人继续前进要消灭卫国。卫懿公因为没有收拢他的旗帜,暴露了目标,所以败得很惨。

狄人俘虏了卫国的史官华龙滑与礼孔,带着他们追赶卫军。两人知道狄人迷信鬼神,就说:"我们是太史,掌管着国家祭祀鬼神的事。我们不先回去告诉神明,你们是得不到卫国的。"狄人相信了他们的话,让他们先走。两人到了国都,告诉留守的石祁子、宁庄子情况,说:"国都是无法守住了,快离开吧。"当夜,众大夫与城里的人都撤出了都城。狄人进入卫国都后,继续追赶,在黄河边又一次击败了卫人。

卫懿公因为过分喜爱鹤,不顾惜将士百姓,一旦敌人来犯,无人为他作战,终于兵败国灭。这件事,《左传》,《吕氏春秋·忠廉》《史记·卫康叔世家》等书都有记载,说卫懿公给鹤封有爵号,披以文绣,结果兵败后被人杀死,尸骨不全。从《左传》所记看,卫懿公不是个糊涂昏庸的人,你看他临战时的一番布置,可以说是井井有条;尤其是叫夫人听从石祁子及宁庄子事,大有志士贤君托人以家室之风,非一般人所能企及。"得人心者得天下,失人心者失天下",卫懿公失天下只是由于偏爱养鹤,给鹤的待遇太高了,以致失去人心。《书·旅獒》云:"玩人丧德,玩物丧志。"卫懿公可称得上"玩鹤丧志、丧国"的人。

鹤是羽禽中受到人们普遍喜爱的鸟,也是长寿的吉祥物。晋代王粲《白鹤赋》这样称赞它:"白翎禀灵龟之修寿,资仪凤之纯

卫懿公好鹤亡国

精。接王乔于汤谷,驾赤松于扶桑。餐灵岳之琼蕊,吸云表之露浆。"南朝宋时,鲍照《舞鹤赋》这样形容它:"精含丹而星曜,顶凝紫而烟华。叠霜毛而弄影,振玉羽而临霞。"鹤还被当作高洁的象征,神化为仙人的坐骑;传世的《相鹤经》,传为得道升天的刘安的门客淮南八公所著。这样的禽鸟确实值得人宠爱,然而处士可以宠爱它,可以痴迷到像宋初隐居杭州孤山的林逋一样,把它当儿子;君王却不能这样,否则必将引起人们的愤怒,以至于众叛亲离,家国不保。鹤是如此,其他东西也一样。

与卫懿公一样喜爱动物达到痴迷程度的国君,在春秋时还有齐景公。齐景公为人,《史记》说是"好治宫室,聚狗马,奢侈,厚赋重利",是个遭人怨恨的昏君。齐景公以爱马出名,《论语》说:"齐景公有马千驷,死之日,民无德而称焉。"《晏子春秋》中专门记有一

223

则他爱马胜过爱人的故事：齐景公使人饲养他的爱马，结果马生病死了。景公大怒，令人杀死养马的人。晏子谏道："请让我数说他的罪状后再杀他吧。"于是数说道："你有三条死罪：君王命令你养马，你让马死了，这是第一条死罪；你弄死的马是君王最喜爱的马，这是第二条死罪；你使君王为了一匹马而杀人，老百姓听说了一定会埋怨君王，诸侯知道了一定会看轻我国，这是第三条死罪。"景公听出晏子话外之意，才没杀养马人。齐景公这样的昏君，赖有晏子这样的贤臣辅佐，国家才得以平安无事。

由于玩物丧志而导致失国的却不多，失身失家的不少，这里无法一一举例，有兴趣的话，可以去翻翻史书杂记，专找写昏君奸臣的部分看，定能发现不少；如果醇酒美人也算上的话，那就更难以枚举了。唐太宗有一次在玩鸟，远远看见魏征来了，连忙把鸟藏进怀里。不料魏征早已看见，有意停下来和唐太宗闲聊，等到魏征走后，鸟已闷死了。从这则小故事可以知道，玩物丧志的危害性早已深为人知。更有人把它提高到理论高度，总结出"上之所向，下之所趋""楚王好细腰，宫中多饿死"一类箴言格言来。可悲的是仍然不断有人堕入其中而不能自拔，更可悲的是人们对于同鹤一样不会保家卫国、只会败家害国的奸邪佞人的认识，也常常只是停留在纸上嘴上。这些人最好能从曹共公的事中吸取教训。曹共公是个荒唐不羁的人，晋文公亡命天涯时路过曹国，曹共公听说文公骈胁，便假意请他洗澡，自己躲在帷幕后偷看，弄得晋文公又恨又怒。晋文公称霸后，派兵把曹国消灭了，并列举曹共公罪恶，中有国有贤人不用，却有"乘轩者三百人"句。这三百个大夫也像卫懿公的鹤一样，乘轩出入，受到宠爱，临到国家危亡之际，反倒一无所用了。

國學智慧全書

经学智慧

国学智慧全书

史学智慧

马肇基 ◎ 主编

导　语

　　人们对历史的研究和认识构成历史学。

　　在我国浩瀚如烟的史学著作中，有堪称"史学双璧"的两部史书大放光彩，其一是被鲁迅先生称为"史学之绝唱，无韵之离骚"的司马迁著的《史记》。

　　《史记》是一部贯穿古今的通史，从传说中的黄帝开始，一直写到汉武帝元狩元年，叙述了我国三千年左右的历史。全书有本纪十二篇，表十篇，书八篇，世家三十篇，列传七十篇，共一百三十篇。《史记》是一部纵横古今数千年的巨著。司马迁的文学修养深厚，其艺术手段特别高妙。往往某种极其复杂的事实，他都措置得非常妥帖，秩序井然，再加以视线远，见识高，文字生动，笔力洗练，感情充沛，信手写来，莫不词气纵横，形象明快，是中国史传文学的集大成者。

　　另一部是北宋著名史学家司马光著的《资治通鉴》。司马光在编修《资治通鉴》的十九年中，付出了巨大的劳动，特别是在洛阳的十五年里，几乎付出了他全部的精力和心血。司马光为编书，常常废寝忘食。他对史料考核极其认真，追根寻源，反复推敲，不断修改。《资治通鉴》编成后，洛阳存放的未用残稿就堆满了两间屋子，可见他为这本书付出了多么艰辛的劳动！宋神宗继位后，司马光把书稿读给宋神宗听，听后神宗点头称赞——书中记载的历史，好像一面镜子，可以常常对照借鉴，检查自己的得失。因此，他给这部书赐名为《资治通鉴》。

　　本篇除了对《资治通鉴》的智慧进行全面的剖析外，还对《二十四史》中的领导智慧进行了深入浅出的阐述，对当今领导做事为官有重要的启迪意义。

　　历史不可能与今天分割，今天是历史的结果，如果不知今天，焉能做好历史研究？甚至可以说，如果不知道今天，历史研究就失去了方向和目的。

　　历史是一部深厚的大书，是因为有了今天才去追索历史，目的是通过历史看到今天的影子，再通过今天看到未来的方向。在这个意义上说，读史使人明智。

第一篇 《资治通鉴》智慧通解

导读

　　北宋史学家兼政治家司马光，在一些优秀的助手协助下，用了十九年工夫，编写完成的《资治通鉴》是一部著名的大书。该书以编年体形式，叙述了周威烈王二十三年到后周世宗显德六年(公元前403至公元959年)共计一千三百六十二年的史事。翻开本篇，众多历史人物扑面而来，其中不乏优秀的精英分子，他们曾经奋斗过，曾经辉煌过，曾经壮丽过，对中国社会产生了巨大影响。这些人高尚的人品、超凡的智慧、无比的才能，都叫人感慨不已。人生不过几十寒暑，且不去管他能不能名垂史册，怎么才能让自己的明天更美好，历史上这些超凡的"成功人士"，是很好的学习榜样。即使是那些奸臣小人，也为我们展示了他们用错了方向的智慧，增加了我们的识别能力。唾骂之余，很值得吸取其教训。

　　"读史使人明智"。治国的道理和经验很多人是用不到的，理解成管理的经验，就有了现实价值。而为人处事的道理和经验，更是每个人都离不开，我们绝大多数人恐怕都希望自己的明天更美好，而要想实现这个愿望，坐等肯定是不行的，还是要提高自己，《资治通鉴》为我们提供了大量的实例，用心去看，定然可以得到提高。

第一章 领导者强力维权的智慧

★权力让亲情走开

上之起兵晋阳也,皆秦王世民之谋,上谓世民曰:"若事成,则天下皆汝所致,当以汝为太子。"世民拜且辞。及为唐王,将佐亦请以世民为世子,上将立之,世民固辞而止。太子建成,性宽简,喜酒色游畋;齐王元吉,多过失;皆无宠于上。世民功名日盛,上常有意以代建成,建成内不自安,乃与元吉协谋,共倾世民,各引树党友。

上晚年多内宠,小王且二十人,其母竞交结诸长子以自固。建成与元吉曲意事诸妃嫔,谄谀赂遗,无所不至,以求媚于上。或言蒸于张婕妤、尹德妃,宫禁深秘,莫能明也。是时,东宫、诸王公、妃主之家及后宫亲戚横长安中,夺人田宅,恣为非法,有司不敢诘。

——《资治通鉴·唐纪六》

封建社会的宫廷内部博取最高统治权的斗争是极为惨烈的,这是一场没有硝烟的战争,一旦控制全局的智慧双眼被蒙住了,那他注定只能成为一个失败者。唐太宗李世民在争夺皇位的过程中坚决地让亲情为权力让路,从而成就了中国历史上难得一见的"贞观之治"。

秦王府与东宫、齐王府之间斗争的高潮来临之前,其他小波小浪就从来没有停止过。在武德五年(公元622年)以前,因李世民的军功卓著,秦王府的威望已远远高于东宫和齐王府,但在以后的三年多时间里,李世民既无新的战功,又屡遭兄弟的倾轧、妃嫔逸言,使秦王府的地位大不如以前了。就军事实力而言,东宫加上齐王府要比秦王府强大得多;从政治影响方面来看,因李建成身为太子,宫中妃嫔、朝中大臣和地方势力依附东宫的相对多些,秦王府处于劣势也是显而易见的。

矛盾的激化始于武德九年(公元626年)六月一日。这天,李建成请李世民到东宫喝酒,几杯酒下肚,李世民突觉肚子痛,他的叔父淮安王李神通正好在场,将他背回到自己的西宫后,竟吐起了血,这就加重了秦府的忧惧感。在这种情况下,房玄龄便与杜如晦共劝李世民要下决心,诛除李建成、李元吉。房玄龄等策划政变的主张,其实是正符合李世

民心意的,但要将这种想法变为行动,李世民仍存在若干顾虑。及至后来,房玄龄、杜如晦因受到李建成和李元吉忌恨而被逐出秦府,秦府中李世民的心腹之臣就只剩下长孙无忌和舅父高士廉以及秦王府将领尉迟敬德等继续进行策划。

此时,突厥率数万骑兵进犯中原,入侵塞边。这种事情如果放在过去,一般都是由秦王李世民带军去征讨,然而这次李建成则举荐李元吉和李艺北征,目的在于使李世民与军队隔离,将其困于京师,防止李世民掌握兵权,而李渊却答应了这一请求。

从另一方面看,李建成和李元吉这样做,也是想借出兵讨伐突厥之机,将兵权控制在自己手中。李元吉请尉迟敬德、程知节、段志玄及秦王府右三统军秦叔宝与之同行,并检阅秦王帐下精锐之士,加强李元吉的军队,以此削夺李世民的兵权,然后以图谋杀世民。这一计划有人密告给了李世民,李世民立即同长孙无忌、高士廉、尉迟敬德、侯君集、张公谨等商量对策。大家一致意见是只有采取非常行动,先发制人,才能扭转危机,而且事到如今,觉得再没有任何犹豫的余地了。于是他们劝李世民"先事图之"。

李世民也知祸在旦夕,但事到临头,他仍顾虑"骨肉相残"的悲剧,并想出了"钦俟其发,然后以义讨之"的想法。尉迟敬德则快人快语地说:"祸机重发,而五犹晏然不以为忧,大王纵自轻,如宗庙社稷何!大王不用敬德之言,敬德将窜身草泽,不能留居大王左右,交手受戮也!"他还激李世民说:"王今处事有疑,非智也;临难不决,非勇也。且大王素所蓄养勇士八百余人,在外者今已入宫,接甲执兵,事势已成,大王安得已乎!"

此时的李世民,虽然只有29岁,但因他是秦王府的最高主持者,他必须事事深思熟虑。他此时自然明白,秦王府与东宫、齐王府集团的军事力量和政治影响对比悬殊,除此之外,一旦交兵,秦王府两面受敌,必然陷入险境,这一枝节李世民是不能不考虑进去的。所以,他还要在行动之前听听更多人的意见。问其他府僚,都说:"齐王凶戾,终不肯事其兄。比闻护军薛实尝谓齐王说:'大王之名,合之成(唐)字,大王终主唐祀。'齐王喜曰:'但除秦王,取东宫如反掌耳。'彼与太子谋乱未成,已有取太子之心。乱心无厌,何所不为!若便二人得志,恐天下非复唐有。以大王之贤,取二人如拾地芥耳,奈何殉匹夫之节,忘社稷之计乎!"

齐王李元吉既有此心,太子李建成又如此不容李世民,事已如此,又有众人支持,李世民也只有横下一条心去干了。

由于事情重大,以弱势而制强敌,必须有一个严密、周到的行动方案。于是李世民让长孙无忌密招先前被逐出秦王府的房玄龄、杜如晦入王府商议决策。房、杜二人以前曾建议过李世民诛杀李建成、李元吉,未被采纳。现被贬在家,深恐李世民仍然疑而不决,中途变卦,便想用激将法再激他一次。他俩对长孙无忌说:"皇上已经有旨,不许我们再为秦王效力,如今如果再私下里去见秦王,一定会因此被杀头的,我们哪里敢去听秦王的教诲呢?"

这一招果然有效,李世民听说后,果然怒骂道:"玄龄、如晦岂叛我邪!"并取下佩刀给尉迟敬德说:"公往视之,若无来心,可断其首以来。"尉迟敬德和长孙无忌便再去找房玄

龄、杜如晦,说:"王已决计,公宜速入共谋之。吾属四人,不可群行道中。"房玄龄和杜如晦闻听此言,知李世民决心已下,便化装成道士与长孙无忌潜入秦王府内,尉迟敬德则由他道进入。

玄武门

这一天是武德九年(公元 626 年)六月二日,经过一整夜商议,大计终于确定下来,并分头布置行动,李世民至此决定走上风雨不归的夺权之路。

凡做大事,不能总是犹豫不决,坐失举事良机;又不可草率从事,不计后果。因此,做事前前思后想、三思而行是必要的,而一旦决定就要当机立断、付诸行动,这样才能使自己的重大决策取得更多的获胜把握。李世民即是如此,他的犹豫、沉着、临事不慌并不多余;而一旦深思熟虑之后又不容置疑,不容犹豫,反而成了主导者,这是正确的。

谋略上有万事俱备,只欠东风之说。何来东风,诸葛公能祭也;所谓的祭,实际上是谋的结果,何况东风西风在自然界中也并不是绝对受季节变化的,谋的因素才是关键。

主意拿定之后,李世民及其僚属经过周密的部署,决定在玄武门伏杀李建成和李元吉。

玄武门即长安宫城北门,地位重要,是唐朝中央禁卫部队屯守三所。负责门卫的是将领常何,此人是李建成的旧属,后被李世民所收买,这就为李世民的举事提供了极大便利。此外,守卫玄武门的其他一些将领,也被李世民收买。应当说,在京师处于劣势的李世民,在玄武门将领处打主意,是很有远见的一招。

为师出有名,李世民便寻机找借口。武德九年(公元 626 年)六月三日,太白复经天,太史令傅奕密奏高祖:"太白见秦分,秦王当有天下。"李渊将星状单独交给李世民,李世民便乘机密奏李建成、李元吉与尹德妃、张婕妤淫乱之事,并说:"臣于兄弟无丝毫负,今欲杀臣,似为世充、建德报仇。臣今枉死,永违君亲,魂归地下,实耻见诸贼!"

李世民的这番话,是在申明自己只是因平叛功显才被猜忌、不容的,这便把兄弟间"骨肉相残"的责任全部推到李建成与李元吉的身上了。高祖听后虽感愕然,但也不敢轻信,便说:"明当鞠问,汝宜早参。"即令通知太子、齐王明天早朝,由诸大臣公断曲直。

第二天一早,李世民带着尉迟敬德、长孙无忌等人埋伏在玄武门附近。玄武门是皇

宫大门，是入宫必经之路。然而就在此时，后宫张婕妤探得了李世民的动机，立刻向李建成报告。李建成找李元吉商量，李元吉认为应暂避一下风头，托病不去上朝，观察一下形势再作打算。李建成认为只要布置好兵力，玄武门的守将又是自己人，还有嫔妃做内应，怕他何来？不妨进宫看看动静再说。

俩人骑马进入玄武门，叫亲信侍卫在宫外等候。李建成和李元吉走到临湖殿，发现情况异常，李元吉对李建成说："殿下，今天气氛怎么这样肃杀，连一个侍卫都不见，我们还是回去吧！"于是，俩人拨马便往回走。

其实，李世民带领亲信将领早已进宫，这时见二人正要溜走，便从隐蔽处走了出来，喊道："殿下，别走。"李建成、李元吉料想不到李世民会在此时现身，而且全副武装，知道事情不妙，走得更快了。不一会儿便来到玄武门前，大喊："常何，快开门！"然而任凭他俩叫破嗓子，也无人搭理。李元吉大骂："我们上当了，常何投靠了李世民。"说着，他弯弓搭箭射过城门，落在城外的草地上，在那里等候的亲随接到警报，立即驰马去东宫报信。

李建成也动起手来，他不问情由，一连向李世民连发三箭，因为心慌意乱，失去准头，皆未射中。李世民却早有准备，只一箭就把李建成射中落马，顿时气绝身亡。

李元吉急忙逃去，迎面碰上尉迟敬德，他回转马头逃跑，忽然一阵乱箭射来，他趁势滚下马鞍，想钻进附近的树林里躲藏，谁知李世民此时已绕过来堵住了他的退路。两人相见，立即扭在一起。李元吉拼着全身力气，压在李世民身上，要用双手去扼他的脖子，恰在这时尉迟敬德赶到，李元吉放开了李世民，撒腿就跑，被尉迟敬德一箭射死。

此时玄武门外已聚集了不少兵马。东宫接到警报后，大将冯诩、冯立和齐王府的薛万彻带领二千多名卫士在攻打大门，常何急命人抵住大门，玄武门守将敬君弘、吕世衡出城作战，不幸战死。东宫、齐王府的人马又分兵去攻打秦王府，一场更大的战乱就要酿成。正在此时，尉迟敬德走上城楼，扔下两颗带血的人头，大声喊道："太子和齐王联合谋反，奉皇上之命讨伐二贼，你们看，这就是他们的下场，你们要为谁卖命？"东宫和齐王府的人看见两颗人头果然是他们的主子，既然太子李建成和齐王李元吉已经被杀，除了作鸟兽散，他们还为谁卖命，于是局势旋即平定下来。事后李世民对他们不予追究，并把他们争取过来为秦王府效力，所以这次兄弟相残之事并没引起更大的战事。

当三兄弟打得你死我活，李渊正带着大臣、妃嫔在太极宫中乘船游玩，此时尉迟敬德却一身豪气地前来"逼宫"："陛下，太子、齐王叛乱，已被秦王杀死，特派微臣前来为陛下保驾！"

李渊听到这个消息十分难过，一时无话，只赶紧吩咐船只靠岸，便问在侧的大臣裴寂："此事该如何收场？"

裴寂是个佞臣，忙推托说："这是陛下的家事。"萧瑀、陈叔达却趁机进言说："建成、元吉本不预义谋，又无功于天下，嫉秦王功高望重，共为奸谋。今秦王已讨而诛之，秦王功盖宇宙，率士归心，陛下若处以元良，委之国务，无复事矣。"

李渊见大势已定，便顺势说："善，此吾之夙心也。"此时，宿卫及秦王府兵与东宫、齐王府兵的战斗尚未全部结束，李渊便写了"手敕"，命令所有的军队一律听秦王的处置。

玄武门之变就这样以李世民的成功而告结束。

李渊及时改立秦王为太子，并敕令军国庶事，无论大小翻要其处决。八月，高祖李渊退位为太上皇，传位于李世民，是为唐太宗。

对帝王而言，国事与家事常常扯在一起纠缠不清，这很容易令父子、兄弟互相成为政治上的对手。李世民残兄弟的行为我们很难从感情的角度做出评判，因为毕竟政治斗争的残酷性在不断验证着胜者为王败者为寇这一真理，某种意义上说，正是关键时刻对亲情的割舍成就了其一生的政治成就。

★赢得支持才能站稳脚跟

九月，戊申，琅邪王睿至建业。睿以安东司马王导为谋主，推心亲信，每事咨焉。睿名论素轻，吴人不附，居久之，士大夫莫有至者，导患之。会睿出观禊，导使睿乘肩舆，具威仪，导与诸名胜皆骑从，纪瞻、顾荣等见之惊异，相帅拜于道左。导因说睿曰："顾荣、贺循，此土之望，宜引之以结人心。二子既至，则无不来矣。"睿乃使导躬造循、荣，二人皆应命而至。以循为吴国内史；荣为军司，加散骑常侍，凡军府政事，皆与之谋议。又以纪瞻为军祭酒，卞壶为从事中郎……王导说睿："谦以接士，俭以足用，用清静为政，抚绥新旧。"故江东归心焉。睿初至，颇以酒废事；导以为言。睿命酌。引筋覆之，于此遂绝。

——《资治通鉴·晋纪八》

下属的支持对管人者什么时候都不可缺少，这在刚履新位的时候显得尤为关键。因为此时观望者多，挑衅者时而有之，树立管人者的权威成为当务之急。这时如能有人站出来扶你一把，自然容易站稳脚跟。

东晋司马睿移镇建邺后，对于能否在江东站住脚，还没有十分把握。因为江东士族对这位东南最高军政长官十分冷淡。在相当长的一段时间里，居然没有一位名流拜会司马睿。

东吴灭亡后，江东士族的经济利益虽然没有受到多大打击，政治地位却一落千丈。西晋朝廷看不起他们，被任用的人士极少。有关于此，陆机的疏议讲得十分清楚：

"至于荆、扬二州，户备数十万，今扬州无郎，两荆州江南乃无一人为京城职者，诚非圣朝待四方之本心。"

即便个别人被征到中央为富，也百般受到猜忌，所以晋末战乱，便纷纷夺冠而归了。这绝不是说他们想就此归老林下，而是在窥度时机，准备东山再起，恢复昔日权势。绝大部分江东士族能为陈敏网罗，不少江东士族参与钱铒的叛乱，原因就在于此。

《资治通鉴》卷第八十六将其中"荣常忧无窦氏、孙、刘之策"改成"荣常忧无孙、

刘之主"，即使这席话豁然贯通，也和盘托出了以顾荣为首的江东士族的心意。这实质上是顾荣代表江东士族与陈敏谈判：他们早就希望割据江东了，只是找不到孙氏兄弟和刘备那样的为首人物。如果你陈敏能像孙氏兄弟和刘备那样礼贤下士，信用江东士族，顾及他们的利益，则江东士族必然尽心竭力辅佐你成就大业。陈敏做不到这一点，以顾荣为首的江东士族背叛了，陈敏也就失败了。陈敏叛乱失败后，司马越插手江东，感到笼络江东士族的重要，将顾荣、纪瞻等征入幕府。他们沿途观望，乃至司马越下令徐州刺史裴盾以军礼发遣，他们对司马越尚且不感兴趣，对司马睿冷淡也就不足为怪了。

　　江东士族的态度使司马睿和王导焦虑万分，若得不到他们的支持，就极难站住脚。为此，王导和王敦决定在三月初三拥司马睿出巡，借以观察江东士族的动态，再决定下一步的行动。这一天，司马睿乘肩舆出游，北来名流摆出全部仪仗追随其后，故意从顾荣、纪瞻等宅第绕行，终于引来了他们的拜见。王导乘机献策："古之王者，莫不宾礼故老，存问风俗，虚己倾心，心招俊乂况天下丧乱，九州分裂，大业草创，急于得人者乎！顾荣、贺循，此士之望，未若引之以结人心。二子既至，则无不来矣。"

　　司马睿心领神会，请王导代表他拜会顾荣和贺循，请他们出来相助。这是政治待遇，也是一个信号，它表明司马睿有意借重江东士族。顾、贺二人欣然应命。司马睿终于和江东士族搭上了线。在顾、贺的影响和推荐下，其他南士相继而至。司马睿任命顾荣为安东大将军府司马、纪瞻为军谘祭酒、周能为仓曹掾、贺循为吴国内史，这些都是司马睿幕府中重要的职位，有的则是江东腹心地区的地方长官。对于顾荣，司马睿更为器重。事无巨细，都找顾荣谋议。对于江东士族来说，这实在是东吴灭亡以后少有的光辉时日。为了搞好与江东士族的关系，王导还学说吴语，提出与吴郡陆

司马睿

氏联姻的要求。不久，散骑常侍朱嵩和尚书郎顾球死，鉴于吴郡朱氏和顾氏都是江东名门望族，司马睿为再次表达他借重的心意，突破仪制，亲自为他们举哀，哭之甚恸。接二连三的举动，终于感动了江东士族，"由是吴会风靡，百姓归心焉。自此以后，渐相崇奉，君臣之礼始定"。司马睿被江东士族确认为自己利益的最高代表了。

司马睿和王导并不满足于在江东获得立足之地。三定江南的事实表明，司马睿移镇建邺初期，在力量对比上，江东士族占有巨大的优势。司马睿等对此始终惴惴不安，认为这是寄人篱下。有一次，在和顾荣的谈话中，不由自主地流露出了这种心态："寄人国土，心常怀惭。"

改变这种状况，成了司马睿和王导立足于江东之后的主要活动。永嘉之乱，北方名门大族为躲避战乱，纷纷南渡，达十分之六七左右。他们经常会聚一起，发出"风景不殊，举目有江河之异"的感叹。他们南渡，往往带有大量宾客徒众，这无疑是一支力量，更何况南渡士族过去和司马越又有这样或那样的关系。王导及时抓住机遇，建议司马睿尽量录用，给予百般优待，参与北来士人的聚会，竭力倡导戮力王室，匡复神州，打回老家——"当共戮力王室，克复神州，何至作楚囚相对泣邪！"

在民族矛盾成为社会主要矛盾的时候，"戮力王室、克复神州"，无疑是最具号召力的口号。其实，无论司马睿还是王导，都无北伐之意，深知以其现有实力，实现这一目标绝非轻而易举。哪怕真的实现，以司马睿这种距皇统疏而又疏的关系，对他们也未必有利，他们所以始终没有放弃这一口号，无非是借此号召北来士族支持司马睿及其后裔的一种策略而已。北来士族本是一批亡官失士之人，南渡江东，迫切希望地方当局的照顾和安置，个别真有北伐愿望的人士，也需要地方当局的支持，才能将自己的愿望付之行动。既然司马睿和王导对他们刮目相待，倒向司马睿，也就成了必然之事。在权势分配上，司马睿在王导的授意下，有意偏袒北来士族，架空江东士族，久而久之，北来士族终于凌驾江东士族之上了。

江东士族对处于附从地位是极端不满的。建兴元年（公元313年），在三定江南中立有殊勋的周玘密谋发难了。他联合镇东将军府祭酒王恢和寓居淮泗的流民领袖夏铁，约定夏铁起兵淮泗，他们响应于三吴，里应外合，诛戮当权的北来士族。由于处事不密，夏铁为临淮太守蔡豹所杀。王恢见机不妙，逃奔周玘。周玘为保自身门户，又杀了王恢。司马睿装聋作哑，只是不断交换周玘的官职。任命周玘为镇东司马，尚未到任，改为南郡太守。正在赴任途中，又召为军谘祭酒。周玘知道这是司马睿在作弄他，忧愤而死。临终遗言其子周勰"杀我者诸伧子（东士族鄙称北来士族为"伧"）能复之，乃吾子也"。

周勰牢记父言，秘密结变拥有私人武装的吴兴功曹徐馥，计划推叔父周札为主，再次起兵叛变。建兴三年（公元315年），徐馥等袭杀吴兴太守袁诱，周勰族兄周续起兵于义兴，孙皓族入孙弼则起兵于广德（今安徽广德东）。一时间，三吴豪侠响应者甚众。周札认为此举没有多大把握。反对周勰举兵，向官府告发了这一密谋。徐馥、孙弼等相继失败。司马睿明知周勰是主谋，考虑到周氏在江东有巨大的声望，且此役牵扯到江东士族较多。害怕"穷治"激起大变，采取了息事宁人的态度。不过此一事变使司马睿和王导感到只靠笼络，也难以在江东站住脚跟，转而采取分化瓦解的策略，利用江东士族的内部矛盾，挑起实力最大的义兴周氏和吴兴沈氏的火拼，在内讧中同归于尽。当然，司马睿等也深知，过分侵犯江东士族的利益，对他们也绝无好处。所以引导南渡士族在江东士族势

力较为薄弱的浙东等地安家立业，两大士族集团的矛盾终于得到一定程度的缓和，司马睿的江东政权趋于稳定了。司马睿在毫无政治根基的江东之所以能逐步立稳脚跟，就在于对所处大势做出了精确的判断，对身边的人和事看得清楚，从而采取了尽量赢取支持的正确管人策略。

第二章 防人而不害人的领导智慧

★算计不但要多一招，而且要快一步

初，帝亲任中书令温峤，敦恶之，请峤为左司马。峤乃缪为勤敬，综其府事，时进密谋以附其欲。深结钱凤，为之声誉，每曰："钱世仪精神满腹。"峤素有藻鉴之名，凤甚悦，深与峤结好。会丹杨尹缺，峤言于敦曰："京尹咽喉之地，公宜自选其才，恐朝廷用人，或不尽理。"敦然之，问峤："谁可者?"峤曰："愚谓无如钱凤。"凤亦推峤，峤伪辞之，敦不听，六月，表峤为丹杨尹，且使觇伺朝廷。峤恐既去而钱凤于后间止之，因敦钱别，峤起行酒，至凤，凤未及饮，峤伪醉，以手版击凤愤坠，作色曰："钱凤何人，温太真行酒而敢不饮!"敦以为醉，两释之。峤临去，与敦别，涕泗横流，出阁复入者再三。行后，凤谓敦曰："峤于朝廷甚密，而与庾亮深交，未可信也。"敦曰："太真昨醉，小加声色，何得便尔相谮!"峤至建康，尽以敦逆谋告帝，请先为之备，又与庾亮共画讨敦之谋。敦闻之，大怒曰："吾乃为小物所欺!"与司徒导书曰："太真别来几日，作如此事! 当募人生致之，自拔其舌。"

——《资治通鉴·晋纪十五》

算不在繁，只需多一招;亦不在精，只需快一步。如果多一招和快一步结合起来，那就胜券在握了。其实说白了就是不仅要算准，而且要快动。

东晋元帝时代，权臣王敦欲发动叛乱自立。王敦在永昌元年(公元 322 年)曾以诛讨叛贼为名，起兵攻入石头城，胁迫朝廷，改易一些大臣，控制兵权，成为朝中第一权臣，谋逆之心日切。

太宁二年，王敦病重，谋反之心已经变得非常迫切。他先假传圣旨以自己的儿子王应为武卫将军，以王含为骠骑大将军。与心腹钱凤商议行动方案时，王敦决定采取"悉众而下，万一侥幸"方案，即率领众军沿江而下，争取侥幸成功，推翻朝廷以自立。

当时，温峤颇受晋元帝的信任，任中书令之职。温峤字太真，太原祁(山西祁县)人，很有谋略。但这却使王敦很嫉妒，就找借口请皇帝批准让温峤做了他的左司马。

温峤对王敦的为人特别了解，就采取以柔克刚、阳奉阴违的策略，表面上对王敦特别

尊敬顺从，尽心尽力为其办事，并不时帮助王敦出一些主意，王敦渐渐地对温峤有了好感。温峤又看出王敦最信任钱凤，而钱凤又是王敦集团中最有智谋的人，所以他和钱凤也极为亲近，并常在王敦面前夸奖钱凤说："钱世仪精神满腹。"温峤素有知人之名，所以钱凤心中也美滋滋的，与温峤的关系日益亲密。

正当王敦、钱凤等人秘密加紧准备起兵的时候，丹杨（安徽丹涂）尹出现了空缺。丹杨是由姑苏通往建康的要道，地理位置十分重要。一听到这个消息，温峤立即去见王敦，显出有些着急的样子说："丹杨是个咽喉要道的重地，丹杨尹的位置格外重要，明公应该选派自己的人去担任这个职务。"

王敦觉得很有道理，就问谁可胜任，温峤马上推荐钱凤。他知道钱凤为王敦首席智囊，须臾不能离开，这种以亲信人物作为推荐对象，既能表示忠诚无私，又必然使权职落在自

温峤

己头上，果然钱凤听说后又推荐温峤，温峤也假意推辞，一再推荐钱凤。最后还是王敦拍板定案，就上表推荐温峤做了丹杨尹。他得到朝廷的任命后，心中暗喜，庆幸第一步取得了成功，他终于可以离开这个是非很多、非常危险的虎窝狼穴，而且可以为朝廷效力了。

但温峤明白，王敦蓄谋已久，一旦发难，朝廷还是难以应付的，所以必须要稳住王敦，为朝廷争取一些宝贵的时间，这样他必须打消王敦对自己的戒备心理，尤其要防备钱凤的觉醒，防备自己离开后他醒悟过来再向王敦进言。

王敦这次派遣温峤去做丹杨尹的主要目的是为自己的军事行动做前导，先去监视观察朝廷的动向。温峤临行的前一天，王敦设宴为之钱行。酒到半酣之时，温峤站起来逐个敬酒，走到钱凤面前时，钱凤端起酒杯还未来得及喝，温峤就有些摇晃，舌头根有点发硬地说："你钱凤算个什么人，我温太真敬酒你竟敢不饮！"一边说一边用手去拍打钱凤的脑袋，把钱凤头上的头巾都弄掉地上了。这是对人最不尊敬的做法，钱凤的脸一下子就红了。王敦见了，以为温峤喝醉了酒，忙站起来解释，人们不欢而散。温峤一边走一边还说着醉话。

第二天，温峤到王敦府中去告别，在王敦面前流着泪说："我昨天喝醉失态，得罪了钱世仪。我走之后，真担心您疏远我啊！"王敦马上理解了温峤的心意，说："你放心赴任去吧，我心中有数。"温峤刚迈出门坎又返回来，想要说什么，停了停又返回去，来回三次，仿佛满腹心事的样子，最后才慢慢离去。

温峤走后，钱凤果然去向王敦说："温峤与朝廷的关系很亲密，与庾亮的交情又很密

切，不可相信他。”钱凤的话刚说完，王敦满不在乎地说：“温太真昨天喝醉了酒，对您说话时有些不礼貌，何必为这么点小事就来说他的坏话？”

钱凤无言以答。当钱凤再向王敦提温峤之事时，王敦连听都懒得听。

温峤到建康后，立刻把王敦的阴谋全盘报告给朝廷。朝廷马上调兵遣将进行周密的防范，并商量发兵讨伐王敦，先发制人。等王敦知道温峤的行动和朝廷的计划时，已经晚了。他气得暴跳如雷，立刻给他的从弟王导写信说：“我为一个小人物所欺，你要募人活捉他，拔去他的舌头。”但这只是说说而已，不久，朝廷发兵前来讨伐，王敦忧气交加而病死。

温峤在错综复杂的形势下，审时度势，首先设法离开王敦并谋得丹杨尹这个重要职务，已经显示出他的智慧。临行前故意得罪钱凤，堵住这个智囊的嘴，更是令人拍案叫绝的高招。怕人谗毁，先故意得罪之，造成二人有隙的局面，自然杜绝了谗言的威胁。

看两个高手斗算，确有赏心悦目的感觉。精准的算度有惊鬼神之效，快速的行动可比雷霆之势。而当正义的一方胜出时，我们更是不禁由衷地长舒一口气。一个攻得阴毒，一个防得缜密。温峤的神算堪称谋身自保的经典。

★不要与小人一般见识

御吏中丞卢杞，(弈)之子也，貌丑，色如蓝，有口辩。上悦之，丁未，擢为大夫，领京畿观察使。郭子仪每见宾客，姬妾不离侧。杞尝往问疾，子仪悉屏侍妾，独隐几待之。或问其故，子仪曰：“杞貌陋而心险，妇人辈见之必笑，它日杞得志，吾族无类矣！”

杨炎既杀刘晏，朝野侧目，李正己累表请晏罪，讥斥朝廷。炎惧，遣腹心分诣诸道。以宣慰为名，实使之密谕节度使云：“晏昔附奸邪，请立独孤后，上自恶而杀之。”上闻而恶之，由是有诛炎之志，隐而未发。乙巳，迁炎中书侍郎。擢卢杞为门下侍郎，并同平章事，不专任炎矣。杞蕞陋，无文学，炎轻之，多托疾不与会食：杞亦恨之。杞阴狡，欲起势立威。小不附者必欲置之死地，引太常博士裴延龄为集贤[殿]直学士，亲任之。

——《资治通鉴·唐纪四十二》

《菜根谭》中有这样一句话：对待心术不正的小人，要做到对他们严厉苛刻并不难，难的是不去憎恶他们。确实，不去憎恶有道德缺陷的小人，是为臣者全身而退的最好策略，反之，则难逃被小人中伤的噩运。

杨炎与卢杞在唐德宗时一度同任宰相，卢杞的爷爷是唐玄宗时的宰相，以忠正廉洁而著称，从不以权谋私，清廉方正，是位颇受时人敬重的贤相。他的父亲卢奕也是一位忠烈之士。卢杞在平日里不注意衣着吃用，穿得很朴素，吃的也不讲究，人们都以为他有祖风，没有人知道卢杞则是一个善于揣摩上意、很有心计、貌似忠厚、除了巧言善辨别无所长的小人。

与卢杞同为宰相的杨炎，是中国历史上著名的理财能手，他提出的"两税法"对缓解当时中央政府的财政危机立下了汗马功劳。后来的史学家评论他说："后来言财利者，皆莫能及之。"可见杨炎确实是个干练之才，受时人的尊重和推崇。此外，杨炎与卢杞在外表上也有很大不同，杨炎是个美髯公，仪表堂堂，卢杞脸上却有大片的蓝色痣斑，相貌奇丑，形象不堪。

然而，博学多闻、精通时政、具有卓越政治才能的杨炎，虽然有宰相之能，性格却过于刚直，特别是对卢杞这样的小人，他压根儿就没放在眼里。两人同处一朝，共事一主，但杨炎几乎不与卢杞有丝毫往来。按当时制度，宰相们一同在政事堂办公，一同吃饭，杨炎因为不愿与卢杞同桌而食，便经常找个借口在别处单独吃饭，有人趁机对卢杞挑拨说："杨大人看不起你，不愿跟你在一起吃饭。"

相貌丑陋内心自卑的卢杞自然怀恨在心，便先找杨炎手下亲信官员的过错，并上奏皇帝。杨炎因而愤愤不平，专门找卢杞质问道："我的手下人有什么过错，自有我来处理，如果我不处理，可以一起商量，你为什么瞒着我暗中向皇上打小报告！"弄得卢杞很下不来台。于是，两个人的隔阂越来越深，常常是你提出一条什么建议，明明是对的我也要反对；你要推荐那个人，我就推荐另一些人，总是较着劲、对着干。

卢杞与杨炎结怨后，千方百计谋图报复。他深知自己不是进士出身，又面貌奇丑，才干更是无法与杨炎相比，但他极尽阿谀奉承之能，逐渐取得了唐德宗的信任。

不久，节度使梁崇义背叛朝廷，发动叛乱，德宗皇帝命淮西节度使李希烈前去讨伐。杨炎不同意重用李希烈，认为此人反复无常，对德宗说："李希烈这个人，杀害了对他十分信任的养父而夺其职位，为人凶狠无情，他没有功劳都傲视朝廷，不守法度，若是在平定梁崇义时立了功，以后就更不可控制了。"

然而，德宗已经下定了决心，对杨炎说："这件事你就不要管了！"谁知，刚直的杨炎并不把德宗的不快放在眼里，还是一再表示反对用李希烈，这使本来就对他有点不满地德宗更加生气。

不巧的是，诏命下达之后，赶上连日阴雨，李希烈进军迟缓，德宗又是个急性子，就找卢杞商量。卢杞看到这是扳倒杨炎的绝好时机，便对德宗皇帝说："李希烈之所以拖延徘徊，正是因为听说杨炎反对他的缘故。陛下何必为了保全杨炎的面子而影响平定叛军的大事呢？不如暂时免去杨炎宰相的职位，让李希烈放心。等到叛军平定以后，再重新起用，也没有什么大关系！"

这番话看上去完全是为朝廷考虑，也没有一句伤害杨炎的话。德宗皇帝果然信以为真，就听信了卢杞的话，免去了杨炎的宰相职务。就这样，只方不圆的杨炎因为不愿与小人同桌就餐而莫名其妙地丢掉了相位。

从此卢杞独掌大权，杨炎可就在他的掌握之中了，他自然不会让杨炎东山再起，便找茬儿整治杨炎。杨炎在长安曲江池边为祖先建了座祠庙，卢杞便诬奏说："那块地方有帝王之气，早在玄宗时代，宰相萧嵩就曾在那里建立过家庙，因为玄宗皇帝曾到此地巡游，看到此处王气很盛，就让萧嵩把家庙改建在别处了。如今杨炎又在此处建家庙，必定是怀有篡权夺位的谋反野心！近日长安城内到处传言：'因为此处有帝王之气，所以杨炎要据为己有，这必定是有当帝王的野心。'"

什么！杨炎有"谋反篡位"之心？岂能容之！于是，在卢杞的鼓动之下，勃然大怒的德宗皇帝，便以卢杞这番话为借口，将杨炎贬至崖州（今海南省境内）任司马，随即下旨于途中将杨炎缢杀。

君子不畏流言不畏攻讦，因为他问心无愧。小人看你暴露了他的真面目，为了自保，为了掩饰，他是会对你展开反击的。也许你不怕他们的反击，也许他们也奈何不了你，但你要知道，小人之所以为小人，是因为他们始终在暗处，用的始终是不法的手段，而且不会轻易罢手。别说你不怕他们对你的攻击，看看历史的血迹吧，有几个忠臣抵挡得过奸臣的陷害？

所以，还是不同小人一般见识为好，内方外圆地和他们保持距离，不必过于刚直、疾恶如仇地和他们划清界限，他们也是需要自尊和面子的。

★当进当退因时而动

大将军爽，骄奢无度，饮食衣服，拟于乘舆；尚方珍玩，充牣其家；又私取先帝才人以为伎乐。作窟室，绮疏四周，数与其党何晏等纵酒其中。弟羲深以为忧，数涕泣谏止之，爽不听。爽兄弟数俱出游，司农沛国桓范谓曰："总万机，典禁兵，不宜交出，若有闭城门，谁复内人者？"爽曰："谁敢尔邪！"

——《资治通鉴·魏纪七》

冬，河南尹李胜出为荆州刺史，过辞太傅懿。懿令两婢侍，持衣，衣落；指口言渴，婢进粥，懿不持杯而饮，粥毕流出沾胸。胜曰："众情谓明公旧风发动，何意尊体乃尔！"懿使声气才属，说："年老枕疾，死在旦夕。君当屈并州，并州近胡，好为之备！恐不复相见，以子师、昭兄弟为托。"胜曰："当还忝本州，非并州。"懿乃错乱其辞曰："君方到并州？"胜复曰："当忝荆州。"懿曰："年老意荒，不解君言。今还为本州，盛德壮烈，好建功勋！"胜退，告爽曰："司马公尸居余气，形神已离，不足虑矣。"他日，又向爽等垂泣曰："太傅病不可复济，令人怆然！"故爽等不复设备。

——《资治通鉴·魏纪七》

鹰站立时双目半睁半闭仿佛处于睡态，老虎行走时慵懒无力仿佛处于病态，实际这些正是它们准备取食的高明手段。所以有德行的君子要做到不炫耀自己的聪明，不显示自己的才华，才能够在力量不足时隐蔽自己，时机成熟时有力量担任艰巨的任务。

三国时期魏国政治家、军事家司马懿深藏爪牙，藏才隐智，让曹操为之发怵，且最终把持了曹家天下。

201 年,司马懿二十刚出头,血气方刚,像初生的牛犊,朝气蓬勃。而这时曹操已击败了北方最强大的敌手袁绍,统一了中国北部,挟天子而令诸侯。曹操对司马懿早有所闻,决定聘请为官。但司马懿见汉朝衰微,曹氏专权,不愿屈节事之,推辞说身患瘫疾,不能起身,加以拒绝。曹操生来机警多疑,马上意识到这个青年必是借故推托,而不应聘正是对他的大不敬,自然十分恼怒。于是马上派人扮作刺客,穿墙越屋来到司马懿的寝室,手挥寒光闪闪的利剑,刺向司马懿。警觉的司马懿觉知刺客到来,立即悟到这是曹操之意,于是将计就计,装着瘫疾在床的样子,毅然放弃了一切逃生、反抗和自卫的努力,安卧不动,任刺客所为。刺客见状认定真是瘫疾无疑,收起利剑,扬长而去。

尽管曹氏诡诈无比,但还是没有狡诈过司马懿,被这位青年蒙混过去。这一着使他不仅逃避了聘征,而且逃避了不受聘将受到的迫害。这一着,需要有在仓促间对刺客来意的准确判断和当机立断的决策,又需要临危不惧、置生死于度外的果敢,真是惊险无比,常人难为。

司马懿躲过这场试探后,非常谨慎而有节制地行事,但最终还是被奸诈而多疑的曹操察觉了,又请他为文学官,还厉声交代使者说:"司马懿若仍迟疑不从,就抓起来。"善于审时度势的司马懿判定,若再拒绝,定遭杀身之祸,只能就职。况且此时曹氏专权已成定局,逐鹿中原已稳操胜券。

但曹操对司马懿"内忌而外宽,猜忌多权变"。他听说司马懿有"狼顾相",为了验证,便不露声色地与其前行,又出其不意地令他向后看,司马懿"面正向后而身不动",被验证果然有"狼顾相"。据说狼惧怕被袭击,走动时不时回头,人若反顾有异相,若狼的举动,谓之为"狼顾"。司马懿的"狼顾相"就是他为人机警而富于智谋、雄豪豁达、野心很强的表现。

加之曹操又梦到"三马共食一槽",槽与曹同音,预示着司马氏将篡夺曹氏权柄。于是令曹操非常忌妒,非常发怵,因而他忧心忡忡地对儿子曹丕说:"司马懿不是一个甘为臣下的人,将来必定要坏你的事。"意欲除掉他,免得子孙对付不了。但曹丕与司马懿私交甚好,早已经离不开他了,不仅不听父亲劝告,还多方面加以袒护,使司马懿免于一死。

司马懿敏锐地感觉到曹操对他的猜忌,于是马上采取对策,即表现对权势地位无所用心,麻木不仁。而"勤于吏职夜以忘寝,至于当牧之间,悉皆临履",完全一副胸无大志、目光短浅、孜孜于琐碎事务和眼前利益的样子。曹操这才安下心来,取消了对他的怀疑和警惕。以至于被这位年轻人放的烟幕所迷惑,再一次上当。司马懿此计甚为巧妙。

司马懿生于弱肉强食的时代,立身于相互倾轧的朝廷,因而使他的警觉和疑忌发展到如狼之顾的奇特程度。在曹操死后,他的显赫地位巩固之后,仍无丝毫松懈。当他征辽东灭公孙渊凯旋时,有兵不胜寒冷,乞求襦衣,他不答应,对人说:"襦衣是国家的,我做臣子的,不能赏与别人,换取感激。"他十分注意避嫌,以至于宁愿士兵受冻也不自作主张发冬衣。他在晚年,功望日盛谦恭愈甚。他经常告诫子弟:"道家忌盛满,四时有推移。我家有如此权势,只有损之也许可以免祸。"这种谦卑的言行,正是他"狼顾"般警觉的又

资治通鉴

一体现。

　　曹操死后，曹丕嗣位为丞相、魏王，封司马懿为河津亭侯，转丞相长史。237年，魏国辽东太守公孙渊发兵叛魏，并自称燕王。238年正月，司马懿受诏率师伐辽，魏军很快就拿下襄平，斩了公孙渊。接着司马懿班师回朝，正在途中，三日内，连接五封诏书。等司马懿赶回京城，魏明帝已气息奄奄了，魏明帝拉着司马懿的手，将年仅八岁的太子曹芳托付于他。司马懿痛哭流涕，受遗命与大将军曹爽共同辅政，即日明帝故去。

　　曹爽是曹魏宗室，外露骄横，内含怯懦，而且华而不实，这就给司马懿造成了机会。

　　两位辅政大臣，司马懿德高望重，曹爽则年轻浮躁。辅政过程中，两人不断发生矛盾，使曹爽对司马懿非常忌恨。为了加强自己的实力，曹爽多次提拔自己的亲信担任京城重要官职，而这些人大多是京城名流，外表风度翩翩，但不具实际政治才能。向来政治家引纳名流，主要是提高自己的声誉，而不是让他

曹丕

们真正参政。曹爽却不懂此道，结果只是加快了自己的灭亡。

　　这些人意识到司马懿的才干和资历远非他们可比，便想尽方法排挤他，于是由曹爽奏告小皇帝，说司马懿德高望重，官位却在自己之下，甚感不安，应将他升为大司马。朝臣聚议，以为前几位大司马都死在任上，不太吉利，最后定为太傅。然后借口太傅位高，命尚书省凡事须先奏告自己，大权遂为其专。

　　在正始初的几年中，曹爽急于安插亲信掌握京城兵权，司马懿则率兵同东吴打了几仗，名声大噪。

　　曹爽一天天骄横自大，像一只急速膨胀的气球，司马懿却深自抑制，始终保持谦恭。他平时经常教导自己的儿子，凡事都要谦虚退让，就像容器一样，只有永远保持虚空的状态，才能不断接受。从表面上看，曹爽的势力是在扩张，其实内中却潜伏着很深的危机。

　　到了正始八年（公元247年），曹爽已经基本控制了朝政，京城的禁军，基本上掌握在他的手中。于是朝中的大事，曹爽就很少再同司马懿商量，偶尔司马懿发表些意见，他也根本不听。对此，司马懿似乎并不计较，依然是谦恭的态度。此后不久，他的风瘫病复发了，便回家静养，不再管事。这一病差不多就是一年。

　　当时，司马懿已经近七十岁，在旁人看来，早已是风中之烛，所以曹爽他们对他的卧

病并没有多少疑心，反而觉得这个原以为厉害的对手，到底也没有什么了不起。不过，曹爽总算细心，当正始九年春他的心腹李胜出任荆州刺史时，他还特地让李胜去向司马懿辞行，观察一下司马懿的病到底怎么样了。

李胜来到司马懿府上，被引入内室。司马懿见他进来，叫两个婢女在两旁扶着，才站得起身来，表示礼貌，一边接过一个婢女拿来的外衣，不料手抖抖颤颤，衣服又掉在地上。随后坐下，用手指了指嘴，表示要喝水，婢女就端来一杯稀粥。他接过粥送到嘴边，慢慢地喝，只见滴滴答答的汤水往下落，弄得胸口斑斑点点。李胜看得心里难过，不觉流下眼泪。司马懿话都说不清了，他断断续续地说："我年老了，精神恍惚，听不清你的话。你去荆州为刺史，正是建立功勋的机会，今天与你相别，日后再无相见之日，我那两个儿子，还请你日后多加照看……"

李胜回到曹爽那里，将司马懿的情形一一禀告，最后说："司马公没有多少日子可活了，不足为虑。"这样一来，曹爽算是彻底放心了，从此再也不加防备。

嘉平元年（公元249年）正月，皇帝曹芳出城祭高平陵（明帝陵墓）。曹爽兄弟也跟随前往，只带了少量的卫兵。他们出城不久，在曹爽府中留守的部将严世忽听得街上有大队人马急速奔走的声音，心中惊疑，立即登楼观望，只见司马懿坐在马上，带着一支军队向皇宫奔去，虽是白发飘飘，却是精神矍铄，哪有半点病态！严世知道事情不妙，拿起弓箭对准了司马懿就要射出，边上一人拉住他的手，劝阻道："还不知是怎么回事，切莫胡来。"这样反复三次，司马懿已经远去。

军队开到皇宫前，列成阵势，司马懿匆匆入宫，谒见皇太后郭氏，奏告曹爽有不臣之心，将危害国家，请太后下诏废掉曹氏兄弟。郭太后对国家大事素无所知，又处在司马懿的威逼下，只好按他的意思，叫人写了一道诏书。在此同时，司马懿的儿子司马师、司马昭兄弟带领军队和平时暗中蓄养的敢死之士，已经占领了京城中各处要害，关起了城门。城中的禁卫军，虽说一向归曹爽兄弟指挥，数量也大得多，但群龙无首，再加上司马懿的地位和声望，谁敢动一动？司马懿包围皇宫，取得诏书之后，又马上分派两名大臣持节（代表皇家权威的信物）赶往原属曹爽、曹羲指挥的禁卫军中，夺过了兵权。曹爽多年经营的结果，不过片刻工夫，便化为乌有。

司马懿的兵变，看起来似乎只是抓住一个并没有多大成功把握的偶然机会，其实是经过长期准备的致命一击。他在曹芳即位后的好几年中，不跟曹爽争权，却多次率军出征，保持了自己在朝廷的威望，一旦事变发生，就足以威慑群臣众将，使之不敢轻易倒向曹爽。另一方面，他长期的谦恭退让，则助长了曹爽的骄傲自大，使之放松戒备。至于司马懿的装病，不但造成了可乘之机，而且很重要的一点，是保存了司马懿所统领的一支军队。有如上几个条件，那种看起来纯属偶然的机会，实际是必定要到来的。

曹爽兄弟及其同党一律被处死，他们的家族，无论男女老少，包括已出嫁多年的女子，全部连坐被杀。忍耐、谦让，一旦得手，绝不迟疑，斩草除根，不留后患，这才是真正的司马懿。当时被杀的，有许多著名文人，所以世人有"天下名士减半"之叹。

对司马懿来说，除去曹爽，不过是第一步。他一开杀戒，便流血成河，令天也为之震撼。从此，司马家牢牢掌握了政权。司马懿在四年后死去，其子司马师、司马昭相继执政。他们同父亲一样，谦虚恭谨，心狠手辣。先后废掉并杀死曹家三个皇帝，杀了一批又一批反对派。到司马昭之子司马炎（晋武帝）手里，就完成了朝代的更换。

在对手面前，尽量把自己的锋芒敛蔽，表面上百依百顺，装出一副为奴为婢的卑躬，使对方不起疑心，一旦时机成熟，即一举如闪电般地把对手结束了。这是韬晦的心术，人们常常借此自我保全，麻痹攻击对手。

★防备共谋的人出卖你

大司马内有受禅之志。沈约微扣其端，大司马不应；它日，又进曰："今与古异，不可以淳风期物。士大夫攀龙附凤者，皆望有尺寸之功。今童儿牧竖皆知齐祚已终，明公当承其运；天文谶记又复炳然。天心不可违，人情不可失。苟历数所在，虽欲谦光，亦不可得已。"大司马曰："吾方思之。"约曰："公初建牙樊、沔，此时应思；今王业已成，何所复思！若不早定大业，脱有一人立异，即损威德。且人非金玉，时事难保，岂可以建安之封遗之子孙！若天子还都，公卿在位，则君臣分定，无复异心，君明于上，臣忠于下，岂复有人方更同公作贼！"大司马然之。

——《资治通鉴·梁纪一》

明枪易躲，暗箭难防。唯其难防，才容易一招制胜，所以他会千方百计地尽量使用"暗箭"。但天底下并不是只他一个聪明，为了让那些一样聪明的人落入圈套，他会使尽浑身解数先把你稳住，稳住之后再拿你开涮才涮得熟。

南齐的大司马萧衍握有实权，他想让齐和帝把江山禅让给他。沈约是萧衍身边的人，跟着萧衍当然更有前途，对萧衍的想法他是心知肚明。有一天，沈约向萧衍进言说："如今连三岁小孩都知道齐朝的国运不久了，您英明神武，应该挺身而出，接受天命啊。天意不可违，人心不可失。"萧衍听了心里很舒服，说："我正考虑这事呢。"

沈约走后，萧衍又召进范云，告诉他自己想让齐帝禅让的打算。范云的回答与沈约一样，萧衍高兴地说："果然是智谋之士啊，见识如此相通！你明天上午带着沈约一起来！"

范云出门后，告诉了沈约，沈约眼珠子一转，叮嘱范云："明天上午，您可一定得等着我，咱俩一起去。"范云当即答应了。

但到了第二天上午，沈约却提前去了。萧衍命令沈约起草接受禅让登基的诏书，沈约忙说："我昨晚早就起草好了。"说着递了上去。萧衍很高兴，连连夸奖沈约会办事，说：

"事成之后,这头功是你的。"

不久,范云从外面赶来,到了宫门,却无法进去,只好在寿光阁外焦急万分地走来走去,口里不停地发出"咄咄"的声音,看来急得慌。

等到沈约出门,范云赶忙上去问道:"怎样安排我?"沈约举起手来向左一指,暗示已安排范云为尚书左仆射一职,范云这才如释重负地说道:"这还差不多。"

沈约做人很成问题,为了抢头功,把朋友给涮了,一面叮嘱别人"一定要等着我",一面却提前进宫,兜售自己的私货,将开国的头功一把抢在手中。和这样的人共事,可一定要小心啊。

五代时期也有一个有趣的故事。

当时有两员大将,一个叫张颢,一个叫徐温,他们在一起密谋,准备杀死节度使杨渥,然后二人取而代之。

沈约雕像

但是,这是要冒很大风险的事,要是事情败露,那可就要招致杀身之祸,甚至牵连到九族的啊。怎么做才能既可以从事变中捞到好处,又不用担当失败的风险呢?狡猾的徐温想到了一个绝妙的办法。

一天,两人在具体讨论事变事宜的时候,徐温对张颢说:"在行动的时候,如果我们两方面的兵马都参加的话,必然步调很难协调一致,不如全部用我的兵马吧,那样便于指挥,成功的几率也大得多。"张颢想到,徐温肯定想独占功劳,那可不能让他得逞,他便对徐温的提议表示反对。徐温于是顺水推舟说:"两方面的军队确实是不便于行动,你要是不同意全部用我的兵马,那就全用您的手下吧!"张颢欣然同意了,事情就这样决定了下来。

后来兵变果然失败了,朝廷开始彻底追查叛党,由于发现被捕的士兵全是张颢的手下,因此大家都认为徐温当时根本就未曾参与谋反的事,徐温就这样得以置身事外。

不可否认,徐温是一个阴险奸诈之徒。但是,就事论事,他的方法真是绝妙:兵变成功,自己也是一个参与者,自然可以分得一杯羹;兵变失败,自己可以安然置身事外,不担一丝风险。我们在现实生活中,也要对这种人加以提防。

★假让实争的人最可怕

莽既尊重，欲以女配帝为皇后，以固其权，奏言："皇帝即位三年，长秋宫未建，掖廷媵未充。乃者，国家之难，本从亡嗣，配取不正。请考论《五经》，定取礼，正十二女之义，以广继嗣。博采二王后及周公、孔子世列侯在长安者适子女。事下有司，上众女名，王氏女多在选中者。"

——《资治通鉴·汉纪二十七》

王莽在利益面前，总是反复推让，并且总要分利给自己的亲信和下属。他向元后说，鉴于以前哀帝的外戚丁氏傅氏奢侈的教训，太后在衣食方面要注意节约，作为天下人民的示范。王莽自己上书，表示愿意拿出一百万钱，献出田地三十公顷，交给大司农用于赈济贫民。其他官员也都效法，又捐钱又献地。然后，王莽又带领百官向元后上奏，歌功颂德一番，并且"愿陛下爱精休神，阔略思虑，遵帝王之常服，复太官之法膳，使臣子各得尽欢心，备共养"。就是劝元后要注意休息，劳逸结合，不要太累了。每次遇到水灾、旱灾，王莽就素食，亲信就向元后汇报，于是，元后也下诏劝王莽说："闻公菜食，忧民深矣。今秋幸孰（熟），公勤于职，以时食肉，爱身为国。"劝王莽多吃肉，爱护身体，为了国家。

元后诏中有一句"国奢则视之以俭"。这是很深刻的。国家有奢侈的风气，作为元首要用节俭的行为来向国人示范，表示崇尚节俭。西汉奢侈之风相当盛行，所以，王莽的节俭行动大得人心。王莽以节俭来引导人民，百官也积极捐钱、献地，社会风气有了明显的好转。当国内事情基本解决以后，王莽又努力在外交方面下功夫，先用重礼收买匈奴单于，让他说中国的好话，又让王昭君的女儿来侍候元后。给元后的印象是，王莽不但治理好国内，而且在外交方面也很成功。

为了巩固自己的地位，王莽想到了另一条长久之计："欲以女配帝为皇后，以固其权。"要把自己的女儿嫁给皇帝当皇后，来巩固自己的权力。

王莽提出建议，皇帝九岁即位，过了三年，已经十二岁，考论《五经》，十二岁正是娶亲的年龄，应该及时娶亲，增加子孙的数量。娶什么条件的女人呢？王莽的原话是："博采二王后及周公孔子世列侯在长安者适子女。"博采指从广大范围里去挑选。古代一个新王朝建立后，就封前两朝王族的后裔为诸侯国君，就叫二王。如周朝建立时封夏禹的后裔于杞，封商汤的后裔于宋。二王后，就是指二王的后裔。周公、孔子以及世代为列侯在长安居住的嫡生女儿。说是"博采"，二王后、周公、孔子、世代为列侯，这种家庭有限，又是在长安居住的，还是正妻生的适龄女儿，加上这三个条件，可供选择的范围大大减小了。王莽列出这些条件似乎无可非议，其实，他是按他女儿的实际情况来提这些标准的。

國學智慧全書

史学智慧

这叫土政策。前代没有这种规定，景帝王皇后，父王仲，槐里人，并非名门之后。武帝卫皇后，是个歌女，并非圣贤之后，也不是名门望族，只是她当皇后以后，卫青才立功封侯。她姐姐的儿子霍去病也因军功封侯。昭帝上官皇后，祖父是上官桀，汉武帝时曾任羽林期门郎，后逐渐升迁。上官桀的儿子上官安要将才六岁的女儿嫁给六岁的汉昭帝，托人办这事时说道："汉家故事常以列侯尚主。"常常以列侯的女儿嫁给皇帝。

王莽

照此先例，王莽时列侯多得很，那么王莽的女儿在众多女子的竞争中是否能夺魁，实在没有把握。因此，王莽为了保证女儿竞争胜利，就提出了一系列苛刻条件，使诸多列侯的姑娘失去竞争的机会。但是，出乎意料的是，有关部门上报候选美女很多是王氏家族的，完全符合候选条件。"王氏亲属，侯者凡十人。"再加上"三世据权，五将秉政"，自然有很多姑娘合格候选。于是他提出："身亡德，子材下，不宜与众女并采。"意思是说，我自己的道德比较差，女儿的材质也低下，不应该跟那些女子一起参加竞争。表面意思是自动退出竞争，让给别人。因此元后以为他是诚心诚意的，就下诏宣布所有王家的姑娘都退出竞争。当时，王莽"安汉公"位极人臣，在官民的心目中，是"德高望重"的社稷臣，是忠臣宗。当皇帝要立后时，取消王莽女儿参加竞争的权利，一时轰动上下，反映强烈，公卿大夫跑到朝廷上论理。庶民、诸生、郎吏这些下层人每天有千把人上书朝廷。都说："愿得公（安汉公）女为天下母。"王莽还派遣长史到各方面去做工作，劝诸公卿、诸生，结果，上书的人更多了。经过王莽反刺激的作用，激荡起来的形势迫使元后只好收回成命，根据公卿的意见，把王莽的女儿列入候选对象。结果，王氏家族其他姑娘全被排除在外。王莽一退，排除了一大批竞争对手。在那种气氛下，王莽虽说要"博选众女"，大家也不同意。王莽又说要让人看看女儿，元后派长乐少府、宗正、尚书令等去看王莽女儿，回来汇报说："公（安汉公）女渐渍德化，有窈窕之容，宜承天序，奉祭祀。"就是说品德好，长相好，可以当皇后。这种见面也只是形式，谁知道她的品德如何？谁敢说她长相不美？元后又派大司徒、大司空策告宗庙，向汉朝列祖列宗请示，并进行卜筮，结果是"康强""逢吉"，都是好兆头。

接着，信乡侯王佟就提出，根据《春秋》，天子娶亲，有一些规定，现在安汉公的封地还不符合古代制度。经过议论，变为古代天子封后父的地达百里。所以加封新野田二万五千六百顷，正好够百里。王莽又辞，只要原有的封地，加封两万多顷全部退回。元后同意了。又有人提议，按过去的先例，"聘皇后黄金二万斤，为钱二万万。"王莽又让，只收四千万,其中三千三百万分送给别人。于是,群臣又说,皇后受聘,只收四千万,跟群妾差不多,显不出高贵来,元后又增加二千三百万,共有三千万。王莽又将其中一千万分给家族中比较贫困的人,实收二千万。封地赏钱,王莽的办法:一退二分。不贪小利得大利,而且大得人心。

几千年的中国史,奸诈比得过王莽的寥寥无几,他贪得无厌、凶狠恶毒又能蒙蔽上下视听,这恐怕是所有坏人中最难辨别的了。

★让违规的下属自相治理

朝恩养子令徽尚幼,为内给使,衣绿,与同列忿争,归告朝恩。朝恩明日见上曰:"臣子官卑,为侪辈所凌,乞赐之紫衣。"上未应,有司已执紫衣于前,令徽服之,拜谢。上强笑曰:"儿服紫,大宜称。"心愈不平。

元载测知上指,乘间奏朝恩专恣不轨,请除之;上亦知天下共怨怒,遂令载为方略。朝恩每入殿,常使射生将周皓将百人自卫,又使其党陕州节度使皇甫温握兵于外以为援:载皆以重赂结之,故朝恩阴谋密语,上一一闻之,而朝恩不之觉也。

——《资治通鉴·唐纪四十》

管人者不见得什么事都亲自插手,尤其古代的帝王,常有被不轨的臣子架空的时候。此时盲动易招败亡,不动则只能受制于人。而以平衡术让违规的下属自相治理,则可产生四两拨千斤的效果。

唐代安史之乱爆发,唐玄宗在西逃过程中,太子李亨在群臣拥护下,于灵武即皇帝位,这就是唐肃宗。在艰难之际,肃宗之子李豫、李系立有大功,其正妻张皇后及宦官李辅国因拥立有功而专权用事,谋杀李系,拥立李豫为太子。

在争权过程中,张皇后与李辅国发生冲突。公元762年,肃宗病重时,张皇后召太子李豫入宫,对他说:"李辅国久典禁兵,制敕皆以之出,擅逼圣皇(唐玄宗),其罪甚大,所忌者吾与太子。今主上弥留,辅国与程元振谋作乱,不可不诛。"太子不同意,张皇后只好找太子之弟李系谋诛李辅国。此事被另一个重要宦官程元振得知,密告李辅国,而共同勒兵收捕李系,囚禁张皇后,惊死肃宗,而拥立太子即皇帝位,是为唐代宗。

李辅国拥立代宗,志骄意满,对代宗说:"大家(唐人称天子)但居禁中,外事听老奴处分。"听到这种骄人的口气,代宗心中不平,因其手握兵权,也不敢发作,只好尊他为"尚父",事无大小皆先咨之,群臣出入皆先诣。李辅国自恃功高权大,也泰然处之,孰知代宗除他之心已萌。

在拥立代宗时,程元振与李辅国合谋,事成之后,程元振所得不如李辅国多,未免有

些怨望,这些被代宗看在眼里,也记在心上。于是他决定利用程元振,乘间罢免李辅国的判元帅行军司马之职,以程元振代之。李辅国失去军权,开始有些害怕,便以功高相邀,上表逊位。不想代宗就势罢免他所兼的中书令一职,赏他博陆王一爵,连政务也给他夺去。此时,李辅国才知大势已去,悲愤哽咽地对代宗说:"老奴事郎君不了,请归地下事先帝!"代宗好言慰勉他回宅第,不久,指使刺客将他杀死。

代宗用间其首领的方法,很快地除掉李辅国,但又使程元振执掌禁军。程元振官至骠骑大将军、右监门卫大将军、内侍监、邠国公,其威权不比李辅国差,专横反而超过李辅国。程元振不但刻意陷害有功的大臣将领,而且隐瞒吐蕃入侵的军情,致使代宗狼狈出逃至陕南商州。一时间,程元振成为"中外咸切齿而莫敢发言"的罪魁。因禁军在程元振手中,代宗一时也不敢对他下手。就在此时,另一个领兵宦官鱼朝恩领兵到来,代宗有了所恃,便借太常博士柳伉弹劾程元振之时,将程元振削夺官爵,放归田里,算是除掉程元振的势力。

程元振除去,鱼朝恩又权宠无比,擅权专横亦不在程元振之下。如果朝廷有大事裁决,鱼朝恩没有预闻,他便发怒道:"天下事有不由我乎!"已使代宗感到难堪。鱼朝恩不觉,依然是每奏事,不管代宗愿意不愿意,总是胁迫代宗应允。有一次,鱼朝恩的年幼养子鱼令徽,因官小与人相争不胜,鱼朝恩便对代宗说:"臣子官卑,为侪辈所凌,乞赐紫衣(公卿服)。"还没得到代宗应允,鱼令徽已穿紫衣来拜谢。代宗此时苦笑道:"儿服紫,大宜称。"其心更难平静,除掉鱼朝

程元振

恩之心生矣。借一宦官除一宦官,一个宦官比一个宦官更专横,这不得不使代宗另觅其势力。代宗深知,鱼朝恩的专横,已经招致天下怨怒,苦无良策对付。正在此时,身为宰相的元载,"乘间奏朝恩专恣不轨,请除之"。代宗便委托元载办理剪除鱼朝恩的事,又深感此计甚为危险,便叮嘱道:"善图之,勿反受祸!"

元载不是等闲之辈。他见鱼朝恩每次上朝都使射生将周皓率百人自卫,又派党羽皇甫温为陕州节度使握兵于外以为援,便用重贿与他们结纳,使他们成为自己的间谍,"故朝恩阴谋密语,上一一闻之,而朝恩不之觉也"。有了内奸,就要扫清鱼朝恩的心腹。元载把鱼朝恩的死党李抱玉调任为山南西道节度使,并割给该道五县之地;调皇甫温为凤翔节度使,邻近京师,以为外援;又割兴平、武功等四县给鱼朝恩所统的神策军,让他们移驻各地,不但分散神策军的兵力,还将其放在皇甫温的势力控制下。鱼朝恩不知是计,反

而误认为是自己的心腹居驻要地,又扩充了地盘,也就未防备元载;依旧专横擅权,为所欲为,无所顾忌。

李抱玉调往山南西道,他原来所属的凤翔军士不满,竟大肆掠夺凤翔坊市,数日才平息这场兵乱。军队不听话,根源在于调动。鱼朝恩的死党看出不妙,便向鱼朝恩进言请示,鱼朝恩这才感觉有些不好,意欲防备。可是,当他每次去见代宗时,代宗依然恩礼益隆,与前无异,便逐渐消除了戒备之心。

一切准备就绪,在大历五年(公元770年)的寒食节,代宗在宫禁举行酒宴,元载守候在中书省,准备行动。宴会完毕,代宗留鱼朝恩议事,开始责备鱼朝恩有异心,图谋不轨,谩上悖礼,有失君臣之体。鱼朝恩自恃有周皓所率百人护卫,强言自辩,"语颇悖慢",却不想被周皓等人擒而杀之。禁宫中的事,外面不知。代宗乃下诏,罢免鱼朝恩观军容等使,内侍监如故;又说鱼朝恩受诏自缢,以尸还其家,赐钱六百万以葬。尔后,又加鱼朝恩死党的官职,安顿禁军之心,成功地剪除了鱼朝恩的势力。

★ 做大事的人要沉得住气

孙琳奉牛酒诣吴主,吴主不受,赍诣左将军张布。酒酣,出怨言曰:"初废少主时,多劝吾自为之者。吾以陛下贤明,故迎之。帝非我不立,今上礼见拒,是与凡臣无异,当复改图耳。"布以告吴主,吴主衔之,恐其有变,数加赏赐。戊戌,吴主诏曰:"大将军掌中外诸军事,事统烦多,其加卫将军、御史大夫恩侍中,与大将军分省诸事。"……其所请求,一无违者。

——《资治通鉴·魏纪九》

管人者处于权力的中心地带,要想控揽全局必须对身边的人和事观察清楚。为了防止被蒙骗,面对种种不轨行为不妨先沉住气,等到时机成熟再给其当头一击,争取一击致命。

吴国孙琳拥立琅琊王为皇帝之后,很是放肆,一家五位侯爵,都是带领禁军,权力足以倾轧国君。

有一次孙琳献牛、酒给皇帝,皇帝不接受,孙琳就去找左相张布,酒喝得半醉时,对张布说:"当初废掉少主时,许多人劝我自己登基为王,而我认为当今陛下贤明,所以就拥立他登基,当今皇上如果不是我,就登不上王位。如今我献上礼物却被拒绝,将我看得跟一般臣子一样,我要慢慢想法子了。"

张布将这番话向皇帝禀告,皇帝记在心里,担心政事发生变化,于是表面上就时常对孙琳大加赏赐,但暗中却与张布商讨说:"狐狸捕鸡的时候,一定先伏下身体,垂下耳朵,等到鸡来,鸡一看就相信狐狸没有企图,所以狐狸能够抓到鸡。假使狐狸瞪大眼睛看着

对方,露出一副要扑杀猎物的样子,鸡也晓得要飞走,以逃避狐狸的气势。现在孙琳比鸡还狡猾,而我没狐狸聪明,不知怎么办才好?"

张布点头说:"事情确实是如陛下所说的一般,如果一定要办,非丁奉不可。"

皇帝于是召见丁奉,告诉他说:"孙琳仗着威权,图谋不轨。我希望与丁将军一起除掉他,如何?"

丁奉说:"孙丞相兄弟朋党很多,怕到时大家想法不同,不能完全制服。但是可以借聚在一起打猎的时机,用陛下的武士杀掉他。"

皇帝接纳丁奉的计策,就举办猎会,邀请孙琳。孙琳假装生病,皇帝硬要他起身,连续派了十几个使者去催促,孙琳不得已,只好去了。

孙琳一到,张布用眼色示意武士将孙琳捆绑,杀了。张布拿着孙琳的首级,对众人说:"与孙琳同谋的人,一概不予追究。"

孙琳威权盛大,皇帝竟然在不动声色的情况下杀了他,臣子们称赞他比汉灵帝贤明得多。

沉得住气,关键时刻可以做到心不慌、手不抖,才能让正确的决策得到完全的贯彻。沉得住气既是管人者的入门功夫,又是显示其道行深浅的重要标准。

★ 善于避开君主的疑忌点

初,上使李靖教君集兵法,君集言于上曰:"李靖将反矣。"上问其故,对曰:"靖独教臣以其粗而匿其精,以是知之。"上以问靖,靖对曰:"此乃君集欲反耳。今诸夏已定,臣之所教,足以制四夷,而君集固求尽臣之术,非反而何!"江夏王道宗尝从容言于上曰:"君集志大而智小,自负微功,耻在房玄龄、李靖之下,虽为吏部尚书,未满其志。以臣观之,必将为乱。"上曰:"君集材器,亦何施不可。朕岂惜重位,但次第未至耳,岂可亿度,妄生猜贰邪!"及君集反诛,上乃谢道宗曰:"果如卿言。"

——《资治通鉴·唐纪十三》

即使是明君贤主,对臣下,尤其有真本事的臣下也会存在很多疑忌。聪明的臣子要学会避开他的疑忌点,才能把对峙的局面维持下去。

李靖虽然一直身临战阵,任职戎旅,但其政治才能早露端倪。在安抚岭南时,李靖就展现出了政治家风范,随后短时期任扬州大都督府长史,亦能迅速安定社会秩序,为政敏速有效。李世民即位后,便拜李靖为刑部尚书。贞观二年,李靖又以本官兼检校中书令,身居宰相之职。次年,李靖又任兵部尚书,以备出击突厥。在这一时期,由于为相时间极短,李靖仍以军旅生活为主。

贞观四年,李靖大破颉利可汗,班师回朝后,唐太宗任命他为尚书右仆射,主理政务。但李靖并没有自矜军功,放纵任为,反而谦虚恭敬,隐晦自己的政治才华。他每次参加宰相会议,总是装出一副自己什么都不懂的姿态,很谦虚地听房玄龄、王珪、魏征等人议政,说起话来也故意结结巴巴,似乎不善言辞,与他在军中的善谋健谈判若两人。

　　俗话说,伴君如伴虎。李靖深知自己当年不仅没有参与李渊父子起兵反隋的密谋,反而曾经要向隋炀帝告发这件事,这不能不在唐朝两代天子头脑里留下阴影。李渊曾两度要杀他,都与这事相关联。因此,李靖除了在战场挥洒自如外,其他场合总是十分小心恭谨,唯恐留下不良后果。另外,唐太宗李世民在发动玄武门事变之前,曾向李靖问计,实际上是希望李靖站在自己的一边。李靖本着疏不问亲的原则,向李世民表示推辞。事后,李靖对此事也心存戒惧。

　　随着军功日重,李靖更怕功高震主,对自己的行为很收敛。唐太宗虽为一代明君,但为稳固统治,对文臣虽能做到优待有加,放心任用,虚心纳谏,胸怀宽大,但对武将中功高望重者则心存疑惧,时刻注意考察试探。如尉迟敬德,他虽一直是李世民的心腹爱将,曾出生入死救过李世民之命,又在玄武门事变中立下首功,而且他性格粗率,毫无政治野心,对李世民忠心不二。但李世民对他却总是放心不下,常加试探。一次,李世民说:"为什么总有人说你要谋反?"尉迟敬德听了非常委屈,气极之下,大呼道:"我怎么会谋反呢?"说完,脱下衣衫,露出身上道道伤疤,把李世民弄得很不好意思。

李靖

　　李靖对唐太宗的这种疑惧武臣的心理显然是洞悉的,所以他并不以位居宰相自喜,而把自己的这方面才华收敛起来。有时他还不得不以自晦来消除唐太宗的疑忌。如平定东突厥以后,御史大夫温彦博嫉妒李靖的功劳,诬称其对部下约束不严,以致军纪涣散,突厥人的珠宝多被乱军所掳。唐太宗对李靖又打又拉,先是大加责骂,后又说要赦其罪而赏其功。李靖毫不辩解,竟自默认,还不停地顿首谢罪。事后,李世民发现李靖部下并无掳掠珠宝之事,很不好意思,对李靖说:"前次有人说爱卿的谗言,现朕已醒悟了,请你不要放在心上。"

　　尽管如此,李靖还是直接领教了唐太宗疑忌武将的厉害。在平定吐谷浑之时,由于李靖治军严格,得罪了总管高甑生。班师后,高甑生便与广州都督府长史唐奉义一起诬告李靖企图谋反。唐太宗并未因李靖有平吐谷浑之功、年事已高而对李靖释意,便命法官按验。其结果,当然又是子虚乌有。李世民这才放下心来,将诬陷者流放边疆了事。

还有一次，唐太宗让李靖向大将侯君集传授兵法，但不久以后，侯君集对太宗说："李靖将来要谋反。"唐太宗便问为什么。侯君集说："李靖教我兵法，只教一些粗浅的东西，不教精华部分，如此留一手，显然是要谋反。"太宗便追问李靖怎么回事。李靖从容答道："这是侯君集要谋反。现在，国家已经安定，我教给他的兵法，足以制服四方，而他却还要把我的兵法全学到手，这不是为了谋反是为了什么呢？"唐太宗听了，这才消除对李靖的怀疑。

李靖在宰相的位置上只待了四年多，却始终诚惶诚恐，觉得倒不如退下来，安享晚年。贞观八年，六十四岁的李靖以患"足疾"为由，向唐太宗请求退休，言辞恳切之至。唐太宗便遣中书侍郎岑文本转告他说："自古以来，身在富贵之中而能知足的人很少。不管是愚笨的，还是聪明的，都不能知满知足。有些人即使并无才能，又有疾病，也往往勉强支撑，不肯退下来。您能如此识大体，很值得称赞。我今天不但要成全您的这种美德，而且要以您为一代楷模。"于是，他下诏给李靖以特殊礼遇，让他在家中休养，在病情好转时，每隔两三天到门下、中书省一次，参加宰相们议事，处理政务，又给他加特进的官衔。

贞观十一年（公元 637 年），唐太宗改封李靖为卫国公。贞观十四年，李靖的妻子死，唐太宗特下诏，按汉代卫青、霍去病的办法，筑坟像突厥的铁山、吐谷浑的积石山形状，以表彰李靖的功绩，让其妻子分享荣耀。贞观十七年，唐太宗命画师将李靖肖像画于凌烟阁，列为唐王朝开国二十四大功臣之一。贞观二十三年（公元 649 年），李靖因病去世，终年七十九岁，唐太宗下令追赠司徒、并州都督，让他陪葬昭陵。

李靖的大智，即使放在整个历史中来比较，也是十分出色的。他的军事才能和所立大功，李渊、李世民皆称即使是白起、韩信、卫青、霍去病也难以相匹；而其政治才能，从已经显露出来的部分来看，应该也是不低于历史上的任何一位贤能之相的，但令人不解的是，在凭军功登上相位之后，他却对自己的才能丝毫不加以施展，甚至还装出木拙之相。从一方面来说，这种"才华"的浪费是十分令人可惜的；但从另一方面来看，却又未尝不是一件正确的举措，起码对于李靖本人来说应该是这样。他深知伴君如伴虎、功高震主以及木秀于林风必摧之的哲理。这种办法保护了他自己免遭历代都曾有过的悲剧结局，安然无恙地度过余生。能进能止，这是李靖的军事理论在其政治生涯和人生态度中的巧妙运用。看来，李靖不仅精通战场兵法，更深谙人生兵法。他在宰相位置上表现得"尸位素餐"，非不能也，是不为也。他隐藏起自己大智的另一半，使自己在以前所立之功丝毫无损，一生固荣无忧，这显然是一种比施展才华更能显示才华的更大智慧。

國學智慧全書

资治通鉴

★ 保持低调做人的原则

娄师德在河陇，前后四十余年，恭勤不怠，民夷安之。性沈厚宽恕，狄仁杰之入相也，师德实荐之；而仁杰不知，意颇轻师德，数挤之于外。太后觉之，尝问仁杰曰："师德贤乎？"对曰："为将能谨守边陲，贤则臣不知。"又曰："师德知人乎？"对曰："臣尝同僚，未闻其知人也。"太后曰："朕之知卿，乃师德所荐也，亦可谓知人矣。"仁杰既出，叹曰："娄公盛德，我为其所包容久矣，吾不得窥其际也。"

——《资治通鉴》

娄师德在河陇做官，前后四十多年，谨慎勤劳，从不懈怠，人民和少数民族都安于他的治理。他为人厚道宽恕，狄仁杰入京当宰相，原是娄师德的推荐；而狄仁杰不知道，心里很轻视娄师德，屡次排挤他。武则天发现这种情况后，就问狄仁杰说："师德是个贤能的人吧？"狄仁杰回答说："他当将军能够小心地守卫边境，至于是不是贤能，那我就不知道了。"武则天又问："师德善于赏识人才吧？"狄仁杰回答说："我曾经跟他一起做官，但不知道他善于赏识人才。"武则天说："我之所以知道你的才能，原本是师德的推荐，那么他也可以称作善于赏识人才了。"狄仁杰退朝后，感叹地说："娄公大德大量，我被他包容很长时期了，我的眼光狭隘，我看不到他的边际呀！"

洪应明在《菜根谭》中有言："夸逞功业，炫耀文章，皆是靠外物做人。不知心体莹然，本来不失。即无寸功只字，亦自有堂堂正正做人处。"人生在世，凡事不可过分张扬，应该本着低调处世的原则，走好人生的每一步。

娄师德在河陇做官近四十多年，他在任时踏踏实实地为百姓和国家做事，从无怨言。还向武则天推荐了狄仁杰，使狄仁杰得以有机会得到武则天的赏识和重用。而狄仁杰对这一切全然不知，并且还轻视他。娄师德没将自己有恩于狄仁杰的事四处宣扬，最后还是武则天将他是由娄师德举荐的事告诉了狄仁杰。娄师德这种施恩不炫的低调处世行为，恐怕没几个人能做到吧！低调做人是一种境界，一种修养，一种去留无意的胸襟，一种宠辱不惊的情怀。这不仅是一种做人的准则，更是一门做人的艺术。

甘于低调的人，总能从容地面对喧嚣的世界和纷扰的人群。他们从不在世人面前表现出傲慢和张扬的姿态，而是把自己的举止言行融于常人之中。孟买学院是印度最著名的佛学院之一。在孟买佛学院正门的一侧，又开了一个小门。这个小门只有一米五高，四十厘米宽，一个成年人要想过去必须学会弯腰侧身，不然就只能碰壁了。这正是孟买佛学院给它的学生上的第一堂课。大门当然出入方便，而且能够让一个人很体面、很有风度地出入。但是，大多时候，我们要出入的地方并不都是壮观的大门。这时，只有暂时

放得下尊贵的体面的人,才能够出入。否则,你就只能被挡在院墙之外了。佛学院的老师告诉学生,佛家的哲学就在这个小门里,人生的哲学也在这个小门里,尤其是通向这个小门的路上,几乎是没有宽阔的大门的,所有的门都是需要弯腰侧身才可以进去的。我们也许不是佛教信徒,但我们同样也要走完人生之路。要想使自己在人生的旅途中一帆风顺、减少阻力,那么学会"弯腰、低头、侧身",对每个人来说都是一门必不可少的修炼。而低调做人正是这种修炼的最佳境界。

言行上的趾高气扬、放荡不羁历来是为人处世的大忌,所以我们应该学会低调做人,收敛自己过分的言行。大家都知道沃尔顿是全球最大零售商"沃尔玛"的老板,是 2002 年度世界首富,他曾经慷慨捐出数亿美元给美国 5 所大学。不过,人们在沃尔玛的网页上根本找不到沃尔顿的"玉照",外界只知道他现居于阿肯色州,过着有节制而绝非穷奢极欲的生活,而且沃尔顿一直坚持驾驶一辆旧货车到平价理发店剪发。他这种为人的风度、处世的精神,很值得我们认真地去学习。凡事都有两面性,社会上总有一些人喜欢说大话、吹牛皮、翘尾巴、抖精神、摆架子、耍威风,他们不管显达也好,落魄也罢,都可能要比别人经历更多的挫折,承受更多的社会压力和舆论的轻蔑。还有一些人在官场上和商战中很成功,但在为人处世方面却表现得不够成熟,社交上讲排场,花销阔绰,生活上十分张扬。高级饭店、豪华轿车,成了他们的"日常消费"。这显然不是一种理智的处世态度,要知道"花开总有花落时,花落还有车碾过",何必要让自己的行为过于张扬招摇呢?所以,只有学会低调做人,才能为自己营造出更温馨的生存环境。

低调做人也是一种自我保全的手段。《庄子》中有一句话叫"直木先伐,甘井先竭"。这是说人们选用木材时,多选用那挺直的树木来砍伐,水质甘甜可口的水井总是被人首先淘干。同样,在社会上,那些锋芒毕露,喜出风头的人,也很容易遭人暗算。人人都希望自己能首先"迈出众人行列",成为脱颖而出的佼佼者,但是社会竞争中又暗藏着一个悖理的法则,这就是"枪打出头鸟"。张扬的人往往易于成为众矢之的。如果是一个"羽翼未丰"的人,那么千万不可轻易崭露头角,过早地卷入残酷的社会竞争之中。人们常

娄师德

255

说:"自信人生二百年,会当击水三千里。"这固然是不错,但有些时候,比如时机尚不成熟时,你若一味地恃才逞强、锋芒毕露,不仅不能脱颖而出,也许还会挫锋断刀,折戟沉沙。生活中总是存在着这样一些自命清高的人,他们傲气十足,盛气凌人,总爱把自己的才能与智慧,或是有什么业绩,做了什么好事,迫不及待地表现出来,喜张扬、好炫耀,这样的人在人生的旅途上往往是很容易遭到挫折的。锋芒可以刺伤别人,也会刺伤自己。所以,人们不仅要善于露出锋芒,而且更要善于藏匿锋芒。

第三章 爱惜人才，知人善用

★ 本着爱护人才的原则用人

二月，丙戌，郭子仪入朝。上命元载、王缙、鱼朝恩等互置酒于其第，一会之费至十万缗。上礼重子仪，常谓之大臣而不名。

郭暧尝与升平公主争言，暧曰："汝倚乃父为天子邪？我父薄天子不为！"公主恚，奔车奏之。上曰："此非汝所知。彼诚如是，使彼欲为天子，天下岂汝家所有邪？"慰谕令归。子仪闻之，囚暧，入待罪。上曰："鄙谚有之：'不痴不聋，不作家翁。'儿女子闺房之言，何足听也！"子仪归，杖暧数十。

——《资治通鉴·唐纪四十》

刘邦（公元前256年至前195年），字季，汉朝（西汉）开国皇帝，庙号为太祖（但自司马迁时就称其为高祖，后世多习用之），谥号为高皇帝（谥法无"高"，以为功最高而为汉之太祖，故特起名焉）所以史称太祖高皇帝、汉高祖或汉高帝。出身平民阶层，成为皇帝之前又称沛公、汉中王。

——《史记·刘邦》

人常说人才难得，但古代帝王往往因从小深居宫中，不明人间的人情世故，一点儿小事就对手下的能将功臣频挥屠刀。如果心存爱才一念，也就不会总做自毁长城的傻事。

爱才一念是用人者最难能可贵的品质，唐朝的李泌就是一位爱惜人才且又被帝王所爱惜的宰相。

李泌（公元721~789年），字长源，祖籍辽东襄平（今辽宁辽阳），后居京兆（治所在今陕西西安），是唐代极富传奇色彩的政治家。他自小聪敏好学，博涉经史，诗文俱佳，尤精《易经》。因鄙薄选举流俗，故不预科举。玄宗、肃宗朝，曾以散官身份职掌枢要，为皇帝高级顾问。代宗即位，召之为翰林学士，后数度出任地方长官。德宗登基后，累迁至宰相。他平时好谈神仙诡道，对权力颇不热衷，即使任相，也常常弄神弄鬼，并不孜孜为政，所以为时人所轻。其实，他是借此保护自己，同刚愎自用、喜怒无常的德宗保持一定距

离,也超脱于当时复杂的政治旋涡之外。正是这种超脱的态度,才使他免除了皇帝对他的猜忌和权臣的排斥,得以在许多关键时刻发挥了人所不能的作用。他对功臣的保护,即其中突出的事例。

李泌认为,君主对功臣不疑、不责,是使其安心效力的前提。代宗时,宰相元载恃权获罪被杀。抄没元载家产时,发现了大将路嗣恭送给元载的一件琉璃盘,直径盈尺,异常珍贵。而以前路嗣恭送给代宗的琉璃盘,直径不过九寸。代宗认为路嗣恭有意交结元载。当时路嗣恭刚刚平息了岭南的叛乱,代宗与李泌商议,欲待路嗣恭返京后,治其罪。李泌在几年前,被元载排挤出京,路嗣恭曾根据元载之意,促成此事。代宗将此事告知李泌,以为李泌定会同意处置路嗣恭。

李泌

不想李泌不念旧恶,反而劝解说:"嗣恭为人小心,善事人,畏权势,精勤吏事而不知大体。昔为县令,有能名。陛下未暇知人,而为载所用,故为之尽力。陛下诚知而用之,彼亦为陛下尽力矣……且嗣恭新立大功,陛下岂得以一琉璃盘罪之邪!"代宗终于醒悟,以路嗣恭为兵部尚书,后来路嗣恭果然不负期望,多有建树。

德宗时,藩镇不断反叛,吐蕃也连连入扰。唐朝著名将领李晟、马燧在平叛御边的战争中,屡立战功,是朝廷的栋梁。吐蕃非常忌恨李、马,遂实行反间计,称他们与吐蕃密约联兵抗唐。唐朝内部的一些佞臣也乘机散布谣言,说李、马有叛乱的迹象。一时间疑云四起,朝野上下流言蜚语颇多。刚愎多疑的德宗也对手握重兵的李晟、马燧有了猜忌之心。李晟气得大哭,请求辞职出家为僧,马燧也有去意。值此关键时刻,刚刚任相的李泌率李晟、马燧等入见德宗,直言劝谏说:"愿陛下勿害功臣,臣受陛下厚恩,固无形迹。李晟、马燧有大功于国,闻有谗之者,虽陛下必不听,然臣今日对二人言之,欲其不自疑耳。陛下万一害之,则宿卫之士,方镇之臣,无不愤惋而反仄,恐中外之变不日复生也!人臣苟蒙人主爱信则幸矣,官于何有!……故臣愿陛下勿以二臣功大而忌之,二臣勿以位高而自疑,则天下永无事矣。"德宗听罢这番入木三分的议论,始恍然大悟,说:"朕始闻卿言,耸然不知所谓。及听卿剖析,乃知社稷之至计也!朕谨当书绅,二大臣亦当共保之。"于是君臣之间恢复了互相的信任。

由于李泌的努力,代、德二朝的许多有用人才受到了保护和合理的使用。所以当时虽然内忧外患深重,但唐朝中央政权却屡经动摇而始终不倒。李泌在这方面的表现,证明了他是一个知人善任、爱护人才的政治家。

★大胆使用自己急需的人

平遂至修武降汉,因魏无知求见汉王,汉王召入。是时万石君奋为汉王中涓,受平谒,入见平。平等七人俱进,赐食。王曰:"罢,就舍矣。"平曰:"臣为事来,所言不可以过今日。"于是汉王与语而说之,问曰:"子之居楚何官?"曰:"为都尉。"是日乃拜平为都尉,使为参乘,典护军……汉王闻之,愈益幸平。遂与东伐项王。至彭城,为楚所败。引而还,收散兵至荥阳,以平为亚将,属于韩王信,军广武。

——《资治通鉴·汉纪》

帝王者要有一个清醒的头脑,知道自己需要的是什么样的人。对这个问题认识清楚以后,再以一双猎鹰一般的眼睛搜寻"猎物",一旦发现,就不要被周围平庸的看法左右,大胆使用,给人才一个充分发挥的空间。

陈平是阳武县户牖乡人,家境清贫,但他酷爱学习,与哥嫂长期生活在一起。哥哥陈伯非常喜欢这个小弟弟,终年辛勤劳作,供陈平读书。尽管家里饭食条件不好,陈平仍长得仪表堂堂,是方圆百里闻名的美少年。人们纷纷议论:"陈伯家里那样穷,给陈平吃什么好东西了,竟长得这么漂亮?"嫂嫂早就对陈平白吃饭不干活心里有气,听了这话,撇撇嘴说:"也是吃糠咽菜而已。养了这么个小叔子,还不如没有的好!"陈伯知道了这事,休了不肖的妻子,继续供陈平上学。

因为家里穷,陈平长得很大了,还没有娶到媳妇。本地有个富翁,叫张负,他的孙女一共嫁了5次,5个丈夫都死了。乡里人说她是"克夫"的命,没人敢再娶她,陈平却不在乎,主动提出愿和这位女子成亲。婚后,陈平在经济上有了张负的资助,读书更用心了,交友也更广泛了。

陈平办事能主持公道。家乡每年春秋两季都举行祭祀神社的庙会,庙会结束后,邻里们要分享祭祀用的肉。分肉的差事,总是交给陈平办,陈平每次都能分得让大家人人满意。乡亲们称赞他,他总是笑着说:"这点小事不足挂齿,以后如果让我帮忙主宰天下,我也会做得像今天分祭肉一样,让人人喜欢。"

陈平

陈胜起义后，魏公子咎在魏地称王。陈平投奔他，被封为太仆。陈平提了许多好建议，魏王咎总是不采纳，还有人经常在魏王面前说他的坏话。陈平的才能无法在魏施展，便改投到项羽帐下，被任命为"卿"。这也是个只备咨询的闲职。

汉王刘邦兼并了三秦土地。殷王司马卬有叛楚的迹象，项羽封陈平为信武君，让他去安抚司马卬。司马卬接受陈平劝告表示继续忠于楚国。陈平因出使有功被晋封为都尉，还赏赐给二十铁黄金。可时间不长，司马卬仍投降了汉王。项羽认为这是陈平的过错，要杀陈平。陈平有口难辩，连夜封存好项羽赏赐的黄金和印信，只身逃出楚营，投奔汉王。

过黄河的时候，撑船的艄公见他长得白白胖胖的，以为是个有钱的富翁，起了图财害命的歹心。陈平觉察出来了，主动脱掉衣服，赤身露体，帮着艄公摇船。船夫见他是个穷光蛋，便放过了他。

躲过了这一劫，陈平顺利地来到汉营，到了汉营，陈平托与自己交往很深、又受汉王重用的魏无知帮忙引荐。魏无知讲述陈平的才华，汉王刘邦将信将疑。当时来投奔汉营的还有6个人，刘邦把他们一块留下来吃饭。饭后，别的人都先后告辞了，陈平仍端坐着不动，他请求汉王能尽快给他先安排一个合适的位置。刘邦对陈平做了认真、全面的考核。所问之事，陈平无不对答如流。那博深的知识、横溢的才气，使刘邦惊叹不已，他下定决心，对富有才华的人，应破格录用。便问："你在项王那里担任什么职务？"陈平答："都尉。"刘邦当即宣布：封陈平为汉军都尉，兼汉王参乘同时执掌监护汉军将士之职。

汉王破格录用陈平，在汉营掀起了轩然大波，特别是从沛县就跟着刘邦起兵的老资格将领，很不服气，说："陈平是楚国的一个逃兵，来汉营才三天，寸功未立，竟受如此器重，太不应当。"

汉王对这些议论一概不理，对陈平的重用有增无减。不久，又升陈平为亚将（仅次于主将），派往前沿阵地巡视。

以后的事实证明，陈平不仅是一位有勇有谋的杰出人才，而且是一位名副其实的谋士，为除掉范增立下了不朽之功，也为刘邦日后的节节胜利铺平了道路。

★人才是最有决定意义的资本

齐威王、魏惠王会田于郊。惠王曰："齐亦有宝乎？"威王曰："无有。"惠王曰："寡人国虽小，尚有径寸之珠，照车前后各十二乘者十枚。岂以齐大国而无宝乎？"威王曰："寡人之所以为宝者与王异。吾臣有檀子者，使守南城，则楚人不敢为寇，泗上十二诸侯皆来朝。吾臣有盼子者，使守高唐，则赵人不敢东渔于河。吾吏有黔夫者，使守徐州，则燕人祭北门，赵人祭西门，徙而从者七千余家。吾臣有种首者，使备盗贼，则道不拾遗。此四

臣者,将照千里,岂特十二乘哉!"惠王有惭色。

——《资治通鉴》

　　齐威王和魏惠王一起在郊外打猎。魏惠王问道:"齐国有国宝吗?"齐威王回答:"没有。"魏惠王说:"我的国家虽小,还有直径一寸大小的珍珠,它的光芒可以照亮前后各十二辆车,这样的珠子我共有十颗。难道像齐国这样的大国却没有什么宝贝吗?"齐威王说:"我所认为的国宝与您的观点不一样。我有个臣子叫檀子,派他把守南城,楚国人就不敢来侵犯,泗水流域的十二个诸侯都来朝拜我国。我有个臣子叫盼子,派他把守高唐,赵国人就不敢东来黄河捕鱼。我有个官吏叫黔夫,派他把守徐州,燕国人就对着徐州的北门祭祀,赵国人就对着徐州的西门祭祀,前来请求从属齐国的有七千多家。我有个臣子叫种首,派他防备盗贼,就能达到路不拾遗。这四个臣子,他们的光辉可照及千里之外,岂止是这十二辆车?"魏惠王面有羞愧之色。

齐威王

　　自古以来"人才"备受世人所重视,朱元璋曾经说过:"世有贤才,国之宝也。古之圣王,恒汲汲于求贤。盖贤才不备不足以为治。鸿鹄之能远举者,为其有羽翼也,蛟龙之能腾跃者,为其有鳞鬣也,人君之能致治者,为其有贤人而为之辅也。"可见重视人才是缔造成功事业的根本保证。领导者要始终把人才放在首位,尊重人才、重视人才、充分发挥人才的优势,这样才能成就辉煌的事业。

　　这则故事中的齐威王和魏惠王,二人对于国宝的认识具有鲜明的对比性。魏惠王重财宝轻人才,而齐威王则重人才轻财宝。对于一个国家来说,最大的财富就是人才;而对于君王来说,最大的追求就是国家的强大。只有重视人才的君王,才能使国家走向繁荣富强。而那些贪恋财宝的君王必然会使国家走向没落。在七雄纷争、弱肉强食的战国时代,正是由于齐威王以拥有文治武功的人才为骄傲,重用贤人,轻视财宝,才使得齐国在春秋时代一度称霸。

　　历史上有很多关于重用人才的案例。在汉末黄巾起义时期,天下分崩离析、四分五裂,曹操与袁绍一同起兵。袁绍问曹操:"如果不成功,您将依靠什么过活呢?"曹操反问道:"你以为如何呢?"袁绍说:"我将南据黄河,北守燕、代之州,兼拥有沙漠腹地,南向以争天下。"曹操则回答:"吾任天下之智力,以道御之,无所不可。"最后,事实证明了一切。虽然袁绍在军事、经济、地域上占有一定的优势,但他不懂得重用人才,反而嫉贤妒能,因

一些小事就把田丰、沮授这样的贤士给杀了。从而导致了他悲惨的结局:兵败官渡,郁郁病亡。而曹操则能发现人才、爱惜人才,广纳天下贤士,义释关羽、宽待陈琳。所以,各方面实力都相对较弱的曹操最终战胜了袁绍,掌控了北方地区。古人云:"一代之治,必有一代人才任之。"任何一个伟大的历史时代,任何一项伟大的事业,都需要一大批杰出的人才来创造。民族的兴旺、国家的富强、社会的进步,这都需要人才来得以成就。

斯大林曾经指出:"人才是世界上所有宝贵的资本中最有决定意义的资本。"可见人才的重要性已经大大地超过了固定的物质条件,而成为企业发展的关键。一个企业的资金、设备、厂房等生产资源是其实力是否雄厚的标准,但是这些资源都是机械的、固定的,它们最终还是要依靠人去使用。因此人才是企业发展的不竭动力,它是机动灵活的。正因为人才可以充分利用这些固定的物质资源,发挥资源优势,并进行扩大再生产,为企业创造更大的经济效益,所以,作为现代的领导者,必须重视人才,激发他们的活力,启发他们的创造力,使他们为企业的发展贡献出自己应有的力量。促使企业蓬勃发展的关键,除了一手抓经济建设外,更应注意培养人才,因为人才才是支撑企业大厦的支柱,是推动企业发展的力量源泉。现代企业,谁拥有人才谁就拥有真正的优势,就能占有市场的制高点。

在社会迅猛发展,知识、技术日新月异的今天,人才就显得更为重要。企业间的竞争就是人才的竞争,因此,领导者应该树立正确的人才观念,重视人才、发掘人才、合理地使用人才,这样,企业才能实现持续发展。例如美国的惠普公司就十分注重人才,他们认为"人才就是根本","知识就是企业的无形财富,人才是企业无法估量的资本"。正是以这样的观点作为工作理念,惠普才在激烈的市场竞争中处于积极主动的地位,通过人才的竞争,发挥人才的作用,其在短短几十年的时间里就得到了长足的发展。古人云:"求木之长者,必固其根本。欲流之远者,必浚其泉源。"可见人才就是企业创新的根本和源泉,已经成为企业发展至关重要的命脉。

王安石在《兴贤》中指出:"有贤而用之者,国之福也,有之而不用,犹无有也。"这就是说国家能否发展就要看领导者是否能够重用贤士和发挥人才的作用。人才是事业的根本、成功的关键,要想开创事业、走向成功,领导者可以说是一剂推动力。刘邦在谈其得天下的原因时说:"夫运筹帷幄之中,决胜千里之外,吾不如子房;镇国家、抚百姓、给饷馈、不绝粮,吾不如萧何;连百万之众,战必胜、攻必取,吾不如韩信。三者皆人杰,吾能用之,此吾所以取天下者也。"可见刘邦是一位优秀的领导者,他能够任用能力高于自己的贤士,充分发挥他们的自身优势,集中他们的智慧,做出高明的决策,因此赢得了天下。而项羽却不能选贤任能,导致最后战败而自刎于乌江。二人结局的反差如此之大,关键就在于二者对待人才有着截然相反的态度。现在的一些领导者也有像项羽一样的人物,他们容不得别人的能力高于自己。在决策时,只凭自己的主观臆测,对下属颐指气使,而没有丝毫的人才观念。这些都是企业管理中的大忌。所以,领导者应该充分认识到人才在企业发展中的重要作用,进而发挥人才的优势,使企业更上一个崭新的台阶。

日本索尼公司前总裁盛田昭夫在他的《日本造》一书中说:"所有成功的日本公司的

成功之道和它秘不传人的法宝,既不是什么理论,也不是什么计划和政策,而靠的是人。以人为本,对于任何一个企业管理者来说,都是成功关键之所在。"

可见一个企业只有拥有人才,才拥有真正的实力。因此,企业应该坚持以人为本,重视人才工程,把吸纳人才、留住人才、储备人力资源作为企业长期发展的战略。有了人才,就等于有了新技术和新视角,有了企业的创造力和革新精神,有了企业的生存竞争能力和经济效益。谁拥有更多更好的人才,谁就会在竞争的道路上跑得更快。

国之兴在于政,政之兴在于人。人才是社会发展的重要因素。无论是在国内产业的发展,还是在国际市场的竞争,人才都是企业繁荣发展的制胜法宝。因此,作为领导者一定要重视人才,不只是观念上的重视,更需要落实在实际行动之中,力争把人才转化为企业的动力,实现企业质的飞跃。

王安石雕像

★选用人才,德行第一

吴王以扬州牧吕范为大司马,印绶未下而卒。初,孙策使范典财计,时吴王少年,私从有求,范必关白,不敢专许,当时以此见望。吴王守阳羡长,有所私用,策或料覆,功曹周谷辄为傅著簿书,使无遣问,王临时悦之。及后统事,以范忠诚,厚见信任,以谷能欺更簿书,不用也。

——《资治通鉴》

吴王孙权任命扬州牧吕范为大司马,印绶还未颁发吕范就去世了。当初,孙策派吕范主管财物,那时孙权年轻,私下如果有什么要求,吕范一定先请示孙策,不敢擅自答应,当时因为这个,他被孙权所怨恨。孙权当阳羡县长的时候,私下有什么花费,孙策有时要检查过问,周谷每次都为孙权的私人花费变法儿更改账目,使孙权免受谴责,孙权那时候挺喜欢他。等到后来孙权掌握政权,认为吕范办事忠诚,就特别信任他,认为周谷能改账目骗人,就不任

國學智慧全書

资治通鉴

263

用他了。

宋代的司马光曾经说过："才德全尽谓之圣人，才德兼亡谓之愚人，德胜才谓之君子，才胜德谓之小人。凡取人之术，苟不得圣人、君子而与之，与其得小人，不若得愚人。"这段话十分强调"德"的重要性，古人在选拔人才时，都把其德行放在首位。今天的领导者选拔人才时，同样不仅要重视其才能，更要重视其德行。

三国时的孙权在年轻的时候，吕范坚持原则，从不擅自答应孙权的请求，凡事都向孙策请示汇报。而周谷却对孙权有求必应，曲意奉承，并不惜故做假账来蒙混过关，以免被孙策发现。所以，当时孙权十分憎恨吕范，而十分喜欢周谷。可是当孙权亲自掌权后，重用了吕范，而周谷却被弃置不用了。这是什么原因呢？因为掌权后的孙权知道，若任用周谷这样的弄虚作假之徒，必会危及整个社会的发展与稳定。看来孙权是把品德作为用人的首要标准。大文豪鲁迅曾经说过："捣鬼有术，也有效，然而有限，以此成大事者古来未有。"正身是立身之本，捣鬼、耍计谋虽然可以得一时之计，但终究是不合大道，是难成大事的。在现代社会中，像周谷这样的小人还远远没有绝迹。他们为了讨好上级领导，或帮助上级领导营私舞弊而不惜拿原则做交易，甚至发展到向上级领导行贿，以求得上级领导的庇护和器重。倘若长此以往，让这些人在团队中扎根并成长起来，那么一个团队即使有再坚实的根基，也会被这些蛀虫腐蚀掉。因此，领导者在选拔人才时一定要把握好用人标准，以德择人。

让我们客观地来分析一下"德"的表现及其与"才"的关系。德，主要包括人的政治立场、政治观点和道德作风。德是通过人们在社会关系活动中表现出来的。一个人德的形成，是由一个低层次向高层次发展的。首先是人的个性心理品质。在政治观念、道德观念还没形成的时期，它是影响人的品德和智力发展的主要内在因素。随着年龄的增长，它同工作学习相结合，进而就形成了一定的个性气质，成为影响个人发展的重要素质。其次是伦理道德。它是指以一定的道德规范处理个人与社会、人与人之间的关系。这是在人们进入成熟期时逐步形成的。最后是政治品质。它是指建立在一定世界观基础上的政治思想和政治立场。这是在人们完全成熟时才形成的，也是比较稳定的。可见德的作用是高层次制约着低层次。

当今世界的竞争归根结底就是人才的竞争。作为优秀的领导者，在激烈的竞争中，其需要的是能够提出好主意并能独当一面的盟友。因此要想得到有助于事业发展的真

孙权

國學智慧全書

史学智慧

正人才，领导者一开始就要把握好用人的标准。以史为鉴，春秋战国时期，有一天，齐桓公在管仲的陪同下，来到了马棚视察养马的情况。他关心地询问养马人哪一件事情最难做，养马人一时难以回答。其实养马人心中十分清楚：一年365天打草备料、饮马遛马、调鞍理辔、除粪清栏哪一件都不是轻松的事，但在国君面前，他又怎能叫苦抱屈呢？管仲见状，便代为答道："从前我也当过马夫，依我之见，编排用于拴马的栅栏这件事最难，为什么呢？因为编栅栏时所用的木料往往是曲直复杂的，你若想让所选的木料用起来顺手，使编排的栅栏整齐、美观、结实、耐用，开始的选料就显得极其重要，如果你在下第一根桩时用了弯曲的木料，随后你就得顺着将弯曲的木料用到底。像这样曲木之后再加曲木，笔直的木料就难以启用。反之，如果一开始就选用笔直的木料，继之必须是直木接直木，曲木也就用不上了。"虽然管仲说的是编栅栏、建马棚的事，但其用意是在提醒齐桓公，在选拔人才时，必须谨慎行事，应当从一开始就把握好选材的标准，唯有正直之人才能肩负起兴国的重任！

司马光还说道："才者，德之资也，德者，才之帅也。"也就是说德要凭借于才，才又受德的统帅，德才兼备是一个统一而不可分割的原则。领导者在选拔人才的时候，既要注重他们的才，又要注重他们的德。只注意一方面，忽视另一方面，是错误的。德和才是统帅和被统帅的关系。德和才相比，德是第一位的。领导者在选拔人才时，一定要坚决贯彻德才兼备的标准，而且要更注重于德的方面。邓小平同志完全赞同陈云同志的意见，德才相比，我们要注重德。这也就是说，领导者要重用那些秉性耿直，敢于坚持原则的人才。

据《解放军报》报道，原济南军区某装甲师通信连退伍战士许慧回到家乡不久，到一家公司去应聘。几轮筛选过后，只剩几位应试者进行最后的角逐。可是，笔试题却让他很是为难。内容是："请你写出原单位名称，有多少人，在单位负责什么和你将为本公司提供什么最有价值的材料？"许慧在试卷附页上写道："我非常愿意加入贵公司，可作为一名退伍军人，保守军事秘密是我义不容辞的责任。我只能交上一份空白的答卷，请谅解。"在多项测试中对许慧一直看好的招考人员，无不感到吃惊和惋惜。但最后公司还是录取了许慧。公司的总经理对下属说：懂得保守军事秘密的人，同样懂得保守商业秘密。道德品质修养是一个人为人处世的根本，也是企业对人才的基本要求。一个再有学识、再有能力的人，如果没有好的道德品质，即使再有才华也断不能用。世间一切事物中，人是最宝贵的。正因为高尚品行之人难觅，所以德才兼备之人更显弥足珍贵。坚持这种严格的用人标准，从某种程度上来说，对防止腐败也会起到积极的作用。

管仲在《立权》篇中说："君子所慎者四：一曰大德不至仁，不可授国柄。"君子不仅要讲德，而且只有大德达到了仁的境界，才能授予其掌握政事的权力。同理，人若是没有好的德行，就不能委以重任。因此，领导者在选拔人才时，一定要以道德品质修养为最基本的选材标准，因为只有这样的人，才能成为支撑一个团队锐意进取的栋梁。

★为人领导要知人善用

　　燕人共立太子平，是为昭王。昭王于破燕之后即位。吊死问孤，与百姓同甘苦，卑身厚币以招贤者。谓郭隗曰："齐因孤之国乱而袭破燕，孤极知燕小力少，不足以报；然诚得贤士与共国，以雪先王之耻，孤之愿也。先生视可者，得身事之！"郭隗曰："古之人君有以千金使涓人求千里马者，马已死，买其首五百金而返。君大怒，涓人曰：'死马且买之，况生者乎！马今至矣。'不期年，千里之马至者三。今王心欲致士，先从隗始，况贤于隗者，岂远千里哉！"于是昭王为隗改筑宫而师事之。于是士争趣燕：乐毅自魏往，剧辛自赵往。昭王以乐毅为亚卿，任以国政。

——《资治通鉴》

　　燕国人一起拥立太子平为王，即燕昭王。燕昭王是在齐国攻破燕国以后即位的。他悼念战死的人，慰问孤儿，与百姓同甘共苦，并降低身份用重金来招揽贤士。他对郭隗说："齐国趁着我国内乱就攻破燕国，我知道燕国国小力弱，不能够报仇。然而若能够真正得到贤士共同执掌国政，来一洗先王之耻，这是我的愿望。先生看看是否有这样的人，我要亲身侍奉他！"郭隗说："古时候有一位君王出千金派他的近臣去寻求千里马，但找到的却是一匹死去的千里马，于是近臣就用五百金把马的头买了回来。君王很生气，近臣说：'千里马都死了还买，更何况是活的呢？现在千里马就要到了！'不到一年的时间，就又来了三匹千里马。现在大王您想招来贤士，就请先从郭隗这儿开始吧，那么比我更贤能的人又怎会认为千里之路是遥远的呢？"于是昭王就为郭隗改筑宫室，把他当老师一样看待。这样，贤士们都争先恐后地奔往燕国：乐毅来自魏国，剧辛来自赵国。昭王封乐毅为亚卿，并将国家重任委任给他。

燕昭王

　　古人云："国之不治者有三：不知用贤此其一也；虽知用贤，求不能得，此其二也；虽得贤，不能尽其才，此其三也。"可见当今领导者不仅要在观念上重视人才，而且要在实际工作中了解下属，也应当做到知人善用，人尽其才。

　　善用人者，火眼金睛，透视人心，他可以从一介草民起家，汇聚各路英雄豪杰，争霸天下；不善用人者，往往只凭一腔的热情，却没有精明的识人眼光和过硬的用人手段，其下属必定鱼目混珠，得过且过。这样，纵使你拥有千军万马，早晚也会蜕变为光杆司令。高

國學智慧全書

史学智慧

明的领导者应该善于发现下属的才能,并巧妙地加以引导和使用。如果能将各种人才适宜地放在各个不同的岗位上,就能发挥出意想不到的作用。精英之才会锋头更锐,寻常之辈也能点石成金……那么,你的事业定会一日千里,企业的发展也必将蒸蒸日上。

燕昭王十分重视人才,希望能有贤士来助其富国强兵,所以他向郭隗请教招贤的方法。但是燕昭王并没有意识到,其实贤士就在他的身边。郭隗以"重金买千里马头"的故事告诫燕昭王,只有首先了解自己的臣子,并且能够礼贤下士,其他的贤士自然就会慕名而来了。观古鉴今,在现代社会中,如果领导者没有充分了解自己的下属,就连身边的人都不能重用,其他的人才又怎能前来相助呢?企业又怎能发展呢?国家又怎能富强呢?古语有言:得一物,必尽其力;得一人,亦必尽其才。人才就在面前,如果得而不用,或是用而不能尽其才,那么,人才也就形同虚设。

人才是企业的原动力,领导者应该善于发现人才、了解人才,使其各尽所能,为我所用。并不是每个人都有毛遂的胆量和自信。领导者要能充分地了解下属的优点和特长,仔细考虑如何使他们的才能得到最大的发挥。领导者需要敏锐地发现下属潜在的才能,并创造一切有利的条件为下属开拓发展的空间,使下属能够自信地展示自我,发挥自身的潜能。中国古代有一则寓言叫《西邻五子》,说的是西邻有五个儿子,一子朴,一子敏,一子盲,一子偻,一子跛。西邻让质朴的儿子去种地,让机敏的儿子去经商,让双目失明的儿子去卜卦,让驼背的儿子去搓麻线,让跛脚的儿子去纺线,结果五个儿子各得其所。西邻了解他的五个儿子,知道各人的长处与不足,因此能够因事择人,量才使用。从这则寓言中我们应当看到:领导者也应该运用科学的管理方法,对下属进行全面的考察和公正合理的评价,充分调动下属的积极性,发挥他们的最大潜能,为企业创造更多的利益。管理界有句名言:"垃圾是放错了位置的人才。"因此,作为领导者,必须真正了解自己的下属,做到知人善用、人尽其才,这样企业才会向更高更远的方向发展。

历史上有很多关于"知人善用"的精辟论述。清代思想家魏源指出:"不知人之短,不知人之长,不知人长中之短,不知人短中之长,则不可以用人,不可以教人。"事实上,人各有其长,亦各有其短,只要能够扬长避短,天下便皆是可用之人。即使是千里马,如果把它放在庭院里,那么它也只能是在狭小的区域内缓步行走,唯有伯乐为其提供一片辽阔的草原,它才能四蹄疾飞、纵横驰骋。美国钢铁工业之父卡耐基的墓碑上有这样一句话:"一位知道选用比他本人能力更强的人来为他工作的人,安息于此。"这正是对卡耐基这位管理大师一生成就的精辟概括。卡耐基在管理企业时,能够了解下属,看到他们各自的优点,以他们的长处来分配工作,做到了人力资源的有效利用,大大地提高了工作效率。这也是卡耐基之所以成为一代管理大师的原因。

三国时期,曹操西征张鲁,孙权趁机攻打合肥。此时镇守合肥的是张辽、李典、乐进三员大将。但由于三人的实力相当,所以互不服气。大敌当前,应该如何调兵遣将呢?这是一个很棘手的问题。而曹操早已做好安排,临行之前留下了一封信写道:"若孙权至,张、李将军出战,乐将军守城。"曹操非常了解他们三人的性情,张辽是文武全才,有胆

國學智慧全書

资治通鉴

有识，而且深明大义，一切以大局为重，是为大将之才，适合领导李典、乐进。虽然乐进脾气急躁，但他能攻城拔寨，身先士卒，是员猛将。李典则举止儒雅，为人和善，不与人争功，但不能独当一面。让乐进守城，他就不会与张、李二人发生冲突，在对敌的前方，张、李二人也会协调一致奋力出击。最后三人果然各尽其责，齐心协力战胜了孙权，一战令"江南人人害怕，闻张、李二将大名，小儿也不敢夜啼"。曹操知人善用，扬长避短，获得了最终的胜利。这就如同整体和部分的关系一般，只有各个部分都发挥其作用，那么整体才能有效地运转。否则，只要一个部分出了问题，那么整体就将无法正常工作。得人之道，在于识人，只有识人，才能善用，这是放诸四海而皆准的用人之道。

美国管理学家杜拉克曾经说过："一个卓有成效的领导人知道，领导最主要的任务是创造人的能力和想象力。"不是每一个下属都有特别突出的才能，通常他们在工作中是默默无闻的，这就需要领导者能够了解下属，体察内情。美玉总是藏匿于陋石当中，领导者就是那个破石取玉之人。领导者要善于发现下属的优点，使其发挥自己的长处，那么这个人的个人能力就会大大地增强，甚至会发生质的飞跃。这种知人善用的做法也会有利于企业竞争机制的建立。一个领导者能够善用下属就会为下属提供一些方便的条件，使其才能得到最大的发挥。而这些下属的工作态度就会变被动为主动，积极地工作。与此同时，其他的下属自然而然也会产生一种竞争意识，也会积极努力地工作。这种竞争机制既鼓励了个别人才的脱颖而出，又强调了全体员工的通力合作性。这样既有利于个人的发展，又有利于企业技术的创新与产业革命。这种两全其美的事情，领导者又何乐而不为呢？

邓小平同志指出："善于发现人才，团结人才，使用人才，是领导者是否成熟的标志之一。"总之一个成功的领导者，只有尊重下属的个性，充分地了解下属，发挥他们的长处，为他们提供一个发展的舞台，才能增加企业的活力，从而使企业走得更高，飞得更远。

★抓住的总为我所用

进，与操遇于赤壁。时操军众已有疾疫，初一交战，操军不利，引次江北。瑜等在南岸，瑜部将黄盖曰："今寇众我寡，难与持久。操军方连船舰，首尾相接，可烧而走也。"乃取蒙冲斗舰十艘，载燥荻、枯柴、灌油其中，裹以帷幕，上建牙旗，豫备走舸，系于其尾。先以书遗操，诈云欲降。时东南风急，盖以十舰最著前，中江举帆，余船以次俱进。操军吏士皆出营立观，指言盖降。去北军二里余，同时发火，火烈风猛，船往如箭，烧尽北船，延及岸上营落。顷之，烟炎张天，人马烧溺死者甚众。瑜等率轻锐继其后，雷鼓大进，北军大坏。操引军从华容道步走，遇泥泞，道不通，天又大风。悉使羸兵负草填之。骑乃得过。羸兵为人马所蹈藉，陷泥中，死者甚众。刘备、周瑜水陆并进，迫操至南郡。时操军

兼以饥疫,死者大半。操乃留征南将军曹仁、横野将军徐晃守江陵,折冲将军乐进守襄阳,引军北还。

——《资治通鉴·汉纪五十七》

诸葛亮是中华民族杰出的政治家、军事家和外交家,他在民间一直被视为贤相的典范、智慧的化身。他在驭人方面,不仅善于用人之长,还能巧妙地抓住部下的小辫子,让他们像戴上了金箍的孙悟空,本领再大,也得听唐僧调遣。

早在刘备三顾茅庐时,诸葛亮就为他设计出一套成功的方案:占荆州,据蜀地,东和孙权,北拒曹操,以待时机统荆州之兵,进据宛洛;率益州之师,出击秦川,以兴汉室。诸葛亮出山之后,就是鉴此蓝图来辅佐刘备的。建安十三年,曹操基本平定北方后率大军南下,旨在消灭刘备、并吞江南。此时刘备兵少将寡,军事上连连失利。诸葛亮认为,刘备的唯一出路是联合孙权,打败曹操,先有立足之地,再图发展。于是他亲自出使东吴,舌战群儒,说服孙权,智激周瑜,促成了孙刘联盟。又从多方面帮助周瑜,为即将开始的赤壁之战的胜利打下了坚实的基础。根据诸葛亮的判断,曹操兵败赤壁后必经华容道出逃,届时生擒,如囊中取物。但捉后如何处置,倒成了一大问题。他反复分析后认为:如杀之,则中原群龙无首,势必四分五裂,你争我夺,东吴便会乘机向北发展。一旦时机成熟,将会掉过头来吞并刘备。如不杀,也已灭其主力,使其一时无力南侵,还能牵制孙吴。若如此,刘备则可乘机占领荆州,进军巴蜀,正符合他隆中对时的设想。鉴于此,诸葛亮便考虑起人员的调配。他认为,张飞坦率急躁,捉住曹操后是不会放走的。赵云忠贞不贰,捉住曹操是不敢放走的。而关羽,他不但义气如山,还曾受曹操厚恩,而且是主公二弟,捉曹后定会释放。何况关羽还有一大缺陷:凭借百战百胜的威名,有时傲气太重,若抓住他“捉放曹”的小辫子,也可届时给他点限制。主意已定,诸葛亮便将张飞、赵云、刘丰和刘琦一一派出,唯对身边的关羽置之不理。关羽忍耐不住,就高声斥问:“我历次征战,从不落后,这次大战,却不用我,竟是何意?”诸葛亮故意激他:“关将军莫怪!我本想派您把守一个最重要的关口,但又一

关羽

想,并不合适。"关羽很不高兴地问:"有什么不合适的呢？请明讲!"诸葛亮说:"想当初您身居曹营,曹操对您多方关照。这次他惨败后必从华容道逃窜,若您前去把守,必会捉而放之!"关羽抱怨他未免多心,还说自己斩颜良、诛文丑、解白马之围,早已报答了曹操。若再遇他,绝不放行。诸葛亮仍以言相激,终于激得关羽立下了军令状,才领兵去华容道埋伏起来。

　　果然不出诸葛亮预料,曹操在赤壁不但被周瑜烧掉了他苦心经营的全部战船,还烧毁了一连串的江边大营。曹兵被火烧水溺、着枪中箭,死伤不计其数。曹操仓皇出逃,又一路遭到赵云、张飞的伏击,最后只剩二十七骑,且又人困马乏,狼狈不堪地来到华容道。突然,关羽横刀立马挡住了去路。曹操吓得浑身瘫软,不住地乞求关羽饶命,其随从也一个个跪地乞怜。关羽终于念及当初,随起恻隐之心,不顾事先立下的军令状,放走了曹操,灰溜溜返回大营。诸葛亮又照事先设想,特地迎接关羽,更使关羽无地自容。当关羽有气无力地禀报了原委,诸葛亮装作恼怒的样子要对他处以军法,刘备一再求情,才免了关羽死刑,令他戴罪立功。

　　诸葛亮精心设计的"捉放曹",完全达到了预期的目的。后人每谈及此事,都赞扬说:"诸葛亮智绝,关羽义绝。"关羽心高气傲,唯有抓其小辫子才可任你驱策。当为臣者不能用百分之百的权威震慑下属,学一学诸葛亮,要一点小手段,仍然完全可以让不听话的下属乖乖地服从领导。

第四章 用人要注重情感投资

★真感情让人感动

司空梁文昭公房玄龄留守京师,疾笃,上徵赴玉华宫,肩舆入殿,至御座侧乃下,相对流涕,因留宫下,闻其小愈则喜形于色,加剧则忧悴。玄龄谓诸子曰:"吾受主上厚恩,今天下无事,惟东征未已,群臣莫敢谏,吾知而不言,死有馀责。"乃上表谏,以为:"《老子》曰:'知足不辱,知止不殆。'陛下威名功德亦可足矣,拓地开疆亦可止矣。且陛下每决一重囚,必令三覆五奏,进素膳,止音乐者,重人命也。今驱无罪之士卒,委之锋刃之下,使肝脑涂地,独不足愍乎!……臣旦夕入地,傥蒙录此哀鸣,死且不朽!"玄龄子遗爱尚上女高阳公主,上谓公主曰:"彼病笃如此,尚能忧我国家。"上自临视,握手与诀,悲不自胜。癸卯,薨。

——《资治通鉴·唐纪十五》

人都是有感情的。利用感情作杠杆,是拉拢部属最有力的手段。人都是这样:也许他会拒绝你的钱,不接受你的礼,但他却不能抗拒你对他好。如果能让他觉得你是真心对他好,你收获的必然是部下的忠心相报。

李世勣是唐朝的开国功臣,是第一个被赐为"国姓"的人(他原姓徐),又是李世民晚年嘱以托孤重任的人。对这样的重臣,李世民自然十分重视感情上的拉拢。

有一次,李世勣得了急病,医生开的处方上有"胡须灰可以救治"的话,李世民看了,便毫不犹豫地剪下自己的胡须送给李世勣。

古人讲,身体发肤,受之父母,不可损伤。因此,他们不剃发,不剪须。至于皇帝,连身上的一根汗毛也是珍贵无比的。李世民的举动实在是异乎寻常,前无古人。李世勣感动得热泪长流,叩头以至流血,表达他的感激不尽的激动心情。李世民却说:"这都是为了国家,不是为了你个人,这有什么可谢的!"

房玄龄是唐太宗李世民最为倚重的一位大臣,长期担任宰相之职,对唐朝开国初年的制度的建立、社会经济的发展,做出过重大贡献,是我国封建社会最为杰出的宰相之

國學智慧全書

资治通鉴

一。后来他犯了些小的过失，唐太宗谴责了他，并令他回家闭门思过。中书令褚遂良对皇帝说："当年陛下起兵反隋时，房玄龄便率先投奔在义旗之下；后来又冒杀头之罪，为陛下决策，使陛下得以登上帝位；几十年来，他对国家大政方针的制定，都有过重大建树；朝廷大臣之中，数房玄龄最为勤劳于国事。如果他没有不可赦免的大罪，就不应该遗弃他。陛下若认为他年老，可以劝他退休，不应该因一些小的过失而忘记他数十年的功勋。"

房玄龄

唐太宗一听此言，立即将房玄龄召还。一次，他到芙蓉园游玩，途经房玄龄家时，还特意前去拜访。房玄龄也估计到皇帝会来，早就命令弟子将门庭洒扫一新，自己在家恭候。君臣相见，尽释前嫌，唐太宗便载了房玄龄同车还宫，二人和好如初。

当房玄龄病重时，唐太宗为了及时了解病情，探视方便，竟命令将皇宫围墙凿开，以便直达房玄龄家。他每天派遣使臣前去问候，并派名医去治疗，让御膳房送去饮食，听到病情有所减轻，便喜形于色，一听见说加重，又满脸愁云。房玄龄弥留之际，太宗亲自来到病榻前，与之握手话别，悲不能禁。

一直善于收买人心的唐太宗，对李世勣、房玄龄这样的重臣，自然十分重视感情上的拉拢，剪下自己的胡须为臣下治病，凿墙慰问病臣，真可谓攻心有术，管人管出了水平。

★放下身架向事实低头

王贲伐楚，取十余城。王问于将军李信曰："吾欲取荆，于将军度用几何人而足？"李信曰："不过用二十万。"王以问王翦，王翦曰："非六十万人不可。"王曰："王将军老矣，何怯也！"遂使李信、蒙恬将二十万人伐楚；王翦因谢病归频阳。

李信攻平舆，蒙恬攻寝，大破楚军。信又攻鄢郢，破之。于是引兵而西，与蒙恬会城父，楚人因随之，三日三夜不顿舍，大败李信，入两壁，杀七都尉；李信奔还。

王闻之，大怒，自至频阳谢王翦曰："寡人不用将军谋，李信果辱秦军。将军虽病，独忍弃寡人乎！"王翦谢病不能将，王曰："已矣，勿复言！"王翦曰："必不得已用臣，非六十

万人不可!"王曰:"为听将军计耳。"于是王翦将六十万人伐楚。

——《资治通鉴·秦纪二》

有的人嘴硬,硬到事实面前不弯腰,这是典型的死要面子活受罪。因此,领导者具备宽宏的气度,往往比具备某项特殊的才能更为重要。

作为一个帝王,拥有至高无上的权力,可以为所欲为,没有人敢轻易去指出他的对与错。但是,秦始皇却能迅速主动地改正自己的过错。最能体现他闻过即改特点的,是换用老将王翦灭亡消灭秦国最后一个劲敌楚国这件事。

王翦是秦国名将,频阳东乡(今陕西富平东北)人,曾先后领兵平定赵、燕、蓟等地。

王翦之先出于姬姓周朝的国姓。东周灵王的太子晋因为直谏而被废为庶人,其子宗敬为司徒,时人称为"王家",因以为氏,从此改姓王氏。王翦"少而好兵,始皇师之"。王翦用兵多谋善断。他还是嬴政的军事老师。

王翦

秦王嬴政二十一年(公元前226年),在灭亡韩、赵、魏,迫走燕王,多次打败楚国军队之后,秦王嬴政决定攻取楚国。发兵前夕,秦王嬴政与众将商议派多少军队入楚作战。青年将领李信声称不过用二十万人。而老将王翦则坚持非六十万人不可。李信曾轻骑追击燕军,迫使燕王喜杀死派荆轲入秦行刺的太子丹,一解秦王心头之恨,颇得秦王赏识。听了二人的话,秦王嬴政认为王翦年老胆怯,李信年少壮勇,便决定派李信与蒙恬率领二十万人攻楚。王翦心中不快,遂借口有病,告老归乡,回到频阳。

秦王嬴政二十二年(公元前225年),李信、蒙恬攻入楚地。先胜后败,"杀七都尉"(《史记·白起王翦列传》),损失惨重。楚军随后追击,直逼秦境,威胁秦国。秦王嬴政闻讯大怒,但也无计可施,此时他才相信王翦的话是符合实际的。但王翦已不在朝中,于是秦王嬴政亲往频阳,请求王翦重新"出山"。他对王翦道歉说:"寡人未能听从老将军的话,错用李信,果然使秦军受辱。现在听说楚兵一天天向西逼近,将军虽然有病,难道愿意丢弃寡人而不顾吗?"言辞恳切,出于帝王之口,实属不易。但是王翦依然气愤不平,说:"老臣体弱多病,脑筋糊涂,希望大王另外挑选一名贤将。"秦王嬴政再次诚恳道歉,并软中有硬地说:"此

事已经确定,请将军不要再推托了。"王翦见此,便不再推辞,说:"大王一定用臣,非六十万人不可。"秦王嬴政见王翦答应出征,立刻高兴地说:"一切听凭将军的安排。"

秦王嬴政二十三年(公元前224年),秦王嬴政尽起全国精兵,共六十万,交由王翦率领,对楚国进行最后一战。他把希望全部寄托在王翦身上,亲自将王翦送至灞上。这是统一战争中任何一位将领都未曾得到过的荣誉。嬴政与众不同的性格再次显露出来,他知错就改、用人不疑的品性,使他再次赢得了部下的信任,肯为之卖命。

受到秦王如此信任和厚爱,对荣辱早已不惊的王翦丝毫没有飘飘然之感。他知道,秦国的精锐都已被他带出来了,而如果得不到秦王的彻底信任,消除他的不必要的顾虑,自己在前方是无法打胜仗的,而且他本人和全家乃至整个家族的命运都不会有一个完美的结局。所以,当与秦王分手时,王翦向秦王"请美田宅园池甚众"。对此,秦王尚不明白,他问:"将军放心去吧,何必忧愁会贫困呢?"王翦回答:"作为大王的将军,有功终不得封侯,所以趁着大王亲近臣时,及时求赐些园池土地以作为子孙的产业。"秦王听后,大笑不止,满口答应。大军开往边境关口的途中,王翦又五度遣人回都,求赐良田。对此,秦王一一满足。有人对王翦说:"将军的请求也太过分了吧!"王翦回答:"不然!秦王粗暴且不轻易相信人。如今倾尽秦国的甲士,全数交付我指挥,我不多请求些田宅作为子孙的产业以示无反叛之心,难道还要坐等秦王来对我生疑吗?"

王翦不仅会用兵,而且深知为臣之道,他摸透了秦王嬴政的为人品性,所以采取了"以进为退"的策略,以消除秦王对自己可能的怀疑之心。同时,从王翦的话语中可以看出,秦国的制度是十分严密的,王翦率领全部精锐远出作战,不仅不敢生反叛之心,反而一而再、再而三地向秦王表示不反之心。不是不生,而是不能也。秦国严密的维护君权的制度,使得任何人不敢造次。

王翦不负重托,经过一年的苦战,终于灭亡了楚国。

对王翦在灭楚问题上前后态度的变化,显示了秦王嬴政所具备的非凡的操纵才能。这种素质和才能不是每一个人都具备的。也不是每一位君主或最高领导人所能够具备的,它们是秦王嬴政得以实现统一中国目标的基本保证。所以,秦始皇能够灭六国、统一中国不是偶然的。

秦王嬴政用王翦代替李信取得了灭楚战争的胜利,但是对于曾大败于楚军、令秦军备受耻辱、使秦王嬴政极为恼怒的李信,秦王嬴政不仅没有给予任何处罚,相反仍用之不疑。后来,秦王嬴政派李信与王翦的儿子王贲进攻败退到辽东的燕王,生擒燕王;之后,还攻代,得代王;最后攻入齐国,再擒齐王。得胜回朝后李信因功而受封为陇西侯。

打了败仗而不受处罚,还能戴罪立功,取得骄人的战绩,最后因功封侯,这是秦王嬴政用人之道取得成功的又一典型事例。为什么秦王嬴政对李信情有独钟,给予如此的厚爱?要是他能对每一个战败的将领都能以此态度对待的话,桓齮还会因在赵国败于李牧而逃亡吗?问题的答案恐怕还是从秦王嬴政本人是年轻人,李信也是年轻人,二人之间更能沟通和相互理解这个角度解释更合理一些。同时,秦王嬴政看出了李信的才能,所

以对他破例。另外，李信为秦王嬴政带回了令其痛恨不已的燕太子丹的首级，恐怕也是秦王嬴政不处罚李信的重要原因之一。尤其是李信在那次战斗中所表现的勇猛敢战的精神，给秦王嬴政的印象太深刻了。

不管怎么说，以君主之尊，能主动放下架子，在事实面前勇于承认自己的错误，实在是一种难得的管人品质。

★情感是领导与下属间最好的沟通桥梁

孙权以吕蒙为南郡太守，封屏陵侯，赐钱一亿，黄金五百斤。吕蒙未及受封而疾发，权迎置于所馆之侧，所以治护者万方。时有加针，权为之惨戚。欲数见其颜色，又恐劳动，常穿壁瞻之，见小能下食，则喜顾左右言笑，不然则咄唶，夜不能寐。病中瘳，为下赦令，群臣毕贺。已而竟卒，年四十二。权哀痛殊甚，为置守冢三百家。

——《资治通鉴》

老子曰："天下至柔者莫过于水，然至刚者莫能御。"这就是人们经常所说的以柔克刚。领导者身为一个团队的统帅，可以以情感为攻略，真心地关心下属，换取下属的忠诚，赢得下属的支持。可见情感是沟通领导者与下属之间最好的心灵桥梁，它可以打造出一支奋力合作、无坚不摧的钢铁团队。

吕蒙为孙权打天下，可谓是尽心尽力，即便是赴汤蹈火，也在所不辞。孙权更是厚待吕蒙，对他封侯授爵，只是未及受赏，吕蒙就病危了。在其病危期间及病故之后，孙权对其表现出的关爱之情是常人难及的。孙权爱将的情感是感人至深的。情感是人与人之间交流的纽带。领导者与下属之间不仅仅是上下级的隶属关系那样简单，还要有情感上的交流，以建立起朋友般的情谊。只要能真心诚意地关心下属，领导者就会赢得下属的支持和信任。

吕蒙

领导者一定要高度重视在工作中与下属的情感沟通，这种情感沟通也可以说是一种"感情投资"。也就是领导者要以真心去尊重、关心、爱护下属，并以此来调动下属的工作积极性，从而获取他们对自己的支持和信任。这种感情上的以柔克刚是人们心理和精神上的需要。马斯洛在"需求层次论"中认为，人们都希望自己能够得到别人的尊敬和重视，关心和体贴自己、理解和信任自己，这是比物质的需要更高级的需要。只有当这种感情上的需要得到满足，人才能获得持久的动力和积极性。可见物质给人以温饱，而精神给人以力量。

中国有句古话："得人心者得天下。"那么，身为领导者怎样才能获得人心，得到拥戴呢？早在三国时期，在宛城之战中，原本已经归降的张绣，因曹操霸占了其婶邹氏，不甘受辱，突然起兵将其围困于清水。为救曹操，大将典韦身负重伤，壮烈牺牲。长子曹昂、侄子曹安民也战亡了。曹操折了爱将典韦，悲痛不已，痛哭流涕，亲自为之祭奠并说："吾折长子、爱侄，俱无深痛，独号泣典韦也。"众将士为之感叹。第二年，再次路过清水，曹操于马上又放声痛哭，大家问其缘由，他说："吾思去年于此地折吾大将典韦，不由不哭耳！"众将士又不禁为之感叹。曹操两哭典韦，一方面是为失去典韦这员大将而痛心疾首，这是发自内心的真实感情；另一方面也有给众人做样之嫌，为的是打动人心，表明自己是如何的爱护下属。这与"刘备摔孩子，收买人心"如出一辙，效果可谓是立竿见影，立即就博得了三军对其的尊敬，由此可见，作为领导者应该真心地关怀下属，用情感来感动、感化下属，要有爱人之心，以实际行动树立起良好的形象，从而增强自己的感召力和团体的凝聚力。

情感的作用是巨大的，是绝对不可轻易忽视的。它既可以激励人，也可以感染人；既可以给人以压力，也可以给人以动力；既可以使人绝处逢生、化险为夷，又可以使人步入绝境，身败名裂。所以英明的领导者要善于运用情感这种特殊的力量来鼓舞、激励你的下属，使他们神情振奋、斗志昂扬。情感这种无形的武器可以发挥出你意想不到的威力。有史可证：1642年，清兵攻打明王朝，明军主帅洪承畴被生擒活捉。皇太极爱惜其才，劝其投降，却不见成效，但发现其仍有求生的欲望。于是，庄妃献上一计，她当晚梳妆打扮，手捧美酒前去劝降。庄妃先是以女性的温柔和体贴使洪承畴解除戒心，再以关切和同情的话语勾起了其内心的痛处，并且设身处地地为洪承畴着想，使他感动。最后，庄妃才亮明身份，终于洪承畴被庄妃的真诚所感动，心甘情愿地归顺了皇太极，成为其忠心耿耿的大谋士。庄妃以情感为手段，改变了洪承畴的行为取向。由此可见，情感力量之巨大。像这样的例子举不胜举。人们常说，投我以桃，报之以李。在日常的工作中，领导者首先要懂得尊重、爱护下属，这样下属才能尊敬、爱戴领导者。人与人之间的这种情感是相互作用、相互影响的，所以领导者的感情投资绝对会物超所值的。

作为领导者，仅仅依靠用一些物质手段激励下属是远远不够的，还需要有情感上的沟通，情感上的激励。一个团队的发展需要人性化的管理，做到以人为本，用以情感

的管理方式来拉近领导者与下属之间的距离,从而加深二者之间的信任程度。现代情绪心理学的最新研究成果表明,情感在人的心理活动中起着组织全局的作用,它可以支配个体的思想和行为。领导者实行正确的感情策略,就可以使下属产生积极向上的情绪,进而提高工作的效率。反之,下属则会产生消极被动的情绪,严重地影响工作的进程。英国著名军事家蒙哥马利曾经说过:"假如你能赢得官兵的信任和信赖,使他们感到他们的利益在你手里万无一失,这样你就拥有了无价之宝,有可能实现最伟大的成就。"愉快的心情就是生产力。有时候,领导者一句深情的话,一份真情的关怀,就可以使下属感到无比的自豪,从而增强其自信心,提高其工作热情,取得更好的工作业绩。

皇太极

孟子说:"人之相识,贵在相知;人之相知,贵在知心。"领导者的感情投资应是发自于内心的关心、爱护下属,切不可使它变了质。有些领导者关心下属并不是出于爱护下属的动机,而是出于关注下属工作的目的。的确,关注下属的工作对于领导者来说是十分必要的,但是过于关注其工作,就会使下属非常反感。下属会认为领导者是个"冷血动物",只会关心工作上的事情,除此之外,没有任何事情会使其感兴趣。下属还会认为领导者对他们的工作不放心,怀疑他们的工作能力,这就更易于使下属产生逆反心理和反叛情绪。因此,领导者需要深入地了解自己的下属,从实际情况上爱护下属、体谅下属。与此同时,不要误以为感情投资所获取的回报是物质方面或私人利益方面的,这种观念是十分狭隘的。感情投资的目的只有一个,那就是赢得下属对领导者的拥护与支持。而且领导者的感情投资也应当是一视同仁、持之以恒的。切不可看人下菜,或是三天打鱼两天晒网,这样会造成下属对领导者的不信任。

俗话说得好,带人如带兵,带兵要带心。说一千道一万,领导者只有真心地爱护、关心下属,以情感人、以情动人,才能赢得下属的充分信任与支持,从而调动他们的工作积极性。这既为领导者自己树立了良好的形象,又为高质量地完成工作提供了保证。可见情感策略已成为现代领导者管理工作的制胜法宝。

★以下属为本，走群众路线

魏文侯使乐羊伐中山，克之；以封其子击。文侯问于群臣曰："我何如主？"皆曰："仁君。"任座曰："君得中山，不以封君之弟而以封君之子，何谓仁君！"文侯怒，任座趋出。次问翟璜，对曰："仁君。"文侯曰："何以知之？"对曰："臣闻君仁则臣直。向者任座之言直，臣是以知之。"文侯悦，使翟璜召任座而反之，亲下堂迎之，以为上客。

——《资治通鉴》

魏文侯派遣乐羊带兵攻打中山国，攻占以后，就将其封给自己的儿子魏击。魏文侯问左右大臣："我是一个什么样的君王？"大家都说他是个仁君。任座却说："您得了中山国，不把它封给您的弟弟，却封给您的儿子，这怎么能说是仁君呢！"文侯十分生气，任座快步走出。魏文侯又问翟璜，翟璜说："是仁君。"文侯说："您是怎么知道的呢？"翟璜说："我听说，君主仁厚，大臣就直率。刚才任座说话直率，所以我知道您是位仁君。"文侯听了很高兴，就让翟璜把任座叫了回来，并亲自走下堂来去迎接，把他奉为上客。

在上面的故事中，由于任座的直言，使得魏文侯十分恼怒。但是他后来听从了翟璜的劝谏后，就又特意地把任座请回来。魏文侯接纳了翟璜的建议，因为他知道只有虚心地接纳臣子的进谏，才能使自己做出正确的决策，进而治理好整个国家。所以当政者应该以一种积极认真的态度来听取臣子的意见，接受正确的建议，并把它应用到自己的治国方略中去。周代姜子牙在《上略》中就有"将拒谏则英雄散"之语，可见那些不注重纳谏、不能纳谏的帝王，如若没有特殊才干，一般是不会有什么出色的表现的。即使才力过人，如果一味地独断专行，拒谏不纳，也会招致极其危险的后果。

接纳谏言是有好处的，唐宪宗的皇后是大将郭子仪的女儿。唐宪宗驾崩后，她成为皇太后，此后又经历了五个皇帝。郭太后的孙子唐武宗做皇帝时曾经特意向她请教如何当好皇帝，她的回答只有两个字——"纳谏"。于是，唐武宗把祖辈传下来的全部谏书都拿出来阅读。在亲历了六朝天子的郭太后看来，永保李家江山的秘诀也就只在"纳谏"这两个字上。纳谏能端正人心，正言行，防止君王骄奢淫逸。广泛地接受谏言，能使君臣一心，共创大业。睿智的领导者应当做到广纳谏言，听取各方面意见，善于倾听不同的声音，从而指导自己在工作过程中做出英明的决断，这样就可以更好地提高工作的效率和决策的质量。

诸葛亮有言："为政之道，务于多闻。"在现代社会中，领导者更应如此。领导者在管理工作的过程中，一定要广泛采纳下属的意见。可是，这往往不是轻易能够做得到的。俗话说："良药苦口利于病，忠言逆耳利于行。"下属的谏言对于领导者来说往往是不甚中

國學智慧全書

史学智慧

听的,领导者又有谁不愿意听奉承的话,不喜欢绝对服从自己的下属呢? 所以,有些领导者刚一听到不同的意见,就将其"一棍子打死",扼杀在摇篮之中。这样做的结果就是自己堵住了自己广开言路的大门,破坏了整个团队的团结性,孤立了自己,甚至有时候会因决策的失误而导致整个事业的失败。作为一个领导者应当意识到,那些敢于进言、发表不同意见的人,不一定就是与你志趣相悖的人。在许多情况下,他们往往是表里如一、胸怀坦荡的人。所以,只要下属的建议符合事实,对于工作有帮助,即使暂时违背了你的意愿,即便是再尖刻,你也应当认真地去听取,虚心地去接受。

作为领导者应当善于纳谏。"盘圆则水圆,盂方则水方。"这是古人用来比喻纳谏与进谏的关系的。盘子是圆的,盂是方的,二者都是盛水的器皿,用来比喻纳谏者,而水则用来比喻进谏者。水因盛它的器皿而成形,因此谏言的听取与否则取决于领导者。汉朝的刘邦在上林苑围了一大片良田用来打猎,宰相萧何便上书劝谏此事,希望他能把这片土地分给百姓耕种。刘邦十分不高兴,认为萧何是为了取悦于民而蓄意破坏自己的良好形象。于是,将萧何关入大牢。这时,刘邦的近侍卫长来劝谏说:"宰相为民请命是分内之事,秦朝之所以迅速灭亡,是因为李斯总是把过错归于自己,把功劳归于秦始皇,致使秦始皇不能察觉自己的过失,其灭亡是必然的。萧何没有学习李斯,他是对的。"刘邦听后幡然悔悟,放了萧何。由此可见,是否善于纳谏是一个成功领导者的标志之一。领导者切忌独断专行,应该善于征求和采纳别人的意见。千万不要以为自己是多么的能干,不需要别人的意见来指导。殊不知你已经错过了一个虚心向别人学习,获得无偿帮助的好机会。领导者忽视了这样的机会是其莫大的损失。

每个人都有强烈的自尊心,总是希望别人能与自己保持一致意见,一旦有人提出异议,心理就会产生一种排斥的情绪,而这种情况在领导者身上表现得尤为明显。面对这样的领导者,下属向其提供建议时,就会犹豫不决、踟蹰不前,他们总是看领导的脸色说话,害怕言多必失,甚至逐渐不敢再给领导者提意见。这样久而久之,领导者与下属间的距离就会越来越远,两者之间的感情也会越来越淡,甚至会使下属出现逆反心理,这必将影响下属工作的积极性,导致各项工作无法正常运行。因此,领导者必须以一颗宽大的心,虚心地听取下属的意见和建议。切不可趾高气扬,自以为是,应当做到和蔼可亲,平易近人。领导者应该首先在心理上拉近与下属的距离,为上下级的交谈提供一个轻松和谐的氛围,这样才能使下属敢于且勇于向领导者提出建议和意见。善于接纳下属的合理化建议,这样不仅可以为领导者树立良好的形象,而且也可以调动下属的工作积极性。采纳下属的意见会使员工们感到其实领导者和企业是信任自己的,自己的建议也会应用到企业的建设中去,从而大大地增强了员工们的主人翁意识,调动了下属的积极参与意识。

一个封闭的线性系统早晚有一天会能量耗尽,而一个开放的非线性的系统则能够不断地从外界吸收能量。领导者的独断专行实质上是一种弱势的表现。有些领导者自以为是,不接纳他人的意见或建议,不敢面对现实,害怕承认自己的错误或不足,他们生活在自己建造的堡垒之中。这样的领导者又怎能担当起统率全局的重任呢？因此，智慧的领导者都是善于虚心接受别人的意见和建议的，而且还能时常地鼓励下属向他提出更多的合理化建议。领导者从中总结经验，采纳合理化建议，这也是为他自己的决策工作开阔了思路、提供了参考。企业的发展，并不是领导者一个人的事情，而是需要领导者与下属的共同努力。企业的发展就是依靠整个团体的群策群力、上下一心、通力合作，从而发挥整体优势。

古人云："他山之石，可以攻玉。"在社会迅猛发展的今天，市场竞争日趋激烈，企业要想立于不败之地，单靠某个领导一个人的智慧、一个人的力量是行不通的。面对着各种机遇和挑战，领导者必须要虚心地接纳下属的合理化意见和建议，使他人的才能和智慧为我所用，以其指导具体的工作，这样就会使企业抢占市场的先机，有利于在波涛汹涌的商海中自由翻腾。

第五章 正直无私,以身作则

★敬胜怠者吉,怠胜敬者灭

谬自少在军中,夜未尝寐,倦极则就圆木小枕,或枕大铃,寐熟辄欹而寤,名曰"警枕"。置粉盘于卧内,有所记则书盘中,比老不倦。或寝方酣,外有白事者,令侍女振纸即寤。时弹铜丸于楼墙之外,以警直更者。尝微行,夜叩北城门,吏不肯启关,曰:"虽大王来亦不可启。"乃自他门入。明日,召北门吏,厚赐之。

——《资治通鉴》

钱谬王从年少时便在军队中,夜里没有睡熟过,太困了就枕在小圆木上,或者枕在大铃铛上,睡着了头一歪就醒了,并把这种枕头叫作"警枕"。他在卧室内放着粉盘,有什么要记的事情就写在盘中,这个习惯一直坚持到老。有时躺下睡得正熟,外面若是有人禀报国事,他就嘱咐侍女振动窗纸,他就马上醒来。钱谬王经常往楼墙之外弹射铜丸,用以警告值班的士兵。他还曾经微服出

钱谬雕像

行,夜晚要进入北城门,守门官吏不肯开门,说:"即使是大王来了,也不能开门。"于是钱谬王就从别的城门进来了。第二天,钱谬王召见了北门的官吏,丰厚地赏赐了他。

周文王的祖父留给周文王一条遗训:"敬胜怠者吉,怠胜敬者灭。"作为领导者若是兢兢业业地对待自己的工作就会鹏程万里,一飞冲天;若是松弛懈怠地对待自己的工作,就会跌入深渊,走向灭亡。这说明领导者当以勤政敬业作为自己恪守不变的信念。

钱谬王可以说是一位勤政敬业的仁君。他夜枕"警枕"以自警，而且身边放置一个粉盘，只要是想到什么治国方略就记录下来，并让宫女在窗外振动窗纸时刻提醒他不能懈怠，有事便立即处理。同时，他还乔装打扮深入到民间，以普通平民的身份去巡视国家，重奖忠于职守的士兵。可见勤政敬业是领导者成功的资本。一方面，勤政敬业能够将勤补拙，加强领导者的自身能力，这样工作起来就会所向披靡，任何困难都可以迎刃而解；另一方面，勤政敬业为领导者树立了良好的形象，为下属起到了示范的作用。它可以成为领导者和下属努力奋斗的一种无形动力。

历史上的朱元璋也是以勤政敬业而著称的皇帝之一。朱元璋之所以能从一个食不果腹、衣不蔽体的小和尚成为一位君临天下的帝王，就在于他能够勤政敬业，以实力攻打天下。就是在登上皇帝宝座之后，他仍是勤勉自励，忧于政事，巩固基业。朱元璋通过总结元朝灭亡的历史教训认识到，就是由于元代君王把朝廷要务交给朝中的几个大臣，自己则在后宫养尊处优，整日沉浸于享乐之中，而这些大臣又独断专行，欺上瞒下，所以才导致那么大的国家迅速灭亡。所以，朱元璋在治理国家上勤政爱民，从来不敢有半点懈怠。据史料记载，他从早到晚都批阅公文、奏章和处理公务，就是在吃饭的时候，若想起什么事就写在一张纸条上，别在衣服上以防忘记。有的时候，衣服上别的纸条实在是太多了，就好像打了许多补丁一样，因此而被他戏称为"鹑衣"。朱元璋曾经在不到十天的时间里，共批阅各种奏章六百多件，处理国事近三千四百件。

为政不勤，荒政误民。领导者在进行管理工作时最忌讳手懒心也懒，雍正皇帝认为"既有责任在身，非勤不可"。但是，某些现代领导者往往缺乏的恰恰就是这种勤政敬业的精神。一些领导者对待工作或是急于求成，急功近利，情绪浮躁，不能脚踏实地地工作；或是人浮于事，应付公事，得过且过，毫无进取精神。这不仅不利于领导者个人的发展，而且也会伤害到下属的工作情绪。每一位领导者都应该努力地在自己的工作岗位上脚踏实地地工作，做出优异的成绩。领导者首先要了解自己的本职工作，承担自己应有的责任；其次要有干事的激情与欲望，增强事业心、责任心，以工作为乐趣，尽心竭力地辛勤工作，苦干加巧干，办实事、求实效、出实绩。要在其位谋其政，为官一任，造福一方，千万不能尸位素餐，高高在上，浑浑噩噩，无所事事。故而领导者必须充分地了解自己的本职工作，因为勤政敬业精神源于领导者对自己本职工作的高度认真负责。

有鉴于此，孔子提出领导者处理政事必须严肃认真，要"先之、劳之、无倦"，就是说一切要为人之先，要有强烈的责任感，好处利益先让于别人，艰难困苦的工作自己领先担负，这样身体力行，用实际行动去感染下级勤奋地工作，最终取得事业的成功。

同时，领导者的勤政敬业精神也会为下属起到最好的示范作用。领导者在工作中总是想方设法树立各种先进典型，让下属向其看齐，但最具影响力的典型莫过于领导者自身。如果领导者能以勤政敬业的精神与行动去深深地打动并影响下属，那么下属自然就会感觉到跟着这样的领导工作有充分的信任感和安全感。这样，整个团队就会拥有高度的凝聚力和强大的战斗力。美国学者对东方传统文化下的企业管理进行研究后得出一个结论：最高主管的作风对其他人的影响，其重要性不亚于一个企业的策略和制度。其实不仅是东方，西方也是一样的。在第二次世界大战中，指挥盟军在诺曼底登陆的英国元帅蒙哥马利为了鼓舞士气、激励将士，在作战前的一个月，就亲自跑遍了他的百万大军的营地。官兵们都已亲眼见过自己的统帅，大家一眼就能认出那个瘦小的、总是戴着一顶黑色贝雷帽的指挥官就是自己的统帅。有人对此给予了高度评价，认为蒙哥马利的这一举动至少可以抵得上一个军。此次诺曼底登陆是同盟军在第二次世界大战中取得决定性胜利的关键。可见，这种敬业精神的作用是不同凡响的。只有敬业勤政的领导者才能为自己建立起良好的声誉，从而吸引大量的优秀追随者与其共同创造出辉煌成功的事业。

领导者的敬业精神还表现在确定企业追求的目标上。人的一生有自己的奋斗目标，整个团队也有其发展的目标。领导者的工作始终是为这个发展目标而服务的。领导者必须将工作的指导思想及工作原则置于其工作的首位，并努力做到以身作则。在工作过程中，领导者要用实际行动来表明自己并非出于私利，而是完全出于对下属利益的关注。这样，领导者的敬业精神，乃至信誉都会因此而提高。作为领导者应把实现团队的繁荣发展视为自身的最高荣誉。当领导者肩负起担当整个团队统帅的重担时，就需要有高度的使命感和责任感，要为实现团队所追求的目标而努力奋斗。

古人在论述勤政敬业时说："从政莫尚乎敬，敬者，德之聚。"领导者必须把勤政敬业放在首位，它是领导者一切美德的集中体现。领导者只有做到勤政敬业，才能树立自己的良好形象，才能率领下属成就美好的未来。正如《周易》需卦卦辞所说："敬慎，不败也。"

★一心为公，顾全大局

时议者欲以成都名田宅分赐诸将。赵云曰："霍去病以匈奴未灭，无用家为。今国贼非但匈奴，未可求安也。须天下都定，各反桑梓，归耕本土，乃其宜耳。益州人民，初罹兵革，田宅皆可归还，令安居复业，然后可役调，得其欢心，不宜夺之，以私所爱也。"备从之。

——《资治通鉴》

当时（这是指刘备从刘璋手中夺得了成都，又采取了一些经济措施，使得蜀国府库充实的时候），有些人想把成都的良田美宅分赐给诸位将领。赵云说："霍去病因为匈奴未灭，表示不用为他成家建宅。现在的国贼可不仅仅是匈奴，不可谋求安逸呀！必须天下都安定，流亡者各归家乡，让他们耕种原来的土地，才是最适宜的做法呀！益州人民刚刚经历了战争的苦难，田宅都可以归还，使之安居乐业，然后才可以叫他们交税、服役，这样才能得到他们的欢心，您不应当夺了他们的田地，来分给所宠爱的人啊！"刘备听从了赵云的意见。

《礼记·礼运》中有云："大道之行也，天下为公，选贤与能，讲信修睦。"意思是说天

下是天下人的天下，为大家所共有，只有实现天下为公，彻底铲除自私所带来的社会弊端，才能使社会充满光明，百姓得到幸福。所以我们在生活和工作中应该持有一颗为公之心，当面临着集体利益和个人利益之间的艰苦抉择时，应当毅然决然地选择放弃个人利益，维护集体利益。

大家都知道赵云向来以勇敢威猛而闻名，但他不仅具有过人的胆量，而且还具有超人的智慧。从他反对把逃亡者的美宅和良田分给众诸侯（当然这也包括他自己在内）中，就可以看出这一点。当时天下三分，蜀国正面临着曹操和孙权两个强大的敌人。在这种情况下应该首先安定内部，稳定人心，集中力量对付强敌。可是事实上当局者不但没有这样做，反而首先去解决一些将领的物质享受问题，这样做不仅会使许多将领耽于安逸、心无斗志，而且一定会军心涣散，失掉民心。赵云正是因为看到了这一点，能够顾全大局，正确处理

赵云

好国家利益和个人利益的关系，所以他才能毅然拒绝那种会给国家带来祸患的恩赐。如果他只知谋取私利，求田问舍，是个鼠目寸光的庸人，又怎能在出生入死的战场上表现出那样英勇大无畏精神呢？所以，人们在工作中应当一心为公、顾全大局。当个人利益与集体利益发生冲突时，个人利益要服从于集体利益。

人难免会有私心杂念，但是有些人过于贪图私利，情愿给自己套上沉重的枷锁。有这样一则寓言：两头牛正在为一捆稻草角斗，尚未决出胜负。突然一只饿狼不声不响地走了过来，面对共同的危险，它们立即停止了争斗，立即重归于好，最终战胜了那只狼。可以想象如果两头牛各自为战，不理会对方，疲劳的牛又怎会战胜饥饿的狼呢？可见，我们在做事情时不能只考虑个人利益，还必须顾及集体的利益，只有这样才能保证个人的利益得以实现。

而在现实生活中，有的人却常常为了个人利益不惜牺牲集体利益，损人以利己、损公以肥私。在他们的思想里，"为公"这个概念是缺失的。这些人是可怜的，他们将会遭到世人的鄙视，最终也是必将被社会的发展大潮所淘汰的。还有一些人，虽无损公之心，却有顾己之意。他们或是盲目，或是不自觉地时时处处把个人利益放在首位，或是走一条"自给自足"式的所谓"自我提高"之路，对他人、对集体不管不问，漠然置之。在他们的思想之中，"为公"这个概念是软弱无力的，他们或是生活无目标、无追求，认识不到真正提高自我的方法和途径，或是把自我封闭在狭隘的小圈子里，实际上这是一种早已不适应时代发展的封建小农意识。他们将是无抱负、碌碌无为的庸人。还有一些人，虽有为

國學智慧全書 史學智慧

公之心、关心集体之念，但却少有真正的实际行动，只是停留在大脑里、口头上。在他们的思想当中，"为公"这个概念是脆弱易断的。他们是幼稚的"思想家"和"演说家"，往往经不起现实风浪的冲击，很可能会在困难和挫折面前成为懦夫，甚至偏离航道。他们还处于左右摇摆不定之中，要么在实践中磨砺成熟，要么在逆境中一蹶不振。因此，我们应该做这样的人：时刻把为公的思想建立在理性认识的基础之上，并以此为坚定不移的强大动力，树立无坚不摧的信心和意志，做到大义面前无小利。在这样的人的思想当中，"为公"这个概念是坚韧而强劲的，它能够奏出高昂激越、气势恢宏、激昂向上、富有生命力的优美旋律。

在改革开放初期，邓小平同志说过，让一部分人先富起来从而带动更多的人富起来，从此人们便风风火火地干了起来。这话说得实在，但有些老百姓听得更实在，于是他们就只管自己先富，而不理他人与集体的发展。设想一下，如果大家都只顾自己的利益，而不顾集体和国家的利益，那么社会就将分崩离析，国家也必将荡然无存。当然，我们所说的一心为公，并不是完全忽略个人需求，而是在基本满足个人生活需要的情况下，提高人们的精神境界，使人们有一颗公心，虽不用达到天下为公、天下大同的目标，但也要为社会、为事业贡献出自己的一分力量。如果你连自己的温饱问题都没能解决，又怎会有闲暇之心去顾及整个集体呢？如果你没有足够的实力，又如何去投资建厂，如何捐助希望工程，如何为社会谋福利呢？所以，我们并不反对一个人立足自己，发展自我。但立足自己并不是要你时时刻刻永远立足自己，人的发展是连续与间断的统一，是一个层次接一个更高层次前进的。在你发展了自己的能力和必要的物质财富后，就要搞好周围的生产关系，带动周围人提高能力，走上致富的道路，这就是人生合理的发展轨迹。基本粒子的发展是从一个能级向一个更高的能级跃迁，人也是如此，能级越低，就越显得私；能级越高，就越显得公。个人的利益与集体的利益是息息相关、密不可分的。因此，我们必须保持一颗为公之心，顾全大局，坚决维护集体的利益。当个人利益与集体利益发生矛盾时，应无条件服从集体利益的需要，不能斤斤计较个人的得失，更不能靠损害集体利益去捞取个人的"实惠"。

自私自利的人就像杂草一样肆意疯狂地生长着，夺取其他植物生长所需的营养，从而严重地损害集体的利益。因此，我们应当如同野藤一般，缠绕着大树慢慢生长、蓬勃向上，在维护集体利益的前提下，获得自身的个人利益。在日常的工作和学习中，我们不一定需要具有多么崇高的思想觉悟，但一定要具有一心为公，顾全大局的观念，因为它不仅关系到个人的发展，而且也关系到国家和社会的发展。国家强盛，个人才能富足；国家繁荣，个人才会发展。

★ 非信无以使民

陈敬瑄牓邛州,凡阡能等亲党皆不问。未几,邛州刺史申捕获阡能叔父行全家三十五人系狱,请准法。敬瑄以问孔目官唐溪,对曰:"公已有牓,令勿问,而刺史复捕之,此必有故。今若杀之,岂惟使明公失大信,窃恐阡能之党纷纷复起矣!"敬瑄从之,遣押牙牛晕往,集众于州门,破械而释之。因询其所以然,果行全有良田,刺史欲买之,不与,故恨之。敬瑄召刺史,将按其罪,刺史以忧死。

——《资治通鉴》

陈敬瑄在邛州贴出告示,说凡是阡能等人的亲朋一律不追究。不久,邛州刺史报告逮捕了阡能的叔父阡行全一家三十五人并关进了监狱,请求依法处理。陈敬瑄问孔目官唐溪该如何处置,唐溪回答:"您已经发出了告示不让追究,而刺史又进行逮捕,其中必有缘故。现在要是杀了阡行全一家,不但使您失掉了信义,我恐怕阡能的党羽又会纷纷起事了!"陈敬瑄听从了唐溪的意见,派遣押牙牛晕去邛州,在邛州官署大门前召集群众,打开刑具释放了阡行全等人。顺便询问阡行全为什么被捕入狱,果然因为阡行全有处好田地,刺史想买,阡行全不卖,所以刺史恨他。陈敬瑄传召刺史,将要追究他的罪,刺史忧惧而死。

司马光曾经说过:"夫信者,人君之大宝也。国保于民,民保于信,非信无以使民,非民无以守国。"诚信是君王至高无上的法宝。国家靠人民来保,人民靠诚信来保,不讲诚信就无法使人民服从,而人民也无法保护国家。可见,领导者如对下属言而有信,则上下同心,无往而不胜;反之,如领导者对下属言而无信,或朝令夕改,则上下离心离德,大事难成。

故事中的陈敬瑄在邛州贴出告示,赦免投案自首的叛军阡能的亲戚朋友。可是当阡能叔父阡行全一家果真前来投诚时,对该怎样处置他们,陈敬瑄又迟疑起来。于是他向唐溪求教,唐溪认为既然一言既出,就应驷马难追。否则,不仅此次叛乱不能平定,而且其他地方的叛乱党羽也会纷纷而起,政事就更加难以治理了。可见言而有信是领导者的为政之道。孔子有言:"言必行,行必果。"言而有信,是要求人们对自己说过的话要承担责任和义务,做到一诺千金。诚信是人的重要道德修养之一。领导者出言就应当更加慎重,对不应办或办不到的事,就不可轻易许诺,一旦有所许诺,就必须认真兑现,以免落得出尔反尔失信于人的坏名声,从而降低了自身的价值,丧失了自身的威信。

一诺千金,言而有信,不仅是帮助个人成就事业的重要因素,而且也是个人内涵修养的一个重要组成部分。我们在人性修养的潜移默化中,暗暗地帮助着自己走向成功。著名成功学专家陈安之博士在谈及成功的秘诀时,讲到的最重要一条就是重诚信。诚信,是一个人一生最大的资产,也是一个人人格的保证。拥有诚信,你就能成就一切;没有诚

国學智慧全書

史学智慧

信,任何机会都将与你无缘。所以,从个人角度来说,诚信是人际交往中的一个不可忽略的重要因素。信用的有无涉及个人的品德,"人而无信,不知其可也",早晚会被周围的人所抛弃。从统率全局的角度来说,重视信用,能够提高领导者的威信,可以使下属更好地团结在领导者的周围从而收到意想不到的管理效果。

注重诚信,对于领导者形象的树立和个人事业的发展,都是极其重要的。领导者在保持诚信的良好作风的同时也为整个团队确定了一个基调。纵观我国历史的长河,任何一位成功的领导者,无不是把诚信放在首位。诸葛亮北伐中原前,与杨仪把二十万兵力分为两班,以一百天为期进行轮流作战。诸葛亮率第一批北伐军在卤城与司马懿相拒,到了一百日一换之期,此时新军已出川口,还未到目的地,忽报魏军与西凉兵马二十万来犯。杨仪建议,将该轮换的军队留下来,等打退敌人之后换之。诸葛亮坚决回答说:"不可,吾用兵命将,以信为本;既有令在先,岂可失信?且蜀兵应去者,皆准备归计,其父母妻子倚扉而望。吾今便有大难,决不留他。"即传令教应去之兵当日便行。该换班的众军闻之皆大呼曰:"丞相如此施恩,我等愿且不回,各舍一命,大杀魏兵,以报丞相!"见此情景,诸葛亮当机立断,用他们再打一仗。结果是人人奋勇,将锐兵骁,蜀兵大获全胜。可见讲究诚信是将帅有效的指挥安排之关键所在。诸葛亮深知此理,即便是自己处于危险境地,他也不愿失信于士兵。言出必行,一次失信便难使众人再像从前那样相信自己,这个损失是难以挽回的。诸葛亮以诚信为本,令众人信服不已,甘愿竭尽全力为其效劳,结果使局面转危为安,化险为夷。有鉴于此,现代领导者也应该深晓诚信之理,明知诚信之用。守信用、重承诺的领导者,才能令下属信服,获得下属的尊重。

诚信既是对别人的尊重,也是对自己的尊重,自己做出的承诺,自己一定要实现。这样别人才会信任你、尊重你,领导者如能恪守诚信将会备受下属的拥戴。反之,如果领导者不遵守自己的承诺,甚至是背信弃义,那么只能是自己贬损自己。下属就会对领导者的承诺产生漠视,而这种漠视还会转化到工作的其他方面,最后领导者就会在这种漠视中逐渐失去下属的信任与尊重,自然也就容易失去其热爱的工作岗位。从心理学上分析,守信的重要性在于它关系到下属对领导者的期望值。领导者一言既出,承诺了一件事,随之下属就会对领导者产生期望值。如果承诺不能兑现,下属便会产生失望的心理,领导者也就失去了自己的影响力。

"诚信"二字说起来十分轻松,但具体做起来就不那么容易了,有时会遇到各种各样的困难,某些客观原因会使你当初的计划和设想化成泡影。这样就不如不承诺,一旦承诺兑现不了,就会造成负面的影响。作为领导者,其一言一行都给下属以直接的影响。有时,领导者的一言不慎,就可能造成满盘皆输的结局。因此,领导者不论在任何场合讲话,都应深思熟虑,谨言慎行,切不可夸夸其谈,不负责任地乱许承诺。表面上信誓旦旦,实际上却无法兑现,就像所谓的"台上唱高调,台下放空炮",这是最惹下属反感的。领导者在许下承诺时,一定要从实际出发,具体情况具体分析,千万不可开"空头支票"。同时,说话也要留有余地,承诺不要做得太满太绝,这不是为自己留退路,而是一种领导的

资治通鉴

艺术。如果确实无法实现当初的承诺，领导者一定要及时地通知下属，并向其解释无法兑现的原因，切不可采取轻视的态度，以致言而无信。

在现实生活中存在着这样一种现象：许多领导者对待下属特别是对职位低的下属的要求十分轻视，当他们找到领导者想解决一些实际问题时，领导者出于快速打发他们的念头，总是含含糊糊，点头应允，过后就把事情丢到一边。这样的领导者有谁会去拥戴呢？领导者在对下属做出承诺后，就要把这种承诺装在心里，时时提醒自己去兑现它。说话就要算话，而且要快办，不能把事情无故拖延，迟迟不办。否则，就会影响领导者的形象，削弱整个团体的凝聚力和战斗力。

信成于实而失于空。领导者说话要实实在在，说到做到，这样才会使下属产生信任感。反之，轻诺空言，一而再、再而三地自食其言，必然会引起下属的猜疑和不满。诚信是一件很小的事情，人们往往不把它放在眼中，但恰恰是这样的小事情，正能体现出领导者的品格和魅力。因此，作为一个领导者要切记一诺千金的永恒价值！

★ 宽容是一种至高的领导境界

汉蒋琬为大司马，东曹掾犍为杨戏，素性简略，琬与言论，时不应答。或谓琬曰："公与戏言而不应，其慢甚矣！"琬曰："人心不同，各如其面，面从后言，古人所诫。戏欲赞吾是邪，则非其本心；欲反吾言，则显吾之非，是以默然，是戏之快也。"又督农杨敏尝毁琬曰："做事愦愦，诚不及前人。"或以白琬，主者请推治敏，琬曰："吾实不如前人，无可推也。"主者乞问其愦愦之状，琬曰："苟其不如，则事不理，事不理，则愦愦矣。"后敏做事系狱，众人犹惧其必死，琬心无适莫，敏得免重罪。

——《资治通鉴》

蜀汉蒋琬当了大司马。东曹掾为杨戏，平常为人坦率不拘礼节，蒋琬和他谈话，有时不回答。有人跟蒋琬说："你跟杨戏说话而他不理睬，他太傲慢了。"蒋琬说："人们的思想不同，就好像人们的面孔不同一样。'不要当面顺从，背后又说相反的话'，这是古人所提出的告诫。杨戏想要赞许我的看法吧，又不是他的本心；想要反对我吧，又宣扬了我的错误，所以他就沉默不语了，这正是杨戏快性的地方呀！"督农杨敏曾经毁谤蒋琬说："办事糊涂，实在不如以前的人。"有人把这话告诉给蒋琬，主管法纪的人请求对杨敏追究治罪。蒋琬说："我实在不如前人，没有什么可追究的。"主管法纪的人就问其糊涂的表现，蒋琬说："假使不如古人，那么政事就办理不好，政事办理不好，那自然就糊涂了。"后来杨敏因为犯法坐了牢，大家都担心他一定活不了，但因为蒋琬心里没有什么偏见，杨敏才得以免判重罪。

莎士比亚有句名言："宽容不受约束，它像天上的细雨，滋润大地，带来双重祝福。祝福施与者，也祝福被施与者，它力量巨大，贵比皇冠，它与王权同在，与上帝同在。"大凡成功之人都能够以开阔的胸襟宽容别人，虚心恭敬地吸收他人之长，平心静气地谋事划策，蓄势待发，以便一飞冲天。

我们做人也要如同蒋琬一样，放大肚量，容纳万物，保持着自己独立的人格和主见。为人应胸襟开阔、宽容、庄重、正直而又平易近人，这样才能够兼容并蓄，博采众长，从而成就伟大的事业。

洪应明在《菜根谭》中有言："我果为洪炉大冶，何患顽金钝铁之不可陶熔！我果为巨海长江，何患横流污渎之不能容纳！"意思说如果我是冶炼的火炉，还愁什么样的顽金钝铁不能被熔化！如果我是长江大海，还愁什么样的溪流污水不能被汇合！宽阔的心具有囊括宇宙、超越时空的伟大力量。开阔的胸襟，可以使人胸怀天地四方。人们可以看破亿万年间的沧桑变迁，视事来如泡沫生于大海，不必大惊小怪；视事去如鸟影隐匿长空，无须思前想后。即使是面对千丝万缕的国家大事，也能从容处置，镇定自若。凡是要想成为有所作为的人都应该具有开阔的胸襟。

蒋琬

要说胸襟开阔、宽宏大量，唐太宗李世民是一个很好的例子。唐朝的名臣魏征，以前是唐高祖李渊所立的太子——李建成的亲信幕僚。因为李建成与其弟李世民之间为争夺君位而形同水火，魏征曾力劝李建成先下手为强，杀掉李世民。后来终于发生了玄武门之变，李建成被杀。李世民即位，成为历史上有名的唐太宗。作为胜利者的唐太宗，不但没有追究包括魏征在内的原李建成手下的许多部属，反而是对他们量才而用，魏征被任命为谏议大夫。为政期间，魏征曾先后向唐太宗进谏多达二百多次。唐太宗的文治武功之所以能达到盛唐的高峰，这与他以博大的胸怀容纳并善用包括魏征在内的能人有着直接的关系。唐太宗与魏征的关系也因此超越了一般的君臣关系，二人进谏和纳谏的故事成了千古佳话。这恰巧印证了孔子所言的"君子和而不同，小人同而不和"的道理。宽容的内涵十分丰富：宽容是一种非凡的气度，是对人对事的包容和接纳；宽容是一种仁爱，是对别人的关怀，也是对自己的善待；宽容是一种高贵的品质，是精神上的成熟，心灵里的丰盈。宽容是一种生存的智慧，也是一门成功的艺术，它是看透人生以后所获得的那份从容、自信和超然。

凡事多些宽容，多些忍让，这不但是与人方便，也是与己方便。古语有云："人至察则无徒，水至清则无鱼。"人应该有广阔的胸襟，但这并不是说你就可以放弃自己高洁的道德修养与宏伟的志向,去与黑暗势力同流合污,狼狈为奸而是指人的一生,应当看到社会的复杂性,应当像大地那样善于将污垢化为肥料,并以此育出新的生命。要注意从正反两方面经验中吸取养料来完善自己,创造辉煌的人生。因此,人应当具有一颗宽容的心。镜子很平,但在高倍放大镜下,就会出现凹凸不平的山峦;肉眼看来很干净的东西,拿到显微镜下,满目都是细菌。试想,如果我们戴着"放大镜""显微镜"去看别人的毛病,恐怕一般人都是罪不可恕、无可救药了。所以,做人要有气度,要有能容善纳的胸怀。这样你的身边就会有许多朋友来帮助你,凡事定遂心愿。反之,如果你的眼里容不得半粒沙子,睚眦必报,什么鸡毛蒜皮的事都要论个是非曲直,那么人家自然而然就会远离你,这样做起事来恐怕就不是那么容易了。

宽容是一种博大,它能包容人世间的喜怒哀乐;宽容是一种境界,它能使人生跃上新的台阶。一次对别人的宽容,往往会使我们经历一次巨大的改变。美国第三任总统杰弗逊在1800年粉碎了亚当斯连任总统的美梦,这两位政治家也由此而疏远。杰弗逊在就任前夕,到白宫想去告诉亚当斯,针锋相对的竞选并没有破坏他们之间的友谊。但还未及开口,亚当斯便已开始咆哮:"是你把我赶走的。"此后长达十一年之久两人都没有交往。后来,几位老朋友去探望亚当斯,他仍在诉说那件难堪的往事,但接着冲口而出:"我一向喜欢杰弗逊。"朋友把话传给了杰弗逊,杰弗逊也通过朋友表示了他的深厚友谊。后来亚当斯写了一封信给杰弗逊,两人便开始了美国历史上也许是最伟大的书信来往。古今中外,凡是能够成就事业的人都具有一颗宽容的心。他们能够容人之所不容,忍人之所不忍,善于求大同而存小异,他们拥有广阔的胸怀,豁达而不拘小节,大处着眼,而不会目光如豆,斤斤计较,纠缠于非原则的琐事之中,所以他们才能够成就伟大的事业,使自己走向成功的巅峰。

爱默生说过:"宽容不仅是一种雅量、文明、胸怀,更是一种人生的境界。宽容了别人就等于宽容了自己,宽容的同时,也创造了生命的美丽。"只有具备广阔胸怀的人,才拥有广阔的心理和生活空间,任由自己畅游世间,生活得自由自在,无论做什么事情都会成功圆满。宽容别人,既是善待他人,也是善待自己。宽容,既给别人机会,更是为自己走向成功创造了机会!

★ 廉洁是浩然正气的源泉

杨震孤贫好学,明欧阳《尚书》,通达博览,诸儒为之语曰:"关西孔子杨伯起。"教授二十余年,不答州郡礼命,众人谓之晚暮,而震志愈笃。邓骘闻而辟之,时震年已五十余,累迁荆州刺史、东莱太守。当之郡,道经昌邑,故所举荆州茂才王密为昌邑令,夜怀金十斤以遗震。震曰:"故人知君,君不知故人,何也?"密曰:"暮夜无知者。"震曰:"天知,地知,我知,子知,何谓无知者!"密愧而出。后转涿郡太守。性公廉,子孙常蔬食、步行;故旧或欲令为开产业,震不肯,曰:"使后世称为清白吏子孙,以此遗之,不亦厚乎!"

——《资治通鉴》

杨震是个孤儿,自小生活贫苦而好学习,精通欧阳《尚书》,博通古今,诸位儒者叫他"关西孔子杨伯起"。杨震教了二十余年的书,从没有收过州郡的礼聘。众人说他年纪大了,做官有些迟了,杨震则更安心的继续教书。邓骘听说了这件事就请他去做官,那时的杨震已经五十多岁了。经过多次升迁,历任荆州刺史、东莱太守。在去往东莱上任时,路过昌邑县,原来他所推荐的秀才王密正是那里的县令。王密夜晚怀揣十斤黄金来送给杨震。杨震说:"作为老朋友,我是了解你的,而你却不了解我,这是怎么回事呢?"王密说:"夜里没有人会知道这件事的。"杨震说:"天知道、地知道、我知道、你知道,怎么能说没人知道呢?"王密十分惭愧地走了。后来杨震调任涿郡太守,为人公正廉洁,子孙常吃素菜,出门徒步而行。有些老朋友劝他为子孙置办些产业,杨震却不肯,说:"让后代人说他们是清官的子孙,把这个留给他们,不是更为丰厚吗?"

《周礼·天官冢宰·小宰》篇记载:"以听官府之六计,弊群吏之治,一曰廉善,二曰廉能,三曰廉敬,四曰廉正,五曰廉法,六曰廉辨。"在六条标准中,均冠以"廉"字,强调"既断以六事,又以廉为本"。可见,廉洁是评判领导者的一个重要标准。

廉洁是官德之首。杨震出任东莱太守时,路过昌邑,县令王密因曾受其举荐,才得以当上县令,所以他感恩戴德,趁着月色送来黄金十斤,杨震却义正词严地加以拒绝。像杨

杨震

291

震这样的清廉行为,虽然只是一个生活细节,看起来不是什么大事,但是却体现出了一个领导者的高尚节操。自古以来廉洁不仅是领导者的道德规范,而且是领导者的行为规范。在封建社会中,凡是有作为的君王和臣子都懂得一个道理:若不廉政,吏治废弛,国运不昌,改朝换代,亡无日矣。于是,他们振兴纲纪,整肃吏治,从而带来一定时期内的繁荣兴盛。如李世民、康熙、乾隆、包拯、海瑞、林则徐等,他们的故事被人们千古传颂。

古人云:"吏不畏吾严,而畏吾廉;民不服吾能,而服吾公;公则明,廉生威。"领导者只有从自身做起,保持廉洁,这样才能使人们对你信服,社会风气才会转正,同时也就达到统率全局的效果。廉吏于成龙被康熙皇帝称为"清官第一"。从他被清朝授予广西城县知起,就开始了其清廉的仕途生涯。那时于成龙已四十五岁,家计尚可维持。后来又被任命到罗县,那里偏处山区,条件十分恶劣,他却毅然前往,上任后仍勤俭廉洁,备受百姓的爱戴。后又受到重用,任外帘官。当时众帘官皆美服盛饰,并带着清秀的随从,唯有于成龙"布袍数浣,破被如铁,一苍头从"。于成龙每天粗茶淡饭,别人给他起外号为"于青菜"。在他临终前,身旁只有一袭破袍,几罐盐豉,生活十分清苦。在于成龙去世后,百姓们罢市祭奠,家家供奉其画像。康熙闻知感慨万分,赐其"清瑞"的封号。由此可见廉洁是领导者最起码的要求,领导者掌握着权力,但权力的行使是为了公众的利益,而不是个人的私利。那些以权谋私、贪赃枉法的领导者必然会遭到大家的唾弃,唯有廉洁的领导者才能得到下属的拥护和支持。

法国前总统戴高乐的廉洁风范广为世人所传颂。戴高乐任总统时,最蔑视的就是唯利是图、损公肥私的行为。无论到哪里,他总是随身带着支票本,以便直接支付私人费用。戴高乐身居总统高位长达十一年之久,却从未在总统府的开支中报销过服装之类的私人费用。当他离开政府时,一辆小卡车就足够搬运其行李了。并且离任时拒绝享受各种荣誉和优厚的待遇。戴高乐身居高位却能两袖清风、清正廉明,为其他领导人树立了典范。廉洁是公正、勤俭的代名词,它以顽强的生命力,成长着、发展着,并与腐败行为不断地斗争着,它代表着一种积极向上的力量,象征着一种希望正破土而出,不断地茁壮成长。廉洁是一棵松,在万木凋零的冬日,它依然挺拔翠绿;廉洁是一片云,无论是凝成水、结成冰,它依然晶莹甘纯。廉洁是一种官德,也是一种美德,更是一种境界,它使人威严,使人崇高。当不廉行为的潜流在暗地里悄悄涌动的时候,它如一座坚实的堤坝,承载了令江水永固的大任。

南宋吕祖谦在《东莱吕太史别集》中提出:"当官之法唯有三事:曰清,曰慎,曰勤。"廉洁是作为一个领导者的首要条件。当然,贪婪是人类最主要的劣根性之一,欲望是人生命中的一种自然存在物,每个人的心里都充塞着各种欲望的驱动。领导者也是常人,也有七情六欲,关键是看你怎样对待它。歌德曾有句名言:"伟人在节制中表现自己。"这种节制不是要摒弃欲望,而是要在理性的指导下合理地追求欲望的满足。相反,庸人是在纵欲中表现自己,一个人只有把欲望自觉地限制在社会允许的范围内,才可能成为一个高尚的人,而这样的人如若成为领导者,自然就会受到人民的爱戴。当今的领导者很

容易陷于物欲横流的生活之中,他们时时受到金钱、权力、女色等的诱惑,丧失了原有的理想和抱负,精神萎靡不振,失去了奋斗的动力。其堕落的行为就是因陷于深度欲望之中而不能自拔的结果。曾经有一位纵欲者问苏格拉底:"难道你没有欲望吗?"这位哲人肯定地回答:"有,可我是欲望的主宰者,而你是欲望的奴隶。"向左走,还是向右走,这就要看领导者自己的选择了。所以,作为领导者应该做到廉洁奉公。

《淮南子》中有言:"不以奢为乐,不以廉为耻。"新加坡前总统李光耀认为"立国必须廉政"。廉洁是领导者自身浩然正气的源泉。廉洁的领导者敢作敢为,在他正常行使权力的工作过程中,不必瞻前顾后、思左想右,他敢于秉公执法、当机立断,其工作极具实效性。不管在任何条件下,廉洁的领导者都是按照规定来办事的,从而维系了整个团体的纪律性。与此同时,又对社会上的种种腐败行为产生了一种威慑力,廉洁领导者的高大形象使那些腐败者望而却步。有钱不一定就能使"鬼推磨",腐败的行为在廉洁的领导者这里是行不通的,这也为其他领导者树立了榜样。廉洁的领导者会对这种腐败行为进行坚决的打击,大刀阔斧地搞廉政,一抓到底,决不手软。所以,廉洁正以一种无形的力量在消灭着腐败。另外,廉洁是领导者个人魅力的体现。领导者的廉洁作风是一种道德自制力的表现,他们自律自强,不为外物所动。廉洁的领导者具有强大的感召力,他们为自己在群众中树立了良好的形象,下属也会对其予以充分的信任与支持。领导者的人气上升,威信就会提升,感召力和感染力都会大大地增强。其下属也将以高度的工作热情和饱满的工作精神,更加出色地完成各项工作任务。

清代洪迈路过衢州看到一首《油污诗》:"一点清油污白衣,斑斑驳驳使人疑。纵使洗遍千江水,怎似当时不污时。"为人不廉是人生的一大污点,对社会来说也是有百害而无一利的。因此,我们要提倡廉洁的精神,让廉洁二字成为领导者的座右铭,使其成为领导者孜孜以求、为之终生奋斗不息的目标。

★ 以身作则,立威于人

(唐开元六年,春,正月)广州吏民为宋璟立遗爱碑。璟上言:"臣在州无他异迹,今以臣光宠,成彼谄谀;欲革此风,望自臣始,请敕下禁止。"上从之。于是他州皆不敢立。

——《资治通鉴》

(唐朝开元六年,春天,正月)广州的官吏和老百姓打算给宋璟建立一座遗爱碑。宋璟向皇帝上言说:"我在州里,没有什么特别的功绩,现在因为我大受朝廷的宠信,致使他们对我如此阿谀奉承。要想革除这种风气,希望就从我这里开始吧!请皇上下令禁止为我立碑。"皇帝听从了这个建议。于是,别的州郡都不敢立碑了。

印度非暴力不抵抗运动的发起者圣雄甘地曾经说过："领导就是以身作则来影响他人。"所谓领导，其实就是以身作则，把威信发挥到极致，影响他人，从而实现目标的一种身份。因为领导者不同于普通群众，作为下属只要干好自己的本职工作就可以了，不用借助威信去带领别人做什么，而领导者则不然，他必须以身作则、树立威信，起到"领头羊"的作用。

唐朝的宋璟为官清廉公正，一时间为众人所称赞歌颂，唐玄宗有感于其德行可嘉，就想为宋璟立一座丰碑，为其歌功颂德。然而宋璟坚决地拒绝了这一举措，他认为朝中的阿谀之风盛极一时，这是为官者的隐患，必须予以制止。若想有效地遏制阿谀之风，就要先从自己做起！宋璟坚决拒绝为己立碑，为遏制阿谀奉承的不良风气，起到了良好的表率作用。看来领导者的自身能力是十分重要的，直接决定着其是否能够起到领头的作用。一个不注重自身能力的领导者只是徒有虚名而已。所以领导者在进行管理工作的过程中，必须以身作则，这样才能树立自己的威信，提高管理的水平，从而为下属树立榜样。所谓"火车跑得快，全凭车头带"，领导者的模范榜样，必然会调动全体下属的工作积极性，进而带动整个团队的进步与发展。

宋璟

古语有云："桃李不言，下自成蹊。"意思是说桃树、李树虽然不能说话，但是因其有真材实料能吸引人们前来采摘，桃李树下也就自然形成了路径。同样，领导者的榜样力量是一种无声动力，它能激励下属努力地工作，并且以此来吸引更多忠诚的追随者。汉末三国时期，曹操的创业史是异常艰辛的。在其三十多年的戎马生涯中，他曾多次身陷重围、九死一生。早年在与吕布交战时，曹操第一个冲进濮阳城，险些被吕布捉住。后来又与马超凶悍的西凉兵团作战。当时曹操已经五十七岁了，他仍以战将的身份身先士卒，结果被马超包围。曹操在乱军中，只听得西凉军大叫："穿红袍的是曹操！"曹操就在马上脱下红袍；又听得大叫："长髯者是曹操！"曹操惊慌掣刀断其髯；马超又令人叫："短髯者是曹操！"曹操听到后，立即扯旗角包颈而逃。虽然这次曹操狼狈至极，还给人留下嘲笑的话柄，他这种率先垂范的精神和勇气，在古今中外的政治和军事领袖中，都堪称第一。可见榜样的力量是无穷的。领导者的带头作用，对下属的行为活动有着极大的激励作用，它具有强大的说服力和影响力，它是无声的命令，是最好的示范。领导者的德行好比风，下属的德行好比草，风吹向哪里，草就顺向哪里。领导者以身作则的示范作用，是事业成功的基石，对治国安邦起着重要的作用。

优秀的领导者能通过自己以身作则的榜样作用影响别人,使别人成为其忠实的追随者,跟他一起干工作。领导者应当一直走在下属的前面,这种榜样的力量能够鼓励下属朝着工作的预定目标迈进,给他们以追求成功的力量。优秀的领导者善于用自己提出的标准来衡量自己,并且也乐意别人用这些标准来衡量自己。优秀的领导者是能够自觉地不断成长、发展的人,是能够不断增加自己的技巧、提高自己的水平的人,是能够拓宽自己的视野、发挥自己的潜能的人,是能够通过自己的努力受到别人敬仰的人。领导者一定要认识到自身的优势并不在于你的权力、地位、金钱,而是在于你在各项工作中能够事事走在下属的前面,以身作则,起到模范带头的作用,这样下属就会为你这种独特品质所折服,进而主动地聚拢在你的身边,形成一个以领导者为核心,众多下属同心协力的强有力的团体。

以身作则、身先士卒的精神,是领导者走向成功的一个重要因素。领导者以身作则的模范带头作用,能够激发下属的进取心,调动下属的积极性。世界首富比尔·盖茨是电脑界的"领军人物",但他在创业初期也备尝艰辛。为了编制 BASIC 语言系统,盖茨日夜奋战,几乎是在半睡眠的状态下工作的。有一次盖茨打瞌睡,头重重地撞在键盘上,他惊醒后看一眼屏幕,紧接着就在键盘上输入数据。在微软公司流行着这样的笑话:当任务不能如期完成时,人们就说,把任务交给比尔·盖茨。比尔·盖茨的行为极大地带动了下属的积极性。领导者一般都有自己的一套思路,他们能够用自己的智慧和才华去构思成功的理想和目标,可以指挥下属向既定的目标前进。与此同时,领导者也要成为一个身先士卒、以身作则的实干家。人们常说,说得好不如做得好。领导者的自觉行动常常是下属学习的榜样,当领导者用身体语言来做某件事情的时候,下属也会从自身的角度来对比,发现应该是自己做的事情,他们自然就会自觉地去完成。

近朱者赤,近墨者黑。然而,许多领导者,他们经常要求别人,却很少要求自己。下属久而久之也学会了自我放松。当他们有机会成为领导者的时候,他们也学会只要求别人,不要求自己,进而形成一种恶性循环。这种行为一旦成为习惯,无论是对组织的发展,还是个人进步都是有害无益的。

★ 无私则廉,秉公则正

周兵围寿春,连年未下,城中食尽。刘仁赡请以边镐守城,自帅众决战;齐王景达不许,仁赡愤邑成疾。其幼子崇谏夜泛舟度淮北,为小校所执,仁赡命腰斩之,左右莫敢救,监军使周廷构廷于中门以救之,仁赡不许。廷构复使求救于夫人,夫人曰:"妾于崇谏非不爱也,然军法不可私,名节不可亏;若贳之,则刘氏为不忠之门,妾与公何面目见将士

乎!"趣命斩之,然后成丧。将士皆感泣。

——《资治通鉴》

周兵围攻寿春城,持续一年多都未攻下,城中已经没有粮食了。刘仁赡请求让边镐守城,自己率领军队决一死战。齐王景达不同意,刘仁赡连急带气生病了。他的小儿子刘崇谏趁夜乘船想要渡过淮北前去投敌,被一个小军官抓到,刘仁赡命令将其腰斩。其他的官员都不敢求情搭救,监军使周廷构在中门大哭想来营救他,刘仁赡不答应。周廷构又向刘夫人求救,夫人说:"我不是不疼爱崇谏,可是军法不可徇私,名节也不可损害;如果饶恕了他,那么刘氏就是不忠不孝之家,我和仁赡还有什么脸面去见将士们呢?"于是催促立即处决,然后办了丧事。将士们都感动得哭了。

古语有云:"三尺法,王者所与天下共也;法一动摇,人无所措手足。"一个国家有一套完整的法律制度,而一个企业也有一套与之相应的规章制度。一旦法律制度发生了动摇,人们的行为活动就没有了约束,社会秩序自然就会遭到破坏,整个社会也必将发生混乱。因此,领导者是否能够坚决地维护法律及各项规章制度的公正性就显得至关重要了。《管子·正》中有言:"如天如地,何私何亲? 如月如日,唯君之节。"意思是说为君的应如天地日月一样,对万物一视同仁。法前无贵贱,律前无尊卑,任何人都要受到法律的约束。古时候,孙武训练吴国宫女,他是先杀掉吴王的两个宠姬以儆效尤,才使得这支由宫女组成的队伍循规蹈矩。铁一般的纪律能塑造强有力的团队,强有力的团队会创造出辉煌的业绩。如果领导者能够秉公执法,严明纪律,那么整个工作的运转将会并然有序,反之,则会杂乱无章,无所适从。没有规矩,不成方圆。倘若没有严格的法律约束,那么整个社会又怎会达到和谐发展呢? 所以,领导者需要谨遵"法律面前,人人平等"的原则,处事公平公正,绝不可徇私舞弊。

当刘仁赡得知自己的小儿子刘崇谏夜逃投敌后,毅然地将其处以腰斩之刑。身为人父,难道刘仁赡就不曾犹豫过吗? 他犹豫过,试问哪位父亲不疼爱自己的孩子呢? 他的内心比任何人都痛苦。但是,作为寿春城的最高统帅,刘仁赡又怎能顾及私情而违反军纪呢? 此时正值战争的紧要关头,若不严惩刘崇谏,必然会动摇军纪,造成军心涣散的局面。倘若他日再有类似的事件发生在其他将士身上,他又当如何判决呢? 所以,刘仁赡只能选择大义灭亲,腰斩亲子。常言道,官无大小,凡事只是一个"公"字。谁要是失去了公正之心,谁就失去了为官之本。大公无私的领导者是那些既能够在花香蝶舞中卓然独立,又能够在狂风暴雨中昂首不屈的人。他们既不迷失于亲情之中,又不屈从于强权之下。

历史上执法如山的例子很多。当年,诸葛亮计划派人驻守街亭,因为是战略要地,不知该选何人为好。于是,马谡毛遂自荐前往把守,并且在临行前立下了军令状。谁料马谡失了街亭,导致了蜀国的失败。尽管诸葛亮与马谡二人交情颇深,但是,身为一国之相、全军统帅的诸葛亮为了严肃军纪,最后还是斩了马谡。这就是历史上著名的诸葛亮

国学智慧全书

史学智慧

挥泪斩马谡。正是由于诸葛亮能够公正执法、严明军纪，他才可以号令三军，征战南北。现如今作为企业的领导者，亦必须要公正无私，严格执行各项规章制度，这样才能加大公司制度对员工的约束力，从而增强整体的战斗力。领导者在工作中遇到"情与法"的冲突是在所难免的，但解决起来通常是困难重重。这就需要领导者在处理公务时要公私分明，应以理智去战胜情感，切不可感情用事，要以充分的决心和十足的信心来处理情与法二者之间的矛盾。领导者应当明确自己是整个团体的核心，自己的一言一行都会影响到下属。华盛顿曾经说过："使人达到适当的服从，并不是一朝一夕可以成功的，甚至也不是一月一年之功。"领导者只有严格地按照规章办事，公正执法，

马谡

这样才能树立威信，下属也就会尽心尽力地工作，从而工作效率和工作积极性都会提高。而一些领导者总是陷于人际关系圈中，很难抽身而出。面对亲戚、朋友所犯的错误，往往碍于情面，一般是大事化小，小事化了，尽量不做深究。殊不知这必将会为将来的工作留下隐患，既容易失去下属对领导者的支持与信任，同时又会挫伤下属的工作积极性。因此，领导者对待下属一定要一视同仁，无论亲疏远近，只要是违反了规章制度，都要严格地按规定办事，公正合理地解决出现的各种问题，使企业以严明的规章制度为指导向着更好的方向发展。

此外，通过刘仁赡大义灭亲的故事，我们还应当看到刘仁赡夫人的深明大义之举也着实令人钦佩，可见一个成功男人背后总是有一个伟大的女人。虽然刘夫人也是心如刀绞，可是她却始终支持着丈夫的决定。这不禁使人想起了当今的一些领导，也许他们自身还算是比较公正严明，可是，他们的妻子总是充当扯后腿的角色。领导者往往挡不住妻子的枕边风，从而导致在工作中做出的决策显得不那么明智。那些投机取巧的人则恰好看准了这一缺口，先从某领导的夫人入手，再接近某领导，然后直奔主题。领导者则碍于情面，认为人情礼往的，自己也就不好那么一丝不苟了，放宽规章的尺度，睁一只眼，闭一只眼算了。而这样做的结果就造成了规章制度的逐步松弛，进而导致领导者的工作无法正常进行。现代社会生活纷繁复杂，人际关系纵横交错，领导者切忌因私情而干扰自

己原本正确的意图,以免"一招棋错,满盘皆输",导致全局性的失误。

古语有云:"耳目见闻为外贼,情欲意识为内贼。"人们总是处在这两个贼的夹击中,必须小心提防。领导者处于高位之上,一定要小心谨慎。领导者一方面要善于自省,不存私心;另一方面则需要摒弃杂念,不受他人言行的影响。无私则廉,秉公则正。在广泛的社会生活中,领导者要遵照原则,秉公办事,否则,一旦失足坠入欲望之海或人情之江,就会险象环生。

汉代桓宽曾说过:"世不患无法,而患无必行之法。"其意思是说不用担心世上没有法律,而是要担心法律是否能够被公正地执行。大到一个国家,小到一个公司企业,当面临"法与情"的抉择时,作为领导者必须理智思考、冷静处理,个人情感必须服从于既定的各项规章制度。只有公正严明的处理公务,才能充分调动下属的工作积极性,从而使领导者驾驭全局亦可游刃有余。每个人的心中都有一杆秤,是非功过自在人心。你是不是一位优秀的领导,这可要看你自己的表现了。

★ 知错能改,才能让下属更信服

秀舍中儿犯法,军市令颍川祭遵格杀之,秀怒,命收遵。主簿陈副谏曰:"明公常欲众军整齐,今遵奉法不避,是教令所行也。"乃贳之,以为刺奸将军,谓诸将曰:"当备祭遵!吾舍中儿犯法尚杀之,必不私诸卿也。"

——《资治通鉴》

刘秀的年轻仆人在军市中犯了法,军市令颍川人祭遵把他打死了。刘秀十分生气,命人逮捕了祭遵。主簿陈副劝谏刘秀说:"您常要求众人军纪整肃,现在祭遵执法毫不回避,这是您的教令得到了贯彻执行呀!"刘秀于是饶恕了祭遵,用他担任刺奸将军。刘秀跟众将说:"你们应该小心祭遵! 我的仆人犯法,尚且给杀了,他决不会偏袒你们。"

古语有云:"瑕不掩瑜。"作为领导者,难免会犯一些错误,如果领导者在犯了错误之后,能够诚恳地认错改过,依然可以给下属留下好印象。如果说这一点点小错误是你的"丑"的话,那么你积极认错改过的态度则显示了你作为领导者的风范,也能够提高你的自身威信,使下属对你更加信服。

看了上面的故事会给人很多启发。当祭遵将刘秀的仆人依律严惩后,刘秀十分生气,甚至把他抓了起来,要责罚他。主簿陈副劝其应以大局为重,维护军纪,不可失去威信。于是,刘秀转怒为喜,并封祭遵为刺奸将军,并告诫其他部属要谨遵军纪,以示威严。刘秀勇于承认自己的错误,正是表现出身为一代仁君的风范。他这样做,丝毫无损于他的形象,相反却让他的将士更加信服他,更加愿意为他效劳。

爱华公司的董事长兼总经理小林村子曾经说过："所有处于高层的领导人,不论性别、年龄的差异,他们都有一个致命的错误,那就是在错误面前不敢站出来勇敢地面对,而是遮遮掩掩,生怕所犯的错误给他的身份抹黑,其实谁不曾犯过错误呢? 重要的不是已犯下的错误,而是对错误的正确面对,以及深刻的反思,以求得更多的经验教训,避免以后再出现类似的错误。勇敢地面对错误、承认错误并及时加以改正,这才是作为一个领导者稳重、成熟、坚强、公正的表现。"一般来说,错误无论发生在谁身上,都是一件尴尬的事情。可是你想充耳不闻或垂头丧气,那肯定会欲盖弥彰。而勇于认错,表面上看起来似乎是在让更多的人知道你的过失,但这并不是在扩大

刘秀

自己的污点,降低自己的威信,相反,勇于认错改过,恰恰是在把污点变成亮点,提高你的威信。

因此,领导者应该时刻进行自我反省,及时发现自己的过错,并毫不掩饰地勇敢承认,之后设法努力改正,这才是一种莫大的进步。领导者面对纷繁复杂的市场大潮,也并不是每一次都能做出准确的判断,出现错误是在所难免的,也是可以理解的。知错改过是对一个领导者的基本素质的考验,领导者需要有开放的心情、开明的心智,勇敢地接纳正确的事物。这对于一个领导者来说,并不是一件很容易的事情,这需要领导者具有很大的勇气。市场经济也许会给那些不经世事的领导者带来一些麻烦,但知错改过无疑会使事情有良好的改观。

一个人在一生之中不可避免会犯一些错误。错误能使我们认识到事情的价值,督促我们把事情做好,这也是人的一次进步。从这个方面来说,错误也是给人们一次再学习的机会,如果你不好好地把握这个机会,那才是真正犯了一个大错误。因此,领导者应该认识到错误的不可避免性,这样可以时刻提高警惕,少犯错误。既然错误是不可避免的,那么,一旦出现了错误,也就不要惊慌失措,要保持头脑冷静,迅速找出症结之所在,及时改正,这样可以极好地表现你正确的领导力,并且帮助你取得下属的信任。在《三国演义》中,刘璋的军队投降后,刘备对群臣各加封赏,并于公厅设宴。刘备醉酒后,对着庞统说:"今天的聚会高兴吗?"庞统说:"以讨伐别的国家为乐,不是仁者用兵之道。"刘备说:"我听说以前武王伐纣,作乐庆功,难道这也不是仁者用兵之道吗? 你说的话怎么不符合道理呢? 赶快给我退下吧!"庞统大笑而起。左右也扶刘备回到卧室。刘备睡到半夜酒

醒了，大家把其驱逐庞统的话告诉了他，他十分后悔。第二天刘备向庞统谢罪说："昨天我喝醉，言语上有所冒犯，请先生不要放在心上。"庞统谈笑自若。刘备说："昨天的话都是我的过失。"庞统说："君臣都有过失，怎能是你一个人的错呢！"刘备也大笑，二人和好如初。自己犯的过错能够主动承认并改正它，本来就是一件很不容易的事，更何况刘备是一国之君，这需要很大的勇气和胆识。而且他在知错改过后，不是留有更多的余悸，而且彼此能和好如初，这实在是难能可贵。刘备这种知错能改的精神，也是值得现代领导者学习的。

　　领导者在工作的过程中所做出的决策，绝非是万无一失，绝对正确的，有时甚至是完全错误的，再加下属在具体执行时，还会受到多种不确定因素的干扰和制约，谁也不能保证下属的"行为轨迹"会完全遵循管理者的"思维轨迹"，因此，即使遇到暂时的挫折和失败，也是可以理解的。因此，敢于承担责任，承认错误，不仅体现了一个领导者的道德品质和管理水平，而且直接关系到上下级之间能否建立起相互信赖、相互支持的融洽关系，关系到整个企业的工作能否正常顺利地进行。倘若一有过失，领导者就把下属当作"替罪羊"，自己却不承担丝毫责任，那么，还有哪个下属愿意在这样的领导带头下工作呢？如果领导者不敢担当一定的责任，那么下属对工作也将失去信心，也就更无业绩可言。

第二篇 《二十四史》智慧通解

导读

　　历史因其千年的沉淀而厚重，智慧因为无数次的验证而经典。几千年的中国历史是一座知识的宝库，从中既可以审时势之变、悟政治得失、学领导智慧，又可以汲取成功的经验和失败的教训。在资讯高度发达、各种领导学著作层出不穷的今天，古人的领导智慧在文化上至今仍有着割舍不断的延续性，在应用上也有着很强的借鉴价值，因此，从领导学的角度开掘历史的内涵就是一件既有必要去做、又十分值得去做的事情。

　　《二十四史》针对领导艺术辩证地总结古代领导智慧，旨在让读者清醒、正确地认识古人的领导方法。我们知道，乾隆皇帝曾钦定《二十四史》，如果加上后来的《清史稿》，实际上中国的古代历史基本被一套"二十五史"所涵盖。尽管本篇的内容有些用典并非出自《二十四史》，但鉴于本书对历史挖掘和阐释的广泛性与人们心目中《二十四史》对于中国历史的代表性相吻合，我们仍以《二十四史》为本篇命名，希望这篇能带给广大读者启发和帮助。

第一章 以强力手段控制下属

★解决兵权左右政权的弊病

七年春,北汉结契丹入寇,命出师御之。次陈桥驿,军中知星者苗训引门吏楚昭辅视日下复有一日,黑光摩荡者久之。夜五鼓,军士集驿门,宣言策点检为天子,或止之,众不听。迟明,逼寝所,太宗入白,太祖起。诸校露刃列于庭,曰:"诸军无主,愿策太尉为天子。"未及对,有以黄衣加太祖身,众皆罗拜,呼万岁,即掖太祖乘马。太祖揽辔谓诸将曰:"我有号令,尔能从乎?"皆下马曰:"惟命。"太祖曰:"太后、主上,吾皆北面事之,汝辈不得惊犯;大臣皆我比肩,不得侵凌;朝庭府库、士庶之家,不得侵掠。用令有重赏,违即孥戮汝。"诸将皆载拜,肃队以入。

——《宋史·宋太祖纪》

在北宋之前的多个朝代,都存在为将者拥兵自重、尾大不掉以至威胁朝政的现象,像南北朝时大将篡位立国、唐末藩镇割据等等。宋太祖赵匡胤吸取历史的教训,立国之初即以巧妙的方法释去了众将的兵权。

经过两次对禁军领导班子的调整,作为宋朝中央军的禁军一直十分稳定,赵匡胤这才放了心。于是到了建隆二年(公元961年)的三月,他便免去了慕容延钊的殿前都点检职务,改任为南西道节度使。又免去韩令坤的侍卫马步军都指挥使职务,去任成德节度使。殿前都点检一职自此不再任授,赵匡胤自此完成了皇帝亲握军权的大事,实现了皇帝就是军队统帅的专制决策。

到了这一步,在宋朝禁军这个国家军队中,主要的高级将领,都已由赵匡胤的兄弟、义兄弟和亲信分别担任。从理论上来说,这样就可以使赵匡胤高枕无忧,无须担心兵权被他人所篡、再有人利用兵权来左右政权了。其实,这种把兵权分别授予自己人的方法并非就是非常牢靠,历史上就有许多弑父屠子、兄弟相残的例子为人耳熟能详。

仅把军队领导人都换成亲信,赵匡胤仍不会高枕无忧的。为了彻底解决兵权左右政权的弊病,还要从根本上也就是从体制上解决问题,就是要解除所有功臣个人意义上的

兵权。"图难于其易",既然已把军队的高级将官都换成了亲信,也就等于完成了第一步,而解除这些人的兵权就不是多困难的事了。

由此可见,赵匡胤做事及其细,顺利地掌握了军权,因此就为他图难于其易创造了下一步"其易"的条件。建隆二年(公元961年)七月的一天晚朝后,赵匡胤在宫中摆了一场宴会,宴请禁军的高级将领。在宴会进行到酒酣耳热之际,赵匡胤叹息道:"若不是你们这些人出力扶持,我怎能做这个皇帝。不过我既做皇帝,就要做一个真正的皇帝。可是,做皇帝也真是太难了,自从我当了皇帝,就没有一天能睡上一个安稳觉。"

石守信等人听他如此说,大惑不解,忙问:"皇上,二李既平,国泰民安,你怎么还睡不着觉呢?"

杯酒释兵权

赵匡胤说:"中国五千年来,多少人都能当上皇帝。而今,也不知还有多少人想当皇帝啊。"

石守信和其他将领都诚惶诚恐,说:"陛下怎么这样说呢,如今天命已定,谁还敢有异心啊!"

赵匡胤说:"纵使你们不生二心,也难保你们手下的人不贪图富贵。一旦有一天,有人也将黄袍披在你们身上,你们就是不想当皇帝,也推辞不掉啊。"

听赵匡胤如此说话,石守信及其他将领吓得汗流浃背,一齐跪下,说:"臣等愚昧,不解圣意,该怎么做,请皇上指示。"

赵匡胤就说:"依我之意,你们不如全卸去兵权,去大藩做节度使。置田兴宅,广积产业,饮酒作乐,痛快地过此一生,使我们君臣两下无猜。"

石守信和诸位将领都明白了皇帝的意思。第二天,诸将皆称疾不朝,各自上书请求

303

辞去在禁军的职务。于是赵匡胤任命高怀德为归德节度使,出任宋州;任王审琦为忠正节度使,出任寿州;任张令铎为镇安节度使,出任陈州;任罗彦瑰为彭德节度使,出任相州;任石守信保留侍卫亲军马步军都指挥使,为天平节度使,出任郓州。

老子说:"圣人终不为大,故能成其大。"赵匡胤有这种智慧,释诸将兵权,本是一件很难很大的事,但他从其易、从其细,所以就顺理成章,水到渠成地完成了图难、为大之事。

兵权问题的解决,体现了宋太祖高超的领导艺术。自宋以后的历代王朝,基本上没有再发生将领左右朝政的现象,这不能不说与宋太祖对这一问题的重视和解决有关。

★危急关头当断则断

京师民杨起隆伪称朱三太子,图起事。事发觉,起隆逸去。捕诛其党。诏奸民作乱已平,勿株连,民勿惊避。己未,命顺承郡王勒尔锦为宁南靖寇大将军,讨吴三桂。执三桂子额驸吴应熊下之狱。

壬寅,贼犯澧州。守卒以城叛,提督桑峨退荆州,陷常德。命镇南将军尼雅翰率师守武昌。癸丑,上御经筵。以赵赖为贵州提督。甲寅,吴三桂陷长沙,副将黄正卿叛应之,旁陷衡州。命都统觉罗朱满守岳州,未至,岳州失。辛酉,命刑部尚书莫洛加大学士衔,经略陕西。孙延龄以广西叛,杀都统王永年,执巡抚马雄镇幽之。

——《清史稿·本纪六》

和则养虎为患,战则可能一败涂地。面对这样的两难选择和"三藩"咄咄逼人的气势,康熙力排众议,不顾那些唯恐一旦失败会丢掉荣华富贵的大臣的反对,力主一战,以求一劳永逸地解决问题,表现了一位高明政治家深远的眼光和宏大的气魄。

三藩是指明朝降将吴三桂、尚可喜、耿仲明三个藩王,他们分别盘踞在云南、广东、福建三个省区。三个藩王在明末清初先后降清,为清兵入关立下了汗马功劳。吴三桂被封为平西王,尚可喜和耿仲明也分别被授予平南王和靖南王的封号。

尚可喜因为年老多病,已把藩事交给儿子尚之信主持。尚之信残忍狂暴,酗酒嗜杀,连老子也不放在眼里。他曾经割下行人的肉喂狗,甚至无故刺死尚可喜派来送信的宫监取乐。尚可喜担心儿子早晚会闹出事来,同时也不甘心受他的挟制,便在康熙十二年(1673年)春上书,请求回辽东老家养老。早已有撤藩打算的康熙遂命令撤掉尚藩,将其全部兵士撤回原籍。消息传来,吴三桂和已承袭靖南王爵号的耿精忠(耿仲明之孙)都惶恐不安,他们也上书假意要求撤藩,来试探朝廷的动向。

康熙召集了众臣议定撤藩之事。大部分人持反对意见,只有兵部尚书明珠、户部尚书米思翰、刑部尚书莫洛等少数人坚决主张撤藩。20岁的康熙皇帝力排众议,做出了最

后裁决:"从其所请,将三藩全部迁到山海关外。"他指出,三藩王手中都握有重兵,已形成了尾大不掉之势,吴三桂等人怀有野心,蓄谋已久,如果不及早除掉三藩,势必养虎成患,危害天下。

尚可喜

吴三桂当年为了报家仇而引清军入关屠杀农民起义军,从而使清兵得以长驱直入。他事明却叛明,降清又心怀异志。镇守云南后,吴三桂利用独占一方的特权,招降纳叛,横征暴敛,不断扩充实力,在三藩中势力最大。他的野心也随之膨胀起来。他以藩府名义任命的官员,吏、兵二部不得干预。他推荐的被称为"西选"的官员遍及天下。凡要害地方,他都千方百计安插进自己的死党。他的儿子吴应熊被召为皇太极之女的额附(即驸马),从而成为吴三桂安插在京城的耳目。吴三桂属下有五十三佐领、士兵一万多人,每年朝廷向吴藩支付的俸饷就达九百多万两白银。吴三桂还自行征税、开矿、铸钱,与西藏互市茶马,聚敛财富,秣马厉兵。诡计多端的吴三桂在加紧准备叛乱的同时怕露出马脚,佯作大兴土木,搜罗美女,做出安于享乐、胸无大志的样子来混淆视听,实际上暗中加紧操练,待机而动。

康熙十二年(1673年)冬,关于撤藩的旨意传来,吴三桂认为再不起事就晚了,而且他认为已准备完毕,于是自封为"天下都招讨兵马大元帅",举起"兴明讨虏"的旗帜,公开叛乱。

吴三桂公开叛乱后,他分布在各地的党羽纷纷响应。各地的告急文书频频传至京城,举朝震惊。原来反对撤藩的人趁机诋毁,认为吴氏叛乱是撤藩引发的。大学士索额图竟要求杀主张撤藩的明珠等人以谢叛逆。年轻的康熙皇帝临危不惧,严厉驳斥了这些护藩的论调。他说:"三藩势焰日炽,撤亦反,不撤亦反,因此绝不仿效汉景帝诛晁错以平七国之乱的做法。"随后,康熙下达了武装平叛的命令。

这时其他两藩也举起了反旗,一时战火燃遍了大半个中国。康熙想:吴三桂是三藩之乱的祸首,灭掉吴三桂,其他叛军就会不打自散,于是他确定了重点打击吴三桂的策略。康熙任命勒尔锦为靖寇大将军,命令他由湖南进剿叛军,严防叛军东犯湖广;又派将军瓦尔洛进驻四川,断绝叛军入蜀之路;同时命莫洛率兵驻扎西安,阻止叛军进兵西北。

曾经嚣张一时的吴三桂在康熙周密的部署和接连打击之下,见大势已去,还想垂死

挣扎，急急忙忙演出了登基称帝的丑剧。康熙十七年（1678年）三月，吴三桂派人在衡阳草草修建了百余间庐舍，用黄漆涂刷房顶权做皇宫。谁知狂风骤起，大雨倾盆，把庐舍吹倒一半，瓦上的黄漆也被大雨淋坏，吴三桂非常懊恼，只得潦草成礼。三月十八日，他匆匆登上了临时搭成的祭坛祭祀天地，改国号为周。而此时，清军的攻势却更加锐不可当，吴氏小王朝日益陷入内外交困的境地。年已67岁的吴三桂惶惶不可终日，突患中风噎嗝症死去，仅仅做了不到五个月的"皇帝"。吴三桂死后，由孙子吴世璠继皇位。

康熙十九年（1680年），康熙下令清军分三路进军吴三桂的老巢云南，向叛军发起总攻。不久清军攻入云南，将叛军的老巢昆明包围得水泄不通，守军大都投降。吴世璠走投无路，最后只好穿戴着皇帝衣冠服毒自杀。

没过多久，其他"三藩"的叛乱也被清军平定了下来。康熙二十年（1681年），历时八年、祸及大半个中国的三藩之乱终于被平定了。康熙危急关头当断则断的大智大勇，造就了清王朝两百年的太平盛世。

吴三桂

★以高效管理体系使政令畅通无阻

明太祖出身于农家，苦无学术。但是，在长期的政治斗争中，他深谙"武定祸乱，文治太平"这一封建社会治国平天下的大道。在国事初定的洪武二年（1369年），他就诏谕中书省："朕恒谓国之要，教化为先。教化之道，学校为本。"行教化，施教育，在此可以说是作为基本国策而颁示的。

——《明史》

帝王要想全面控制局面，最根本的措施是建立一个职责分明、效率较高的行政体系。因为这样一个行政体系可以使政令更加畅通，下情亦可上达，帝王只要能够掌控这个体系，也就能控制全局。

在中国历史上，通过改革行政机构加强中央集权的行动到明清时代达到顶峰。

皇权的至高无上是实现皇帝独裁、大臣辅政的先决条件。既然这是必由之途,首先就要在政治体制中确立、体现出来。元朝时由于中央设中书省以总理全国政务,中书省的大权实际是在左、右丞相手中掌握。如此则中央权力必然会过分地集中于中书省,造成左、右丞相权力的膨胀,因而丞相虽然起到了辅政的作用,可同时又起到了限制政权发展的作用。而在地方设置行中书省,从建制上仿效中书省,掌握了各地的政、法、军权,号称"外政府"。正缘于此,元朝后期各自为政,往往擅权自专,不听朝廷调度,形成了分裂割据的局面。正如我们所知,朱元璋渡江后建立的明政权江南行中书省,也仿效了元朝这种政体,因此一应军国大事均不需向小明王奏请,朱元璋得以江山坐大。因而可以说元制的种种弊端是朱元璋亲历亲闻,所以他既然在前期从这种行政制度中得到了好处,后期却担心部下起而仿效。

　　正如朱元璋所担心的那样,明朝建立以后,臣僚越礼非分、违法通制的事件层出不穷。有鉴于此,他已经感觉到改革行政机构势在必行。

　　洪武三年(1370年),朱元璋指出:"夫元氏之有天下,固由世祖之雄武,而其亡也,由委任权臣,上下蒙蔽故也。今礼所言不得隔越中书奏事,此正元之大弊也。君不能躬览庶政,故大臣得以专权自恣。"他之所谓的"躬览庶政",就是指皇帝要亲预朝政。本来如完全遵照元制,各种政事的处理在中书省便已基本定案,至皇帝处批准就行了。而将政事公文直接递交皇上,越过中书省,也就违背了元制逐级奏请的定制。朱元璋在这里提出要亲预朝政,就意味着他允许这种逾制,将一部分本由中书省处理的政事揽在身上,这标志着他着手削弱中书省的权力职能,进一步扩大皇权的开始。

　　至洪武九年(1376年)六月,经过6年的经验准备和思想准备之后,他下令改行中书省为承宣布政使司,废除行省平章政事、左右丞相等官职,改参知政事为布政使,以"掌一省之政",主要管民政和财政。布政使是皇朝派驻地方的使臣,朝廷的政策、法令和派给地方的多种任务,通过他们下达各府、州、县的地方官员。全国除南京为京师直辖外,分为浙江、江西、福建、北平、广西、四川、山东、广东、河南、陕西、湖广、山西十二个布政使司,随着云南的平定,又增设云南布政使司,共为十三个布政使司。各布政使司的管辖范围与元朝行中书省相仿,但不包括各处的卫所。相较而言,布政使司的职权比元朝的行中书省大大缩小,性质也发生了改变,布政使司的长官是朝廷分派各地的使臣,凡事皆需秉承皇帝意旨,使地方的权力集中于中央,有效地避免了各地的擅权自专。

　　在承宣布政使司之外,各行省还设提刑按察使司,以按察使为长官,掌一省刑名按劾之事。又设立都指挥使司,以都指挥使为长官,管辖所属卫地,掌一方军政。都指挥使司与布政使司、提刑按察使司同为朝廷设在地方的派出机构,合称"三司"。三司互不统属,在地方三司分立行使各自职权,均由皇帝直接指挥。凡遇重大政事均需由三司会议,上报给中央的部院。这样不仅削弱地方的权力,强化了中央集权,而且各地方机构职能专一,互相牵制,既加强了统治效能,又便于皇帝直接控制。对布政使司之下的地方政治机构,朱元璋也加以极大地简化。将元朝的路、府、州、县归并为府、县二级,除府、县外,个

别保留州的建制,分府属州和直隶州,地位分别等同于县、府。这样,地方政权的层次简化减少,皇帝命令的逐级下达也就通畅起来。

接着,朱元璋又回过头来对中央机构进行进一步的改革。由于洪武初期先后发生的李善长为代表的淮西集团把持朝廷事件和胡惟庸党案,朱元璋感觉到元朝丞相制度是君主专政的障碍,为此他说:"昔秦皇去封建,异三公,以天下诸国合为郡县,朝廷设上、次二胡,出纳君命,总理百僚。当时,设法制度,皆非先圣先贤之道。为此,设相之后,臣张君王威福,乱自秦起。宰相权重,指鹿为马。自秦以下,人人君天下者,皆不鉴秦设相之患,相人而命之,往往病及于君国者。"及至洪武十三年(1380年)正月,左丞相胡惟庸因"谋危社稷"被处死,朱元璋对大臣们宣布道:"朕欲革去中书省,升六部,

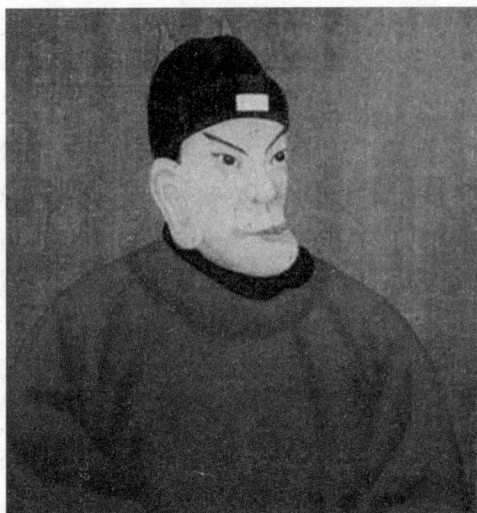

朱元璋

仿古六卿之制,仰之各司所事,更五军都督府,以分领军卫。如此则权不专于一司,事不留于塞蔽。"接着便废除了中书省和丞相,将中书省的权力分属于吏、户、礼、兵、刑、工六部,将各部尚书由原先的正三品升至正二品,侍郎由正四品升为正三品,下属郎中、员外郎。

六部职权加重,同时又分司政务,取代中书省成为全国最高行政管理机构。至此,中国历史上相沿已久的丞相制度被彻底废除,皇权空前扩大了。后来,朱元璋经过十几年的政治实践,认为这一改革取得了成功,并足以法之万世,便作为遗训教诫后世子孙道:"自古三公论道,六卿分职,并不曾设立丞相。自秦始置丞相,不旋捷而亡。汉、唐、宋因之,虽有贤相,然其间所用者多有小人,专权乱政……以后子孙做皇帝时,并不许立丞相。臣下敢有奏请设立者,文武群臣即时劾奏,将犯人凌迟,全家处死。"

丞相制度废除后,天下大事皆取决于朱元璋一人,日理万机,政务繁重。尽管他勤勉不怠,可仍感力不能支,遇到棘手之事时,又苦于无人商量,因而作为补充,于洪武十四(1381年)年又设四辅官,以四季为号,用来协理政事。四辅官的职责是为朱元璋讲座治道,与部院官共同处理某些重大事务:"刑官议狱,四辅及谏院复核奏行。有疑狱,四辅官封驳";和谏院官一起审查各地荐举的人才,"凡郡县所举诸科贤才至京者,日引至端门庑下,令四辅官、谏院官与之议论,以观其才能。"但是,这些四辅官多是来自山野的老儒,没有政治经验,起不到协助的作用,对此做了一年尝试后,朱元璋又觉无益于事,便下令予以废除。不用四辅官,政务繁重的压力又至,于是仿效宋制,置殿阁大学士,名义上的职责是辅导太子,实际上则是"授餐大内,常待天子殿阁下,避宰相之名,又名内阁","内

阁"之称自此而来。不过,内阁只起参谋顾问作用,至于决策权,则仍然掌握在皇帝的手中。后来,经过建文、永乐洪熙、宣德诸朝的发展,内阁制度初步完善成熟起来。

在废除中书省的同时,朱元璋又撤销大都督府,改设前、后、左、右、中所谓的五军都督府,以分散中央军事机构的权力。并规定五军都督府管兵籍,掌军政,但无调动军队之权,兵部掌军官控选和军令,但无直接指挥军队的权力。"兵部有出兵之令,而无统兵之权;五军有统军之权,而无出兵之令……合之则呼吸相通,分之则犬牙相制",这样,军权也就完全掌握在了皇帝手中。

御史台本是中央的监察机构,但在洪武十三年(1380年),朱元璋宣布废除,而于十五年(1382年)改置都察院,并赋予更大的职权,代表皇帝对行政和军事系统实行监督。都察院的长官为左、右都御史,负责"纠劾百司,辨明冤枉,提督各道",凡"大臣奸邪,小人构党,作威福乱政者""百官猥茸贪冒,坏官纪者""学术不正,上书陈言变乱成宪,希进用者",均可举发弹劾,遇有朝勤、考察,还可"同吏部司贤否陟黜"。朱元璋说:"以六部为朕总理庶务,都察院为朕耳目。"

都察院的监察职能扩大,更进一步地限制了朝臣擅权、结党情况的发生,扩大和强化了皇权。都察院以都御使为正二品,时称"台职",与部职并重,故都御史与六部尚书合称"七卿"。都御史下设十三道监察御史,分散于全国十三布政使司。每道设7~11人,共120人,是负监视与纠举职责的官员。都察院与六部分权并立,又互相牵制,更进一步产生了良性之效,有力地维护了皇权。

洪武十四年(1381年),朱元璋又置大理寺,长官为大理寺卿,"掌审诚平反刑狱之政令"。刑部、都察院、五军断事官所推问的狱讼,均需将案牍和囚徒移交大理寺复审,"凡狱具,未经本寺评允,请司勿得发遣"。它与刑部、都察院合称三法司,组成了一个纠举、审理、复核的完整司法过程。这样,司法部门也被分散了权力,并互相牵制,利于皇帝操纵。

经过改革和整顿,明朝中央集权制度在唐、宋基础上又大大地向前迈进了一步。行政、军事、司法监察三大系统分立,最高决策权则统于皇帝,朱元璋因此成为历史上权力最大的封建独裁者,明朝也成为中国历史上封建中央集权最为成熟最为完善的封建专制王朝。对此,他曾总结道:"我朝罢丞相,设五府、六部、都察院、通政司、大理寺等衙门,分理天下庶务,彼此颌顶,不敢相压,事皆朝廷总之,所以稳当。"从此,这种体制成为明朝历代相沿的定制,朱元璋下令不得妄自更改,规定:"后世敢有言改更祖法者,即以奸臣论,无赦。"

中国历史上的中央集权经过各个朝代的逐步强化,至朱元璋时达到一个高潮,而至雍正则到峰顶。这两个强权帝王的集权"接力"也确使行政组织机构的效率大大提高了。

★充分利用已掌握的权力为自己造威

初，元舅大臣怫旨，不阅岁屠覆，道路目语，及仪见诛，则政归房帷，天子拱手矣。群臣朝、四方奏章，皆曰"二圣"。每视朝，殿中垂帘。帝与后偶坐，生杀赏罚惟所命。当其忍断，虽甚爱，不少隐也。帝晚益病风不支，天下事一付后。后乃更为太平文治事，大集诸儒内禁殿，撰定《列女传》《臣轨》《百僚新诫》《乐书》等，大抵千余篇。因令学士密裁可奏议，分宰相权。

——《新唐书·列传第一》

武则天是中国历史上独一无二的女皇，后人虽对其褒贬不一，但她在位期间建立的成绩也是不能抹杀的。同时，能在一个夫权、父权占绝对主导地位的男权社会成为至高无上的主宰者，武则天自有其超人之处，其中一条就是利用已掌握的权力为自己造威，再用这不断扩大的威望争取更大的权力，这在她以皇后的地位争取皇位的过程中表现得尤为明显。

武则天虽为皇后，实际上已取代高宗掌握了大权，她的亲党也都随之升迁。武则天势力日大，渐渐不把形同傀儡的皇帝看在眼里，作威作福起来。

武则天的权势不仅显露在她那威严骄横的神情上，在她的亲党身上也不无反映。比如那个李义府，他仗着是武则天的亲党，又掌管着选官之权，专以卖官为事。他的儿子女婿也横行不法，民怨很大。唐高宗得知，便将李义府召来，语气温和地对他说："卿的儿子女婿很不谨慎，多有不法之事，我尚可为卿掩饰，卿应该注意一些才是。"唐高宗万万没想到，他这番本不严厉的话却使李义府勃然变色，质问道："谁告诉陛下的？"高宗心中一颤：这难道是一个臣子在对皇上讲话吗？他强压着怒气，说："是我这样说的，何必寻根问底呢？"李义府根本不正视自己的罪过，迈着舒缓的步子走了。望着李义府的背影，傀儡皇帝很是不悦，但他已经失去

武则天

國學智慧全書

史學智慧

310

了皇帝的权威,也无可奈何。只是在后来,李义府与望气者杜元纪微服出城,候望气色,高宗才以"阴有异图"给李义府定了个罪名,命李绩加以审讯,将他革职除名。

李义府的革职显然会引起武则天的不满。但因李义府其罪已彰,不便为其辩解,只好听之任之。不过,武则天对高宗更加强了控制,高宗有什么行动往往都要受制于武后,他已经不啻于武则天手上的一个玩偶了。高宗意识到自己处境的不妙和可悲,但他已无法改变这种局面,只得吞下自己培育的苦果。

武则天崇尚迷信,有个叫郭行真的道士经常出入宫中,还为武后行咒诅巫术。咒诅何人?虽不便直宣,但其意人人明白。

有一天,高宗正在宫中闷坐,一个宦官向高宗告发了这件事。高宗气得非同小可。行巫术是高宗最厌恶的,并已明令禁止,当年王皇后失宠便因此而致。现在武则天又违犯禁令,且居心叵测,高宗哪能忍受得了?他马上传旨他的近臣上官仪进宫,打算与他共商对策。上官仪,字游韶,陕州陕县人。贞观初年,因他精通经史,工于文章,举为进士。唐太宗得知他的才学,召授为弘文馆学士,累迁秘书郎。上官仪成了太宗的文友,太宗写了文章,要让他先读,写了诗,要让他唱和,每有宴会也要求上官仪必到。后转为起居郎,加绢赐帛。高宗即位后拜为秘书监,进西台侍郎,同东西台三品。上官仪的诗章绮错婉媚,时人称之为"上官体",争相效仿。上官仪虽工诗,但恃才任势,朝中不少人都嫉恨他。不过,高宗对他却是极赏识的,特别是在当时已近孤立的情况下,上官仪更成了他为数不多的心腹。

君臣见面后,高宗不胜其忿地说出了武则天的专恣,请他出个主意。上官仪沉思半晌,说道:"皇后骄横,天下共怨。以臣之见,莫如将她废掉,以安人心,永保社稷。"高宗正在气头上,当即表示同意,并令上官仪马上起草诏书,夺回武则天的凤冠,像当年对待王皇后那样把她打入冷宫。

但高宗的想法未免太天真了,现在已不是八年前,武则天也不是当年的王皇后,皇权也已名存实亡,旁落于他人之手,对这样的事情已经难以随心所欲了。高宗的废后诏书还没下宣,早有人把这个消息报知武则天,诏书的墨迹未干,武则天已面带愠怒,出现在高宗面前。

武则天点破了高宗的这一密谋,然后不卑不亢地陈述起这几年她母仪后宫、辅佐皇上的往事,并委婉地而不失严厉地质问皇上,为何不顾夫妻之情,妄弃无辜。怯懦的高宗本来就对武则天有三分畏惧,而今面对武则天的威严,他更是胆战魂悸,不知所言。他收起了诏书,向武则天道了好一番不是,深悔自己的过错。武则天微微一笑,拂袖而去。

高宗再也不敢有废武的念头,对武则天待之如初。即便这样,他仍惊魂难定,唯恐武则天怨怒。为了开脱自己,博得武则天的笑颜,他将这件事一股脑儿推到上官仪身上,说当初他并无此心,完全是上官仪怂恿的结果。

对皇上一片忠心的三朝重臣上官仪成了替罪羔羊,他被无情地抛给了武则天,他不可能再进行辩解,只好伸出脖颈,任人宰割了。

武则天要杀上官仪,易如反掌。但她不愿落个妄杀大臣的罪名,她必须寻个借口。许敬宗提醒她,上官仪和宦官王伏胜都曾服侍过已废的太子忠。太子忠当陈王时,上官仪当过王府的五品咨议参军,是废太子忠的旧属。许敬宗的提醒使武则天顿开茅塞。她想,虽说在四年前废太子忠已被贬徙黔州,囚禁于当年的废太子承乾的故宅,但"庆父不死,鲁难未已"。其人既在,终究是个隐患。何不来个一箭双雕,将他们一并除掉?这样,既可解除心腹之患,又可报今日之仇。她计议已定,当即让许敬宗起草了一份奏章,称上官仪和王伏胜串通庶人忠,密谋作乱,倾覆帝室。

高宗阅过这份"莫须有"的劾奏,心里暗暗为上官仪和王伏胜叫苦。但是,他能说什么呢?即便说了又有何用呢?他叹了口气,批准了许敬宗的奏章。十二月间,上官仪被投进牢狱,与其子庭芝、王伏胜皆处斩首,籍没其家。与此同时,赐庶人忠死于囚禁之所,又株连了朝臣多人,凡与上官仪有联系的都被流贬。武则天的敌对势力又受到一次狠狠的打击,高宗皇帝更加孤立了。

从此以后,高宗每日视朝,武则天则垂帘于后。政事不论大小,都由皇帝、皇后二人决断,天下大权悉归中宫,黜陟生杀,皆取决于武则天之言,天子形同虚设,群臣朝谒,万方表奏,都呼为"二圣",武后权势之大,只差没有帝号了。

在上官仪被处死的前两个月,麟德二年(公元 665 年)十月,武则天向高宗上了一纸关于封禅的表奏。封禅是古来统治者举行的一种祀典,封为祭天,禅为祭地。封禅一般都是同时进行。封都在泰山,据说,这是因为泰山是东岳,东方主生,是万物之始、阴阳交替的地方;禅在泰山附近的六云山、亭亭山、梁父山、社首山、肃然山,也有在会稽举行的。封禅的仪式复杂而神秘,要耗费大量资财,其目的或是告诉上天已经改朝换代,新的帝王是来接受天命的;或是夸示皇帝有德政,天下太平;或是祈求长生不死,延年益寿。秦始皇、汉武帝、汉光武帝都举行过这种祀典。唐太宗也曾企图进行封禅,因魏征等人力谏而止。

武则天表请封禅是有她的打算的,她想借此在国人面前提高威信,显示自己的统治力量。她在表奏中称:"封禅旧仪,祭皇地祇,太后昭配,而令公卿行事,礼有未安,至日,要请率内外命妇莫献。"

高宗自然依从。下诏说:"禅于社首山(今山东兖州博城县内),以皇后为亚献,太宗妃燕氏为终献。文舞用功成庆善乐,武舞用神功破阵乐。"先偕太妃、皇后等赴神都洛阳,休息数日,再由洛阳出发,所有卤簿仪卫,百里不绝,经两个月方到泰山,进抵泰山山峰之一的社首山下。

这次封禅,武则天一反公卿亚献的惯例,自请代之。这在历史上所有的封禅活动中都是个破例。它显示了武则天在朝中的位置和势力,同时也是对取代皇位的试探。经过了这次试探,她便大胆、稳步地开始了夺取皇位的计划。通过这一系列的行动,威树立起来了,权力扩大、巩固了,皇位也就尽在掌握。

★对象变了策略也要变

忽必烈是成吉思汗之子拖雷的第四子，蒙哥汗的弟弟，1215年生，童年便随成吉思汗的蒙古大军西征。青年时代，便"思大有为于天下"，广结中原文士，了解中原汉地的情况，熟悉儒家治国平天下之道。1251年，蒙哥汗即位后，受命主管"漠南汉地军国庶事"，更广泛地招贤纳士，博采众长，开始学习和接受儒家思想，表现了与当时其他蒙古统治者不同的雅量和气度。

——《元史》

帝王管人过程当中面对的对象如有变化，你的措施也必须随之调整。

忽必烈从一开始即位，便显得不同凡响。他没有沿用以前大汗的做法，却破天荒一反过去大汗们遵守蒙制的老传统，而是采用汉人的年号——中统来纪元。这一划时代的做法，断然从历史上将蒙古帝国一分为二，从而远远地将一个旧帝国抛在了身后。所谓的"中统"，就是中朝正统，从此以后，他俨然成了中原的统治者。

在诸多的政治变革中，最有成就、最值得一提的则是忽必烈对政权机构的建设。

忽必烈

从在开平即位的那一天起，忽必烈就秉着"立经陈纪"的原则，开始了新的政权建设，并多次向大臣们表示了自己"鼎新革故，务一万方"的雄心壮志。

忽必烈的高明之处，就在于他并非只注重徒有其名的空壳，而是立即着手设立中央政权机构，赋予它们以实际的权力。他"内立都省，以总揽宏纲；在外设立总司，来处理各地的政务"。这里我们不能忘记王文统的功劳。

忽必烈虽然采用了汉法，但他却不拘泥于汉法，他大胆革新的精神使我们不能不对他佩服。并且我们也还发现，在忽必烈改组机构的重大创举中，他所依赖和任命的大多是汉人儒士。从中书省、行中书省到各路的宣慰使司，许多高级官员都是汉人。例如中

國學智慧全書

二十四史

313

书省的史天泽、王文统、赵璧、张易、张文谦、杨果、商挺诸人即是。即便是1260年五月所设置的十路宣慰司,担任行政长官的,很少有蒙古族的人士。虽然在1261年,中书省官员经过调整,增入了蒙古贵族不花、塔察儿和忽鲁不花等人,但他们由于缺乏实际的政治经验和管理才能,只能是起象征性作用的人物。所以,忽必烈在最初的行政机构的改建中,的确抛弃了蒙古旧制,也难怪守旧的蒙古贵族对此极为不满。他们从蒙古草原派出使者质问当时驻在开平的忽必烈说:"本朝旧俗,与汉法不同,今天保留了汉地,建筑都城,建立仪文制度,遵用汉法,其故何如?"对此,忽必烈坚定地回答他们说:"从今天形势的发展来看,非用汉法不可。"旗帜鲜明地向蒙古王公贵族表明了自己要实行汉法的决心。

按照"汉法"改革的思路,忽必烈的机构改革是一竿子插到底,从中央到地方,一揽子进行。在地方上除了完善行省制度外,还设立了廉访司、宣慰司,在行省下设路府州县四级行政机构来具体负责地方事务。尽管设置这些都没有什么大的建树,全都是借用了宋、金的制度。然而,他毕竟将蒙元帝国的行政改革推上了汉化的道路。

1263年,完成了中书、行省创建的忽必烈也并没有放松对军事衙门的改置。此前的万户、千户的设置在民政、军政上不分,常有分散军事权力的隐患。随着元朝统治的扩大,一个统一的军事权力机构的建立也势在必行。因而这一年精疲力竭的忽必烈便下诏:"诸路管民官处理民事,掌管军队的官员负责军事,各自有自己的衙门,互相之间不再统摄。"1264年元月,全国最高军事机构——枢密院诞生了。枢密院的设置,是忽必烈又一次对蒙古原有的军政不分家旧制的重大变革。当然,忽必烈多少也在这个方面保留了一些民族特色,他仍然将四怯薛——亲兵长官牢牢地掌握在自己的手中,以防止突然的事件。万户长、千户长也并没有完全从蒙古帝国清除掉,仍然在蒙古人中保留了这一头衔。并且自从枢密院建立后,出于民族防范的需要,老谋深算的忽必烈从不轻易地把兵权交给汉人掌管,除了他非常信任的几个汉人之外。

从小便习惯在马背上射猎厮杀的忽必烈并未忽视兵权的重要性,实际的斗争经验也使他深深懂得武装力量对于国家政权以及统治的保障作用,就在他即位大汗的初年,此起彼伏的农民起义便"相煽以动,大或数万,小或数千,在在为群",搅得他心惊肉跳,何况还有一个苟延残喘的南宋小朝廷等着他去消灭,恐怕仅靠蒙古军是完不成这一历史任务的。对军事改革的迫切性、重要性,忽必烈一点儿没有忘记。随着他的政治统治的稳定,他的军事制度也日趋完善,忽必烈时期不仅有一套完整军队的宿卫和镇戍体系,而且将他的祖先所留下的怯薛制发挥得淋漓尽致。

怯薛制无疑在元朝的军制乃至官僚体制中都具有非常重要的地位,怯薛不归枢密院节制,而由忽必烈及其继承者们直接控制;怯薛的成员怯薛歹虽没有法定的品秩,而忽必烈却给予他们很高的待遇。一个明显的事实是,每当蒙古帝国大元皇帝们与省院官员在禁廷商议国策时,必定有掌领当值宿卫的怯薛长预闻其事。所以怯薛歹们难免利用自己久居皇宫、接近皇帝的特权,常常隔越中书省而向皇帝奏事,从内宫降旨,而干涉朝廷的

國學智慧全書

史学智慧

军国大政，这与他们所处的环境、身份与地位有相当大的关系。

诚然，忽必烈也知道内重于外、京畿重于外地的军事控制道理，因而，他便建立了皇家的侍卫亲军，让他们给自己保卫以两京为中心的京畿腹地。忽必烈时共设置了十二卫，当时卫兵武器之精良、粮草之充足、战斗力之强，都是全国各地的镇戍军所不敢望其项背的。

我们也不能不佩服忽必烈改建军队的才能，在偌大的民族成分各异的帝国内，忽必烈不费吹灰之力就将不同地区、不同民族的军队分为四种，即蒙古军、探马赤军、汉军、新附军。而对于军队数量之多，连马可·波罗也不能不感到惊奇：他说"忽必烈大汗的军队，散布在相距二十、四十乃至六十日路程的各个地方。大汗只要召集他的一半军队，他就可以得到尽其所需那么多的骑士，其数量是如此之大，以至于使人觉得难以置信。"

封建王朝的各朝各代，能够控制军队的皇帝，恐怕没有几个，而忽必烈却有幸与他们为伍，他创置军队不仅有新意，而且掌握使用军队也很独特。所以帝国的"天下军马总数目，皇帝知道，院官（指枢密院官）里头为头儿的蒙古官人知道，外处行省里头军马数目，为头的蒙古省官们知道"。这在当时是一个不成文的规定。而且边关的

马可·波罗

机密，朝廷中没有几个人知道，没有忽必烈的命令，一兵一卒也不能擅自调动。恐怕正是由忽必烈对大元帝国的军事机器的精密装配，才使元朝立足中原一百多年。

这便是忽必烈主述变通、勇于革新的第二大内容。

除了以上改革之外，忽必烈这位从大漠走来的皇帝在发展生产与剥削方式方面的改革也一点不逊色于其他有为的汉族皇帝。这一点，也正是在这一点上，忽必烈不仅赢得了广大汉人文士们的拥护，也得到了饱尝三百年战乱的中原各族以食为天的农夫们的拥护。因而，中原的人们承认了他"中国之帝"的身份。这就是他的重农政策所取得的巨大成功。他不仅雷厉风行地在全国各地创置劝农一类的机构，派出官员们鼓励农桑，而且多次发布诏令，保护农业生产，还广兴军屯、民屯，颁布《农书》，推广先进的农业生产技术，以指导民间的农业生产等等，都使被破坏或中断了的农业生产力得以恢复，使得农业

315

经济继续向前发展。他的这项对农业生产方面的改革成功,以至于后来的封建文人们,也不能不对他倍加赞赏,这是一种领导智慧的反映。

★深挖细究惩顽凶

夏四月己卯,调年羹尧为杭州将军。以岳锺琪为川陕总督。遣学士众佛保、副都统查史往准噶尔定界。以董吉那为江宁将军。辛卯,以田从典为大学士。

五月癸亥,以左都御史尹泰为盛京礼部侍郎,兼理奉天府尹。

六月癸酉,诏年羹尧之子年富、年兴,隆科多之子玉柱俱褫职。乙亥,命上三旗世职及登城巴图鲁之予,二十以下,十四以上,拣选引见录用。削年羹尧太保,寻褫其一等公。

秋七月丁未,削隆科多太保。壬戌,大学士白潢罢,以高其位为大学士,张廷玉署大学士。命隆科多往阿兰善山修城。壬戌,杭州将军年羹尧黜为闲散旗员。

——《清史稿·世宗本纪》

对于曾经劳苦功高,现在又尾大不掉的人,管人者绝不能简单从事,或一走了之,或纵容不问,而是要深思熟虑,做好充分准备,通过深挖细究,让他绝无藏身之地。常言说:"只有大乱才能大治",当朝政出现危机,内部混乱人心骚动时,许多的投机钻营者"江山易改,本性难移",纷纷显现出了本来面目。雍正看到了这些,他极需要从中掀出一两个反面典型,杀一儆百,惩前毖后。于是年羹尧、隆科多不幸撞到了刀刃上,雍正也正好借此机会在除去心腹大患的同时警示大臣们要有所收敛,不要无法无天了。然而,要想尽快扳倒自己亲手树立起来的模范典型,使之威风扫地永不翻身却非易事,加之年羹尧久居重位,根深蒂固,党羽颇多,所以要将他打倒确实需要花费一些心计。俗话说,"请神容易送神难",从某种程度上说,推翻自己一手提拔的人才比当初提拔笼络时还要难。雍正对此也须谨小而慎微、见机行事才好。他可以传旨轻松地将年羹尧给免了、杀了,但那样未免过于草率,非但难以服众,反而会招致祸端。对此。雍正大帝的做法是:联络众大臣造就声势,暗示年羹尧的部下挺身而出,予以检举揭发,引蛇出洞,使其势力逐步削弱,而后将其慢慢地引向自己设计的陷阱之中。

怎样才能真正地孤立年羹尧?经过深思熟虑后雍正使出了一个杀手锏,就是保护甚至是提拔年羹尧弹劾的官员,使其为我所用,进而让他们倒戈年羹尧,使他陷于四面楚歌八方围困的不利境地。到那时,即可以不费吹灰之力,使年羹尧不战自败。

此前,年羹尧为了达到扩充自己势力的目的,不断地排斥异己,把那些不太听话的官员通过别人进行弹劾,比如他指使甘肃巡抚胡期恒上奏弹劾陕西驿道金南瑛。但雍正心明眼亮,硬是将此弹劾给顶了回去,使年羹尧的阴谋没有得逞。不久,四川巡抚蔡廷也被

年参奏,这是一个经刑部审议后应当判斩的案例,但雍正却对此不以为然,甚至公开召见蔡廷,对他进行宽慰,完全没有治罪的意思。蔡廷也就顺水推舟表达了自己对年羹尧的不满。雍正看到蔡廷对自己有用,便力排众议,提拔蔡廷为左都御史。

为了找到打击年羹尧的证据,雍正可谓煞费苦心,他常常抓住一点不放,小题大做,将一件小事上线上纲,使年羹尧陷入进退两难的尴尬境地。比如雍正三年(1725年)二月,出现了所谓"日月合璧,五星联珠"的祥瑞嘉兆,朝内百官都纷纷向雍正上书表示祝贺。年羹尧也不想错过这个拍马屁的机会,于是上书颂扬雍正朝乾夕惕,励精图治。但他一不

年羹尧

留神将"朝乾夕惕"误写成了"夕惕朝乾"。这显然是年的失误,但也不至于闹到兴师问罪的地步。可雍正却抓住不放,放言说年羹尧别有用心,图谋不轨。他"不欲以'朝乾夕惕'四字归之于朕耳"。既然如此,雍正便借题发挥:"年羹尧青海之功,朕亦在许与不许之间未定也。"并说由此可以看出"年羹尧自恃己功,显露其不敬之意。其谬误之处断非无心。"这就使得年羹尧哑巴吃黄连,有苦说不清了。

为了预防年羹尧拥兵叛乱,雍正采用了拆散其党羽的做法,全面更换川陕官员,同时还私下暗查年的属下,决心将年的同党一网打尽。雍正还就年羹尧的问题让一些不知底细的人表态,引蛇出洞——这一招果然厉害,一些对年赞赏的人自投罗网,河南省河北镇总兵纪成斌在对年表态的问题上优柔寡断,他居然考虑观望了两个多月,才真正明白了雍正的意图,于是他便赶紧表明立场,声称年羹尧是个背恩负国之人。雍正就是用这样一种刚柔并济的手法迫使一些官员与年羹尧分庭抗礼。

做一件事情一旦时机成熟,就应该抓住机遇,当断则断,切不可犹疑不决,以致错过了大好时机。看准整治年羹尧的火候已到,雍正便迅速下诏命年交出大将军印,调虎离山,以防后患。

在降年羹尧为浙江杭州将军时,雍正大帝在年羹尧谢恩的折子上写下了含意颇为深远的一段话。这段话是这样说的:"朕闻得早有谣言云,帝出三江口,嘉湖作战场之语。朕今用你此任,我亦奏过浙省之论,朕想你若自称帝号,乃天定数也,朕亦难挽;若你自不肯为,有你统朕此数千兵,你断不容三江口令人称帝也。此二语不知你曾闻得否?再你明白回奏二本,朕览之实实心寒之极,看此光景,你并不知感悔。上苍在上,朕若负你,天

诛地灭。你若负朕，不知上苍如何发落你也。"

雍正对年的惩治到了收尾阶段，他开始号召官员们揭发年羹尧的罪名。墙倒众人推，一时间揭发年的材料满天飞，雍正还将这些材料示与年羹尧，还伤口撒盐似的让其看后回奏，从而彻底地摧垮了年羹尧的心理防线。

雍正在众多奏折中为年羹尧总结出了五大罪状。这些罪状基本上都是年本人放纵过度、自取灭亡的必然结果，这五条罪状是：

一、目中无人，作威作福。

二、拉帮结派，任人唯亲。

三、收贿卖官，贪污腐败。

四、巧立名目，大发不义之财。

五、勾心斗角，争权夺利。

将年羹尧的罪名搜集齐全后，雍正大帝并没有马上对他打击，而是先从他的亲信和党羽的身上作为突破口。

雍正

第一个被雍正开刀的是年羹尧的儿子，大理寺少卿年富、副都统年兴、骁骑校尉年逾等，他们都被削职处理。接着，与年羹尧有牵连的人也一个个被揪出来打击惩治，年的党羽被雍正撒下的网一一捕获。附庸在年羹尧这棵大树上的猕猴都纷纷散去了，只留下了这棵摇摇欲倒的大树。

时机已经成熟，雍正开始快刀斩乱麻。他先是让众臣表态如何处置年羹尧，然后以群臣请求的名义逮捕年羹尧。为了置年羹尧于死地，除了大臣们揭批年的九十二条大罪外，雍正还特意罗织了年的第一大罪：图谋不轨欲夺皇位。最后，雍正念年平定青海有功，遂施恩令其自裁。

第二章 以真情实感拉拢人才

★要善于把能人变亲信

于时海内渐平,太宗乃锐意经籍,开文学馆以待四方之士。行台司勋郎中杜如晦等十有八人为学士,每更直阁下,降以温颜,与之讨论经义,或夜分而罢。

——《旧唐书·太宗本纪》

亲信的好处是忠诚,能够无条件地支持你。能做大事的管人者善于把能人培植成亲信,让他以其才能忠诚地为自己效命。

平定刘武周、窦建德和王世充后,唐初统一战争取得了决定性的胜利。秦王李世民于武德四年七月甲子,一路上"至长安,世民披黄金甲,齐王元吉、李世勣等二十五将从其后,铁骑万匹",真可谓春风得意,威武十分。李渊"以秦王功大,前代官皆不足以称之,特置天策上将,位在三公上。冬,十月,以世民为天策上将,领司徒,陕东道大行台尚书令,增邑二万户,仍开天策府,置官属"。

随着机构的确立和地位的攀升,李世民的政治野心也随之增长:就在平王世充时,李世民和房玄龄"微服"拜访一位名叫王远知的道士。王远知说:"此中有圣人,得非秦王乎?"李世民据实相告,道士又说:"方作太平天子,愿自惜也。"李世民把这话一直记在心里,"眷言风范,无忘寤寐"。

由此可以看出,李世民当"天子"的念头原本已经有了,而李建成因"立嫡以长"的惯例成为太子,当他看到、听到、察觉到李世民的政治野心时,不能不"颇相猜忌"。

于是李世民与李建成之间的矛盾便日益公开,李世民也越来越觉得自己名正言顺,向长兄挑战的意味日渐明显。

对于李世民来说,欲为"天子"的思想一旦形成,接下来该做的事便是开始修路了。

李世民深知,要想实现自己的政治抱负,就必须有自己的政治势力。关于这方面,其实早在起兵前,李世民便有所留心,在晋阳"密招豪友",通过"推财养客"的手段,培植、结交了一些地方势力,这些人对李世民"莫不愿效死力"。

如果说此时的李世民是为起兵反隋而网罗人才的话，似乎是无可挑剔的，而在李唐政权建立、其兄李建成被立为太子之后，李世民借统一战争之机广泛搜罗人才很难说绝无政治目的了。这一时期在他所搜罗的人才中有一名叫杜如晦的人，此人在隋时已被人视为"当为栋梁之用"的人物，平定长安后，李世民将他引为秦王府兵参军，不久又被李渊调离秦府，任陕州总管府长史。当时秦王府记室房玄龄对李世民说："府僚者虽多，盖不足惜。杜如晦聪明识达，王佐之才也。若大王守藩端拱，无所用之；必欲经营四方，非此人莫可。"

李世民闻听大惊，道："尔不言，只失此人矣。"李世民遂奏留杜如晦为府属。可见，此时的李世民已有"经营四方"的大志，而不甘于"守藩端拱"了。由于李

杜如晦

世民对杜如晦、房玄龄等早期人才的搜罗，此风已开，一干才俊便逐渐开始形成了以秦王李世民为核心的政治集团。

在统一战争中，李世民又乘机搜罗了大批将才，使自己的手下有颇多名将。如在破刘武周时招抚的著名将领尉迟敬德，此人不但在洛阳之战中救过李世民，而且在后来的玄武门之变中又有上乘表现。又如屈突通，原为隋朝大将，其人性刚毅，好武略，善骑射，后兵败降唐，乃为秦王府行军元帅长史，并从平薛举，又讨王世充，功不可没。

这样的人才后来更多。再如刘师立，初为王世充将军，洛阳平定后，本当诛戮，但因秦王惜其才，特免其死，为左亲卫，成为手下的亲信。张公谨初为王世充治州长史，降唐后，因李世勣与尉迟敬德的推荐，被秦王引入幕府成为心腹。秦叔宝、程知节原从李密，后归王世充，但他们认为王世充"器度浅狭"，不是拨乱之主，非托身之所，故于两军阵前归唐。又如侯君集、李群羡、田留安、戴胄都成了李世民的心腹爱将。

作为一个有抱负、有远见的年轻军事家、政治家，李世民懂得，天下动荡不安之时，要靠军事实力削平全国各地割据之雄，而要征伐战斗，就必须依赖于善战的武将。这种方略是在战争时期所通用的。然而，战争毕竟是有阶级性的，战争的目的是获得政权，这个目的一经达到，方略就会变成另一种样子，旧的方略便不再适用于新的形势。这是因为，政权只能由马上得之而不可在马上治之，这时，就需要文才儒学之士了。

用一个政治家的眼光来看待统一，李世民敏锐地感觉到文治之重于武功的好处。正

是凭着这种延揽人才的思想，李世民引入并重用了儒生房玄龄和杜如晦。

房玄龄自幼聪敏，在隋时就已被"伯乐"视为"必成伟器"，有"王佐之才"的人才。李渊起兵后，房玄龄杖策谒于军门，受到李世民重用，成为军中记室参军，他"每军书表奏，驻马之成，文约理赡，初无稿草"，可见其写作能力很强。房玄龄在秦王府十几年中对李世民忠心耿耿。每次战争之后，"众人竞求珍玩，玄龄独先收人物，致之幕府。乃有谋臣猛将，皆与之潜相申结，各尽其为"。昔在秦末，刘邦率军攻入咸阳阿房宫，一些将军们纷纷掠珍玩、掳女人，惟萧何则直奔秦朝的籍簿和文册。房玄龄有轻物重人之德，真是比之汉朝萧何有过之而无不及。李世民身边之所以有如此多的能人强将，与房玄龄的伯乐之德不无关系。

再如杜如晦，在李世民领导的统一战争中，他为李世民运筹帷幄，"时军国多事，剖断如流，深为时辈所服"。

此外，李世民用人不避亲，他所任用的自己的妻兄长孙无忌，从小就和自己是好朋友，随后跟着李世民南征北战立下汗马功劳。

李世民以武定祸乱，出入行走之时，跟随的都是骁武的勇士。到了天下已定之时，又建立弘文馆，招揽了诸如于志宁、姚思廉、苏世长、薛收、褚亮、盖文达等人才，这些人后来便成了李世民政治上的决策团，也是他的智囊团。

★以德服天下是柔术的至高境界

二月丁亥，上亲征噶尔丹，启銮。是日，次昌平。阿必达奏哈密擒获厄鲁特人土克齐哈什哈，系害使臣马迪之首犯。命诛之，子女付马迪之家为奴。戊戌，上驻大同。丁未，次李家沟。戊申，诏免师行所过岢岚、保德、河曲等州县今年额赋。是日，次辇�村，山泉下涌，人马沾足。庚戌，遣官祭黄河之神。

——《清史稿·圣祖本纪》

一个帝王要想做到四海宾服、臣民顿首，需要刚柔并济，而以德服天下，正是柔术的至高境界。

土尔扈特是厄鲁特蒙古四部之一，明末，该部一直和准噶尔、和硕特、杜尔伯特三部一起居于准噶尔地区。明朝崇祯初年，该部因无法忍受绰罗斯部贵族的压迫和控制，在其首领和鄂尔勒克的率领下，离开世代居住的塔尔巴哈台一带地方，几经辗转之后，定居于伏尔加河下游一带。

在旅居国外近一个世纪的时期中，面对异国殊俗，土尔扈特部人民无时无刻不在思念自己的祖国，并且不顾山险路长，一直和中央政府以及留居原地的厄鲁特各部保持着

土尔扈特回归

密切的关系。崇祯十三年(1640年),和鄂尔勒克带领他的儿子书库尔岱青从数千里之外回到塔尔巴哈台,参加准噶尔部台吉巴图尔珲主持的厄鲁特与喀尔喀各部的王公会议。

在这次会上,他和各部首领共同制定了有名的《蒙古厄鲁特法典》,调整了蒙古族各部的关系。和鄂尔勒克还和准噶尔部建立了密切的通婚关系,他把女儿嫁给了巴图尔珲台吉,而孙子朋楚克又娶巴图尔珲台吉之女为妻,从而使两部之间的关系得到了改善和加强。康熙初年,朋楚克之子阿玉奇刚刚登上汗位不久,就遣使向清朝纳贡。

在厄鲁特台吉噶尔丹向中央政府发动进攻时,阿玉奇汗坚决站在清朝政府一边。他一方面将自己的女儿色特尔札布嫁与策妄阿拉布坦为妻,在厄鲁特内部建立反对噶尔丹的统一战线;同时,还遣宰桑多尔济札布所部千人驻防阿尔泰,与清军协同作战。

康熙三十六年(1697年),噶尔丹叛乱平定后,阿玉奇汗又于万里之外专程遣使入京祝捷。但是,继噶尔丹之后,策妄阿拉布坦又割据西北,从而严重阻碍了土尔扈特部人民与中央政府的往来。康熙三十八年(1699年),阿玉奇遣使进京朝贡,返回途中,使臣被策妄阿拉布坦杀害。康熙四十三年(1704年),阿玉奇之侄阿拉布珠尔偕母进藏熬茶,归途计划取道准噶尔,又被策妄阿拉布坦所拒绝。阿拉布珠尔无路可走,只好遣使北京请

求内附。康熙对其十分同情,赐封为固山贝子,并划给他们嘉峪关外一带地方作为游牧地区。

面对这种情况,身居异域的土尔扈特部人民焦急万分。为此,他们被迫答应沙皇彼得一世借兵3000与瑞典作战的要求,以巨大的民族牺牲为代价,换取了经过俄罗斯领土、借道西伯利亚向清朝中央政府朝贡的权利。康熙五十年(1711年),阿玉奇汗所遣使节萨穆坦等8人历时2年到达北京,面见康熙,倾诉了对祖国的依恋之情。

萨穆坦等人的到达,使康熙深受感动。为了表达对远离祖国,寄居异域的土尔扈特部人民的关怀之情,决定派遣内阁侍读图理琛等代表清朝政府前往探望。康熙五十一年(1712年)五月二十日,图理琛一行30多人离开北京,取道喀尔喀蒙古,进入俄罗斯境内。由于沙皇政府的阻挠,致使使团在中俄边境俄国一方滞留5个多月,才得到允许借道的通知,使团才得以继续前行。他们渡过贝加尔湖,穿过西伯利亚,通过寒带的森林和沼泽,行程1万多里,历尽千辛万苦,终于到达欧洲里海北边的大草原。康熙五十二年(1713年)十一月中旬,使团一行行至土尔扈特与俄罗斯相邻重镇萨拉托夫,并将使团到达的消息正式通知阿玉奇汗。

康熙

闻知祖国亲人到达的消息,土尔扈特部人民异常激动,十分高兴。阿玉奇汗立即"传集其部落,修治毡帽衣服,预备供给",并派台吉魏正等前往迎接。

康熙五十三年(1714年)正月,图理琛一行一踏上土尔扈特部游牧地,阿喇布珠尔的父亲,阿玉奇汗的哥哥纳札尔玛穆特因为感念朝廷厚待他的儿子,早已在伏尔加河畔恭候,并向使团献上马匹礼物。

一路上,使团受到了隆重接待,阿玉奇汗备办宴席跪迎使团。六月初,当使团进入阿玉奇汗驻地玛努托海时。阿玉奇汗特地举行了隆重的欢迎仪式。先由图理琛宣读康熙圣旨,问候阿玉奇汗,传达朝廷遣归阿喇布珠尔的决定,然后又递交了康熙赏赐阿玉奇汗的礼品,阿玉奇汗则"陈列筵宴,排列牲畜"。

此后十几天的时间里,为了表达对使团的深情厚谊,阿玉奇汗的妹妹,鄂齐尔图车臣汗之妻多尔济拉布坦,阿玉奇汗的妻子达尔玛巴拉、长子沙克都尔札布、幼子策凌敦多布等,也都分别设宴款待使团一行,向使团赠送了大量的礼品。席间,他们对祖国亲人前来探望表示由衷的感谢,询问了故国政治、经济各方面的情况,倾诉了土尔扈特人民对故国的深切思念之情,还对沙俄政府暗中阻挠使团行程进行了揭露。十几天的时间里,使团一行和土尔扈特部人民都沉浸在亲情相聚的幸福之中。

在圆满完成出使使命之后,康熙五十三年(1714年)六月中旬,图理琛一行启程回

国。基于对祖国、人民的无限深情，阿玉奇汗在为使团一行举行隆重的欢送仪式的同时，又再次遣使随同使团进京朝贡。

由于沙俄政府的无理阻挠，阿玉奇汗派出的朝贡使者刚刚走到喀山，即被扣留并被迫返回原地，这一愿望未能实现。但是土尔扈特部人民对故国的深情厚谊以及沙俄当局的阻挠、破坏情形却由图理琛一行带回北京。

尽管土尔扈特部人民长期旅居国外，清朝政府却一直视之为自己子民，并以各种形式与其保持联系。图理琛本人也以出使见闻，著成《异域录》一书，记述了俄国及土尔扈特山川、民风、物产，并绘有地图，翔实地记述了使团与俄国交涉，和阿玉奇汗等人的往来情况，从而加深中央政府和广大士庶对土尔扈特部人民的了解和关心。与此同时，沙俄政府阻挠土尔扈特部人民与中央政府互相来往的无理行动也更加激起了土尔扈特部人民的无比愤慨和对祖国的无限思念之情。

半个多世纪后，长期积攒的这种民族情绪终于爆发了。乾隆三十五年(1770年)，土尔扈特部十数万人发动了反俄大起义，并在渥巴锡汗的率领下，彻底摆脱沙俄控制，浩浩荡荡地踏上了返回祖国的征程。在回国途中，他们击退了沙俄军队的追击，战胜了哈萨克、布鲁特等部的骚扰，克服了给养缺乏、疾疫流行等许多难以想象的困难，终于在乾隆三十六年(1771年)六月进入中国境内并受到了清朝政府的热烈欢迎和妥善安置，从而实现了他们长期以来要求返回祖国的美好愿望。康熙以大德对待一心归附的土尔扈特人，既表现了一个帝王的宽大胸怀，更显示了他以德服天下的管理智慧。

★花大力气请来左膀右臂

时先主屯新野。徐庶见先主，先主器之，谓先主曰："诸葛孔明者，卧龙也，将军岂愿见之乎？"先主曰："君与俱来。"庶曰："此人可就见，不可屈致也。将军宜枉驾顾之。"由是先主遂诣亮，凡三往，乃见。因屏人曰："汉室倾颓，奸臣窃命，主上蒙尘。孤不度德量力，欲信大义于天下，而智术浅短，遂用猖蹶，至于今日。然志犹未已，君谓计将安出？"亮答曰："自董卓以来，豪杰并起，跨州连郡者不可胜数。曹操比于袁绍，则名微而众寡，然操遂能克绍，以弱为强者，非惟天时，抑亦人谋也。今操已拥百万之众，挟天子而令诸侯，此诚不可与争锋……诚如是，则霸业可成，汉室可兴矣。"先主曰："善！"于是与亮情好日密。

——《三国志·诸葛亮传》

人才难得，能够成为管人者左膀右臂的人才更是难得。对这样的人才就要不惜气力，不惜牺牲个人尊严去"追求"。如果"追求"成功，领导的效率势必大大提高。

在官渡之战以后，袁绍带领残兵败将逃走了，原来投靠袁绍的刘备，只好带着张飞和从曹营回来的关羽，投奔荆州军阀刘表。刘表虽然客客气气地接待了他，而且还拨给他一些兵马，但是刘表这个人却既无大志，又无胆略，还害怕刘备的势力发展，所以就叫刘备屯驻在偏僻的新野县城内。

刘备是汉朝的宗室，起事二十多年来，名声极大。有许多德才兼备的人都认为他是一个明主，来投靠他；而且刘备也为了江山大业四处寻觅人才。

刘备刚刚将兵屯驻在新野后，就有一个人来投奔他，此人名叫徐庶。刘备见他机敏、忠诚，就请他担任军师，有一天，徐庶对刘备说："您知道卧龙先生吗？"刘备说："曾经听别人说起过，不知道他的才能比您如何？"徐庶急忙摇摇头，摆手说："我怎么能与卧龙先生比呢？如果非要拿我和他比的话，就是乌鸦比凤凰了。"刘备惊讶地说道："那么他一定是个非常难得的人才了，请您带他来见我吧！"徐庶连忙说："这个万万使不得，像卧龙先生这样的天下奇才，得您亲自登门拜请才行。此人复姓诸葛，单名亮，字孔明，是琅琊郡阳都人。从小死了父母，跟着叔父在荆州避难。在他 17 岁那年，叔父也死了，他就在襄阳城西二十里的隆中山定居下来，平时除了种地以外，经常和一些朋友们攻读史书，切磋学问，谈论天下大事，而且他还将自己比作辅佐齐桓公成为霸主的管仲和辅佐燕昭王打败齐国的名将乐毅。您想想看，他不正是您所寻求的兼有将相才能、能辅佐您成就大业的人吗？他是一个非常了不起的人物，就像卧在地上准备腾空而起的巨龙，所以被称作'卧龙先生'。您说，像这样的天下奇才，是不是值得您亲自前往，请他出山呢？"刘备听得心花怒放，点头称是，马上决定要亲自去请卧龙先生。

次日，天气晴朗，刘备带着关羽和张飞前往隆中。这里重峦叠嶂，树木高大、挺拔、葱绿，风景很美，很迷人。其中有一座山蜿蜒曲折，真像一条静卧的苍龙，准备随时飞上天空。刘备三人骑马继续前行，来到一座山岗下，看到了几间掩映在苍松翠竹间的小屋。刘备下马亲自敲打房门，里面出来一个书童，问："你们找谁呀？"刘备客气地说："请告诉卧龙先生，刘备前来拜见。"小书童说："先生不在家，人一早就出去了。"刘备急忙问："先生去哪儿了？"小书童说："不知道，先生朋友很多，大概找朋友们一块读书去了。"刘备很失望，问道："那么先生什么时候能回来呢？"小书童说："这也说不定，或者三五天，或者十几天，没准儿。"张飞见刘备还想问下去，很不耐烦，就对刘备说："既然他不在，我们就回去吧！"关羽同意了，刘备只好对小书童说："等先生回来，请你转告他说，我刘备前来拜访了。"于是，三个人掉转马头，失望地离开了卧龙岗。

回到新野后，刘备天天派人打听隆中的动静。过了几天，得到一个非常令人高兴的消息：卧龙先生回来了！刘备命令："立即备马。"这时候，正赶上冬天，冷风嗖嗖地吹，天上又飘着雪花，关羽和张飞都劝刘备改天再去，刘备不听劝阻，决意要亲自去请，关羽、张飞也只好陪着。雪花纷纷扬扬飘落下来，山就像用玉砌成似的，树也好像用白银裹着似的，很是漂亮。三个人却无心赏景，张飞还生刘备的气，吵吵嚷嚷地说："这么一个山里人，派个人叫来不就行了，何必哥哥您亲自来请呢！"刘备劝他说："卧龙先生是一个非常

难得的人才，怎么可以随便去叫来呢？我之所以冒着这么大的风雪来请他，正是想向卧龙先生证明我刘备是诚心实意请他出山的。"他们冒着风雪，好不容易才到卧龙岗，刘备下马，轻轻地敲门，又是那个小书童出来说："诸葛先生正在堂上读书呢。"刘备高高兴兴地进去拜见，见这个少年只不过二十来岁，英俊年轻，刘备恭敬地行了个礼，说："久仰先生大名，这次终于见到了您，实在是很荣幸。"那个少年慌忙站起来，还了个礼说："将军您是刘皇叔吧。听童儿说过，您来找过我二哥。"刘备惊讶地问："先生不是卧龙先生？"少年说："我是诸葛均，是诸葛亮的弟弟。我还有个兄长诸葛瑾，现在在东吴做官。我和二哥住在隆中。"刘备问："那么卧龙先生现在何处？"诸葛均说："二哥和几个朋友昨天出去了。"刘备二请诸葛亮，仍是没有见到人影，只好失望地回去了，打算改日再来拜访。

又过了些时候，打听到诸葛亮确实在家，刘备就让关羽和张飞陪着，第三次前往隆中拜见诸葛亮。这次不用说张飞不愿意去，就连关羽也有些不愿意去了。刘备说："你们知道周文王访贤姜尚的故事吗？文王那么器重姜尚，姜尚一心辅佐文王和武王，他们齐心合力，终于完成了灭殷的大业。我们应该向古人学习啊！"说完，就带着张飞和关羽出发了。为了表示自己的恭敬，在离草屋很远的地方，刘备就下马步行。从小书童那里得知诸葛亮还在草屋睡觉，就没敢惊动，刘备让关羽和张飞在门外等候，自己恭恭敬敬地站在草屋的台阶下等着。

时间过得很慢，刘备等了好一会儿，诸葛亮才醒来，小书童连忙向诸葛亮禀报说："刘备将军已来了好半天了。"诸葛亮立即出门迎候。刘备看诸葛亮，二十七八岁的年纪，身高约八尺，是山东人的个子，但长得清秀，神采焕发。刘备迎上去说："久仰先生大名，今日承蒙接见，很荣幸。"诸葛亮赶紧说："刘皇叔三顾茅庐，未能迎候，请您原谅。"二人就进入草堂交谈起天下大事来。

刘备说："现在汉室衰败，曹操将汉献帝挟持到了许昌，借着天子的名义摆布各诸侯。我想尽我的全力，平定天下，但是我的智慧和谋略很差，能力也很微薄，起事二十多年，也没有什么成就。很想请您出山，帮助我实现凤愿。"

诸葛亮
诸葛亮说："我为将军您忧国忧民之心而感动。但是我，年纪太轻，学识不足，而且又不愿意追求功名利禄，将军还是另请高明吧！"

诸葛亮怎么也不肯答应刘备的请求,刘备急忙诚恳地说:"希望先生能救救天下受苦受难的百姓,为我指出一条宽阔的前程吧!"

诸葛亮虽然在隆中居住了十年,但他却根据自己对天下大事的精心观察分析,形成了独特的政治见解,确定了统一天下的方针。刘备诚恳的求问使他很受感动,就向刘备提出了自己的见解。

他说:"自从董卓叛乱进入洛阳以来,天下豪杰们同时举起反叛大旗,势力很大,大有争夺天下之势。曹操和袁绍相比,无论从实力上讲还是从名望讲,都不如袁绍,可他却打败了袁绍,主要是因为他有智谋。如今,曹操兵力充足,并且挟持了汉帝,不可能与他争夺天下。而孙权呢,他占有长江的险要,而且老百姓都顺从他,有才能的人也时有去投奔他,因此对他只能联合,不能打他的主意。总之,要联孙抗曹。"

刘备会心地点了点头,心想:是啊,对曹操是不能硬拼,只能联合孙权才能同曹操对抗。但是我还不能站稳脚跟呢,我没有立足之地呀。

诸葛亮说:"荆州这个地方,地势险要,北有汉水、沔水,南通南海,东连吴会,西通巴蜀,是个用兵的好地方,而刘表却没有守住它的能耐。这荆州之地,正是为将军提供了发展事业的好地方。而且益州(今四川省及云南、贵州、湖北、陕西、甘肃各一部分,巴郡,蜀郡即属益州)号称'天府之国',将军您可以益州为根据地,完成您的远大志向。"

听完这一番话,刘备舒了一口气,精神也为之一振。但是他对自己如何争取光明的前程,还很模糊。

诸葛亮说:"您是皇家后代,而且为人正直,许多人才都前来投靠于您。您如果能同时占有荆州、益州,凭着险要的地势,团结好西南的少数民族,对外联合孙权,对内政治清明,等待时机,再向中原发展。这样,您就能完成自己的夙愿,汉业也可以复兴了。"

刘备对诸葛亮精辟的分析大为赞赏,一再拜谢道:"先生的话使我受益匪浅,如能出山相助,我就可以随时领教了。"诸葛亮仍然推脱,刘备悲伤地说:"先生您这样的天才,不肯出山相助,是我刘备的不幸,是汉室的不幸呀!"说罢,泪水夺眶而出。诸葛亮深深地被感动了,立即答应出山。

从此以后,诸葛亮就用他全部的智慧和才干辅佐刘备,刘备三顾茅庐求请诸葛亮的佳话也一直流传至今。

★抓住典型做足文章

二月丙午,御制圣谕广训,颁行天下。戊午,岳钟琪兵至青海,擒阿尔布坦温布等三虏,收抚逃散部落。诏以青海军事将竣,策旺阿拉布坦恭顺,罢阿尔泰及乌兰古木兵。冬十月壬戌,停本年决囚。削岳钟琪爵职,逮京交兵部拘禁。

十二月乙卯，赐恤北路阵亡诸臣查弼纳、马尔萨、海兰、达福等有差。侍郎孙嘉淦有罪论死，命在银库处行走。乙丑，治吕留良罪，与吕葆中、严鸿逵俱戮尸，斩吕毅中、沈在宽，其孙发边远为奴，朱羽采等释放。

——《清史稿·世宗本纪》

一个人精力再充沛，要掌握好一个大局面也会有疏漏，抓住典型大做文章无疑是一个成事的捷径。

反面文章正面做的例子自古就有，即抓住转化典型，进行宣传工作，将社会流传的对当事人不利的传言再反回去，利用这一转化典型，现身说法进行社会教育。在这方面，雍正的一件事例可以说是深得此道的。

早在岳钟琪诈供张熙时，张熙就明确表示，他最崇敬的人是吕留良。此后张熙又拿出随身携带的吕留良的诗文，为岳钟琪讲解吕留良反清、反满的种种观点。而曾静对吕留良更是佩服得五体投地，甚至认为吕留良才应当做皇帝。为此，曾静在他的著作《知新录》中写道："皇帝合该是吾学中儒者做，不该把（给的意思，方言为把）世路英雄做。周末局变，在位多不知学，尽是世路中英雄，甚至老奸巨猾，即谚所谓光棍也！"认为合格做皇帝的应是"春秋时孔子，战国时孟子，秦以后为程、朱，明末则为吕子也。"所谓的吕子，即吕留良。

这样一来，吕留良在不知不觉中，就被曾静送上了断头台！

吕留良认为"华夷之分，大于君臣之义"。因此他教导汉人站稳立场，不能效忠于满清政权，同时他本人也以身作则，拒绝为满清朝廷服务。

吕留良的这种立场加上他作为理学家的名望，更使他名声远播，闻名遐迩。于是当时许多在野文人，即所谓的"穷乡晚进有志之士，风闻而兴起者甚众"。也正因为如此，曾静才对吕留良产生了非常仰慕的心情。

此外吕留良的徒弟严鸿逵也因继承了吕留良的思想，而非常敌视清政府，当大学士朱轼请他出山时，严鸿逵在日记中表示："予意自定，当以死拒之耳。"意即我打定了主意，就算被杀头也不能为满清服务！严鸿逵的学生沈在宽也秉承师训，拒不承认清政府，希望恢复汉人的统治。正因为如此，曾静的徒弟张熙与严鸿逵和沈在宽结为了好友。

案情基本摸清之后，对这些有反清言行的汉族士人，雍正再次采取了双管齐下的策略。他一方面降旨辟其"邪说"，另一方面则实行了高压政策。

尽管种种政策没能让汉族知识阶层心服，但雍正并不为此着急。他已经对此拥有了自己的一套进行政治教育的方案，希望通过按计划、分步骤地实施方字模，达到对民众进行爱国家、爱政府、爱皇上的国民教育的实效。

雍正在曾静案发之初就表示，对曾的著作《知新录》不必隐讳，将来自有处置。整个案件基本调查清楚之后，雍正下令将论述这个案子的上谕与曾静的言行及口供弄成一个

案件汇编,集成为一部《大义觉迷录》。加以刊刻,颁行全国,以使读书士人知道这件事的经过与详情。同时雍正还采取了强制措施,称假如读书士人不知此书,一经发现,就将该省学政、该州县学教官从重治罪——这就是说,读《大义觉迷录》一书是强制性的。作为中央文件,大家必须要读。

那么,雍正为什么要强制士人读这部书呢?因为在《大义觉迷录》中,不但有雍正本人的最高指示,同时还有曾静"弃暗投明"为雍正宣传的文字,如称雍正至仁至孝、受位于康熙,兼得传贤传子二意;又说雍正朝乾夕惕、惩贪婪、减浮梁,一心爱民。所以《大义觉迷录》一书,由曾静现身说法,体现了他由不明情、听信流言诬枉皇上,到真正体会到皇上恩德,提高认识,进而歌颂皇上的思想转变,成了替雍正做宣传的上好的宣传工具。

吕留良

同时,雍正对曾静、张熙二人作了宽大处理,将其无罪释放,并称此二人是误信了奸佞之言。此外雍正还公开宣布,非但他不再追究他们的责任,"即朕之子孙亦不得以其诋毁朕身躬而追究诛戮之"。

那么雍正为什么要放过曾、张二人呢?其一是因为岳钟琪为了诈取张熙口供,曾对其发过毒誓,保证不会加害张熙师徒。岳钟琪是雍正的肱股大臣,他的言行应与雍正视为一体,因此雍正不能让岳钟琪失信于人。其二是因为曾静投书后,才使雍正获知了谣言的肇事者原来是允自己兄弟手下的太监。这样看,曾静非但无过,反而有功了。其三是最重要的一点,正如我们前面所说,留他比杀他们用处更大,雍正可以拿他们来现身说法。即利用他们来宣扬雍正的仁德爱民,如命曾静到江南、江宁、苏州、浙江、杭州等地宣传《大义觉迷录》,进行广泛演讲,然后再将其押送原籍,安排到观风整俗使衙门里当差。又命张熙到陕西及其他地方做类似的演讲宣传,然后送回原籍,在家候旨,以便随传随到。

这样一来,曾、张二人就成了雍正御前的得力助手了,而他们所起的宣传作用,又是其他人所起不到的。由此看来,雍正在这件事的处理上,可谓是得到了上天所赐的宣传自己仁德的良机,用得其所,也就益处多多了。

第三章 尽揽天下英才为我所用

★平衡互补，合理搭配

太祖既征孙权还，使张辽与乐进、李典等将七千余人屯合肥。太祖征张鲁，教与护军薛悌，署函边曰：贼至乃发。俄而权率十万众围合肥，乃共发教，教曰："若孙权至者，张、李将军出战；乐将军守护军，勿得与战。"诸将皆疑。辽曰："公远征在外，比救至，彼破我必矣。是以教指及其未合逆击之，折其盛势，以安众心，然后可守也。成败之机，在此一战，诸君何疑？"……权人马皆披靡，无敢当者。自旦战至日中，吴人夺气，还修守备，众心乃安，诸将咸服。权守合肥十余日，城不可拔，乃引退。辽率诸军追击，几复获权。太祖大壮辽，拜征东将军。

——《三国志·张乐于张徐传》

手下人，尤其能人多了，就容易产生矛盾。既然是矛盾就可能影响工作和事业，对此管人者既要有正确的态度，又要有合理的处理办法。硬去化解可能于事无补，最多表面上有所收敛；不闻不问甚至忽略矛盾的存在则可能导致重大失误。

东汉建安二十年（公元215年）三月，魏王曹操率大军西征汉中，攻伐张鲁政权。当时东南孙权势力正盛，魏军西移，中部稍弱，极有可能遭到孙权背后袭击。魏与东吴交界最直接的关键重镇是合肥，留下谁镇守合肥至关重要。合肥孤悬无援，专任勇将则必然好战生事，导致危患；若专任怯战避阵之人，则必然导致众心畏惧，涣散失守。敌众我寡，对方必然轻敌贪堕，若命猛将给予致命攻击，势必取胜；胜则必要有稳重善守者坚守，才是上策。曹操想起了张辽、乐进、李典三人组成的"黄金搭配"。

张辽、李典在当时是魏军中著名的勇将，骁勇无敌，身经百战，而乐进则身材短小，富于胆略，曾跟随曹操攻打吕布、袁绍，曹操深知他刁钻多谋，稳重可信。早在建安十一年（206年），曹操就上表给汉献帝，称扬乐进与张辽、于禁，说他们"武力弘盛，计略周备，忠诚守节，每次交战，都亲自督率，奋突强敌，无坚不摧，手秉战鼓，身先士卒。派他们率将别征，都抚众结人，举令无犯，临敌制决，少有差失。论功纪用，应当各显功名"。于是于

禁被封为虎威将军,乐进被封为折冲将军,张辽被封为荡寇将军。

李典、乐进、张辽

　　曹操临西征前命张辽、乐进、李典共统领 7000 余人屯驻合肥,但是张、乐、李三人平素就关系不好,于是曹操给护军薛悌留下函札一封,在函旁署签说:"敌人来攻城时才可开启。"不久孙权率 10 万大兵包围了合肥,于是魏军守将们共同打开曹操的书函,上面写着:"如孙权来攻,张、李二位将军出战,乐将军守城,护军(薛悌)不要参与作战。"诸位将军都很疑惑,张辽说:"主公远征在外,等待他的援兵到来,孙权一定早攻破了我们。所以他指教我们趁敌人未立足时出击,冲击敌人的强盛气势,以稳定兵众之心,然后才可以守城。成败之机,在此一举,诸位还疑惑什么?"张辽担心与他不和睦的李典不肯出战,李典慨然说:"这是国家大事,只不过看你怎么对待了,我难道会因为私人之憾而忘了天下大义吗?"于是率众与张辽一起出战。

　　于是张辽趁天黑招募了八百多位敢死之士,杀牛招待将士,准备第二天大战。天刚亮,张辽披甲执戟,先冲入敌阵,杀死数十个敌兵,斩杀对方两员将领,大呼自己的姓名,冲破敌方重围,直奔孙权的旗帜之下。孙权大惊,周围的人不知所措,退避到高坡之上用长矛自卫。张辽叱喊孙权下来交战,孙权不敢动一步,望见张辽所带的人马很少,又把张辽围了几圈。张辽左冲右突,向前直冲,很快冲破包围圈,张辽旗下的几十个人才得以突围,其余仍被包围的人喊:"将军扔下我们不管了吗?"张辽又冲入重围,把他们解救出来。孙权的人马都望风而倒,无人敢抵挡。从早晨战到中午,吴军气势被抑制,回寨加强了守备,大家才心安,诸路将领都对张辽折服。

　　孙权包围合肥十余日,攻不下城池,于是引兵而退。张辽率兵追击,几乎又擒获孙权。

曹操得报后,极为佩服张辽等人的壮勇,拜张辽为征东将军。曹操、曹丕父子对合肥之战都评价极高,曹丕在黄初六年(225年)追念张、李等人功绩时说:"合肥之役张辽、李典以步兵八百人破敌十万,自古用兵从未有过。使敌人至今夺气丧志,可称得上国家的栋梁啊。"

历来兵家都钦服曹操用人有术,选将时掺杂异同,平衡互补,并留下密计以节制遥控战场,事情发展与其预计,如同符契般相合,可谓神妙。

★对贤能之士要树立"求"的思想

乐羊为魏将,而攻中山,其子在中山,中山之君烹其子而遗之羹,乐羊坐于幕下而啜之,尽一杯。文侯谓睹师赞曰:"乐羊以我之故,食其子之肉。"赞对曰:"其子之肉尚食之,其谁不食!"乐羊既罢中山,文侯赏其功而疑其心。

——《战国策》

管人者的最终目的是要把事情做好,为此,应该把各有所长的贤能人士请到自己的身边,让他们的特长为自己管人的目标服务。如果请之不得,那就要去求。

战国初期,魏国是最强的国家。这同国君魏文侯(魏斯)的贤明是分不开的。他最大的长处是礼贤下士,知人善任,器重品德高尚而又具有才干的人,广泛搜罗人才,虚心听取他们的意见,善于发挥他们的作用。因此,许多贤士能人都到魏国来了。

魏国有一个叫段干木的人,德才兼备,名望很高,隐居在一条僻静的小巷里,不肯出来做官。魏文侯想同他见面,向他请教治理国家的方法。有一天,他坐着车子亲自到段干木家去拜访。段干木听到文侯车马响动,赶忙翻墙头跑了。魏文侯吃了闭门羹,只得怏怏而回。接连几次去拜望,段干木都不肯相见。但是,魏文侯对段干木始终非常仰慕,每次乘车路过他家门口,都要从座位上起来,扶着马车上的栏杆,伫立仰望,表示敬意。

车夫问:"您看什么呐?"魏文侯说:"我看段干木先生在不在家。"车夫不以为然地说:"段干木也太不识抬举了,您几次访问他,他都不见,还理他干什么!"魏文侯摇了摇头说:"段干木先生可是个了不起的人啊,不趋炎附势,不贪图富贵,品德高尚,学识渊博,这样的人,我怎么能不尊敬呢?"后来,魏文侯干脆放下国君的架子,不乘车马,不带随从,徒步跑到段干木家里,这回好歹见了面。魏文侯恭恭敬敬地向段干木求教,段干木被他的诚意所感动,给他出了不少好主意。魏文侯请段干木做相国(当时一国的最高行政长官),段干木怎么也不肯,魏文侯就拜他为老师,经常去拜望他,听取他对一些重大问题的意见。这件事很快传开了。人们都知道魏文侯礼贤下士,器重人才,一些博学多能的人,如政治家翟璜、李悝,军事家吴起、乐羊等都先后来投奔魏文侯,帮助他治理国家。

当时,魏国已经建立了封建政权,新兴地主阶级登上了政治舞台。可是,无论在政

治、经济还是思想意识方面都还存在不少奴隶制的残余。这些东西严重阻碍着魏国的发展，魏文侯决心加以改革。他任李悝为相国，经常同他商讨国家大事，李悝也积极地提出许多建议。有一天，魏文侯问李悝，怎样才能招募更多有才能的人到魏国来，李悝没有回答，反问道："主公，您看过去传下来的世卿世禄制怎么样？"魏文侯说："看来弊病甚多，需要改革。"李悝点点头说："这个制度不改，就不可能起用真正有才能的人，国家就治理不好。"原来，按照世卿世禄制，奴隶主贵族的封爵和优越俸禄是代代相传的，父传子、子传孙，即使儿子没什么本领，没立什么功劳，照样继承父亲的封爵和俸禄，享受贵族的种种特权，过着养尊处优的生活。一些真正有才能的人，只因为不是贵族，就被这种制度卡住了，很难得到应有的地位。李悝把这个问题分析给魏文侯听，魏文侯十分同意他的看法。又问："那么如何改革呢？"李悝早就胸有成竹，不慌不忙地说："我们必须废除世卿世禄制。不管是贵族还是

段干木

平民，谁有本事有功劳，就给谁官做，给谁俸禄；按本事和功劳大小分派职位；有功的一定奖赏，有罪的适当处罚。对那些既无才能又无功劳而又作威作福的贵族，采取断然措施，取消他们的俸禄，用这些俸禄来招聘人才。这样，四面八方的能人贤士就会到魏国来了。"魏文侯听了，非常高兴，叫李悝起草改革的法令，不久就在全国执行了。这项改革，剥夺了腐朽没落的奴隶主贵族的"世袭"特权，增加了新兴地主阶级参与政治的机会，为巩固魏国的封建政权创造了条件。

接着，魏文侯又采纳了李悝的建议，在经济上进行了改革。李悝算了一笔细账：一个五口之家的农民，种20亩地，每年收获的粮食，除去交租纳税和自己家的口粮以外，就剩不下什么了，如果遇到生病办丧事，或者国家增加苛捐杂税，日子就更难过了。为了改善农民的生活，就必须增加粮食产量。当时魏国大约有几百万亩土地，除去山、河、城、邑，可耕地只有600万亩。如果农民精耕细作，每亩可增产三斗粮食；相反，就要减产三斗粮食。这样一增一减，全国就相差180万石粮食。所以，他建议实行"尽地力"的政策，就是积极兴建水利，改进耕作方法，以充分发挥土地的潜力。同时，李悝还创立了"平籴"法：丰收年景，市面上粮价便宜，为了不使农民吃亏，国家把粮食照平价买进；遇到荒年，市面上粮价昂贵，国家仍照平价把粮食卖出。这样，不管年成好坏，粮价一直是平稳的，人民生活比过去安定，国家的赋税收入也得到了保证。

李悝还搜集整理了春秋末期新兴地主阶级制定的法律，创制了我国历史上第一部比较系统的封建法典——《法纪》，用法律形式把封建制度固定下来，保护地主阶级的政治

经济特权。

魏文侯很赞成李悝的主张和措施，实行了这一套办法以后，魏国很快就富强起来了。

魏文侯看国家实力增强了，就要去攻打中山国（今河北省定县一带）。翟璜推荐乐羊做大将，说他文武双全，善于带兵，准能把中山打下来。可是有人反对，说："乐羊的儿子乐舒在中山当大官，他肯出力拼命地攻打中山吗？只怕他疼爱儿子，到时候会心软。"翟璜说："乐羊可是一个忠心为国的人。乐舒曾经替中山国君聘请乐羊去做官，乐羊认为中山国君荒淫无道，不但没去，还劝儿子离开，可见他是很有见地的。"文侯把乐羊找来，对他说："我想让你带兵去平定中山，您儿子在那儿做官，怎么办？"乐羊说："大丈夫为国家建功立业，要是破不了中山，甘愿受处分！"魏文侯就派他为大将，带领兵马，去攻打中山。一连几仗下来，中山兵大败。魏军长驱直入，一直打到中山国的都城，并且把都城包围起来。中山国国君十分恐慌，一面加紧城防，一面逼着乐舒劝说乐羊停止攻城。乐舒不得已，只得登上城楼大叫，请父亲来相见。乐羊出来，不等乐舒开口，就把他大骂一通，要乐舒赶紧劝中山国君投降。乐舒请求乐羊暂时不要攻城，等他同国君商议。乐羊同意了，给他们一个月的期限。一个月过去了，中山国又要求缓期一个月。这样三次。乐羊也没攻城。原来他是考虑，中山城池坚固，硬攻伤亡太大，不如采取围而不攻的办法来收买民心，等待时机再把都城拿下来。谁知魏国朝廷上一些嫉妒乐羊的人乘机到文侯跟前说起他的坏话来了："主公请看，乐羊开始攻打中山的时候，势如破竹，儿子一番话，三个月不攻。父子感情可真深啊！要是不把乐羊召回来，恐怕要前功尽弃了。"诽谤乐羊的话不断送到魏文侯耳朵里。魏文侯问翟璜有什么意见，翟璜说："乐羊这个人很可靠，主公不要怀疑。"于是文侯对各种诽谤乐羊的话一律不加理睬，照样信任乐羊，经常派人到前线慰劳，还预先在都城替乐羊盖了好房子，等他回来住。乐羊心里非常感激，他看中山国不投降，就带军队拼命攻城。中山国国君看看情势危急，就把乐舒绑了，高高地吊到城门楼顶的一根杆子上，想用这种办法迫使乐羊退兵。那天，乐舒在高杆上大叫："父亲救命！国君说您一退兵就不杀我……"话没说完，乐羊气得直翘胡子，拔出箭来就要朝乐舒射去。中山国君一气之下，果真杀了乐舒，还把他的头吊到杆子顶上，想引得乐羊悲痛，松懈斗志。乐羊见了儿子的脑袋，气得直骂："谁叫你给无道昏君做事！也是罪有应得。"接着，他带领军队更加下死劲儿攻城，最后，终于把中山国打下来了。平服中山国以后，魏文侯又任命吴起为大将，带领军队去攻打秦国，连着占领五座城池。魏国成为当时最强盛的国家。

李悝

国学智慧全书——史学智慧

从魏文侯求才而强国的经历看，管人者对于人才"求"念一生，余下的就什么事都好办了。

★不避亲、不避仇是用人的至高境界

祁奚请老，晋侯问嗣焉。称解狐，其仇也，将立之而卒。又问焉，对曰："午也可。"于是羊舌职死矣，晋侯曰："孰可以代之?"对曰："赤也可。"于是，使祁午为中军尉，羊舌赤佐之，君子谓："祁奚于是能举善矣。称其仇，不为谄；立其子，不为比；举其偏，不为党。《商书》曰：'无偏无党，王道荡荡。'其祁奚之谓矣！解狐得举，祁午得位，伯华得官，建一官而三物成，能举善也！夫惟善，故能举其类。《诗》云：'惟其有之，是以似之。'祁奚有焉。"

——《左传·襄公》

以公心管人，那么用人的标准就是贤与能。只要有高尚的情操、出众的才能，能够胜任职务，即应人尽其用，而不应顾虑个人与人才的关系是亲是疏、是仇。在管人用人方面，中国古代不乏"内举不避亲，外举不避仇"的典范。

《左传》记载着这样一个故事：襄公三年（公元前570年），晋国掌管军政的长官——中军尉祁奚请求告老退休，晋悼公准请，并询问祁奚谁可接替他任中军尉，祁奚提出解狐。解狐是祁奚的仇人，但因解狐可胜任这一职务，所以祁奚荐举了他。不巧解狐未等拜官上任就病死了。所以悼公再次问祁奚时，他提出自己的儿子可以接任。于是悼公任命祁午为中军尉。荐贤必须出于公心，祁奚从当时实际情况出发，以能否胜任中军尉这一要职为标准来举荐人才，根本没有考虑过是亲是仇。这种毫无忌妒之心，又不怕有人议论的做法，表现出祁奚认真求实地荐举人才的精神，被时人誉为"称其仇，不为谄；立其子，不为比；举其偏，不为党"。孔子闻之，也大加称赞："外举不避仇，内举不避子，祁黄羊（祁奚的字）可谓公矣。"

"内举不避亲，外举不避仇"之所以成为春秋时代选人、用人的佳话，是由于自此时起，中国古代的用人制度走入了一个新的历史时期。在西周时代，实行的是世卿世禄制，无所谓选与不选，贤与不贤，自然也没有举亲举仇的问题，春秋时代，随着社会的变革，新的官僚制度开始萌生。在官僚制度下，官员与君主的关系，具有了韩非所说的那种主家与佣耕者之间的意味，因此，也就有了选官任官。有了荐贤举贤，而且，从祁奚的这则故事，我们还可以看到，在封建官僚制产生之初，人们就开始把选举的公平无私作为重要准则，这是一种历史的进步。

正因为如此，以后的贤相辅们便往往以此为标榜，留下了不少"内举不避亲，外举不避

避仇"的佳话。

宋朝宰相王旦,德高望重,大度宽容,能知人荐人。前相寇准屡屡在皇帝面前诋毁并经常挑剔、顶撞王旦,然王旦知其才,不但不耿耿于怀,而且竭力保护这个刚直、贤能的同年。他曾多次向真宗褒扬寇准,说他"对陛下无所隐,益见其忠直"。屡屡向皇上荐举他。寇准曾被罢枢密使,托人告王旦欲求为使相。王旦惊曰:"将相之任,岂可求耶! 吾不受私请。"寇准为此衔恨在心。及宋真宗令予寇准一小官做时,王旦却极力荐举他,说:"(寇)准有才望,与之使相,其风采足为朝廷争光。"于是真宗任寇准为武胜军节度使、同中书门下平章事(即宰相)。寇准受任后,入宫谢真宗,说:"非陛下知臣,安能至此?"真宗如实地将王旦荐举他的事情讲给他听,寇准知后既惭愧又叹服,认为自己的气度远不及王旦。天禧元年(1017年),王旦病危,宋真宗将王旦抬入宫中,征询国家

王旦

要事,其中问道:万一爱卿身体有不测,朕将天下托付于谁呢? 王旦费力地举起笏板,奏道:"以臣之愚,莫若寇准。"并要皇上宜早召寇准为相,后来真宗果然任寇准为相。

在用人问题上,像王旦这样大度豁达、容人之过,不以私怨党同伐异的政治家,中国历史上还有不少。如唐朝武则天时的大臣狄仁杰,学识渊博,很有作为,的确是位人才,可他与宰相娄师德长期以来不和睦,狄仁杰为一些意见分歧经常排斥娄师德,假若德高望重的娄师德也采取手段报复或压制狄仁杰的话,恐怕狄仁杰的历史就得改写了。但是娄师德没有这样做,而是顾全大局,宽宏大度,他十分看重狄仁杰的长处,接连向则天皇帝上了十几道推荐书,保举狄仁杰为相,与自己一起共谋国事。新上台的狄仁杰不知内情,依然不与师德合作,与之嫌隙很深。一天,武则天问狄仁杰:你知道我为什么重用你吗? 狄仁杰答道:我靠文章和道德取得官位,不是那种碌碌无为、依赖他人的平庸之辈。武则天沉吟许久,说:最初,我并不了解你,你之所以受到重用,全靠娄师德推荐。于是她让身边的侍从拿来装文件的筐篋,找出十几篇娄师德的保荐书,递给狄仁杰。狄仁杰一看,十分内疚,深感惭愧。武则天也未责怪他。狄仁杰走出皇宫,深有感触地说:"吾不意为娄公所涵,而娄公未尝有矜色。"不由从内心里敬佩和感谢娄师德。

明朝宰辅张居正在用人上不凭个人好恶、或与自己亲疏为标准,而是"立贤无方、唯才是用"。他曾郑重声明:"自当事以来,谆谆以此意告于铨曹,无问是谁故乡党,无计从来所作眚过,但能办国家事,有礼于君者,即举而录之。"

他的政敌高拱被逐下野后,对高拱所任用的阁僚官吏,只要其才当其位、能付其职

者,张居正一概不排除,予以留用。如张佳胤为当时有名的能臣才子,但他曾是高拱的僚属,并且与之过往甚密,张居正并不因此疏远排挤他,而是鼓励他"努力勋名",予以厚待。

当然,封建时代的这种荐人公正无私、宽容大度的宰相们,归根结底都是为了封建统治阶级的私利,都是为了维护封建的专制统治,以使国家机器得以正常运转。明代宰辅杨溥所荐范理的一句话道破机关:杨溥执政时,曾推举对家人不礼不尊的天台人范理为德安府知府,后又擢升他为贵州布政使(一省长官)。有人劝

狄仁杰

告范理应致书杨溥以示谢意,范理却义正词严地说:"宰相为朝廷用之,非私于理也。"即杨溥推荐他是为朝廷。此话与狄仁杰的名言"荐贤为国,非为私也",如出一辙。

当然,中国历史上的这种出于公心选拔任用人才的宰相毕竟受到阶级和历史的局限,并且,更多的宰辅们则是对触犯过自己、反对过自己的人"睚眦必报",一旦抓住对方的把柄,必置对方于死地而后快。

★以坦诚的态度迎接、对待贤才

十五年春,下令曰:"自古受命及中兴之君,曷尝不得贤人君子与之共治天下者乎!及其得贤也,曾不出闾巷,岂幸相遇哉?上之人不求之耳。今天下尚未定,此特求贤之急时也。'孟公绰为赵、魏老则优,不可以为滕、薛大夫。'若必廉士而后可用,则齐桓其何以霸世!今天下得无有被褐怀玉而钓于渭滨者乎?又得无盗嫂受金而未遇无知者乎?二三子其佐我明扬仄陋,唯才是举,吾得而用之。"

——《三国志·武帝纪》

有杰出人才的辅佐,是一个领袖成功的重要条件。对于一些闻名已久的人才,要真诚地渴慕、欢迎人才,接纳人才,使用人才,关心人才,方能有朝一日使其施展才干。

在发兵战袁绍之前,曹操到泰山庙去拜访高僧,询问中原有哪些贤人。老和尚不敢泄露天机,给他一个锦囊,说:"你进驻中原以后,如有人出来敢指名道姓骂你,你一看这锦囊便知。"

曹操密藏锦囊，统率大军浩浩荡荡杀奔中原而来，所到之处，鸡犬不留，路断人稀。到了许昌之后，发现这里是藏龙卧虎之地，就传令三军，安营扎寨。军帐设在北门内一个名叫景福殿的庙里。曹操有个没出五服的弟弟曹仁，带着亲兵四下抢夺，弄得百姓惶惶不安。三天以后，四个城门上忽然都贴出一张帖子，上边写着："曹操到许昌，百姓遭了殃；若弃安抚事，汉朝难安邦。"下边落款是四个大字："许昌荀彧"。

曹操知道了，气得咬牙切齿。正想下令捉拿荀彧，猛然想起僧人赠的锦囊。急忙拆开来看，一张白纸上写着几行大字：

> 开口就晌午，日落扁月上。
>
> 十天头长草，或字三撇旁。
>
> 才过昔子牙，谋深似子房。

这是一首藏意诗。曹操左看看，右看看，翻腾了半天才解开其中秘诀：开口就晌午，开口系言，晌午取午，言午是"许"字；日落扁月上，日在上，扁月在下，像个"昌"字；十天头长草，十天为一旬，旬加草字头，是个"荀"字；或字三撇旁，是个"彧"字。顿时醒悟过来，高兴地说："许、昌、荀、彧，原来有子牙、子房之才，我一定要把他请出来。"

荀彧是颍川郡颍阴人，因不满朝廷，在家过着隐士生活。他听说曹操智勇双全，又能重用人才，早想投奔曹操，又怕不安全，就写了这张帖子，来试探一番。

曹操立即派曹仁去请荀彧，荀彧故意拒门不出，曹仁非常生气，添油加醋地说荀彧如何藐视曹操，建议把他杀了。

曹操呵斥道："大胆奴才，杀了他等于砍了我的臂膀，你知道吗？"

那时正是腊月天，朔风凛冽，滴水成冰。曹操求贤心切，冒着严寒。亲自出马，来到聚奎街荀彧府第，只见大门落锁。等了好久，不见有人。曹操不顾胡子上结了冰凌，又赶到奎楼街荀彧的另一府第。管家又对他说，主人到许昌打猎去了。曹操两访不遇，并未烦恼，仍耐心求访。

一天，曹操访得荀彧到城东北八柏的祖坟去扫墓了，就备下礼物，前往凭吊。曹操来到坟前，看见一个青年，二十几岁，姿态风流，仪表堂堂，正在专心致志阅读《孙子兵法》，头也不抬。忽然一阵风起，把书吹落在

荀彧

地。曹操急忙上前捡起，恭恭敬敬递上，施礼说："荀公安康！"荀彧却闭目问道："先生是何人？来此做什么？"曹操说："我是谯郡曹孟德。来请荀公共扶汉室江山。"荀彧冷冷一

笑说:"我是一个普通百姓,不懂治国大事,先生另请高明吧!"曹操赔笑说:"久闻先生胸藏经天纬地之术,腹隐安邦定国之谋,我非先生不请。"荀彧说:"不怕我骂你吗?"曹操连连点头,说:"骂得有理,多骂才好。"荀彧又推说患有腿疾,不能行动。曹操便亲自牵来良马,扶荀彧骑上,前呼后拥,迎入景福殿中。

　　人才一旦来奔,曹操总是真诚地欢迎,常有相见恨晚之感。官渡之战中许攸弃袁绍来奔,曹操来不及穿鞋,光着脚匆忙出迎,就是一个突出的例子。重要的人才来奔,曹操都要尽快亲自接见,询问方略,听取建议,表达礼敬之忱。对于那些反对过自己的人,只要转变态度,曹操也能宽大为怀,不念旧恶,并委以一官半职。比如陈琳,在官渡之战前夕为袁绍起草了一篇讨伐曹操的檄文,历数曹操的种种"罪恶",其中有的是事实,有的则不一定是事实。如说曹操亲率将士盗墓,"破棺裸尸,掠取金宝",军中还设有"发丘中郎将""摸金校尉"等官职,专事盗墓,似乎就是事实。而指责曹操曾盗梁孝王墓,则不一定是事实。还有说曹操的祖父曹腾是宦官,父亲曹嵩是领养的,而曹操则是"赘阉遗丑",揭曹操出身的老底,就更有人身攻击之嫌。汉末宦官由于数度操纵朝政,残害士人,名声很坏;汉代又看重门第,陈琳把曹操骂到父祖,比骂本人在感情上更难接受。但是,曹操对陈琳如此的"恶毒攻击",在打败袁绍后得到陈琳时,却只是责备陈琳说:"你过去为袁本初写檄文,骂我也就行了,不是说憎恨邪恶只限于本身吗?怎么往上牵扯,骂到我父亲、祖父的头上去了呢?"

　　陈琳赶紧向曹操赔罪。曹操爱才,不但没有杀他,还任命他为司空军谋祭酒。这是曹操不念旧恶的一个突出例子。

　　人才来奔后,曹操一般都能安排适当职务,放手使用,在工作中注意虚心听取他们的建议,有了成绩及时给予肯定,有了功劳及时给予奖赏。曹操本性多疑。但在使用中却常能信人不疑,不轻信谗言,不轻易处罚。蒋济被人诬告谋反,曹操不仅不信,相反还将蒋济提升为丞相主簿西曹属;程昱因性情刚戾,得罪了不少人,结果被人诬告谋反,曹操得知后,仍对他加以重用。建安十八年(公元213年),东郡朱越谋反,诬陷黄门侍郎卫臻与他同谋,曹操同样不信,但为慎重起见,让荀彧进行调查。

　　对那些享有声望的名士,曹操就更要宽容一些。邴原在青州与儒学大师郑玄齐名,超脱世俗,清高自许,公孙度曾称之为"云中白鹤",认为不是用捕捉鹡鸰的罗网所能罗致的。投归曹操后,曹操任命他为东阁祭酒,对他的态度十分谦恭。建安十二年(207年)冬,曹操北征乌桓回到昌国,设宴招待士大夫。酒喝到半酣时,曹操说:"我这次凯旋而归,驻守邺城的诸君肯定都会前来迎接,今天或者明早,大概就都到了。不会前来的,只有邴祭酒吧?"

　　谁知话刚说完,邴原却先到了。曹操得到报告,大为惊喜,立即起身,远远出迎。见到邴原后,曹操说:

　　"贤人实在是难以预料啊!我本来估计您是不会来的,谁知您却屈驾远远地赶来了,这实在是满足了我的渴盼之心啊!"

邴原离开曹操后，军中士大夫前去拜访的多达数百人。曹操知道邴原名高望重，从此以后对邴原更加敬重。

邴原虽有公职，但却常以有病为由，高卧家中，不仅不理事，连面也很少露。这样一来，不免要产生一些副作用。名士张范，也想学邴原的清高，曹操特地为此下了一道手令：

邴原名高德大，清规邈世，魁然而峙，不为孤用。闻张子颇欲学之，吾恐造之者富，随之者贫也。

"造之者富，随之者贫"，意谓开创者能够得到大名，跟着学的人就将一无所获了。对张范进行了婉转含蓄的批评。这说明曹操对邴原之所以特别宽容、特别敬重，是为了充分利用他的声望和影响，争取到更多的士人。但他并不希望人们去学习邴原的清高，他所希望得到的是热衷事业、有实际才能的干才。

曹操对人才的坦诚态度，还表现在他对部属生老病死乃至对其家属子女的关心上。郭嘉病重时，曹操派去探视的人一个接着一个。贾逵长了瘿（颈部的囊状瘤子），越长越大，打算找医生割掉，曹操很不放心，专门给贾逵下了一道手令，要贾逵对开刀一事采取十分慎重的态度。蒯越临终前，把家属托付给曹操，曹操立即回了信：死者反生，生者不愧。孤少所举，行之多矣。魂而有灵，亦将闻孤此言也。《公羊传·僖公十年》载，晋献公有病将死时，问荀息士人怎样才算是守信用。荀息回答说："使死者反生，生者不愧乎其言，这样才算是守信用。"曹操化用其意，表示自己将不负蒯越所托。曹操还表示，他年轻时所推举的人，很多是这样做的，意在说明他自己一直是赞同和提倡这样做的。

曹操以坦诚的态度渴慕人才，欢迎人才，接纳人才，使用人才，关心人才，真正让人体会到了曹操是"我有嘉宾，鼓瑟吹笙"，这无疑会收到很好的效果。曹操一生能够罗致大批人才，这些人才能够忠诚于曹操的事业，充分贡献自己的聪明才智，为曹操战胜对手、统一北方做出了贡献，绝不是偶然的。

★以用人来巩固权力的做法不能滥用

太后自徐敬业之反，疑天下人多图己，又自以久专国事，且内行不正，知宗室大臣怨望，心不服，欲大诛杀以威之。乃盛开告密之门，有告密者，臣下不得问，皆给驿马，供五品食，使诣行在。虽农夫樵人，皆得召见，廪于客馆，所言或称旨，则不次除官，无实者不问。于是四方告密者蜂起，人皆重足屏息。

——《资治通鉴·唐纪十九》

原有的机制和一套人马不中用了,以提拔奖掖新人的办法废弃旧人旧制,这是帝王们成功的做法。但这一用人方法不能极端地用,否则就会造成一些弊端,武则天用酷吏就是一个典型的反面例子。

武则天虽然坚强刚毅、深谋大略、雄心勃勃,但她对着的是众多的、或明或暗的敌手。为了巩固自己的地位,多年来她一直企图在棘手的政治漩涡中寻求依靠。现在,随着告密之门的打开,她终于找到了,这就是靠告密起家的酷吏。

武则天从告密者中筛选出来的"精华"共十一个,除了《旧唐书》前边那段评论中点出来的八个人以外,还有傅游艺、来子询、吉顼。这十一个人中,最出名的是索元礼、来俊臣、周兴三个人。前两个人时人合称为"来索",就是来搜捕的意思,已成为酷吏的同义语。这三个人都是酷吏们的首领,尤其是来俊臣,更是"魔鬼中的魔鬼"。

先介绍索元礼。他是武则天从告密者中第一个挑选出来的。此人是个胡人,那时叫波斯人,是后归化过来的。索元礼出身贫穷,也没有多少文化。但他的长相具有胡人血统的特点,个子高而健壮,卷发黑而硬,鹰鼻、深目,他眼里时常闪射着凶光,令人望而生畏。

在徐敬业之乱平定以后,武则天实行威慑政策,以稳定地方。索元礼猜度形势,就利用肃清叛乱残余、整治涉嫌者的机会,进行告密。在他面告的时候,武则天在帘后观察。他信誓旦旦地说:"我忠心为国,只要为了太后,什么样的敌人,我都能够把他干掉。"

武则天对他很满意,认为这个人符合自己选择的标准,所以破格使用,把这个无名之辈,一下子提拔为游击将军,掌管制狱审案的大权。这种提拔,真使朝臣们目瞪口呆。

不过,索元礼没有辜负武则天的期望,上任之后,就发挥了残忍的特长。稍有嫌疑,立即逮捕,每捕一人,就有数以十计百计的人连坐被捕,而且被施以酷刑。这使朝臣们十分畏惧,见他犹如见虎狼。武则天却对他的表现很满意,常常召见,并多次给他赏赐。此后,他的手段也就越来越残忍。《旧唐书》对索元礼这个人的评语是"性残忍,甚于虎狼"。

比索元礼还凶恶的是来俊臣,这个人简直是魔鬼的化身。虐待、杀人,成了他生活中最大的乐事。他像饿狼一样,没有猎捕的对象,就活不下去。

来俊臣年轻时偷盗、诈骗、赌博、强奸……无恶不作,在游荡到和州(现安徽省和县)时,因抢劫而被捕下狱,并被判处死刑。

当时,全国兴起告密风。他想反正是个死,何不利用这个机会去"告密",也许还能找到一条活路呢。他决定不能坐以待毙。

按照规定,死刑犯要告密也是不受限制的。他利用这个特许条件,大喊大叫要去"告密"。狱吏和州官怕有不准告密之嫌,只好同意他去神都洛阳去面告。

接待他的是上官婉儿,由于死刑犯要告密,是极为少见的。武则天出于好奇,在帘后观察。

来俊臣心想,告不成也是死路一条,就索性诬告和州刺史东平王李续。他根据当时的风向来判断,很可能告他有利,因为李续是唐太宗第八子纪王慎的长子。他选准了目标就一不做，二不休，竟信口雌黄，颠倒黑白，随意捏造，夸大其词，把自己说成是个好人，和一个杀人犯曾同住一室，却把他误当成杀人犯，然后被捕入狱，严刑逼供，屈打成招……还数说出李续的许多苛政来。他口若悬河，说得有条有理、绘声绘色、活灵活现，连自己也觉得好像真有这么回事。

这个无赖，虽然心里如蛇蝎般的狠毒，可长相还算英俊，文化不高，但由于在三教九流里混的时间长了，还懂得些礼节和规矩，而且他的靶子选得也准，正中武则天的下怀。

本来这类普通的案子，武则天可以不管。这样来俊臣回去也就必斩无疑，他也就不会继续作恶了。哪想到武则天竟看中了他一有胆识，二有言辞。死囚犯来告密，这是把死置之度外了。敢于冒死，胆量可想而知。他诉起状来条条有理，有根有据，令人信服，而且言辞流利，很有辩才。

结果是，来俊臣不但没回去重投入监狱、问斩，反而被提拔为司刑评事（在光宅年间，大理寺改称司刑寺）。评事的职权是调查被告，起草判决书和管理监狱，是从八品以下的职务。这就是他怎么当上酷吏的经过。不久后，他又被提升为御史中丞，成了肃政后的主要角色。

来俊臣在酷吏中，是最有创造才能的。《罗织经》就是他和同是告密者出身、又同时任司刑评事的好友万国俊共同"创作"出来的。所谓《罗织经》，就是专门阐述如何罗织罪状的教科书，告诉酷吏们怎样促使人告密，怎样使无辜者有罪，怎样编织成反状等等。来俊臣又在犯人的大枷上做文章。大枷在唐朝有多重，没有资料可查。清朝的大枷是长三尺、宽二尺九寸，重约二十五斤。用大枷的通常办法是：把大枷中间留个洞，让

来俊臣

犯人把头露在枷上边，然后枷住脖子。来俊臣发明了新大枷，并且都给起了新名。史书上记载的有："一、定百脉，二、喘不得，三、突地吼，四、着即承，五、失魂胆，六、实同反，七、反是实，八、死猪愁，九、求即死，十、求破家。"

这些大枷的形状和用法无从考查，只知有一种是用铁做帽子，戴在犯人的头上，令犯人在地上转圈爬，很快就能致犯人于死地，是不是上述十种大枷的一种，不得而知。

三大酷吏之一的周兴，是新州长安人，和前两人比，他是唯一的一个在职官吏。他年幼时聪明好学，很有学识和才华，特别熟悉法律知识。开始任职为尚书都事，后来很快升任孟州河阳县令。

周兴很有才干的消息,不久后传到朝廷和高宗耳中。高宗曾召见过他,并且很赏识,准备提拔他。周兴听说后觉得很有把握,就去京城里等待正式任命的消息。没想到竟遭到内流官中有的人反对,理由是他非内流官出身。

　　唐朝的制度,官吏大体分内流、外流两种。内流官包括三五品以上的公卿,四五品的大夫,六到九品的任和任官的贵族子弟,在这以下等级的就是外流官了。周兴当时就是属于外流官。

　　由于高宗没有坚持提拔他,所以,这件事就告吹了。但是,也没有谁想告诉他这个消息。

　　宰相魏玄同出于同情心,看他可怜,可是又不能泄露朝廷的机密,就对他说:"周明府(明府是唐朝时对县令的一种称呼),你该回县里去了。"

周兴

　　岂知,好心没有好报。周兴这个官瘾很大,嫉妒心、疑心又很强的人,竟怀疑起魏玄同来,以为是这位宰相从中作梗,反对提拔他。

　　从此以后,他决心有朝一日,向这位宰相报复,并向那些瞧不起他的内流官进行挑战。这也是不得志、出身贫贱的小官对那些压抑他们的门第高贵的大官一种很容易引起的反感、不满和怨恨心理。不过,对周兴这个心胸狭隘的人来说,就更为突出了,怨恨变成了仇恨,报复转化成残酷。所以,在他成为酷吏以后,就专门把那些享有特权的大官作为他的主要打击目标,而且手段极其残忍。

　　他加入酷吏的行列与前两人不同,不是白手起家,平步青云,但有一点是和来俊臣一样,就是有"冒死"精神。朝廷明令,官吏是不准投书在铜匦告密的,他受索元礼突然高升的鼓舞,冒着很大的风险,写了一篇有关监狱方面的文章,投了进去。武则天欣赏他这种勇气,不但没降罪于他,反而任用他掌管狱制,后来又由司刑少卿提为秋官侍郎,成为酷吏之首,死前数月,还位居尚书省左仆射,是酷吏中为数不多的"佼佼者"之一。

　　以用人来达到某个重大的政治目的固然是一招曲径通幽的好棋,但像武则天这样采取极端的方式也是不可取的,弄不好,反会动摇自己的权力基础,那就得不偿失了。

★让至亲者成为至信

夏四月乙丑,封皇子为秦王,木冈晋王,棣燕王,木肃吴王,桢楚王,齐王,梓潭王,杞赵王,檀鲁王,从孙守谦靖江王。

——《明史·明太祖本纪》

历代帝王都把用人作为巩固权力的必要手段,用人的秘诀之一就是把亲人变成亲信,对于身边十分亲近的人在政治上也给予充分的信任,使之成为自己事业上的亲信。

打仗亲兄弟,上阵父子兵,这种做法在历史上比比皆是。比如朱元璋,因为只信任自己的儿子,所以仍固守已经落后的分封藩国的策略。

封诸子为王,目的是为了保证朱家子孙能长期保有皇位。朱元璋曾说过:"天下之大,必建藩屏,上卫国家,下安生民。今诸子既长,宜各有封爵,分镇诸国。朕非私其亲,乃遵古先哲王之制,为久安长治之计。"客观地讲,封建制是当时行政体制中的一种倒退因素,而使朱元璋产生这一错误思想的原因,在于他误解了秦汉时期的历史,认为先王分封,"周行之而久远,秦废之而速亡。汉晋以来莫不皆然",显然是"打仗亲兄弟,上阵父子兵"的想法使他在这一问题上产生了迷惑。事实上早在秦汉时期,中国的分封制度便已由于中央集权政体的建立而丧失了存在的社会基础,并日益暴露与封建中央集权背道而驰的特点。经过历代统治者的改革,逐渐将王侯等爵位变成一个尊崇的虚衔,强化了皇帝的集权专制。到了元朝,自成吉思汗开始。便再次恢复了名实相符的分封制;建都大都后,由于继续南侵的需要,忽必烈又分封诸侯,使他们分食汉地,肇始于元朝初期的四大汗国脱离中央和后来的诸侯擅权。朱元璋将这一倒退的政治制度当作法宝继承下来,和西周统治者"封建亲戚,以藩屏周"的目的如出一辙。

不过,朱元璋毕竟是出生在已有分封制两千多年,已有中央集权封建政体一千六百多年后的时代。他虽然由于巩固皇权思想的误导而选择了分封制,但也毕竟继承了前代无数统治者汗牛充栋的政治经验和连篇累牍的历史教训,对于分封制的弊端和危害一清二楚。因此,他对分封制进行了若干必要的改革,并深信通过改革可以消除分封制的弊端,使分封制这块早已腐朽的顽铁重新成为维护皇权的利剑。应该说他这一思想是大胆的,尽管他死后发生的靖难之役,证明了朱元璋的失败,但他恢复并改革分封制的做法,却颇有批判继承精神。

朱元璋于洪武三年初次封王。当时他任命了一批武将出任王府左相，"盖欲藩屏国家，备侮御边，闲中助王，使知时务，所以出则为将，入则为相"。同时，于各亲王府设王相府、王傅府，各置左、右相，左、右傅。这些相、傅往往还兼任所在行省的左、右丞、参政或都司卫所的军事官员。诸王可通过这些王府官吏对地方的行政事务和军队的指挥调动进行干预。地方行省与府县长官每月初一、十五必须定期谒见亲王，在谒见时亲王可过问军政事务。各亲王府皆"置亲王护卫所都指挥使司，每王府设三护卫，设左、右、前、中、后五所，所千户二人，百户十人，又设围子手二所，每所千户一人"。这样，亲王间接掌管了地方政、法、军三司事务，成为一个个地方"小皇帝"。在朱元璋当时看来，朝廷有皇帝总领大权，地方有诸王协理，内外相辅，就可保证明王朝的千秋万世了。一直到洪武八年，他的这一看法还没有发生任何动摇，因此山西平遥训导叶伯巨上书批评分封制时，朱元璋不仅不听，还将叶伯巨收监，囚死在狱中。

　　不过，历代诸王作乱的史实毕竟触目惊心，而叶伯巨的上书毕竟也对他产生了刺激。因此朱元璋在开始行政体制改革的时候，还是将分封制一起考虑了进去，纳入改革的轨道。洪武九年正月，第一批亲王就藩之前，朱元璋下令取消了王府相、傅的兼职。二月，重走王府官制，废除王傅府，只保留王相府，以左、右相和左、右傅为长官，文武各一人，随即又规定王府官员的职权仅限于王府范围内，不得干预地方事务。

　　及至洪武十三年，他又撤销王相府，将王相府下属的长史司由七品升为正三品，置左、右长史各一人，职权仅限于"掌王府之政令，辅相规讽以匡王失，率府僚各供乃事，而总其庶务焉"，诸如代亲王请名、请封、请婚、请恩泽以及替亲王起草陈谢、进献的表启、书疏等。亲王对王府属官的选用，黜涉权力也被限制削弱，规定王府官任满黜陟，须经中央裁夺。洪武二十八年朱元璋又重申："其文武官有能守正，规劝其王保全其国者，毋得轻易凌辱，朝廷闻之，亦以礼待。"至此，亲王的权力比洪武三年初定制度时大为削弱，不仅不能干预地方政务，也不能自行选用王府官员，同时由皇帝亲命的王府官员又对亲王负秘密监视责任，这意味着亲王们培养个人势力集团的机会已大大减小。

　　既要使诸王发挥镇抚地方，辅助王室的作用，又要防止亲王拥兵自重，这其间有一个度的问题，极难掌握。朱元璋所定下的种种规定，无非就是向这一目标努力发展。如果单纯从结果来看，他的这一努力是失败了，但若从他所制定的互相制约的军事政策和无决策权的政治政策来看，朱元璋已经充分发挥了他的集权智慧。

★对于亲信也要千锤百炼

癸卯，改张鹏翮为河道总督。鹏翮请撤协理官及效力员，部臣宽文法，以责成功。从之。

六月癸亥，张鹏翮报修浚海口工成，河流申遂，改拦黄坝为大通口，建海神庙。

九月癸巳，停今年秋决。诏张鹏翮专理河工，范成勋簪九人撤回。

——《清史稿·本纪七》

凡成为亲信的人固然忠诚，也固然能干，但对于亲信的局限和缺点也不能视而不见，而应不断砥砺，促其尽快成长起来。

把人才培植成亲信干将之后，康熙并不就此放手，在使用亲信的过程中，他总是不厌其烦，详加指导。

张鹏翮，四川人，是康熙发现并亲自提拔起来的才能之士。他治河经验不多，但能虚心学习，勤奋工作，欲按书上之言试行修筑，康熙得知。针对书上之弊，告诫张鹏翮说：古人治河之法，与今河势不同，其最要紧者，是你自至其地，亲加详阅，方能知其黄河何以使之深，清水何以使之出等筹划。强调了调查研究，针对新情况，解决新问题的思想。三月十七日，又叮嘱张鹏翮说：引湖水使由人字河、芒稻河入江，朕所见最真，你必须力行而不可疏忽；黄河曲处挑挖使其直，则水流通畅泥沙不淤，宜留心筹划实施。同时，康熙还指示张鹏翮必须毁掉拦黄河坝。从职权、人事以及管理体制上，张鹏翮提出了自己的三项要求：一、撤协理河务徐廷笺，以专总河之任；二、撤河工随带人员，以免浪费和加大开支；三、工部与河臣事关一体，请敕部臣，毋以不应查驳事而从中阻挠。对此，康熙大力支持，认为言之有理，说明了张鹏翮是真抓实干之才，所以全部同意，"下部议行"。而且，康熙深知河工之无成者，一应弊端在于工部。该部掌握河工钱粮。每借机勒索贿赂，贪图肥己，以致河工总无成效。因此决定，河工经费直接拨给河务总督，不经工部，使其无法掣肘。

张鹏翮上任后，果然不负皇帝重托，首先视察黄河入海口，即见"拦黄坝巍然如山，中间一线，如涓涓细流"，心想下流不畅，无怪上流之溃决。皇帝让拆除拦黄坝确实有理。于是，四月二十一日动工，将拦黄坝尽行拆去，又挑挖深通，悉与黄河八十三丈之水面相符，堵塞马家港引河，使水势不致旁泄，尽由正河而行。到五月初九完工开放，水势畅流，冲刷淤沙，旬日之间，深至三丈，宽及百丈余，使黄水"滔滔入海，沛然莫御"。康熙在竣工后前往观览，高兴地告诉大学士等人："观此，河工大有可望。"

随后，张鹏翮按皇帝指授方略，对其他几项工程次第兴工。康熙对他的工作深感满意，认为"张鹏翮遇事精勤，自此久任河务，必能有益"。谕令户部、工部、内阁等，对张鹏翮经办的各项治河工程，保证供给，所需船只水手、物资银两等及时拨给，满足所请，不得有误。

在康熙的主持和支持下，至四十年十二月，各项工程先后完成。张鹏翮上疏皇上告捷：治河事宜，蒙皇上指授，疏通海口，黄河刷深，水有归路；坚筑高家堰，广辟清口，使得淮水畅流；筑归仁堤，导泗县上源之水入于河；疏入字、芒稻等河，引运河之水注入江；筑挑水坝，疏陶庄引河，通黄水畅清流，使永无倒灌之患；挑虾须等河，引下河之水入于

张鹏翮

海。其余各项工程，指授周悉。但河工甫就，保固为要，恭请圣驾于来春二月桃汛未发之前，亲临河工指授。此外，还要改造中河，挑引河，浚直黄河河道，排除险情，使水畅流。

康熙认为，这些工程虽然完成，但是否坚固尚待考验，他指出：待来年经过水汛之后，方可验证是否成功。同时还指出：高家堰实属可忧，因烂泥浅带出水不畅，且洪泽湖水位上涨，据说比二十三年高有数尺。这不仅威胁下流高家堰大堤，而且极易使上流泗州、盱眙遭灾。

张鹏翮体会皇帝未雨绸缪之意，于四十一年提出八项保固防险工程，以迎接春秋二汛考验。但对洪泽湖上流未曾虑及，结果盱眙等三县于春汛时被淹。伏秋水涨，徐州至海口黄河两岸堤坝及山阳至邵伯运河西岸堤坝乃至高家堰大堤，先后发生数起险情，幸而抢救及时，未致成灾。

九月，张鹏翮奏报秋水情形，康熙览奏得知，按他指示在清口附近所筑挑水坝，在这次防汛中发挥了巨大作用，其他各处工程也因此而得保固，非常高兴。

康熙四十二年正月十六日至三月十五日，康熙以黄、淮河工告成，进行第四次南巡。这次南巡，主要是对张鹏翮三年来所建河工项目进行验收。检验结果，一般都很满意，仅在徽水地方做些调整和补充。如桃源烟墩、龙窝等地，见顶冲危险，命增筑挑水坝，个别

矮堤处也命增高;中河仲庄闸口与清口相对,命改由杨家庄出口。回京康熙又详阅高家堰、翟家坝等处堤工,见堤有单薄处,即命加高加厚;高家堰大坝个别处有残缺石工,命即兴修;又命选职衔稍大,身家殷实者担任高家堰防险使命。行至清口。命固西坝加长数丈,以坚固防万一。赐张鹏翮御制《河臣箴》和《贺淮黄成》诗。诗中写道:

> "使清引浊须勤慎,分势开疏在不荒。
>
> 虽奏安澜宽旰食,诚前善后奠金汤。"

这首诗告诫张鹏翮不要麻痹大意,要努力做好善后工作,并赐张鹏翮父张飚鲍"神清养志松龄"匾额。回京次日,康熙帝心灵充实地对大学士等说:向来黄河水高六尺,淮河水低六尺,不能敌黄,所以常患淤垫。今将六坝堵闭,洪泽湖水高,力能抵黄,使不致有倒灌之患,此河所以能告成功。

三月十八日,康熙五十寿辰,他以"四海奠安,生民富庶,而河工适又告成",特颁诏天下,大沛恩赉。

康熙以实事求是的态度对待河工,关心河工,使多年的理想得以实现,心中自然十分高兴。十月初十,他总结治河成功的经验,指出:一是皇上重视、关心,将治河当成"国家大事",亲自调查研究,分出轻重缓急,做到心中有数,并肯投入大量人力、物力;另一经验是任用得当,起任称职的河务总督。于成龙不遵朕旨,致无成功,张鹏翮遵奉朕言,一一告竣,昔日黄水泛滥,或与岸平,或漫溢四出;今黄河深通,河岸距水面丈余,纵遇大涨亦可无患。因命吏、工二部议叙河官,加河务总督张鹏翮太子太保衔,以示奖掖。

我们在这里关注的不是张鹏翮治水的过程,而是在治水过程中康熙耳提面命详加指导的过程,从中可见康熙不吝教诲、培植人才所付出的心血。

第四章　虚心纳谏才能保证决策正确

★虚心向下属求谏

贞观二年,太宗谓侍臣曰:"明主思短而益善,暗主护短而就愚。隋炀帝好自矜夸,护短拒谏,诚亦实难犯忤。虞世基不敢直言,或恐未为深罪。昔箕子佯狂自全,孔子亦称其仁。及炀帝被杀,世基合同死否?"杜如晦对曰:"天子有诤臣,虽无道,不失其天下。仲尼称:'直哉史鱼。邦有道如矢,邦无道如矢。'世基岂得以炀帝无道,不纳谏诤,遂杜口无言?偷安重位,又不能辞职请退,则与箕子佯狂而去,事理不同。昔晋惠帝、贾后将废愍怀太子,司空张华竟不能苦争,阿意苟免。"太宗曰:"公言是也。人君必须忠良辅弼,乃得身安国宁。……朕今志在君臣上下,各尽至公,其相切磋,以成治道。公等各宜务尽忠说,匡救朕恶,终不以直言忤意,辄相责怒。"

——《贞观政要卷二·论求谏》

一个"求"字重有千钧。求不是被动地接受,而是主动寻求,可贵的是管人者所寻求的对象是自己的下属。天下能做到这一点的能有几个? 而能做到这一点的。又有几个不是留名青史的明主呢?

正因为懂得非集思广益难以治理一个大国,唐太宗李世民才急切地求谏,而求谏就牵动了求人,求谏求人是互为关联的,因为有人才有"谏"。

由于李世民平日仪表威严,常使朝见的百官举止失措。当他了解此事后,每次召见朝事者,都尽量做出和颜悦色的样子,以希望听到大臣谏言,了解政教得失。

贞观初年,李世民曾对王公大臣说:"人想要看清自己,必须靠明镜鉴别;君主想要知道自己过失,必须依靠忠臣指正。如果君主自以为贤明,臣子又不加指正,要想国家不亡,怎么可能呢? 若君主丧其国,大臣也难保其家。隋炀帝暴虐凶残,大臣都闭口无言,使他听不到别人指正自己的过失,最终导致亡国,虞世基等大臣不久也遭诛杀:前事不远,你们一定要加以借鉴,看到不利百姓之举,一定要直言规劝。"

李世民还对身边的大臣说："正直之君如用邪恶之臣，国家就无法太平；正直之臣若事邪恶之君，国家也无法太平。只有君臣同时忠诚正直，如同鱼水，那天下才能平安。朕虽然并不聪明，但有幸得到各位公卿的匡扶指正，希望凭借你们正直的谏议帮助朕把天下治理太平。"

谏议大臣们听皇上这样说，便进言道："听说木从墨线则直，君从进谏则圣，所以古代圣明的君主一定至少有七位谏官。向君主进谏，不予采纳就以死进谏。陛下出于圣明的考虑，采纳愚鄙之人的意见。愚臣身处这个开明的时代，愿意倾尽自己的全部力量为国效忠。"

李世民对此番话表示赞赏。于是诏令：从今以后宰相进宫筹划国事，都要带谏官以参与筹划。谏官们如有好的谏议，朕一定虚心采纳。

贞观二年（公元 628 年），李世民对身边的大臣说："圣明的君主审视自己的短处，从而使自身日益完善，昏庸的君主则庇护自己的短处，因而永远愚昧。隋炀帝喜欢夸耀自己的长处，遮掩自己的短处，拒听谏言，臣下的确难以冒犯皇上。在这种情况下，虞世基不敢直言劝谏，恐怕也算不得什么大过错，因为商朝箕子装疯卖傻以求保全，孔子还称他仁明。后来隋炀帝被杀，虞世基遭株连，这合理吗？

杜如晦对此发表见解，说："天子有了忠诚正直的大臣，虽无道也不会丧失天下。孔仲尼曾说：'春秋卫国大夫史鱼，多么忠诚正直啊！国家有道，他直言上谏；国家无道，仍直言上谏。'虞世基怎么能因为隋炀帝无道而不纳忠言，就缄口不语了呢？苟且偷安占有重要的官位，也不主动辞职隐退，这同殷代箕子谏而被拒即装疯逃去，情况和道理都不同啊！"

杜如晦又说："拿昔日的晋惠帝来说吧，当贾后将太子废掉时，司空张华并不苦谏，只一味随顺苟免祸患。赵王伦发兵废掉了皇后，派人问张华，张华就说：'废掉太子时，我不是没有进言，只是当时未被采纳。'使臣说：'你身居三公（东汉以后，以太尉、司徒、司空合称三公，为共同负责军政的最高长官，张华官任司空，故以三公相称）要职，太子无罪而被废除，即使谏言不被采纳，又为何不引身告退呢？'张华无言以对。于是使臣斩了张华，灭了他的三族。"

杜如晦据此总结说："古人云：'国家危急不去救扶，社稷危急不去匡正，怎能用这种人为相？'所以'君子面临危难而不移气节'。张华逃避责任但也不能保全其身，作为王臣的气节丧失殆尽。虞世基高居丞相，本来占有进言的有利位置，却无一言进谏，也实在该杀。"

李世民听了杜如晦这番大论，十分赞佩，便说："您说得有理。大臣一定要忠心辅佐君主治理朝政，这样才能使国家安定，自身保全。隋炀帝的确就是因为身边没有忠臣，又听不到别人指正自己的过失，才积累祸患、导致灭亡的。君主如果行为不当，臣子又不加匡正劝谏，只一味阿谀奉承，凡事都说好，那君主一定是昏庸的君主，大臣一定是谄媚的

國學智慧全書

史學智慧

大臣。臣为谄媚之臣,君为昏庸之君,那国家离危亡还有多远? 以朕现在的志向,正是要使君臣上下各尽其责,共同切磋,以成正道。各位公卿一定要忠于职守,直言进谏以匡正补救朕的过失。朕绝不会因为你们的犯颜直谏而对你们怨恨责备。"

李世民对规谏之臣十分感激,谏臣们也为此心情舒畅。

贞观六年(公元632年),因为御史大夫韦挺、中书侍郎杜正伦、秘书少监虞世南、卿姚恩廉等人的上书内容,都十分符合李世民的心意,李世民遂召见他们说:"朕遍察自古以来大臣尽忠之事,如果遇到明主,便能够竭尽忠诚,加以规谏,像龙逄、比干那样的忠臣,竟然不能避免遭到杀戮而且祸及子孙。这说明,做一个贤明的君主不容易,做一个正直的臣子尤难。朕又听说龙可以被降服驯养,然而龙的颔下有逆鳞,一旦触犯就会伤人。君主也是这样,他的颔下也有逆鳞。你们不避触犯龙鳞,各自进谏奏事,如能经常这样做,朕又何忧社稷的倾覆呢! 每想到你们忠心进谏的诚意,朕就一刻不能忘记。所以特设宴招待你们来共享欢乐。"在赐酒欢宴的同时,还赏赐给他们数量不等的布帛。

大臣韦挺经常上疏李世民,陈述政教得失。李世民写信给他说:"朕看了你的意见,感到言词十分中肯,言辞、道理很有价值,对此朕深感欣慰。从前春秋时齐国发生内乱,管仲有射齐桓公衣钩之罪,然齐桓公小白并不因此怀疑管仲,这难道不是出于对'犬不咬其主,事君无二心'的考虑吗?"

他又说:"您的真诚之意从奏章之中可以看得出来。你如果保持这种美德,一定会留下美名;如果中途懈怠,岂不可惜! 希望你能够始终勉励自己,为后人树立楷模。这样后人视今人如楷模,就像今人视古人为楷模一样,这不是很好吗? 朕近来没听旁人指正朕的过失,朕也看不到自己的缺点,全靠你竭尽忠心,多次向朕进献嘉言,这种感激之情,是一时无法表达完的!"

正如前面所述,李世民不但希望别人对他进谏,而且还要求大臣官僚们也能接受下属的劝谏。贞观五年(公元631年),他对房玄龄说:"自古以来,帝王大多纵情喜怒,高兴时滥赏无功,愤怒时则乱杀无辜。所以天下遭受损失和造成混乱,莫不由此而生。朕现在日夜为此事担忧,常常希望你们直言进谏。你们也要虚心听取别人的劝谏,不要因为别人的话不合自己的心意,就庇护自己的短处,不去接纳别人的正确意见。如果不接受别人的劝谏,又怎能劝谏别人呢?"

在求谏的同时,李世民还注意把"慎独"同求谏结合起来,将其定为封建帝王的修身之道。

贞观八年(公元634年),李世民对身边的大臣说:"朕每次独居静坐时,都深刻反省,常常害怕自己的所作所为上不合天意,下为百姓不满,因此希望有正直忠诚的人匡正劝谏,以使自己的思想能与外界沟通,百姓不会心怀怨恨而耿耿于怀。近来朕发现前来奏事的人多带有恐怖畏惧之色,致使语无伦次。平时奏事,尚且如此,更何况耿直劝谏的,一定更害怕触犯龙颜。所以每次前来进谏,纵然不合吾意,也不认为是违逆犯上。如果

國學智慧全書

二十四史

当时对谏者斥责，奏事者会心怀恐惧，那他们又怎敢直陈己见呢？"

此时已是贞观中期，李世民发现向他进谏的人减少了，于是他问魏征："近来朝中大臣都不议论朝政，是什么原因呢？"

魏征分析说："陛下虚心采纳臣下意见，本来应该有人进谏。然而古人说：'不信任的人来上谏，就会认为他是毁谤自己；信任的人却没有谏言，就会认为他白食俸禄。'但是人的才能器量有所不同。懦弱的人，虽然心怀忠信却不敢言；被国君疏远的人，害怕对己不利而不敢言。所以大家都闭口缄默，随波逐流，苟且度日。"

李世民说："的确如您所说的那样。朕常常在想，臣子想要进谏，但害怕带来灾祸，难保性命，这与那些冒着被鼎镬烹死、被利剑刺死的人有什么不同呢？所以忠诚正直的大臣，不是不想竭诚尽忠，而是太难了。所以大禹听到善言就向人拜谢，就是这个原因。朕现在敞开胸襟、广纳谏言，你们切不要过分恐惧，只管极力进谏。"

贞观十六年（642年），李世民对房玄龄说："自知者明，而能够做到这一点确实很难。写文章的人和从事技艺的人，都自以为出类拔萃，他人比不上。如果著名的工匠和文士，能够互相批评、指正，那么文章和工艺的拙劣之处就能够显现出来。由此看来，君主必须有匡正规谏的大臣来指正他的缺点过失。君主日理万机，一个人听政决断，虽然忧虑劳碌，又怎能把事情全部处理妥当呢？朕常常思考，遇事时魏征随时都能给予指正、规谏，且多切中失误之处，就像明镜照见自己的形体，美丑一下子都能显现一样。"于是举杯赐酒给房玄龄等人，以资鼓励，意思是让他们向魏征学习。

褚遂良

据史载，有一次李世民曾问谏议大夫褚遂良："从前舜打造漆器，禹雕镂俎，当时规谏舜禹的就有十多人，盛装食物的小小器皿，何须这么多人苦谏？"

褚遂良说："雕琢器皿会影响农业生产，纺织五彩绦条会耽误女子的工作。追求奢侈糜烂，那么国家就会慢慢走向灭亡。漆器不满足，必有金器代替；金器不满足，必用玉器代替。所以正直的大臣的规谏必须在事情刚开始的时候，等到了一定程度，就没有规谏的必要了。"

李世民听了，深以为然，高兴地称赞褚遂良说得对，并说："朕的行为如果有不当之处，不管是开始还是结束，都应该进言规谏。近来朕看前代的史书，有的大臣向君王谏

國學智慧全書

史学智慧

事，君主总是回答'已做过了，或者'已经允诺'，实际上却并不加以改正，这样下去国家走向危亡，就会像翻掌一样容易啊。"

作为一名掌握国家最高权力的封建君王，每句话都可以当作"圣旨"来看待，这样说，也就等于这样去做。从这些生动的事例中我们不难看出，贵为天子的李世民思想境界的高远和通达，心境的透亮和宏阔，在封建社会中恐怕只有少数明君才具备。

★危言虽然耸听更应多听

太宗谓玄素曰："卿以我不如炀帝，何如桀、纣？"对曰："若此殿卒兴，所谓同归于乱。"太宗叹曰："我不思量，遂至于此。"顾谓房玄龄曰："今玄素上表，洛阳亦实未宜修造，后必事理须行，露坐亦复何苦？所有作役，宜即停之。然以卑干尊，古来不易，非其忠直，安能如此？且众人之唯唯，不如一士之谔谔。可赐绢五百匹。"魏征叹曰："张公遂有回天之力，可谓仁人之言，其利博哉！"

——《贞观政要卷二·论纳谏》

在安逸的环境下，领导者的精神容易松懈下来。作为一种规律，奋发图强的劲头一旦减弱，耳根子也会变得硬起来，喜欢听歌功颂德的赞歌，听不进既刺耳又显耸听的危言。其实越是这个时候，领导者尤其帝王越需要一些危言刺激他日渐麻木的神经。

追求物质享受之心大概是人所共有的，一旦条件具备，人们往往会不知不觉地想使自己的生活更舒适一些。由于贞观初年君臣上下的励精图治，贞观中期经济有了大的起色，然而随着国库的充盈，李世民也渐渐有了享受安逸之心，国中时风也渐有奢侈之象。有鉴于亡隋之鉴，一些忠良的臣子们由此而生出忧虑。

在贞观八年（公元 634 年），左仆射房玄龄和右仆射高士廉，在路上遇到了少府监（注：少府，唐初专管工程修建的官署。）窦德素，问他北门宫近来又在建造什么工程。窦德素便将两位大臣问事之举告诉了李世民，李世民就有些不悦，心想：虽然本朝从不以僭越问罪于下臣，敞开怀抱纳谏，但你们做下臣的也未免管事太宽，于是召来房玄龄，有些动气地说："你只管南衙的事就行了，朕在北门宫建造一些房屋与你何干？"

房玄龄等人听了，只好伏首谢罪，然而，魏征却由此看得更深远一些，站出来指责李世民的做法无理。他进言道："臣不明白陛下为什么责备房玄龄、高士廉，也不明白房玄龄、高士廉为什么要谢罪。房玄龄等既为国家大臣，就是陛下的臂膀和耳目，纵使北门有所营造，为什么就不容许他们知道？臣对此有所不解。修造房屋是有利还是有害，用的人工是多还是少。陛下做得对，做大臣的则应当协助陛下把事情办好，若陛下做得不对，

就是已开始营造，做大臣的也有责任奏请陛下停工。这是'君使臣、臣事君'的根本之道。房玄龄等询问此事固属无罪，而陛下却责备他们，这是臣所不明白的；房玄龄等不知道自己所应管的职守，而只知道向陛下磕头谢罪，这也是臣所不解的。"

听了魏征的话，李世民不但没有动怒，还在闻言之后深以为愧。

北门宫的土木之工既完，此事未过多久，敢言善谏的魏征看到奢靡倾向越来越严重的各种政令又频频发布起来，他更加担心李世民难以保持俭约之美德了，于是在贞观十一年（公元637年），向李世民上奏了名垂青史的"治国三策"。

魏征在"治国三策"中写道："以臣所见，自古以来，凡是承天受命开创帝业，或继承帝位的人，他们驾驭英才，面南而治，都想德配天地，名齐日月，让子孙百代将帝位永远传下去。然而善始善终者少，倾败衰亡者多，这是什么原因呢？就是因为他们没有遵循治国之道。前朝亡国的历史教训就近在眼前，可以为鉴戒。"

魏征说："隋朝统一天下三十余年，兵强马壮，声威远播万里，震动异国，一旦覆亡，尽为他人所有。那时的隋炀帝难道不想让天下安定、社稷长久，故意要推行桀纣之暴政，以造成自己灭亡吗？而究其实，他只是犯了仗恃其国家富强，而未考虑后患的错误。他驱使天下百姓顺从自己的奢欲，搜刮天下财物

魏征

供自己享受，搜选天下美女，掠夺远方的珍宝，宫苑装饰得豪华壮丽，楼台修建得高峻宏伟，徭役无穷无尽，用兵无休无止。外表威严庄重，内心猜忌险恶。谗佞邪恶之臣，必定会得到他的官禄和好处，而忠正之士却连性命都难保。佞臣上下互相欺蒙，君臣离心离德，老百姓不堪忍受，国家分崩离析。于是像隋炀帝这样的堂堂一国之君，竟死于匹夫之手，连其子孙也被斩尽杀绝，成为天下人的笑柄，能不令人痛心吗？"

魏征指出："如果考虑到既成的东西不要毁坏，仍然保持旧貌，就要免除那些不急之务，徭役要减之又减。即使是茅舍与华厦共存，玉砌和土阶并用又有什么妨害？既要使人敬业乐业，又要不竭民力，要常想到自己受而不劳的安逸和别人劳动的辛苦，这样，老百姓就会自愿来服役，他们依靠天子的恩德而安居乐业。这是治国的中策。"

魏征指出："如果是唯我独尊，不考虑后果，不善始善终，忘记了缔造国家的艰难，认

为有天命可以依传，从而忽视住陋室时的艰苦朴素作风，一味追求雕梁画栋的奢侈生活，宫殿在原有的基础上还要加以扩充，并大加修饰，唯美是求，做事皆以此类推。从不知足，人民所见到的只是无止无休的劳役，见不到国君的恩德，这是最糟糕的治国方法。这样的做法好比是背着柴薪去救火，向锅里添滚水来止沸，是用暴政来替代暴政，与原先的乱政同出一辙，其后果是不堪设想的。一旦如此，后世子孙将如何看待陛下的事迹？没有清明的功绩就会遭到天怒人怨，天怒人怨则灾害必生，灾害发生就会引起祸乱，祸乱一起，要保全自身性命和荣誉名声就很难了！这是治国的下策。

"臣下以为，顺应天命、鼎革天下之后，大唐将有七百年隆盛的国运，并将江山遗留给子孙，传之万代。江山难得而易失，陛下能不认真考虑这个至关重要的问题吗？"

看了魏征的"治国之策"，李世民内心十分感动，他亲自写诏书回答魏征，诏书中说："你所呈献的至诚之言，使朕明白了自己的过失。朕当置之茶几上，就像西门豹佩韦以自缓，董安于佩弦以自急（注：意即西门豹性急，经常身带柔软的皮件来提醒自己；董安于性缓，经常身带绷紧的弓弦作为提醒。）一样，时刻提醒自己。朕必定能在晚年把国家治理好，使'康哉、良哉'的盛世颂歌，不只出现在虞舜时代。如今，我们君臣之间，就如同鱼水一样亲融无间，对于你的佳谋良策，迟至今日才做答复，希望你仍能犯颜直谏，无所顾忌。朕将虚怀静心，恭候你的善言。"

从李世民君臣之间发生的这些关于禁绝浮华奢靡的劝谏、从谏之事上，后世不但可以看出贞观时君臣之间互相依赖、互相信任、互相支持的清新政治之风，更能找到李世民为什么能在短短的一二十年将大唐推向昌繁的原因。

勇于从谏，克制己欲，使君臣无猜而人人愿意为国分忧，这即是天下大治的秘诀。

正所谓饱暖思淫欲，人的生活一旦安逸无忧，私欲就会膨胀。纵然是自制力很强的人也是如此。到了贞观中期，随着物质的丰富，李世民谦逊俭约的作风一年年地减少，并且还常常大兴土木，追求锦衣玉食，这就使得民心没有贞观初那样安定了。

然而李世民的幸运在于，一旦有政治上的失误，舆情的变异，即便他还没有觉察到，而由于他对臣子的信任，使得手下臣子纷纷冒死相谏，也能使政治上的失误及时得以纠正。由此看来，治理国家要想善始善终，手下总归是离不开一批忠心耿耿的有识之士的。

贞观十一年（公元637年），马周以奢纵之君亡国的前车之鉴来启悟李世民，直言进谏道："臣历睹前代，从夏、殷、周和汉朝统一天下的情况看来，帝位的传相继承，时间长的朝代可延续八百多年，短的朝代也有四五百年，莫不是由于国君不断地积累德行、功业，将恩德存留在百姓心中所致。但邪辟的君王出现也是难以避免的，只是依赖前代贤君早年施于百姓的恩德，从而避免了国家出现动乱的灾难罢了！"

马周说："从魏、晋以来，及至北周、隋朝，一个时间长的王朝不过存在五六十年，短的王朝只延续了二三十年就灭亡了，这都是因为创业的君王没有致力于对广大百姓修行恩德教化，仅仅在当时的环境下，勉强保持着自己的帝位，后世百姓心中也没有前代君王遗留的恩德可以值得怀念。所以继承帝王之位的国君若对百姓的恩德教化稍有衰减，只要有一个人出来大呼造反，那么国家就土崩瓦解了。"

马周说："现在陛下虽然依靠以前对百姓做出的巨大功劳和贡献，而使天下的老百姓人心稳定，但陛下目前越来越不注重施恩于百姓了，恩德的积累也一天比一天少，现在确应当考虑像禹、汤、文王、武王那样，对天下臣民广泛地施行恩德教化，使恩德除了用以自守之外，尚能遗留给后代万世子孙，为皇室的子孙奠定万代传袭的帝位和永久统治天下的基础，怎么能够只求政治教化没有过失，只求维持当时的统治就行了呢？圣明的君王虽然按照具体人的不同情况，进行与之相应的教化，政令的宽厚和严厉根据时势的不同而改变，大致的方针却是在节俭自身、施恩于百姓两个方面，因此国中的百姓对国君就会爱之如父母、仰之如日月、敬之如神明、畏之如雷霆，这就是夏朝、殷朝、周朝和汉朝统治天下时帝位长久传袭而不发生祸乱的原因。"

正当耽于安逸享乐之时，马周的奏章给李世民兜头泼了一盆凉水，看了奏章，使他感到在这一段时间里自己实在是疏忽了善始善终之道，顿时惊醒，于是马上停止了一些奢侈器物与楼阁的制造。然而停止归停止，李世民的思想却不可避免地出现了退坡，国中经济的日益兴盛使他对丰盛物产毕竟有些陶醉了，他不仅纵情于享受，还不断地向外发动战争来夸耀自己的成功，出兵攻打高丽就是这种思想促动的结果。

此时，魏征又站了出来，他诚恳地向李世民进行规谏："臣观自古以来的帝王取得天下，建立王朝，都想把皇位留传万代子孙作打算，所以当他稳坐在朝堂上垂衣拱手，对天下宣布政令、谈论治国方法的时候，必先推崇质朴敦厚，抑制虚浮华丽；评论人物时，必定尊重忠诚贤良，轻视邪恶；讲述法度时，则杜绝奢侈浪费，崇尚俭朴节约；谈论物产时，一定重视谷物布帛而轻视珍宝奇物。接受天命之初，都遵循这些原则以达到政治清明。稍微安定以后，却又大多违反这些原则，败坏了社会风俗。陛下知道这是什么缘故吗？"

在奏章中，魏征语重心长，苦口直言道："难道不是因为自己处在极尊之位，拥有天下的财富，说话没有谁敢违背，行动没有谁不顺从，公道被个人的感情所淹没，礼仪法度被嗜好欲望所吞噬的缘故吗？古人有道是：'不是懂得道理难，而是实行起来难；不是实行起来难，而是坚持到底难。'陛下，这话说得很实在啊！"

魏征说："陛下，您20岁左右就力挽狂澜，平定了全国，开创了帝王的基业。贞观初年，正值陛下年轻力壮之时，抑制减少嗜好欲望，亲自实行节俭，内外安乐宁静，以至于社会出现了极清正的局面。论功劳，就是商汤、周武王也不能及，讲道德，您就是与尧、舜也相差不远。"

魏征还说："臣自从被提拔在陛下左右，十余年来，常在运筹帷幄时侍候陛下，多次敬受英明的旨意。陛下常赞许仁爱、正义的治理方法，坚持而不放弃，称扬俭朴节约的志向，始终不渝，一言可以兴邦，就是这个道理。陛下的德音常在臣耳边回响，臣怎敢忘记？近年来，陛下已经稍微违背了原来的志向和敦厚淳朴的精神，渐渐不能坚持到底了。臣

谨把所了解的陛下的作为列举在下面——"

......

这是一本精心写的奏折,充分体现了一名封建臣子忠君为国的拳拳之忧。作为一名头脑冷静、思考深远、观察甚明的老臣,魏征这一次可谓把李世民十几年来为政的历程描述尽致,把近一段时间李世民在政治上的滑坡归纳剖析得入木三分,作为一代敢逆龙鳞的属臣,魏征大概根本不去担心是否最终会激怒皇上,甚至到了晚年尚且来冒杀头之险是否合算,但贞观年间君臣约制的良性互动机制已经形成,李世民从本质上看还是一位明主,魏征审时度势,对劝谏的效果有着充分的估计,因而也有必胜的信心。

在勇于从谏方面,李世民要比隋炀帝好上几千倍,所以在看了这一奏折后,李世民不禁为之汗颜,认识到魏征说得句句在理,想想自己这几年的言行,李世民深感愧对臣民。于是,他把魏征的奏疏贴在屏风上,时时警惕自己,当成了座右铭。

种种实例已足以证明李世民的长于纳谏。也正是由于他长于纳谏,一些正直的大臣才敢犯颜谏上,从而减少了很多政治上的失误,为"贞观之治"的出现创造了良好的条件。同时李世民善于纳谏的风度,也为后世留下了美谈。

國學智慧全書

二十四史

第五章 把握大局,把事做圆满

★洞悉大势方能把握大局

时先主屯新野。徐庶见先主,先主器之,谓先主曰:"诸葛孔明者,卧龙也,将军岂愿见之乎?"先主曰:"君与俱来。"庶曰:"此人可就见,不可屈致也。将军宜枉驾顾之。"由是先主遂诣亮,凡三往,乃见。

——《三国志·诸葛亮传》

为臣者仅有匡扶天下的志向还不行,还得要有本事,没有点真本事,弱者不会趋附你,强者不会起用你,就连想树个敌人恐怕都不容易,因为别人根本不把你放在眼里。洞悉天下大势就是一个做大事者不能或缺的真本事。诸葛亮青史留名,因为他在这两个方面都把握好了大局。

第一是择主。乱世出仕,核心问题是"择主"。择什么主,是原则问题。当然要择齐桓公、燕昭王式的英主,对方一要志同道合,有君临天下的志向,二要思贤若渴,赏识自己,给予施展才能的天地。

诸葛亮二十七岁时,一些群雄如袁绍、袁术、公孙瓒、吕布、陶谦、张扬,在混战中陆续灭亡;刘表、刘璋没有灭亡,却没有前途。另一些则脱颖而出,其中首推曹操,另外有孙权。对于曹、孙,诸葛亮有能力到那里谋得较好的职位,可是他不去,宁肯"不求闻达"。

例如曹操。曹操是个大能人,精通谋略。行军用兵大略依照孙子兵法,因事设奇,谲敌制胜,变化如神。他割据的起点不高,论名气和实力,都无法同袁绍抗衡,最后却是他成功了。他眼光远大,挟天子以令诸侯,屯田积谷,充实仓库,又善于利用矛盾,分化瓦解,身处四战之地的兖州。周围分布着吕布、袁术等五大割据势力,从未受到联合的包围,反而把对手各个击破。官渡一仗他以劣势兵力,把袁绍打得望风逃窜,从此天下无敌,眼看就要统一北方。也许是诸葛亮反感曹操在徐州滥杀无辜,也许是看穿曹操挟持汉献帝、包藏不轨的野心,诸葛亮没有投奔曹操。

至于江东，这个政权久经考验，拥有长江天险，得到一方民心，拥有大批人才，兄长便在那里效力。然而诸葛亮也没有投奔江东。晋人袁准讲了一个传闻，说诸葛亮为刘备出使江东期间，张昭建议孙权留下诸葛亮，诸葛亮不肯留，说道："孙将军可谓人主，不过观察他的气度，能重视亮而不能尽用亮，我所以不留。"史家裴松之以为，诸葛亮君臣际遇，可谓世间少有，谁能离间？连关羽都不肯背主，何况诸葛亮呢！诸葛亮也许早在隆中就预料孙权不能充分发挥自己的作用，才不肯去投奔东吴吧！

还有刘璋，割据着长江上游的益州。益州僻居西南，是四塞之地。秦岭横在北面，三峡锁其东面，大雪山阻其西面，蛮障之地阻其南面。土地肥沃，物产丰富。汉末太常刘焉来牧此州，既避世乱，又雄踞一方。刘焉死后，儿子刘璋据州自保，没有多大的作为。对于行将被人所灭的刘璋，诸葛亮怎能看在眼里。

没有合适的，就继续观察等待。

他终于发现了刘备。刘备是个常败将军，眼下寄寓在荆州，是刘表的客军。此人远祖是中山靖王刘胜，到他这一代败落了。刘备就学于名儒卢植，但不喜欢读书，只爱狗马、音乐、华美的衣服。天下大乱，他乘势而起，领兵救过徐州，代理过徐州牧，又丢了徐州，投靠曹操。曹操授予他左将军，出则同车，坐则同席，他却密谋杀曹操，夺了曹操徐州，被曹操打得落荒而逃，转而投奔曹操的对头袁绍。袁绍失败后，刘备在北方无处存身，南下投奔刘表。

刘备屡败屡战，有股硬汉子气概，从不服输，胸襟开阔，宽仁大度，礼贤下士，善于团结部下，部下同他结为死党。关羽被曹操所俘，大受优待，仍然伺机离开曹操，返回处境不佳的故主身边。仅此一端，就可见刘备的笼络人心，能做到何等程度了。因此对士人号召力很大，为海内所畏惧，以致连曹操也对他说："现在天下的英雄，只有你我两人。袁绍之辈，不足挂齿。"

至此，诸葛亮已对可能成就大业的诸侯观察透彻，并基本确定了自己的方向——刘备。

第二是乱世之中他对天下走向的认识。

在茅庐之中，诸葛亮对前来相邀的刘备详细分析了他眼里的天下大势。

首先从指导思想讲起。他指出群雄混战的基本经验，是依靠"人谋"取胜。当初比较弱小的割据势力，依靠自身努力强大起来，原先强大的反而失败了。袁、曹之争是其中最大、最典型的事件，曹操转弱为强的经验值得借鉴。他回顾说：

"自从董卓以来，豪杰并起，跨州连郡的，数不胜数。曹操比起袁绍，名望低微，实力弱小，然而终于击破袁绍，转弱为强，这原因不只是天时，也是人谋。"刘备于是想到了自己，过去人谋不力，今后事业有成，也要看人谋。

指导思想明确后，接下来谈刘备借鉴曹操经验，改进战争指导。诸葛亮考察刘备的战略环境，畅谈天下大势。这时中国境内除了刘备以外，还存在六股势力：北方的曹操、韩遂马超、公孙渊，南方的孙权、刘璋、张鲁。诸葛亮做了这样的估计：曹操和孙权，将生存下来，其他都将灭亡。刘备也有条件生存下来，同曹、孙三分天下，前提是改进战争指导。他说：

"现在曹操已经拥有百万之众，挟天子以令诸侯，不可同他争锋。"刘备实力如此弱小，不应该与曹操争强斗胜；曹操须要消灭，但不是现阶段任务。

话锋一转，谈到江东："孙权据有江东，政权经历三代的考验，地势险要，民心归附，贤能肯为孙氏效力。这股力量，可以用作外援，却不容去吞并。"告诉刘备，江东他吃不掉，要同它联合，否则南方也有可能被曹操各个击破。

那么，刘备又将如何夺取天下呢？诸葛亮建议分近远期两步走，近期以三分天下为目标，有三项任务。

"荆州北据汉、沔（汉水上游）二水，利益穷尽南海，东连江东吴、会稽两郡（今长江三角洲和浙闽），西通刘璋巴蜀（今四川），这是用武之地，而荆州之主刘表不能固守。荆州怕是天意资助将军的，将军有没有意思？"第一项任务，取荆州。

"益州险要，四塞之地，沃野千里，乃是天府之国，汉高祖凭借它成就了帝业。益州之主刘璋愚昧、软弱，张鲁威胁其北面，人民殷实，地区富有，而不知道去慰问抚恤，智能之士渴望得到明主。将军既然是皇家后代，信用和道义传遍四海，总揽英雄，思贤若渴，何不取而代之呢？"第二项任务，接着取益州。第三项任务，同孙权结盟。孙氏正在内争三江五湖之利，局限在东南一隅；然而迟早会走出太湖背后的闭锁状态，进入全国斗争，那时联合有现实的可能。

以上是近期计划。预测刘备联吴避曹夺取荆、益后，将与曹、孙三分天下，并成为获利最大一家。可以说，诸葛亮未出茅庐，已知天下三分。

接下来谈远期，以统一全国为目标。首先要治理荆、益，任务是："守住两地险要，西和诸戎，南抚夷越，对外结好孙权，对内治理政务。"

诸戎在西北秦陇即益州和曹占区之间，由氐、羌族构成，夷越在益州南部，都具有战略意义，必须以安抚政策争取少数民族民心，巩固大后方，策应灭曹的北伐战争。刘备在实现近期目标后实力增强，将与曹操争锋，问题是选择有利时机。

"一旦天下有变，就命令一员上将率领荆州军队北上宛城（今河南南阳）、洛阳，将军亲自率领益州军队攻入秦川（今关中一带），百姓谁不用箪盛饭，用壶盛汤来欢迎将军呢？果真如此，则汉室可兴、霸业可成了。"

这个对策，便是闻名后世的《隆中对》，产生于草庐，也称《草庐对》，包含丰富的战略智慧。它告诉刘备：夺天下，光凭愿望和艰苦奋斗是不够的，还得通盘谋算，成竹在胸。过去想一口吃胖，实力和目标两者失衡，瘸腿走路，哪能不跌跤呢？分步走，力所能及，方能逐步成功。弱者对强敌先退一步，向薄弱地区荆、益谋求发展，壮大自己力量，获得最终进攻强敌的能力。军事斗争同政治、外交斗争配合，联吴、治理荆、益等手段综合运用，必能大见成效。在常人看来，一个能在曹操、孙权、刘表、刘璋等手握雄兵、显赫一时的群

雄那里谋到一席之地的人,偏偏看上既没有地盘、又没有多少兵马的刘备,岂非将一生事业系在前途未卜的人物身上? 然而这正是诸葛亮之所以为诸葛亮的道理。撇开刘备反曹最坚定、以兴微继绝为己任这一层不说,去了能受重用,一展平生管乐抱负的,舍刘备其谁? 显然,诸葛亮把领导者的素质看得比实力更加重要,把未来看得比当前更重要,与对天下三分的预测一样,这充分显示了诸葛亮洞悉局势、把握局势的非凡能力。

★ 为臣者于大事上不能犯糊涂

太宗不豫,真宗为皇太子,端日与太子问起居。及疾大渐,内侍王继恩忌太子英明,阴与参知政事李昌龄、殿前都指挥使李继勋、知制诰胡旦谋立故楚王元佐。太宗崩,李皇后命继恩召端,端知有变,锁继恩于阁内,使人守之而入。皇后曰:"宫车已晏驾,立嗣以长,顺也。今将如何?"端曰:"先帝立太子正为今日,今始弃天下,岂可遽违命有异议邪?"乃奉太子至福宁庭中。真宗既立,垂帘引见群臣,端平立殿下不拜,请卷帘,升殿审视,然后降阶,率群臣拜呼万岁。以继勋为使相,赴陈州。贬昌龄忠武军司马,继恩右监门卫将军、均州安置,旦除名流浔州,籍共家赀。

——《宋史·列传第四十》

一般人可以犯糊涂,但主持大局的臣子不能犯糊涂,尤其不能犯方向性的大糊涂。古代君王选择宰相常以气度恢宏、不拘小节为标准,因为这样的人可能会犯一些无关紧要的小糊涂,但在大事上却能把握方向,绝不糊涂。

宋太宗从他哥哥宋太祖那里得到皇帝的宝座后,为了确保他的子孙对皇位的继承权,先后逼死太祖的儿子德昭、德芳和皇弟秦王廷美。这种极端措施不仅引起大臣的不满,也激化了皇室内部的矛盾。太宗的长子楚王元佐反对这种残暴的行为,装疯放弃做太子的机会,赢得了很多的同情。

至道元年(公元995年)八月,寿王元侃(即后来的真宗赵恒)被立为太子。两年后,太宗病重时,大宦官、宣政使王继恩企图拥立楚王元佐,以定策之功博取新皇帝的恩宠。他勾结参知政事李昌龄、殿前都指挥使李继勋等人,并得到太宗李皇后的大力支持。因此,元侃虽然身为太子,但能否继位尚

吕端

难预料。

吕端探视太宗的病情,见太子元侃不在病榻旁,就在笏上写"大渐"病危二字,派亲信敦促太子入宫侍候太宗。太宗驾崩后,李皇后命王继恩、吕端等人到政事堂商议策立新君之事。吕端为了防止王继恩等人的阴谋得逞,当机立断地囚禁了王继恩,并派人在书阁中找出太宗生前写就的诏书。一切布置好后,吕端立即进宫,李皇后说:"皇帝驾崩,立皇长子为继承人符合常规。现在该怎么办呢?"吕端正色回答道:"先帝立太子,正是为了应付今天的形势。现在先帝刚刚去世,怎么能够立刻违背他的命令而提出异议呢?"太后无言以对。

新君举行登基大典,垂帘接受群臣朝拜。吕端请求卷起帘子,走到殿前,看清御座上是太子元侃后,才率领群臣下拜并高呼万岁。

吕端是历相两朝、拥有定策之功的元老重臣。真宗见到吕端,每次都恭敬地作揖,不喊吕端的名,甚至自称小子。吕端请求呼名,真宗说:"您是顾命元老,我岂敢与先帝相比!"吕端深受真宗的尊崇和信赖,因此成为真宗初年国家政策的主要制订者、国家大事的裁决者。

于是在吕端的主持下,朝廷实行了一系列有利于国家长治久安的措施。

太宗滥杀皇族和王继恩图谋废立,在皇室内部和官僚阶层产生不良影响。出于稳定政局的需要,在真宗即位两个月后才贬逐王继恩等人,并且不说明其罪状。王继恩以右监门卫将军安置于均州,李昌龄被贬为忠武军司马,胡旦则流放浔州。同时还恢复皇兄元佐的楚王爵位,并加封其为左金吾卫上将军,允许他在家养病而不上朝;追赠皇叔廷美为西京留守、中书令、秦王;追封皇从兄魏王德昭为太傅,岐王德芳为太保。

为了争取士大夫的拥护,朝廷广开言路,延揽人才。至道三年五月,允许文武官员直言进谏,讨论皇帝的过失和政治、军事的利弊。贡举制度的长期停办,对于选拔人才造成极大的不便。使得许多有真才实学的人无法得到重用。有鉴于此,至道四年(公元998年)二月,礼部经考核,额外录用进士和诸科达两百人之多。

吕端为政清简,顺应民情。至道三年(公元997年),鉴于赋役繁重,人民不胜其负,朝廷撤销了江淮发运使、诸路转运使司。六月,朝廷下诏命令各地停止进献珍禽异兽和各种祥瑞。八月,取消盐井役。十二月,诏令诸路转运使督促地方官发展农业生产。第二年八月,诏三司节约费用,不得增加赋税。这些措施有利于改善政府作风,减轻了人民负担,促进了生产力的发展。

吕端不仅在政治措施上注意"与民休息",而且也很注意法制上的适度宽松。998年,张齐贤与王济为删修淳化后期到至道年间的宣敕(诏令)发生争执。吕端指出,立法崇尚宽松,忌讳严厉。他说:"根据周朝的制度,治理处于稳定时期的国家,只需使用不宽不严的法律,这是定制。当然,改革的好处如果不是很大,就不应轻易进行;而应当改革的时候,也要仔细听取众人的意见。"

在稳固国内政治的同时,吕端还积极展开外交攻势。在他任相期间,宋朝与西夏通过谈判达成妥协。至道三年十二月,朝廷允许西夏修贡,并授予李继迁定难军节度使之衔,管辖夏、绥、银、宥、静五州,使宋朝边境出现了一定时期的安宁局面。吕端并不以此为满足,在和议之后,他仍然重视西部驻军的防务,使李氏不敢轻举妄动。

由于吕端辅佐得力,真宗即位之初,国家呈现一片欣欣向荣的景象。吕端在小事细节上常表现出"糊涂"的一面,但在策立寿王元侃为帝这一原则问题上,却表现出了非常清醒乃至执着坚定的行事风格,甚至不惜以开罪当朝李太后为代价。吕端的这种"认真"似乎有些反常,但只要看一下历史上因争王位而起的争端纷扰,就可以理解吕端此番决策实为明智之举了。

更难能可贵的是,吕端身有策定天下之功,却私毫不以此矜功自傲、骄横忘形,而是以天下为己任,更加勤勉地为君分忧,为社稷谋福利,这才真正称得上是一个政治家的大韬晦、大胸怀。

★自己一定能拿大主意

帝方锐意太平,数问当世事,仲淹语人曰:"上用我至矣,事有先后,久安之弊,非朝夕可革也。"帝再赐手诏,又为之开天章阁,召二府条对,仲淹惶恐,退而上十事。

——《宋史·范仲淹传》

凡善把握大局的为臣者都能在关键时刻拿大主意。疾风知劲草,在暴风骤雨来临时最能考验一个人的意志和魄力,范仲淹为了巩固北宋王朝的统治,助主除弊改新,虽然改革失败了,可是他为改革而同顽固势力所做的抗争,也说明了在方向正确之时,坚持己见往往有利于计划的进行。

宋仁宗庆历年间,因为对西夏的战争连年不息,使阶级矛盾激化,社会危机加深,宋朝的各种弊政暴露无遗。在士大夫中,要求改革弊政的呼声愈来愈高。在庆历二年(1042年),欧阳修就曾上疏说:"天下之势岁危于一岁,不可不改弦更张!"并对当时的弊政进行了深刻地分析。一向昏庸的宋仁宗这时也不能不对时局感到忧虑,遂于庆历三年(公元1043年)三月罢去吕夷简的宰相兼枢密使之职,任命欧阳修、余靖、蔡襄等人为谏官,表示自己欲改革天下弊端的意向。

当时,一些有名望的大臣纷纷向宋仁宗提出改革弊政的具体建议,主要有王禹偁的"五事"、宋祁的"三冗三费"、文彦博的"省兵"、王安石的"万言书"、司马光的"三札"等,其中以范仲淹的"新政"最为有名。宋仁宗遂于庆历三年(1043年)七月任命范仲淹为参知政事,任命富弼为枢密副使,让他们兴致太平,就当世急务提出处置意见。

庆历三年(1043年)九月,宋仁宗一再以手诏敦促范仲淹、富弼等人尽心国事,提出改革意见。范仲淹对别人说:"皇上用我可谓至矣,然事有先后,且革弊于久安,非朝夕之间可以做到。"

后来,宋仁宗又于天章阁召见范仲淹、富弼,并破例给范仲淹、富弼赐座,发给笔札,让他们当面陈述政见。范仲淹与富弼非常惶恐,避席而退。范仲淹不久即向宋仁宗呈送了自己的革弊建议,他说:"历代之政,久皆有弊,弊而不救,祸乱必生。大宋建国已八十余年,纲纪制度日削月侵,已至不可不更张以救之的地步。"并提出了具体的十条建议。

一曰"明黜陟"。即改革文官三年一迁升、武官五年一迁升的"磨勘法"。官员中有大功高才者,可特加任用。老病愚昧者另做处理。有罪者按情节轻重进行处分。

二曰"抑侥幸"。取消少卿、监以上官员于乾元节荫子的做法;正郎以下如监司、边任,须在职满二年,始得荫子;大臣不得推荐子弟任馆阁之职。旨在改革贵族官员子弟恩荫做官的旧法,严加限制,以减少冗官。

宋仁宗

三曰"精贡举"。取消进士、诸科考试时的糊名法,参考其履历,以名闻;进士考试时先策论,后诗赋,诸科则取兼通经义者。旨在改革以诗赋墨义取士的旧制,着重策论和经学。

四曰"择官长"。严格选择转运使、提点刑狱及各州县长官。

五曰"均公田"。各地官员按等级给以多少不等的"职田",用来责其廉节,以防止贪污。

六曰"厚农桑"。每年二月,提倡各地开河渠,修筑堤堰陂塘,以利农业生产,州县选官主持;减漕运,劝课以兴农利。

七曰"修武备"。京师招募卫兵五万人,以助正兵,三季务农,一季教战,以省给赡之费。

八曰"贾恩信"。朝廷有赦令,各地必须执行,主管有违者,重治以法。

九曰"重命令"。各地法令应由朝廷统一。

十曰"减徭役"。裁并州县建置,使徭役相对减少,百姓不再困扰。

范仲淹的十条建议,除修武备一条之外,其余九条均被宋仁宗采纳。从庆历三年(1043年)十月到庆历四年(1044年)上半年,宋仁宗根据范仲淹的革弊主张,陆续发布诏令,对内外官员的考绩升迁办法重新做了规定,对大臣陈请子弟亲戚任馆阁要职之事及转官升迁严加限制。还对恩荫制度重新做了规定,各级官员恩荫子弟亲戚的人数和官职都做了比以前更加严格的限制。要求地方官注意兴修水利,尽可能合并人口较少的县份,以减少役使的人数,使减少下来的役人回乡务农。这就是所谓的"庆历新政"。

在大多数人碌碌无为的时候,正需要把握大局的人对时势有着清醒而深刻的见识,并以此为基础,在大事上能够自己拿大主意。

★为谋事可以与对手合作

延州诸砦多失守,仲淹自请行,迁户部郎中兼知延州。先是,诏分边兵:总管领万人,钤辖领五千人,都监领三千人。寇至御之,则官卑者先出。仲淹曰:"将不择人,以官为先后,取败之道也。"于是大阅州兵,得万八千人,分为六,各将三千人,分部教之,量贼众寡,使更出御贼。时塞门、承平诸砦既废,用种世衡策,城青涧以据贼冲,大兴营田,且听民得互市,以通有无。又以民运输劳苦,请建郦城为军,以河中、同、华中下户税租就输之。春夏徙兵就食,可省籴十之三,他所减不与。诏以为康定军。

——《宋史·列传第七十三》

凡能担当大事、追求大胜之人,在大事当前,往往会以大局为重,彼此之间不计前嫌,团结一致共谋大事。范仲淹与吕夷简不计前嫌,重归于好、同心协力共同抗击西夏的入侵,让入侵者不敢轻举妄动,使北宋人民的安全有了保障。

宋仁宗宝元元年(1038年),元昊正式称帝,建国号大夏,公开撕毁了李德明同宋朝订立的和约。紧接着,元昊又于次年正月上表宋朝,要求宋朝正式承认大夏,企图以此刺激宋王朝统治者,逼使宋朝做出反应。宋朝果然忍受不了这一刺激,于宝元二年(1039年)六月下诏削除元昊的赐姓和官爵,停止同西夏的边境互市,并在边境发布文告,宣布谁能捕杀元昊,即接其定难军节度使。元昊也乘机把宋朝授予的旌节和封号敕诰退还宋朝,公开同宋朝决裂。这一年的十一月,元昊率兵进犯宋朝的保安军(今陕西志丹),宋与

西夏的战事正式爆发。

宋与西夏的战争爆发之时,范仲淹在越州知州任上,宋仁宗召其为天章阁待制、知永兴军(陕西西安),不久改任陕西都转运使。

适值吕夷简自大名(今河南大名南)复入相。吕夷简自从范仲淹被贬往饶州不久,也被罢去宰相之位,知大名府,这时也被召回朝廷,复任宰相。吕夷简对仁宗说:"范仲淹乃当今贤臣,岂能以旧职用之!"

宋仁宗宣谕范仲淹与吕夷简消除他们之间的不愉快,范仲淹说:"臣前论吕相盖为国事也,于吕相无憾也。"

吕夷简也说:"夷简岂敢以旧事为念也!"

就这样,范仲淹与吕夷简不计较前嫌,重归于好,共同商议抗击西夏事宜。

在宋与西夏交兵之初,由于宋朝长期以来推行"守内虚外"的腐朽政策,武备失修,军政腐败,将官怯懦寡谋,不识干戈,兵骄不知战阵,兵器也朽腐不堪,致使宋兵一败涂地,边境屡受侵犯。特别是负责指挥对西夏防御战事的范雍等文官既不懂军事又缺乏谋略,加之朝廷派去担任监军职事的宦官又对军事行动横加干预,在宋仁宗康定元年(1040年)正月的三川口(今陕西延安西)战役中,因延州(今陕西延安)主帅范雍指挥失策,宋军大将刘

吕夷简

平、石元孙被俘,万余宋军损失殆尽,延州城几乎被西夏军队攻破。

三川口战役的惨败使宋朝大为震恐,急忙征调军马粮草入陕增援,并撤换主帅,以夏竦为陕西经略安抚使,韩琦、范仲淹为陕西经略安抚副使,一同入陕主持军事。面对延州屡遭敌犯的情形,范仲淹主动请缨,要求驻守延州,获得朝廷的恩准。范仲淹以龙图阁直学士、陕西经略安抚副使的身份兼任延州知州。

按照宋朝的规定:守边之兵由将官分领,总管领兵万人,钤辖领兵五千人,都监领兵三千人,作战之时,则由官位卑微的将官首先出击。结果,常常被敌人打得大败。范仲淹说:"将不择人,以官职大小为先后,此取败之道也。"他针对军中论资排辈的弊端,首先进行改革。

范仲淹将延州一万八千人分为六队,每队三千人,由六个将官率领,加强训练。作战之时,不按以往的做法出击,而是根据来敌的数量强弱部署军事力量,共同御敌,经过范仲淹的整顿,延州一线战事开始有了转机,士气也逐渐振奋起来。当时,由于西夏的不断进攻,延州周围许多用于防御的堡寨已经废弃,范仲淹为了增强防御能力,根据地形增筑了一系列新的堡寨,并对已废弃的堡寨根据需要进行恢复,使各堡寨之间相互应援,这样一来,范仲淹主持的延州一线防务日趋稳固。

國學智慧全書

史學智慧

当西夏人了解到范仲淹在延州的防御部署之后，互相警告说："如今不能再轻视延州了！小范老子（指范仲淹）胸中自有数万甲兵，不比大范老子（指范雍）可欺啦！"

范仲淹在延州主持军事时，还非常注意选拔将才。行伍出身的狄青作战非常勇敢，临阵之时常常披头散发，头戴铜面具，在敌阵中杀进杀出，所向披靡。范仲淹对狄青非常赏识，不仅给予优厚的待遇，还授予他《左氏春秋》，并对狄青说："将不知古今，匹夫之勇而已。"狄青在范仲淹的教导之下，努力读书，精通秦汉以后诸将帅的兵法，成了一名智勇双全的将领，为大宋王朝立下赫赫战功，后来官至枢密使，这一切，都与范仲淹的栽培密不可分。

范仲淹守边期间，非常爱惜士卒。相传，范仲淹曾以黄金铸了一个信笺筒，其上饰以七宝，每得朝廷敕诏命书，即贮之筒中。后来，一个跟随范仲淹多年的老卒将其盗去，范仲淹知而不究。到了后来，一个叫袁桷的人题诗范仲淹像，诗云：

> 甲兵十万在胸中，赫赫英名震犬戎。
>
> 宽恕可成天下事，任他老卒盗金筒。

对他宽厚善良进行了热情地讴歌，从中也可以看出范仲淹爱惜士卒不随意惩罚他们的一般情形。

在对西夏用兵的策略上，范仲淹与韩琦有不同的主张。韩琦主张会兵出击，以攻为主；范仲淹则主张重防御，以守为主。但韩琦是当时有名的军事统帅，名气远比范仲淹大，朝廷往往采纳韩琦的建议，结果总是招致败绩。

宋仁宗康定元年（1040 年），在韩琦的建议下，宋仁宗下诏准备大军讨伐西夏。到了宋仁宗庆历元年（1041 年）春天，仁宗下令大军进发，讨伐西夏。范仲淹上奏说："正月内起兵，军粮马匹，动逾万计，入险阻之地，遇上塞外雨雪大寒，则士卒马匹必然暴露僵仆，使贼有机可乘，所伤必众。今诸州城垒、兵甲、粮草、士马攻守之计已严整有序，不患贼至矣！请等春暖之时出师，那时贼马瘦人饥，其势易制，又可扰乱其耕种之事，绝无大获……"对于范仲淹所言，宋仁宗全部采纳，令夏竦、韩琦、范仲淹伺机出兵。

范仲淹为了孤立元昊，不断地招纳周围的少数民族，使其为宋所用，他将自己的想法上奏朝廷说："前陛下下敕令臣招纳蕃族首领，臣亦遣人探问其情，蕃族有通朝廷之意。为了使其不至于僭号而又能修时贡之礼，宜留鄜、延之路以为通道，领诸将勒兵备器，贼至则击。乘讨伐未行之机，容臣示之以恩义，岁时之间，或可招纳。不然，臣恐隔绝情意，偃兵无期。若用臣策，岁月无效，然后徐图举兵，先取绥、宥，据其要害，屯兵营田，为持久之计。如此，则茶山、横山一带番、汉人民，惧大宋兵威，可以招降，即使有窜奔者，亦是去西夏一臂，拓疆御寇，则无轻举之失也。"仁宗下诏悉听范仲淹所奏。

范仲淹前后六次上奏，请求朝廷缓兵而行，但求胜心切的宋仁宗终于在庆历元年（1041 年）二月下令讨伐西夏，但范仲淹始终坚持不可轻易出兵。当时，范仲淹的老友尹洙任秦州通判兼经略判官，他来到范仲淹处，对范仲淹说："公于战事不及韩公也，韩公云：'用兵当置胜负于度外也。'今公区区谨慎，此所以不及韩公也。"

范仲淹

范仲淹说："大军一动，万命所悬，置之度外，仲淹未见其可。"二人意见不合，尹洙负气而返。

韩琦当时已派大将任福率一万八千人深入西夏境内，企图截断进攻渭州（今甘肃平凉）的西夏兵的退路。任福率军抵达好水川（今宁夏隆德县东）时，中了元昊的埋伏，大将任福、桑怿等人战死，宋军大败，死亡达一万余人，陕西为之震动。韩琦率残兵败将还至半道，只见亡卒的父兄妻子号泣于马前，皆持纸钱故衣招魂哭道："汝昔从韩公出征，今韩公归而汝死矣。汝之魂亦能从韩公而归乎？"哀恸之声震天动地。韩琦不胜悲愤而掩面泣注，驻马不能前。

范仲淹听说之后，叹息道："当是时岂可置胜负于度外也！"

宋仁宗庆历二年（1042年）闰九月，元昊大举进攻泾原路所属的镇戎军（今宁夏固原），王沿派大将葛怀敏率兵御敌，在定川（今甘肃平凉市北）遭元昊包围，葛怀敏及将多人战死，九千多名宋军及六百匹战马皆被俘虏。元昊乘胜长驱直入，攻入渭州，大肆抢掠，并且发布文告扬言要亲临渭水，直据长安。关中为之震恐，民多窜入山谷之间。

定川战事初起之时，宋仁宗按地图对左右大臣说："若仲淹出援，朕无忧矣。"

后来，范仲淹果然率众六千，自庆州增援定州，元昊才撤退回去。奏至京师，仁宗大喜道："朕固知仲淹可用也。"下诏进范仲淹为枢密直学士、右谏议大夫。范仲淹以军出无功，故不敢受，宋仁宗不听，依旧拜之。

定川战役之后，宋朝罢免了王沿泾原主帅之职，以韩琦、范仲淹、庞籍分管陕西的防务。在范仲淹等人的努力之下，宋朝的边境防线逐渐稳固下来，范仲淹与韩琦也名声大震，当民间流传着这么一句谚语："军中有一范，西夏闻之心胆战；军中有一韩，西夏闻之心胆寒。"艰苦的守边生涯，磨炼了范仲淹的意志，使他成为当时社会一位真正能出将入相的政治家、军事家、文学家，为他以后进行改革奠定了坚实的基础。

做大事的人不计小节，以谋事有成为最高原则。对于君主而言，多几个范仲淹这样的臣子实在是件幸运的事情。

★绝不与貌似强大的人合作

是时袁绍既并公孙瓒，兼四州之地，众十余万，将进军攻许，诸将以为不可敌，公曰："吾知绍之为人，志大而智小，色厉而胆薄，忌克而少威，兵多而分画不明，将骄而政令不一，土地虽广，粮食虽丰，适足以为吾奉也。"秋八月，公进军黎阳，使臧霸等入青州破齐、北海、东安，留于禁屯河上。九月，公还许，分兵守官渡。冬十一月。张绣率众降，封列侯。十二月，公军官渡。

——《三国志·武帝纪》

我们说动荡之中事难成，是因为动荡之中形势始终处于变化的状态之中。就个人而言，选择一个强大的合作者作为倚靠，无疑可以给自己的人生之局提供一个有力的支点。但是动荡之中强者未必真强，弱者未必真弱，强弱之间瞬息转换，如分辨不清反倒自取其祸。

曹操成事的高明之处正在于哪怕身无所属，也绝不与貌似强大的人合作。

董卓在控制献帝，权利炙手可热的时候，想笼络曹操，这对曹操的选择就是一个考验。董卓对曹操的才干，久有所闻，他任命曹操为骁骑校尉，并与其共商大事，想把曹操收为心腹。但曹操对董卓的为人是了解的，先前他反对召外将进京，就是看到了董卓是一个缺乏政治头脑又有政治野心的人。董卓到洛阳后的所作所为，曹操更是亲眼所见，他料定董卓无非是逞一时之势，终将要落得众叛亲离，归于失败的下场。像董卓这样的人，不仅不能与其同流合污，而且要创造条件打败他。于是，曹操在这年的九月，偷偷地离开洛阳，走上了公开反对董卓的道路。

曹操不受董卓的笼络，一是他有远见，料定董卓之辈只能得势一时。二是他有更大的抱负，不是轻易地被人看重和使用的问题，而是怎样才能有朝一日使用别人。

中平四年（187年）曹操采取以退为进的策略，以有病为由，辞去了朝廷任命他为东郡太守的官职，在家闲居。然而以他的声望、人品和才华，是难以让他清静的。一年以后，冀州刺史王芬就派人拿着密信找到了他，原来，冀州刺史王芬联合策士许攸、陈蕃的儿子陈逸、道教法师襄楷、沛国人周族等，密谋政变，打算趁汉灵帝北巡河间（今河北献县东南）旧宅之机，用武力挟持灵帝，诛除宦官，为陈蕃等人报仇。然后，废掉灵帝，另立合肥侯为帝。他们决定拉曹操入伙，因为曹操有正义感，有号召力，所以派人给曹操送来了密信。

曹操读罢密信后，心情很不平静。他仔细考虑之后，觉得此事不妥，给王芬等人回信明确表示反对。

曹操从当时的主客观条件分析，王芬等人确实不具备像当年商朝掌权者伊尹放逐太

王芬等人是由地方发动的政变，无法一开始便控制朝政，就是一时取得成功，也容易受到中央集合力量的围剿。像西汉景帝时的吴、楚七国之乱那样大的规模最后都失败了，王芬等人以一个冀州之地，想搞成这样一件大事，当然是属于轻举妄动的冒险行为。

后来事态的发展，果然如同曹操所料，王芬非但没有取得成功，反而落了个举家自杀的结局。

在对待王芬政变这一重大政治事件上，曹操对灵帝没有采取"愚忠"的态度，去告发他们。王芬等人敢于去拉曹操入伙，也是对他的心态有所了解。曹操不是不想改善朝政，如果通过废立皇

董卓

帝能有利于国家，取得积极效果，这也是他所希望的。但是，没有一定把握的冒险盲动，是他所不取的。

董卓、王芬是两个都想拉拢曹操入伙的人，曹操对他二人采取了不同的对策，可见曹操的足智多谋。而曹操反对王芬等行废立之事，也说明了他处大事断大疑当不能徒见往者之易，而未见当今之难的独到之见，以及做大事不能急于求成而要待条件具备，方可行非常之举。

袁绍是继董卓、王芬之后又一个想拉拢曹操入伙的人。

初平元年（公元190年）袁绍为了有利于发展自己的势力，以献帝年幼，又被董卓所困，关山阻塞，不知是否还活着为由，同冀州牧韩馥一起谋立幽州牧刘虞为帝，并私刻了皇帝的金印，派毕瑜去见刘虞，劝他称帝，并说这是上天的意旨。同时前来征求曹操的意见，企图获得曹操的支持。曹操问明来意，明确表示反对，说："董卓的罪行，国人尽知。我们会合大众，兴举义兵，远近无不响应，这是因为我们的行动是正义的。现在皇帝年纪幼小，被奸臣董卓控制着，还没有像昌邑王那样的破坏汉家制度的过错，如果一旦加以废除，天下有谁能够心安呢？诸君北面，我自西面！"

古代皇帝面南而坐，臣僚面北朝见皇帝。刘虞是幽州牧，幽州又刚好在北方，因此这里的"北面"语含双关。"西面"，指向西讨伐董卓，迎回献帝。诸君自去向刘虞称臣，我自去西讨董卓，表现了曹操同袁绍等人分道扬镳的决心。董卓暴行令人发指，国人共愤，讨伐董卓确实是人心所向，应当全力以赴。献帝虽然毫无建树，但他毕竟是国家的象征，

又被董卓挟持着，如果一旦废掉，另行易人，必然造成更大的混乱，局面将更加难于收拾。所以曹操的意见，不仅表现了他的胆识，也是从大局着眼的。

东汉时谶纬迷信盛行，一些人利用谶纬大造符瑞，妄测吉凶，甚至以此证明某某得到天命，应当即位登基。袁绍、韩馥也玩弄了这套把戏。当时刚好有四颗星星在属二十八宿的箕宿和尾宿之间汇聚。古代星象家把天象和地面上的一些地方相配合，叫分野，箕、尾的分野刚好是燕地，即幽州。于是韩馥说神人将在燕地产生，实际是说刘虞应当称帝。又说济阴有一个男子叫王定的得到一块玉印，印上刻着"虞为天子"四个字。一次，袁绍得到一块玉印，因当时只有皇帝的印才能用玉制作，袁绍认为奇货可居，就故意拿到曹操面前炫耀，谁知曹操不以为然，大笑着说：

"我不相信你这一套！"

袁绍

袁绍感到大煞风景。袁绍见曹操不听自己摆布，很不满意，于是私下派人去见曹操，企图说服曹操归附自己。来人见了曹操，说：

"现在袁公势力正盛，兵力最强，两个儿子也已经长大成人，天下英雄，有谁能够超过袁公呢？"

曹操听了，没有吭声。但从此对袁绍更加心怀不满，并产生了伺机消灭袁绍的想法。

由此不难看出，曹操对待拉拢他的人的对策是不同的，但有一点是相同的，绝不随随便便与人合作，因为合作是为了成事，如果合作对成就大事不利，那就果断地放弃合作带来的暂时的好处，而等待更好的时机。

★在共同利益上做文章

先主至于夏口，亮曰："事急矣，请奉命求救于孙将军。"时权拥军在柴桑，观望成败。亮说权曰："海内大乱，将军起兵据有江东，刘豫州亦收众汉南，与曹操并争天下。今操芟夷大难，略已平矣，遂破荆州，威震四海。英雄无所用武，故豫州遁逃至此。将军量力而处之：若能以吴、越之众与中国抗衡，不如早与之绝；若不能当，何不案兵束甲，北面而事之！令将军外托服从之名，而内怀犹豫之计，事急而不断，祸至无日矣。"……权大悦，即遣用瑜、程普、鲁肃等水军三万,随亮诣先主,并力拒曹。曹公败于赤壁,引军归邺。先主遂收江南,以亮为军师中郎将,使督零陵、桂阳、长沙三郡,调其赋税,以充军实。

——《三国志·诸葛亮传》

领导者必须精通"共同利益"的重要性,靠"共同利益"联结双方的心。一个人把这一点做得非常漂亮,局面必会向自己一方倾斜。

诸葛亮出山,一上来便很棘手。他要协助刘备夺取荆州,但荆州最近成了群雄觊觎的焦点。曹操已定河北,荆州必是下一个目标,而东吴早已三次进攻荆州江夏,荆州问题已经"国际"化了。以刘备微薄的力量,如何不让荆州落入曹操之手;争得荆州,又与刘表及东吴为友?面临这些难题,几乎没有又必须寻到出路。

在诸葛亮出山的第二年,即建安十三年(公元208年)七月,曹操集结步、骑兵南下,伴称攻击南阳郡,秘密大举进军荆州。

形势严重,刘表决心收缩兵力,重点防御襄阳,待疲惫曹军后反攻,以确保荆州。急令刘备从新野撤到樊城(今属湖北襄樊)驻防,保卫一水之隔的襄阳,又以江陵为后方基地,储备大量军用物资,支援前线。

大军压境,对刘备既是挑战,也是机遇。但刘备退至樊城时,仅有兵力五千。

曹操率军占据襄阳后,听说刘备已过,亲率精锐骑兵五千,抛下辎重,轻军追击,一日一夜行三百里。前锋曹纯和荆州降将文聘终于在当阳长坂(今湖北当阳东北三十五公里绿林山区的天柱山)追上刘备军。

两军一接触,曹军五千精骑把刘备军冲得落花流水。刘备丢下妻子,同诸葛亮、张飞、赵云等数十骑落荒而逃。

正当刘备这支败兵队伍上天无路、入地无门时,在长坂遇上东吴前来联络的使者鲁肃。这很意外,东吴同荆州刘表是世仇,孙权又企图夺取荆州,一统吴楚,称霸南方,不料却派来使者。

孙权是极明白利害关系的英主,他认识到,曹操南下荆州,是同东吴争夺荆州,得手后势将进攻东吴,东吴连生存都将成为问题,还谈什么夺取荆州呢!眼下曹操跃升为第一位的敌人,应该调整敌友关系,同荆州建立联合战线。孙权派出鲁肃后,自己也前出柴桑,就近密切注视事态发展。

鲁肃在出使途中,路经夏口(今湖北汉口),听说曹操正在向荆州进军,及至到达南郡时,刘琮已经投降,刘备正在南撤,便迎上前去,同刘备相遇。刘备是落难凤凰不如鸡,然而鲁肃的巨眼掂得出这位失败英雄的分量,决意极力促成孙、刘两家合作,听刘备说今后打算投奔苍梧郡(今广西梧州)太守吴巨,忙向刘备指出,吴巨平庸,行将被人吞并,不足以托身。他传达孙权希望结盟的意愿。

诸葛亮早想同东吴结缘,长坂大败后以实力不足和不明东吴态度,没有主动联吴,不

料鲁肃找上门来，做了联合的发起人。鲁肃不仅处在有条件采取行动的一方，而且眼光过人。

对于鲁肃其人，诸葛亮并不陌生，哥哥诸葛瑾与他私交甚深，有关鲁肃为人早已从兄长处获知不少。更何况危难中一见，很有相见恨晚之感，谈得十分投机。

诸葛亮既敬佩鲁肃的眼光，又敬重哥哥的朋友，同鲁肃建立了深厚友谊。刘备偕鲁肃继续退却，途中先后会合关羽水军和刘琦一万人马，众军循汉水进入长江，放弃原来西上江陵的计划，进驻江汉会合处的夏口。

这时曹操占领江陵，拥有刘表水军，将以绝对优势兵力沿江东下，进击东吴，刘备在夏口，首当其冲。孙、刘联合仅为意向，尚未敲定，形势万分危急。

诸葛亮受任于败军之际，奉命于危难之间，与鲁肃急匆匆奔赴柴桑，会见在那里观望成败的孙权。

赤壁

诸葛亮冷静分析东吴内部的形势，感到和、战的关键操在孙权之手。孙权不愿意降曹，但对于弱军能否战胜强军及依靠谁来抗曹，尚无把握和良策，决心难下，犹豫不定。此行使命的关键，是游说孙权定下抗曹决心。对此，诸葛亮充满了信心。

诸葛亮代表荆州方面，同孙权展开谈判。他以为，尽管己方大败之后处于不利地位，但必须掌握主动，谈的时候要坦白、彻底，以建立信任，要讲艺术，取得好效果，先鼓动孙权抗曹的决心，再消除他的顾虑。

整个会谈，诸葛亮完全占有主动，掌握了会谈的进程，会谈取得圆满结果。于是孙权召集群臣商议和、战大计，统一思想。在此关键时刻，东吴突然接到曹操来信，信中声称将率领八十万水步大军，前来伐吴。东吴官员无不失色，大多数主张迎降，孙权无奈，召来中护军周瑜。在周瑜力排众议下，东吴决定了迎战大计。孙权命周瑜等率兵三万，随诸葛亮前往会师刘备，齐心协力抵御曹操。

诸葛亮出使东吴，本来有求于人家，可是他反客为主，用激将法成功地说服了孙权联合抗曹，联吴的目的达到了，还显得是孙权求他。诸葛亮初次受命，便显示出超群的外交智慧和艺术。

诸葛亮随后乘船赶赴前线，协助指挥孙、刘联军作战。当年冬，曹军和联军在赤壁隔江相峙，周瑜发起火攻，火烧曹船，刘备军在陆上配合追歼，共同大破曹军，曹军损失大半，曹操退回北方。联军追至江陵，经过一年围攻，守将曹仁弃城。曹军由于失去水军基地，无法再建强大的水军。曹操赤壁铩羽而归，不能战胜南方，直到公元 280 年晋灭吴中国才实现统一，这一推迟，竟达七十三年之久。

赤壁之战，为三国形成举行了一个奠基礼。这次战争能够取得胜利，关键是建立了孙、刘联盟和孙权在极端困难条件下决策抗曹。这两方面，诸葛亮都做出了重大贡献，与周瑜、孙权一起改写了中国历史。

在很多时候，合作是非常必要和有效的操纵局面的手段，合作赖以成功的基础是找到共同的利益，诸葛亮正是深刻地认识到蜀吴两国的战略利益关系，通过有效手段将蜀吴的两盘局合在一起布，才一举击退了强大的魏国。这一成事过程把诸葛亮以智谋事的特点体现得淋漓尽致。

第六章　如何获得上级的支持

★选择赏识自己的人是获取支持的重要步骤

符坚将有大志,闻猛名,遣吕婆楼招之,一见便若平生。语及废兴大事,异符同契,若玄德之遇孔明也。……

迁尚书左丞、咸阳内史、京兆尹。未几,除吏部尚书、太子詹事,又迁尚书左仆射、辅国将军、司隶校尉,加骑都尉,居中宿卫。时猛年三十六。岁中五迁,权倾内外,宗戚旧臣皆害其宠。

——《晋书·王猛传》

古代政治尤其是乱世中的政治家讲究择主而从。跟错了对象,即使你有经天纬地之才也无从施展。而一旦选择了一个慧眼识珠的明主,也就等于成功了一半。

十六国时期前秦的君主符坚与丞相王猛相知相得,长期互相信任和支持,融洽无间,这在当时那种动荡的年代十分难得。王猛出身贫贱,少以鬻箕畚为业,博学好兵书,怀佐世之志。东晋永和十二年(356 年),经人推荐,王猛见到了前秦东海王符坚,两人一见如故,谈得十分投机,对天下大事的看法大都不谋而合。符坚无比兴奋,把他遇到王猛比作刘备遇到了诸葛亮。

前秦是氐族所建立的政权,当时正处于从奴隶制向封建制转化的阶段,无论是出于对内促进封建化的需要,还是对外防卫的需要,都要求加强中央集权,抑制氐族奴隶主贵族的势力。正是在这一点上,符坚和王猛取得了共识,因此,在符坚于升平元年(357 年)六月杀掉符生,

王猛

夺得政权之后，便对王猛倍加重用。王猛则全力以赴，建立法制，加强集权，狠刹权贵的气焰。

始平县（今陕西咸阳西）聚居着许多从枋头迁来的氐族贵族豪强，在当地横行不法。苻坚就让王猛兼任始平令。王猛上任后，明法峻刑，禁勒豪强，雷厉风行，大见成效。然而也招来了豪强的报复，有人告他无故鞭杀一吏，执法机关便将他逮捕下狱。苻坚亲自审问他，问他为何到任不久便杀戮无辜、施以酷政。王猛大义凛然地答道：治宁国用礼，治乱邦用法。陛下令臣治理如此重要之地，臣决心剪除凶猾。如今才杀一人，所余还有上万。若责臣以除暴不尽，执法不严，臣甘愿受罚，至于酷政之罪，臣实不敢接受。苻坚听后，心里已明白，便向群臣宣布王猛无罪，并当众赞扬他："王景略（王猛字）固足夷吾（即管仲）、子产之俦也。"

王猛日益被苻坚重用，引起氐族勋贵的嫉妒。氐族大臣樊世自恃开国元勋，尤为不服。他曾当众羞辱王猛："我辈与先帝共兴事业，而不预时权；君无汗马之劳，何敢专管大任？是为我耕耘而君食之乎！"王猛毫不客气地回敬道："方当使君为宰夫安直耕稼而已。"即非但使君耕之，还将使君炊之。樊世听了勃然大怒，威胁道："要当悬汝头于长安城门，不尔者，终不处于世也。"我若不把你的脑袋挂到长安城门上，誓不为人！王猛将此事报告苻坚，苻坚说："必须杀此老氐，然后百僚可整。"不久，樊世进宫言事，当场与王猛发生争执，樊世破口大骂，秽言不堪入耳，后来竟挥动拳头击向王猛，被左右拦住。苻坚当即下令将樊世斩首。一些氐族贵族不服，纷纷谗害王猛。朝官仇腾、席宝利用职务之便，屡屡对苻坚毁谤王猛，苻坚则将二人赶出朝堂；对那些说王猛坏话的氐族大小官员，苻坚将他们痛骂一顿，有的甚至当场鞭挞脚踢。从此以后，公卿贵族见了王猛无不畏惧。

东晋升平三年（359年），王猛从尚书左丞迁为咸阳内史，又迁侍中、中书令、领京兆尹。京兆是氐族贵族最集中的地方，苻坚让王猛领京兆尹，目的是要杀一杀他们的气焰，进一步加强王权。王猛果然不负所望，一上任，就把强太后之弟，特进、光禄大夫强德抓了起来。此人自恃皇亲贵戚，酗酒骄横，掠人财货子女，民愤极大。王猛将他处死，并陈尸于市。数十天内，被处死的违法犯罪的权豪有二十余人。京兆风气为之一变，权豪们个个心惊胆战。苻坚见收效如此之大，不胜感慨地说："吾今始知天下之有法也，天子之为尊也！"

这年十月，王猛第三次迁官，为吏部尚书，不久，再迁为太子詹事、左仆射。十二月，又迁为辅国将军、司隶校尉，居中宿卫。他一年之内，五次迁官。此时，王猛仅三十六岁。以后又任丞相、中书监、都督中外诸军事等职。他身兼数职，权倾内外。

在中国古代，像王猛这样的谋士，要想建功立业，必须选择好辅佐对象。如所择非人，即使有超人的智慧和才能，亦是徒劳。只有所辅对象英武有为，谋士的才干才能得以发挥，才能干一番事业。王猛择明主于患难之时，苻坚识英雄于草创之先，君臣二人珠联璧合，相得益彰。因而二人能在十六国纷乱的年代里大显身手。

王猛自升平元年(公元 357 年)至宁康三年(公元 375 年),前后辅佐苻坚十八年之久,竭尽全力,倾其文韬武略,的确干出了一番事业来:他流放尸位素餐的庸官,拔举幽滞贤才;外修兵革,统军灭群雄;内崇儒学,劝课农桑。而其君主苻坚对王猛则放手重用,信任备至,史称:"军国内外,万机之务,事无巨细,莫不归之。"苻坚自己则"端拱于上"(端坐拱手于朝堂之上),这使得王猛可以独立自主地处理军政,工作效能因此大大提高。在君臣二人齐心协力的治理下,前秦国富兵强,战无不克,成为当时诸国中最有生气的国家,并且初步统一了中原地区。十分天下,秦居其七。东晋政权已感到巨大的压力,无人再敢"北伐";前秦境内,也是一片小康景象。

王猛对前秦功不可没,苻坚曾情不自禁地夸奖王猛:"卿夙夜匪懈,忧勤万机,若文王得太公,吾将优游以卒岁。"苻坚把王猛比之于"文武足备"的姜尚,可见信宠之重。而王猛却十分谦虚地回答道:"不图陛下知臣之过,臣何足以拟古人!"苻坚又肯定地说:"以吾观之,太公岂能过也。"认为王猛胜过姜太公。苻坚还经常教导太子苻宏和长乐公苻丕等人:"汝事王公,如事我也。"

宁康三年(375 年)六月,王猛积劳成疾,病情日益加重,苻坚亲自为之祈祷,并派侍臣遍祈于名山大川。其间,王猛病情略有好转,苻坚欣喜异常,特地为之赦免诛死以下罪犯,以示庆贺。七月,王猛病势转危,苻坚亲到王猛家中探望,并问以后事。王猛以其非凡的洞察力,在生命弥留之际,向苻坚进言:"晋虽僻陋吴越,乃正朔相承。亲仁善邻,国之宝也。臣没之后,愿不以晋为图。鲜卑、羌虏,我之仇也,终为人患,宜渐除之,以便社稷。"言毕而终,时年五十一岁。苻坚悲痛万分,三次亲临哭祭,并对太子宏说:"天不欲使吾平一六合邪? 何夺吾景略之速也!"苻坚按照汉朝安葬大司马

苻坚

大将军霍光那样的最高规格,隆重地安葬了王猛;谥为武侯,如蜀汉谥诸葛亮为忠武侯一样。苻坚常把自己与王猛的关系比之为刘备与诸葛亮的关系,但刘备长诸葛亮二十岁,

而苻坚却小于王猛十三岁。所以尽管有君臣名分,苻坚却始终把王猛视为兄长。现在王猛离他而去,使苻坚顿如失去左右手,他时时沉浸在怀念王猛的悲痛中,常常潸然泪下,过度的忧伤与焦虑,使苻坚在王猛去世后半年就须发斑白了。苻坚在王猛死后最初的年份里,恪守王猛遗教,兢兢业业、踏踏实实地处理国政,并迅速灭掉苟延残喘的前凉和代国,完全实现了北方的统一,东夷、西域六十二国及西南夷都遣使前来朝贡。东晋的南乡、襄阳等郡也被攻夺下来,前秦臻于极盛。遗憾的是,苻坚后来忘了王猛的临终遗言,在王猛去世八年后,兵败淝水(今安徽境内),统一天下的愿望化为泡影。苻坚在淝水惨败后痛悔自己忘记王猛遗言而铸造成的大错,但后悔已晚,终成千古之憾。

然而无论怎样的结局,我们都可以将王猛与苻坚视为君臣相得的典范。正如历史学家范文澜所评价的那样:"苻坚在皇帝群中是个优秀的皇帝,他最亲信的辅佐王猛,在将相群中也是第一流的将相。"这两位明君贤相的配合,造就了前秦这个中国历史上有作为的朝代。

★巧妙充当君王的知音和配角

高祖孝文皇帝讳宏,献文皇帝之太子也。母曰李夫人。皇兴元年八月戊申,生于平城紫宫,神光照室,天地氤氲,和气充塞。帝洁白有异姿,襁褓岐嶷,长而弘裕仁孝,绰然有人君之表。献文尤爱异之。三年六月辛未,立为皇太子。五年,受禅。延兴元年秋八月丙午,皇帝即位于太华前殿,改皇兴五年为延兴。丁未,宋人来聘。九月壬戌,诏在位及人庶进直言。壬午,青州高阳人封辨聚党自号齐王,州军讨平之。冬十月丁亥,沃野、统万二镇敕勒叛,诏太尉、陇西王源贺追击至罕,灭之。徙其遗进于冀、定、相三州为户。

——《北史·高祖孝文帝纪》

为臣者必须牢记一点,在君主面前自己永远是个配角。但是当好配角也并不是件简单易行的事,要努力与君主成为一对配合默契的知音。南北朝时北魏大臣元澄就是一位善与君主巧演双簧的配角高手。

北魏孝文帝自小受汉族文化的影响,执政后,他希望通过改革来达到振兴国家的目的,但面对满朝守旧文武,知音难觅。

元澄任徐州刺史后,政绩卓越,声望日高,入京朝见时,孝文帝在皇信堂召见了他。孝文帝问元澄:"昔时郑国的子产铸刑书,而晋国的叔向颇有非议。这二人都是贤士,究竟谁对谁错?"元澄答道:"郑国弱小,受到强大邻国的威胁,民心的背向,不借助刑罚就无法控制,所以铸刑书以显示威严。虽然背离古制,却符合当时的政治需要,因此就顺时济

世而言,子产是对的。叔向对此的讽刺非议,表示他不忘古制,可以与他论道,却不能与他讨论权变之术。"孝文帝说:"你是想当咱们魏国的子产喽。"元澄说:"子产顺应时代潮流,名垂青史。臣目光短浅,庸碌无能,怎敢与子产相提并论。如今陛下以四海为家,广宣道德教化以安抚天下,但长江以南尚被敌国占据,天下还未统一,乱世之民,易被威势慑服,难用礼制治理。臣认为,子产的方法还是应暂时采用,统一天下之后,再从根本上用道德礼乐教化百姓。"孝文帝当时正在考虑改革,对元澄的回答深为赞许,笑着说:"非任城王不识变化发展的大体。朕正要改革国家体制,当与你共创这万世的功业。"

孝文帝

孝文帝觉得元澄这个变革知音,便决心重用他来助自己变革一臂之力。元澄很快被征为中书令,后改授尚书令,成为一人之下、万人之上的宰相。

孝文帝的"变革"最重要的一个环节是迁都。当时北魏的首都还在平城(今山西大同东北),它地处边陲,本来就不是水土丰饶之地,作为都城后,随着人口的增加,物质供应显得更加紧张,又没有方便的水陆交通,从外地运粮很困难。所以,都城人民的生活还不及别的地方富裕、舒适。此外,北边草原上的其他部族日益强大,大有南徙趋势,是边境最大的威胁。然而,对于孝文帝来说,最重要的还是南方中原大地上发达的经济和高度的文明对他有极大的吸引力;再说,如果能迁都洛阳,也多少能改变一下他们"胡虏"的形象,而向中原正统逐渐靠近。同时迁都也是他改革的基础和必要前提,所以孝文帝必须慎重而周全地策划迁都大事。然而,他所面临的阻力是巨大的。考虑再三,孝文帝决定以南伐为名,实现迁都计划。

太和十七年(公元393年)六月,孝文帝以征讨南齐为名,意在商议迁都之事,召集群臣在明堂左室斋戒,命太常卿王谌亲自占卜,卜问南征之事,结果得到"革"卦。孝文帝

说："这是汤武革命,应天命顺人心之卦。"群臣都不敢开口。元澄挺身而出,说道："《周易》说,革,是变更的意思。预示变革君臣之道的应天命顺人心,所以商汤、周武王得到这个卦象是大吉大利。陛下君临天下,继承弘扬先代的业绩,如今既是占卜征伐,得到的卦象只说明可以讨伐敌人,并不意味着改革可以取得成功。这并非预示统治稳固的卦象,不能算十分吉利。"孝文帝厉声说道："《象辞》说:'大人虎变',怎么能说不吉利!"元澄说:"陛下龙兴已久,怎能仅仅比做虎变!"孝文帝勃然大怒:"国家,是我的国家,任城王你想蛊惑人心吗?"元澄说:"国家确实是陛下的国家,然而我是国家的大臣,参与重大决策,怎敢不尽心竭力。"孝文帝锐意革新,志在必行,对元澄的言论大为不满,过了很久怒气方消,说道:"各言其志,也没什么不好。"回宫之后,马上召见元澄。元澄还未登上台阶,隔着很远孝文帝便说:"刚才'革卦'的事,现在还想与你辩论。我在明堂上发怒,是怕大家齐声附和,阻碍我的改革大计,所以疾言厉色以震慑群臣,你应该了解朕的用意。"于是摈退左右,对元澄说:"朕知道今天要做的这件事,确实很不容易。我国兴起于北方,迁都平城之后,虽幅员辽阔,但远未统一天下,平城只适合指挥征战,并不利于推行文治,要移风易俗实行政治文化体制的改革,确实非常困难。崤函、河洛之地,才是真正的帝王之都,因此我才打算大举南迁,迁都中原,你认为如何?"元澄说:"伊、洛地处中原,均为天下必争之地,陛下统治华夏,荡平九夷,人民得知陛下迁都中原,定会大加庆贺。"孝文帝说:"北方人留恋故土,忽然得知将要南迁,不能不惊恐骚动。"元澄说:"这既然是非同寻常之事,当然不会被人所理解,只要陛下做出决断,他们又能怎么办。"孝文帝说:"任城王,你就是我的张子房。"于是加封元澄为抚军大将军、太子少保,兼尚书左仆射。

两个月后,孝文帝率领三十万大军离开平城向南进发,前往洛阳,与奉命从各地汇聚到那里的几十万地方部队会合,孝文帝向南齐的"南伐"正式拉开了序幕。不料,离开平城不久,就一直秋雨连绵,不见放晴。很多将士都私下埋怨孝文帝竟会一反常规,选择这样的鬼天气去出征。但孝文帝依旧命令全军马不停蹄,赶往洛阳。等到洛阳后,天上仍旧下着缠绵的秋雨,孝文帝却全副武装,骑马站在雨中,命令部队继续向南开拔。被雨搞得痛苦不堪的贵族和兵士们再也不愿意去搞什么南伐,他们齐刷刷跪倒在孝文帝马前,请求他停止"南伐"。孝文帝说:"我正想一统天下,但你们这帮儒生,几次扰乱我的大事,我的兵器不吃素,你们不要再多言了!"于是,策马就要出发,大司马安定王元休,还有兼左仆射的元澄等人都言辞恳切,哭着劝谏,孝文帝这才说:"大军出征总不能无轫而返,既然你们实在不愿意继续前进,那就必须同意将都城从平城迁到洛阳来。何去何从,你们选择吧!"那些鲜卑贵族们来不及细想,答应下来,还有一部分人虽不同意迁都,但出于无奈,也被迫勉强同意。殊不知,这里孝文帝与元澄演了一出巧妙的双簧,终于使迁都的计划得以顺利施行。

随后,孝文帝又派元澄快马加鞭奔向代都,宣布迁都的诏令,并总管迁都的一切事宜。元澄到了代都,宣布了诏令,大家听了无不惊恐万状。元澄便充分施展其辩才,引经

据典，将迁都的道理向大家逐一说明，众人这才平静下来，并表示愿意从命迁都。元澄担心孝文帝等着心焦，便日夜兼程向南驰报。孝文帝果然等不及，已经到了滑台（今河南滑县），他们在这儿相会，孝文帝听元澄汇报了代都情况后，十分高兴，说："如果没有任城，朕的事业便不会成功！"不久，元澄被任命为吏部尚书。

394年，孝文帝将都城从平城（今山西大同东北）迁到洛阳。

迁都洛阳确保了孝文帝一系列汉化政策的实行，客观上有利于民族融合。元澄与孝文帝两人的配合，把迁都的难度降到了最低。而这一出君臣合演的双簧戏也为元澄的仕途进一步铺平了道路。

★能够于危乱之中撑起局面

是时，上初即位，务修德政，军国庶务，多访于崇，同时宰相卢怀慎、源乾曜等，但唯诺而已。

——《旧唐书·姚崇传》

乱久思治，君主的思治之心愈切，为臣者治乱扶危的政治才干就愈受倚重。姚崇就是在这种情况下得到唐玄宗毫无保留的支持，从而施展自己整顿时局的抱负的。

从错综复杂、险恶多端的宫廷斗争中成长起来的唐玄宗很清楚地认识到，治理天下尤其是治理目前一团乱麻的天下，需要什么样的人才。姚崇是个在官场上拾级而上的人物，他在政治领域、军事系统、经济部门都曾供过职，丰富的阅历使他熟谙国情民风，从而积累了丰富的治理经验，锻炼了超人的胆识和能力。他最大的特点是"尚通"，能在纷繁多变的政治斗争中随机应变，挽救时局。他的文章写得好，在文才济济的群臣中出类拔萃。所以，拜姚崇为相，是玄宗的英明抉择。

开元元年（公元713年）十月，唐玄宗带领官员们到渭川（今陕西临潼东北新丰镇）打猎，顺便想召回正任同州刺史的姚崇回京任相。宰相张说本来与姚崇不和，听说消息，便让殿中监姜皎对玄宗说："陛下早就准备任命河东道总管，但是却没有合适的人选。现在我可推荐一人，不知陛下怎么奖赏我？"玄宗问他此人是谁，他答说："姚崇文武全才，是最合适的人选。"明皇一听便明白这是张说的意思，并未搭理，反而更坚定了他任姚崇为相的决心。

姚崇被人领到玄宗跟前时，玄宗正兴致勃勃地在渭水边上打猎。君臣阔别多时，相聚自是欢喜，玄宗问姚崇可会打猎，姚崇说："我从小失去父亲，住在广成泽（今河南临汝西）边的一个小乡村，每天以交游猎射为乐，到了三十多岁，还只知呼鹰逐兔，直到碰到张

憬藏,才接受他的建议用心攻读。别看我如今岁数大了,但还能骑马、射箭。"玄宗听了,很高兴,便和姚崇纵马齐驱,挽弓射猎,尽兴而归。

就在这一天,玄宗郑重宣布:任命姚崇为兵部尚书,同中书门下平章事(宰相)。但是姚崇却并不拜谢。玄宗当时好生纳闷,但又不好问什么。到了晚上,在烛光通明的临时营帐,姚崇当着其他宰相的面,跪拜在玄宗座下,他说:"白天陛下任我做宰相,我没有拜谢,是因为有话要说,我想建议十件大事,如果陛下不能实行这十件事,那我就不敢接受任命。"玄宗让他说说看,于是姚崇便奏陈了历史上著名的"十事要说",其基本内容是:

(一)实行仁政;(二)几十年不求边功;(三)不许宦官干预政事;(四)杜绝非正式的入仕途径;(五)确立法纲纪网;(六)严禁贿赂风气;(七)停止建造寺观宫殿;(八)要以礼法对待大臣;(九)允许直言谏诤;(十)限制后妃、外戚干政。

姚崇

对于这十件事,唐玄宗一一痛快答应,他深深地认识到,他让姚崇任相是找对了人。这十件大事他以前也曾考虑过,但他毕竟还年轻,才干和经验远远不如姚崇,不如姚崇想得那么具体、全面、系统。姚崇的"十事要说"是针对武则天晚年以来存在的严重弊政而进行的改革:第一件大事,针对酷吏横行;第二件针对贪求边功;第三件针对宦官干政;第四件针对任人唯亲、冗官众多;第五件针对徇私枉法;第六件针对滥收杂税,贿赂公行;第七件针对大建佛寺和奢侈浪费;第八件针对奸臣弄权;第九件针对饰非拒谏;第十件针对后妃、外戚专权。他的十条建议是囊括了政治、经济、军事等各个方面的一整套施政纲领。姚崇作为一个优秀的"设计师",为玄宗的政治目标描绘了一幅蓝图。紧接着,这位具有实干精神的杰出政治家又帮助玄宗逐步落实施行这一套纲领,开始了拨乱反正、振兴唐朝的宏伟事业,可以说,没有"十事要说",就没有"开元之治"。

玄宗对姚崇十分信任,放手使用。但善于快刀斩乱麻的姚崇起初对这位雄才大略的君主还是抱有难以言喻的畏惧心理,在办事时有点瞻前顾后、缩手缩脚,曾在官员升迁问题上多次征询玄宗的意见。有一次,他又前去请示,玄宗却仰视殿顶,充耳不闻。姚崇无奈,只好忐忑不安地告退。侍立一旁的高力士满腹狐疑,便问玄宗缘由,得到的回答是:"我委托姚崇处理庶政,大事理当共议,小事岂有必要一一相烦。"经高力士中转解释,姚

崇才明白了玄宗的良苦用心,从此大刀阔斧,当断即断,出色地履行了自己的职责。

开元二年正月,薛王李隆业的舅父王仙童,倚仗权势,骄横不法,被御史弹劾。薛王马上到他兄长玄宗那里求情,玄宗也念舅甥之情,便下令重新审查,示意要宽免。姚崇等人知道后,立即上奏玄宗:"仙童罪状明白,御史所言并不冤枉他,不能赦免。"姚崇坚持原则,绝不妥协,玄宗只好同意依法惩办。"由是贵戚束手"。这正是按姚崇"十事要说"中的第五条办事。

同年五月,因为饥荒,玄宗下令罢免员外、会试、检校等冗官,而且规定,今后这三种官除非有战功都由他亲自任命,吏部和兵部均不准委任。在此之前,申王李成义未经有关部门批准,私自奏请玄宗,把他府中的阎楚硅由录事(从九品)破格提拔为参军(正七品上)。这种私自请托而任官的做法,实际上是中宗时卖爵鬻爵、"斜封官"的故伎重演。姚崇得知此事,非常生气,立即奏明玄宗:"臣窃认为量材授官,一定要经过有关部门,如果因为亲故便施以官爵,以示恩惠,那么以前的故事又要重演,纲纪又要大乱。"他据理力争,终于使玄宗收回敕命。从此,私自请托的歪风为之一扫,他的第四条建议也得到了落实。

在姚崇辅政期间,他大力整顿吏治,做到任人唯贤,量材授职,严格铨选制度,罢免以前的"斜封官",大批冗官纷纷卷起了铺盖卷,从中央朝廷到地方,政府机器高效率地运转起来;在他的身体力行下,言路广开,朝廷中充满着开明风气。

姚崇帮助玄宗革新了政治,也获得了一个臣子所能得到的最高礼遇。每当入宫议事,玄宗总是起立相迎,离开时送到殿门。在群臣羡慕的目光中,他享受了旷古少有的荣耀,而此时的玄宗也沉浸在如鱼得水般的欢乐中。唐玄宗即位初期,虽然经济从唐初开始一直发展,但一连串的政变导致社会不稳,要想治理好国家必须定好大政纲领。

一个政治家不管他有多大的才能,都需要机遇的帮助,对于姚崇来说,他的真正机遇是在开元初期进献"十事要说"开始的。他的"十事要说"是对唐朝建立以来各种弊病的总结,也是对当时所面临的社会问题和潜在危机的汇总。他所提出的都是唐玄宗所想要解决的问题。

由于唐玄宗李隆基的支持,随着时间的推移,开元初期政治逐步清明,"十事要说"逐一得以实现,开创了"开元盛世"的历史性篇章。

★大胆决策促成君主的不世之功

及至南城,契丹兵方盛,众请驻跸以觇军势。准固请曰:"陛下不过河,则人心益危,敌气未慑,非所以取威决胜也。且王超领劲兵屯中山以扼其亢,李继隆、石保吉分大阵以

扼其左右肘，四方征镇赴援者日至，何疑而不进？"众议毕惧，准力争之，不决。……准曰："机不可失，宜趣驾。"琼即麾卫士进辇，帝遂渡河，御北城门楼，远近望见御盖，踊跃欢呼，声闻数十里。契丹相视惊愕，不能成列。

——《宋史·寇准传》

凡是守成的君主一方面胆小怕事，一方面又好大喜功，对他而言，能不担、少担风险，又能建立盖世军功是再惬意不过的事。为人臣者如能促成这样的军功，自会受到特殊的赏识。

景德元年，辽国认为大举犯宋时机成熟，辽圣宗皇帝及萧太后亲率号称二十万的骑兵，大规模南下，于当月二十二日到达河北唐河，围攻定州。定州未破，辽军绕道而行，经祁州、深州、冀州、大名等地，深入到澶州（今河南濮阳），大有向宋朝京师东京进军之势。

面对辽国咄咄逼人的气势，真宗和满朝文武惊慌失措，毫无良策。危难之际，以英勇果敢著称的寇准被毕士安等人推上了前台。景德元年八月，真宗任命寇准为宰相，要他负责解除辽军的威胁。

不久，辽军包围了瀛洲，直逼贝州、魏州，朝廷内外震惊恐惧。参知政事王钦若主张逃跑，他暗劝真宗放弃汴梁，迁都金陵；又有人劝真宗逃往成都。真宗犹豫不决，便召寇准商议。寇准力主抗辽，对主张逃跑之人恨之入骨，他心知是王钦若等人的主张，却佯装不知说："谁为陛下出的这种计策，罪该处死。如今陛下神明英武，将帅团结一致，如果御驾亲征，敌军自然会逃走，为什么要抛弃宗庙社稷，远逃楚、蜀之地呢？如果那样，大宋必然人心崩溃，军心涣散，敌军会乘势进攻，长驱直入，大宋的江山还能保住吗？"一席话，说得那些主张逃跑的人羞愧难当。真宗受到震动，决定御驾亲征。

真宗和文武大臣率军从京师出发，向北进发。当大军到达韦城时，听说辽军已攻到澶州北城，真宗惊恐万分，信心全无，又打算南逃。寇准坚定地说："目前敌人已经临近，人心恐惧，陛下只可前进一尺，不可后退一寸！北城的守军日夜盼望着陛下的车驾，一旦后退，万众皆溃。"在寇准的坚持下，真宗率众臣勉强到达了澶州

宋真宗

国学智慧全书

史学智慧

南城。此时,隔河相望的北城战事正酣,真宗和众臣不敢亲临前线,不愿渡河,寇准坚决请求真宗过河,他说:"陛下如果不渡过黄河,那么人心就会更加危急;敌军的士气没有受到震慑,他们会更加嚣张。只有陛下亲临北城,才是退敌的唯一办法。更何况我军救援部队已经对澶州形成了包围之势,陛下的安全已经有了保障,还有什么顾忌不敢过河呢?"他见仍说服不了真宗,就把殿前都指挥使高琼叫到跟前,要他力劝真宗。高琼对战事相当了解,他对真宗说:"寇大人方才所言极是,将士们都愿拼死一战,只要陛下过河亲临阵前,士气必然大振,定能击退敌军。"真宗无奈,只得答应过河。

到了北城,真宗登上城楼观战。正在城下浴血奋战的宋军将士,看到城楼之上的黄龙御盖,欢呼震天,声闻数十里,军威大振。他们呐喊着冲向敌阵,辽军被宋军士气所慑,锐气顿消,溃不成军。

此战胜利后,真宗回到行宫,留寇准在城楼之上继续指挥作战。寇准治军有方,命令果断,纪律严明,很受士兵拥护。在他的指挥下,辽军几次攻城都被杀得大败而还,主帅萧挞览也被射死。真宗在行宫之中对前线战事不太放心,多次派人前来打探战况,探子每次都见到寇准和副帅杨亿在一起饮酒说笑,就回去禀报真宗。真宗高兴地说:"寇准这样,我还有什么不放心的呢?"

辽军虽号称二十万,却是孤军深入,粮草不继,随时有被切断归路的危险。萧挞览一死,辽军人心惶惶,更无斗志,于是便派人送来书信,请求讲和。条件是,只要宋朝每年给辽国大量绢银,辽军就退兵,并且永不再犯中原。寇准想乘胜收复幽云十六州,所以坚决不答应议和。真宗对战争早就厌倦,在求和派的劝诱下对两国结盟议和表现出了极大的兴趣。无奈主帅寇准的反对使议和出现了很大的阻力,于是一帮贪生怕死的官员就在背后放出谣言,说寇准利用打仗以自重,野心很大。迫于谣言的压力,寇准只得同意两国议和,缔结盟约。

澶渊之盟

真宗派大臣曹利用作为使节到辽军帐营中签订结盟条约,并商讨"岁币"之事。临行之前,真宗对他说:"只要辽兵速退,'岁币'数目在百万之内都可以答应。"寇准却暗中又把曹利用召到账内,对他说:"虽然有皇帝的敕令,但你在与辽使签约时,答应的数目不得超过三十万,否则,提头回来见我。"

这年十二月,宋辽双方终于在澶州达成协议:辽军撤出宋境,辽皇帝向宋皇帝称兄,两国互不侵犯,和平共处;宋每年拨给辽"岁币"银十万两,绢二十万匹。这就是历史上著名的"澶渊之盟"。

澶渊之盟后,河北战事平息,北疆人民安居乐业,寇准功劳很大,声望更高。寇准力促宋真宗亲征,鼓舞了宋军的士气,取得澶渊之战的胜利,宋军不但有效地阻止了敌人,而且为反攻创造了极其有利的条件,使辽国不得不进行和谈。

寇准反对和谈,主张乘胜收复幽云十六州,其决策是正确的。首先,辽国战场失利,粮草不继,且对峙多日,师老兵疲。而宋军则士气旺盛,求战意识强,加上本土作战,后勤有保障,只要进一步切断辽军粮草,二十万辽军完全可以全歼,再北上收复幽云地区就没有什么军事阻力,甚至乘胜攻入辽国也是可能的;其次,放过辽军二十万精锐骑后归国,等于失去削弱辽国的机会,让其仍有实力威胁宋朝;第三,即使和谈,在战局有利的前提下,也应争取获利为前提,没有贡上岁币以求退兵的软弱举动。

但为何战场上获胜的宋王朝在谈判桌上却失败了呢? 因为宋朝的基本国策是"守内虚外"。从建立伊始就采取加强中央集权,加强对内控制,对西夏和辽则始终是妥协、退让。再加上宋太宗时对辽用兵的失败,宋朝廷内早已滋长着失败妥协的情绪。宋真宗即使在形势对宋军有利时,也不敢相信是否真能打败辽国军队。而且,他还担心在战争中,像寇准、高琼等大臣一旦掌握军权,要威胁他的统治权。所以,在胜利的情况下订立屈辱的条约,尽管未割地,但开了赔款先河,后来的西夏和金效法辽国,宋政府为求暂时安宁,有求必应,后患无穷。

清明上河图

不过从另一角度来说,澶渊之盟使宋辽两国大体上保持了上百年的和平局面,这对双方尤其是宋辽边境地区人民的生产和生活,以及两国经济文化的发展交流,都起着积极作用。北宋经济也出现了《清明上河图》所描绘的那种繁荣景象。

从寇准个人角度讲,促使真宗亲征也是冒着极大的政治风险,但他凭着对局势的正确判断和大无畏的精神,力促真宗做出了正确的决策。他因此得到真宗的倚重和支持也就是必然的了。

第七章　适可而止,危中求安的智慧

★ 不怕人毒就怕人妒

　　人或传其书至秦。秦王见《孤愤》《五蠹》之书,曰:"嗟乎,寡人得见此人与之游,死不恨矣!"李斯曰:"此韩非之所著书也。"秦因急攻韩。韩王始不用非,及急,乃遣非使秦。秦王悦之,未信用。李斯、姚贾害之,毁之曰:"韩非,韩之诸公子也。今王欲并诸侯,非终为韩不为秦,此人之情也。今王不用,久留而归之,此自遗患也。不如以过法诛之。"秦王以为然,下吏治非。李斯使人遗非药,使自杀。韩非欲自陈,不得见。秦王后悔之,使人赦之,非已死矣。

　　　　　　　　　　　　　　　　　　　　　　　　　——《史记·老子韩非列传》

　　才高往往气也傲。能力强的人有两个致命的通病,一是常不自觉地表现出自信,这种自信在别人眼里就变成了傲气;二是既然能力强,比较容易出成绩并受到上司的器重和大家的尊敬,也常会得到一些别人得不到的实惠,而这些都能成为小心眼儿们嫉妒的由头,而你对此常不加防范。要知道,心胸狭窄、喜欢嫉妒别人,对常人而言虽算不上什么了不起的毛病,但是如果其妒火过盛,或掌握一定的资源,那你就必须要小心了。

　　才能高的人往往情商低,表现之一就是轻信,轻信同学、朋友、同事之间的友谊,不能分辨一个人的好坏而区别待之。

　　战国时的韩非和李斯同是荀子的学生,韩非口吃,短于游说,而李斯却口若悬河,辩才超群。荀子曾考究二人的才学,对他们说:

　　"李斯才露于外,韩非才藏于内,将来官位显贵者非李斯莫属了。"

　　李斯十分得意。私下,荀子却独对韩非出语说:

　　"得我真学者,只有你了。论智论计,李斯绝不是你的对手,我不公开赞扬你,只是怕他对你心存忌恨,日后对你不利。"

　　荀子劝韩非以后不要和李斯共事,韩非似信非信,含糊地答应下来。

國學智慧全書

史学智慧

李斯后来到秦国游说,以其出众的辩才为秦王嬴政赏识,官至丞相。嬴政一天偶读韩非的《孤愤》一文,击节叫好;为了得到韩非,嬴政不惜用重兵攻打韩国,索取韩非。

韩非

韩非无奈来秦之后,李斯颇为紧张。他怕嬴政重用韩非,于是他以同学身份私下对韩非说:

"秦王赏识于你,这只是表面现象,他只不过想借此让韩国失去一个人才罢了。我们乃同门好友,自不会见死不救;倘若你不愿留此,我可安排让你速速逃走。"

韩非至此方信老师之言无差。他识破了李斯的诡计,故作慷慨道:

"我来秦国,非为秦王所请,乃为救韩应急。秦王大兵加韩,我岂能惜死害国?你的好意,我实在不敢受。"

李斯只想用计将韩非逼走,无奈韩非智高一筹,始终不入他的圈套,李斯把心一横,索性要把他直接加害,于是他面见嬴政说:

"韩非是韩国的公子,他心在韩国,对大王敢怒而不敢言,他怎会真心为大王效力呢?他确是罕见的大才,可这样的人若是为韩国所用,对秦国就是莫大的祸患了。与其养虎为患,不如马上将他杀了。"

嬴政一时被说动了,遂下令将韩非打入死囚。韩非不明所以,求李斯代言求见嬴政,李斯嘴上答应,暗中却招来他的心腹手下,向他征询说:

"韩非虽被打入死囚牢,我怕大王有悔,故而迟疑难断,你可有上上之策吗?"

那人早知李斯心中所忌,为了投其所好,他小声道:

"大人手握大权,自可把韩非斩杀。此事即使皇上知晓,因他有令在先,也怪不得大人擅杀无辜。"

李斯于是给韩非送去毒酒,逼令他自杀。韩非举杯哀叹说:

"先师之言,今日果然应验了。似你这无耻小人,无计可施,便害我致死,却是非君子所能测度的了。"

韩非死后,嬴政果然心有悔意,命人将他释放,可是已然晚了。面对韩非已死的事实,嬴政怅然若失,却无法改变。

我们无暇指责人性的丑恶,也无暇为才高八斗的韩非鸣冤叫屈,只是提醒大家:为人不可全抛一片心,害人之心当然不可有,防人之心也绝对不可无。

★危中要有求安的智慧

籍本有济世志,属魏、晋之际,天下多故,名士少有全者,籍由是不与世事,遂酣饮为常。文帝初欲为武帝求婚于籍,籍醉六十日,不得言而止。钟会数以时事问之,欲因其可否而致之罪,皆以酣醉获免。及文帝辅政,籍尝从容言于帝曰:"籍平生曾游东平,乐其风土。"帝大悦,即拜东平相。籍乘驴到郡,坏府舍屏鄣,使内外相望,法令清简,旬日而还。帝引为大将军从事中郎。有司言有子杀母者,籍曰:"嘻!杀父乃可,至杀母乎!"坐者怪其失言。帝曰:"杀父。天下之极恶,而以为可乎?"籍曰:"禽兽知母而不知父,杀父,禽兽之类也。杀母,禽兽之不若。"众乃悦服。

籍虽不拘礼教,然发言玄远,口不臧否人物。性至孝。母终,正与人围棋,对者求止,籍留与决赌。既而饮酒二斗,举声一号,吐血数升。及将葬,食一蒸肫,饮二斗酒,然后临诀,直言穷矣,举声一号,因又吐血数升,毁瘠骨立,殆致灭性。

——《晋书·阮籍传》

为臣者处于危局之中,以正常的手段无法自保时,就要善于找到另一条避祸的通道。

魏晋之际,朝代更迭,政局变幻无常,特别是司马氏的血腥恐怖统治,使人常有"忧生之嗟"。

当时,司马氏为了夺取曹氏政权,一方面大开杀戒,将反对他们的人推上断头台;另一方面又极力标榜"名教之治",要求人们遵循封建礼法。阮籍的父亲是曹魏的掾吏,他是建安七子之一,有名当世。这种家世背景使他对曹魏政权怀有同情心,而对司马氏则十分反感,他认为司马氏世代服膺儒学,标榜君臣名分,却又欺凌孤儿寡母,夺其政权,于是决心不与司马氏合作。但是，"天下多故，名士少有完者"的险恶社会环境，使他又不像嵇康那样"刚肠疾恶"，更不敢公开与司马氏决裂。为了保全自己，他在司马氏集团统治之下，曾先后担任过大司马从事、中郎、散骑常侍、东平相等官职，还曾被封为关内侯，四十七岁时，曾做过步兵校尉。当然他做官只是迫不得已，在任上也是虚应故事而已。他出任步兵校尉，就是在朝廷上当面向司马昭请求的。当时满朝文武大臣都感到非常惊讶，因为这一官职向来是由骁勇善战的武官担任，而阮籍是一位弱不禁风的文士，哪能担当此任？阮籍回答说："臣听说兵营的厨房里储存有三百斛美酒，既然步兵校尉一职尚无合适人选，臣请担任此职。"司马昭答应了他的要求。阮籍走马上任以后，草草应付完公务，便前往厨房清点存酒，与朋友刘伶等人直喝得天昏地暗，酒醉不醒，把随侍的士卒都吓坏了。

司马氏为了维系其统治，处处标榜"名教""礼法"。阮籍生性放荡，任性不羁，他常常借此与司马氏的虚伪名教、礼法进行斗争。在一次朝会上有人奏称，一个儿子杀死了自己的母亲。阮籍却笑道："嘻！杀父尚有可原，岂能杀母？"同座者无不大惊失色，司马昭当即就批判他说："杀父，乃天下之极恶，而你怎么认为可以杀父呢？"不料阮籍话头一转，说道："禽兽知母而不知父，杀父，禽兽之类也。杀母，连禽兽都不如。"既尖锐地讥讽了标榜"以孝治天下"的司马氏，又巧妙地掩饰了过去，于是"众乃悦服"。

阮籍

按照当时的礼法，父母死，要服三年丧。三年之内不准喝酒吃肉，不能离家远游，不准大笑，只准穿黑色的粗麻布衣服等。阮籍幼年丧父，与母亲相依为命，性情至孝。当母亲去世的消息传来时，他正与人对弈。对方说这局棋就不下了吧。可阮籍不同意，非要一决胜负。下完棋后，他又饮酒一升，大声哭号，吐血数升。母亲下葬时，他叫家人蒸了

一头小猪,又饮二斗酒,大声哭号,然后与母亲诀别。裴楷前往吊唁,见阮籍形销骨立,散发箕踞,两眼木然地直视前方,也不招呼裴楷。裴楷认为阮籍是方外之人,故不崇礼典,不与他计较法度,于是也不理会阮籍,自己径直吊唁完毕便去,阮籍也不相送。

阮籍"失礼"的行为非常多,常常引起礼法之士的惊噪和责难。阮籍却以蔑视的口气说:"礼法岂是为我而设!"按封建礼法规定,叔嫂之间授受不亲。可阮籍的嫂子回娘家,阮籍总要与她相见告别。阮籍的邻居有一少妇,长得非常美丽,当垆沽酒。阮籍经常前往饮酒,醉了便卧于少妇之侧。少妇的丈夫知道阮籍的为人,绝没有什么杂念,对他也毫不怀疑。还有一兵家女子,才貌双全,未出嫁就死了。兵家的地位十分卑贱,阮籍与她家也不相识,但他可怜这位女子貌美而夭折,竟前往兵家哭之,尽哀而还。

阮籍处世虽然放荡不羁,但另一方面,其为人却非常审慎。当时文武重臣给司马昭上"劝进书",委托阮籍起草,使者到期去取,却见他仍大醉于桌旁。使者只得摇醒他,阮籍把文章写在桌子上,让使者再抄一遍,然后抹去。阮籍有一女儿,才貌双全。司马昭很想与阮籍联姻,阮籍不便正面拒绝,但当司马昭亲自登门为爱子求婚时,却见阮籍手里抱着酒瓮醉卧在地。其后司马昭派使者接连六十天前往阮府求婚,都见阮籍沉醉未醒,司马昭只好作罢。司马昭的老臣钟会曾数次追问阮籍对时政的看法,欲趁机抓住把柄而治之以罪,阮籍都以沉醉获免。阮籍虽然与司马氏政权保持一定距离,常常攻击名教,攻击礼法之士,但就是闭口不谈时政,不议论朝廷是非。因此,也得以在乱世中安然无恙。

阮籍家世以儒学为本,虽怀济世之志,但却因身处乱世之中,非但无法遂志,更常有性命之忧。在史书上阮籍几乎没有留下什么政绩,虽然他曾为官数职,但这只不过是他对司马氏政权的一种敷衍而已。唯一让他留名的,是他的疏狂与谨慎,这看似相反的两种行为,作为一种危中求安的手段而同时出现在阮籍身上,其实并不奇怪。根据鲁迅先生的分析,阮籍的张狂正是他不与世俗虚伪者合污的巧妙手段,但这只是一方面,另一方面,阮籍又是一个极为务实的方内之人,他知道这个世界并不是一个人想回避就回避得了的。他的好友嵇康被杀就是教训。在世俗社会紧追不舍的情况下,不合污固当应为,不同流却是做不到的。因此,"醉酒"就成了阮籍的护身"法宝"。

可以说,阮籍作为方内之人所表现出的隐忌与谨慎,恰恰与他作为方外之士所表现的荒诞与狂放形成了鲜明的对比。进一步推论,阮籍只以社会虚伪的文化现象为敌人,却极其明智地避免与时局和任何具体的个人相对抗。他在一般社会文化的概念上夸张自我,默默打倒四周的虚伪和腐败,同时,却又韬光养晦机智图存于乱世。——这,恐怕正是阮籍的过人之处。

★尽早离开已不需要自己的舞台

中统元年,世祖即位,问以治天下之大经、养民之良法,秉忠采祖宗旧典,参以古制之宜于今者,条列以闻。于是下诏建元纪岁,立中书省、宣抚司。朝廷旧臣、山林遗逸之士,咸见录用,文物粲然一新。

秉忠虽居左右,而犹不改旧服,旧人称之为聪书记。至元元年,翰林学士承旨王鹗奏言:"秉忠久侍藩邸,积有岁年,参帷幄之密谋,定社稷之大计,忠勤劳绩,宜被褒崇。圣明御极,万物维新,而秉忠犹仍其野服散号,深所未安,宜正其衣冠,崇以显秩。"帝览奏,即日拜光禄大夫,位太保,参领中书省事。诏以翰林侍读学士窦默之女妻之,赐第奉先坊,且以少府宫籍监户给之。秉忠既受命,以天下为己任,事无巨细,凡有关于国家大体者,知无不言,言无不听,帝宠任愈隆。燕闲顾问,辄推荐人物可备器使者,凡所甄拔,后悉为名臣。

——《元史·刘秉忠传》

为臣者作为臣子的地位决定了必须仰君王的鼻息行事,因为他需要你时,会给你搭建一个施展本领的舞台,他如果对你不再感兴趣,你倒霉的日子就快到了。这里关键的一点是,为臣者要能够察微知著,能够及早发现于己不利的苗头。

刘秉忠虽是忽必烈的"第一智囊",但长期以来,他的身份是很独特的:无官无爵,而以宾友乃至门客的身份参与政治。

由于早年吃斋念佛的缘故,刘秉忠在生活上也很俭朴,繁忙的政务之余,还不时温习昔日斋居素食的生活,甚至身着僧衣,品尝休闲的乐趣。

随着一批又一批的儒士都做了高官,一些大臣和忽必烈也觉得不能亏待

刘秉忠

刘秉忠。翰林学士王鹗即上书说:"刘秉忠久侍藩邸,已有多年,参帷幄之谋,定国家大计,忠贞勤勉,应予褒奖。现陛下已御极天下,万物维新,而功臣刘秉忠却仍野服散居,臣深为不安。请授以显爵,藉以勉励群臣。"

中书左丞姚枢、中书右丞廉希宪、翰林侍读学士郝经、国子祭酒许衡等汉族大臣,亦向忽必烈提出类似建议。忽必烈深以为是,下诏拜刘秉忠为光禄大夫,位太保,参预中书省事。又亲自做媒,把翰林侍读学士窦默的女儿嫁给刘秉忠为妻,将豪华的奉先坊赐给刘秉忠作私宅。

面对一连串的"好事",刘秉忠推辞再三,但忽必烈坚执不许,刘秉忠只好接受了封赏。

尽管有了显爵、豪宅和美妻,但刘秉忠戒慎戒惧,仍时常出居佛寺,过着粗茶淡饭的清贫生活。为了表明心意,他还自号为"藏春散人",韬光养晦。

君臣相处久了,难免会有误会和猜疑。特别是卷入复杂的人事纠葛时,更会加重君主对臣下的怀疑。刘秉忠在忽必烈身边达三十年之久,遭到的最大怀疑,是因受了中书平章王文统的牵连。

王文统,字以道,山东益都人。金末元初,统治山东的是地方军阀李全、李璮父子,李全死后,李璮承袭父职,管辖山东地区。为了发展个人势力和实现长期占据山东的目的,李璮一面在山东招揽人才,积聚力量,一面在蒙古王朝中积极活动,索要钱粮和兵权。王文统是益都的名士,李璮娶了他的女儿,并努力为他在忽必烈身边谋职。刘秉忠一向爱才,喜欢推荐人才,见王文统博学多识,尤善于理财,便向忽必烈荐举,让王文统当了平章政事,进入了蒙古的中枢机构。当时,廉希宪、张易、高挺、赵良弼等人也都荐举了王文统。

李璮的兵权不断扩大,野心也就随着膨胀。有了岳丈王文统在朝中任职,获取中央情报,李璮更加快寻找机会,谋求割据自立。中统二年(1261年),李璮擅自发兵修筑益都城堑,谎报宋人来攻,请求节制诸道兵马,补充兵器。忽必烈不知实情,下诏拨给十万支箭。次年二月,李璮认为发动叛乱的时机已经成熟,便派人向南宋表示归顺,同时在海州发动兵变,尽杀蒙古戍兵,率五万余人自海上北归登岸,占领益都,分兵四出,攻占蒲台、淄川等地。

忽必烈闻听事变,立即将王文统逮捕处死,下诏讨伐李璮。元军南下,将李璮包围在济南府。为迅速平叛,忽必烈又派右丞相史天泽至济南督战。七月,元军攻破济南,斩杀李璮,平息了叛乱。

叛乱虽平,但对忽必烈震动很大。他看到支持李璮的既有近在身边的王文统等执政大臣,又有地方汉族武装如戴曲薛、张邦直等人,从此加重了对汉人的疑忌心理。他开始采取措施,防范汉人权力过大。

首先是清查王文统的关系网。经查,王文统是由高挺、赵良弼、刘秉忠等人推荐的,这些人自然都受到怀疑审查。忽必烈不忍处罚刘秉忠,但对高挺、赵良弼等人就不客气

了。赵良弼被"械系于狱",差点给割去舌头;高挺被赶出中枢机构,先是调任四川,后又遭诬告,被囚禁于上都。

其次是解除汉人的军政大权。史天泽虽然攻灭李璮有功,但由于他是汉人,所以忽必烈对他很不放心,暗示他交出军权。史天泽只好上书,说"兵民之权,不可并于一门。行之,请自臣家始"。于是,史氏子弟十七人同时解除了兵权。史天泽这么一带头,别的汉族武装,如武卫亲军指挥使李佰祐、东平万户严氏、济南万户张氏等,也都纷纷交出了兵权。忽必烈又罢除了诸侯世袭制度,取消了汉族官员的封地,实行迁转法,官员流动升转,将官随时调遣,使兵将分离。

史天泽

忽必烈的这些措施,表明汉人的地位日益下降。

至元十一年(1274年)元旦,忽必烈在大都接受文武百官的朝贺,正式把都城从和林迁到了大都。

朝贺仪式结束之后,忽必烈去昔日的发祥地上都作短暂巡察,刘秉忠要求随行。

到达上都后,刘秉忠陪忽必烈游览了南屏山,说这里风光宜人,自己愿意在山里盖一间小屋,静心修行;只要皇上不召见,他就不再返大都了。

话说得很委婉,忽必烈沉默了一会儿,批准了刘秉忠的请求。君臣二人对视了一眼,彼此都明白了对方的心意。

此后,忽必烈离开上都,返回大都,继续策划攻灭南宋,统一中国的大业;而刘秉忠留在了上都南屏山的一所小屋,深居简出;赫赫有名的谋士又过起了隐士的生活。

这年秋天八月,刘秉忠悄然而逝,享年五十九岁。

丧讯传到大都宫中,忽必烈十分悲哀,对群臣说:"秉忠事朕三十余年,小心缜密,不避艰险,言无隐情。"下诏将刘秉忠安葬于大都,赠官太傅,封赵国公,谥号"文贞"。元朝从草创到定型,刘秉忠出谋划策,立下很大的功劳,但刘秉忠从不居功自傲,并且一直不担任何具体的官职,这使他在处理与忽必烈的关系上可进可退,较为超脱。他知道自古以来皇帝对于有功之臣都心存猜忌,更何况忽必烈是蒙古族的皇帝。刘秉忠明白,民族

利益是无法分享的，蒙古人和汉人之间有着不可逾越的界限。元朝是蒙古人建立的帝国，不管如何汉化，在实质上是维护蒙古人自身的利益的。他要笼络汉人，利用汉人，但不可能真正信任汉人。

因此，鉴于元朝的统治已基本上稳定，忽必烈对汉儒的需求，已经不再像从前那样迫切了。对于这个政治舞台，自己已经没有存在的必要了，因此，适时而退，应该是自己最明智的选择。

刘秉忠为自己功成名就后的人生做出这样的决策，在一般人或许是不易接受的，但刘秉忠其后的结局却证明，这是十分正确的。他的功名荣誉，没有因隐退而消失，更没有重蹈历史的"兔死狗烹"的铁定规律般的覆辙。这对于一个"异族功臣"，显然已经是一种最好的结果了。

第八章 三寸之舌胜过百万之师的技巧

★以先顺后辩的办法说服人

陈轸去楚之秦，张仪谓秦王曰："陈轸为王臣，常以情输楚，仪不能与从事，愿王逐之。即复之楚，愿王杀之。"王曰："轸安敢之楚也？"王召陈轸，告之曰："吾能听子言，子欲何之？请为子约车。"对曰："臣愿之楚。"王曰："仪以子为之楚，吾又自知子之楚，子非楚，且安之也？"轸曰："臣出，必故之楚，以顺王与仪之策，而明臣之与楚不也。楚人有两妻者，人诱其长者，长者詈之；诱其少者，少者许之。居无几何，有两妻者死，客谓诱者曰：'汝取长者乎？少者乎？'曰：取长者。'客曰：'长者詈汝，少者和汝，汝何为取长者？'曰：'居彼人之所，则欲其许我也；我为我妻，则欲其为我詈人也。'今楚王，明主也；而昭阳，贤相也。轸为人臣，而常以国输楚王，王必不留臣；昭阳将不与臣从事矣，以此明臣之与楚不。"

——《战国策·秦策》

为臣者要想澄清事实、改变君主的成见，不能用硬辩争论的说话方式，那样的话只能碰个头破血流。善于说服的人总是先顺其意，于时机成熟时再亮出自己的真实主张，这样以顺着别人思路的方式入手，达到把他引导至自己的思路上的目的。

战国时陈轸由楚入秦以后，张仪对秦王说："陈轸既为秦国之臣，但却经常把秦国的情报传给楚国，我不能和这样的人同朝共事。请大王将其逐出秦国，如果他还要回到楚国，就干脆把他杀掉！"于是秦王便召来陈轸，对他说道："我是信任你的，你想到哪里去，我好给你准备车辆。"陈轸说："我想到楚国去。"秦王又说："张仪认为你肯定会去楚国，我也知道你将要入楚。但你是否认为除楚国以外就没有更安全的去处了吗？"陈轸说："为臣出行，必定要去楚，正如大王和张仪所估计的那样。要说明为臣为何要去楚国，我想给大王讲述下面一则故事。有位楚国人有两个妻子，另有一人很喜欢年龄大点的那位妻子，但却遭到了这位妻子的一顿辱骂。但当他逗引年龄小点的那位妻子时，这位妻子竟答应了挑逗者的要求。不久，两位妻子的丈夫死了，有人向这位挑逗者问道：'要让你挑选的话，你是要这位年长的妻子，还是要那位年少的呢，'此人答道：'要年长的。'有人又问：'年长的辱骂过你，年少的答应了你的要求，你为何还要挑选年长的？'此人答道：'当她是别人的妻子时，我就希望她能答应我的要求；如今要成为我的妻子，我就希望她能对挑逗者严厉辱骂。'如今楚王是一位英明之主，而昭阳也是一位贤能之相。我身为秦国大臣，却常常把秦的情报传给楚国，楚王将来必定不会收留为臣，昭阳将来也绝对不肯和臣共事。这样说来，为臣去不去楚国，不是再明白不过了吗？"陈轸辞去以后，张仪又前来询问秦王说："陈轸到底要去哪里？"秦王答道："陈轸是天下著名的辩士，他把寡人看了好大一会儿后说：'我必定要去楚国。'我当时无可奈何，便

陈轸

又问道：'你必定入楚，那张仪的话就是说对了。'陈轸说：'并不只是张仪知道我要入楚，其实行路之人全都知道此事。'以前伍子胥忠于其君，天下诸侯都想把他作为自己的臣下；孝子十分孝养他的双亲，天下之人都想把他作为自己的儿子。因此说出卖仆妾，走不出里巷就已被人买走，这就是很好的仆妾，女子出嫁不远离乡里的，就是贤惠女子。为臣不忠于秦王，楚王怎能把臣当作忠臣。对楚王忠诚不二，尚且还要被其抛弃，那么陈轸不去楚国，还能到哪里去呢？"

　　面对别人的诬陷，一味表白自己未必能起到什么作用，反倒可能引起别人更大的疑心。陈轸采取"顺坡下驴"的说话技巧——你说我是黑的，我就先承认自己是黑，对方在好奇心的驱使下必然静听理由，这时再说明自己外黑内白的真相，他才会听得进去并相信你。

★三寸之舌可抵十万雄兵

也先曰："奈何削我马价，予帛多剪裂，前后使人往多不归，又减岁赐？"善曰："非削也，太师马岁增，价难继而不忍拒，故微损之。太师自度，价比前孰多也？帛剪裂者，通事为之，事露，诛矣。即太师贡马有劣弱，貂或敝，亦岂太师意耶？且使者多至三四千人，有为盗或犯他法，归恐得罪，故自亡耳，留若奚为？贡使受宴赐，上名或浮其人数，朝廷核实而予之。所减乃虚数，有其人者，固不减也。"也先屡称善。善复曰："太师再攻我，屠戮数

十万,太师部曲死伤亦不少矣。上天好生,太师好杀,故数有雷警。今还上皇,和好如故,中国金币日至,两国俱乐,不亦美乎?"……也先笑称善。知院伯毅帖木耳劝也先留使臣,而遣使要上皇复位。也先惧失信,不可,竟许善奉上皇还。

——《明史·瓦剌传》

舌头的威力到底有多大?雄兵十万做不到的事,单凭一只巧舌居然做成了,这样的奇事在中国历史上真真切切地发生过。

明代土木之变中皇上被瓦剌所俘。次年,瓦剌又多次催促奉迎。明朝廷不知真假,想派人前去探问,但又苦于找不到合适人选。礼部左都御史杨善慨然前往,瓦剌首领也先暗中派遣一位机智善变的田氏前来迎接,并探问来意。二人相见以后,田氏便说:"我也是中国人,被俘至此。"接着又问以前在土木之战中,明军为何不战而溃。杨善说:"天下太平的时间已久,将士从未经过战阵,况且当初只说此行是扈从保驾,并没有对敌作战的命令,所以在遭到你们的突然袭击以后,必然溃败。虽然如此,你们侥幸得胜,并非就是福分。如今的皇帝即位以后,聪明英武,从谏如流。有人献策说:'胡人敢于入侵中国,仅凭良马能翻山越岭,过关而来。如今沿边守军都做铁顶橛子,上留空隙,安装尖头锥子,只在胡人马匹经过之地,遍下铁橛,入侵者无不中伤。'皇帝马上听从其计。又有人献策说:'如今的大铜铳只用一个石子,杀伤力很小,如果换装一斗鸡子大小的石头,射出以后,石头飞射可达数丈宽度,可射杀人马一片,杀伤力将会增大许多倍。'皇帝也接受了。还有人献策说:'广西、四川等地盛行射虎弓弩,毒性很大。如果涂在箭头之上,一接触皮肉,人马当即死亡。'又从其计,并已派人取来毒药,又在全国选拔三十万善于开弓射箭的壮士,进行积极训练,曾用死刑犯做过试验,千真万确。又有人献策说:'如今射击火枪的虽有三四层兵士,但射击以后,又要填装火药,对方战马可乘机冲杀前进。如果改装成两头铳,装上许多铁弹子,并擦上毒药,分为四层,等到胡马冲来之时,一齐发射,即可射穿马肚。曾经多次试验,在距离三百步外,都有杀伤能力。'凡前后献计之人,都封官加赏。天下有智谋的人听到以后,都接踵而来,争相效力。现在兵马都已操练娴熟,作战能力十分精锐,可惜无用武之地而已。"胡人问道:"为何无用呢?"杨善答道:"如果两家讲和通好,兵马虽精,作何用场?"胡人听到这些话后,暗中立即返回报知。第二天,杨善到达也先营中,也先首先询问杨善任何职务,杨善说:"都御史。"也先接着又说:"我们两家和好已有好多年了,如今为何还要拘留我们的使者,削减我们的马价?给予我们的丝绸匹缎,为何又要剪为两截,将我使者关闭馆中,不予放回?你们这样行事,究竟是为了什么?"杨善说:"原先在你父亲之时,派遣使者贡马,最多不过三十多人,所要物件,付给十之二三,从不计较,一向和好。如今你们所派使臣,多时达到三千多人。每次晋见皇帝,每人都要赏赐给金衣服一套,即使是十多岁的小孩,也毫不例外。殿上所摆宴席,无比丰盛,这都

是为了官人的面子上好看。临到返回之时，还要增加赏赐、席宴，派人送去，哪有拘留之事？这或许是所带的厮养小卒，到中国后作奸为盗，害怕使臣知道，从小路逃走，或遭遇虎狼，或投奔别处，中国留他有何用处？说到削减马价之事，也有缘由。前次官人捎去家书一封，托使臣王喜，送与中国某人。但正值王喜不在，误让吴良收带，呈给了朝廷。后来某人害怕朝廷怀疑责怪，便交结权贵，有意说这次进马，不是正经头目，也就按平常之人对他赏赐，因此便减了马价。到某人送使者返回以后，反说是吴良施计，减了马价，竟想让官人杀死吴良，不料果中其计。"也先答道："者。"胡语的"者"，是"对"的意思。杨善接着又说："还有买锅一事，此锅产于广东，距京师约有一万余里，每锅卖价绢帛二匹，使者去买，只给一匹，因此引起争吵，卖锅者闭门不售，皇帝如何得知？就像南边人向使臣买马一样，所付马价太少，就不肯出卖，岂是官人让他不卖的吗？"也先笑着说："者。"杨善又说："关于剪开丝绢之事，这都是回回人所为。他将一匹剪为两匹，你如不信，搜他的行李，好的都在他的行李之中。"也先又说："者，者！都御史说的都是实情。现在事情都已成过去，都是小人从中作怪。"杨善看到也先已有和好之意，便又说道："官人为北方的大将元帅，掌管兵马，但却听信小人之言，忘掉了大明皇帝的深厚恩情，随意前来杀掳百姓。上天好生，官人好杀，如有怀念父母妻子儿女，冒险脱逃之人，一经捉拿，便挖心摘肝，声嘶力竭，叫苦不迭，上天还能听不到吗？"也先答道："我决不会下令杀人，这都是下面的人任意杀的。"杨善说："今天两家已和好如初，应及早发出号令，收回兵马，免得上天发怒降灾。"也先称笑着答道："者，者！请问上皇回去以后，还能再做皇帝吗？"杨善说："天子的位置已定，谁能另外更换。"也先说："尧舜当初是如何出现的？"杨善说："尧让位于舜，今天是兄让位于弟，二者是完全一样的。"有位平章叫昂克的向杨善问道："你前来迎娶皇帝，都带来了哪些财物？"杨善说："我若带财物前来，后人肯定会说官人爱钱，若空手将上皇迎回，显示官人的大仁大义，能顺应天道，自古没有这样的好男子。我在监修史书时，当详细书写，让后世人人称赞。"也先又笑着说："者。"第二天，面见上皇。第三天，也先摆设酒宴，给皇上送行。

杨善此行，原本只是打探消息，并没有想到奉迎上皇之事，只是因为杨善的一席好话，说得也先又明白、又高兴，便当即派人随杨善护送上皇归来。可谓奇哉！西晋的怀帝和愍帝被汉国俘获以后，晋人猜想必定不被释放，也就不敢前去求请。北宋的徽、钦二帝被金人俘获以后，派人求请，均被拒绝。

杨善激于义愤，慨然前往，结果不费尺布半钱，单凭言辞，完璧而归。土木之变只是一时失误带来的恶果，和晋宋两朝的积贫积弱，不可同日而语。瓦剌族首领也先好钓誉沽名，其国力的强盛也远远比不上汉国、金人。所以杨善的话就比较容易使也先接受。如果在以前晋宋之时，即使有一百个杨善也是无所置喙的。

★为臣者要会做事也要会说话

会后欲以武三思为太子,以问宰相,众莫敢对。仁杰曰:"臣观天人未厌唐德。此匈奴犯边,陛下使梁王三思募勇士于市,逾月不及千人。庐陵王代之,不浃日,辄五万。今欲继统,非庐陵王莫可。"后怒,罢议。久之,召谓曰:"朕数梦双陆不胜,何也?"于是,仁杰与王方庆俱在,二人同辞对曰:"双陆不胜,无子也。天其意者以儆陛下乎!且太子,天下本,本一摇,天下危矣。文皇帝身蹈锋镝,勤劳而有天下,传之子孙。先帝寝疾,诏陛下监国。陛下掩神器而取之,十有余年,又欲以三思为后。且姑侄与母子孰亲?陛下立庐陵王,则千秋万岁后常享宗庙;三思立,庙不祔姑。"后感悟,即日遣徐彦伯迎庐陵王于房州。

——《新唐书·狄仁杰传》

不能否认,很多事情是做出来的,但更不可否认的是,也有不少事情是靠说来解决的。为臣者面对复杂多变的生存环境,只会做事、不会说话是行不通的。

为臣者会说话首先体现在要把话说到点上。关键时刻一句话不嫌少,只要有分量就有说服力。

唐朝武则天时武承嗣和武三思为了出任皇太子,曾多方求人相助。狄仁杰曾从容地对武则天说:"姑侄和母子这两种关系到底哪种更亲一些?陛下如果将儿子立为太子,那么在千秋万岁以后仍可配食太庙。如果册立侄子,从未听说侄子成为天子以后,仍将姑母的牌位立于家庙之中的。"则天这才恍然大悟。

中宗能够返朝执政,虽然关于鹦鹉折翅和双陆不胜之梦起了一些作用,其实姑侄和母子之说是起了决定作用的。大凡迷恋生前的人,没有不计划身后之事的。当时王方庆正居相位,他把其子安排为眉州司士参军。有一次武则天向他问道:"你身居相位,为何要把儿子安排得那么远呢?"方庆回答说:"庐陵王李显是陛下的爱子,如今尚在外地,为臣的儿子哪敢处于近地?"这也可谓善于讽谏。

慈祥之主可动之以情,英明之主可晓之以理。武则天虽然英明但却并不慈祥,因此当狄仁杰侮辱她的宠臣张昌宗时,她并不发怒。推荐张柬之后,她用而不疑。这都是因为她很英明的缘故。为臣者要会说话还体现在对方式方法的讲究上,这里有两件事不能不提。

一是宋朝时宰相李纲打算重用张所,但因其早先曾弹劾过宰相黄潜善等人,李纲又感到十分为难。有一天,当他和潜善闲谈之时,顺便向黄说道:"如今正当危难之际,我们都肩负着天下的重大责任。但四方的士大夫们在多次号召以后,却没有前来应命之人。

國學智慧全書

二十四史

前不久在商议设置河北宣抚司时，只有张所一人可用，但却因他口出狂言而获罪。像他所得被贬之罪，谁都认为他是罪有应得。但鉴于如今形势紧迫，不能不临时任用。但要任以谏官之职，使其身居要职，当然不宜。使其暂时任以招抚使之职，让他冒死立功，以赎其罪，也无大碍。"潜善听后，欣然同意。

第二件事是三国时郭淮的巧于应对。

220年，曹丕受禅登基，建立魏国，天下各地都派人前来相贺，征羌将军郭淮受左将军张郃派遣，亦预定为贺客之列。但是，走到半路，郭淮病倒了，所以没能赶上曹丕的登基大庆。

来到京城以后，在一次君臣宴会上，曹丕表情严肃地责怪郭淮说："大禹曾在涂山召集各路诸侯大会，防风氏因晚到便被杀死。现在，魏国建立，普天同庆，而你却来的最晚，你说说这是什么缘故吧？"曹丕把防风氏被杀的典故说给郭淮，意思是告诉郭淮要当心自己的脑袋，回答好了还算可以，回答不好则必杀无疑。郭淮听后，回答说："我听说，五帝时总是以德来教导人民，夏朝的时候因为政治衰退，才开始使用了刑法。现在我生活在唐虞盛世，无刑法之用，因此知道可以不像防风氏那样被杀，所以我才敢来迟。"唐虞是中国传说五帝中的尧和舜，他们在位时政治清明，百姓和乐，所以把他们治国的时期称为唐虞盛世。郭淮巧妙地把曹丕比作唐虞，回答巧妙。曹丕听后，心中大悦，不仅没有处罚郭淮，反而把他提升为雍州刺史，加封射阳亭侯。

郭淮既是不动声色的吹拍，又巧妙地设了陷阱——以夏的政治衰败为喻，使曹丕不好杀他，用的颇是地方。

★被迫接受不如自动接受

> 魏王问张旄曰："吾欲与秦攻韩，何如？"张旄对曰："韩且坐而胥亡乎？且割而从天下乎？"王曰："韩且割而从天下。"张旄曰："韩强秦乎？强魏乎？"王曰："强秦。"张旄曰："韩且割而从其所强，与所不怨乎？且割而从其所不强，与其所怨乎？"王曰："韩将割而从其所强，与其所不怨。"张旄曰："攻韩之事，王自知矣。"
>
> ——《战国策·魏策》

如果讲究说话策略，通过诱导，最后让对方自己说出我们想说的话，那么这就是向他人建议的较高境界。

战国时，魏王问张旄说："我想联合秦国攻打韩国，如何？"

张旄回答说："韩国是准备坐等亡国呢，还是割让土地、联合天下诸侯反攻呢？"

魏王说:"韩国一定会割让土地,联合诸侯反攻。"

张旄说:"韩国恨魏国,还是恨秦国?"

魏王说:"怨恨魏国。"

张旄说:"韩国是认为秦国强大呢,还是认为魏国强大呢?"

魏王说:"认为秦国强大。"

张旄说:"韩国是准备割地依顺它认为强大的和无怨恨的国家呢,还是割地依顺它认为不强大并且心有怨恨的国家呢?"

魏王说:"韩国会将土地割让给它认为强大并且无怨恨的国家。"

张旄说:"攻打韩国的事,大王您应该明白了吧!"

在这段对话中,张旄没有直截了当向魏王指出不应该联合秦国攻打韩国,没有像一般游说那样,先亮出自己的观点,然后论证自己的观点。他把观点隐藏在最后,甚至到最后也没有直接说出来,但魏王已经心领神会。采取这种设问的游说方法,可以强化论点,使对方心服口服。设问实际上是将一般游说方法倒置的一种方法。先通过互相问答一步步论证、一步步接近论点,最后自然而然地亮出自己观点。这种富有谋略特色的游说方式,我们善加运用,也会收到很好的效果。

战国末年,燕王想和秦国修好,共同反对赵国。为了表示诚意,燕王主动派太子丹到秦国去当人质,还希望秦国能派一位大臣到燕国做丞相,辅佐自己讨伐赵国。

消息传到秦国,秦王和吕不韦打算派张唐到燕国为相。不料张唐却不愿意前往,拒绝了前来劝说的吕不韦。吕不韦很不高兴,但张唐曾多次立过大功,又不好拿他怎么样,只得将此议作罢,愤愤离去。

吕不韦有个门客叫甘罗,当时年仅十二岁,他说:"区区小事,相国何必认真生气。待小人前去劝说,管保张唐老头儿乖乖地上路。"

吕不韦不相信,心想这小孩不知天高地厚,且让他试试吧。

甘罗来到张唐家中。张唐根本没把他放在眼里,懒洋洋地问道:"小娃娃来干什么啊?"

甘罗知道张唐看不起自己,就有意气他:"前来为大人吊丧!"

张唐勃然大怒,厉声说:"娃娃放肆,竟敢到老夫门上撒野,别说老夫还活着,就是死了,也轮不到你来吊丧!"

"你既然不想死,那小人倒想问问,是您的功劳大呢,还是当年武安君白起的功劳大?"

"当年武安君南攻楚国,北伐燕赵,为秦国夺取了无数土地,我这点功劳哪里比得上他!"

"那么是当年的相国范雎权势大,还是今天的吕相国权势大?"

"当然是吕相国权势大。"

"当年范雎命武安君攻打赵国，武安君不从，范雎一生气，把武安君逐出咸阳，杀死在城外。今天吕相国请您去燕国为相，您竟不愿前去，我不知道您将来要死在哪里。所以，先赶来为您吊丧。"

　　张唐听到这里，大惊失色，马上客客气气地说道："多谢先生前来指教。请转告相国，老夫现在就开始准备行装。"

第九章 明辨小人,任用贤者,避害远祸

★提防同僚中以害人求利的人

二十三年,以黄门侍郎平章事裴耀卿为侍中,中书侍郎平章事张九龄为中书令,林甫为礼部尚书、同中书门下三品,并加银青光禄大夫。林甫面柔而有狡计,能伺候人主意,故骤历清列,为时委任。而中官妃家,皆厚结托,伺上动静,皆预知之,故出言进奏,动必称旨。而猜忌阴中人,不见于词色,朝廷受主恩顾,不由其门,则构成其罪;与之善者,虽厮养下士,尽至荣宠。寻历户、兵二尚书,知政事如故。

——《旧唐书·李林甫传》

为臣者之间竞争是在所难免的,大家靠本事吃饭,靠业绩说话,能够从竞争中胜出的话本也无可厚非。可偏偏有一些人,可能知道自己正面竞争难有制胜的把握,就要动些歪点子。表面上他对你的想法一百个赞成,让你平添一份信心而更加有恃无恐,但转过脸就对上司说你的坏话,而且上司最讨厌什么,他专门把这些讨厌的东西跟你挂上钩。你卷铺盖卷走人的时候还在念念不忘他给你的"无私"支持呢。

唐玄宗时,李林甫、裴耀卿、张九龄同为朝廷重臣。张九龄以直言敢谏著名,渐得朝廷大臣尊重。李林甫因此怀恨在心,寻机置张九龄于死地。

张九龄

这时,宠妃惠妃与太子有隙,诬陷太子私结党羽,谋图不轨,求玄宗将太子废掉。枕

边风吹多了，玄宗动了心，提到朝廷上讨论。张九龄坚决不同意，并说因一个女人之言就废立太子，实非圣君之所为。玄宗听了，不悦而退。李林甫乘机来到后花园，拜见玄宗，说张九龄亦为太子一党，故有此谏。自此，玄宗对张九龄产生了坏印象。

开元二十四年（736年），玄宗想加封郭瓜人牛仙客为幽国公。张九龄认为此人不过善使谨慎保身之术，并无大功，不宜封此重爵，便相约了李林甫一同去诤谏。李林甫当面表示同意，但到了玄宗面前，张九龄固陈谏辞之后，玄宗和张九龄都看他的反应时，他却装作沉思之态，默然无语。玄宗仍坚持封牛仙客。张九龄坚持己意，说牛仙客目不识书，非科举出身，不过省俭而已，不宜重封。玄宗不悦，退身回后宫。李林甫又寻机会潜来，告诉玄宗："张九龄固谏逼上，有不敬之罪，在用人问题上处处与皇上作对，只不过谋图树立太子党群，为自己留条后路而已。"

一句话说得玄宗大怒起来，"我还没到该死的年纪，九龄就怀此心，怎可重用！"当即令李林甫代拟诏书，将九龄贬官外放。

李林甫眼珠一转，怕这事情疑到自己头上，在朝廷大臣中站不住脚，忙说："张九龄固谏之后，皇上即把他贬斥外放，显得皇上没有气量，不如冷冷再说。"玄宗听听有理，便没让李林甫写诏，不过，玄宗对此事却耿耿于怀，终于瞅个机会罢去了张九龄的宰相之职。

唐玄宗

李林甫使的是个小把戏，但这样的小把戏却偏能办成大事。说明两面三刀这一套还是能吃得开的，对这样的人不得不防。

★ 千万不可信任心怀叵测的人

辛巳，幽州大都督庐江王瑗反，右领军将军王君廓杀之，传首。初，上以瑗懦怯非将帅才，使君廓佐之。君廓故群盗，勇悍险诈，瑗推心倚伏之，许为婚姻。太子建成谋害秦王，密与瑗相结。建成死，诏遣通事舍人崔敦礼驰驿召瑗。瑗心不自安，谋于君廓。君廓欲取瑗以为功，乃说曰："大王若入，必无全理。今拥兵为数万，奈何受单使之召，自投罗苦乎！"因相与泣。瑗曰："我今以命托公，举事决矣。"……君廓乃帅其麾下千余人，逾西城而入，瑗不之觉；君廓入狱出敦礼，瑗始知之，遽帅左右数百人被甲而出，遇君廓于门外。君廓谓瑗众曰："李瑗为逆，汝何为随之入汤火乎！"众皆弃兵而溃。惟瑗独存，骂君

廓曰："小人卖我,行自及矣!"遂执瑗,缢之。壬午,以王君廓为左领军大将军兼幽州都督,以瑗家口赐之。

——《新唐书·庐江王李瑗传》

古有"士为知己者死"之说,一个求进无门的落魄儿,有一天能受人青睐,进而得到无比的信任,其自然而生以死相报之情是可以理解的。不论古代还是在现实生活中,像这样不负信任和委托,甚至舍生忘死的答谢相知重用之恩的也屡见不鲜。但同时,相反的例子也不少见。

王君廓本是个盗贼头子,投降唐朝后,凭借超绝的武艺和勇猛作战,立下了不少战功。然而真要谋取大官,更需要的是政治资本,所以王君廓的战功只换来一个不起眼的小官——右领军。王君廓不满现职,希望能在政治上找一样"奇货",换一个大官,但这"奇货"到哪去找呢?

唐高祖

机会来了,唐高祖有个孙子叫李瑗,无谋无断,不但无功可述,还为李唐家族闹过不少笑话,但高祖因顾念本支,不忍心加罪,仅仅把他的官位一贬再贬。这一次高祖调任李瑗为幽州都督,因为怕李瑗的才智不能胜任都督之位,便特地命右领军将军王君廓同行辅政。李瑗见王君廓武功过人,心计也多,便把他当作心腹,许嫁女儿,联成至亲,一有行动,便找他商量。王君廓却自有打算,他想现成的"奇货"难得,何不无中生有造他一个?无勇无谋却手握兵权的李瑗,稍稍加工,其脑袋可不就是政治市场上绝妙的"奇货"吗?于是,他开始精心加工他的"奇货"了。

李世民发动"玄武门事变",杀了太子李建成、齐王李元吉,自己坐上了太子之位。不少皇亲国戚对此事公开不敢议论,但私下各有各的看法。对于李世民做了太子之后,还对故太子、齐王家采取了"斩草除根"的做法,大家更是认为太过残忍。李世民对此,当然也是心里有数。王君廓为捞政治资本,对这一政治情形更是看得清清楚楚。于是,当李瑗来问他"现在该不该应诏进京"时,他便煞有介事地献计道:"事情的发展我们是无法预料的。大王,奉命守边,拥兵十万,难道朝廷来了个小小使臣,你便只能跟在他屁股后面乖乖地进京吗?要知道,故太子、齐王可是皇上的嫡亲儿子,却也要遭受如此惨祸,大王你随随便便地到京城去,能有自我保全的把握吗?"说着,竟做出要啼哭的样子。

李瑗一听,顿时心里"明朗"了,愤然道:"你的确是在为我的性命着想,我的意图坚定不移了。"于是李瑗糊里糊涂地把朝廷来使拘禁了起来,开始征兵发难,并召请北燕州刺

史王诜为军事参谋。

兵曹参军王利涉见状赶忙对李瑗说:"大王不听朝廷诏令,擅自发动大兵,明明是想造反。如果所属各刺史不肯听从大王之令,跟随起兵,那么大王如何成功得了?"

李瑗一听,觉得也对,但又不知该怎么办。王利涉献计道:"山东豪杰,多为窦建德部下,现在都被削职成庶民。大王如果发榜昭示,答应让他们统统官复原职,他们便没有不愿为大王效力的道理。另外,又派人连结突厥,由太原向南逼近,大王自率兵马一举入关,两头齐进,那么过不了十天半月,中原便是大王的领地了。"

李瑗得计大喜,并非常"及时"地转告给了心腹副手王君廓。王君廓清楚,此计得以实施,唐朝虽不一定即刻灭亡,但也的确要碰到一场大麻烦,自己弄得不好要偷鸡不成蚀把米,赶忙对李瑗说:"利涉的话实在是迂腐得很。大王也不想想,拘禁了朝使,朝廷哪有不发兵前来征讨之理?大王哪有时间去北联突厥、东募豪杰呀?如今之计,必须趁朝廷大军未来之际,立即起兵攻击。只有攻其不备,方有必胜把握呀!"

李瑗一听,觉得这才是真正的道理。便说:"我已把性命都托付给你了,内外各兵,也就都托你去调度吧。"王君廓迫不及待地索取了信印,马上出去行动了。

王利涉得此消息,赶忙去劝李瑗收回兵权。可就在这时,王君廓早已调动了军马,诱杀了军事参谋王诜。李瑗正惊惶失措却又有人接二连三地来报王君廓的一系列行动:朝廷使臣,已被王君廓放出;王君廓暗示大众,说李瑗要造反;王君廓率大军来捉拿李瑗……李瑗几乎要吓昏过去,回头要求救于王利涉,王利涉见大势已去,早跑了个无影无踪。

李瑗已无计可施,带了一些人马出去见王君廓,希望能用言语使王君廓回心转意。没想到,王君廓与他一照面,便把他抓了起来,不容分说就把他送给了朝廷。

为了加官晋爵捞取更大的好处,把别人的信赖精心"制作"成一份见面厚礼,这样的感恩方式也算很特别了。

★ 不能对不知感恩的人施恩

及夏言入内阁,命嵩还掌部事。帝将祀献皇帝明堂,以配上帝。已,又欲称宗入太庙。嵩与群臣议沮之,帝不悦,著《明堂或问》示廷臣。嵩惶恐,尽改前说,条画礼仪甚备。礼成,赐金币。自是,益务为佞悦。帝上皇天上帝尊号、宝册,寻加上高皇帝尊谥圣号以配,嵩乃奏庆云见,请受群臣朝贺。又为《庆云赋》《大礼告成颂》奏之,帝悦,命付史馆。寻加太子太保,从幸承天,赏赐与辅臣埒。

嵩归日骄。诸宗藩请恤乞封,挟取贿赂。子世蕃又数关说诸曹。南北给事、御史交章论贪污大臣,皆首嵩。嵩每被论,亟归诚于帝,事辄已。帝或以事诘嵩,所条对平无奇。

帝必故称赏,欲以讽止言者。嵩科第先夏言,而位下之,始倚言,事之谨,尝置酒邀言。躬诣其第,言辞不见。嵩布席,展所具启,跽读。言谓嵩实下己,不疑也。帝以奉道尝御香叶冠。因刻沈水香冠五,赐言等。言不奉诏,帝怒甚。嵩因召对冠之,笼以轻纱。帝见,益内亲嵩。嵩遂倾言,斥之。言去,醮祀青词,非嵩无当帝意者。

——《明史·严嵩传》

感恩不是因为人家做了有恩于你的事情,而是因为暂时还离不开人家的继续施恩,这种生存哲学在污染着越来越多的人。不过也难怪,在我们的历史典型里,能找到太多这样的例子。

明代嘉靖年间,大奸臣严嵩与夏言既是江西同乡,又同朝为臣。严嵩为弘治十八年进士,夏言乃正德十二年进士,论科第严嵩比夏言早十二年。但由于严嵩曾养病十年,其官位反在夏言之下。当夏言任礼部尚书位列六卿时,严嵩还是一个不知名的小官。为了向上爬,严嵩极力讨好夏言。

一次严嵩置酒宴邀请夏言到自己家做客,被夏言拒绝了。于是他亲自拿着请柬到夏府去请。夏言推辞不见。严嵩回家后照样布设酒席,留下夏言的座位,展开准备好的请柬,恭恭敬敬地跪在夏言座位前朗声宣读,表现出一副虔诚的样子。

此事传出,夏言以为严嵩真心诚意尊重自己,不仅不怀疑严嵩,而且还把严嵩视为知己,多方替他引荐。嘉靖七年,身为礼部尚书的夏言竟不顾忌讳,推荐自己的同乡严嵩担任礼部右侍郎。严嵩则一如既往,天天围着夏言团团转。嘉靖十五年(1536年)夏言入阁后,又主动

夏言

推荐严嵩代替自己任礼部尚书。严嵩巴结夏言,数年之内连升数级,位达六卿之列,可谓收获颇丰。

但严嵩并不以此为满足,对于夏言的提拔重用,他也并不感恩戴德。论年龄,严嵩比夏言大;论科第,严嵩比夏言早;论野心,严嵩更不愿久居人下。而夏言又是个心性高傲的人,对严嵩始终有点瞧不起。严嵩呈送的文稿,夏言经常给改得一塌糊涂。有时甚至抛还给他,要他重写。这使严嵩对夏言由逢迎转为忌恨。但一开始严嵩并不直接攻击夏

言,表面上对他仍然十分谦恭和顺,暗地里却在利用夏言的弱点,"日以柔佞宠"。夏言对皇上态度疏慢,严嵩便俯首帖耳,诚惶诚恐;夏言对下属颐指气使,严嵩却装得谦恭下士。处处反衬夏言的缺点与不足,最终导致世宗日益疏远夏言而倾向于严嵩。

世宗迷信道教,幻想长生,因而要求诸臣都像道士一样"香叶束发中,用皮帛为履"。而严嵩则与夏言相反。皇上召见时,主动戴上道士香冠,并用轻纱笼罩,以示虔诚。进一步博得了世宗的欢心。锦衣卫都督陆炳是世宗乳母的儿子,与世宗关系密切,汉史弹劾陆炳有罪,陆炳亲自到夏言家请死。严嵩得知此事后,便开始与陆炳勾结在一起,共同诬陷夏言。后来,为彻底消除靴翅部的威胁,当时的陕西总督曾铣主张收复河套地区。江都人苏纲是夏言继妻之父,平时与曾铣关系密切,这时也在夏言面前极力推崇曾铣的意见。于是夏言秘密上书推荐曾铣,世宗起初满口答应,但后来又担心轻启边衅,唯恐重蹈土木之变的覆辙,又对夏言等严加指责。严嵩察言观色,趁机起哄。于是,曾铣、苏纲被关入大狱。严嵩又与锦衣卫都督陆炳等合谋,谋害曾铣。夏言上书讼冤并揭露严嵩的阴谋,但世宗对夏言的意见置之不理。在严嵩的蛊惑下,竟以轻开边患、败坏国家的罪名判处夏言死刑。

可怜夏言,竟死在自己一手提拔的人手里,这也足可为对薄情小人乱施恩援者的警示了。

★别得罪有能力的小人

元朔中,偃言齐王内有淫失之行,上拜偃为齐相。至齐,遍召昆弟宾客,散五百金予之。数曰:"始吾贫时,昆弟不我衣食,宾客不我内门。今吾相齐,诸君迎我或千里。吾与诸君绝矣,毋复入偃之门!"乃使人以王与姊奸事动王。王以为终不得脱,恐效燕王论死,乃自杀。

偃始为布衣时,尝游燕、赵,及其贵,发燕事。赵王恐其为国患,欲上书言其阴事,为居中,不敢发。及其为齐相,出关,即使人上书,告偃受诸侯金,以故诸侯子多以得封者。及齐王以自杀闻,上大怒,以为偃劫其王令自杀,乃征下吏治。偃服受诸侯之金,实不劫齐王令自杀。上欲勿诛,公孙弘争曰:"齐王自杀无后,国除为郡,入汉,偃本首恶,非诛偃无以谢天下。"乃遂族偃。

——《汉书·主父偃传》

所谓有能力的小人,在领导的周围并不鲜见,说白了也就是有才无德的人。有才无德的人在工作中既常遇到,又尤其需要防备,因为他"无德"的内容之一就是爱记仇,喜欢

打击报复。对于一个才能平庸的人而言,他的心胸即使再狭窄,与你发生冲突也不会产生太大危害,有才能的人则不然,一方面他的才能会让他说话更有分量,另一方面也是至关重要的,有才能的人一旦遇到机会便会脱颖而出甚至青云直上,说不定昨天还背靠背并互相指责,今天就成了你的顶头上司。这时候他的报复心一旦发作起来,你就只有吃不了兜着走的份儿了。

西汉的主父偃未发迹时,穷困潦倒,连借钱都无处可借。世态的炎凉、自身的困顿,使他对世间的一切充满了仇恨,发誓一定要出人头地,报复那些羞辱过他的人。他一度游历了燕、齐、赵等国,可始终不被任用,这更增加了他的仇恨心。万般无奈,他孤注一掷地来到首都长安,直接向汉武帝上书。这次的冒险使他大有所获,汉武帝对他竟十分赏识,立即授他以官职。一年之内,他竟连升四级,官居显位。

有了权势,主父偃便迫不及待地施展了他的报复行动。以往得罪过他的人,都加以罪名,纷纷收监治罪。哪怕只是从前对他态度冷淡的人,他也不肯放过,极尽报复,不惜置人死地。至于当初冷遇他的燕、齐、赵等国,他更是处心积虑地把一腔仇恨发泄在其国王身上。汉武帝的哥哥刘定国,是燕国国王,他无恶不作,臭名昭著。他先是霸占了父亲的小妾,生下一个儿子,接着又把弟弟的媳妇强行抢来,据为己有。主父偃正为如何报复燕王发愁之际,偏赶这时有人向朝廷告发了燕王的丑行。主父偃主动请缨,获准受理此案。他假公济私,不仅向武帝诉说此中实情,还添油加醋地编排了燕王其他"罪行",终迫使燕王自杀了事。

主父偃

汉武帝的远房侄子刘次昌,为齐国国王。主父偃想把自己的女儿嫁给他,却遭到齐王的拒绝,为此,主父偃怀恨在心,便对武帝进言说:"齐国物产丰饶,人口众多,商业兴旺,民多富有,这样的大国如此重要,陛下应该交由爱子掌管,才可免除后患。"主父偃的一席话打动了汉武帝那根脆弱的神经,他遂被任命为齐国丞相,监视齐王的举动。主父偃一上任,便捏造罪名,对齐王严刑逼供,肆意陷害,齐王吓得自杀而亡。下一个报复目标自然是赵王了。赵王刘彭祖深知这一点,索性来个先发制人,抢先上书汉武帝,揭发主父偃贪财受贿,胁迫齐王。

主父偃这次猝不及防,陷入被动。他被收监下狱,承认了受贿之罪,却拒不承认对齐王的胁迫罪名。

汉武帝本不想杀他,主父偃的政敌公孙弘百般进谗,说他胁迫齐王,离间陛下的骨

肉，非杀不可。加上主父偃树敌太多，竟无人肯为他说一句好话，终使武帝狠下心来，将主父偃族灭。

先前早有人劝诫主父偃说："做人不能太过霸道，不留余地。你如此行事，实在过分，我真为你担心呐！"主父偃却不以为然，振振有词回答说："大丈夫生不能五鼎而食，死难免五鼎而烹，我求官奔波四十余年，受尽屈辱，今朝大权在手，又怎能不尽情享用？人人都有欲望，人人都有私心，穷困时连父母、兄弟、朋友都不肯认我，我又何必在意别人的说法？"

瞧，这样的人多么可怕。在他未发迹时大家平等相处，言语、行为冒犯之处自是难免，如果对这样的小人不加识别、不加防备，哪一天被他整治一番还不知道怎么回事呢。俗话说"宁得罪君子，不得罪小人"，就是这个道理。

★捕蝉的螳螂须防背后的黄雀

初，徐阶既去。令三子事居正谨。而拱衔阶甚。嗾言路追论不已。阶诸子多坐罪。居正从容为拱言。拱稍心动。而拱客构居正纳阶子三万金，拱以诮居正。居正色变，指天誓，辞甚苦。拱谢不审，两人交遂离。拱又与居正所善中人冯保郤。穆宗不豫，居正与保密处分后事，引保为内助，而拱欲去保。神宗即位，保以两宫诏旨逐拱，事具拱传，居正遂代拱为首辅。帝御平台，召居正奖谕之，赐金币及绣蟒斗牛服。自是赐赉无虚日。

——《明史·张居正传》

有句俗语叫"螳螂捕蝉，黄雀在后"，说的是一只螳螂瞄准一只蝉，一边准备发动攻击，一边想象着这顿美餐的时候，却不知道它的背后正有一只饥肠辘辘的黄雀瞄准着它。现实生活中这样的螳螂并不少见，当他以两面三刀的手法算计别人时，却早已落入被算计的套子中了。

明神宗朱翊钧即位时才十岁，朝廷大权由三个人分掌，宫内有太监冯保，宫外有内阁大学士高拱和张居正。其中数张居正最为诡计多端，为了独揽大权，他想出一条一石二鸟的毒计。他先与高拱套近乎，拉关系，称兄道弟。明代一开始便接受唐宋两代宦官乱政的教训，前期对太监限制很严，太监名声不佳。高拱见张居正与自己亲近，自然喜不自禁，视为知己，遇事都与张居正商议。

第一步成了，张居正就开始了第二步。他派一死党扮作太监模样，混进宫去，在上朝的半路上装作要刺杀神宗，众太监拿住刺客。但无论怎么审讯，那刺客都不讲谁是主使。冯保无奈，只好向张居正求教。

张居正装模作样地说："这刺客扮作太监模样，分明是要嫁祸于您。权要大臣中，您与谁有过结呢?"冯保想了一下，权要大臣就是指张居正自己和高拱了。冯保想起高拱对自己轻蔑的眼光和与自己的几次争辩，分明是他想要整死自己，于是回去继续审问。

回去升堂，冯保对刺客说："我已知是高拱派你来的了。只要你招出高拱是主谋，我便不杀你，还保你做官。"刺

张居正

客忙点头承认，画押写供。神宗见刺客招供，心中生气，但念高拱是前朝老臣，于是暗示他告老隐退了。

张居正又让刺客翻供，神宗听说刺客翻供，亲自审问。刺客说原先的供词是一太监审问时教给自己说的。他指一下站在神宗身旁的冯保说："就是他!"神宗嫌冯保拿刺杀皇上的案子当儿戏，竟用来作打击政敌的圈套，心中生厌，自此也疏远了冯保。

张居正先造好了一个刺杀把柄，用离间计让冯保把它发在了高拱身上，搞倒高拱后又通过翻供，把把柄稍加修理又安在了冯保头上，实现了自己的夺权大计。

张居正这只"黄雀"的两面功夫显然比冯保又深了一层。

还有的人背后说人坏话可能只是有口无心，但话出口已入人耳便不是你有心无心的问题了，因为此时如果有人想利用你的"坏话"，那你照样成为那只不知死之将至的螳螂。

特别是在人际关系复杂的单位里，要学会置身于各种矛盾之外。因为介入个人恩怨的"小圈子"里，对自己、对工作都无好处。

好谈他人短处的人，最易刺伤他人的自尊心，打击人家某方面的积极性，还会引起他人的讨厌;不小心谈到别人短处的人，虽无意刺伤他人，一般来说易引起别人的误解与不满。由此可见，我们在与他人的交谈中，应尽量避免掺和是非谈论别人的短处。

如果别人向我们谈起某人短处的时候，我们该何以应对呢? 最好的办法是听了便罢，不要深信这种传言，不必将此记在心中，更不可做传声筒，传播流言蜚语。

总之，即使你有一千个理由想成为能捕蝉的螳螂，也要先看看自己背后有没有俟机而动的黄雀。因为黄雀虽小，要一只螳螂的命足矣。

★用人绝不能容忍一味出轨者

十一月丙申，辅臣鳌拜以改拨圈地，诬奏大学士管户部尚书苏纳海、直隶总督朱昌祚、巡抚王登联等罪，逮下狱。四大臣之辅政也，皆以勋旧。索尼年老，遏必隆弱，苏克萨哈望浅，心非鳌拜所为而不能争。鳌拜横暴，又宿将多战功，叙名在末，而遇事专横，屡兴大狱，虽同列亦侧目焉。

十二月丙寅，鳌拜矫旨杀苏纳海、朱昌祚、王登联。甲戌，祭太庙。

秋七月己酉，上亲政，御太和殿受贺，加恩中外，罪非殊死，咸赦除之。是日，始御乾清门听政。甲寅，命武职官一体引见。己未，辅臣鳌拜擅杀辅臣苏克萨哈及其子姓。癸亥，赐辅臣遏必隆、鳌拜加一等公。

——《清史稿·本纪六》

一山难容二虎，一国难容二君，帝王若无铁腕，怎能守得这一统江山？政坛险恶，觊觎大权者甚多，不早除大恶，岂能雄霸天下？

康熙能敏锐地发现威胁大局稳定的用人因素，并采取稳妥的措施予以解决，显示了一位用人高手的气魄和智慧。

出轨者也就是时时游离于用人者的控制范围边缘的人，对这样的人不能一味容忍，时机成熟时就要坚决地采取措施。

康熙七年（1668年）九月，内秘书院侍读熊赐履上疏。建议革除朝政积弊，并把矛头指向鳌拜。此疏深为康熙赞同，但康熙以为时机尚未成熟，不能打草惊蛇，便斥之"妄行冒奏，以沽虚名"，声称要予以处罚，借以麻痹鳌拜。而暗地里，康熙却在悄悄部署捉拿鳌拜的各项准备工作。鉴于鳌拜在侍卫中影响较大，原有侍卫不足依靠，他特地以演练"搏击之戏"为名，选择一些忠实可靠的侍卫及拜唐阿（执事人）年少有力者，另组一支更为亲信的卫队善扑营，并请在上三旗侍卫中很有威望的已故首席辅政大臣索尼次子、一等侍卫索额图为首领。

鳌拜是康熙早年的四大辅臣之一，排位第四，但朝中大事往往是鳌拜说了算。以客观情理，鳌拜已是资深老臣，应予关心和保护，然而，康熙却要设计捕杀他，这要从康熙亲政伊始说起。康熙继承王位时仅有八岁，到康熙六年他十四岁亲政时，初登政治舞台的少年皇帝即给世人显示了他不凡的智慧。他机智果断地清除了自己身边的一股邪恶势力，整顿了朝纲，在成功统治国家的政治道路上迈出了第一步。

康熙帝的父亲顺治帝在死前遗诏四位辅政大臣帮助康熙治理朝政，尽管这四个人都

宣誓过要"尽忠诚,共生死,辅佐政务,不结党羽,不受贿赂"等。但他们之间的矛盾很快就使誓言化为泡影,辅政大臣中形成了一股强大的私人势力,严重威胁到康熙王朝的政治前途,弄得不好,就会毁于乱世之中。

在这四名辅臣中,索尼年老早死,苏克萨哈与鳌拜之间有着不可调和的矛盾,而遏必隆偏偏又追随鳌拜。其中最危险的人物就是鳌拜,他在辅臣中虽然排在第四位,但他为人恃功自傲,盛气凌人。索尼一死,他便独揽辅臣大权,连年幼的康熙帝也不在他的眼里。鳌拜肆无忌惮地结党营私,安插心腹,随意打击迫害不合己意者,且不止一次罗织罪名,害死朝廷大臣。就在康熙亲政的同时,鳌拜制造了冤杀辅臣苏克萨哈的事件。平时的朝中大事皆由他说了算数。他经常当着康熙的面呵斥大臣,而且稍不顺意,就在康熙面前大吵大闹。康熙帝知道,任其下去,早晚要闹出个塌天的乱子来。当鳌拜提出要处死苏克萨哈时,康熙已清楚苏克萨哈是无辜受害,于是坚不允请,鳌拜竟然扯臂上前,直到逼得康熙不得不让步为止。

康熙亲政前就悉知鳌拜种种恶迹,他和孝庄皇太后都深深感到必须除掉这个擅权乱政的家伙,但鳌拜在朝中势力很大,尤其是长期以来,他在皇帝周围的重要职位上安插了不少亲戚子辈和心腹人物。比如其弟穆里玛是黄旗满洲都统,掌握军队。大学士班布尔善、吏部尚书阿思哈、兵部尚书噶诸哈、工部尚书马赛、一等侍卫河南达等都是他的党羽。在这种情势下,要想除掉鳌拜就需要十分慎重,如没有万全之策,一着不慎就会使天下大乱。机智沉着的康熙一面策略地抵制鳌拜的狂妄作为,一面暗中进行最后动手的准备。为了保证捕拿鳌拜行动的顺利进行,在行动之前,康熙还不露声色地将鳌拜党羽以各种名义先后派出京城,以削弱其势力。

康熙八年(1669年)五月中旬,一切安排就绪。康熙于十六日亲自向善扑营做动员部署,并当众宣布鳌拜的罪过。随即以议事为名将鳌拜宣召进宫擒拿。当时鳌拜全然没有觉察到异常情况,一如往常那样傲气十足地进得宫来,甚至于看到两旁站立的善扑营人员时也没有产生怀疑,因为在他看来,年轻的康熙不会也不敢把他怎么样,因而将善扑营人员聚集宫中看作是康熙迷恋摔跤游戏的一种表现,根本没有想到自己很快就要成为阶下囚。

康熙待拿下鳌拜等人后,亲自向议政诸王宣布了鳌拜的有关罪行:营私结党"以欺朕躬";御前随意呵斥大臣,目无君上;打击科道官员,闭塞言路;公事私议,"弃毁国典";排斥异己等。总之是"贪聚贿赂,奸党日甚,上违君父重托,下则残害生民,种种恶迹难以数举",要求议政王大臣会议勘问。

以康亲王杰书为代表的议政诸王,原本不满鳌拜的专横跋扈,现在见皇上已擒拿鳌拜并令其勘问议罪,所以很快就列出鳌拜欺君擅权、结党乱政等三十款大罪,议将其革职立斩,其族人有官职及在护军者,均革退,各鞭一百后披甲当差。

处理意见上报康熙后,康熙又亲自鞠问鳌拜等人,并于五月二十五日历数其"结党专

二十四史

权,紊乱朝政"等罪行后,宣布:鳌拜从宽免死,仍行圈禁;遏必隆免重罪,削去一应爵位;畏鳌拜权势或希图幸进而依附鳌拜的满汉文武大臣均免察处,并于六月七日降谕申明:"此等嘱托行贿者尚多……俱从宽免",从而有效地防止了株连,稳定了人心。凡受鳌拜迫害致死、革职、降职者均平反昭雪,已故辅政大臣苏克萨哈等人的世职爵位予以世袭。因而此案的处理颇得人心。

议处鳌拜、废除辅政大臣体制后,重要的批红大权收归皇帝之手,康熙从此便坚持自己批阅奏折,"断不假手于人",即使年老之后也是如此,从而防止了大臣擅权。康熙还从鳌拜事件中吸取教训,严禁怀挟私仇相互陷害。

康熙智除鳌拜,一方面除去了自己亲政的最大障碍,同时对其他权臣起了震慑作用。整个事件的处理非常周密、完满、妥帖,充分显示了青年康熙在政治上的成熟。

★防止投机取巧之人

八月,常青免,命福康安为将军,赴台湾督办军务。辛亥,上幸木兰行围。

九月壬申,上回驻避暑山庄。庚辰,上回跸。壬午,调柴大纪为福建水师提督,以蔡攀龙为福建陆路提督,并授参赞。辛卯,以诸罗仍未解围,催福康安径剿大里贼,并分兵进大甲溪。

丙戌,福康安等奏克嗄勒拉、堆补木城卡,阿满泰、墨尔根保阵亡。成德等克利底、大山贼卡。戊子,福康安奏廓尔喀首拉特纳巴都尔等乞降。上以其悔罪乞降,许之,命班师。丙申,赈陕西咸宁等六州县旱灾。

九月丁酉,上还京师。己亥,论征廓尔喀功,赏福康安一等轻车都尉。晋海兰察二等公为一等,议叙孙士毅等各有差。丙午,上命福康安、孙士毅等会商西藏善后事宜。

——《清史稿·本纪十五》

做事有两种态度:一是求实,二是求巧。在乾隆看来,他最忌讳"不患不能事,但患取巧"。但是,在乾隆的用人实践中,既有用对人的神来之笔,也有被取巧之人蒙骗的历史教训。

名将岳钟琪,在康、雍年间多次平叛战争中屡建功勋,后因"失误军机"等罪,被雍正撤职下狱。乾隆即位后,立即将他赦免,放归乡里。由于岳钟琪在西南少数民族中颇有威信,于是在第一次平定金川的战争中,乾隆皇帝破格起用了岳钟琪。岳钟琪果然不负皇恩,对这次战争的胜利起了关键的作用。著名学者纪昀,字晓岚,博学多才,是《四库全书》的主编和总纂官。此次修书的一切体例,皆纪晓岚一手拟定,且历时十三载,始终其

事,出力最多,是乾隆皇帝在文化方面的得力助手。但他不拘小节,一年夏天,天气很热,乾隆皇帝突然来馆看视,时纪昀正赤着上身,一时来不及穿衣,急得躲进桌下,怕被皇帝看见。谁知乾隆早见此状,便故意坐在馆内不走。纪昀身体肥胖,缩在桌子底下热得满头大汗,等了一会儿不见动静,以为乾隆已经走了,便问道:"老头子走了吗?"周围的人不敢回答,纪昀便从桌下钻出,一看乾隆正端坐在自己的旁边,吓得面如土色,连忙磕头请罪。乾隆见纪昀竟敢称自己为"老头子",真是大不敬,厉声道:"你解释为什么称我为老头子,我便饶你。"纪昀不假思索,迅速而镇定地回答道:"皇帝称万寿无疆,是为老;皇帝为万民之首,是为头;皇帝称天子,是为子。老头子,是老百姓对皇上通俗而尊敬的称呼。"乾隆皇帝见他才思敏捷,说得有理,便转怒为喜,不但不治纪昀不敬之罪,而且更加信任和重用纪昀,使他在《四库全书》的编纂中充分发挥自己的作用。

福康安是标准的乾隆的外戚,而且此人也在许多方面表现出许多的长处,因而也就往往为乾隆所重用,只是此人的结局并不像应有的那样好。

福康安,字瑶林,满洲镶黄旗人。富察氏,大学士傅恒之子,孝贤皇后之侄。

乾隆三十二年,福康安迁满洲镶黄旗副都统,受命赴四川军中任平叛将领。第二年,福康安抵军营后,被阿桂授为领队大臣,不久,他以作战勇敢、带兵有方而闻名。四十一年金川平定后;乾隆将其封为三等嘉勇公,授户部左侍郎,旋调蒙古镶白旗任都统,将他同其他直接或间接参与平定金川有功将领的肖像,一起悬挂于中南海紫光阁。

乾隆四十二年至四十五年,福康安先后出任吉林将军与盛京将军。乾隆四十五年后,他又先后出任以下各省总督:云贵总督、四川总督、陕甘总督、闽浙总督和

福康安

两广总督。他任两广总督时,任职期最久,并由于当时广州外贸繁荣而大发不义之财。当时的记载几乎都对这位封疆大吏颇有微词。福康安利用职权谋取并挥霍钱财,致使声名狼藉,他的贪婪与放纵仅次于和坤。然而作为将领,福康安无疑被认为是清军中最有

才干的统帅之一。在清朝的编年史中,对他的军事才能有着突出的记载。金川平定之后,福康安的第一个重要军事使命是乾隆四十九年同阿桂一道去甘肃镇压一场严重的回民起义,也即马明心领导的贫苦回民起义。在经历数月的艰苦战斗后,起义被平定,福康安被晋封为侯爵。

乾隆五十一年,皇帝又令他同海兰察一起率军赴台湾镇压叛乱。同年末,他率军从福建出发渡海,以解救为义军包围的清军。经过数月战斗,起义被平息。乾隆皇帝论功行赏,又封福康安为一等嘉勇侯。

乾隆五十五年间,一支来自喜马拉雅山南尼泊尔的廓尔喀军队,侵入西藏,企图抢掠遍布各地喇嘛庙的财富,但被清朝中国驻军首脑劝说撤回。然而次年他们又以更大的规模入侵西藏,几乎未遇西藏地方或清军的抵抗,因而得以大肆掠夺。乾隆皇帝闻讯震怒,命福康安偕参赞大臣海兰察率军反击入侵者。乾隆五十七年清军到达西藏,在这次中国历史上震撼中外的战役中,清军连战皆捷,大败好战的廓尔喀人,最后,将其逐回喜马拉雅山南麓,几乎追到其国都大门,尼泊尔被迫乞和,按福康安提出的条件议和,其中规定廓尔喀每五年向北京进贡一次。按期进贡之例,一直持续到 1908 年。

乾隆

对廓尔喀作战,除巩固了中国在西藏的主权外,并无其他利益可图,但它却是中国人在陌生且远离北京三千公里的世界屋脊上,所取得的一次不寻常的军事胜利。作为对这次战功的褒奖,福康安被乾隆皇帝任命为大学士,加封一等轻车都尉世职,由其子德麟承袭。乾隆皇帝在加封时还声称,福康安若将尼泊尔彻底征服,将封他为王。后来,福康安虽未获此殊封,但仍于五十八年被乾隆加封为忠锐公。

颇堪玩味的是,在这场战争中,最终从廓尔喀获利的不是中国人而是英国的东印度公司。因为它在清朝中国同尼泊尔平淡而冷漠的关系中,打进了一个楔子。廓尔喀人在清军尚未打进来之前,已经感到形势不妙,随即向在孟加拉国的东印度公司请求派兵援救。东印度公司因担心其在广东赚钱的贸易遭到损失,便拒绝了廓尔喀人的一再请求,但愿充当争端的调停人。廓尔喀同意此议,只是,当东印度公司的使者威科克巴提克于

乾隆五十八年到达尼泊尔首都之前,战争已经结束,而尼泊尔同英帝国的联系遂从此有了开端。

乾隆六十二年,居住贵州、湖南、四川等省边境山区的苗民起义,攻占了数座城市,杀死或赶走清朝的地方官,掠夺并屠杀了大批汉人。乾隆皇帝得知这一严重局势,立即派遣云贵总督福康安与邻省总督和琳、毕沅一同前往镇压。尽管清军在数量与装备方面皆占优势,但因苗民坚守阵地,致使战争旷日持久。清军师劳无功是否应该归咎于那里的地势险峻,利于造反者而不利于清军,对此姑且不论,但有一点可以肯定,即战争是在无人过问的情况下进行的。

当时,统帅福康安以及在北京控制这场战争的和珅,利用每一个机会中饱私囊,他们假奏捷报,骗取老迈的乾隆皇帝的奖赏。由于战争旷日持久,统帅们个人的财富也随着不断拨出的大量军费而增加。福康安同样因假报战功而封为贝子,与同爵皇子享有一样的特权。

在清初,虽然曾有过汉人被封王、蒙古人也被封过各等王爵的事情,而他则是在宗室以外的外戚当中一个活着封此显爵的满人。

第十章 选用德才兼备之人

★既不能大材小用，也不可小材大用

贞观元年，太宗谓房玄龄等曰："致治之本，惟在于审。量才授职，务省官员。故《书》称：'任官惟贤才。'又云：'官不必备，惟其人。'若得其善者，虽少亦足矣；其不善者，纵多亦奚为？古人亦以官不得其才，比于画地作饼，不可食也。《诗》曰：'谋夫孔多，是用不就。'又孔子曰：'官事不摄，焉得俭？'且'千羊之皮，不如一狐之腋'，此皆载在经典，不能具道。当须更并省官员，使得各当所任，则无为而治矣。卿宜详思此理，量定庶官员位。"

——《贞观政要·论择官》

选用人才能力固然是首要考虑的，但考察一个人的能力必须与相应的职位相结合。这里提出的适用原则，道出了正确使用能人的真谛。能人之能只能体现在某一方面，比如以文才敏捷见长者，任皇帝顾问当为不二人选，但如让他封疆任事，则不仅误事，也会误身。

唐太宗李世民也特别注意能力与职位的关系问题。他明确提出，要根据实际能力降职使用或提拔、根据能力加以任免，既不允许能力低下者长期混岗，也不容许大材小用、浪费人才的现象存在。

贞观八年（公元634年），中牟县丞皇甫德参上书犯颜，直谏李世民修建洛阳宫，李世民认为他忠直可嘉，加以优赐，特地拜他为监察御史。这可以说是从实践中发现下属的才德，根据才德将其提拔的一个实例。

贞观十四年（640年）十月，李世民要到同州去狩猎，县丞刘仁轨上书奏说："今秋大稔，民收者十才一、二，使之供承猎事，治道茸桥，动费一二万实妨农事。愿留銮舆旬，俟其毕务，则公私俱济。"李世民闻言甚以为是，于是"赐玺书嘉纳之"，并提拔他当新安县令。

贞观二十年（646年）二月，刑部侍郎缺人担任，李世民要执政大臣"妙择其人"，执政大臣们提了几个都不能使其满意，于是他想起李道裕是一个敢于坚持实事求是的人——

在处死张亮的问题上,李道裕力排众议,仗义执言,说:"亮反形未具,罪不当死。"这种不惧嫌疑的作为,证明了李道裕为人的原则性,于是甚有感触,委任李道裕为刑部侍郎。

贞观二十年六月,李世民欲赴灵州招抚敕越诸部,要太子随行,少詹事张行成上疏说:"皇太子从幸灵州,不若使之监国,接对百僚,明习庶政,为京师重镇,且示四方盛德,宜割私爱,俯从公道。"李世民甚觉妥帖,感"以其忠",提拔张行成担任了较高的职务。

此类事例,不胜枚举,这里有一个更具说服力的例子——

贞观十一年(公元 637 年),治书侍御史刘洎认为,尚书省左右丞两位人选应该特别注意精心选择,于是上书李世民,发表意见说:

尚书省是个日理万机的机构,它们是处理国家事务的关键部门,因此,寻求尚书省众官员的人选,授予官职,确实是件有难度的事情。作为文昌宫众星(文昌乃星宿名,这里把尚书省比作天上的文昌宫,把左右仆射、六部长官比作文昌宫的众星)的左右仆射、六部长官,作为"管辖"的左、右二丞,乃至各营郎(指尚书省的昕职官),都与天上的列宿相对应,此比是说尚书省的官员任用得合适与否,关系重大。这些职位如果被不称职的人占据了,那就会牵一发而动全身。

这位名叫刘洎的治书侍御史说,近来尚书省的诏敕总是拖延滞留,不能及时得到处理,公文也已经堆满在案桌上了。作为一个才资平庸的人,下臣还是请求陛下允许我叙述其根源。

刘洎指出:贞观初年,国家还没有设尚书令、左右仆射等官职时,尚书省的事务非常繁杂,比现在多出一倍以上。当时任左右丞的戴胄、魏征二人都很通晓官吏事务,他们本身胸怀坦荡,品性刚直,大凡遇到应该弹劾检举之事,无所回避,陛下又施予他们恩慈,百官懂得自我约束,朝中弥漫着一种庄重严肃的气氛,这都是因为用人得当的缘故。到杜正伦任右丞的时候,也比较能勉励下属。

说到这里,刘洎将话锋一转,切入时弊,指出:而到了近来,国家的一些重要法纪已不能正常执行了,这是因为什么呢? 是因为功臣和国戚占据着要位,才不符职,而且彼此又依仗着功劳或权势相互倾轧。在职的官员,大都不遵循国家的法律准则,虽然有的也想奋发努力,但是一遇到逐毁讥谤就害怕得不行。

刘洎这里概括地揭露了贞观中期朝廷中的官场现象,同时指出:正是由于这种现象的存在,事情多由郎中(尚书省尚书、侍郎、丞之下的高级官员,分管各曹事务)定夺,只有遇到重要事件时才请求上级;而尚书又优柔寡断,不敢做出决定。有的弹劾一经上奏,故意给予拖延,案件的事理本来已经一目了然,但仍然向下级盘问。调查案件没有时限,即使迟延了也不受上级责备。公文一经出手,一般就得历经一年半载。有的办案官员把案子办完了,就不再去追究结论的是非。官员之间相互宽容,出了什么事相互庇护,如此等等。

刘洎认为,选拔众多的优秀人才并授予官职,必须非才莫举,君王代天行事,怎可妄委庸才以任。

刘洎总结说:长期堵塞贤路,实在是不应该的。为消除积弊,就应该精心选任尚书省的左右丞及左右郎中,如果这些重要职务的官员选任真正做到了才职相称,国家的法纪就会得以完善地实施。同时,还应当矫正小人争权夺利的风气。如果都这样做的话,那就不只是改变诏敕拖延停留现状那样简单的问题了!

李世民闻过则喜,奏章上奏不久,他就任命刘洎为尚书省左丞,全力地支持他。让他在那里放手工作,清理积弊。

让合适的人到合适的位置上,才能有效地发挥其作用。譬如唐太宗之用李道裕、刘洎,都据其性格特点而用,终使人尽其能。历史上的明君在用人的见识上何其一致!

★能统揽全局的是大才

五月丙辰朔,上驻跸拖陵布拉克。辛酉,次枯库车尔。壬戌,侦知噶尔丹所在,上率前锋先发,诸军张两翼而进,至燕图库列图驻营。其地素乏水。至是山泉涌出,上亲临视。癸亥,次克鲁伦河。上顾大臣曰:“噶尔丹不知据河拒战,是无能为矣。”前哨中书阿必达探报噶尔丹不信六师猝至,登孟纳尔山,望见黄幄网城,大兵云屯,漫无涯际,大惊曰:“何来之易耶!”弃其庐帐宵遁。验其马矢,似遁二日矣。上率轻骑追之。沿途什物、驼马、妇孺委弃甚众。上顾谓科尔沁王沙津曰:“虏何仓皇至是?”沙津曰:“为逃生耳。”喀尔喀王纳木扎尔曰:“臣等当日逃难,即是如此。”上上书皇太后,备陈军况。并约期回京。追至拖纳阿林而还,令内大臣马思喀追之。戊辰,上班师。

——《清史稿·本纪七》

有的人文不能下笔千言,武不能跃马横刀,谋不能运筹帷幄,却也能成为比文、比武、比谋更重要的大才。汉高祖刘邦所用的丞相萧何就是这样一个似乎无所能,实则无所不能的大才。

中国古代有一些明相,对于人才的选拔、推荐与管理,总是以皇帝利益为重,以国家的长治久安为前提。如果发现一人才对治国有用,可以不惜一切将之力拔于卒伍之中;但一旦发现此人的存在与行为已经对皇帝或国家构成威胁,纵使他是天下奇才,也将其杀之而不痛惜。

楚汉战争中,汉相萧何恪尽职责,他从战争需要出发,特别注意为刘邦物色、访察、引荐贤能人才。历代传为美谈的“萧何月下追韩信”即是突出一例。因为萧何能总揽全局,处处以大局为重,使天下人才尽为所用的同时,他本人对于刘邦这个用人者来说也就成了一个不可多得的大才。

范文程也是一个萧何似的人才。

清初辅臣大学士范文程在清兵入关、挺进中原的过程中,特别注意延揽、招降明朝文武官员,早在天聪五年(1631 年)大凌河之役,他就因招降明朝守将而立功。天聪七八年间,他曾受皇太极委派对来降明将孔有德、耿仲明、尚可喜等进行联络和安抚。崇德七年(1642 年)二月,明朝大将洪承畴在松山战败被俘,清人极力劝其投降,但洪承畴誓死不降,骂不绝口,范文程前去劝降,"以善言抚之,因与谈论古今事",解除洪的思想顾虑。交谈中,时有梁上积尘飘落于洪承畴的衣襟之上,洪屡屡拂拭之。机敏的范文程见此情景,断定洪承畴必可说降,他即告皇太极:"承畴不死矣,其敝衣犹爱惜若此,况其身邪?"不久,又经过巧妙而耐心地劝说,一向表示要以死报国的洪承畴,果然如范文程所料,终于乖乖地降服了。

清军入京后,范文程为进一步争取汉族地主阶级的支持和合作,更是"安抚孑遗,举用废官,搜求隐逸"。故明尚书倪元璐的家人投牒范文程,请允请扶丧南归,范文程热心帮助,并遣骑兵持令箭护送,于是许多殉难诸臣之丧都次第南归。范文程此举赢得亡明官僚的感激,对以后汉族官僚入仕清朝起到了很大作用。

康熙在总结自己的用人经验时常说,一个人有天大的本事,也不可能独任所有的事情,只有与其他人互相配合,以大局为重,而不是只看重个人的或局部的利益,才能把事情办好。

晚年的时候,康熙用昭莫多战役的亲身经历来说明将领与将领之间应互相配合,团结一致,这样才能取得大的胜利。当时噶尔丹遇见康熙亲率的中路军后便连夜逃遁。此时的左右大臣都劝康熙撤回,康熙则觉得自己既然亲征前来,不见贼徒,如何就骤行撤去?便坚持不撤,认为自己留下来没准会有些其他方面的用途。果然,逃遁的噶尔丹不久就遇上了费扬古率领的西路大军,遭受惨败;接着西路军的粮饷也发生了不足,坚持不走的康熙就迅速派出人马,将中路军初次运到的粮食迅速调运到费扬古军中,又把第二次的米也送去了,第三次运到的粮食除了留有十八天的兵士口粮外,其余也都全部送去,使得西路军将士未遭饥饿,大胜而返。

对此,康熙谈及体会,认为多亏得自己未走,若听大臣等言,中途撤去,则两路兵丁怎么能立功奏凯而还呢?要是自己走了,谁能从大局出发,调度军粮和兵员、马匹等一应物资,集中力量打一场歼灭战呢?由此使康熙认识到,人才之间顾全大局、互相配合的素质非常重要。

大局观需要有高远的见识,也需要有宽广的、不计个人得失的胸怀。这种人才在任何时代都是十分难得的,也难怪康熙有昭莫多战役"幸亏自己未走"的感慨。

★保护正直是用人者的责任

后主皇后穆氏，名邪利，本斛律后从婢也。母名轻霄，本穆子伦婢也，转入侍中宋钦道家，奸私而生后，莫知氏族，或云后即钦道女子也。小字黄花，后字舍利。钦道妇妒，黜轻霄而为"宋"字。钦道伏诛，黄花因此入宫，有幸于后主，宫内称为舍利太监。女侍中陆太姬知其宠，养以为女，荐为弘德夫人。武平元年六月，生皇子恒。于时后主未有储嗣，陆阴结待，以监抚之任不可无主，时皇后斛律氏，丞相光之女也，虑其怀恨，先令母养之，立为皇太子。陆以国姓之重，穆、陆相对，又奏赐姓穆氏。胡庶人之废也，陆有助焉，故遂立为皇后，大赦。

——《北齐书·后主穆后传》

用人者明则下属多正直之士，用人者昏则门前必充斥奸佞之徒，因为正与奸从来都是势不两立的。我们观察康熙一朝，确实没有大奸大恶的人，而多的是正直的大臣。中国历代政治实践已经证明，这是一条颠扑不破的真理。

我们从北齐后主用斛律光与祖珽、穆婆提，唐玄宗用张九龄与李林甫而导致的不同结果，来直观地审视一下用人者用正直与用奸佞的不同，以及正直与奸佞的势不两立。

北齐宰相斛律光与齐后主佞臣祖珽、穆婆提进行了不屈的抗争，最后被他们陷害致死。斛律光，字明月，朔州（治今山西朔县）人，高车族，以武艺高强知名。英勇善战，屡立功勋，武平元年（570年），被封为右丞相，后又因战功拜左丞相，别封清河郡公。斛律光虽位极人臣，出将入相，但他生性节俭，不好声色，不贪权势，杜绝私贿，为朝臣所敬慕。

当时，齐后主佞幸之臣祖珽及穆婆提，势倾朝野内外，无所不为。斛律光与他们进行了坚决的斗争。穆婆提，为后主高纬的奶妈陆令萱之子。其父因犯谋反罪而被诛杀，陆令萱被贬为皇宫女仆，负责喂养高纬。她奸巧机变，取媚百端，深为胡后信爱。高纬继位后，封陆令萱为女侍中，后又尊号曰太姬，这是北齐皇后之母的位号。陆令萱又奏引其子穆婆提入侍后主。穆婆提朝夕侍奉于后主左右，整日嬉戏。胡作非为，其宠日隆，后被拜为录尚书事，封咸阳王。当时"令萱母子势倾内外矣，庸劣之徒皆重迹屏气焉，自外生杀予夺不可尽言"。

但是，正直的斛律光却从不阿附他们。一次，穆婆提看上了斛律光小女，欲娶为妻，遂上门提亲，被斛律光一口拒绝。后主想赐晋阳之田给穆婆提，斛律光说："此田，神武帝以来常种禾，饲马数千匹，以掇寇难，今赐提婆，无乃缺军务也。"由此积怨于穆婆提。

后主另一位佞臣祖珽与穆婆提不同。他是一位文才出众的人，且神情机灵，天性聪

國學智慧全書

史學智慧

明。"凡诸技艺,莫不措怀,文章之外,又善音律,解四夷语及阴阳占候,医药之术尤是所长。"但他"不能廉慎守道"。齐文宣帝时令直中书省,掌诏诰,因其行状,文宣帝每见他,常呼为"贼"。武成帝时,擢拜中书侍郎,天统三年(公元567年),因获罪被薰瞎双眼,流徙光州。后主即位后,拜其为海州刺史。他乘机攀附后主幸臣穆婆提和陆令萱。其母子因言于后主,劝其重用祖珽,祖珽由是升为秘书监。后又升为侍中、尚书左仆射,位至丞相。从此,他们狼狈为奸,势倾朝野。斛律光对他们深恶痛绝,窃骂道:"多事乞索小人,欲行何计数!"并常对诸将说:"边境消息,处分兵马,赵令常与吾等参论之,盲人掌机要以来,全不与吾辈语,止恐误他国家事。"对佞臣当权十分忧虑。

斛律光经常折辱祖珽。斛律光入朝堂,常常垂帘而坐。祖珽不知,一次乘马过其前,斛律光大怒,当众喝道:"此人乃敢尔!"一次,祖珽在内省,对人高声漫语,被路过此地的斛律光听到,又将祖珽斥责一番。于是,祖珽私下贿赂斛律光的侍从,询问斛律光忿己之语,侍从回答说:"自公用事。相王每夜抱膝叹曰'盲人入,国必破矣'。"因祖珽双目失明,斛律光称其盲人。斛律光的耿直不阿,为祖珽、穆婆提这些奸臣所不容,于是,他们便决计联手构陷斛律光,寻机置他于死地。

恰在此时,北周大将韦孝宽因斛律光勇敢善战,屡败北周军队,深为忧虑,便派间谍行反间计,在北齐邺都作谣言传唱:"百升飞上天,明月照长安。"又有"高山不推自崩,槲树不扶自竖"。显而易见,"百升"即一"斛","明月"为斛律光字,"高山"指高氏政权,"槲树"指斛律光,意思是斛律光要取代后主自立为帝。祖珽、穆婆提认为这是陷害斛律光的大好时机,他们除了把街上传唱的童谣添枝加叶地向后主汇报外,还自编童谣:"盲眼老公背上大斧,浇舌老母不得语。"对斛律光挟私陷害。陆令萱遂乘机向后主进谗道:"斛律累世大将,明月声震关西,丰乐(光之子)威行突厥,女为皇后,男尚公主,谣言甚可畏也。"昏庸无道的后主信以为真,便以谋反罪名将他处死,并尽灭其族。他被杀掉后,朝野痛惜。北周武帝宇文邕闻斛律光死,大喜,赦其境内。后周武帝灭北齐,入邺都(今河北临漳西南),下诏追赠斛律光为上柱国、崇国公,并手指诏书说:"此人若在,朕岂能至邺?"

唐玄宗时的张九龄是一骨鲠诤臣,从不屈从于奸佞。至开元天宝年间,玄宗已做了数十年皇帝,他自以为天下太平,没有什么可担心的了,便渐肆奢欲,纵情声色,怠于政事。张九龄、韩休经常劝谏玄宗,弄得玄宗"戚戚无一日欢"。这时,善于献媚奉迎的李林甫乘机媚事皇帝左右,甚合帝意。玄宗想立李林甫为相,问宰相张九龄,张九龄直言相对:"宰相系国安危,陛下相林甫,臣恐异日为庙社之忧。"不同意拜李林甫为相。但玄宗终究还是屈从个人意志,将这位奴颜媚骨者封为宰相。而从此他也将张九龄怀恨在心,总是"巧伺上意,日思所以中伤之",而张九龄从未向他屈从过。

开元二十四年(736年),玄宗想从洛阳回长安,宰相张九龄、裴耀卿认为秋收未毕,恐怕沿路扰民,建议改期。李林甫深知上意,便装作跛足的样子,独在后面,待二相退出后,他却对玄宗说:"臣非疾也,愿奏事。二都本帝王东西宫,车驾往幸,何所待时? 假令妨农,独赦所过租赋可也。"玄宗听后十分高兴。张九龄知道李林甫在背后捣鬼,便再次力争,但玄宗厌烦不听。

张九龄以文学得官,守正持重,一向鄙视以诌佞得宠、素无学术的李林甫。李林甫对此十分嫉恨。李林甫曾引荐萧炅为户部侍郎。萧炅一向不学无术,一次在给中书侍郎严挺之念文章时,将人人皆知的"伏腊"读为"伏猎",使人瞠目。"伏腊",是古代人对夏天的伏日、冬天的腊日两个节日的合称。一个堂堂户部侍郎竟犯这种常识性错误,实令人啼笑皆非。于是严挺之不无讽刺地对张九龄说:"省中岂容有'伏猎侍郎'!"张九龄知道后,立刻将萧炅出为地方官,因此李林甫十分没面子,十分怨恨张九龄,想借机陷害他。

开元二十四年,朔方节度使牛仙客因有治绩,玄宗欲为之加官尚书;张九龄不同意,说:"不可,尚书,古之纳言,唐兴以来,唯旧相及扬历中外有德望者乃为之。仙客本河湟使典,今骤居清要,恐羞朝廷。"玄宗又要给牛仙客以实封,张九龄还是不同意,说:"不可。封爵所以劝有功也。边将实仓库,修器械,乃常务耳,不足为功。陛下赏其勤,赐之金帛可也;裂土封之,恐非其宜。"玄宗听后默然不语,有不悦之色。李林甫窥视皇上脸色,便阿其所好,对皇帝说:"仙客,宰相才也,何有于尚书! 九龄书生,不达大礼。"听过这番话,玄宗的脸上才泛出笑容。次日,玄宗又提起给牛仙客实封之事,刚正的张九龄仍坚持如初,极力陈论。玄宗勃然大怒,叫道:"事皆由卿邪?"张九龄顿首谢罪道:"陛下不知臣愚,使待罪宰相,事有未允,臣不敢不尽言。"玄宗又问:"卿嫌仙客寒微,如卿有何阀阅?"张九龄从容答道:"臣岭海孤贱,不如仙客生于中华。然臣出入台阁,典司诰命有年矣。仙客边隅小吏,目不知书,若大任之,恐不惬众望。"退朝后,李林甫又扬言道:"苟有才识,何必辞学! 天子用人,有何不可!"于是唐玄宗认为张九龄太专横,他再也容不得这种骨鲠之臣聒噪盈耳的哓哓之言了,便罢其宰相职,而专任李林甫。"自是朝廷之士,皆容身保位,无复直言。"

正直与奸佞是两种互不兼容的品性,用人者尚直则正风起,崇奸则佞风行。所以,用人者正与奸的选择实在是关系国家前途命运的大事。

★以孝行确定继承人

九月乙亥,上驻布尔哈苏台。丁丑,召集廷臣行宫,宣示皇太子胤礽罪状,命拘执之,送京幽禁。己丑,上还京。丁酉,废皇太子胤礽,颁示天下。

十一月乙酉,前福建提督蓝理狱上,应死。上念征台湾功,特原之。己亥,群臣以万寿六旬请上尊号,不许。丁未,以复废皇太子胤礽告庙,宣示天下。己酉,上谒陵,赐守陵

大臣百金。

——《清史稿·本纪八》

孝是中国古代至高的道德标准,更构成了封建统治的道德基础,因此孝悌之道成了封建统治者选人用人的基本要求。

在这一点上,康熙不可能脱离他那个时代,而事实也证明,不孝的人无道德可言。康熙用人最容不得不忠不孝之徒,而他自己作为人君对祖母、养母都极尽孝道。正是因为以孝取人,养成了康熙一朝政治清明的浩然之气。

康熙对孝悌之行的重视,从他确立继承人的过程看得最明显。他对太子几废几立,多缘于对其孝行的评价,而最终立雍正继位很大程度上也因为孝悌二字。

康熙二十九年(1690年)七月二十三日,康熙在征噶尔丹途中,身体欠佳而发烧,于是从诸臣之请,即日回京,日行三十里。二十四日皇太子胤礽前来迎驾,无忧戚之感。皇帝看出太子不孝,绝无忠爱父君的意思,心情因而不乐,令太子先行回京。自此,康熙与太子之间出现裂痕,随着时光的推移,裂痕日益加深,甚至到了不可调和的程度。康熙痛感人间悲欢之苦,他对太子寄予过一定希望。

四十七年,康熙毅然决定废掉太子,而且劝阻无效,坚持到底。三十三年过去,弹指一挥间。是什么原因使康熙对皇太子由宠爱到不满,由不满到废掉呢?皇帝的训谕是最好的说明。九月四日,康熙在行猎途中,到布尔哈苏台驻地,召见诸王、大臣、侍卫及文武官员等人于行宫前,命令皇太子胤礽跪在地上,垂泪训曰:

"朕承太祖、太宗、世祖的弘业,四十八年至今,兢兢业业照顾官员,爱养百姓,唯以治安天下为己任。

今观胤礽不法祖德,不遵朕训。只知道在众人面前逞凶狂,暴虐淫乱,难以说出口。朕即位以来,诸事节俭,铺的是破旧褥子,盖的是旧被,穿的是布袜子。胤礽所用一切,远超过朕,还感到不满足。盗窃国库,干预政事,必然会败坏我们的国家,残害我们的万民而后止。如果用此不孝不仁之人为国君,对祖宗创业打下的江山会有什么结果?!"

康熙讲完上面大段话后,感到伤心难过,随之倒在地上,痛哭起来。诸大臣将皇上扶起。

皇上泪水未干,又接着说:

"太祖、太宗、世祖艰苦创业,与朕守成的太平天下,断不能交给此人。等回京后,昭告于天地宗庙,将皇太子胤礽废掉罢斥。命将胤礽拘留,并将其党羽之人俱行正汉,四人充发盛京。因此事关系天下万民,非常重要,趁朕身体健康,定此大事。你们诸王大臣、官员、军民等,就皇太子所行之事,是虚是实,可以各自秉公陈奏。"

由此不难看出,康熙为政治所需,虽然废掉皇太子,但废掉之后,难以割断父子之情。难过、愤恨、失望、惋惜、怜爱等多种心情交织在一起,使其一连六日睡不着觉。每对诸臣

國學智慧全書

二十四史

谈起便老泪横流,涕泣不止。

九月十六日,康熙回到北京。当天召见文武百官,齐集于午让(故宫正门)之内,宣谕拘留太子胤礽之事,并亲撰告祭文,于十八日告祭天地、太庙、社稷,将废掉的皇太子幽禁于咸安宫,并于二十四日颁诏天下。

康熙废掉了皇太子,尝到了人间悲剧的苦果。事后他对皇子们说:在同一时间里发生皇十八子死和废掉皇太子两件事,使他伤心不已,要皇子们仰体他的苦心,不要再生事了。

据史料记载:"康熙病倒后,拒不服药,唯求速死。"由此可以想象康熙当时的郁闷情状。

这时,雍正和三阿哥胤祉表现出他们的过人之处。两人来到康熙的病榻前,苦苦相劝:"父皇圣容如此清减,不令医人诊视,进用药饵,徒自勉强耽延,万国何所依赖。"他们的意思是说:父皇你这么消瘦,又不看医生吃药,只这样耽搁下去,一国臣民百姓往后可依赖谁呢?

太子胤礽

康熙被他们的话打动了,之后两人又进一步说:"臣等虽不知医理,愿冒死择医,令其日加调治。"这句话就带有强制性的意思了,意思是说我们虽然不通医术,却愿意冒着被杀的危险要请求您看病,这病你看也得看,不看也得看! 当然,这种强制是康熙最乐于接受的,因为他从中看到了雍正、胤祉的一番孝心。

恰恰就是这一份孝心,使雍正和胤祉受到康熙的赏识。

康熙病好后,立即为雍正和胤祉加官晋爵,并当着满朝文武表扬了他们。

不仅如此,雍正对自己的兄弟,表现出普度众生的胸怀,让康熙另眼相看。

胤礽第一次被废时,大阿哥胤禔、八阿哥胤禩是夺储派实力人物。在当时的情况下,雍正根本无力与老大、老八抗衡。同时,假如老大、老八中任何一人被立为太子,对雍正都是不利的。因为他们一旦被立为太子后,就再难被扳倒了。因此,雍正暗中采取支持胤礽的立场。

支持胤礽有两方面的好处:一是康熙是在盛怒之下废除胤礽的。因此,废除胤礽不久康熙就有了反悔之意。雍正摸透了康熙的心思,采取了支持胤礽的策略。这样,他就

不露痕迹地获得了康熙的好感。另外，由于当时太子成了众矢之的，除雍正之外，几乎所有皇子都对胤礽落井下石。而雍正支持胤礽，必然会使胤礽感激备至。

事实果然如此，康熙在囚禁胤礽之后，开始着手起草"废太子告天文书"，并将告天文书给被拘禁的胤礽观看。胤礽看后说："我的太子位是父皇给的，父皇要废，何必告天？"

此时，大阿哥胤禔、九阿哥胤禟以及雍正负责看押胤礽，急于夺取储位的大阿哥当即就把胤礽的话回报了康熙，致使康熙大怒，并传口谕："做皇帝乃是受天之命，如此大事，岂有不告天之理，胤礽悖逆，以后他的话不必奏闻了。"于是，胤禵将康熙谕旨传达给胤礽，胤礽担心被诸兄弟陷害，因此再三求告："父皇若说我别样不是，事事皆有，唯弑君一事，我实无此心，须代我奏明。"

众皇子对胤礽的求告多半无动于衷，唯独雍正力排众议，极力坚持替胤礽回奏，而康熙听了回奏，非但没怪罪雍正，反而认为他这样做是顾念父子手足亲情，因此对雍正加深了一层好感。

其实，暗助胤礽，就有可能得罪其他兄弟，这样的傻事雍正是不会做的。

这就是雍正过人的心智，他既不像大阿哥胤禔、八阿哥胤禩公然地谋取储位，同时也不像三阿哥胤祉那样釜底抽薪拆老大、老八的台。相反，他表面上曾一度向大阿哥、八阿哥集团靠拢，另外，他也知道八阿哥胤禩等人企图行刺太子的事，但他也并没向康熙揭发这个阴谋。

正所谓螳螂捕蝉，黄雀在后。在当时诸子争位、互不相让的气氛中，雍正的这种大度作风，顾念父子手足亲情，再次让康熙感觉到雍正是深明大义、度量过人、注重手足亲情的皇子。

尽管雍正最后在众多竞争的兄弟们中脱颖而出有耍弄权术的成分，但不能完全否认他对父亲的一片忠孝之心，而康熙看中的，也正是他的这片孝心。